FUNDAÇÕES DO PENSAMENTO POLÍTICO BRASILEIRO

CHRISTIAN LYNCH

FUNDAÇÕES DO PENSAMENTO POLÍTICO BRASILEIRO

A construção intelectual do Estado no Brasil

TOPBOOKS

EDITOR
José Mario Pereira

EDITORA ASSISTENTE
Christine Ajuz

REVISÃO
Luciana Messeder

PRODUÇÃO
Mariângela Felix

ÍNDICE ONOMÁSTICO
Davi Holanda

CAPA
Miriam Lerner | Equatorium Design

DIAGRAMAÇÃO
Arte das Letras

CIP-BRASIL CATALOGAÇÃO NA FONTE.
SINDICATO NACIONAL DOS EDITORES DE LIVROS, RJ.

Lynch, Christian
Fundações do pensamento político brasileiro: a construção intelectual do Estado no Brasil / Christian Lynch. – 1. ed. – Rio de Janeiro: Topbooks Editora, 2024.

Bibliografia.
ISBN 978-65-5897-034-7

1. Brasil – Política e governo 2. Pensamento político 3. Política – História I. Título.

24-221092 CDD-320.5

Topbooks Editora e Distribuidora de Livros Ltda.
Rua Visconde de Inhaúma, 58 / gr. 203 – Centro
Rio de Janeiro – CEP: 20091-007
Tels: (21) 2283-1039 / 985633713
www.topbooks.com.br
topbooks@topbooks.com.br

A Wanderley Guilherme dos Santos
e José Murilo de Carvalho

Amigos e mestres
in memoriam

SUMÁRIO

PARTE II
A periferia ibérica e americana: a construção intelectual do Estado no mundo luso-brasileiro (1580-1824)

INTRODUÇÃO

1. O retorno do político: triunfo, opróbrio e resgate da história das ideias políticas

O papel central da história para a formulação da ciência política clássica e liberal. Até a segunda metade do século XIX, prevaleceu no Ocidente uma ciência política de caráter ético-normativo. Ela discutia a qualidade dos governantes, indagava a forma de governo mais justa e tratava dos regimes constitucionais, da formação dos cidadãos pela educação e do papel desempenhado pela habilidade e pelo acaso nos destinos das nações. Por sua vez, parte inseparável daquela velha "arte de governar os povos", a história era considerada – conforme o célebre brocardo de Cícero – "mestra da vida". Porque acreditavam na invariabilidade da natureza dos homens, sempre guiados por suas paixões, os clássicos consideravam a história um repositório de sabedoria. Só ela lhes permitia adquirir um conhecimento útil e verdadeiro, para além daquele haurido a parir de suas experiências pessoais. É certo que, na segunda metade do século XVIII, com a emergência do liberalismo, o papel da história sofreu uma rearticulação. Elaborada pela Ilustração, a filosofia do progresso histórico resultou numa ciência política na qual saberes como a ética, o direito constitucional comparado e a economia se conjugavam para explicar as transformações da humanidade. Entretanto, como percebido por Marcelo Jasmin, o liberalismo não chegou a deslocar a história de sua centralidade na orientação do agir político. A formação humanística continuava valorizada; os governos representativos guardavam afinidades com os republicanos da Antiguidade e a política permanecia uma ciência prática manuseada por uma elite de homens cultos, patrióticos e experimentados.[1] Com suas qualidades intelectuais e tribunícias, o velho Cícero seguia como um modelo de estadista e as melhores histórias constitucionais saíam da pluma de políticos: David Hume e Thomas Macaulay, na Grã-Bretanha; Adolphe Thiers e François Guizot, na França; Alexandre Herculano em Portugal; e Joaquim Nabuco, no Brasil.

A história e a ciência política substituídas pela filosofia da história e pela sociologia. A partir do último terço do século XIX, todavia, o prestígio da história como ciência auxiliar da política começou a eclipsar. A nova consciência histórica radicalizada diante da emergência das massas e da Segunda Revolução Industrial rompeu as mediações preservadas pelo liberalismo com o passado clássico. Os pioneiros das novas ciências sociais renegaram os postulados do humanismo e instituíram a sociologia no lugar da ciência política. Eles negaram a pretendida constância da natureza humana, afirmando sua incessante modificação e a singularidade de cada evento histórico. O conhecimento da história "em migalhas" não mais servia, portanto, para prever os acontecimentos, que necessariamente levariam a humanidade a um futuro diferente do passado e do presente.[2] As histórias constitucionais de Roma, da Grã-Bretanha e da França, produzidas pela ciência política oitocentista, cederam então lugar às filosofias da história contidas nas sociologias de Comte, Marx e Spencer. Influenciados por Hegel, os novos cientistas sociais acreditavam que o motor da História – fosse ele *progresso da ciência*, a *luta de classes* ou o *desenvolvimento industrial* – só poderia ser apreendido pela descoberta das "leis" subjacentes ao próprio processo histórico. Se a história em si não passava de um "amontoado caótico de fatos, coisas e objetos, e em si des-

---

[1] JASMIN, Marcelo Gantus. *Alexis de Tocqueville: a historiografia como ciência da política.* Rio de Janeiro: Access, 1997.

[2] Idem. *Racionalidade e História na Teoria Política.* Belo Horizonte: Editora da Universidade Federal de Minas Gerais, 1998.

provida de sentido", o estudioso das ideias políticas deveria abandoná-la em benefício da "filosofia enquanto expressão especulativa da própria história".[3] A identificação das leis da mudança histórica deixaria entrever os contornos da sociedade futura, a partir das linhas de seu desenvolvimento no passado. Depois da Primeira Grande Guerra, quando o conceito de *revolução* se instalou de vez no horizonte histórico, a história política e constitucional deixou de ser considerada útil ou verdadeira para o estadista. O advento do futuro da humanidade inscrito nas leis da História dependia essencialmente da vontade política. A história dos acontecimentos e das ideias passou a ser pensada basicamente no registro da propaganda, destinada a legitimar ou a denunciar a opressão das classes dominantes.[4]

A nova historiografia intelectual e a recuperação da cultura política liberal. A crise das filosofias da história e da categoria de revolução decorrente do descrédito do marxismo leninismo desde a década de 1970 – e, com ele, a crença de que a chamada "democracia burguesa" seria uma falsificação da *verdadeira democracia* – revalorizou na academia o estudo da história política e intelectual. Ela mobilizou estudiosos como Otto Brunner e Reinhart Koselleck, na Alemanha; Quentin Skinner e John Pocock, na Grã-Bretanha; e René Rémond e François Furet, na França. A convicção de que a democracia moderna era indissociável de um Estado de direito representativo de uma sociedade de indivíduos impôs a necessidade de compreender a emergência da *cultura política liberal* na virada do século XVIII para o XIX. Entre as diversas categorias criadas com aquele fim, destaca-se aquela de "*transformação epocal*" (em alemão: "*Sattelzeit*") desenvolvida por Koselleck para periodizar aquele processo. Na primeira fase (1750-1770), o debate teria extravasado do círculo de conselheiros do príncipe para alimentar a nascente esfera pública. Na segunda (1770-1789), "uma torrente de palavras previamente desconhecidas e significados apareceu, testemunhando assim uma nova compreensão do

[3] BRANDÃO, Gildo Marçal. *Gildo Marçal Brandão: itinerários intelectuais.* Organização de Simone de Castro Tavares Coelho. São Paulo: HUCITEC/FAPESP, p. 151 e 138.

[4] RÉMOND, René (dir.). *Pour une historie politique.* 2ª edição. Paris, Seuil, 1996.

mundo".[5] O divisor de águas foi a Revolução Francesa (1789-1815), quando a "batalha semântica se intensificou e sua estrutura se modificou".[6] Durante a última etapa de "transformação epocal" (1815-1850), os novos conceitos teriam penetrado nas massas, difundindo ideologias como o liberalismo, o conservadorismo e o socialismo[7].

Consequências metodológicas da nova historiografia e suas categorias: *conceito, cultura política, ideologias, linguagens, pensamento político*. O resgate do liberalismo como ideologia indissociável da democracia moderna transformou a metodologia da história intelectual. As filosofias da história foram descartadas, e suas perspectivas teleológicas, consideradas elas mesmas produtos históricos das sucessivas Revoluções Industriais. Os determinismos das macroestruturas socioeconômicas foram deixados de lado, e a ação individual, reabilitada. Uma história do pensamento político com foco nos termos do próprio debate intelectual voltou a ser uma possibilidade. A unidade de análise focada na "ideia", entendida à maneira de Hegel como uma entidade transcendente e desencarnada, foi substituída pela de *conceito*, cujo significado varia conforme as intenções dos agentes e as circunstâncias de tempo e espaço.[8] Também a categoria de *cultura política* foi redefinida, passando a designar o conjunto de ideologias que, com suas metáforas, símbolos e temas, estruturam o mundo social com seus valores, crenças e objetivos. *Ideologias* como conser-

---

[5] KOSELLECK, Reinhart. *Historia y hermenéutica.* Introdução de José Luis Villacañas e Faustino Oncina. Ediciones Paidós, I.C.E. De la Universidad Autónoma de Barcelona, 1997, p. 10.

[6] Idem. *Futuro passado: contribuição à semântica dos tempos históricos.* Tradução do original alemão: Wilma Patricia Maas e Carlos Almeida Pereira. Rio de Janeiro: Contraponto/Editora PUC-Rio, 2006, p. 102.

[7] Idem. *Introduction and prefaces to the Geschichtliche Grundbegriffe.* Traduzido por Michaela Richter. Contributions to the History of Concepts. Volume 6, Issue 1, Summer 2011, p. 11.

[8] JASMIN, Marcelo Gantus. *História dos conceitos e teoria política e social: referências preliminares.* Revista Brasileira de Ciências Sociais, volume 20, nº 57, 2005. JASMIN, Marcelo Gantus, & FERES JR. João. História dos conceitos: dois momentos de um encontro intelectual. In: Idem (org.). *História dos conceitos: debates e perspectivas.* Rio de Janeiro: Editora PUC-Rio: Edições Loyola: IUPERJ, 2006. SILVA, Ricardo. *O contextualismo linguístico na história do pensamento político: Quentin Skinner e o debate metodológico contemporâneo. Dados* – Revista de Ciências Sociais, vol. 53, nº 2, 2010. LYNCH, Christian Edward Cyril. *A democracia como problema: Pierre Rosanvallon e a Escola Francesa do Político.* In: ROSANVALLON, Pierre. Por uma história do político. Tradução de Christian Edward Cyril Lynch. São Paulo: Alameda, 2010.

vadorismo, liberalismo e socialismo serviriam de mapas para os indivíduos e grupos se orientarem em meio à complexidade do mundo político, justificando, contestando e transformando os arranjos e processos, reivindicando tradições, verdadeiras ou inventadas.[9] Aqui, as *linguagens* designarão as formas específicas por que as ideologias se manifestaram historicamente: absolutismo de direito divino e doutrina da razão de Estado, no caso do primeiro conservadorismo; constitucionalismo histórico, contratualismo jusnaturalista, republicanismo cívico, no caso do primeiro liberalismo, etc. Por fim, a expressão *pensamento político* designará o conjunto de obras pertencentes ou referentes a uma determinada nacionalidade, na forma de opúsculos, panfletos, cartas, artigos de jornal ou revistas, tratados, manuais, ensaios, dicionários, dissertações, sermões, poemas, músicas, discursos, livros e artigos.

A nova historiografia e a renovação dos estudos em perspectiva nacional. Nesse quadro de recuperação da história do pensamento político, os bicentenários das revoluções americana e francesa serviram para revisitar os marcos intelectuais fundadores da modernidade. O pensamento estadunidense foi estudado a partir da década de 1970, entre outros, por John Pocock, Gordon Wood e Bernard Baylin; e o pensamento político francês, por Marcel Gauchet, Pierre Rosanvallon e Lucien Jaume.[10] Nos dois casos, vários lugares-comuns historiográficos foram revistos. Se, ao destacarem o peso da tradição republicana de John Milton, James Harrington e Algernon Sidney, os autores anglófonos questionaram o caráter puramente liberal da independência estadunidense, os franceses se viram herdeiros de um liberalismo tão rico quanto problemático, identificado com Benjamim Constant, François Guizot e Alexis de Tocqueville.[11] De alguns anos

[9] BAKER, Keith Michael. *Inventing the French revolution: essays on the French political culture in the eighteenth century.* Cambridge University Press, 1990, p. 4. FREEDEN, Michael. *Ideology: a very short introduction.* Oxford: Oxford University Press, 2003, p. 32.

[10] POCOCK, John. *The Machiavellian moment: Florentine political thought and the Atlantic Republican tradition.* Princeton: Princeton University Press, 1975. WOOD, Gordon. *The creation of the American Republic.* University of North Carolina Press, 1998. BAILYN, Bernard. *As origens ideológicas da Revolução americana.* Edição ampliada. Tradução de Cleide Rapucci. Bauru: EDUSC, 2003.

[11] GAUCHET, Marcel. L'illusion lucide du libéralisme. In: Benjamin Constant. *De la liberté chez les modernes.* Paris: Librairie Générale Française, Pluriel, 1980. ROSANVALLON, Pierre. *Le moment*

para cá, graças às obras de François-Xavier Guerra, difundiram-se também estudos sobre o advento da modernidade liberal no mundo ibero-americano, depois da invasão da Península Ibérica por Napoleão Bonaparte (1808-1825). Estes estudos se generalizaram graças à pertinácia de Javier Fernández Sebastián, coordenador de numerosas publicações que reuniram pesquisadores dos dois lados do Atlântico.[12] É no âmbito deste debate, marcado pela renovação dos métodos historiográficos e voltado para a apreensão intelectual das fundações nacionais, que se insere o presente livro. As poucas obras que sistematizaram a história do pensamento político brasileiro foram escritas por especialistas da filosofia e do direito há muitas décadas, e a despeito de seus inegáveis méritos, estão longe de refletirem o atual estado da arte.[13] Por outro lado, ainda não existe uma sistematização de estudos – muitos excelentes – feita nas últimas décadas no campo da história e da ciência política. Este livro oferece uma tentativa de reconstruir o longo debate travado em torno da construção do Estado no Brasil – ou, pelo menos, daquela que foi sua primeira versão. Daí seu título: *Fundações do pensamento político brasileiro.*

***Diferenças* e não *deformações*: adaptando a nova historiografia para o contexto periférico.** Mas não se trata de replicar os procedimentos dos autores britânicos, norte-americanos e franceses que se dedicaram à mesma tarefa. Por mais "cosmopolitas" que pareçam, quando empregados alhures, tais modelos frequentemente se limitam a detectar a presença dos materiais presentes na realidade em que foram produzidos, não conseguindo identificar e analisar

---

Guizot. Paris, Gallimard, 1985. JAUME, Lucien. *Tocqueville: les sources aristocratiques de la liberté.* Paris: Fayard, 2008.

[12] GUERRA, François-Xavier. *Modernidad y independencias: ensayos sobre las revoluciones hispánicas.* Madrid, Ediciones Encuentro, 2009. FERNÁNDEZ SEBASTIÁN, Javier (dir.). *Diccionario político y social del mundo iberoamericano: la era de las revoluciones, 1750-1850.* Tomo I. Madrid, Centro de Estudios Políticos y Constitucionales, 2009. Idem. *Diccionario político y social del mundo iberoamericano: la era de las revoluciones, 1770-1870.* Tomo II. Madrid: Fundación Carolina Sociedad Estatal de Conmemoraciones Culturales Centro de Estudios Políticos y Constitucionales 2014.

[13] SALDANHA, Nélson Nogueira. *História das ideias políticas no Brasil.* Brasília: Senado Federal, 2001 [1968]. BARRETO, Vicente & PAIM, Antônio. *Evolução do pensamento político brasileiro.* Belo Horizonte: Itatiaia, 1989.

aqueles que lhes são estranhos. Daí que sua replicação acrítica na América Ibérica leve frequentemente os estudiosos a incorrer em dois grandes erros. O primeiro é o de identificar apenas as semelhanças entre os processos de lá e cá, deixando de lado as diferenças decorrentes do lugar periférico por que as novas comunidades ibero-americanas percebem seu lugar no mundo. O segundo passa pela atitude inversa: a de deixar de lado as semelhanças para, fixando-se nas diferenças, apreendê-las na chave do "desvio", isto é, como "anomalias" ou "deformações" em relação aos países pioneiros, cujos itinerários são, implícita ou explicitamente, julgados "normais". Para escapar de tais perigos, desenvolvi aqui um esquema arquetípico de todas as situações possíveis do processo de construção democrática, capaz de enquadrar como casos particulares tanto os percursos dos países hegemônicos quanto dos periféricos. Esse esquema, que será detalhado na próxima seção, será aplicado ao longo das três partes do presente livro. Na primeira, ele servirá para compreender a construção intelectual do Estado de direito nos dois países pioneiros, que foram a Grã-Bretanha e a França; na segunda, para apreender a formação do Estado português na periferia europeia e sua reverberação no Brasil colonial. Por fim, na terceira parte, ele servirá para analisar a construção do Estado brasileiro independente, no contexto da periferia ibero-americana. A perspectiva comparada permite captar as semelhanças e diferenças entre os processos, evitando enquadrar as últimas no registro do desvio para vê-las, ao revés, como variações e adaptações decorrentes das circunstâncias particulares de tempo e lugar.

2. Da monarquia à democracia: as etapas arquetípicas da construção do Estado de direito democrático

A construção do Estado e a ideologia conservadora como partes integrantes do processo de democratização. Conforme referido, a literatura historiográfica que renovou os estudos do pensamento político na Grã-Bretanha, na França e nos Estados Unidos compartilha de uma "teoria da modernidade" segundo a qual, a despeito de seu caráter originalmente "oligárquico", o liberalismo oitocentista teria representado o primeiro passo no caminho das democracias contemporâneas. A cultura política liberal do Estado de direito costuma ser apresentada como "moderna" por oposição àquela vigente durante o Antigo Regime, geralmente considerada "pré-moderna" ou "tradicional", porque tributária do feudalismo. Esse esquema dicotômico me parece problemático, porque despreza as transformações socioeconômicas provocadas pela emergência do Estado desde o século XVI, impulsionada pelas doutrinas do absolutismo e da razão de Estado. O pressuposto de que o Estado de direito democrático seja produto de um processo de longa duração deveria por lógica incluir e não excluir esse momento fundacional. A questão é lógica: não pode haver uma democracia liberal sem que ela esteja ancorada em alguma ordem estatal que lhe seja preexistente. Em outras palavras, o momento "oligárquico" do liberalismo pressupõe o momento "monárquico" do absolutismo, que por sua vez representa uma novidade em relação ao tipo de ordenação política do Medievo.[14] Daí que a reconstrução do percurso que conduziu às atuais democracias deve incluir a época de gestação e florescimento da cultura política autoritária estatista, que possibilitou superar a feudalidade como forma de organização social e política, por meio de categorias como *soberania, excepcionalidade* e *razão de Estado*. Para a construção de uma democracia, a existência de um Estado consolidado ainda não é nem mesmo o começo do fim. Mas já é o fim do começo.

Sequências da construção nacional: um percurso nem linear, nem automático. Preliminarmente, é preciso deixar de lado a crença de que a passagem

[14] Essa era a posição de Raymond Aron e de Robert Dahl, para quem as "sequências" históricas possíveis da democracia (a "poliarquia") partem sempre de "hegemonias fechadas", ou seja, autocracias destituídas do direito à contestação pública e à participação política. Conforme tais demandas comecem a ser atendidas, a "hegemonia fechada" evolui para uma "oligarquia competitiva" (Estado de direito oligárquico) ou para uma "hegemonia inclusiva" (Estado bonapartista, híbrido de autocracia com democracia). ARON, Raymond. *Introduction à la philosophie politique: démocratie et révolution.* Paris: Éditions de Fallois, 1997, p. 85-86. DAHL, Robert. *Poliarquia.* Prefácio de Fernando Limongi. Tradução de Celso Mauro Paciornick. São Paulo: EDUSP, 2012, p. 30-33.

de uma situação para outra seja linear ou automática. Conforme ressaltado por Wanderley Guilherme dos Santos, "o trânsito entre autoritarismo, oligarquia e poliarquia é algo mais complexo do que vãs filosofia ou poética supõem". Daí sua denúncia da "ausência de sentido historiográfico das teorias contemporâneas".[15] De fato, o caminho mais comum da autocracia para a democracia exigiu o trânsito intermediário por um sistema representativo oligárquico de forte restrição à participação eleitoral. As passagens de uma situação para outra são geralmente acidentadas por elementos explosivos: envelhecimento das instituições, grupos emergentes contestando a ordem e a resistência dos interesses estabelecidos.[16] É quando emergem os *césares*, isto é, personagens carismáticos destinados a fazer a ponte entre o novo regime e o velho (a exemplo de Cromwell na Inglaterra e de Napoleão na França). Segundo Azevedo Amaral, tais personagens aparecem quando as nações atravessam "uma crise de mutação violenta e os abalos determinados por ela atingem os próprios alicerces da sociedade, determinando por toda a parte o quadro inconfundível de uma metamorfose de vasta amplitude e de incalculável alcance na orientação do futuro da nação".[17] Neste livro, vou denominar *revolução* a situação de instabilidade e contestação que caracteriza a transição da anarquia à monarquia, da monarquia à oligarquia, e da oligarquia à democracia. Ela geralmente antecede e sucede uma outra *situação*, de consolidação da nova ordem, a que chamarei "*momento*": *momento monárquico*, *momento oligárquico*, *momento democrático*. Não se trata de um esquema "teleológico" de uma modernização unilinear. Trata-se de uma combinação das teorias da mudança política, historicamente orientadas, com a observação retrospectiva do processo desde o século XV ao XX, contendo as etapas possíveis de construção do Estado de direito democrático.

---

[15] SANTOS, Wanderley Guilherme dos. *Poliarquia em 3D*. Revista *Dados*, vol. 41, nº 2, Rio de Janeiro, 1998.

[16] HUNTINGTON, Samuel. *A ordem política nas sociedades em mudança*. Tradução de Pinheiro Lemos. Revisão técnica de Renato Boschi. Rio de Janeiro: Forense Universitária, 1975, p. 17.

[17] AMARAL, Azevedo. *Getúlio Vargas estadista*. Rio de Janeiro: Irmãos Pongetti, 1941, p. 30-31.

As situações da construção nacional e as grandes ideologias: conservadorismo, liberalismo e socialismo. Partindo da pressuposição de que a construção autocrática da ordem estatal também foi indispensável à modernidade política, a cultura política do Antigo Regime não deve ser desqualificada como "pré-moderna" ou "tradicional" – epítetos que, a meu ver, descrevem melhor a cultura política da sociedade feudal contra a qual o Estado se construiu. A literatura considera a cultura política moderna um composto de ideologias, as principais sendo o conservadorismo, o liberalismo e o socialismo. Cada qual privilegia um valor: a *autoridade*, a *liberdade* e a *igualdade*. A emergência de cada ideologia corresponderia a uma das três "revoluções" do processo de construção do Estado de direito democrático: o *conservadorismo* durante a "revolução monárquica", nas linguagens do absolutismo e da razão de Estado; o *liberalismo* durante a "revolução oligárquica", nos discursos do constitucionalismo histórico, do republicanismo cívico e do liberalismo clássico; e o *socialismo* durante a "revolução democrática", através do trabalhismo, da social-democracia e do comunismo. Embora hoje as três grandes ideologias não sejam idênticas às das épocas em que foram originalmente formuladas, cada qual guarda o seu DNA de origem. A experiência mostra que a durabilidade do Estado de direito democrático depende de sua capacidade de garantir um equilíbrio, ainda que instável, entre aqueles três valores – o da autoridade, o da liberdade e o da igualdade –, surgidos ao longo de seu processo de constituição. Com tais pressupostos em mente, descreverei na sequência os passos arquetípicos das primeiras situações e os lineamentos gerais de suas culturas políticas. A revolução democrática e o momento democrático ficarão para outra ocasião, tendo em vista os limites temporais estabelecidos para o presente livro.

Situações possíveis do processo de construção nacional (1): a "revolução monárquica". É preciso imaginar, inicialmente, um "momento anárquico", marcado pelo conflito e pela fragmentação de poder e território. É a partir de um quadro como esse que emerge a ambição do príncipe de superar o estado de anomia pela afirmação de sua autoridade suprema, de modo a restabelecer a paz social pela criação de procedimentos centralizadores, justificados por ideologias autoritárias. Todo conjunto territorial independente tende a se dotar inicialmente de um aparelho político central. Essa pretensão se materializa na forma de um Estado com pretensões de monopólio da ação econômica, social e cultural de sua periferia.[18] A "revolução monárquica" começa assim pela instituição de um "centro" encarregado de assegurar a organização global de uma sociedade, dentro de um território preciso contra o "momento anárquico" que o precede. Ela impõe às periferias uma padronização em torno da língua, dos símbolos e das ideologias provindas da capital e concentra o poder na pessoa do príncipe, chefe do Estado, pela progressiva absorção dos poderes mais ou menos autárquicos e fragmentários. A pretensão "monárquica" do governante passa pela monopolização do poder de dizer a lei (legislativo) e do exercício legítimo do poder coativo (jurisdicional e policial). A monopolização da violência exige um aparato burocrático encarregado de velar pela execução, nas províncias, das decisões tomadas pelo soberano na capital. A "revolução monárquica" enfrenta sempre a resistência dos poderes locais, em geral, aristocráticos senhores de terra em estilo "feudal", o que conduz à guerra civil e ao separatismo. O reconhecimento do chefe do Estado como centro irradiador do poder legítimo uniformiza a administração, o direito e a economia territorial, neutralizando as pretensões dos chefes locais. Pela eliminação geográfica das barreiras alfandegárias, o Estado cria as condições para uma economia de mercado; ao esmagar ou cooptar os poderes intermediários, ele favorece o estabelecimento, em longo prazo, de uma sociedade democrática. Pela integração vertical e horizontal da população, destruindo as hierarquias e aproximando grupos até então isolados, o Estado fomenta a criação de uma identidade comunitária e amplia seu horizonte de expectativas.[19]

[18] SHILS, Edward. *Center and periphery.* Chicago: Chicago University Press, 1975, p. 7.

[19] CHENGDAN, Qian. Transformation of European States: from feudal to modern. In: Yan Jun (ed.). *The harmony of civilization and prosperity for all:* selected papers of Beijing Forum (2004-2008). Volume 2, Issue 5, p. 6.683-6.684.

Situações possíveis do processo de construção nacional (2): o "momento monárquico". A consolidação do poder "monárquico" dá origem a um período de paz que aqui se chamará "momento monárquico". Ao longo dela, a modalidade de representação política que prevalece é a de *personificação*; através dela, a comunidade se identifica ao corpo físico do príncipe, imagem visível de sua dimensão transcendente. Seu poder não é legitimado como um fim em si, mas como instrumento por que o governante se desincumbe de seu dever de velar pelo primado de uma ordem justa e pacífica, que corresponda aos valores do bem comum. O príncipe funciona como instância geradora da unidade substancial da sociedade: ao afirmar simbolicamente a dimensão unitária e pública daquilo que se afigura múltiplo e particular, a representação-encarnação transforma a *multidão* em *povo*.[20] Daí a crítica dirigida a todas as formas de pluralismo político, qualificadas como facciosas na medida em que subvertem os princípios da hierarquia e da unidade do poder. Daí, igualmente, o dever que incumbe ao príncipe de dar-lhes combate sem trégua. A centralização é necessária para manter a ordem criada pela "revolução monárquica", superando a fragmentação e abrindo caminho para a ascensão de novos atores e o desenvolvimento de novas atividades econômicas. As ideologias por excelência do "momento monárquico" foram aquelas do *absolutismo* e da *razão de Estado*. Elas pregavam a soberania exclusiva do príncipe como detentor de um poder unitário, indivisível e inalienável, que formularia as políticas de Estado auxiliado por um pequeno círculo de conselheiros, em regime de segredo, e recorrendo à violência sempre que exigida pela transcendência dos interesses envolvidos e pelo caráter excepcional das circunstâncias. Este teria sido o momento em que se lançaram as fundações do pensamento político moderno, coincidindo com a lenta formação do conceito de Estado entre os séculos XII e XVI. É certo

[20] BENDIX, Reinhard. *Construção nacional e cidadania: estudos da nossa ordem social em mudança.* Tradução de Mary Amazonas Leite de Barros. São Paulo: Edusp, 1996, p. 82. LEFORT, Claude. *Le temps présent: écrits 1945-2005.* Paris: Belin, 2007, p. 612-613. HUNTINGTON. *A ordem política nas sociedades em mudança*, op. cit., p. 138.

que a teoria moderna do Estado ainda estava por ser elaborada, mas ela já teria assentado então seus alicerces.[21]

Situações possíveis do processo de construção nacional (3): a "revolução oligárquica". A estabilidade do "momento monárquico" e de sua ideologia conservadora, nas linguagens do absolutismo e da razão de Estado, sofrem os abalos de uma "revolução oligárquica", entendida como um processo de contestação ao autoritarismo, promovido por uma sociedade civil embrionária, em nome do *progresso* e da *liberdade.* Formados e fortalecidos pela integração nacional operada sob o "momento monárquico", as oligarquias emergentes rejeitam a dependência de suas vidas e propriedades face aos humores de um governante onipotente, autônomo e irresponsável. Essa reviravolta para a *oligarquia representativa* se opera pelo ascendente intelectual da *economia política* enquanto saber disciplinar que afirma a existência e independência de uma esfera privada face ao Estado. Do ponto de vista econômico, a esfera privada é o espaço do *mercado*; do ponto de vista político, ela corresponde àquele da *sociedade ou nação*, em que os cidadãos vivem no uso e gozo de seus direitos naturais – o principal dos quais é o de *propriedade.* Visto na fase pretérita como ameaça ao bem comum na forma de um facciosismo, o *interesse* passa agora à condição de princípio organizador da vida social. O próprio bem comum passa a ser definido como um tipo especial de interesse: *o interesse público.*[22] A "nova sociedade" ataca o "momento monárquico" por meio de doutrinas que, justificando a limitação do poder por uma Constituição e pela instauração de um sistema representativo, transferem para ela o encargo de depositária legítima da soberania. O *Poder Legislativo* é apresentado como espaço por excelência onde os representantes das elites (apresentada como "nação" ou "sociedade civil") devem deliberar. Ao invés de um corpo inteiriço ameaçado de desmembramento pela anarquia, carente de uma ordem imposta do alto pelo príncipe, a sociedade passa a ser apresentada como

[21] SKINNER, Quentin. *As fundações do pensamento político moderno.* Tradução de Renato Janine Ribeiro. São Paulo: Companhia das Letras, 1996.

[22] HIRSCHMAN, Albert. *Les passions et les intérêts: justifications politiques du capitalisme avant son apogée.* Tradução de Pierre Andler. Paris: PUF, 2001, p. 25.

naturalmente harmônica e formada por indivíduos autônomos, que se dedicam em um regime de liberdade e igualdade aos seus negócios privados.

No caso europeu, a "revolução oligárquica" em curso na segunda metade do século XVIII foi o pano de fundo sobre o qual se operou a renovação do vocabulário político-conceitual que acompanhou a "dissolução da velha sociedade de ordens ou estados, e o desenvolvimento do mundo moderno"[23]. O século de "transformação epocal" ("Sattelzeit") é subdividido por Koselleck em quatro fases, as três primeiras correspondendo àquilo que denominamos "revolução oligárquica". Inicialmente (1750-1770), o debate político extravasou o círculo da alta nobreza, dos juristas e dos letrados para alimentar a nascente esfera pública. Em seguida (1770-1789), "uma torrente de palavras previamente desconhecidas e significados apareceu, testemunhando assim uma nova compreensão do mundo"[24]. O divisor de águas foi a Revolução Francesa, que serviu de evento catalizador e difusor da modernidade europeia (1789-1815). Foi então que a "batalha semântica se intensificou e sua estrutura se modificou"[25]. Acompanhando a mudança social assinalada por índices crescentes de urbanização, de industrialização, de alfabetização, os conceitos políticos teriam sofrido quatro transformações: a *democratização* (alargamento do seu campo de uso por camadas até então alijadas); a *temporalização* (os conceitos passaram o futuro e não mais o passado como referência); a *ideologização* (os conceitos perderam sua dimensão concreta para se tornarem cada vez mais abstratos) e a *politização* (os conceitos passaram a adquirir acentuada polissemia por seu emprego por diversos setores na arena política).

Situações possíveis do processo de construção nacional (4): o "momento oligárquico". O êxito da "revolução oligárquica" conduz ao "momento oli-

[23] KOSELLECK, Reinhart. "Introduction and prefaces to the Geschichtliche Grundbegriffe". Translated by Michaela Richter. *Contributions to the History of Concepts.* Volume 6, Issue 1, Summer 2011, p. 8.

[24] KOSELLECK, Reinhart & GADAMER, Hans Georg. *História y Hermenéutica.* Traducción y notas de Faustino Oncina. Barcelona: Paidós, 1997, p. 10.

[25] KOSELLECK, Reinhart. 2006. *Futuro passado: contribuição à semântica dos tempos históricos.* Tradução do original alemão: Wilma Patricia Maas e Carlos Almeida Pereira. Rio de Janeiro, Contraponto/Editora PUC-Rio, p. 102.

gárquico", marcado por uma nova arquitetura político-institucional. Tendo por parâmetro uma Constituição de novo tipo (normativa, escrita, rígida), destinada a plasmar no mundo dos homens os princípios organizadores da sociedade, inscritos no direito natural, as novas instituições cerceiam o poder do príncipe por leis abstratas e gerais que exprimam a vontade geral. Tendo por valor supremo a defesa da liberdade, a Constituição a garante por uma declaração dos direitos e garantias individuais, dividindo o poder político conforme um critério de especialização (Executivo, Legislativo e Judiciário) e pela criação de um sistema representativo. O principal órgão do Estado passa a ser uma assembleia composta por representantes que fiscaliza os atos do governo e produz leis gerais, por meio de debates públicos. Nessa chave, os partidos políticos deixam de ser malvistos. De egoístas agrupamentos visando à exploração da coisa pública, passam à condição de "reunião de homens que professam a mesma doutrina política".[26] O príncipe passa a ser um mandatário da nação, encarregado de exercer o poder nos limites do mandato por ela outorgado e responsável por seus desmandos. Do ponto de vista intelectual, esse momento seria o de emergência do liberalismo como ideologia organizadora da vida coletiva. Mas a participação política continua fortemente restrita e o apego ao princípio da autoridade como condição para a liberdade passa a ser prestigiado pelos governos no poder, na forma de um liberalismo governista. Esse "momento oligárquico" correspondeu na Europa à última fase do século de transformação epocal (1815-1850), marcado pela penetração dos novos conceitos políticos nas massas. Eles foram organizados, distribuídos e hierarquizados pelas diferentes correntes políticas, dando origem às grandes ideologias da modernidade: o liberalismo, o conservadorismo e socialismo[27].

Esquema arquetípico da formação do Estado de direito democrático e peculiaridade de cada caso concreto. Nunca é demais reiterar que as situações arquetípicas – *revolução monárquica, momento monárquico, revolução oligár-*

[26] BURKE, Edmund. *Thoughts on the cause of the present discontents.* 1770, t. 1, p. 530.
[27] KOSELLECK, "Introduction and prefaces to the Geschichtliche Grundbegriffe", op. cit., p. 11.

quica, momento oligárquico, revolução democrática, momento democrático – não foram percorridas de modo idêntico, nem linear, nem simultâneo pelo conjunto dos países que hoje passam por democráticos. Até porque os pioneiros – Inglaterra, Estados Unidos e França – serviram de modelos aos demais, que buscaram adaptá-los à sua realidade percebida como "atrasada" ou "periférica". Em segundo lugar, a sequência nem sempre foi observada, havendo saltos aparentes da "monarquia" à "democracia" no caso da Alemanha (1919-1933) e do Japão (1945-1947); ou de sobreposição entre "monarquia" e "oligarquia", como na Argentina (1880-1916). Outra variável é a velocidade do percurso: a Inglaterra experimentou seu "momento oligárquico" durante século e meio (1689-1867); ao passo que a França levou pouco mais de trinta anos (1815-1848). As causas dos diferentes andamentos e ritmos são muitas. Conforme já explicado pela sociologia da modernização de Guerreiro Ramos, "nenhum curso dos acontecimentos pode ser considerado resultante de causas absolutamente necessárias. O curso dos acontecimentos resulta continuamente do jogo de fatores objetivos e opções humanas. É possível fazer previsões, sujeitas, porém a um grau variável de certeza, dependendo das circunstâncias concretas".[28] Por tudo isso, válido e útil no plano heurístico e, em menor medida, num plano explicativo, esse esquema arquetípico das várias situações possíveis, ao longo do processo de construção do Estado de direito democrático, não deve induzir à crença de construção de ordens nacionais isomórficas: são, acima de tudo, configurações formais. As singularidades nacionais se encarregam de conferir a esse processo suas diferenças particulares.[29]

3. O desafio da construção nacional na América Ibérica: condição periférica e imperativo modernizador

A "condição periférica" como pressuposto da imaginação política ibero-a-

[28] RAMOS, Alberto Guerreiro. *A modernização em nova perspectiva: em busca de um modelo da possibilidade.* Revista de Administração Pública, nº 2, 1967, p. 23.

[29] BADIE, Bertrand. *Le développement politique.* Prefácio de Georges Lavau. 5ª edição. Revista/aumentada. Paris: Economica, 1994.

mericana. O percurso arquetípico de construção do Estado de direito democrático serve de ponto de partida para compreender a formação da cultura política ibero-americana, à luz de sua "condição periférica". Os países ibero-americanos surgiram como colônias da Espanha e de Portugal, a reboque das exigências de expansão da fé e de suas economias. Suas sociedades foram originalmente conformadas pelas necessidades geopolíticas das metrópoles, circunstância que as obrigou a se estruturarem "para fora", para satisfazer a necessidades do mercado europeu.[30] Formaram-se assim sob o signo de um duplo descolamento: o *temporal*, que as colocava em um tempo de "atraso"; e o outro, *espacial*, que as localizava em um lugar "periférico". Por conta disso, a América Ibérica constituiu-se conscientemente como um "extremo" ou "outro" Ocidente.[31] A dicotomia centro/periferia é aqui essencial para explicar como percorreram aquele itinerário países que não se percebiam como "cêntricos". Trata-se de um par essencialmente relacional: não há "condição periférica" sem "condição cêntrica". Ambas serão aqui entendidas como representações por que determinadas comunidades se imaginam na vanguarda ou centro do mundo, lugar de "modernidade" e "civilização", e outras, como atrasadas e periféricas, lugar de "barbárie" e "subdesenvolvimento". Ao invés de separados e estanques, o centro e a periferia devem ser concebidos imageticamente como partes de uma mesma pirâmide formada por níveis móveis, ao longo dos quais os diferentes países se percebem reciprocamente como mais adiantados ou atrasados, conforme mais próximos ou afastados do topo.

Particularidades da "primeira revolução oligárquica" na América Ibérica. As peculiaridades da cultura política ibero-americana são indissociáveis do desenvolvimento de suas sociedades que, além de periféricas, eram coloniais. Nelas,

---

30 PRADO JÚNIOR, Caio. *Formação do Brasil contemporâneo*. In: Silviano Santiago (org.). *Intérpretes do Brasil*, volume III. Rio de Janeiro: Editora Nova Aguilar, 2002, p. 1.127.

31 CARMAGNANI, Marcello (2011). *El otro Occidente: América Latina desde la invasión europea hasta la globalización*. Trad. de Jaime Riewra Rehren, 2ª edição. México: FCE, Colmex, 2011, p. 16-17. ROUQUIÉ, Alain. *O extremo Ocidente: introdução à América Latina*. Tradução de Mary Amazonas de Barros. São Paulo: Editora da USP, 1991, p. 24-25.

a conformação do moderno vocabulário político moderno não se articulou da forma "orgânica", conforme o modelo de "transformação epocal" proposto por Koselleck, onde ele aparece em estreita relação com as mudanças socioeconômicas impulsionadas pelo capitalismo comercial e depois industrial. À época da Revolução Francesa, as estruturas do Antigo Regime não apresentavam nos antigos impérios português e espanhol o mesmo nível de degradação em que elas se achavam na Europa. A súbita explosão do vocabulário liberal a partir de 1807-1821 foi em larga medida um subproduto da ruptura político-institucional provocada pelo colapso das metrópoles sob a invasão napoleônica. Ao longo da primeira metade do período assinalado para o *Sattelzeit* europeu (1750-1810), as mudanças conceituais se operaram mais lentamente na América Ibérica e, embora tenham depois se acelerado, ainda estavam longe da "maturidade" quando ele chegou ao fim no Velho Mundo (1810-1850).[32] A sociedade herdada do Antigo Regime só começou a se desagregar na segunda metade do século XIX, revirada pela expansão do capitalismo europeu. Foi então que o vocabulário liberal encontrou a contraparte socioeconômica pressuposta por Koselleck para o *Sattelzeit* europeu, e ideias de progresso, de secularização, de difusão da instrução pública, de valorização do conhecimento científico e maior liberdade pessoal e econômica conquistaram legitimidade mais ampla.[33] Embora os países periféricos vivenciassem uma sincronia em relação aos cêntricos no que toca à circulação das ideias, marcadas pela hegemonia do liberalismo, eles priorizaram objetivos diferentes no período anterior (1810-1860). Enquanto os países cêntricos priorizavam a *liberdade*

[32] Essa percepção de defasagem em relação ao esquema de Koselleck aparece nas conclusões de diversos pesquisadores envolvidos no projeto Iberconceptos. Assim, sustenta-se por exemplo que, em torno de 1870, a cultura da mobilização, impulsionada pelas associações, pelos partidos e pela imprensa escrita, ainda era incipiente; que o constitucionalismo ainda estava por encarnar-se em realidades concretas; que conceitos como Nação e Povo permaneciam empregados para designar somente um círculo restrito de famílias (FERNÁNDEZ SEBASTIÁN, Javier (org.). *Diccionario político y social del mundo iberoamericano La era de las revoluciones, 1770-1870* [Iberconceptos-II]. Tomo II. Madrid: Fundación Carolina Sociedad Estatal de Conmemoraciones Culturales, Centro de Estudios Políticos y Constitucionales, 2014, p. 47 e 117).

[33] FERNANDES, Florestan. *A revolução burguesa no Brasil.* In: Silviano Santiago (org.). *Intérpretes do Brasil.* Volume III. Rio de Janeiro: Nova Aguilar, 2002.

para consolidar seus Estados de direito, os ibero-americanos priorizaram a *autoridade* para criar seus Estados nacionais. Embora regidas por constituições liberais, em torno de 1850 as nacionalidades ibero-americanas continuavam às voltas com o problema mais elementar de organização da ordem nacional.[34]

Uma "revolução monárquica" sob as vestes de "revolução oligárquica". Símbolo da unidade, da justiça e defensor da fé, a autoridade do rei garantia os direitos e deveres nos diferentes territórios da monarquia. A ruptura com a metrópole, sem prévio consenso relativo às novas regras e práticas do governo constitucional e representativo, mergulhou a América Ibérica em um torvelinho de guerras civis e fragmentação. Por isso, a tarefa que primeiro absorveu a agenda dos novos países independentes da região foi a mesma enfrentada pela Inglaterra e pela França nos séculos XVI e XVII: criar, estabelecer e consolidar um Estado cuja autoridade conquistasse a obediência das populações contra a resistência de poderes concorrentes, como a Igreja Católica e os grandes proprietários rurais.[35] Precisaram organizar um "centro" capaz de monopolizar o emprego da violência legítima contra os poderios concorrentes da periferia.[36] Mas os ibero-americanos tiveram de se desincumbir dessa tarefa em condições mais precárias. Na medida em que se consideravam na periferia da civilização, dependiam dos valores desta última para legitimar sua ação. E o valor político civilizado por excelência da Europa era o da liberdade. Ora, o liberalismo pregava a desconcentração do poder. Porque pressupunha um Estado poderoso, cujo excesso de autoridade era preciso podar, o liberalismo era a ideologia menos apropriada para países que careciam de justificar, não a dispersão, mas a concentração do poder. Os estadistas ibero-americanos tiveram então de acomodar a lógica consti-

[34] LYNCH, Christian Edward Cyril. "O Sattelzeit diferido da América Ibérica". História do Direito: RHD, Curitiba, v. 1, nº 1, p. 387-402, jul-dez de 2020.

[35] GUERRA, François-Xavier. *Le Mexique: de l'Ancien Régime à la Révolution.* Paris: L'Harmattan, 1985. BOTANA, Natalio R. *El orden conservador: la política argentina entre 1880-1916.* 5ª edição. Buenos Aires, Editorial Sudamericana, 1998. BOTANA, Natalio R. *Repúblicas y Monarquías: la encrucijada de la independencia.* Buenos Aires, Edhasa, 2016.

[36] CHIARAMONTE, José Carlos. *Usos políticos de la história: lenguaje de clases y revisionismo histórico.* 2ª edição. Buenos Aires: Sudamericana, 2013, p. 93-94.

tucional "oligárquica" europeia, liberal, *à necessidade* de autoridade preconizada pela razão "monárquica", conservadora. Fizeram-no criando "modelos de governabilidade" que restauravam, na prática, a lógica centralizadora do Antigo Regime, consagrando institutos que encapsulavam a "razão de Estado", como o estado de sítio e as faculdades emergenciais; elaborando interpretações constitucionais, que transformavam federalismo em unitarismo e empregando técnicas fraudulentas que faziam do governo o "Grande Eleitor" dos demais poderes.[37] Assim foi que, adaptado ao constitucionalismo, o absolutismo ilustrado encontrou, nas palavras de Gabriel Paquette, uma "segunda era" na América Ibérica independente.[38]

Por um *Sattelzeit* ibero-americano. Em suma, se for o caso de se levar a sério a ideia de um *Sattelzeit* ibero-americano, é preciso imaginá-lo durando de 1770 a 1920 e dividido em dois momentos. No primeiro (1770-1850), embora o vocabulário político moderno se tenha disseminado pelas camadas letradas, ele teve de se adaptar a uma sociedade ainda conformada pelo Antigo Regime, adquirindo tonalidades conservadoras. Embora a independência tenha rompido o estatuto colonial, a expansão da sociedade civil em termos quantitativos e qualitativos ficou paralisada pelos baixos índices de crescimento econômico. No segundo período (1850-1920), impulsionado pela expansão do capitalismo europeu, as camadas mais profundas da velha sociedade colonial começaram a ser revolvidas e o liberalismo passou a prevalecer no mundo da vida. Inverteu-se então a prioridade política: se,

[37] LOVEMAN, Brian. *The constitution of tyranny: regimes of exception in Spanish America.* Pittsburgh: Pittsburgh University Press, 1993. NEGRETTO, Gabriel L. "Repensando el republicanismo liberal en América Latina: Alberdi y la Constitución Argentina de 1853". In: José Antonio Aguilar y Rafael Rojas (coordinadores), *El republicanismo en Hispanoamérica: ensayos de historia intelectual y política.* México DF, Fondo de Cultura Económica, 2002, p. 210-287; GARGARELLA, Roberto. *Los fundamentos legales de la desigualdad: el constitucionalismo en América (1776-1860).* Buenos Aires: Siglo XXI Editora Iberoamericana, 2008; PORTILLO VALDÈS, José Ma. *Historia mínima del constitucionalismo en América Latina.* México: DF, El Colegio de México, 2016.

[38] PAQUETTE, Gabriel (ed.). *Enlightened reform in southern Europe and its Atlantic colonies c. 1750-1830.* London and New York, Routledge, 2016, p. 19. LIRA, Bernardino Bravo. *El absolutismo ilustrado em Hispanoamérica: Chile (1760-1860) de Carlos III a Portales y Montt.* Santiago: Universitária, 1992, p. 170.

antes, tratava-se de acomodar a liberdade às necessidades da autoridade, agora se tratava de adaptar a ordem às exigências da liberdade.[39] O apogeu da ordem liberal oligárquica na América Ibérica, triunfante a partir de 1860-1870, teve lugar cerca de meio século depois (1900-1910) sob as presidências de Julio Roca na Argentina; Porfírio Diaz no México; Rodrigues Alves no Brasil; e Pedro Montt no Chile. Então, uma obra dedicada ao estudo das fundações do pensamento político brasileiro – diferentemente daquelas elaboradas para o contexto britânico, francês e norte-americano – deverá considerar o fato de que aqui a "revolução monárquica" se processou de modo encapuzado durante a primeira situação, a "fraca" ou "epidérmica", do "momento oligárquico" da região. Momento este que só adquiriria vida, na forma de uma segunda ou verdadeira "revolução oligárquica", na segunda metade do século. Aspecto que impõe, por conseguinte, descrever o processo de constitucionalização da região, simultâneo às tentativas de criação de um modelo autoritário de governabilidade. Modelo que equilibrasse a exigência cosmopolita por liberdade individual com aquela outra, particularista, de construção do Estado nacional.

4. Por uma universalidade complexa: o pensamento político brasileiro na perspectiva pós-colonial

Características do pensamento político ibero-americano (1): diagnóstico do atraso e estratégias de modernização. As especificidades da trajetória de construção do Estado de direito democrático na periferia ibero-americana se refletiram na conformação de sua cultura política. A emergência de uma "sociedade planetária" a partir do Iluminismo expôs as elites das nações "periféricas" à influência do padrão de vida e cultura vigorante nos países "cêntricos".[40] Dependentes dos modelos europeus, que hierarquizavam e definiam os lugares e os papéis das nações a partir de uma concepção

[39] BARROS, Roque Spencer Maciel de. *A Ilustração brasileira e a ideia de Universidade.* São Paulo: FFLCH/USP, 1959.
[40] RAMOS. *A modernização em nova perspectiva*, op. cit., p. 23.

evolucionista e teleológica do processo histórico, as elites ibero-americanas internalizaram o pressuposto de sua subalternidade. Em decorrência disso, o eixo temático do pensamento político ibero-americano girou basicamente em torno do diagnóstico do *atraso*, da *barbárie*, do *retardo* ou do *subdesenvolvimento* nacional e do imperativo do *progresso*, da *civilização*, da *evolução* ou do *desenvolvimento*, meios conducentes à transformação das estruturas herdadas da colonização. A esse imperativo modernizador subordinaram-se quase sempre os três tópicos maiores da teoria política, relativos ao problema da organização da ordem pública, da liberdade individual e da igualdade social. Estes acabaram menos valorizados em si mesmos do que em virtude de sua associação com o ideal de modernidade, erigido na periferia à condição de razão de Estado. Fato que afetou, por óbvio, a configuração do conservadorismo, do liberalismo e do socialismo na região. Não podendo se refugiar no passado colonial, o conservadorismo foi empurrado para adiante, seguindo as pegadas reformistas do absolutismo ilustrado ibérico. Devido ao seu cosmopolitismo e incomodado com o atraso, o liberalismo adquiriu os contornos de uma teoria crítica da realidade na qual se sentia um estranho. Já o socialismo preferiu privilegiar o combate ao imperialismo à opressão burguesa, que parecia mal menor diante do domínio avassalador da grande aristocracia rural ("feudal") na região.

Características do pensamento político ibero-americano (2): um estilo "periférico" de redação. Mas não foi apenas o eixo temático do pensamento ibero-americano em geral e brasileiro em particular, que adquiriu conformação especial: o estilo de redação também. Já que raramente se viram pertencendo à civilização em que se produzia a "verdadeira" teoria, ciência ou filosofia, nossos escritores preferiram voar mais baixo do ponto de vista da abstração ou da pretensão teórica. O resultado foi um "estilo periférico" de redação e argumentação que contrasta singularmente com aquele, "cosmopolita" ou "universal", que caracteriza as obras canônicas da teoria política europeia.[41]

[41] Não se pretende aqui caricaturar o pensamento político europeu como sempre vazado em linguagem universalista ou abstrata. A ênfase da referida comparação do pensamento político brasileiro

Esse estilo apresenta diversas características. A primeira é o *menor grau de generalização e maior sentido prático das reflexões políticas.* Na periferia, não se cogita que a elaboração intelectual local tenha alcance universal. Pensada para impactar de modo mais restrito no tempo e no espaço, num ambiente carente de mudanças, ela costuma ter objetivos mais pontuais e pragmáticos. A segunda característica é a *maior centralidade da retórica, da oratória e do argumento de autoridade.* Os autores periféricos leem os cêntricos como autoridades que lhes poupariam o trabalho de descobrir por si mesmos a verdade da arte e da ciência; da mesma forma, a referência às obras europeias conferia prestígio a quem a fazia, sendo demonstração de cultura e capacidade intelectual.[42] Esse prestígio do autor estrangeiro é responsável pela terceira característica do estilo periférico: a *tendência de os autores nacionais se apresentarem como pioneiros da modernidade cêntrica,* obscurecendo as relações de continuidade com seus predecessores nacionais. A verdade é que essa continuidade existe, devendo ser procurada, não tanto nas suas expressas filiações autorais exógenas, mas naquelas ocultas, endógenas, perceptíveis pela constância temática.

A quarta característica digna de nota é a *maior diluição das posições extremadas – isto é, demasiado conservadoras ou radicais – comparativamente àquelas dos países europeus.* O fenômeno se deve a quatro fatores: a ausência de tradições fortes de um passado feudal e católico; a crença na previsibilidade do futuro (que seria aquele dos países cêntricos, tal como enxergado da periferia); a menor complexidade aparente da sociedade local, avessa às hierarquias formais; e, por fim, o quase consenso em torno da necessidade de superação do presente indesejável. O quinto traço do estilo periférico vincula-se ao anterior e reside na *orientação acentuadamente prospectiva da política.* O passado é visto negati-

---

com as *obras canônicas da teoria política* não é ociosa. Penso aqui nos grandes tratados, como o *Leviatã* de Hobbes, o *Segundo tratado* de Locke, *Do contrato social* de Rousseau, os *Princípios de política* de Constant, *Da liberdade* de Stuart Mill, *O indivíduo contra o Estado* de Spencer etc. Importa notar, todavia, que se há obras fundamentais do pensamento europeu redigidas em estilo "contingente", como as *Reflexões* de Burke ou *O que é o Terceiro Estado* de Sieyès, pouquíssimas foram escritas na periferia em estilo "cosmopolita".

[42] CARVALHO, José Murilo de. "História intelectual no Brasil: a retórica como chave de leitura". *Revista Topoi,* nº 1, Rio de Janeiro, 2000, p. 123-152

vamente como a época de gestação das mazelas a serem superadas. Já o futuro é o lugar da redenção nacional, a se alcançar pelo progresso, pela civilização, pela evolução, pela modernização, pelo desenvolvimento. A hipertrofia do horizonte de expectativas resultou simetricamente numa atrofia do peso conferido ao espaço de experiências, ou seja, do prestígio das tradições, associadas geralmente ao atraso – daí a profusão dos modismos e novidades estrangeiras. A sexta característica do estilo periférico reside na *abundância de "projetos nacionais" dependentes da aclimatação de modelos cêntricos.* Parte nada desprezível do pensamento político brasileiro deposita uma grande confiança na importação de instituições de países como a Inglaterra, a França e os Estados Unidos como método de aceleração da modernização social, como a monarquia constitucional, o unitarismo, o parlamentarismo, a república, o federalismo, o presidencialismo, o judiciarismo, a representação classista, as comissões parlamentares, o mandado de injunção, o júri etc. Não se trata de patologia, mas de estratégia de construção nacional.[43] Consequência direta do formalismo institucional, a sétima característica do estilo periférico do pensamento brasileiro reside no *pedagogismo*, decorrente da necessidade de se educar a população nas culturas necessárias à boa prática das instituições transplantadas ou por transplantar: o constitucionalismo, o republicanismo, a democracia, o socialismo etc.

Da relevância das ideias políticas na América Ibérica. Da sensação de se encontrarem em um lugar periférico e atrasado do mundo, todavia, não devem ser extraídas conclusões equivocadas. A primeira reside em crer que as ideias políticas produzidas na América Ibérica não tivessem importância. Muito pelo contrário, elas desempenhavam uma função crucial na atividade político-partidária de governos constitucionais e representativos do século XIX. A representação partidária dos diversos interesses parciais só era legítima na medida em que concorresse para a satisfação das necessidades do país como um todo. Esse era um trabalho que requeria o convencimento da esfera pública, por meio da exposição de ideias na tribuna parlamentar e jornalística. Eram, portanto, as

[43] RAMOS, Alberto Guerreiro. *Administração pública e estratégia do desenvolvimento.* Rio de Janeiro: FGV, 1966, p. 389-390.

ideias que legitimavam a ação política, obrigando os estadistas, na qualidade de seus portadores, a propagá-las, discuti-las e fazê-las triunfar. Era o que explicava o visconde de Mauá em 1878:

> Nada mais justo, razoável e conveniente à marcha governativa do país, do que a intervenção intercalada na governação do Estado das opiniões políticas que tenham elementos de reconhecida força na organização social adotada. O que, porém, o país tem direito a esperar é que as sumidades intelectuais que simbolizam o pensamento político que aspira ao poder tenham ideias assentadas sobre os pontos cardeais em referência às necessidades públicas que legitimem essa aspiração, pois a presença do estadista se reconhece nas medidas em que ele empenha seus esforços para alcançar o bem-estar social, que é a missão de todo o bom governo conseguir[44]

Em outras palavras, as ideologias, linguagens e conceitos políticos cumprem um papel fundamental na vida política da comunidade que, sem eles, não poderia ser organizada, tampouco existir. Por isso, toda comunidade organizada possui necessariamente alguma modalidade de pensamento político. O Brasil não pode ser uma exceção: existe um pensamento político brasileiro tanto quanto um pensamento político argentino, paraguaio, estadunidense, francês, inglês, russo ou chinês. Cada um deles remete ao conjunto de ideologias e discursos que confirmam suas respectivas culturas políticas, apresentando entre si tanto semelhanças quanto especificidades.

As ideias em seu lugar: nem cópias, nem simulacros. A segunda conclusão a ser evitada é aquela relativa à suposta fatalidade da "condição periférica": as nações periféricas não eram nem são seguidoras passivas das pioneiras ou cêntricas, nem estas eram ou são completamente autônomas. Da mesma forma, o processo histórico não é linear e a participação de cada país não é contínua nem ascendente.[45] Embora a cultura europeia tenha servido de modelo à América Ibérica, deste fato não se aduz, nem que as ideias tenham um lugar

[44] MAUÁ, Irineu Evangelista de Sousa, Visconde de. *Autobiografia*. Prefácio e anotações de Cláudio Ganns. Brasília: Senado Federal, 2011, p. 204.

[45] RAMOS. *A modernização em nova perspectiva*, op. cit., p. 39. CARMAGNANI, *El outro Occidente*, op. cit., p. 16-17.

próprio (o da origem), nem que os transplantes sejam servis a ponto de convertê-las em "cópias". Até porque, como ser verá, o "centro" é consideravelmente diversificado: as ideias ou conceitos também circulam entre os países que o compõem, adaptando-se às circunstâncias e aos agentes. A primeira parte deste livro mostrará as semelhanças, mas também as diferenças entre os processos de construção nacional da Inglaterra e da França, refletidas nas suas respectivas ideologias conservadora e liberal, em cada uma das linguagens de que eram compostas na época. O mesmo procedimento se verificará nos processos de construção nacional de Portugal e do Brasil, na segunda e na terceira partes. Em outras palavras, para além dos arquétipos, não é possível falar de um "liberalismo", um "socialismo" ou um "conservadorismo" unívocos, "universais" ou "verdadeiros". As ideologias na prática variam não só conforme as "macrorregiões" do mundo, como também conforme cada país dentro delas. Espero assim afastar o fantasma da "teoria do desvio", ou seja, a suposição generalizada de que exista um modelo geral "normal" de desenvolvimento político do qual o mundo ibérico e ibero-americano teria aberrado.

O pensamento político brasileiro como uma teoria política produzida na periferia ibero-americana. Tudo pesado, cumpre relativizar avaliações baseadas em categorias pretensamente universais, que permitiriam aquilatar a maior "qualidade" da teoria ou filosofia política "cêntrica", quando comparada à "periférica". A questão se resolve aqui no campo metodológico, porque a clivagem mais relevante do campo disciplinar opõe abordagens mais filosóficas ou textualistas àquelas de natureza mais histórica ou contextual. Como tipo ideal, a abordagem textualista oriunda da *história da filosofia* se concentra em obras reputadas exemplares por sua sistematicidade e abrangência, "clássicas" por sua suposta capacidade de orientar juízos sobre a realidade atual. A fim de escaparem das limitações inerentes ao contexto de elaboração das obras, os partidários dessa abordagem concentram-se nos argumentos de ordem geral, enunciados sempre com alto grau de abstração, dedutivismo e generalização. Ocorre que a própria ideia de uma filosofia universal, de que o cânone de "clássicos" é derivado, decorre da concepção eurocêntrica e teleológica que orientou a filosofia da história do século XIX. Por isso, o cânone é sempre formado por uma seleção de autores "universais" nascidos na Europa ou nos Estados Unidos. A abordagem contextualista, por outro lado, tende, como *história do pensamento ou das ideias*, a não separar o exame do texto da referência à época e à sociedade em que foram produzidas. Ela está menos interessada na suposta sistematicidade ou coerência do texto do que em entender como seu autor buscava reagir aos desafios de seu tempo. Essa oposição entre formas de abordagem mais filosófica ou histórica se reproduziu em toda a parte onde a tradição de estudo do pensamento político se achava consolidada por volta de 1960. No mundo anglófono, a *história da filosofia política* de Leo Strauss concorreu com a *história das ideias* de Arthur Lovejoy, sucedida pela *história do pensamento político* de Quentin Skinner e John Pocock. Na França, a *história das doutrinas políticas* de Jean-Jacques Chevallier se contrapôs à *história das ideias políticas* de Jean Touchard e Marcel Prélot. Na Alemanha, foi a *história espiritual* de Friedrich Meinecke que sofreu os golpes da *história dos conceitos* de Reinhart Koselleck.

Foi a crise da filosofia da história que, possibilitando a emergência de abordagens que combinassem textualismo e contextualismo, permitiu quebrar o eurocentrismo das abordagens de matriz hegeliana e conferir inteligibilidade e legitimidade ao estudo do pensamento político ibero-americano. A perspectiva de uma teoria política enquanto história do pensamento facilitou, ainda que involuntariamente, a transição para uma abordagem pós-colonial do pensamento ibero-americano. Ademais, é fácil perceber que o textualismo da tradição filosófica também possui um contexto implícito – guerras mundiais, revoluções francesa e inglesa, revolução industrial e soviética etc. Lidando com os mesmos problemas, a "teoria política" cêntrica não é menos histórica e localmente situada que o "pensamento" periférico, conforme se verificará ao longo deste livro. Por isso, é preciso abandonar o clichê segundo o qual a história das ideias no Brasil seja um reflexo empobrecido do que se fez na Europa. O maior grau de generalidade e de abstração formais da "teoria política clássica" decorre do fato muito pedestre de ter sido elaborada por autores "cêntricos" o bastante para conceberem, como "universais" experiências não menos "locais" e "efêmeras" do que aquelas dos países periféricos. Não se trata, aqui, naturalmente, de negar a universalidade como categoria, mas de pensá-la no registro de uma *universalidade complexa*, que deixe de se restringir à experiência excepcional de três ou quatro países pioneiros do Atlântico Norte e incorpore a dos outros nove décimos do globo[46].

***Os donos do poder* de Raymundo Faoro: uma crítica metodológica e historiográfica.** As perspectivas do presente livro tendem a divergir daquelas de outro, de propósitos assemelhados: *Os donos do poder: formação do patronato político brasileiro*, de Raymundo Faoro. Exemplo de interpretação liberal da formação brasileira da segunda metade do século XX, a obra apresenta suas típicas dicotomias cosmopolitas, acentuadas no contexto ibero-americano: sociedade *versus* Estado; modernidade *versus* tradição; liberalismo *versus* autoritarismo; cultura ocidental ou europeia *versus* cultura oriental ou ibérica etc. Não é pelo ângulo ideológico, porém, que o livro merece ser aqui criticado – até porque só é possível criticar uma ideologia a partir de outra, o que não é o meu propósito aqui. Trata-se, ao contrário, de criticar – *Os donos do poder* - como um "clássico" de interpretação equivocada do Brasil, na medida em que pressupõe um único modelo "normal" de desenvolvimento – aquele do mundo anglo-saxão –, do qual o mundo ibero-americano teria se "desviado" com nefastas consequências para suas sociedades e respectivas culturas, que acabaram "atrofiadas", "deformadas" ou "falsificadas". São os mesmos cacoetes de uma obra gêmea menos conhecida publicada dez anos antes (1948), cujo título, entretanto, expressa de maneira clara a perspectiva comum: *Fatores adversos na formação brasileira: explicação dos males atuais*, de E. L. Berlinck.[47] É, pois, como obstáculo epistemológico à renovação dos estudos relativos à formação do Estado e do pensamento político brasileiro que Faoro merece ser criticado.

---

[46] LYNCH, Christian Edward Cyril. "Por que pensamento e não teoria?: a imaginação político-social brasileira e o fantasma da condição periférica (1880-1970)". Dados, v. 56, n. 4, 2013, pp. 727-767.

[47] BERLINCK, E.L. *Fatores adversos na formação brasileira: explicação dos males atuais*. São Paulo: Oficina Gráfica, 1948.

O argumento de – *Os donos do poder* – é conhecido. Partindo do pressuposto de que os países democráticos não experimentaram o absolutismo por terem transitado diretamente do feudalismo para o liberalismo, o jurista gaúcho defende a tese de que a tradição estatista brasileira representaria uma continuação do autoritarismo ibérico. O fato de o feudalismo português ter sido um regime fraco possibilitara à monarquia em aliança com o comércio se tornar absoluta em meados do século XV. Toda a história do autoritarismo no Brasil é apresentada como consequência do pecado original do absolutismo transmitido geneticamente pela colonização ibérica. Mesmo depois da independência e da república, o país seguiria uma continuidade do Antigo Regime colonial, disfarçado de Estado de direito democrático: " De Dom João I a Getúlio Vargas, numa viagem de seis séculos, uma estrutura político-social resistiu a todas as transformações fundamentais, aos desafios mais profundos, à travessia do oceano largo" [48]. Este autoritarismo de matriz ibérica, periodicamente atualizado, seria protagonizado por um "estamento burocrático" sufocador da sociedade civil, "uma estratificação aristocrática, com privilégios e posição definidos pelo Estado" acima da nação.[49] Dominando a nação pelo patrimonialismo e sugando-a em benefício próprio, o estamento teria impedido a nação de desenvolver-se de maneira espontânea, impondo-lhe uma modernização epidérmica que a levaria a acompanhar o movimento do mundo, sem emancipar-se de seu tutor[50]. Porque comandado por um conservadorismo autoritário da origem lusitana, acrescenta Faoro, o Brasil seria desprovido de pensamento próprio. Em sociedades sufocadas pelo estamento burocrático, o pensamento político não poderia passar de enganação ou simulacro. O liberalismo, que o poderia ter emancipado, teria sido capturado pela classe dominante para fins de ornamentação e ma-

[48] FAORO, Raymundo. *Os donos do poder: formação do patronato político brasileiro.* 2ª edição. São Paulo: Editora Globo, 1974, p. 733.

[49] Idem. *Os donos do poder: formação do patronato político brasileiro.* Porto Alegre: Editora Globo, 1958, p. 106.

[50] Idem. *Os donos do poder.* 2ª edição, op. cit., p. 99.

nutenção do *status quo.*[51] Por isso, ao contrário da Europa e na América do Norte, onde o tempo histórico seria o do progresso democrático, os países da América Latina viveriam aprisionados em uma *viagem redonda.*

O problema do argumento de Faoro não reside, reitere-se, no seu liberalismo, mas no fato de que suas principais premissas têm sido sistematicamente desmentidas pela historiografia e pela ciência política. O pressuposto de que a Grã-Bretanha transitou diretamente do feudalismo para o liberalismo é refutado pela historiografia britânica, que localiza o esforço absolutista pela centralização do poder no período da dinastia Tudor. A sugestão de que a Inglaterra também teve a sua "revolução monárquica" compromete a teoria da modernização de Faoro, que incompatibiliza a ocorrência histórica do absolutismo com a democracia. A hipótese de um Portugal absolutista por volta de 1500 também é rechaçada pela atual historiografia portuguesa, para a qual é impossível falar em Estado antes das reformas pombalinas do século XVIII. Há também grande confusão entre nobreza e burocracia, embaralhadas por Faoro para compor o seu "estamento burocrático". Ambas na verdade eram inimigas figadais, a primeira resistindo ao avanço da segunda tanto no reino quanto na colônia. Faoro também adota a anacrônica perspectiva "patriota" que opõe a todo tempo brasileiros a portugueses, como se já houvesse sociedade brasileira desde os primórdios da colonização. Conceitos como "povo brasileiro" e "sociedade brasileira", empregados para descrever os oprimidos pelo "estamento", empalidecem quando se descobre que aqueles que reivindicavam tal condição pertenciam aos quadros de uma nobreza colonial de província, destituída de identidade "nacional". A própria noção de um "estamento burocrático" composto por um "exército de funcionários" no período colonial se revela fantasiosa diante de seu risível quantitativo, à época da chegada da Corte e nas décadas subsequentes[52]. Em suma, o Estado que Faoro julga oprimir o

[51] Idem. *Existe um pensamento político brasileiro?* São Paulo: Ática, 1996, p. 67.

[52] Em 1808, quando a Corte se transfere para o Rio de Janeiro, havia apenas quatro ministérios, e o principal deles – a Secretaria de Estado dos Negócios do Reino – tinha em seu quadro de funcionários apenas doze pessoas, aí incluídos dois bibliotecários, um porteiro e três ajudantes de porteiro. Abaixo do ministro, os negócios da pasta eram conduzidos por apenas oito funcionários: um ofi-

Brasil desde Tomé de Souza é tão fictício quanto a sociedade nacional que ele julga oprimida. O Estado brasileiro é, na verdade, produto de um processo de meio século ocorrido entre a chegada da Corte e a Conciliação, e não se pode falar em "sociedade nacional" de modo consistente antes de 1860-1870[53].

Também a crença de Faoro na inexistência de um pensamento político brasileiro repousa em pressupostos que se encontram nos antípodas da abordagem aqui adotada. Do ângulo metodológico, as ideias políticas são por ele descritas à maneira de Hegel como espíritos desencarnados universais – leia-se: europeus –, que para se aclimatarem na periferia buscariam uma conformação socioeconômica adequada – leia-se: semelhante à europeia. Reduzido à condição de expressão exclusiva do liberalismo, o pensamento político de uma nacionalidade deveria forçosamente exprimir seu anseio por progresso e liberdade, conforme o "modelo universal" anglo-saxão. Entretanto, a ausência daquela correspondência socioeconômica, decorrente da opressão da sociedade e do mercado pelo "estamento burocrático" de matriz ibérica, teria impedido no Brasil que o "espírito" das ideias liberais se concretizasse, tornando-as meros simulacros do "original". Por ser uma extensão do autoritarismo ibérico, o conservadorismo não é considerado, nem pensamento político, nem brasileiro. Na medida em que a periferia é considerada por Faoro um *não lugar*, terra do desvio civilizacional e da deformação cultural, nela não pode existir um pensamento político, confinado aos países hegemônicos do Atlântico Norte, região de sociedades livres e autênticas democracias liberais. Está claro que uma abordagem abrangente e compreensiva da cultura política brasileira é impossível a partir da perspectiva eurocêntrica, essencialista e anacrônica das ideias políticas adotadas por Faoro. Ela só pode ter lugar a partir de outra, que leve em consideração o contexto das diferentes situações da construção nacional periférica e dos

cial-maior e outros sete, menores. Este é o verdadeiro retrato do "monstro burocrático-patrimonial" herdado da administração ibérica. CARVALHO, Marieta Pinheiro. *Os sentidos da administração: oficiais e ação política no Rio de Janeiro (1808-1821)*. Jundiaí: Paco Editorial, 2018, p. 67-67.

[53] CASSIMIRO, Paulo Henrique Paschoeto. "Nova edição ilumina lacunas históricas de clássico de Faoro". Folha de São Paulo, edição de 23 de janeiro de 2022.

desafios e possibilidades inscritas em cada uma. Por esses motivos, o presente livro desmente a tese de Faoro relativa à inexistência de um pensamento político brasileiro e aponta o caráter bizantino de discussões em torno dela.[54]

5. Fundações do pensamento político brasileiro: escolhas metodológicas e fios da narrativa

O pensamento político brasileiro no extremo da tradição ocidental. Uma vez explicitadas as perspectivas teóricas e metodológicas detse livro, cumpre apresentar seus pressupostos historiográficos. O primeiro deles é relativo à conexão de nosso pensamento político com suas origens europeias. A nacionalidade brasileira formou-se como resultado de um processo de secessão do Reino Unido de Portugal e Brasil. As fundações primárias de seu pensamento encontram-se, pois, na Europa. Isso significa que, a despeito de suas especificidades, ele não é uma jabuticaba, deitando fundas raízes no processo de expansão europeia e, por conseguinte, na chamada "tradição ocidental". A perspectiva pós-colonial aqui adotada, que examina as relações intrincadas entre centro e periferia, reconhece a dependência do pensamento brasileiro face ao europeu, sem concluir, porém, pela superioridade qualitativa deste último, nem pelo seu caráter objetivamente "modelar". Ela leva em consideração, ao contrário, a representação dos autores históricos periféricos, cuja crença na superioridade qualitativa da cultura europeia modelava as formas do debate político. Daí por que optei por não separar o exame do pensamento brasileiro do português, do inglês e do francês, considerando-os todos parte de uma mesma herança clássica e cristã, mas distribuindo-os ao longo de três

[54] A tese de Faoro relativa à inexistência de um pensamento político brasileiro é, evidentemente, absurda. Mas sempre se pode – e deve – buscar compreender por que motivos Faoro acreditava que ele não existisse, o que exige reconstruir seu contexto de formação intelectual e de sua orientação ideológica liberal radical. São duas tarefas diferentes: levar a interpretação de Faoro a sério, acreditando que o pensamento político brasileiro não existe, e estudar as razões pelas quais ele acreditava que ele não existisse, sem adotar suas conclusões. Esta última atitude, que implica paradoxalmente considerar a obra de Faoro como parte do pensamento político brasileiro cuja existência ele negava, me parece a única apropriada.

círculos concêntricos. Essa opção ajudou a organizar a divisão do livro em três partes, cada qual correspondendo a um dos círculos: o primeiro, cêntrico, diz respeito à Grã-Bretanha e França; o segundo, à periferia europeia, diz respeito a Portugal e ao Brasil colonial, considerado como sua extensão; o terceiro, ao Brasil propriamente independente. A perspectiva aqui adotada tem a vantagem adicional de analisar a lógica do impacto dos conceitos e ideologias dos países cêntricos sobre os dois círculos periféricos ao seu redor: o europeu e o americano.

As partes deste livro (1): as revoluções monárquica e oligárquica inglesa e francesa. É para a tradição do pensamento político ocidental, portanto, que a primeira parte deste livro voltará suas vistas. Mas será um mergulho seletivo. Não há aqui, obviamente, qualquer pretensão de história geral: épocas, autores e debates foram selecionados tendo sempre em vista seu impacto para a cultura política brasileira. Por esse motivo, passarei em revista, nos quatro capítulos da primeira parte, os temas da Antiguidade greco-romana relativos à prudência do estadista, à teoria clássica das formas de governo ou constituições (monarquia, aristocracia, democracia e mista), e ao imaginário vinculado à experiência republicana e imperial legado pela historiografia romana e relido pelo cristianismo. A recuperação desse repertório à época da Renascença e da Reforma foi essencial para a conformação das principais ideologias do Antigo Regime europeu: o *republicanismo cívico*, o *absolutismo de direito divino* e o *constitucionalismo histórico*. Daí por diante, mais pormenorizada, a análise as descreverá e às suas funcionalidades no contexto das "revoluções" experimentadas pelos países europeus até o século XIX: a "monárquica" e a "oligárquica". Diante da impossibilidade de abarcar o conjunto da experiência europeia, limitei-me a descrever aquele processo na Inglaterra e na França[55]. A escolha se justifica na medida em que, na condição de pioneiros, seus pensadores e experiências passaram a ser vistos como modelares

[55] O processo de construção do Estado de direito nos Estados Unidos será referido brevemente no capítulo sobre a Inglaterra. Seu estudo mais detido ficará para uma eventual sequência do presente livro, dedicado à "revolução" e ao "momento oligárquico" brasileiro (1860-1920).

na periferia da Europa e da América. Explicarei a "revolução monárquica" como resultante de um processo de submissão das forças aristocráticas e eclesiásticas herdadas da Idade Média a príncipes que, reivindicando sua autoridade como absoluta, respondiam ao quadro de anarquia e guerra civil em que seus reinos haviam mergulhado nos séculos XV e XVI. O desenvolvimento socioeconômico decorrente da paz instaurada pelo absolutismo criou as condições de sua superação por parte de uma sociedade que, desejosa de recuperar sua liberdade, desencadeou o processo de "revolução oligárquica". Apontarei as semelhanças entre as revoluções monárquica e oligárquica na Inglaterra e na França, mas também suas diferenças, para evitar qualquer veleidade de um modelo "europeu" de desenvolvimento, de que o ibero-americano ou brasileiro teria aberrado.

A razão de Estado encapsulada pelo constitucionalismo da "revolução oligárquica". Para além da categoria de *absolutismo* e suas variantes, será conferida especial atenção à categoria de *razão de Estado*, não só porque ela efetivamente foi fundamental para a construção da autoridade estatal, mas por ter sobrevivido ao "momento monárquico", adentrando os Estados de direito debaixo de diversos institutos constitucionais. É através dela que, seguindo a aguda observação de Thomas Poole, "emerge a traiçoeira questão da relação entre o Estado ativo – o Estado como tomador de decisão – e a constituição liberal, não menos porque a última tende a ser apresentada a partir do ideal de uma política despersonalizada, na qual regras e procedimentos devem institucionalizar a política e reduzir o fator humano a um mínimo, na esperança de evitar os excessos que emergem da prática política".[56] Daí porque a razão de Estado acabou domesticada durante o "momento oligárquico" europeu, em três institutos constitucionais capazes de ser mobilizados em ocasiões mais ou menos excepcionais. Estes institutos foram o do *estado de exceção*, do *Poder Moderador* e da *jurisdição constitucional*. O primeiro e mais grave deles, destinado a suspender a Constituição no todo

[56] POOLE, Thomas. *Reason of State: law, prerogative and empire*. Cambridge University Press, 2015, p. 8.

ou em parte para salvá-la, é conhecido por suas diversas espécies: *estado de guerra, de sítio, de defesa* ou *de emergência*. Destinado ao equilíbrio entre os poderes políticos, o segundo instituto foi conferido nos países parlamentares ao chefe do Estado, com as designações de *moderador, neutro, régio, preservador* ou *arbitral*. Por fim, encarregada de preservar a Constituição contra as leis, projetos de lei ou atos normativos que contrariem seus dispositivos normativos, a jurisdição constitucional foi entregue a um tribunal de natureza e procedimento judiciários, que a exerce mediante controles de diversos tipos, como o *difuso ou concentrado*, o *abstrato ou concreto*, o *preventivo ou repressivo*[57]. Então, os capítulos da primeira parte do livro também se preocuparão em retraçar os caminhos teóricos percorridos pelo problema da excepcionalidade ou da razão de Estado na tradição europeia, bem como das tentativas posteriores de domesticá-la. São conceitos cuja história oferece, conforme se verá, um caminho privilegiado para compreender como os brasileiros adaptaram o repertório da Europa oligárquica às necessidades de sua "revolução monárquica".

As partes deste livro (2): a construção intelectual do Estado português e suas reverberações no Brasil. A segunda parte do livro, concentrada no segundo círculo – o da periferia ibérica da Europa – descreve a construção intelectual do Estado em Portugal e sua irradiação para seus domínios americanos. Seu mais importante traço foi a existência de dois momentos monárquicos, um fraco e outro forte. O fraco corresponde ao período em que a ideologia da revolução monárquica começa a se difundir depois da Restauração, em um contexto ainda escolástico de uma sociedade corporativa e descentralizada. A sensação de estagnação e as dificuldades de superar o modelo corporativo de sociedade levarão a Coroa a partir de 1750 a adotar uma estratégia de modernização tendo por plataforma a linguagem do absolutismo esclarecido. Na sequência, se verá como a chegada da Corte em

[57] LYNCH, Christian Edward Cyril. "Entre o judiciarismo e o autoritarismo: o espectro do 'poder moderador' no debate político republicano (1890-1945)". História do Direito: RHD. Curitiba, v. 2, nº 3, pp. 1-35, Jul-dez. de 2021.

1808 deu início à revolução monárquica brasileira. O absolutismo ilustrado se aclimatou ao Brasil pelas mãos da burocracia, que desenvolveu o ideal de um império ultramarino que tivesse por centro a América portuguesa, na forma de um "projeto imperial luso-brasileiro". Assim como não tive o intuito de escrever uma história do pensamento ocidental, também não desejei fazer uma história exaustiva do pensamento português, mas indicar tão somente o percurso específico da construção intelectual do Estado no império luso-brasileiro. Destacam-se igualmente as diferenças entre a periferia portuguesa e a brasileira, pensada esta como extensão ultramarina daquela, mas também como um lugar particular, no qual o sentido da colonização imprimiu as marcas de uma mentalidade predatória e voltada para fora; que gerou uma sociedade mais complexa e desigual, cujo horizonte de possibilidades, porém, era infinitamente maior. Então, é preciso pensar a unidade na pluralidade e vice-versa, porque ambas as perspectivas já existiam do ponto de vista dos colonos e na formação de uma identidade, que era americana sem deixar de ser portuguesa. Por conseguinte, adotei como método de exposição escrever o quinto e o sexto capítulos verificando como o pensamento político reinol reverbera na colônia. Tenta-se assim fugir da dicotomia que impõe em ver em tudo semelhança ou diferença com Portugal.

As partes deste livro (3): o pensamento brasileiro entre o "projeto imperial" e a "monarquia democrática". A terceira e última parte do livro, dedicada ao mais excêntrico dos três círculos – o do Brasil independente, na periferia ibero-americana –, descreve como a "revolução monárquica" luso-brasileira desencadeada por dom João acabou atropelada por uma concomitante "revolução oligárquica" que explodiu em 1820-1822. De um lado, a ambiguidade da condição periférica já obrigara os conselheiros da Coroa a defender o liberalismo econômico. De outro, a resistência da nobreza da terra das províncias à "revolução monárquica" desenvolvera um imaginário republicano, radical e autonomista, tipicamente americano. A Revolução liberal, a que aderiram tanto a burocracia monárquica quanto a nobreza da terra, seguida pela independência, levaria a uma reconfiguração das linguagens políticas. De um lado, o antigo reformismo ilustrado foi adaptado ao constitucionalismo como um *conservadorismo estatista, reformista ou progressista*, dotado de um "projeto imperial" de tendência autoritária e burocrática, que mobilizaria a imaginação nacionalista do novo país. Por outro lado, o radicalismo autonomista também se adaptaria ao novo contexto, dando origem a um *liberalismo cosmopolita*, dotado do projeto de uma "monarquia democrática", federalista, elogiosa da inciativa particular e crítica da intervenção do Estado. O triunfo deste último projeto, depois da abdicação de dom Pedro I, foi efêmero porque não existia ainda um Estado nacional capaz de sustentar a descentralização e as liberdades desejadas pelos liberais. O resultado foi uma situação de anarquia, guerra civil e quase esfacelamento, que devolveu o poder aos setores conservadores e conduziu à retomada da "revolução monárquica" interrompida em 1821. Relido à luz do liberalismo, o antigo reformismo ilustrado forneceu a linguagem do conservadorismo estatista do Segundo Reinado: aquela do *saquaremismo*, consolidando-se o "momento monárquico" brasileiro sob a égide da Conciliação presidida por dom Pedro II. A "revolução monárquica", que começara sob o signo de reformismo ilustrado, terminou meio século depois, sob o signo de um do conservadorismo bem temperado, legitimando uma semiautocracia dotada de um sistema representativo de baixa competitividade eleitoral. Uma *oligarquia hegemônica*, na expressão de Wanderley Guilherme dos Santos.[58]

O conceito de Poder Moderador como fio condutor da "revolução monárquica" brasileira. Essa tentativa de oferecer um painel do pensamento político brasileiro relativo às suas fundações não se nutre da ilusão de reproduzir a totalidade do debate do período, que é insuscetível de apreensão. Esta última depende sempre de uma porta ou via de acesso, que lhe forneça um ângulo por que mirá-la e que predetermina o espaço daquilo que pode ser visto. Qualquer abordagem em matéria de história intelectual depende da escolha adequada daquelas portas e vias, que orientem o narrador pelo labirinto do tempo, iluminando os temas e autores ao redor. Quanto mais estruturantes os conceitos ou

[58] SANTOS. *Poliarquia em 3D*, op. cit.

linguagens escolhidas como condutores, maiores as chances de visualizar uma parte maior do conjunto. Por esse motivo, coerentemente com as opções da primeira e da segunda parte do livro, que giram em torno da construção intelectual do Estado pela doutrina da razão de Estado, escolhi como fio condutor da história do pensamento político do Brasil independente o conceito de Poder Moderador. Parto da hipótese de que a relevância do debate a respeito dele na época decorria de sua função de cápsula legal da razão de Estado, permitindo ao príncipe agir no processo de construção do Estado brasileiro de modo análogo aos da França e da Inglaterra nos séculos XVI e XVII. O conceito de Poder Moderador representa uma via privilegiada para compreender a dinâmica da "revolução monárquica" brasileira, conforme já notado por Oliveira Vianna:

> Os grandes construtores do governo central compreendem então quanto é importante, para a eficiência do seu formidável aparelho político, o Poder Moderador [...]. Quase todas, senão todas as campanhas parlamentares e partidárias, que iluminam tão magnificamente os anais do velho regime, se prendem, diretamente ou indiretamente, a este ponto. São um debate exaustivo sobre as prerrogativas desse poder, sobre a extensão desse poder, sobre a necessidade desse poder, sobre a constitucionalidade da ação desse poder. [...]. Esses grandes princípios e essas grandes teses doutrinárias, que enchem os debates parlamentares e as páginas da publicística do Império – isto é, o 'liberalismo', o 'parlamentarismo', o 'constitucionalismo', o 'federalismo', a 'descentralização', a 'democracia' – todos estão, direta ou indiretamente, substancial ou acessoriamente, relacionados com a existência dessa peça central das instituições.[59]

História e ciência política: um compromisso com a objetividade possível. Seria impossível concluir sem uma última palavra sobre as diretrizes aqui adotadas, que incluem uma discussão sobre o papel do historiador do pensamento político como intelectual público. Quanto ao primeiro aspecto, diante do dilema de escrever uma história que informa mais e explica menos, ou uma história que explica mais e informa menos, o autor tentou um meio-

[59] VIANNA, Francisco José de Oliveira. *Evolução do povo brasileiro.* 4ª edição. Rio de Janeiro: José Olímpio, 1956, p. 267-268.

termo: trata-se de uma ciência política que entende o lugar do pensamento como situado entre a filosofia – que tem teoria, mas não tem história – e a história das ideias – que tem história, mas não tem teoria. Embora busque contextualizar as ideias de modo o mais fidedigno possível, este livro não mobiliza a história como um fim em si, mas como moldura indispensável à compreensão do pensamento de uma época. Quanto ao segundo aspecto, sua redação teve por norte o ideal da maior objetividade possível. Não há dúvida de que, nas ciências sociais, há um grau inevitável de subjetividade no exame de todo e qualquer fenômeno, decorrente do modo por que o analista percebe seu próprio tempo, à luz de sua personalidade, origem e formação. No campo historiográfico, não é diferente. Não há categorias analíticas intemporais: o historiador está inexoravelmente "ligado por múltiplas fibras ao seu tempo e à comunidade que pertence".[60] Entretanto, ao invés de autorizar o intérprete a renunciar ao compromisso com a objetividade, a consciência de seus limites deve estimulá-lo à produção de relatos empenhados em oferecer uma visão mais compreensiva do passado. A utilidade da história pode estar presente no horizonte do historiador, mas de maneira subsidiária. É preciso estudar o passado pelo amor do passado para, apenas em um segundo momento, conceber como tal conhecimento pode interpelar o presente. Do contrário, a história se transforma em fútil exercício de política retrospectiva, no qual o historiador retroprojeta as próprias preferências ideológicas sobre cadáveres e faz de um cemitério o campo da batalha das suas causas presentes. Na medida em que, ao contrário, o historiador restitui ao passado sua dimensão de indeterminação, o passado poderá, nas palavras de Pierre Rosanvallon, nos ajudar "a melhor refletir sobre o nosso presente e não apenas a explicar simplesmente o presente ou o que ele foi".[61]

---

[60] SIRINELLI, François. "Ideologia, tempo e história". In: Agnès Chauveau e Philippe Tétard (org.). *Questões para a história do presente.* Tradução de Ilka Stern Cohen. Bauru: EDUSC, 1999, p. 78.

[61] ROSANVALLON, Pierre. *Itinéraire et rôle de l'intellectuel.* Disponível em: http://www.college-de-france.fr/media/his_pol/UPL57421_Itineraire_et_r_le_de_l_intellectuel.pdf. Acesso a 8 de maio de 2005.

Parte I

OS MODELOS "CÊNTRICOS" EUROPEUS: A CONSTRUÇÃO INTELECTUAL DO ESTADO DE DIREITO NA INGLATERRA E NA FRANÇA (1533-1820)

Capítulo 1

A FORMAÇÃO INTELECTUAL DO ESTADO: GOVERNO MISTO, EXCEPCIONALIDADE E ABSOLUTISMO NA INGLATERRA E NA FRANÇA (1533-1690)

1. A HERANÇA CLÁSSICA: PRUDÊNCIA, CONSTITUIÇÃO E DITADURA NO PENSAMENTO GRECO-ROMANO

Ética, política e constituição mista no pensamento de Aristóteles: algumas noções. Especular sobre o modo mais justo de organização cívica foi o objetivo primeiro da reflexão política da Antiguidade clássica. Para o mais completo e influente dos filósofos antigos, Aristóteles (384-322 a.C.), ética e política eram duas disciplinas práticas ou artes, voltadas para alcançar tanto a felicidade coletiva como a individual. A virtude humana dependeria da prática de atos bons e úteis, guiados pela moral e pela escolha de meios adequados para alcançar o resultado. Relacionadas ao sentimento, à disposição da alma, ao caráter, mas também ao comportamento, as virtudes resultavam de um meio-termo entre os excessos ou vícios, propiciando uma forma moderada de ser. Assim eram a coragem, a calma, a temperança, a liberalidade, a honra, a magnificência, a magnanimidade, o bom humor, a amizade e a justiça. Além dessas virtudes, havia também a sabedoria especulativa ou filosofia, despreocupada da utilidade. Era, porém, a sabedoria prática a mais relevante para a vida social. A atividade deliberativa não se fundava no conhecimento verdadeiro, mas no melhor argumento ou opinião. Nesse quadro, ocupava lugar central o conceito de *prudência* (*phronesis*), adquirida pelo estudo da história e pela experiência pessoal. O espírito de probidade e moderação possibilitava ao homem ajuizar acertadamente sobre os fatos; ele lhe conferia a habilidade de discernir as ações mais convenientes à comunidade e os meios de superar as dificuldades opostas pela contingência, além de convencer o público da justiça de suas decisões. Era com base em tais noções que se erigia a cidade, ou seja, a comunidade política, entendida como um agregado de homens voltados para o objetivo da felicidade ou do bem comum.[1]

Esse ideal de *equilíbrio ou prudência* na produção do bom governo se transmitia à questão da *melhor constituição política* ou *república*, entendida como a estrutura que dá ordem à cidade, determinando o funcionamento de todos os cargos públicos e da autoridade soberana. O historiador Heródoto (485 a. C. – 425 a. C.) pontificara a existência de três constituições: monarquia, aristocracia e democracia, descritas essencialmente por um critério quantitativo, relativo ao número de governantes: um, no caso da monarquia; alguns, no da aristocracia, ou a maioria, naquele da democracia. Aristóteles entendia, porém, que era preciso levar em consideração nessa classificação um critério qualitativo, ou seja, indagar se em cada uma delas os dirigentes pautavam suas ações conforme um ideal de justiça voltado para satisfazer os interesses públicos ou apenas os seus, particulares. Nesse caso, haveria seis constituições; três seriam boas, porque guiadas pelos valores cívicos – *monarquia*, *aristocracia* e *politéia ou república*; as outras três seriam más, porque guiadas pelo particularismo do governante – *tirania*, *oligarquia* e *democracia ou oclocracia*, respectivamente. Aristóteles sugeria que a melhor delas seria uma combinação de oligarquia e democracia, na qual a união dos ricos e dos pobres remediasse a luta dos que não possuíam contra os que possuíam demais. Uma vez que a politéia ou república propriamente dita protegia ricos e pobres indistintamente, o problema dos extremos ficava resolvido. Isto era ainda mais verdadeiro, caso houvesse, entre as duas "classes", uma intermediária, desinteressada na mudança de regime. Quanto mais ampla ela fosse, mais sólido seria este governo misto.[2]

O ideal romano da constituição mista (1): a *História* de Políbio. As noções de prudência e constituição mista ganharam desenvolvimento na Roma antiga, cuja experiência política acabou expressa menos por uma teoria do que por

[1] ARISTÓTELES, *Ética a Nicômaco.* Rio de Janeiro: Editora Atlas, 2009. QUINTANA, Fernando. *Ética e política: da Antiguidade clássica à contemporaneidade.* São Paulo: Editora Atlas, 2014, p. 5-16. ARISTÓTELES. *Política.* Tradução de Adriano da Gama Kury. Brasília: Editora da UnB, 1997, p. 91 e 49.

[2] WOLFF, Francis. *Aristóteles e a política.* Tradução de Thereza Christina Ferreira Stummer e Lygia Araújo Watanabe. São Paulo: Discurso Editorial, 1999, p.112. MORRALL, John. *Aristóteles.* Tradução de Sérgio Duarte. Brasília: UnB, 2000, p. 68. AUBENQUE, Pierre. *A prudência em Aristóteles.* Tradução de Marisa Lopes. 2ª edição. São Paulo: Paulus, 2008.

uma historiografia destinada a oferecer exemplos de estadistas comprometidos com valores como a concórdia social, a boa-fé, a fidelidade à coisa pública e o respeito aos costumes dos antepassados.[3] Para Políbio (203 a.C. – 120 a.C), general de origem grega, a *história* era um conhecimento relevante porque aumentava a capacidade de discernimento e fornecia exemplos dignos de serem seguidos ou evitados. Tendo em vista que os homens só aprendiam através do próprio infortúnio, "a experiência adquirida pela história pragmática é a melhor disciplina para a vida real, pois somente ela faz de nós juízes mais competentes quanto ao que é melhor em cada ocasião e em cada circunstância sem nos causar qualquer pena".[4] Políbio pretendia em sua *História* alcançar um duplo objetivo: primeiro, recapitular os sucessos militares da república romana na conformação do maior império já conhecido; em segundo lugar, comprovar que semelhante êxito decorria da excelência de sua organização constitucional. Ele acreditava que, enquanto arquétipos institucionais, as constituições produziriam dinâmicas coletivas capazes de tornar as nações mais poderosas e resistentes ao impacto dos imprevistos e das circunstâncias: "A causa predominante do sucesso e do seu contrário em todos os assuntos relativos ao governo de um povo é a forma de sua constituição, pois dela, como de uma fonte, nascem não somente todos os designíos e planos, mas a sua própria realização".[5] Era ao caráter misto da *Constituição de Roma* que Políbio atribuía, por exemplo, a resiliência demonstrada pelos romanos durante as guerras púnicas. Por isso, ele desejava naquele livro descrever e interpretar aquela constituição. Tarefa que seria de grande utilidade "aos estudiosos e aos estadistas pragmáticos para o aperfeiçoamento ou a criação das instituições políticas".[6]

Antes, porém, da descrição da Constituição de Roma, Políbio expunha sua teoria das formas de governo: "A única maneira de aquilatar a perfeição de um homem é verificar a sua capacidade de suportar altiva e bravamente as reviravoltas da Sorte. Deve-se olhar de maneira idêntica para uma constituição".[7] Ele retomava o assunto do ponto deixado por Aristóteles, reconhecendo a

[3] MARQUES, Juliana Bastos. *Tradição e renovações da identidade romana em Tito Lívio e Tácito.* Rio de Janeiro: Apicuri, 2013, p. 28.
[4] POLÍBIO. *História.* Tradução de Mario da Gama Kury. Brasília; Editora da UnB, 1996, p. 70.
[5] Idem, ibidem, p. 326.
[6] Idem, ibidem, p. 219.
[7] Idem, ibidem, p. 325.

existência de seis constituições puras de governo, três das quais positivas (monarquia, aristocracia e governo popular) e três negativas (tirania, oligarquia e oclocracia). A novidade ficava por conta da introdução de uma dinâmica histórica que alternaria cada uma daquelas constituições, situando-as em um ciclo movido por sucessivas corrupções e revoluções. Era o que chamava *anaciclose*: a constituição da monarquia, corrompida em tirania depois de algumas gerações, acabava derrubada pelas melhores famílias da comunidade, sendo assim convertida em aristocracia. A constituição aristocrática, corrompida em oligárquica depois de algumas gerações, acabava derrubada pelo povo e transformada em democracia. Esta, por sua vez, degenerava em oclocracia nas mãos dos demagógicos líderes das facções, desembocando em uma guerra civil. Desta emergia, novamente, a monarquia, na medida em que um general vitorioso restabelecia a paz. Todas as constituições puras se revelavam assim prisioneiras da degeneração inerente a tudo o que fosse humano. A única capaz de durar teria sido a sétima constituição, aquela de caráter misto, organizada a partir do que de melhor havia nas outras. Criada originalmente por Licurgo para reger a Lacedemônia, a *constituição mista* teria sido aperfeiçoada por Roma, tornando-se a causa de sua estabilidade e glória. Nela, o elemento monárquico, representado pelos dois cônsules, sujeitava-se ao controle aristocrático do senado, vigiado, por seu turno, pelos comícios populares. Por meio de mecanismos de freios e contrapesos, seria possível balancear os três elementos constitucionais, daí resultando um equilíbrio que evitava as mudanças bruscas e favorecia o gradualismo. Era a dinâmica social resultante do arranjo que, produzindo bons costumes e leis, assegurara a Roma a coesão e a eficiência responsáveis por sua superioridade política e militar:

> Sendo esses os meios de que dispõe cada um dos poderes do Estado para criar obstáculos aos outros ou cooperar com eles, sua união é benéfica em todas as contingências, a tal ponto que é impossível achar um sistema político melhor do que este. Com efeito, sempre que a ameaça de um perigo vindo de fora compele os romanos a agirem de comum acordo e a se ajudarem mutuamente, a força do Estado se torna tão grande que não há negligência alguma quanto às medidas a serem tomadas, pois os poderes emulam-se diligentemente no sentido de satisfazer às necessidades presentes, e nenhuma decisão tomada deixa de ser executada prontamente, já que todos estão cooperando tanto na esfera pública quanto na esfera privada para a realização da tarefa de sua alçada; con-

sequentemente essa forma de constituição é dotada de uma eficácia irresistível para atingir todos os objetivos predeterminados.[8]

O ideal romano da constituição mista (2): a república de Cícero. Diferentemente de Políbio, que escrevera no apogeu da república, o senador Marco Túlio Cícero (106 a.C. – 43 a.C.) elaborou sua obra muito mais vasta e influente ao tempo da decadência do regime, cujos valores, entretanto, ele perenizou em textos como *Da república*, *Do orador* e *Das leis*. Cícero entendia a república como *coisa do povo*. Tratava-se, não de uma multidão, mas de uma comunidade de homens unidos pela comunhão de interesses e governados pelas mesmas leis. A república pautava-se por dois consensos a respeito da justiça. O primeiro era moral e, distinguindo o justo do injusto, impedia os homens de fazer a outrem aquilo que não desejavam para si mesmos. O segundo consenso era político ou jurídico, e levava os cidadãos a aceitar o poder das leis e a submeter seus interesses privados aos gerais. A república visava acima de tudo a garantir a liberdade contra qualquer forma de tirania, através da participação nos negócios públicos e da garantia jurídica de independência e segurança pessoal. Os cidadãos, especialmente os mais graduados, deveriam observar um rígido código de moralidade, ostentando virtudes como a justiça, buscando o bem comum e não pessoal; a honra, que envolvia um agir honesto e acima de qualquer suspeita; a sabedoria, decorrente da experiência de vida e associada aos mais velhos; e, por fim, o decoro, escolhendo um tipo de vida apropriada aos seus talentos e posição social. Aqui desempenhavam também importantes papéis as categorias de *prudência* e de *história*. Enquanto a prudência era uma virtude associada à razão prática, voltada para a realização do bem comum, a história era a "testemunha dos séculos, luz da verdade, vida da memória, mestra da vida, mensageira do passado".[9] A *eloquência* era outra qualidade essencial, sem a qual a sabedoria tinha pouca força. Por fim, o dever de ser justo e honesto impunha ao estadista resistir às paixões do egoísmo e adaptar-se aos graus e circunstâncias da política.[10]

---

[8] Idem, ibidem, p. 348.

[9] In: HARTOG, François. *A história do homem a Santo Agostinho*. Tradução de Jacyntho Lins Brandão. Belo Horizonte: UFMG, 2001, p. 57.

[10] ATKINS, E. M. "Cicero". In: Christopher Rowe e Malcolm Schofield (ed.). *The Cambridge History of Greek and Roman Political Thought*. 3ª edição . Cambridge University Press, 2007, p. 479. QUINTANA. *Ética e política*, op. cit., p. 68-71.

Cícero também acreditava na excelência da constituição mista, cuja composição carecia de "um poder eminente e real, que dê algo à influência dos grandes e algo também à vontade da multidão. Essa é uma constituição que apresenta, antes de tudo, um grande caráter de igualdade, necessário aos povos livres e, bem assim, condições de estabilidade e de firmeza".[11] A constituição mista assegurava um *governo de leis e não de homens*, libertados assim da dependência de uma vontade arbitrária, que caracterizava a *tirania*: "A missão do magistrado consiste em governar segundo decretos justos, úteis e conforme as leis. Pois assim como as leis governam o magistrado, do mesmo modo os magistrados governam o povo; e com razão pode dizer-se que o magistrado é uma lei falada ou que a lei é um magistrado mudo".[12] É certo que a constituição da Roma republicana, para Cícero, refletia o ideal de um governo equilibrado ou temperado, em que patrícios e plebeus, nobreza e povo, moderavam seus interesses, em prol do bem comum. Ela dividia o poder político entre dois cônsules, representantes do elemento monárquico; o Senado ou conselho dos anciãos, representante do elemento aristocrático; e os tribunos da plebe, que podiam vetar as leis e convocar assembleias. Entretanto, de modo idêntico a Políbio, Cícero estava convencido de que o órgão vital da república residia no Senado aristocrático, representante da nobreza romana. O regime só poderia ser sustentado pelos chefes das famílias mais ricas e antigas, cujo ócio lhes facultava a liberdade, a cultura e a virtude sem a qual a república era impossível. O estadista prudente desprezava os aplausos fáceis da plebe; ele era reconhecido pela grandeza da alma, pelo apreço da honra e o desejo de empreender grandes e úteis obras, por que pudesse ser lembrado: "A glória consiste em ser cidadão amado, ser benemérito da República".[13]

Ditadura republicana, cesarismo e império na experiência romana. A decretação e o exercício dos poderes de exceção formavam parte da Constituição de Roma. A *ditadura* era um instituto criado ainda no tempo da monarquia etrusca para designar o comandante em chefe dos exércitos, quando o rei não podia deixar a cidade. Na república, o título de *ditador* passara a designar o magistrado encarregado pelo Senado de, em circunstâncias de perigo

[11] CÍCERO, Marco Túlio. *Da república.* Tradução de Amador Cisneiros. São Paulo: Atena Editora, 1957, p. 103.
[12] Idem. *Das leis.* Tradução de Otávio Brito. São Paulo: Editora Cultrix, 1967, p. 95.
[13] Idem. *Da república*, op. cit., p. 122.

grave e iminente, adotar as medidas indispensáveis para salvar a comunidade. Era um instituto legal, mas excepcional, pelo qual a constituição mista era convertida temporariamente em monárquica. A carta branca que concedia poderes absolutos ao ditador durava seis meses, tempo durante o qual ele era assessorado por um conselho militar. Explicava Políbio: "Enquanto os cônsules necessitam em muitos casos da cooperação do senado, o ditador é um comandante com poderes absolutos, porquanto todos os magistrados em Roma, à exceção dos tribunos, cessam de exercer as respectivas funções no momento de sua designação".[14] Também Cícero admitia que a arquitetura institucional mista deveria ceder em circunstâncias de grave perigo. Quando elas se apresentassem, os valores de *justiça* ou do *honesto*, próprios da ética e da justiça, deveriam dar lugar àqueles da *utilidade* na hierarquia das prioridades cívicas. As leis ordinárias ficavam suspensas pela suprema lei, imposta pela necessidade, que determinava ao governo que lançasse mão de todos os meios indispensáveis à salvação do povo: *salus populi suprema lex*.[15]

Ocorre que, ao contrário do que imaginava Políbio, crente na força e durabilidade da Constituição de Roma, a expansão do império levara ao surgimento de uma plutocracia e de um pretorianismo que tornavam obsoletas as estruturas municipais da república. Diante das guerras civis do último século, o Senado fora obrigado a recorrer cada vez mais às ditaduras para manter a ordem. As de Mário e Sila, que tinham pouco a ver com as anteriores (a última das quais, decretada à época da Terceira Guerra Púnica), já representavam um regime de transição para a monarquia. Este passo foi afinal transposto por Júlio Cesar, senador e general. O Senado lhe conferiu uma ditadura de dez anos, depois definitiva; o direito de se candidatar a cada cinco anos ao posto de cônsul; a inviolabilidade vitalícia em relação aos tribunos; a presidência das eleições para as grandes magistraturas, e o direito de decretar a guerra e fazer a paz. No poder, ele reorganizou o Estado; governou acima dos partidos; adotou medidas moderadamente populares; mas evitou romper com as instituições tradicionais. Daí o regime a que seu nome ficou associado: o de *cesarismo*. Depois de cem anos de guerras civis, boa parte da sociedade romana já não

[14] POLÍBIO. *História*, op. cit., p. 194-195.

[15] DAVID, Jean-Michel. *La république romaine de la deuxième guerre punique à la bataille d'Actium 218-31. Crise d'une aristocratie.* Paris: Seuil, 2000, p. 176-181. CÍCERO. *Das leis*, op. cit., p. 98. ROUX, Patrick. *Le Haut-Empire romain en Occident: d'Auguste aux Sévères.* Seuil: 1998, p. 89.

imaginava outra forma para dar fim às agitações, que não a de uma ditadura mais ou menos prolongada de um general prestigioso. Seu assassinato por aristocratas republicanos, que nele viam a ressurreição da figura do *tirano*, não impediu a derrocada da república, substituída por um *regime imperial* organizado a partir das experiências ditatoriais.[16] O sobrinho de César, Otávio Augusto, encontrou condições favoráveis ao estabelecimento de seu poder inconteste. Seu longo e feliz reinado ficaria para sempre associado à grande *pax romana*, conforme a descrição de Tácito:

> Pouco a pouco começou a elevar-se; e sem contradição acumulou em si todo o poder do senado, dos magistrados e das leis. Porque a esse tempo já os mais atrevidos tinham morrido por proscrição ou por guerra; e os homens de fortuna antes queriam gozar em descanso do presente, do que voltar ao antigo, que tinham por menos seguro, e mais perigoso. Nem as províncias levavam a mal esta nova ordem do governo [...]. No interior estava tudo sossegado; e os magistrados conservavam ainda os mesmos nomes. Porém, a gente mais nova já era nascida depois da vitória de Actium. Quase todos os velhos eram do tempo das guerras civis; e quão poucos havia já que tivessem visto a República?[17]

Augusto organizou um regime que duraria cinco séculos na forma de um *principado republicano*, cujas aparências foram salvaguardadas graças ao expediente praticado pelo Senado de delegar "provisoriamente" todos os poderes da constituição mista aos imperadores: consulado, tribunato do povo, governo de Roma, da Itália, das províncias e mesmo o pontificado. Augusto legitimou ideologicamente seu domínio, ancorando-o tanto nos valores da antiga república, ao agir conforme o modelo de governante virtuoso, quanto naqueles próprios da divindade, na qualidade de descendente de Eneias, filho de Vênus. A tese da origem sobrenatural do poder era veiculada por tratados ditos *Da realeza*, segundo os quais o imperador teria sido enviado à terra pelos deuses para governar o mundo. A imagem deixada por Augusto em obras como *Res gestae* seria replicada por seus sucessores, percebidos como homens sagrados encarregados pela Providência de personificar a força pacificadora e a

[16] JERPHAGNON, Lucien. *Histoire de la Rome antique: les armes et les mots.* 4ª edição. Paris: Fayard/Pluriel, 2010, p. 125-127. ATKINS, *Cicero*, op. cit., p. 486. BAILLY, Auguste. *Jules César.* Paris: Arthème Fayard, 1932, p. 230-256. ROUX, Patrick. *Le Haut-Empire romain en Occident: d'Auguste aux Sévères.* Seuil: 1998, p. 89.

[17] TÁCITO. *Anais.* Tradução de J. L. Freire de Carvalho. Rio de Janeiro: Jackson Inc., 1957, p. 4-5.

virtude administrativa, sem as quais a unidade e a força do Império Romano não poderiam subsistir.[18]

O pensamento político da historiografia romana do período imperial: Tito Lívio e Caio Tácito. Durante o período imperial, o grosso da teoria política continuou produzida na forma de uma historiografia política. Sua principal função era a de avaliar o desempenho dos governantes conforme os valores tradicionais da cultura cívica romana, recomendando-os ou não à posteridade conforme suas virtudes ou suas faltas. A mais famosa dessas obras, a *História de Roma* de Tito Lívio (59 a.C. – 17 d.C.), relatava ao público a formação do povo romano com o fito de recordar e celebrar seus feitos em um presente desastroso, marcado pelo colapso da república e pela guerra civil.[19] O propósito era o de exortar os concidadãos a restaurarem os princípios que teriam presidido a fundação de Roma e assegurado sua glória. Para Lívio, a época da consolidação da república sob uma constituição mista, que lograva sustentar a virtude e a liberdade contra a tirania, havia sido o apogeu da história romana. A decadência dataria da expansão do império, que trouxera dois germes da corrupção republicana. O primeiro era a emergência de exércitos profissionais controlados por generais cujo poder sobrepujava àquele dos senadores da velha cepa aristocrática municipal; o segundo, a introdução do luxo e da libidinagem dos povos asiáticos conquistados. A expansão desmedida do império substituíra a antiga concórdia pela guerra civil; o amor à coisa pública pelo facciosismo; a moralidade pela devassidão e, por fim, ao desprezo e esquecimento dos antepassados. Seria principalmente nas obras de Lívio e nas biografias deixadas por Lúcio Plutarco (46-120) em suas *Vidas paralelas* – notadamente as de Sólon, Licurgo, Catão, César e Cícero – que beberiam os humanistas da Renascença para desenvolver seu ideal de cidadania ativa e virtude cívica.

Um século depois, Caio Cornélio Tácito (56-117) já estava menos preocupado em recordar a virtude dos estadistas republicanos do que em descrever os efetivos mecanismos do regime imperial, como o comportamento e a

[18] JERPHAGNON, Lucien. *Les divins Césars: idéologie et pouvoir dans la Rome impériale.* Paris: Fayard/Pluriel, 2010, p. 51-62.

[19] WIEDEMANN, Thomas. "Reflections of Roman political thought in Latin historical writing". In: Christopher Rowe e Malcolm Schofield (ed.). *The Cambridge History of Greek and Roman Political Thought.* 3ª edição. Cambridge University Press, 2007, p. 521.

personalidade dos imperadores, de seus conselheiros e generais; seu relacionamento com o Senado; a emergência do segredo de Estado (*arcana imperii*) nos negócios públicos; a substituição da ética pela técnica como fórmula política.[20] Tácito demonstrava que a prática política imperial se afastara fazia muito tempo dos antigos valores, como a concórdia, a boa-fé, a fidelidade à coisa pública, a religião e o respeito pelos antepassados. O modelo do cidadão simples, duro e valente da república se corrompera pelo contato com o mundo exterior, e a antiga virtude cívica cedera lugar à adulação, à falsidade e à traição. A concórdia teria deixado de ser uma exigência pública para se circunscrever às relações entre imperadores e cortesãos. Os exemplos de discórdia, de guerra civil, de cupidez e avareza eram abundantes entre a elite, ao passo que o povo, civicamente indiferente, assistia à guerra entre as facções como lutas de circo.[21] Porque descrevia a política imperial "sem ódio nem afeição",[22] os renascentistas desenvolveriam duas interpretações sobre Tácito. Para uns, apaixonados pelo ideal humanista cívico, ele seria, como Lívio, um republicano idealista e nostálgico das perdidas virtudes; para outros, orientados pela razão de Estado, Tácito seria um realista, que soubera descrever a astúcia, a simulação e a dissimulação próprias da política. No fundo, embora com melancolia, sua obra aceitava pragmaticamente o sistema imperial que lhe era contemporâneo.[23]

2. A TEOLOGIA POLÍTICA MEDIEVAL E O PROBLEMA DA EXCEPCIONALIDADE NO RENASCIMENTO: RAZÃO DE ESTADO, DITADURA REPUBLICANA E ABSOLUTISMO MONÁRQUICO

Fragmentação territorial e teologia política na Idade Média (1): a Cidade de Deus de Santo Agostinho. Durante os dez séculos que se sucederam à queda do Império Romano do Ocidente, o continente europeu mergulhou em um acentuado estado de divisão e desintegração. As duas características mais salientes do Estado moderno, soberania e integração, não existiam na vasta comunidade de territórios conectados pela Cristandade. A fragmentação vinha de cima e de baixo. Do alto, o papa clamava superioridade sobre o imperador

[20] Idem, ibidem, p. 528.
[21] MARQUES. *Tradição e renovações da identidade romana em Tito Lívio e Tácito*, op. cit., p. 167.
[22] TÁCITO. *Anais*, op. cit., p. 3.
[23] MARQUES. *Tradição e renovações da identidade romana em Tito Lívio e Tácito*, op. cit., p. 138-140.

e os reis, arrecadava o dízimo de todos os tributos e exercia jurisdição sobre coisas e pessoas em matéria eclesiástica e civil. De baixo, os senhores feudais restringiam sua obediência ao rei ao dever de vassalagem, que os obrigava de vez em quando a prestar-lhe certos serviços ou a se absterem de certos atos.[24] Nos séculos X e XI, a nobreza territorial adquirira uma independência praticamente completa. Sendo o feudo a unidade mínima de poder, já não havia coincidência entre território e soberania, nem centro político determinado. Do ponto de vista do dualismo político-teológico, o milênio pressupunha a divisão do mundo em dois: o do céu ou supralunar, e o da terra ou sublunar. As Escrituras conferiam às normas morais uma força que exprimia, segundo Fernando Quintana, "a vontade de um Deus redentor pleno de justiça e de bondade".[25] O cristão devia ter em mente sua condição de pecador e dedicar-se à salvação de sua alma.

O entrelaçamento do Império Romano com o cristianismo a partir do reinado de Constantino conferiu à Europa, portanto, a conformação teológico-política de uma "república cristã" organizada a partir do além. Essa organização tinha cinco traços essenciais. O primeiro era o ideal do poder universal, único capaz de operar a conjunção da terra e do céu de modo a englobar a totalidade do gênero humano debaixo de sua autoridade e exprimir sua unidade com o divino. O segundo traço definia o poder do príncipe como um mediador entre o além e o aquém, servindo de ponto de encontro entre os reinos do céu e da terra, donde seu caráter sagrado. O terceiro traço residia em uma economia de relações hierárquicas entre os homens: a alteridade sagrada repercutia em todos os níveis da comunidade, organizando-a como uma pirâmide de desigualdades. Seu quarto traço estava no caráter corporativo: a sociedade medieval se pensava como um arquipélago de diferentes membros fechados em si mesmos, mas abertos para o exterior. Seu princípio interno de coesão era conferido pelo sangue (família), residência (cidade), profissão (corporação) ou dependência (o senhorio, o reino). Por fim, a tradição determinava a sujeição da comunidade tanto ao céu quanto ao passado, estabelecendo entre os vivos e os mortos uma identidade à prova do tempo: "Ser fiel à tradição, é entrar na

[24] NAY, Olivier. *História das ideias políticas.* Tradução de Jaime A. Clasen. Petrópolis: Editora Vozes, 2007, p. 77-78. GANSHOF, Fr. *Qu'est-ce que la féodalité?* 5ª edição. Paris: Librairie Jules Tallandier, 1982, p. 110.

[25] QUINTANA. *Ética e política*, op. cit., p. 32.

comunhão mística dos seres que se perpetua independentemente do ciclo do nascimento e da morte".[26]

O mais influente dos pensadores católicos do período foi Santo Agostinho (354-430), que assentou a tese de que o mundo estaria dividido entre duas "cidades": a de Deus e a dos homens. Enquanto a primeira, representada pela Igreja, tinha a promessa da eternidade, a segunda era contingente e efêmera, destinada a desaparecer como a própria Roma. Haveria o mundo espiritual reservado aos eleitos e o mundo terrestre, entregue aos homens. Ali prevalecia a *auctoritas* da Igreja Romana, soberana em matéria religiosa; aqui predominava a *potestas* do governante, ocupado com os assuntos civis. Ambos deveriam cooperar, seguindo a sentença de São Paulo Apóstolo, dando a César o que era de César e a Deus o que era de Deus. Do ponto de vista político, o agostinianismo se transformou em uma doutrina de superioridade da Igreja sobre qualquer forma de poder secular, pela lógica de que a atividade-fim (salvar as almas) era mais relevante do que a atividade-meio (administrar homens e coisas). A reflexão constitucional clássica como explicadora das relações de poder cedeu lugar a metáforas organicistas. A teologia política medieval compreendia cada reino como um corpo cuja cabeça era o rei; o coração, o clero; os braços, a nobreza; e as pernas, o povo.

Fragmentação territorial e teologia política na Idade Média (2): monarquia e constituição mista em São Tomás de Aquino. Somente no século XIII, com a redescoberta da política de Aristóteles, os europeus reataram com a reflexão clássica. O mais célebre pensador do período foi Tomás de Aquino (1225-1274), que conciliou a revelação cristã com as fontes filosóficas da Antiguidade clássica e reabilitou os ideais de prudência e do governo misto. Ele acreditava que, a despeito do pecado original, o homem podia se redimir pela graça e pelo livre arbítrio, seguindo uma vida virtuosa conforme o desígnio divino e os exemplos cívicos descritos por Aristóteles. Os homens deveriam se conduzir conforme as virtudes teologais (fé, esperança e caridade) e as cardeais (prudência, justiça, fortaleza e temperança). O equilíbrio dependia da observância de quatro leis: a lei *eterna*, que ordenava o mundo e encarnava a razão divina; a *natural*, que refletia a eterna e participava dos projetos divinos;

[26] GAUCHET. Marcel. *L'avènement de la démocratie.* Tome I: *La révolution moderne.* Paris: Gallimard, 2007, p. 52-55.

a *humana*, feita pelos homens em conformidade com as anteriores, adaptadas às diversas e singulares circunstâncias da vida terrena; e, por fim, a lei *divina*, revelada pelos livros sagrados. A autonomia relativa reconhecida pela teologia de São Tomás ao homem e à sociedade ofereceu um horizonte diferente dos primeiros padres da Igreja: o conhecimento não se limitava mais à salvação da alma; ele servia para compreender a presença de Deus no cotidiano e ordenar o mundo a partir de uma hierarquia exemplar de fins transcendentes. A prudência política era uma síntese de razão e fé que permitia ao humano atingir seus objetivos nas situações contingentes. Embora Tomás de Aquino reconhecesse a supremacia da Igreja, reconhecia também a autonomia do político representado pela monarquia, na forma de uma constituição mista assentada sobre o consenso entre o príncipe, a nobreza e o povo. Porque garantia a harmonia capaz de manter a unidade do corpo político sobre a pluralidade de corporações de que era composta – ou seja, o uno no múltiplo –, a monarquia era reconhecida como a forma de governo natural das associações humanas.[27]

O problema da excepcionalidade no Renascimento (1): o republicanismo clássico e a ditadura. O movimento de renovação cultural que desde o século XV se processou a partir da Itália, marcado pela invenção da imprensa, a redescoberta da filosofia greco-romana e o descobrimento da América, impactou poderosamente o imaginário europeu. O humanismo da Renascença tomou distância da escolástica, criticando seus métodos de raciocínio e visão de mundo, para abraçar o mesmo conjunto de disciplinas da Antiguidade: gramática, retórica, moral e poesia. Os humanistas aprendiam grego e hebraico; refinavam seus conhecimentos de latim e traduziam textos antigos. Acreditavam que qualquer homem poderia despertar seu espírito, desde que possuísse uma sólida cultura clássica. Além de criaturas divinas submissas à ordem eterna da criação, os humanos conseguiriam se aperfeiçoar quando confrontados com experiências reais. Em contraposição à noção de império predominante durante a Idade Média, parte significativa do humanismo – especialmente o italiano – recuperou o ideal cívico das repúblicas antigas,

[27] KANTOROWICZ, Ernst H. *Os dois corpos do rei. Um estado sobre teologia política medieval.* São Paulo: Companhia das Letras, 1998 [1957], p. 125. VOEGELIN, Eric. *A nova ciência da política.* 2ª edição. Tradução de José Viegas Filho. Brasília: Editora da UnB, 1982 [1952], p. 42. AQUINO, Tomás de. *Escritos políticos.* Tradução de Francisco Benjamin de Souza Neto. Petrópolis: Vozes, 1995, p. 95 e 119. BEAUD, Olivier. *La puissance de l'Etat.* Paris: Presses Universitaires de France, 1994, p. 43.

baseado na capacidade de autodeterminação de cidadãos virtuosos norteados pelo modelo de vida ativa. Cansados da Roma imperial, eles suspiravam pela republicana e criticavam o ideal escolástico da contemplação, que via a política como monopólio dos príncipes. Para os humanistas, sendo a política uma reflexão voltada para o bem-estar do conjunto dos cidadãos, ela não era atividade abstrata e particular, devendo concentrar-se sobre a prática e a produção de fins públicos. Contra a escatologia medieval, eles também recuperaram a concepção cíclica da história, herdada de Políbio, e sua função de "mestra da vida", legada por Cícero. Estavam convictos de que deveriam dar cabo da "idade das trevas", restabelecendo o padrão de vida e de valores dos antigos.[28]

O resgate dos ideais da Antiguidade clássica, principalmente da república romana, deu origem à ideologia ou linguagem do chamado *republicanismo clássico ou cívico*, notadamente nas cidades italianas encravadas entre as autoridades concorrentes do papa e do imperador. Introduzida em Florença por Leonardo Bruni, ela foi desenvolvida por autores posteriores, como Nicolau Maquiavel (1469-1527) em seus célebres *Comentários sobre a primeira década de Tito Lívio*. Recuperando clássicos como Políbio, Lívio, Cícero e Plutarco, os republicanos vituperavam a tirania e cogitavam das formas por que poderiam organizar uma comunidade política a partir do modelo da república romana. Acreditavam que, caso desejassem preservar suas liberdades, deveriam viver sem sombra de poder arbitrário. A liberdade dependia da participação dos cidadãos nos negócios públicos, da ausência de impedimentos externos e da submissão de todos às leis da república. Os republicanos também recuperaram a apreço pela virtude cívica e o compromisso com a vida ativa, com seus atributos de simplicidade, patriotismo, integridade e amor pelo justo, mas também o ideal da constituição mista para limitar e balancear o poder.[29] O

[28] NAY. *História das ideias políticas*, op. cit., p. 217. SKINNER, Quentin. *As fundações do pensamento político moderno.* Tradução de Renato Janine Ribeiro. São Paulo: Companhia das Letras, 1996, p. 123-133.

[29] POCOCK. John. *Le moment machiavélien: la pensée politique florentine et la tradition républicaine atlantique.* Tradução do inglês por Luc Borot. Paris: Presses Universitaires de France, 1997. BIGNOTTO, Newton. *Origens do republicanismo moderno.* Belo Horizonte: Editora da UFMG, 2001, p. 199. Idem. *Republicanismo e Realismo: um perfil de Francesco Guicciardini.* Belo Horizonte: UFMG, p. 106. SKINNER, Quentin. *Liberdade antes do liberalismo.* Tradução de Raul Fiker. São Paulo: UNESP, 1999, p. 65. MADDOX, Graham. "Constitution". *In*: Terence Ball; James Farr e Russell Hanson (ed.). *Political innovation and conceptual change.* Cambridge: Cambridge University Press, 1989, p. 59. QUINTANA. *Ética e política*, op. cit., p. 72-73.

regime republicano, adequadamente assegurado por um misto de monarquia, aristocracia e democracia, equilibrava o desejo que tinham os governantes de oprimir com aquele dos governados de permanecerem livres, de modo que o conflito se desenrolasse, sem risco de subversão da ordem.

A corrupção seguia como o principal elemento de corrosão da virtude e da estabilidade da república, provocada pela prevalência do particularismo sobre o bem comum. Daí porque o combate ao luxo e o amor à frugalidade, pelos exemplos, pelo culto religioso e pela educação cívica e militar, deveriam ser incentivados. Maquiavel, em particular, entendia que a defesa da república precisava ficar a cargo dos próprios cidadãos organizados em milícias, e jamais de exércitos de mercenários, que serviam a qualquer tirano. Era possível combater a corrupção por boas leis, desde que os costumes se mantivessem íntegros; caso contrário, apenas o apelo a uma figura extraordinária de legislador poderia sanear a cidade. A necessidade era a grande reguladora da vida social, e havia circunstâncias excepcionais de perigo que justificavam a suspensão temporária das leis da república e a concentração dos poderes. Nos seus *Comentários*, Maquiavel resgatava o instituto romano da ditadura: "Quando é necessário deliberar sobre uma decisão da qual depende a salvação do Estado, não se deve deixar de agir por considerações de justiça. Deve-se seguir o caminho que leva à salvação do Estado e à manutenção da sua independência, rejeitando-se tudo o mais".[30] Era esta, ao seu juízo, a única forma de escapar ao dilema de escolher, diante do perigo premente, entre duas alternativas igualmente ruins – o legalismo suicida e a discricionariedade tirânica.

O problema da excepcionalidade no Renascimento (2): o principado novo e a doutrina da razão de Estado. Outras soluções foram aventadas para responder aos desafios criados pelo mundo novo que emergia com o Renascimento, e para os quais a Igreja Católica parecia não ter respostas. A escalada de guerras e epidemias exigia mais dos poderes terrenos que, para satisfazer necessidades extraordinárias, recorreram ao arsenal de ideias desenvolvidas pelo imperador e pelo papa durante a Questão das Investiduras. Em 1188, o jurista e canonista italiano Huguccio de Pise entendeu que, quando os príncipes estivessem impedidos de julgar o imperador, caberia ao papa apre-

[30] MAQUIAVEL, Nicolau. *Comentários sobre a primeira década de Tito Lívio*. Tradução de Sérgio Bath. Brasília: Editora da UNB, 1994, p. 419.

ciar a conveniência de depô-lo. Dez anos depois, Inocêncio III proclamou sua autoridade para intervir na eleição imperial, a pretexto de radicada no pecado ou na vontade do demônio. A refutação das aspirações de hegemonia papal ficaria a cargo de diversos autores, como Dante Alighieri (1265-1321) em *Da monarquia* (1314) e Marsílio de Pádua (1275-1342) em *O defensor da paz* (1324). Foi essa querela que deu origem ao conceito de *soberania*. No âmbito externo, os juristas auxiliavam os reis ao estender-lhes o conceito de *princeps*, presente no Digesto romano, para negar a superioridade do papa e do imperador. Dois elementos novos distinguiam a nova doutrina. O primeiro era a *secularidade*: o bom rei se preocupava antes com a manutenção da coesão social do que com a salvação das almas. O segundo elemento era a *necessidade*, que outorgava ao príncipe poderes discricionários para prover à salvação do reino: *necessitas non habet legem.*[31] Fixaram-se então os três caracteres do estado de exceção: a *excepcionalidade da ocasião*, a *necessidade de uma ação pronta* e *a finalidade de salvação do Estado*. O discurso da excepcionalidade justificou as doutrinas renascentistas da *razão de Estado*, que substituíram a prudência do modelo teológico-jurídico pela tese de que a segurança pública autorizava os governantes a dispensar excepcionalmente as regras morais em que o direito se assentava.[32] Sinônimo da "nova" prudência do príncipe, cujos planos deviam ser do conhecimento de uns poucos conselheiros, a *razão de Estado* era compreendida como uma "arte de governar", referida frequentemente por outros termos: "mistério do Estado"; "interesse do Estado"; "necessidade do Estado"; "segredo de Estado" (*arcana imperii*). Era a política que começava a se desgarrar das amarras da moralidade cristã, dando início ao processo de secularização.

O mais célebre formulador da doutrina da razão de Estado foi também Maquiavel, que aqui pensava as vicissitudes de um contexto político despro-

[31] BIGNOTTO. *Origens do republicanismo moderno*, op. cit., p. 38. SAINT-BONNET, François. *L'État d'exception.* Paris: Presses Universitaires de France, 2001, p. 118. BERCOVICI, Gilberto. *Soberania e Constituição: para uma crítica do constitucionalismo.* São Paulo: Quartier Latin, 2008, p. 56.

[32] MEINECKE, Friedrich. *L'idée de raison d'État dans l'histoire des temps modernes.* Tradução de Maurice Chevalier. Genève: Librairie Droz, 1973, p. 11. PISTONE, Sergio. "Razão de Estado". *In*: Norberto Bobbio; Nicola Matteucci e Gianfranco Pasquino (ed.). *Dicionário de Política.* 11ª edição. Tradução de Carmen C. Variale e outros. Brasília: Editora da UnB, 1998, p. 1.066. ZARKA, Yves Charles. "Raison d'Etat". In: Philippe Raynaud e Stéphane Rials (dir.). *Dictionnaire de philosophie politique.* Paris: Presses Universitaires de France, 2003, p. 612.

vido de institucionalidade e rotina. Seu livro denominado *O príncipe* (1513) preconizava aos governantes uma ação balizada por uma prudência realista, julgada mais adequada a um mundo que, sem a ordenação mística provida pela Igreja, mergulhara num mar de contingências imprevisíveis. Preso em um círculo interminável de guerras, movidas pela ambição insaciável dos homens, os esforços do príncipe deveriam se voltar basicamente para conservar e ampliar a todo custo o seu poder (o seu "estado"). Isso era ainda mais verdadeiro nos principados novos, cujo pouco tempo de existência tornava a legitimidade da dinastia precária pela ausência da tradição. Não havia mais espaço para a velha política clássica ou medieval como saber "idealista". O príncipe deveria saber manejar a política como uma técnica ou habilidade de tipo "realista", orientando-se para sobreviver na adversidade, de acordo com a doutrina da razão de Estado. O útil passava a valer mais do que o honesto, e virtudes pagãs como coragem e honra, mais do que a piedade ou a caridade cristã. Todos os meios facultados pela força e pela inteligência (*virtù*) – como a crueldade, a dissimulação e a simulação – eram lícitos para conservar o Estado, desde que empregados com habilidade e conforme com as circunstâncias (*fortuna*): "Como não há tribunal onde reclamar das ações de todos os homens, e principalmente dos príncipes, o que conta por fim são os resultados. Cuide, pois, o príncipe de vencer e manter o estado: os meios serão sempre julgados honrosos e louvados por todos".[33] Em um mundo instável, em que o capricho da deusa Fortuna produzia acontecimentos imprevisíveis, a habilidade do estadista se revelava mais eficiente que a velha ética aristotélica ou cristã.[34] Não havia técnica mais eficaz de governo do que o juízo prudencial, conforme reconhecia um contemporâneo de Maquiavel, Francesco Guicciardini (1483-1540):

> As coisas dessa sorte não têm régua certa ou curso determinado; antes, possuem variações diárias, segundo o andamento do mundo, e as decisões que se tem que tomar têm por fundamento quase sempre a conjuntura, e de um pequeno movimento dependem com muita frequência as coisas da maior impor-

[33] MAQUIAVEL, Nicolau. *O príncipe.* Tradução de M. J. Goldwasser. São Paulo: Martins Fontes, 2001, p. 85.

[34] SENELLART, Michel. *As artes de governar: do* regimen *medieval ao conceito de governo.* Tradução de Paulo Neves. São Paulo: Editora 34, 2006. Idem. *Machiavélisme et raison d'Etat – XIIe-XVIIIe siècle.* Paris: Presses Universitaires de France, 1989, p. 55.

> tância, e dos princípios pouco notados nascem muitos efeitos gravíssimos. Por isso é necessário que o governante seja muito prudente, dedicando atenção aos mínimos acidentes, e pese bem tudo aquilo que pode acontecer, esforçando-se em evitar e excluir, na medida do possível, o poder do acaso e da Fortuna.[35]

A excepcionalidade tornada normalidade: a doutrina da soberania absoluta. A decisão de alguns juristas da Coroa, de levarem ao extremo a doutrina da razão de Estado como solução definitiva para o enfrentamento da instabilidade e das calamidades do reino, tornou possível a emergência do conceito moderno de soberania e da doutrina do absolutismo monárquico. Na prática, o que se fez foi criar um artifício por meio do qual se normalizaram medidas que os cânones da Igreja só justificavam excepcionalmente. As diferentes teorias da soberania partiam da necessidade de preservação da ordem social diante dos conflitos provocados pelo dissenso moral, especialmente aqueles decorrentes da Reforma. Os absolutistas apresentavam uma concepção pessimista da natureza humana, vista como ignorante, decaída e insuscetível de aperfeiçoamento. Antepondo, ao valor da liberdade, aquele da segurança, o "soberanismo" propunha a submissão de todos os súditos a uma única autoridade, tornada absoluta e perpétua pela concentração de todo o poder de querer e de decidir. O caráter indivisível, inalienável e incomunicável da soberania era defendido como o único capaz de garantir a vida e os bens dos súditos. O príncipe não compartilhava o exercício do poder com nenhum outro ator da antiga sociedade estamental do medievo, nem estava limitado por qualquer norma terrena, jurídica ou moral. Ele só prestava contas à sua própria consciência neste mundo, e à divindade, no outro. Os absolutistas argumentavam que somente uma autoridade assim considerada – verdadeira encarnação de Deus na terra – poderia concatenar os diversos sistemas jurídicos e superar a fragmentada rede de poderes concorrentes que dividiam o corpo social no território do reino. Nesse contexto em que o soberano passava à condição de representante existencial da comunidade, resumindo em sua pessoa a dimensão pública da vida coletiva, não havia mais lugar para o ideal clássico de uma constituição mista, vista

[35] In: CHARBEL TEIXEIRA, Felipe Charbel. *Timoneiros: retórica, prudência e história em Maquiavel e Guicciardini.* Belo Horizonte: UFMG, 2010, p. 97.

pelos absolutistas como um arranjo entre elementos instáveis[36]. Sempre que o acordo que a sustentava se desfazia, "o Estado retorna à guerra civil e ao direito do gládio privado, o que seguramente é muito pior do que qualquer tipo de sujeição".[37]

Opostas ao republicanismo clássico, mas também à patrística agostiniana e à escolástica tomista, as doutrinas da razão de Estado e do absolutismo formaram o caldo cultural da "revolução monárquica" europeia. Entre os séculos XVI e XVIII assistiu-se a um processo inédito de concentração do poder marcado pelo aumento da centralização política e administrativa, da arrecadação fiscal e de uma burocracia profissional. Foi no bojo desse processo que emergiram conceitos como "monarquia absoluta" (1575) e "monarca absoluto" (1596). Dezenas de doutrinários legitimaram a concentração do poder, sem aspirarem forçosamente, nem à erradicação da nobreza, nem à completa burocratização ou secularização da política, nem à sua total emancipação de regras divinas ou costumeiras. Queriam antes a modernização das estruturas medievais, e viam no fortalecimento do príncipe o meio adequado de promovê-la. Mas o absolutismo monárquico também não foi um monólito ideológico, tendo apresentado diferentes graus de penetração e justificação, apelando a categorias como o *pátrio poder*, o *direito natural*, a *prudência* ou a *soberania* conforme as circunstâncias.[38] A fim de ilustrar essas diferenças, as próximas páginas oferecerão um quadro esquemático dos discursos políticos da razão de Estado e do absolutismo na Inglaterra e na França.

---

[36] VOEGLIN. *A nova ciência da política*, op. cit., p. 45.

[37] HOBBES, Thomas. *Do cidadão ou Rudimentos de filosofia concernentes ao governo e à sociedade*. Tradução e apresentação de Renato Janine Ribeiro. São Paulo: Martins Fontes, 1998, p. 122.

[38] DOYLE, W. "Absolute monarchy". *In*: Peter R. Campbell. *The Oxford Dictionary of the Ancién Régime*. Oxford, Oxford University Press, 2012, p. 4-6. CUTTICA, Cesare & BURGESS, Glenn (org.). *Monarchism and absolutism in early modern Europe*. London and New York: Routledge, 2012, p. 4. BURGESS, Glenn. "Tyrants, absolute kings, arbitrary rulers and the commonwealth of England: some reflections on seventeenth-century English political vocabular". *In*: Cesare Cuttica & Glenn Burgess (org.). *Monarchism and absolutism in early modern Europe*. London and New York: Routledge, 2012, p. 150. SOMMERVILLE, Johann P. "Early modern absolutism in practice and theory". *In*: Cesare Cuttica & Glenn Burgess (org.). *Monarchism and absolutism in early modern Europe*. London and New York: Routledge, 2012, p. 130. CUTTICA, Cesare. "An absolutist trio in the early 1630s: Sir Robert Filmer, Jean-Louis Guez de Balzac, Cardin Le Bret and theirs models of monarchical power". *In*: Cesare Cuttica & Glenn Burgess (org.). *Monarchism and absolutism in early modern Europe*. London and New York: Routledge, 2012, p. 144.

3. A "revolução monárquica" na Inglaterra e suas ideologias: supremacia do rei sobre a Igreja, direito divino e razão de Estado

Conflito, anarquia e revolução monárquica na Inglaterra dos Tudor. Do século XIII ao XV, a Inglaterra esteve prisioneira de um "momento anárquico", marcado por guerras internas e externas aparentemente intermináveis. A primeira foi a Guerra dos Cem Anos (1337-1454) movida contra a França pela dinastia Plantageneta, que lhe reivindicava o trono. A segunda foi a Guerra das Duas Rosas entre as dinastias de York e de Lancaster, que durou mais trinta anos (1455-1485). A carnificina quase exterminou a aristocracia inglesa, conforme testemunho de um contemporâneo: "Nos últimos vinte anos, três príncipes de sangue, quatro duques, quarenta marqueses e mais de trezentas outras pessoas [da nobreza] pereceram de morte violenta".[39] Uma vez no trono, o candidato vitorioso dos Lancaster, Henrique Tudor, adotou medidas tendentes a pacificar o país. Depois de casar-se com uma princesa da dinastia derrotada e decretar uma anistia geral, o novo rei dedicou-se a reconstruir o reino: reconheceu a perda das possessões na França, apostou na reestruturação econômica, procurou enquadrar a aristocracia e aumentar a arrecadação. Para aproximar a alta nobreza e controlá-la através do clientelismo e do patronato, Henrique VII criou o Conselho do Rei e a Câmara da Estrela, tribunal régio de última instância contra as decisões das jurisdições territoriais. Ele também recorreu a juízes de paz para garantir a efetividade das leis e substituiu os nobres por oficiais régios no exercício de atividades estratégicas.[40] Ao final do reinado, a arrecadação aumentara, a política se concentrara na Corte e o rei se impusera sobre as localidades. O pontapé inicial da "revolução monárquica" inglesa estava dado: "O governo régio expandiu suas ambições e responsabilidades imensamente durante o reinado para intervir em todos os níveis da vida nacional e provincial [...]. Sua intensa luta pelas prerrogativas da Coroa e pelo engrandecimento de seu poder foi uma novidade inquestionável".[41]

---

[39] BRIGGS, Asa. *A social history of England.* London: Penguin Books, 1985, p. 106-7.
[40] MC CULLOCH, *Diarmaid. The consolidation of England 1485-1603. In: The Oxford illustrated History of Tudor and Stuart Britain. Oxford,* Oxford University Press, 1996, p. 39-42.
[41] GRUMMITT, David. The establishment of the Tudor dynasty. In: Robert Tittler & Norman Jones. *A companion to Tudor Britain.* London: Blackwell Publishing, 2004, p. 19-22.

O processo de concentração do poder prosseguiu sob Henrique VIII (1509-1547), que tornou o reino mais integrado por um sistema de taxação direta. A nobreza já se habituara a recorrer aos tribunais dos *common lawyers* (advogados do direito costumeiro) para resolver suas contendas e o acesso ao poder régio se tornara estratégico para a influência política no reino. Mas o episódio decisivo da "revolução monárquica" inglesa foi a recusa pelo papa do pedido encaminhado pelo rei para se divorciar de Catarina de Aragão, uma princesa espanhola. A subsequente ruptura com a Igreja Católica lhe permitiu acumular os poderes espirituais aos temporais, incorporando ao domínio da Coroa todos os bens eclesiásticos. Henrique declarou-se chefe supremo como vicário de Cristo enquanto o Parlamento aprovou o Decreto de Restrição de Apelos (1532), segundo o qual o rei gozava de "pleno, completo e inteiro poder" sobre "o corpo político, formado por todas as espécies e graus do povo".[42] Dois anos depois, foi promulgado o Decreto de Supremacia (1534), que tornou o monarca chefe último da Igreja da Inglaterra, com poderes para determinar o que era ortodoxia e heresia. Seu primeiro-ministro, Thomas Cromwell (1532-1549), não apenas tomou as medidas jurídicas tendentes à nacionalização do poder religioso como arranjou uma plêiade de escritores para defender o novo estado de coisas. Foram dezenas de tratados e panfletos sustentando a superioridade da Coroa sobre a Igreja e a necessidade de conformação dos fiéis.[43] Também datam dessa época as primeiras alusões ao *Príncipe* de Maquiavel: em 1539, Lorde Morley encaminhou a Cromwell uma edição do livro, recomendando-o por sua utilidade "para vossa Excelência e nosso soberano Senhor em seu conselho".[44] Dez anos depois, veio a lume *O governo cristão*, de Mils Coverdales, que declarou o monarca *legibus solutus*, paternal e quase divino. Durante a coroação de Eduardo VI, o arcebispo de Canterbury afirmou que Deus delegava diretamente seus poderes aos reis, dispensando a intermediação da Igreja: "[Os reis] são ungidos por Deus, não por intermédio do óleo aplica-

[42] In: HAYES, Carlton J. H. & CLARK, Frederick F. *Medieval and early modern times*. New York and London: 1966, p. 377.

[43] SKINNER. *Os fundamentos do pensamento político moderno,* op. cit., p. 374-38

[44] In: ARIENZO, Alessandro & PETRINA, Alessandra (ed.). *Machiavellian encounters in Tudor and Stuart England: literary and political influences from the Reformation to the Restoration*. London: Routledge, 2012, p. 5.

do pelo bispo, mas em virtude do poder que Lhe é ordenado".[45] A ampliação das atribuições do príncipe e de seus recursos administrativos e financeiros pelos primeiros reis da dinastia Tudor foi considerada pelos historiadores uma verdadeira "revolução no governo".[46]

Ideologias da "revolução monárquica" inglesa: a supremacia da Coroa como chefe da Igreja Anglicana e a razão de Estado. O prestígio da Coroa sofreu um eclipse durante os breves reinados de Eduardo VI (1547-1553) e Maria (1553-1558). A menoridade de Eduardo enfraqueceu o governo central e incentivou as rebeliões. A reforma da Igreja foi levada adiante e surgiram doutrinas teológicas de caráter mais democrático. Radicais puritanos e separatistas exaltaram a supremacia parlamentar para enfraquecer ou eliminar a hierarquia eclesiástica. Maria tentou restabelecer a submissão da Coroa a Roma, movimento que suscitou a resistência e a repressão dos protestantes. O recrudescimento dos conflitos jogou mais água no moinho absolutista, na medida em que reforçou a ideia de que a paz somente poderia ser restabelecida por um monarca forte. Já no início do reinado de Elizabeth I (1558-1603), a rainha reiterou publicamente a origem divina de seu poder e que só prestava contas de seus atos a Deus. Ao assentar a Igreja Anglicana por meio do Decreto de Uniformidade (1559), Elizabeth optou por um meio-termo, que reformava a teologia, mas mantinha o cerimonial e a pompa católicos. O principal teólogo da época, Richard Hooker (1554-1600), reafirmou a supremacia monárquica em sua *Of the Lawes of Ecclesiastical Politie* (1594-1597) ao sublinhar que, ainda que limitados pela razão e pela fé, era dever dos súditos obedecer à Coroa.[47] Estadistas como Sir Walter Raleigh e Sir Francis Bacon acolhiam a doutrina da razão de Estado: "A sabedoria desses últimos tempos nos assuntos principescos" dependia "de rápida instrução em emergências, mais do que de ações políticas cuidadosamente planejadas".[48] No final da era elizabetana, a Corte

[45] In: CHAVURA, Stephen A. *Tudor protestant political thought, 1547-1603*. Leiden/Boston: Brill, 2011, p. 160-161.

[46] ELTON, Sir Geoffrey Rudolph Elton. *The Tudor Revolution in government: administrative changes in the reign of Henry VIII.* Cambridge University Press, 1953. BLOCK, Joseph S. "The rise of the Tudor State". *In*: Robert Tittler & Norman Jones. *A companion to Tudor Britain.* London: Blackwell Publishing, 2004, p. 39.

[47] ECCLESHALL, R. *Order and reason in politics: theories of absolute and limited Monarchy in early modern England.* Oxford: 1978.

[48] In: TUCK, Richard. *Philosophy and government (1572-1651).* Cambridge University Press, 1993, p. 108-116.

já se tornara o centro reconhecido do governo inglês.[49] Mas o absolutismo da dinastia Tudor nunca chegaria aos extremos da França dos Bourbon. Embora o Parlamento fosse considerado por Elizabeth somente um "grande conselho" que lhe dirigia petições e advertências, ela não tentou submetê-lo, nem deixou de convocá-lo quando precisava de novas leis ou tributos.

Foi quando a dinastia dos Stuart subiu ao trono (1603), que a monarquia passou a fazer profissão de fé absolutista. O novo rei, Jaime I (1566-1625), havia muito sustentava a origem divina do poder monárquico em escritos como *A verdadeira lei das monarquias livres* ou *Dos deveres recíprocos e mútuos entre um rei livre e seus súditos naturais* (1598), nos quais sustentava que os reis eram lugares-tenentes de Deus na Terra e que só a Ele prestavam contas.[50] Os príncipes eram "senhores supremos de todo reino e, portanto, de cada pessoa que o habitava, tendo poder de vida e morte sobre cada uma delas".[51] Na qualidade de detentores últimos de todo o poder, os reis não estavam limitados pelas leis preexistentes ou vindouras. Estavam para os seus povos como os pais em relação aos filhos, segundo uma visão patriarcal do poder: deveriam provê-los e educá-los conforme as virtudes cristãs, premiando os bons e castigando os maus. Os súditos deveriam obedecê-los de modo passivo e incondicional, temendo-os como um juiz e amando-os como um pai. O direito de resistência era recusado por razões divinas – sua impiedade – mas também por razões práticas: maus monarcas eram sempre melhores do que os horrores da guerra civil. Tudo que restava aos súditos era resignar-se, dirigindo suas súplicas e lágrimas a Deus, para que os perdoasse e aliviasse seus sofrimentos.

Ideologias do "momento monárquico" inglês (1): o direito divino dos reis no *Patriarca* de Robert Filmer. O principal representante do absolutismo monárquico sob a dinastia Stuart foi Sir Robert Filmer (1588-1653), que no reinado de Carlos I (1625-1649) favoreceu a causa realista contra o Parla-

[49] SOMMERVILLE, Johann P. *Royalists and patriots: politics and ideology in England (1603-1640)*. 2ª edição. London and New York: Routledge, 1999, p. 43-46. SMUTS, Malcolm. "Political thought in early Stuart Britain". *In*: Barry Coward (ed.). *A companion to Stuart Britain*. London: Blackwell Publishing, 2003, p. 273. DEAN, David. "Elizabeth government and politics". *In*: Robert Tittler & Norman Jones. *A companion to Tudor Britain*. London: Blackwell Publishing, 2004, p. 49-54.

[50] BOURDIN, Bernard. "Le traité des libres monarchies de Jacques VI d'Écosse: la monarchie au service de la republique". *In*: Yves Charles Zarka (dir.). *Monarchie et république au XVIIe siècle*. Paris, Presses Universitaires de France, 2007, p. 21.

[51] KING JAMES VI and I. *Political writings*. Cambridge: Cambridge University Press, 1996, p. 271.

mento. A mais conhecida de suas obras foi *O patriarca ou O poder natural dos reis*, livro póstumo, com base na Bíblia. Filmer argumentava que, por força de uma linhagem que remontava a Adão, os reis exerciam pátrio poder sobre seus povos: "Há e sempre haverá até o fim do mundo um direito natural do pai supremo sobre qualquer multidão, ainda que, pela secreta vontade de Deus, muitos o tenham obtido inicialmente da forma a mais injusta".[52] O poder político era uma extensão do pátrio. Cada chefe possuía sobre sua família o poder absoluto de um rei, e o monarca era o chefe de todas as famílias do reino: "Um pai de família governa segundo uma única lei, que é aquela de sua própria vontade; não conforme as leis e vontades de seus filhos ou empregados".[53] O Antigo Testamento demonstrava que Deus sempre governara o seu povo (o de Israel) por meio de monarcas debaixo de nomes diversos como *patriarcas, duques, juízes* e *reis*. A escolha do governo pelo povo violava o direito natural: o pai não governava pela vontade dos filhos. A monarquia era considerada a mais perfeita das formas de governo porque assegurava "a melhor ordem, a maior força, a maior estabilidade e a maior simplicidade".[54] Ainda que tiranos ou conquistadores, eram os monarcas que melhor preservavam "as terras, bens, liberdades e vidas de seus súditos".[55] Era por essa razão que a *prerrogativa monárquica* estava acima de todas as leis, que em circunstâncias adversas poderiam se tornar estorvos à segurança dos vassalos. Em outras palavras, a soberania absoluta do rei existia em benefício dos súditos, porque dela dependia a segurança de suas vidas e bens: "Na monarquia o rei precisa estar acima das leis; não pode haver majestade soberana se estiver debaixo delas".[56] A visão negativa do povo era o último argumento de justificação absolutista:

> Não há nada mais incerto que o povo. Suas opiniões são tão variáveis e súbitas quanto as tempestades; nelas, não há nem verdade nem juízo. Quando se trata de discernir, os povos não são conduzidos pela sabedoria, mas pela violência e pela precipitação, não sabendo distinguir entre o verdadeiro e o

[52] FILMER, Sir Robert. *Patriarcha, or the natural power of Kings*. Indianapolis, Liberty Fund Inc., 2004, p. 12.

[53] Idem, ibidem, p. 29.

[54] Idem, ibidem, p. 22.

[55] Idem, ibidem, p. 34.

[56] Idem, ibidem, p. 35.

> falso [...]. Eles costumam seguir o rebanho, favorecendo sempre o pior e o mais fraco. Mais propensos a suspeições, usam-nas para culpar e condenar qualquer homem acusado falsamente. Acreditam em todas as notícias, especialmente se forem tristes.[57]

Filmer condenava tanto a democracia quanto as formas constitucionais mistas. Ele alegava que os tumultos e as guerras civis que afligiram a Roma republicana eram devidos à sua forma de governo, cujas derivas anárquicas obrigaram o governo a recorrer a ditadores como Mário, Sila e César, que nada mais eram que monarcas provisórios. Convictos afinal da inferioridade da república, os romanos teriam abraçado a constituição imperial, tendo granjeado séculos de estabilidade e glória. Filmer também rejeitava a limitação do poder do príncipe por precedentes e costumes (defendida pelos advogados dos direitos costumeiros): ao exemplo do imperador romano, pai supremo e absoluto da comunidade, o rei da Inglaterra era o único autor, corretor e moderador de todas as normas jurídicas, criando-as e revogando-as ao seu bel-prazer. O Parlamento não era superior nem igual à Coroa; ele não passava de um grande conselho consultivo que reunia as diversas ordens da comunidade para dirigir ao monarca informações e súplicas.[58] A hipótese de que a Constituição inglesa fosse mista também era recusada: a monarquia, ou era pura, ou não era monarquia; caso se admitisse a participação do povo, o Estado degenerava em democracia e confusão. Era o que Filmer explicava em um opúsculo de título autoexplicativo, *A anarquia de uma monarquia mista*:

> Políticos, filósofos, sacerdotes e historiógrafos sábios têm vivamente recomendado a monarquia, como superior a todas as outras formas de governo. Não é para agradar ao príncipe que eles sustentam essa opinião, mas para a felicidade e a segurança dos súditos. Caso contrário, se eles limitassem e restringissem a soberania absoluta do monarca [...], a soberania não teria alicerces sólidos, e eles conseguiriam assim uma confusão popular ou uma miserável anarquia, que é a praga de todos os estados e repúblicas.[59]

[57] Idem, ibidem, p. 25.

[58] Idem, ibidem, p. 42.

[59] Idem. *Patriarcha and other writings*. Editado por Johann Sommerville. Cambridge: Cambridge University Press, 1991, p. 181.

Ideologias do "momento monárquico" inglês (2): a razão de Estado na época dos Stuart. Foi também por esse tempo que, estreitamente vinculada à questão da *prerrogativa régia*, a doutrina da razão de Estado encontrou na Inglaterra o seu apogeu. Autores como Edwin Sandys, Sir Walter Raleigh e Sir Francis Bacon já faziam a apologia da razão de Estado durante o reinado de Jaime I. Na tradição constitucional inglesa, embora extensos, os poderes da Coroa eram parcamente definidos. A doutrina sustentava a existência de duas categorias de poderes prerrogativos: os ordinários e os extraordinários. As *faculdades ordinárias* eram definidas e limitadas por lei e permitiam ao rei designar funcionários, administrar justiça e regulamentar o comércio. Já as *faculdades absolutas ou discricionárias* não estavam previstas, mas podiam ser exercidas em casos de emergência. Na prática, os absolutistas faziam o possível para estender o raio da ação discricionária do príncipe.[60] Durante o governo de Carlos I a prerrogativa passou a ser invocada para contornar as objeções do Parlamento e levantar empréstimos forçados, efetuar prisões sem prévio julgamento ou criar impostos. Às objeções suscitadas pelos prejudicados, os advogados da Coroa replicavam que as razões dos empréstimos constituíam segredo de Estado (*arcana imperii*); que a prisão sem julgamento prévio decorria de um imperativo de salvação pública (*salus populi suprema lex*); que a necessidade era a mãe da legalidade (*necessitas non habet legem*).[61] Se, para os insatisfeitos, as medidas equivaliam ao exercício arbitrário do poder, para os absolutistas, eram simplesmente decisões à altura das circunstâncias.[62]

4. A "revolução monárquica" francesa e suas ideologias: Absolutismo, estoicismo, razão de Estado e direito divino

Conflito, anarquia e "revolução monárquica" na França dos Valois-Bourbon. A Reforma protestante também transtornou a França. As discórdias começaram sob o governo de Henrique II (1558) com as destruições, por parte

[60] SMITH, David L. "Politics in early Stuart Britain". *In*: Barry Coward (ed.). *A companion to Stuart Britain*. London: Blackwell Publishing, 2003, p. 235.

[61] TUCK. *Philosophy and government (1572-1651)*, op. cit., p. 115-118.

[62] CATTEEUW, L. "Réalisme et mythologie de la raison d'État". *Revue de Synthèse*: tomo 130, 6ª série, nº 2, 2009, p. 223.

dos protestantes, das relíquias e imagens de santos considerados sagrados pelos católicos. O país dividiu-se em duas grandes facções: a dos ultracatólicos, liderados pelo duque de Guise e seu irmão, e os huguenotes, liderados pelo almirante Coligny e por Odet de Châtillon. Enfraquecida pelas dissensões, a Coroa passou pela cabeça de três reis (Francisco II, Carlos IX e Henrique III), sempre sob a tutela da rainha-mãe, Catarina de Médici. Auxiliada por seu primeiro-ministro, Michel de l'Hôpital, Catarina preconizava um regime de tolerância. Em 1572, todavia, os ultracatólicos obrigaram a Coroa a sancionar o massacre de São Bartolomeu, golpe de Estado que liquidou à traição cerca de doze mil huguenotes, sem distinção de profissão, posição social, gênero ou idade, e cuja liderança havia sido chamada a Paris para negociar a paz. As chamadas "Guerras Religiosas" (1562-1598) lá representaram um "momento anárquico" análogo àquele experimentado pela Inglaterra durante a Guerra das Duas Rosas. Elas aniquilaram a demografia e a economia francesas, reduzindo a população em cerca de dois milhões de pessoas. Seu ponto alto foi o cerco de Paris promovido pela Liga Católica, responsável pela morte de um quarto da cidade à época (45 mil pessoas).[63] Mas, também a exemplo da Guerra das Duas Rosas, o estado de destruição, morticínio e depressão abriu espaço para uma "revolução monárquica" capaz de restabelecer a ordem e a autoridade. Huguenote ele mesmo, Henrique IV de Bourbon estabeleceu a paz pagando indenizações e proclamando a anistia geral (1594). O apaziguamento continuou com sua conversão ao catolicismo e a decretação de um regime de tolerância religiosa pelo Édito de Nantes (1598). Estabeleceu-se na Igreja francesa uma tradição "galicana", espécie de meio-termo entre a posição de completa ruptura com Roma, adotada pela Inglaterra dos Tudor, e aquela outra, de completo alinhamento, seguida pela Espanha dos Habsburgo.[64]

O restabelecimento da paz foi seguido de grande prosperidade econômica, baseada no protecionismo manufatureiro preconizado pelas doutrinas mercantilistas, e no crescimento do aparelho de Estado, cujo número de oficiais decuplicou em um século e meio (1515-1661). Quando da coroação de Luís XIII (1610-1643), as autoridades já reconheciam que o caráter sagrado dos reis dispensava a intermediação da Igreja ou do povo na transmissão

---

[63] LADURIE, Emmanuel Le Roy. *L'État Royal. De Louis XI à Henri IV. La monarchie de la Renaissance (1460-1610).* Paris: Hachette, 1987, p. 260, 310 e 384.

[64] Idem, ibidem, p. 390.

do poder.[65] O filho de Henrique IV livrou-se da tutela das facções e delegou poderes ao seu famoso primeiro-ministro, Armand-Jean du Plessis, cardeal e duque de Richelieu (1585-1642). Ele tornou-se o mais célebre artífice da "revolução monárquica" francesa, na medida em que dedicou seu ministério (1624-1642) ao fortalecimento da Coroa pela disciplina da nobreza e da plebe. Entendendo que o "interesse público" residia no *sossego dos povos*, Richelieu seguia estritamente as máximas da razão de Estado: "É preciso, em certas ocasiões, para o bem do Estado, uma virtude máscula que passa algumas vezes por cima das regras da prudência ordinária".[66] Mais radical do que na Inglaterra, o processo de construção estatal na França, promovido pelo cardeal, cedo o levou a aposentar os grandes conselhos que, do outro lado do canal da Mancha, equivaliam ao Parlamento: os Estados-Gerais reuniram-se pela última vez em 1614, e a Assembleia de Notáveis, em 1627. Depois da morte de Richelieu e de Luís XIII, a nobreza francesa ensaiou a resistência na chamada Fronda (1648-1653), que mobilizou a aristocracia togada dos tribunais (os "parlamentos") e a de espada. No entanto, mais uma vez a exemplo da Inglaterra, ela não durou. A revolução monárquica acabou consumada pelo sucessor de Richelieu, o cardeal Mazarino, e por Luís XIV, que entraria para a história com o apelido de "Rei Sol".

Ideologias da "revolução monárquica" francesa (1): *Os seis livros da república* de Jean Bodin. O primeiro teórico importante da soberania foi Jean Bodin (1530-1596), jurista que quase perecera no massacre de São Bartolomeu. Ele, que até então flertava com doutrinas nobiliárquicas, passou a considerar o problema da ordem a questão magna de qualquer comunidade política.[67] Nos *Seis livros da república*, Bodin definiu a soberania como o direito indivisível e intransferível de legislar, baseado no direito natural e divino do monarca. A paz e a unidade do reino dependiam de uma monarquia cujo poder absoluto, conquanto não fosse ilimitado, deveria ser exercido sem partilha pelo rei. A república seria composta pelo conjunto de famílias ou "casas" encabeçadas por chefes, que nelas exerciam poderes absolutos sobre esposa, mulheres, filhos e servos. O rei

[65] Idem. *L'Ancién Régime: l'absolutisme en vraie grandeur (1610-1715)*. Tomo I. Paris: Hachette, 1991, p. 28 e 30.

[66] RICHELIEU, Armand-Jean du Plessis, cardeal e duque de. *Testamento Político*. São Paulo: Atena Editora, 1959, p. 26 e 39.

[67] SKINNER. *Fundações do pensamento político moderno*, op. cit., p. 556.

era o chefe supremo de todos os chefes de família e seu poder seria superior no reino ao do papa e do imperador. Sem dever satisfações a quem quer que fosse na Terra, cumpria ao soberano manter a ordem política e religiosa. Logrando por tal concentração de poderes garantir a segurança e os bens de seus súditos, estes haveriam de obedecê-lo independentemente de suas posições na hierarquia social. Somente um arranjo como este, acreditava Bodin, poderia restabelecer as finanças arruinadas pelas guerras civis. A recuperação da economia dependia do controle de todas as decisões atinentes a câmbio, moeda, pesos e medidas, além de taxações que assegurassem ao Estado uma renda suficiente para sustentar exércitos. Como no caso de Filmer, o pressuposto da soberania una e indivisível tornava absurda qualquer constituição mista. Se fosse permitido repartir o poder, "não haveria rei, nem harmonia alguma".[68] As teses de Bodin passaram a ser veiculadas por conselheiros de Richelieu, como Cardin le Bret.[69]

Ideologias da "revolução monárquica" francesa (2): o estoicismo de Montaigne e Pierre Charron. Diante dos conflitos que varriam a França, emergira na década de 1570 um tipo de humanismo mais inclinado ao realismo de Tácito do que ao idealismo de Cícero. Ele vinha ainda carregado pelo ceticismo de Sexto Empírico e do estoicismo de Sêneca, filósofo da decadência republicana, para quem o homem comum deveria evitar a política e priorizar a paz de espírito em épocas de tumulto e guerra civil.[70] Essa combinação encontrou expressão magna na obra de Michel de Montaigne (1533-1592), cujos *Ensaios* favoreceram a causa monárquica ao justificarem a obediência passiva ao rei e à Igreja Católica[71]. A Fortuna era considerada por Montaigne uma deusa inescrutável e caprichosa, insuscetível de controle pelos homens. Incapaz de ver o mundo senão como uma diversidade caótica de pessoas e coisas, periodicamente sacudida por cataclismos, doenças e guerras, o homem não passava de uma "criatura miserável, que sequer é dona de si mesma, que está exposta a todos os desastres e se proclama senhora do universo". Todas as tentativas científicas de conhecer o universo moral resultavam sempre em uma balbúrdia de opiniões conflitantes e instáveis: "As instituições deste mundo tanto quanto as escolas estão em contra-

[68] BODIN, Jean. *Les six livres de la République.* Edição e apresentação de Gérard Mairet. Paris: Le livre de poche, 1993, p. 71.
[69] CUTTICA. *An absolutist trio in the early 1630s*, op. cit., p.144.
[70] BURKE, Peter. "Tacitism, scepticism, and reason of State". *In*: J. H. Burns & Mark Goldie (ed.). *The Cambridge History of Political Thought* (1450-1700). Cambridge University Press, 2008, p. 484 e 487.
[71] TUCK. *Philosophy and government (1572-1651)*, op. cit., p. 62-63.

dição entre si, daí podermos deduzir que o acaso não é mais diverso e variável do que a razão, nem mais cego e imponderável".[72] Ora, se a verdade, na melhor das hipóteses, não passava de um juízo de possibilidade, a Montaigne parecia mais sensato viver sem externar preferências ou juízos, acomodado às leis e costumes tradicionais. Viver sob um regime preexistente que preservasse a paz de espírito era a melhor opção em um mundo de irracionalidade e injustiça.[73] Somente a estoica resignação aos poderes constituídos evitaria "a morte pública" de "nosso pobre país".[74] Daí porque ele admitia a razão de Estado: a politização extrema da autoridade régia era o corolário lógico da despolitização dos súditos. A diretriz, segundo a qual as regras naturais e universais de justiça prevaleciam sobre aquelas de caráter especial e positivo, comportava exceções. Para Montaigne, o príncipe que, por uma circunstância ou acidente qualquer, se visse obrigado a ter de faltar com a palavra ou a seu dever, deveria encarar a situação como uma prova imposta por Deus, para testar suas habilidades como governante: "É preciso não raro entregar aos céus o governo de nosso barco, porque a última possibilidade de salvação está na proteção divina".[75]

A defesa da razão de Estado a partir do mesmo coquetel de ceticismo, estoicismo e tacitismo encontrou outro advogado no padre Pierre Charron (1541-1603). Seu tratado *Da sabedoria* (1601) exortava o leitor a distinguir entre a prudência do súdito e a do príncipe. O homem ordinário era "o mais fanfarrão e difícil de domar de todos os animais". Sua prudência se resumia à arte de controlar a própria maldade e seguir obediente às leis e regras do Estado. Já prudência do príncipe era uma "política" e, como tal, considerada por Charron "vaga, indefinida, difícil e quase impossível de alinhavar e prescrever em regras".[76] Ou seja, se o mundo dos súditos era aquele da observância às determinações governamentais, aquele do Estado era regulado pelas circunstâncias. Os imperativos da "utilidade pública" autorizariam o príncipe a agir de uma maneira "que pareceria desconexa e desregrada a outros, mas que é leal e legítima para ele".[77] O monarca não deveria se deixar enclausurar pelas

[72] MONTAIGNE, Michel de. *Ensaios.* Tradução de Sérgio Milliet. Volume I. São Paulo: Nova Cultural, 1987, p. 239.

[73] Idem, ibidem, p. 209 e 234.

[74] In: SKINNER. *Fundamentos do pensamento político moderno*, op. cit., p. 549.

[75] MONTAIGNE. *Ensaios*, op. cit., p. 88-90.

[76] CHARRON, Pierre. *De la sagesse.* Tomo II. Paris: Rapilly, 1827 [1601], p. 286 e 290.

[77] Idem, ibidem, p. 303.

máximas do idealismo moral, devendo realisticamente saber que "a justiça dos reis não é a dos particulares; que os príncipes não podem às vezes ter êxito em seus projetos úteis ao povo, que tomando vias tortas; que há situações em que seguir a razão e a equidade importaria trair o Estado".[78] A defesa da razão de Estado encontraria seu apogeu sob Richelieu, que inundou o reino de panfletos favoráveis à política centralizadora, contra os desmandos da nobreza insubmissa e a turbulência da plebe ignara. Um deles, da autoria do conselheiro Daniel Priezac (1590-1662), pregava que "a razão de Estado, lei viva e superior, comanda todas as outras leis, as tempera, as corrige e, quando necessário, as derroga e as anula, por um bem mais universal".[79] Não se poderia melhor sintetizar o raciocínio que justificava a superação pela monarquia dos constrangimentos impostos pela antiga constituição feudal, que a obrigava a governar com o consentimento dos elementos aristocrático e democrático.

Ideologias da "revolução monárquica" francesa (3): as *Considerações sobre os golpes de Estado* de Gabriel Naudé (1639). O ponto culminante dessa vasta literatura foram as *Considerações sobre os golpes de Estado* (1639). Tratava-se de um pequeno tratado de maquiavelismo aplicado escrito por Gabriel Naudé (1600-1663), bibliotecário do cardeal Mazarino, que sucedera Richelieu durante a menoridade de Luís XIV.[80] Escritas para circularem apenas nas altas rodas, as considerações de Naudé faziam uma profissão de fé na "política", entendida como técnica de governo apartada da moral. Ele desprezava os que, a pretexto de falarem de política, só falavam de ética, repisando "o que os outros autores já disseram e repetiram mil vezes antes". Sua pretensão declarada era a de seguir as pegadas de Tácito, Montaigne e Charron; ele queria levantar o véu dos mistérios dos Estados, revelando "os maiores segredos das monarquias, as intrigas das cortes, as cabalas dos facciosos, os pretextos e motivos particulares, e, numa palavra, conforme o verso de Plauto, *aquilo que o rei disse à rainha e os discursos que Juno dirigiu a Júpiter*".[81] Haveria dois tipos de prudência política: a *ordinária*, pautada pelas leis e costumes do país, e a *extraordinária*, norteada pela razão de Estado. Esta última tinha por finalidade "acomodar a religião às coisas políticas"

[78] Idem, ibidem, p. 292.

[79] In: THUAU, Étienne. *Raison d'État et pensée politique à l'époque de Richelieu*. Paris, Alban Michel, 2000 [1966], p. 401.

[80] MEINECKE. *L'idée de la raison d'état dans l'histoire des temps modernes*, op. cit., p. 181.

[81] NAUDÉ, Gabriel. *Considérations politiques sur les coups d'État*. Paris: 1667, p. 41 e 45.

e deveria ser mantida em segredo por constituir uma "exorbitância do direito comum em prol do bem público".[82] Já os *golpes de Estado* constituíam aplicações da razão homônima nos casos e circunstâncias concretas. Eram "ações arrojadas e extraordinárias que os príncipes estão obrigados a executar em casos difíceis e desesperados, contra o direito comum, sem observar qualquer ordem nem formalidade de justiça, sacrificando o interesse do particular pelo bem do público".[83] Resultavam de uma longa e elaborada preparação em segredo, seguida por uma execução pronta, súbita e violenta. Para serem eficazes, deveriam ser defensivos, proporcionais aos tempos e às pessoas atingidas; fundar-se em motivos de utilidade pública (*salus populus suprema lex*); ser executados raramente, mas sempre por métodos diretos; e lamentados em público, por sinceridade ou fingimento.

Diversas situações justificavam o recurso ao golpe de Estado. Entre elas, estavam o estabelecimento, criação ou mudança dos reinos e principados, cujos bárbaros e cruéis inícios eram mais tarde encobertos com historietas religiosas; a conservação, restabelecimento e restauração dos Estados, quando ameaçados de ruína; a necessidade de enfraquecer direitos ou privilégios gozados pelos súditos ou de enfrentar uma força particular que, por demasiado grande, numerosa ou extensa, não poderia ser abatida por vias ordinárias. O modo de execução dos golpes também variava. Como os negócios não eram similares, nem as doenças vinham acompanhadas dos mesmos sintomas ou acidentes, cumpria mudar de remédios com frequência e ministrá-los com mais ou menos violência conforme o caso. Na história dos golpes de Estado, o massacre de São Bartolomeu ocupava um lugar privilegiado. Tendo em vista a elevação de seus fins e a excelência de seu planejamento, o massacre havia sido "o mais ousado golpe de Estado, e o mais sutilmente conduzido, jamais praticado na França ou qualquer outra parte".[84] A previsão das consequências do golpe também era importante, devendo o príncipe se antecipar às reações dos atingidos, seus simpatizantes e, principalmente, da populaça. Sobre o povo, o juízo de Naudé era o pior possível, a ele se referindo como uma "besta de várias cabeças, vagabunda, errante, louca, atordoada, sem conduta, sem espírito nem julgamento".[85] O governante precisava saber manejar e persuadir a plebe, sujeita à sedução de tribunos ambiciosos,

[82] Idem, ibidem, p. 93 e 170.
[83] Idem, ibidem, p. 104.
[84] Idem, ibidem, p.169.
[85] Idem, ibidem, p. 234.

impostores e amotinados. Se argumentos falhassem no controle de danos, era sempre possível recorrer à repressão, traduzida pelo rigor dos suplícios e pelo medo da fúria divina.[86]

Ideologias do "momento monárquico" francês (1): o absolutismo de direito divino nas *Memórias para a instrução do delfim* de Luís XIV (1661-1668). O apogeu do processo de construção do Estado na França – o seu "momento monárquico" – coincidiu com o longo reinado de Luís XIV (1643-1715), autor das *Memórias para a instrução do delfim* (1661-1668). O manuscrito revela as opiniões do principal representante do absolutismo francês, relativas ao exercício de seu ofício. Luís levava a sério a origem divina do seu poder. Embora nascessem como homens de carne e osso, os reis se tornavam divinos quando dominados "por uma paixão mestra e dominante, que é aquela de seus interesses, de sua grandeza e de sua glória".[87] O regime monárquico era o mais perfeito. Primeiro, porque ele reproduzia o modo por que Deus governava o universo; segundo, porque era o único capaz de assegurar o bem comum contra as facções aristocráticas. Luís sabia da importância da imagem pública do príncipe e que ele precisava dar mostras constantes de sua "intimidade" com o Criador nas cerimônias religiosas. O rei deveria nelas transmitir impressão de deter os mesmos predicados de onipotência, onipresença e onisciência. A onipotência se alcançava a partir de uma política de esvaziamento de todos os poderes que lhe pudessem fazer sombra. Sua vontade havia de ser tão absoluta quanto a de Augusto, o mais sábio dos imperadores romanos[88]. Nada mais urgente que a submissão ao trono de todas as forças responsáveis pelas desordens e guerras civis do tempo de sua menoridade: fora do reino, os espanhóis, o papado e os ingleses; dentro dele, os huguenotes e os aristocratas. Não fazia diferença se estes eram os "de toga", que serviam nos tribunais (lá chamados "parlamentos"), ou os "de espada", que governavam as províncias; ou os eclesiásticos, sempre desejosos de mais privilégios. Para Luís, tudo o que reduzisse sua autoridade prejudicava o público:

> [Os aristocratas se deixam levar] pela falsa ideia de um pretenso interesse do povo oposto ao do príncipe, de que seriam os defensores. Esquecem que esses dois interesses são na verdade um único; que a tranquilidade dos súditos

[86] Idem, ibidem, p. 328-329.

[87] LOUIS XIV. *Mémoires pour l'instruction du Dauphin.* Apresentação de Pierre Goubert. Paris: Imprimerie Nationale, 1992, p. 66.

[88] Idem, ibidem, p. 109.

depende apenas de sua obediência; que o público sofre menos suportando do que tentando controlar mesmo o mau governo dos reis, de que Deus apenas é o juiz; que, quando estes parecem agir contra as leis ordinárias, agem quase sempre conforme a razão de Estado, que todos reconhecem como a primeira das leis, mas que é a mais desconhecida e mais obscura para todos quanto não governam.[89]

O desejo manifesto por Luís de não partilhar o poder não significava governar sozinho, o que ele sabia impossível. Cercar-se de auxiliares capazes, probos e inteligentes revelava prudência e não fraqueza. Do ponto de vista administrativo, o fundamental eram boas finanças, porque da saúde financeira do Estado dependia a capacidade de levar seus objetivos a bom termo. Daí por que delas deveria ficar encarregado o melhor e mais confiável de seus ministros – que, no seu caso, era Colbert. Este, por sua vez, deveria reduzir o tanto quanto possível as isenções tributárias dos privilegiados, que sobrecarregavam os mais pobres.[90] Um Tesouro bem administrado permitia ao rei assegurar sua "onipresença" graças à expansão da burocracia, cujos funcionários - assalariados, competentes e obedientes - substituíam os nobres - ignorantes, soberbos e incapazes. A "onisciência" lhe adviria de ouvir o maior número possível de pessoas, para que não ficasse refém das informações fornecidas por seus secretários. Luís sabia que não lidava com anjos, e que seus auxiliares tendiam a usar o poder em proveito próprio. Era por essa razão que o bom príncipe carecia de "ter os olhos abertos sobre toda a terra; aprender a toda hora as novidades de todas as províncias e de todas as nações, o segredo de todas as cortes, o humor e a fraqueza de todos os príncipes e de todos os embaixadores estrangeiros; estar informado de um número infinito de coisas que acreditam ignorarmos; descobrir em meio aos súditos aquilo que se esforçam por nos esconder; descobrir as estratégias de nossos próprios cortesãos, seus interesses mais obscuros que nos chegam pelos interesses contrariados".[91]

Curiosamente, não se detecta nas memórias de Luís XIV o elemento demofóbico típico da literatura da razão de Estado. A todo o tempo o monarca timbrava em apresentar-se como o principal aliado do povo – que ele dizia ser o maior de seus tesouros – contra a tirania dos grandes senhores feudais.

[89] Idem, ibidem, p. 67.
[90] Idem, ibidem, p. 145.
[91] Idem, ibidem, p. 52.

O absolutismo desejava impedir os pequenos e os fracos de serem "oprimidos por milhares de pequenos tiranos".[92] Luís lamentava o sofrimento do "baixo povo", percebido de um modo organicista, mas também paternalista: "Somos a cabeça de um corpo de que os súditos são os membros. É em proveito deles que nós lhes damos leis, e esse poder que temos sobre eles só deve nos servir para trabalhar de modo mais eficaz por sua felicidade. É belo merecer o título de pai, tanto quanto o de mestre".[93] Embora seu amor pelos vassalos não se extremasse a ponto de desejar acabar com a hierarquia natural entre homens, Luís alimentava a veleidade de erradicar a indigência e a mendicância. Nem por isso a desobediência deixava de ser considerada um ato de extrema gravidade: "Falhar com o rigor das leis, é falhar com a ordem, a paz e o sossego ao mundo; é falhar consigo mesmo como rei".[94] Foi durante o seu longo reinado que a doutrina da razão de Estado acabou absorvida pelo absolutismo. Esse fenômeno fica nítido na obra de publicistas como Amelot de Houssaye (1634-1706), para quem a política orientada pela razão de Estado seria "um direito inseparável da soberania, em virtude do qual o príncipe não tem de prestar contas de suas vontades".[95]

Ideologias do "momento monárquico" francês (2): a *Política tirada das próprias palavras da Santa Escritura* de Bossuet (1709). O absolutismo paternalista de direito divino encontrou intérprete privilegiado na obra do bispo e teólogo Jacques-Bénigne Bossuet (1627-1704), que redigiu a *Política tirada das próprias palavras da Santa Escritura* (1709).[96] Forte galicano e cartesiano, Bossuet não procurava na Bíblia o Evangelho, mas histórias dos primeiros reis ou das atitudes dos primeiros cristãos que servissem de preceitos e exemplos políticos. Ele queria provar que a literatura pagã dos clássicos latinos e dos doutrinários da razão de Estado era perfeitamente dispensável como fonte de ensinamentos, já que tudo estava na Bíblia: "Aqueles que acreditam que

[92] Idem, ibidem, p. 69.

[93] Idem, ibidem, p. 95.

[94] Idem, ibidem, p. 147.

[95] In: MOREL, Henri. "Absolutisme". *In*: Philippe Raynaud & Stéphane Rials (dir.). *Dictionnaire de philosophie politique*. Paris: Presses Universitaires de France, 2003, p. 5.

[96] PHILONEIKO, Alexis. "Bossuet, Jacques-Bénigne, 1627-1704. Política tirada da Sagrada Escritura". *In*: François Châtelet, Olivier Duhamel & Evelyne Pysier (ed.). *Dicionário de obras políticas*. Traduzido por Glória de C. Lins e Manoel Ferreira Paulino. Rio de Janeiro: Civilização Brasileira, 1993, p. 180.

a piedade enfraquece a política se sentirão confundidos".[97] Não crendo na evolução nem na perfectibilidade dos homens, o teólogo estabelecia paralelos entre os protestantes e os pagãos da Antiguidade; os libertinos e os gregos da época clássica; os rebelados da Fronda com as tribos insurgidas de Israel, etc. Os príncipes haveriam de comportar-se conforme os exemplos deixados por Davi e Salomão à frente dos israelitas: "Os príncipes agem como ministros de Deus e seus lugares-tenentes na terra. É através deles que Ele exerce o seu império".[98] Uma vez que o mais sólido fundamento dos Estados era a verdadeira religião – católica, apostólica e romana –, nada de útil poderia ser feito sem a Igreja. Também para Bossuet a principal finalidade do Estado era assegurar a paz social: "Não há pior estado do que a anarquia, isto é, o Estado onde não há governo nem autoridade. Onde todo mundo faz o que quer, ninguém faz o que quer; onde não há mestre, todo mundo é mestre; onde todo mundo é mestre, todo mundo é escravo".[99] Para garantir a ordem pública, mais uma vez se recomendava a monarquia pura e hereditária como forma de governo. Sua antiguidade, generalidade, eficiência, força e durabilidade decorriam de sua naturalidade: o regime monárquico espelhava de forma fiel o modo paternal por que Deus governava o universo e apresentava a vantagem suprema de confundir o interesse pessoal e familiar do governante com aquele do Estado.[100]

Mas, para exercer seus efeitos salutares, a autoridade do príncipe deveria ser sagrada e absoluta: "Todo o Estado está na pessoa do príncipe. Nele está o poderio. Nele está a vontade de todo o povo. A ele apenas compete tudo providenciar em prol do bem público".[101] O príncipe era retratado à maneira de Cristo: tratava-se de um infeliz que viera à terra sacrificar-se com a missão de "proteger os pequenos, [...] buscar o bem público e ser o sustentáculo do povo". De suas partes, cumpria aos súditos conterem seu orgulho e indocilidade naturais: "O sossego público obriga os reis a manter todo o mundo em temor, e mais ainda os grandes que os pequenos, porque é do lado dos grandes que podem vir os grandes tumultos".[102] Não podendo resistir ao monarca, restavam-lhes somente

[97] BOSSUET, Jacques-Bénigne. *Politique tirée dzAes propres paroles de l'Écriture sainte*. Edição crítica com introdução e notas por Jacques Le Brun. Genève: Librairie Droz, 1967, p. 3.
[98] Idem, ibidem, p. 65.
[99] Idem, ibidem, p. 27.
[100] Idem, ibidem, p. 62.
[101] Idem, ibidem, p. 165.
[102] Idem, ibidem, p. 101.

os protestos respeitosos e rezar pela alma de seu soberano. Também aqui, como na autoimagem de Luís XIV, o governo do príncipe absoluto apresentava as mesmas qualidades daquele de Deus sobre o universo, sendo benfazejo, justo, onisciente, onipresente e insondável em seus desígnios: "Deus dá meios ao príncipe de descobrir as tramas mais secretas. Ele tem olhos e mãos por toda a parte [...]. Os pássaros do céu lhe relatam o que acontece". Bossuet concluía triunfante: "Vede um povo imenso reunido numa só pessoa, considerai esse poder sagrado, paternal e absoluto; considerai a razão secreta, que governa todo o corpo do Estado, encerrada numa só cabeça: vereis a imagem de Deus nos reis, e tereis ideia da majestade real".[103] Ausente na literatura inglesa, a ênfase de Luís e de Bossuet no papel a ser exercido pelo Estado na defesa dos pequenos e dos fracos contra a ambição desmedida dos grandes aristocratas, justificando a concentração de poderes no governante, decantaria poderosamente no imaginário dos países católicos e latinos.

CONCLUSÃO

O primeiro capítulo apresentou inicialmente, em linhas gerais, o pensamento político europeu da Antiguidade e da Idade Média. O voo de pássaro teve por único objetivo apresentar categorias e formas de pensar que seriam enfrentados ou reciclados a partir da Renascença, como o humanismo cívico e a escolástica ibérica. Isto feito, o foco da narrativa recaiu sobre os dois estádios do processo de construção intelectual do Estado – aqui aludidos como "revolução monárquica" e "momento monárquico" – nos dois países que dominaram a cena europeia entre os séculos XVII e XIX: a Inglaterra e a França. No primeiro reino, o "momento monárquico" coincidiu com os reinados de Elizabeth I e de Jaime I (1558-1625); no segundo, com o reinado pessoal de Luís XIV e a primeira metade daquele de seu bisneto, Luís XV (1661-1752). A ideologia absolutista legitimou o enfrentamento da nobreza e da Igreja pelos reis e a redução do nível de desintegração de seus países. É verdade que esse processo esteve longe de ser linear ou pacífico. Na Inglaterra, a Igreja resistiu à Reforma durante a menoridade de Eduardo VI e recuperou sua força du-

[103] Idem, ibidem, p. 178-179.

rante o reinado de Maria (1547-1558). Na França, a aristocracia togada dos tribunais e a alta nobreza militar rebelaram-se durante a menoridade de Luís XIV por ocasião da Fronda (1648-1653). No entanto, os dois episódios interromperam por pouco tempo a marcha da "revolução monárquica". No campo da economia, o mercantilismo desmantelou as barreiras alfandegárias internas para criar um mercado nacional e submeteu os interesses privados àqueles do Estado. O movimento foi apressado pela construção, no começo do século XVIII, de estradas de rodagem que reduziram as distâncias entre as províncias e aumentaram a produtividade da economia.[104]

As doutrinas da razão de Estado, o tacitismo e o estoicismo corresponderam a um momento bem definido de uma Europa varrida por guerras nos oitenta anos que precederam a Paz de Vestfália. Ao passo que as duas primeiras ofereciam aos governantes e seus ministros roteiros para enfrentar os problemas de sua época, a última recomendava aos súditos resignação para suportar as calamidades e o poder instituído.[105] O absolutismo, por sua vez, afastava o príncipe das antigas concepções medievais. Ao invés de encarnar a dependência da terra em relação à ordem celestial, dispensando a intermediação da Igreja na legitimação do seu poder, o monarca sancionava a ausência de Deus neste mundo e contribuía involuntariamente para a secularização da política. Se os reis medievais não passavam de intermediários na hierarquia dos seres, os absolutos se elevavam como autoridades máximas de seus reinos, incumbidos, não de salvar a alma dos súditos em nome da ética, mas de preservar seus corpos por um governo dotado de vontade. Os príncipes impunham-se como forças de concórdia capazes de remediar as divisões sociais decorrentes do dissenso religioso.[106] Do ponto de vista temporal, devido às necessidades percebidas como prementes, imprevisíveis e extraordinárias, o absolutismo deslocou o fundamento de legitimidade, da mera preservação da tradição ou da reiteração dos precedentes, para um presente tornado distinto do passado. Era o Estado que, pela afirmação de sua autoridade, emergia pelo monopólio sobre o vínculo especificamente político da comunidade.

[104] LADURIE, Emmanuel Le Roy. "L'Ancién Régime: de Louis XIII à Louis XV (1610-1770)". Volume II: *L'absolutisme bien temperé (1715-1770).* Paris: Hachette, 2002, p. 115-118.
[105] BURKE. *Tacitism, scepticism, and reason of State,* op. cit., p. 498.
[106] GAUCHET. "L'avènement de la démocratie". Tome I: *La révolution moderne,* op. cit., p. 59-75.

Capítulo 2

A CONSTRUÇÃO INTELECTUAL DO ESTADO DE DIREITO NA INGLATERRA: CONSTITUIÇÃO, GOVERNO MISTO E REPUBLICANISMO (1640-1820)

1. Emergência da sociedade civil: contestação e "revolução oligárquica" na Inglaterra dos Stuart

O êxito do Estado absolutista em submeter a nobreza e o clero à autoridade régia para alcançar a paz social criou a longo prazo condições de desenvolvimento socioeconômico para que novos interesses emergissem. Depois de uma longa lua de mel com o "momento monárquico", parte da nova elite formada por comerciantes e profissionais liberais, apoiada pela velha nobreza, passou a reclamar que a segurança de suas vidas e bens não era ameaçada somente por bandidos ou conquistadores. Ela era ameaçada também pelo Estado absoluto, percebido crescentemente como arbitrário por pretender controlar a sociedade com um exército de funcionários, tributando os contribuintes sem consultá-los, confiscando propriedades sem obedecer ao devido processo legal e intervindo no mercado com regulamentos mercantilistas. Essa percepção de ameaça representada pela expansão de um Estado arbitrário ou desprovido de controle por parte da "nova sociedade civil" foi a raiz da "revolução oligárquica", que passou a contestar o absolutismo em nome de uma ordem compatível com a liberdade. Nesse quadro, a virtude do príncipe se tornava menos importante do que aquela do legislador, do senador ou do cidadão. Reunidos em cafés, teatros, praças, salões e templos, os agentes daquela "revolução" – jornalistas, dramaturgos, poetas, sacerdotes, juízes e advogados – desafiaram o monopólio do público pela Coroa e a política do segredo de Estado. Pleiteavam que o processo decisório deveria ser publicizado e alargado àquela nova sociedade formada por nobres, grandes comerciantes e profissionais liberais, cujos representantes deliberariam em nome da "nação".

Cumpre aqui lembrar em linhas gerais como esse processo, descrito até aqui em termos arquetípicos, se deu historicamente. Na Europa, o processo liderado pela Grã-Bretanha e pela França, de conversão da ordem estatal aos princípios do governo constitucional e representativo, começou no século XVII e foi patrocinada pelos intelectuais associados ao movimento da Ilustração. A protagonista do processo foi a *sociedade civil ou burguesa*, espaço de discussão pública apartada das instituições representativas do Estado absoluto. Formada por cidadãos reunidos em clubes, partidos e salões, eles faziam uso público da razão para, em nome de uma *opinião pública*, criticar, através de jornais e panfletos, o segredo e o monopólio do poder por parte de uns poucos privilegiados, defendendo a *soberania da nação*. Faziam-no através de uma filosofia da história que postulava o progresso indefinido da humanidade rumo a uma sociedade cosmopolita de homens irmanados pelos valores de liberdade e igualdade.[107] O vocabulário político-conceitual se renovava conforme se processava a "dissolução da velha sociedade de ordens ou estados, e o desenvolvimento do mundo moderno".[108] A despeito de suas épocas e características diversas, como se verá na primeira parte deste livro, as "revoluções oligárquicas" ocorridas na Inglaterra e depois na França apresentaram traços estruturais comuns:

> Suscitadas pelas mesmas causas, pela decadência da aristocracia feudal, da igreja e da realeza, [as revoluções inglesa e francesa] trabalharam pela mesma causa: o domínio do público nos negócios públicos. Elas lutaram pela liberdade contra o poder absoluto, pela igualdade contra o privilégio, pelos interesses progressivos e gerais contra os interesses estacionários e individuais. Suas situações foram diversas; suas forças, desiguais [...]. Mas foram somente os meios e os acontecimentos que variaram; a tendência era a mesma desde o começo: os desejos; os esforços e os progressos se dirigiram ao mesmo fim. Aquilo que uma tentou ou conseguiu, a outra o conseguiu ou tentou [...]. Tal é a analogia

---

[107] KOSELLECK, Reinhart. *Crítica e crise: uma contribuição à patogênese do mundo burguês.* Tradução de Luciana Villas-Boas Castelo Branco. Rio de Janeiro: Contraponto, 1999. HABERMAS, Juergen. *Mudança estrutural na esfera pública: investigações quanto a uma categoria da sociedade burguesa.* Tradução de Flávio Kothe. Rio de Janeiro: Tempo Brasileiro, 2003. CHENGDAN, Qian. "Transformation of European States: form feudal to modern". *In*: Yan Jun (ed.). *The harmony of civilization and prosperity for all*: selected papers of Beijing Forum (2004-2008). Volume 2, Issue 5, p. 6.683-6.684. SENELLART. *Machiavelisme et raison d'État*, op. cit., p. 93.

[108] KOSELLECK. *Introduction and prefaces to the Geschichtliche Grundbegriffe*, op. cit., p. 8.

entre as duas revoluções, que a primeira não poderia jamais ter sido bem compreendida, se a segunda não tivesse estalado.[109]

Na Inglaterra, essas demandas encontraram expressão ideológica em linguagens como o *constitucionalismo histórico*, o *republicanismo clássico* e o *juscontratualismo*. Todas convergiam para uma nova cultura política voltada para a construção de um *Estado de direito* expressivo de um governo pela nação. Esta passagem do "momento monárquico" para aquele de "revolução oligárquica" não ocorreu no vácuo, entretanto. Dados históricos indicam uma sensível modificação no perfil demográfico e de ocupação socioeconômica na Inglaterra ao longo do século XVI. A população do reino praticamente dobrou de 1525 a 1600, bem como a população urbana (8%). Londres era a maior cidade do reino, com cerca de 200 mil habitantes, um terço dos quais trabalhava no comércio e prestação de serviços. Quarenta anos depois (1640), metade dos homens e um sexto das mulheres do país já era alfabetizada. A incipiente esfera pública manifestava-se por jornais, que apareceram por esse tempo, e por impressos ou manuscritos, como petições, proclamações e *performances* públicas. A vida pública e cultural aflorara graças à estratégia adotada pela Coroa de patrocinar peças patrióticas de teatro e multiplicar as imagens públicas do soberano. Cimentou-se assim uma identidade coletiva para além das fidelidades locais. Do ponto de vista teórico, a particularidade da "revolução monárquica" inglesa parece ter residido na pouca ênfase em argumentos de ordem secular, tendo os absolutistas preferido aqueles baseados no direito divino e no patriarcalismo. A Coroa convocava o Parlamento a intervalos cada vez maiores. Aquela assembleia esteve reunida somente por 6% do tempo da época áurea do "momento monárquico" inglês, que foi o reinado de Elizabeth I.[110] Nem por

[109] GUIZOT, François. *Histoire de la Révolution en Angleterre (1625-1660)*. Paris: Éditions Robert Laffont, 1997, p. 6.

[110] HOYLE, R. W. "Rural economy and Society". *In*: Robert Titler & Norman Jones. *A companion to Tudor England*. London: Blackwell Publishing, 2004, p. 313. DYER, Alan. "Urban economy". *In*: Robert Titler & Norman Jones. *A companion to Tudor England*. London: Blackwell Publishing, 2004, p. 342. BEZIO, Kristin. *Staging power in Tudor and Stuart English History plays: History, political thought and the redefinition of sovereignty*. Burlington, VT: Ashgate, 2015. JOHNSTON, Alexandra F. "Tudor drama, theatre and Society". *In*: Robert Titler & Norman Jones. *A companion to Tudor England*. London: Blackwell Publishing, 2004, p. 436. ATHERTON, Ian. "The press and popular political opinion". *In*: Barry Coward (ed.). *A companion to Stuart Britain*. London:

isso os reis da dinastia Tudor afrontavam os parlamentares, jogando-lhes na cara a doutrina do poder absoluto.

Esta prudência não foi seguida pelos reis da dinastia Stuart. Por pelo menos duas vezes ao longo de seu reinado (1603-1625), o rei Jaime I teve a má ideia de declarar aos membros do Parlamento que seus direitos, liberdades e regalias dependiam exclusivamente da Coroa. Teve de ouvir em réplica que, ao contrário do que supunha Sua Majestade, aquelas liberdades se fundavam em costumes e tradições do reino, que a Coroa estava obrigada a respeitar. Desde então, o absolutismo extemporâneo da dinastia passou a trombar com os interesses da pequena nobreza (*gentry*), dos médios proprietários de terra (*freeholders*) e grandes comerciantes. A verdade é que a política do absolutismo chegara ao seu limite como instrumento de concentração de poder. Para continuar a promover o aumento da arrecadação, o rei precisava aumentar a base de apoio da monarquia e o órgão de consulta por excelência da comunidade era o Parlamento. Por isso, a despeito de sua condição de doutrinador do absolutismo, o rei Jaime I teve sempre a inteligência de negociar. O mesmo não pode ser dito de seu filho, Carlos I, cuja índole dogmática e autoritária lhe criou uma situação insustentável a longo prazo. Embora precisasse expandir a base tributária para sustentar o exército inglês na Guerra dos Trinta Anos, ele se recusava a transigir com as exigências feitas pelos parlamentares para aumentar ou criar novos impostos. Não satisfeito em peitar o Parlamento, que dissolvia sempre que irritado com as condições que lhe impunham, Carlos fez o que o pai jamais ousara: passou a invocar a razão de Estado para aumentar, criar e arrecadar unilateralmente os impostos, levantar empréstimos compulsórios, violar os domicílios dos devedores, prender sem culpa formada e processar e julgar seus adversários por ritos sumários.

Como consequência, parte expressiva da "nova sociedade" passou a criticar enfaticamente a extensão que a Coroa conferia aos seus poderes prerrogativos, exigindo a pronta reunião do Parlamento que o rei deixara de convocar. A emergência de uma corporação de advogados representando os interesses da pequena nobreza, dos livres proprietários e dos comerciantes refletia a aversão crescente a um governo que desrespeitava o direito de propriedade, impondo

Blackwell Publishing, 2003, p. 94-98. ZARET, David. *Origins of democratic culture: printing, petitions and the public sphere in early modern England.* Princeton: 2000. SMITH, Nigel. *Literature and Revolution in England, 1640-1660.* New Haven: 1994.

empréstimos e confiscando em nome da "razão de Estado". Foram precisamente os juristas daqueles segmentos sociais que passaram a sustentar a tese oposta à dos ministros do rei: que todas as ações praticadas em nome da prerrogativa estavam submetidas ao império das leis; e que os ministros de Estado eram penalmente responsáveis pelos atos da Coroa, sujeitos a processo de *impeachment*.[111] Argumentava-se que o perfeito resguardo do direito de propriedade de súditos e a segurança jurídica dele decorrente conduziriam a um regime de geral prosperidade, que tornaria o Estado rico e poderoso.[112] O Parlamento ofereceu ao rei em 1628 uma petição de direitos contendo os limites da prerrogativa monárquica. A disputa sobre os limites do poder monárquico sob o absolutismo, que começara no plano teológico e passava ao terreno jurídico, foi o pano de fundo da "revolução oligárquica" que começou a varrer a Inglaterra.

2. Ideologias da "revolução oligárquica" inglesa: constitucionalismo moderado, constitucionalismo radical, cesarismo e republicanismo cívico

Ideologias da "revolução oligárquica" inglesa (1): o constitucionalismo histórico e moderado dos *parlamentares*. A primeira corrente a contestar os excessos da monarquia foi a do *constitucionalismo histórico*. Ela era encabeçada por juristas como Sir Edward Coke (1552-1634), que substituíram as doutrinas autoritárias do direito imperial romano por outras, baseadas na existência de direitos subjetivos "históricos" dos ingleses. A partir de tortuosas interpretações de velhos documentos medievais, os constitucionalistas históricos defendiam que havia um direito especificamente inglês (um "direito comum" ou "lei da terra"), consubstanciado em costumes de origem imemorial consagrados pela jurisprudência dos tribunais. Esse direito, que supostamente datava da ocupação da ilha pelos bretões ou pelos saxões, era apresentado como uma "razão artificial" superior à de qualquer príncipe, porque destilada ao longo de várias gerações.[113] A crença na antiguidade de um direito inglês levou rapidamente à outra: a de que haveria uma antiga "constituição" feudal,

[111] SMITH. *Politics in early Stuart Britain*, op. cit., p. 236.

[112] SOMMERVILLE. *Royalists and patriots*, op. cit., p. 84.

[113] HILL, Christopher. *Origens intelectuais da Revolução inglesa*. Tradução de Jefferson Luís Camargo. São Paulo: Martins Fontes, 1992, p. 306.

formada por um complexo de precedentes, máximas e princípios, cujo caráter misto obrigaria os reis a dividirem o poder com a nobreza e a plebe representadas nas duas casas do Parlamento.[114] Os estatutos, costumes e prerrogativas da Constituição, confirmados por todos os reis da Inglaterra, os impediriam de agir em nome da "razão de Estado" ou da "salvação pública". Coke declarava categoricamente: "O rei não tem prerrogativa além daquele que lhe permite a lei da terra"[115]. Como os futuros liberais, os protetores do direito de propriedade não temiam só os excessos da monarquia. Conforme advertia Thomas Hedley (1609-1702), "o Parlamento extrai seu poder e autoridade do direito comum e não o direito comum do Parlamento. Portanto, o direito comum tem mais força e poder que o Parlamento".[116]

Depois de doze anos de governo pessoal de Carlos I (1640), o "Longo Parlamento" decidiu desafiar a Coroa, determinando a extinção da Câmara Estrelada, instrumento régio de centralização judiciária, e garantindo por decreto os direitos dos proprietários. Declarou que o rei não poderia obrigar ninguém a doar, pagar tributos ou fazer empréstimos; prender sem culpa formada ou alojar soldados nas casas dos súditos, nem punir em virtude de lei marcial. Os parlamentares também promoveram o *impeachment* de ministros, que foram condenados e executados por traição. Os membros do Parlamento também tomaram medidas assecuratórias de sua autonomia, decretando que a assembleia se reuniria pelo menos uma vez a cada três anos e não poderia mais ser dissolvida ao bel-prazer do monarca. Depois que o teimoso Carlos respondeu mandando prender os líderes da oposição, os parlamentares retiraram de suas mãos o controle do exército e dos cargos mais importantes do reino, obrigando-o a proscrever o catolicismo e a reformar a Igreja. Foi a gota d'água para a guerra civil, também conhecida como *a Grande Rebelião* e cujo início levou ao colapso da doutrina da constituição mista. Para que pudessem levantar tributos e tropas contra o príncipe, líderes como John Pym (1584-1643) e Henry Parker (1604-1652) reivindicaram a soberania exclusiva do Parlamento. Argumentaram que a sanção régia não teria a importância que lhe atribuíam; que as duas câmaras juntas seriam superiores ao monarca; e

[114] POCOCK, John. *The ancient constitution and the feudal law.* 2ª edição. Cambridge University Press, 1987, p. 35.
[115] In: Idem, ibidem, p. 96.
[116] In: Idem, ibidem, p. 91.

que cumpria distinguir entre a pessoa jurídica e a pessoa física do rei. No fim, os parlamentares recorreram à mesmíssima doutrina da salvação pública para defender a tese de que podiam legislar sozinhos em circunstâncias excepcionais.[117] Embora Pym reconhecesse que as garantias de religião e da justiça eram superiores à de independência do Parlamento, nem por isso deixaria de notar que, "do ponto de vista da ordem de necessidade e utilidade, é lícito reivindicar para o Parlamento o primeiro lugar, porque o fim não pode ser obtido sem os meios; e se nós não o preservarmos, não podemos ter a esperança de gozar de nenhuma das outras".[118]

Ideologias da "revolução oligárquica" inglesa (2): o constitucionalismo radical dos *niveladores*. Os efeitos da Reforma protestante repercutiram além da esfera religiosa. Sob o influxo dos reformistas radicais, a noção teológica medieval de uma sociedade organizada em pirâmide cedeu lugar à outra, na qual todos os seus membros eram considerados iguais e poderiam salvar suas almas por meio de seus esforços e méritos. Do ângulo estritamente político, a nova teologia deslegitimava a autoridade e a hierarquia, favorecendo ideologias tendentes à democracia e, eventualmente, à república como formas de governo.[119] Puritanos e separatistas atacavam a timidez da reforma eclesiástica dos Tudor, que se limitara a transferir para o monarca o poder papal de nomeação dos pastores e bispos, em prejuízo das congregações de fiéis. Queriam acabar com toda intermediação entre os crentes e a divindade, recorrendo a conceitos como liberdade, assentimento e convenção, contra os anglicanos, que reafirmavam a origem divina do poder monárquico.[120]

Os dissidentes tornaram-se maioria parlamentar durante a guerra e, depois de derrotado o rei, diante da recusa dos lordes em julgá-lo por traição, declararam a supremacia da Câmara dos Comuns. Acabaram de vez com a ficção da constituição mista, ao afirmarem "que todos os membros do comitê devem

[117] SKINNER, Quentin. "Classical liberty and the coming of the English civil war". *In*: Quentin Skinner & Martin van Gelderen (ed.). *Republicanism: a shared European heritage*. Volume I: *Republicanism and constitutionalism in early modern Europe*. Cambridge University Press, 2002, p. 19. OSTRENSKY, Eunice. *As revoluções do poder*. São Paulo: Alameda, 2005, p. 174. TUCK. *Philosophy and government*, op. cit., p. 226.

[118] PYM, John. "On grievances in the reign of Charles I". *In*: William Jennings Bryan. *The World's Famous Orations*. Volume III. Funk and Wagnalls, 1906.

[119] WOLIN, Sheldon. *Politics and vision: continuity and innovation in Western political thought*. Princeton: Princeton University Press, 2004, p. 138.

[120] CHAVURA. *Tudor protestant political thought*, op. cit., p. 181-187.

proceder e agir em conformidade com qualquer ordenação, quer os lordes concordem ou não; que, abaixo de Deus, o povo é a origem de todo o poder justo; que a Câmara dos Comuns possui o poder supremo da nação; e que constitui lei tudo o que decretar a Câmara dos Comuns".[121] Baseados nessa resolução, os membros do Parlamento executaram o monarca, aboliram a Câmara dos Lordes e extinguiram a monarquia nos primeiros meses de 1649. Contribuindo para o clima de radicalização estava o grupo dos *niveladores* (*levellers*) liderados por John Liburne (1614-1657), Richard Overton (1599-1664) e William Walwyn (1600-1681). Formado por artesãos e pequenos comerciantes londrinos, o movimento pressionava por reformas e, diante da resistência parlamentar, passaram a cortejar os militares mais propensos à "causa do povo".[122] Exposta em panfletos e documentos como *O acordo do povo*, o movimento nivelador pressupunha uma relação contratual entre governantes e governados e propunha reformas até então impensáveis, como a abolição de todas as imunidades e privilégios de grupos e corporações; a liberdade de pregação e culto religioso; a abolição dos dízimos; a assistência à população carente; o fim da prisão por dívidas; a humanização das condições carcerárias; a proporcionalidade das penas; o direito de silêncio dos réus durante os interrogatórios; o julgamento exclusivo pelo júri local; a redução das multas e emolumentos judiciários; a abolição dos monopólios comerciais e, por fim, a extensão do direito de sufrágio a todos os chefes de família.

O regime cesarista de Cromwell à luz do *Leviatã* de Hobbes. O movimento nivelador acabou desbaratado pelo comandante em chefe do exército, o general Oliver Cromwell (1599-1658). Sobrinho trineto de Thomas, o primeiro-ministro de Henrique VIII, o novo Cromwell advertia que o exercício da soberania do povo era um privilégio das autoridades constituídas. Em outras palavras, a revolução era oligárquica, e não democrática.[123] Mas permanecia o estado de

[121] HOBBES, Thomas. *Behemoth ou O longo Parlamento*. Tradução de Eunice Ostrensky. Belo Horizonte: UFMG, 2014, p. 206.

[122] OSTRENSKY, Eunice. *As revoluções do poder*, op. cit., p. 254.

[123] WOOTTON, David. "Leveller democracy and the Puritan Revolution". *In*: J. H. Burns & Mark Goldie (ed.). *The Cambridge History of Political Thought* (*1450-1700*). Cambridge University Press, 2008, p. 433. SHARP, Andrew (ed.). *The English levellers*. Cambridge University Press, 2004, p. XIII-XV. TUCK. *Philosophy and government*, op. cit., p. 241-245. SOMMERVILLE, Johann P. *Thomas Hobbes: political ideas in historical context*. The MacMillan Press, 1992, p. 61. OSTRENSKY. *As revoluções do poder*, op. cit., p. 291-301.

anarquia branca provocada pelo processo de ampliação da vida pública. Dar cabo dela era uma tarefa que, na ausência da autoridade tradicional do rei, só poderia ser exercida por outra, carismática, sustentada pelos exércitos vitoriosos. O comandante em chefe já vinha sendo retratado como um novo príncipe, seguidor das estratégias de dissimulação e falsa piedade descritas por Tácito. De fato, assim como a desordem da guerra civil entregara a república romana à ditadura de Júlio César, a Inglaterra republicana entregou-se a Cromwell (1650). O título que o Parlamento lhe outorgou – o de Lorde Protetor da Inglaterra – equivalia precisamente àquele do antigo ditador romano. Cromwell promoveu profundas reformas, garantindo a autoridade do Estado e a tolerância religiosa, e dobrando a arrecadação do Tesouro graças à modernização do aparelho fiscal, autorizada por um Parlamento apavorado.

A ditadura cesarista de Cromwell encontrou apoio intelectual na obra de Thomas Hobbes (1588-1679). Medroso confesso das convulsões políticas, o filósofo de Malmesbury fugira para a França no começo da guerra civil. Lá desenvolvera uma obra na qual sustentava que os homens seriam movidos por suas paixões, vivendo naturalmente em uma guerra de todos contra todos, provocada pela combinação explosiva de recursos escassos e liberdade irrestrita.[124] A perspectiva do extermínio generalizado levara os indivíduos a renunciarem integral e voluntariamente àquela liberdade em benefício de uma autoridade comum dotada de poder absoluto. Nascia assim o Estado, qualificado como "aquele grande Leviatã, ou melhor (para falar em termos mais reverentes), aquele Deus Mortal, ao qual devemos, abaixo do Deus Imortal, nossa paz e defesa".[125] A heterodoxia política de Hobbes, que no fundo buscava conciliar os pontos de vista contrários em uma fórmula intermediária, desagradou tanto os círculos monárquicos como republicanos: "Apertado entre aqueles que de um lado se batem por uma excessiva liberdade, e do outro por uma excessiva autoridade, é difícil passar sem ferimento por entre as lanças de ambos os lados".[126] Suas doutrinas incomodavam os exilados monárquicos porque, ao invés de

[124] COLLINS, Jeffrey. *The allegiance of Thomas Hobbes.* Oxford University Press, 2005, p. 155-157. BRADDICK, Michael J. "The rise of the fiscal State". *In*: Barry Coward (ed.). *A companion to Stuart Britain.* London: Blackwell Publishing, 2003, p. 69. LESSAY, Franck. "Hobbes et l'idée de republique". *In*: Yves Charles Zarka (dir). *Monarchie et république au XVIIe siècle.* Paris: Presses Universitaires de France, 2007, p. 53.

[125] HOBBES, Thomas. *Leviathan.* Editado por Richard Tuck. Cambridge University Press, 1994, p. 4.

126 Idem, ibidem, p. 120.

apelar para o direito divino e o patriarcalismo, ancoravam o poder absoluto no argumento perigoso – porque igualitário – de que o Estado, bem que absoluto, surgira de um pacto de associação entre indivíduos iguais, celebrado na base da pirâmide social. Em outras palavras, justificava um absolutismo de base democrática, antes cesarista do que especificamente monárquico.

Estremecido com os monárquicos exilados na França, Hobbes retornou à Inglaterra e jurou lealdade ao governo de Cromwell, decidido a publicar na Londres republicana seu mais novo tratado, o *Leviatã* (1651). Embora o grosso de suas reflexões datasse de seu tempo como monárquico, Hobbes desenvolvia novos argumentos em prol do regime cesarista. Ele admitia implicitamente a soberania do Longo Parlamento quando afirmava que as formas de governo (monarquia ou república) eram secundárias, desde que o poder absoluto fosse assumido por uma assembleia ou uma pessoa. Defendia que as obrigações de obediência em relação ao soberano cessavam desde que este se tornasse incapaz de proteger os súditos (como acontecera com Carlos I). Os indivíduos recuperariam então sua liberdade de escolher outro soberano, que poderia perfeitamente ser o conquistador que destronara o príncipe anterior (como havia sido o caso de Cromwell).[127] Hobbes admitiu depois o governo ditatorial quando assinalava que "a assembleia soberana, em todos os grandes perigos e tumultos, pode carecer de um *custodes libertates*, ou seja, de ditadores ou protetores de suas autoridades; que funcionam como monarcas temporários; a quem, durante certo tempo, elas podem delegar o inteiro exercício de seu poder".[128] Convicto de que a consolidação da ordem dependia da difusão de doutrinas favoráveis à soberania absoluta e à subordinação da Igreja, Hobbes admitia que o cesarismo implícito na teoria do *Leviatã* ajudara a "orientar a mente de milhares de cavalheiros no sentido de uma obediência conscienciosa ao presente governo [o Protetorado], que de outra forma teria então soçobrado".[129] Liderada por um chefe autoritário que representava a vontade do povo, a república hobbesiana de Cromwell nada ficava a dever à ditadura de Júlio Cesar sobre a república romana.[130]

[127] OSTRENSKY. *As revoluções do poder*, op. cit., p. 309. HOBBES. *Behemoth ou o Longo Parlamento*, op. cit., p. 249. COLLINS. *The allegiance of Thomas Hobbes*, op. cit., p. 33; 158-119.
[128] HOBBES, *Leviathan*, op. cit., p. 133.
[129] SOMMERVILLE. *Thomas Hobbes*, op. cit., p. 67-68.
[130] COLLINS. *The allegiance of Thomas Hobbes*, op. cit., p. 7. LESSAY, Franck. *Hobbes et l'idée de république*, op. cit, p. 70.

Ideologias da "revolução oligárquica" inglesa (3): o republicanismo *cívico* ou *clássico* durante o Protetorado. Antes da guerra civil, o republicanismo era mais uma linguagem do que um programa. A monarquia era considerada uma forma republicana de governo, porque governada por um príncipe esclarecido e virtuoso que assegurava por leis sábias as liberdades dos súditos. Clássicos como Cícero, Lívio, Tácito e Plutarco serviam tanto para elogiar o cidadão Bruto quanto o imperador Augusto.[131] A execução de Carlos I, todavia, alterou o cenário. Os apoiadores do novo regime se viram diante da necessidade de pensar a república como um regime constitucional particular, avesso à monarquia. Ele seria formado por cidadãos livres e virtuosos, à semelhança da república romana descrita por Maquiavel nos *Comentários sobre a primeira década de Tito Lívio*. Enquanto enalteciam a política como a mais nobre das ciências, os improvisados republicanos ingleses passaram a combater os fundamentos da literatura da razão de Estado. Condenavam os monárquicos como seguidores de Tácito, para quem aquela ciência não passava de uma "ímpia e maldosa arte, exercida com perfídia e crueldade, acompanhada de todo o tipo de luxúria e vício, direta e inconciliavelmente contrária à virtude e à piedade, honestidade ou humanidade, que é ensinada por Maquiavel e outros".[132] O aristocrático ideal de cidadania dos republicanos, traduzido pela admiração irrestrita pela Constituição de Veneza, repousava sobre a imagem do proprietário de terras como o cidadão por excelência. Livre da subserviência forçada dos assalariados, serventes, crianças e mulheres, o proprietário dispunha de meios econômicos para resistir à corrupção e exercer uma austera censura sobre os excessos e despudores do populacho e do governo. Por essa razão, só ele estava apto para exercer no plano local os honrosos cargos da república, que eram aqueles de juiz de paz, jurado, delegado, coronel ou capitão de milícia e, por fim, policial de paróquia.[133]

O interregno de 1649-1660 foi a era de ouro do republicanismo clássico na Inglaterra, cujo principal traço – que nunca se repetiria com tanta ênfase

---

[131] WOORDEN, Blair. "Republicanism, regicide and republic: the English experience". *In*: Quentin Skinner & Martin van Gelderen (ed.). *Republicanism: a shared European heritage*. Volume I: *Republicanism and constitutionalism in early modern Europe*. Cambridge University Press, 2002, p. 310-312.

[132] SIDNEY, Algernon. *Court maxims*. Cambridge University Press, 1996, p. 24.

[133] GOLDIE, Mark. "The English system of liberty". *In*: Mark Goldie & Robert Wokler (editores). *The Cambridge History of Eighteenth-Century Political Thought*. Cambridge University Press, 2008, p. 68-69.

– foi a oposição entre república e monarquia.[134] O republicano mais radical do período foi o poeta John Milton (1608-1674) que, contratado para justificar o regicídio, redigiu panfletos como *O mandato dos reis e magistrados* (1649), no qual refutava a doutrina do direito divino, a transmissão hereditária do poder e o absolutismo, para apresentar toda e qualquer monarquia como um regime idêntico à tirania. Proclamando a soberania do povo, Milton sustentava que os governantes não passavam de seus meros delegados responsáveis, devendo governar de acordo com o bem comum e os limites impostos pela delegação. Caso contrário, o governo se tornava tirânico e sujeito à deposição pelo povo. Milton elogiava a execução do rei Carlos I como um feito "glorioso e heroico".[135] O tirano não era menos inimigo público do que um invasor estrangeiro e como tal merecia ser executado. Em *A maneira fácil e rápida de estabelecer uma comunidade livre* (1659), Milton defendia uma república governada por um conselho aristocrático, composto de membros periodicamente renováveis. Ela seria superior à monarquia porque, governada por leis e não por homens, se apoiava na virtude cívica de seus cidadãos e os distribuía na escala social conforme seus méritos.[136] Assegurando a tolerância religiosa e a liberdade de consciência, Milton prometia que a república inglesa seria "outra Roma no Ocidente".[137] No entanto, para a decepção dos republicanos clássicos, a pragmática e autocrática república cesarista de Cromwell pouco ou nada tinha a ver com o ideal republicano identificado com a antiga Roma ou a Veneza deles contemporânea. A "Sereníssima República de Veneza", que existiria até 1797, era uma república tipicamente aristocrática, organizada pelo modelo da constituição mista. Ela possuía um "Grande Conselho" que reunia todas as famílias da nobreza; um "Conselho dos Dez", de membros extraídos do anterior; e um "Doge", autoridade executiva de poderes bastante limitados [138]

[134] Idem. "English republicanismo". *In*: J. H. Burns & Mark Goldie (ed.). *The Cambridge History of Political Thought (1450-1700)*. Cambridge University Press, 2008, p. 484.

[135] MILTON, John. *Political writings*. Cambridge University Press, 1991, p. 10 e 13. WOORDEN. *English republicanism*, op. cit., p. 356.

[136] ZARKA, Yves Charles. "John Milton: la république contre la monarchie". *In*: Yves Charles Zarka (dir.). *Monarchie et république au XVIIe siècle*. Paris: Presses Universitaires de France, 2007, p. 45.

[137] WOORDEN. *English republicanism*, op. cit., p. 349.

[138] COLLINS. *The allegiance of Thomas Hobbes*, op. cit., p. 184. WORDEN, Blair. *Republicanism, regicide and republic: the English experience*, op. cit., 2002, p. 327.

A decepção em alguns se converteu em crítica. O mais importante desses republicanos frustrados, James Harrington (1611-1677), era o sobrinho de um lorde e passara a juventude em viagens pela Europa continental, observando e participando da vida cívica das pequenas repúblicas que lá ainda existiam, como Holanda, Genebra e Veneza. Depois do regicídio e incomodado com o que lhe parecia – e era – um regime ditatorial muito parecido com uma monarquia tirânica, Harrington escreveu um tratado sob medida para atacar o *Leviatã* de Hobbes: *A república de Oceana.*[139] Em seu livro, ele se colocava na posição de um legislador antigo, à maneira de Sólon e Licurgo, que acreditava que as boas instituições geravam bons costumes e que era, portanto, na sua invenção que residia o segredo de uma comunidade perfeita.[140] Fiel às lições deixadas pelo Maquiavel dos *Comentários* no século anterior, Harrington criticava a "nova prudência" surgida da invasão normanda, cuja antiga constituição monárquica produzira desordem e instabilidade. Ele aspirava a restaurar em seu lugar a "antiga prudência" dos greco-romanos, baseada na virtude de um governo misto republicano. O grande argumento de *Oceana* era o de que a distribuição do poder dependia da forma por que estava dividida a propriedade fundiária. A antiga constituição mista teria colapsado porque a política absolutista dos Tudor desequilibrara seus elementos ao golpear a alta aristocracia, deixando a monarquia face a face com a democracia. Como o poder da pequena nobreza e dos livres proprietários, representados pelos comuns, havia adquirido a primazia econômica no reino, sua vitória contra o rei era previsível desde que entrassem em rota de colisão.

A Inglaterra deveria agora reorganizar-se nos moldes de uma república clássica, dotada de instituições homogêneas, submetidas às mesmas leis e banindo o arbítrio da vida comunitária. A liberdade dos cidadãos se veria resguardada por uma constituição mista à veneziana: um conselho ocuparia o lugar do rei como elemento monárquico, ao passo que o Parlamento teria dois colegiados, um deliberativo (aristocrático) e o outro decisório (democrático). Uma lei agrária impediria a concentração da terra para garantir um povo livre de proprietários organizados em milícias: todo cidadão seria soldado e vice-versa.[141]

139 POCOCK. *Le moment machiavélien*, op. cit., p. 399.

140 HARRINGTON, James. *The commonwealth of Oceana and A system of politics*. Cambridge University Press, 1992, p. 274.

141 LURBE, Pierre. "La conception de la république dans *Oceana* de James Harrington". *In*: Yves

Caso a população se tornasse demasiado numerosa, a república deveria adotar uma política de expansão imperial à romana, fundando colônias no ultramar onde os pobres tivessem as suas terras. Nas palavras de um ilustre historiador, "Oceana deveria ser uma Roma por sua expansão ilimitada, uma Veneza por sua estabilidade, e sua liberdade e sua virtude, perpétuas".[142] Por outro lado, nem tudo era semelhança com os antigos romanos: Harrington revelava enorme dificuldade em admitir o exercício discricionário e excepcional do poder absoluto. O remédio que a tradição oferecia era o da ditadura, mas nem por isso era possível deixar de reconhecer o quão precário ele se revelara nos estertores da república romana. Pesava também a lembrança do mau uso da prerrogativa monárquica em nome da razão de Estado, assim como a experiência contemporânea do Protetorado de Cromwell. Por conta desses receios, Harrington cercou o instituto de enormes limitações em *Oceana*: o ditador não seria uma pessoa, mas uma junta; seu mandato se circunscrevia a três meses; suas atribuições eram limitadíssimas.[143]

Embora inimiga da monarquia, a maioria dos republicanos passava longe da democracia. Afinados com a "revolução oligárquica" em curso, eles acreditavam que a virtude política não medrava na pobreza. Harrington parecia convicto de que só a propriedade fundiária produzia o nobre ócio necessário à educação e ao exercício do governo por parte de uma aristocracia comprometida com a coisa pública. Em um contexto em que se contava com a deferência da plebe, ele recomendava o censo pecuniário como critério de participação, seja para votar, seja para ser votado. Como na antiga república romana, o conceito de *povo* era compreendido como um *patriciado* ("*populus*"). A sobreposição entre atividade cívica e serviço militar determinava a distribuição do eleitorado em ordens organizadas conforme critérios de idade, fortuna e posto.[144] Em suas *Máximas da Corte* (1666), o republicano Algernon Sidney (1623-1683), filho do conde de Nothumberland, deplorava o absolutismo em termos ainda mais aristocráticos. Ele lamentava que, "nos

Charles Zarka (dir.). *Monarchie et république au XVIIe siècle*. Paris: Presses Universitaires de France, 2007, p. 91.

[142] POCOCK. *Le moment machiavélien*, op. cit., p. 394.

[143] HARRINGTON. *The commonwealth of Oceana*, op. cit., p. 129.

[144] LURBE. *La conception de la république dans* Oceana *de James Harrington*, op. cit. p. 95. FALCÃO, Luís. *O pensamento político de James Harrington: maquiavelismo, republicanismo e inovação.* São Paulo, Editora UFABC, 2021.

tempos presentes, reis planejam enfraquecer e efeminar a nobreza, tornando os nobres em desavergonhados bajuladores na Corte, enquanto a antiga nobreza, cujas glórias heroicas do tempo dos Plantagenetas ainda inspira tanta admiração, é reduzida à impotência".[145] O único republicano que demonstrava sensibilidade democrática era Marchamont Nedham (1620-1678), que estendia a crítica republicana à aristocracia. Preferindo um modelo mais democrático de república, como Atenas, ele desprezava Veneza como uma "monarquia de muitos". Mas ele estava em minoria.[146]

Talvez por conta do seu aristocratismo, que não seduzia nem a velha nobreza, nem a burguesia urbana, o republicanismo inglês teve pouco eco durante o interregno. Cromwell escreveu a respeito de *Oceana*: "Não será o pequeno golpe de uma folha de papel que fará cair de minhas mãos aquilo que conquistei com minha espada".[147] A primeira geração de republicanos ingleses não só foi incapaz de tirar sua república da imaginação, como não conseguiu evitar a restauração da monarquia na pessoa do herdeiro, Carlos II (1660). Como resultado, as gerações seguintes de republicanos reataram com a crença na compatibilidade da monarquia com o ideal da virtude cívica e amalgamaram o humanismo cívico com a linguagem da antiga constituição monárquica. Surgiu assim o cânone *whig* radical da década de 1680, que tanto concorreria para o ambiente intelectual da Revolução Gloriosa, ponto culminante da "revolução oligárquica" na Inglaterra:

> A sociedade é formada pela corte e pelo campo; o governo, de corte e parlamento; o parlamento, de membros da corte e do campo. A corte é a administração. O campo é composto por proprietários independentes; os demais são serventes. O negócio do parlamento é preservar a independência da propriedade, sobre a qual se funda toda a liberdade e excelência humana. O negócio da administração é governar, e esta é uma atividade legítima; mas, porque governar é sustentar-se no poder, o poder ter uma natural tendência à tirania. Por isso, é mais importante vigiar o governo do que apoiá-lo, porque o bem político supremo é a preservação da independência. Existe uma antiga Constituição da Inglaterra, que consiste em uma balança ou equilíbrio entre os vários órgãos do governo, e no contexto dessa balança, a função do parla-

[145] SIDNEY. *Court maxims*, op. cit., p. XVII.

[146] WOORDEN. *English republicanism*, op. cit., p. 449-450.

[147] In: GUIZOT. *Histoire de la Révolution en Angleterre*, op. cit., p. 688.

mento é supervisionar o executivo. Mas o executivo possui meios de distrair o parlamento de suas próprias funções; ele pode atrair seus membros oferecendo cargos e pensões, cooptando-os para apoiar os ministros e seus rivais, e persuadindo-os apoiar medidas – exércitos profissionais, débitos nacionais, esquemas de arrecadação tributária – que permitam a expansão das atividades da administração para além do controle parlamentar. Estes meios de subversão são conhecidos globalmente como corrupção, e se acontecer que os eleitores também acabem corrompidos – porque a corrupção pode contaminá-los também –, então a independência e a liberdade chegarão ao fim. O remédio para corrupção é expelir os apaniguados, garantir que os membros do parlamento não sejam arrastados pela ambição do poder e que haja eleições frequentes de que participem eleitores insuscetíveis de corrupção.[148]

Uma síntese ideológica da "revolução oligárquica" inglesa: o *Segundo tratado* de Locke. O *Segundo tratado sobre o governo* de John Locke (1632-1704) representou a síntese das linguagens da "revolução oligárquica" inglesa. Formado em medicina, ciências naturais e filosofia pela Universidade de Oxford, Locke se pusera a serviço do conde de Shaftesbury, líder *whig* que, como ministro e parlamentar, defendia os dissidentes protestantes e os direitos do Parlamento. Redigido dez anos antes da publicação, o tratado legitimava o esforço do partido *whig* por excluir da sucessão ao trono o duque de York, irmão católico de Carlos II e futuro Jaime II. A "Querela Exclusionista" levara os partidários do duque a se arregimentarem no partido *tory*, que se incumbiu de fazer a propaganda da Igreja Anglicana e do direito divino, reeditando as obras de Filmer e publicando *O patriarca*, que permanecia inédito (1679-1681). Já os *whigs*, defensores do constitucionalismo e das minorias religiosas, refutaram as doutrinas *tories* em livros como *Patriarca, não monarca*, de James Tyrrell, e os *Discursos sobre o governo*, de Algernon Sidney[149]. O fracasso dos *whigs* levara Locke e seu mentor a fugirem para a Holanda, ao passo que Sidney foi condenado à morte. Por isso, embora concebidos na mesma ocasião para os mesmos fins, os *Dois tratados sobre o governo* e os *Discursos sobre o governo* só vieram a lume depois da Revolução. Locke publicou seu tratado no retorno à Inglaterra, com o propósito de justificar a deposição

[148] POCOCK, J. G. A. *Politics, language and time: essays on political thought and history*. The University of Chicago Press, 1989, p. 125.
[149] SIDNEY, Algernon. *Discourses concerning Government*. Indianapolis, Liberty Fund, 1996. FALCÃO, Luís. *Algernon Sidney: um pensador republicano do século XVIII*. Niterói, EDUFF, 2019.

de Jaime II como um ato legítimo praticado pelo povo com o intuito de salvar a Constituição. A obra combinava engenhosamente as três ideologias da "revolução oligárquica". Embora compartilhasse das teses de Coke sobre a antiguidade da constituição mista da Inglaterra, Locke preferiu refutar o absolutismo no campo do jusnaturalismo contratual de Hobbes, invertendo suas premissas, todavia, para defender a soberania do povo e a limitação da monarquia. Por fim, ele recorreu ao republicanismo cívico para justificar o direito de resistência contra o rei tornado tirano.[150]

No seu *Segundo tratado*, Locke sustentava que Deus criara os indivíduos racionais o suficiente para exercerem por si mesmos o poder político, e descrevia o estado de natureza em que eles originalmente se encontravam como de perfeita igualdade e liberdade – à semelhança daquele que, segundo os constitucionalistas históricos, teria sido o dos habitantes da ilha ao tempo dos normandos e saxões.[151] O desejo dos homens de consolidar aquela espécie de "Estado natural de Direito" os levara a celebrar um pacto de associação, por intermédio do qual formaram uma sociedade política fundada no consentimento, regida por um governo constitucional e representativo. Os argumentos jusnaturais e contratuais estavam a serviço do constitucionalismo histórico, porque pressupunham que por esse tempo – a alta Idade Média – se houvessem criado, como emanações do "direito natural" do tempo saxão (o direito comum), as principais instituições do país: os tribunais, o Parlamento, a constituição mista e a propriedade.[152] As duas funções do Estado – manter as leis naturais e cumpri-las – teriam dado origem aos poderes Legislativo e Executivo. O primeiro caberia ao Parlamento, representante supremo do povo; o segundo, à Coroa, que lhe seria subordinado. O Estado passava a ter como finalidade garantir uma ordem compatível com a liberdade, identificada com "o bem comum e a preservação da propriedade".[153] A justificativa para a

[150] LASLETT, Peter. Introdução. *In*: John Locke, *Dois tratados sobre o governo*. Tradução de Julio Fischer. São Paulo: Martins Fontes, 1998, p. 66-67. TULLY, "Placing the *Two treatises*". *In*: Nicholas Phillipson e Quentin Skinner (ed.). *Political discourses in early modern Britain*. Cambridge University Press, 1993, p. 255. GOLDIE. *The English system of liberty*, op. cit., p. 63.

[151] TULLY, James. "Locke". *In*: J. H. Burns & Mark Goldie (ed). *The Cambridge History of political thought (1450-1700)*. Cambridge University Press, 2008, p. 619.

[152] Idem. "Placing the *Two treatises*", op. cit., p. 257.

[153] LOCKE, John. *Dois tratados sobre o governo*. Tradução de Julio Fischer. São Paulo, Martins Fontes, 1998, p. 596.

revolução, por fim, levou Locke a recorrer também ao repertório republicano: "Onde termina a lei, começa a tirania".[154] O direito de resistência era uma *razão de Estado do povo*; expediente lícito em ocasiões de grande perigo para a sua liberdade, de que apenas Deus poderia ser juiz.[155] É certo que, antes, as vias preliminares precisavam ser esgotadas. Todavia, desde que a prerrogativa monárquica fosse empregada para confiscar propriedades, anarquizar o país ou atacar o Parlamento, a resistência tornava-se legítima. Era uma teoria moderada da dissolução do governo, compatível com a antiga constituição.[156]

O compromisso com o ideário da antiga constituição mista dos históricos, subjacente à argumentação lógica e abstrata, explica por que, ao contrário dos republicanos, a retórica contestatória de Locke, própria da "revolução oligárquica", não o impediu de reconhecer o direito que tinha a Coroa de lançar mão da prerrogativa, em ocasiões perigosas e imprevistas: "*Salus populi suprema lex* é, com certeza, uma regra tão justa e fundamental que aquele que a segue com sinceridade não pode errar perigosamente". Tratava-se de enquadrar a razão de Estado nos limites constitucionais, definindo a prerrogativa como o "poder de agir conforme a discrição em prol do bem público, sem a prescrição da lei e por vezes até contra ela". Ele deveria ser exercido "nos casos em que, dependendo de ocorrências imprevistas e incertas, leis certas e inalteráveis não possam orientar com segurança", circunstâncias em que a constituição deixava "ao poder executivo certa liberdade de ação para deliberar a seu critério acerca de muitas questões não previstas nas leis".[157] Entre elas, estavam as de convocar, prorrogar e dissolver o Parlamento, e a de agraciar e comutar penas individuais. Estabelecidas as leis de funcionamento da comunidade, que confirmavam as leis naturais, só o Executivo poderia ajuizar da oportunidade de novas regras e, por conseguinte, da conveniência de reunir ou dissolver o Parlamento, ou de perdoar penas injustamente aplicadas pelos tribunais. Locke justificava o poder de exceção nas mãos do rei alegando que, embora fosse o menos legítimo dos poderes, era nele, e não no Parlamento, que residia o "poder ativo da sociedade". Criar leis era uma necessidade bissexta, ao passo que velar por sua execução era permanente. Por isso, embora

---

[154] Idem, ibidem, p. 563.
[155] Idem, ibidem, p. 600.
[156] TULLY. "Placing the *Two treatises*", op. cit., p. 260.
[157] Idem, ibidem, p. 526, 530 e 527.

longe de ser "supremo", ele qualificava o monarca como "a imagem, o espectro ou o representante do corpo político, agindo pela vontade da sociedade, declarada em suas leis". Como Maquiavel, porém, Locke esclarecia que o exercício da prerrogativa pelo príncipe não passava de um "encargo fiduciário que lhe é confiado para a segurança do povo, nos casos em que a incerteza e a inconstância dos negócios humanos não comportam regra fixa".[158] Cabia ao Parlamento zelar para que a Coroa não exorbitasse, sob pena de resistência ou rebelião.

3. Ideologias do "momento oligárquico" britânico: a interpretação clássica ou republicana e a interpretação moderna ou liberal da Constituição da Inglaterra

A Revolução Gloriosa como consumação da "revolução oligárquica" inglesa. A Revolução Gloriosa consumou a "revolução oligárquica" inglesa, com a fuga do rei Jaime II para a França e a elevação ao trono dos príncipes vindos da Holanda: a filha protestante do rei deposto, Maria Stuart, e seu marido, Guilherme III, príncipe de Orange. Ambos se comprometeram diante do Parlamento em observar a "antiga constituição", solenemente confirmada pelos lordes e pelos comuns por uma série de leis constitucionais. A mais importante foi a Declaração de Direitos (1689), que limitou a prerrogativa ao proibir a Coroa de suspender leis, criar impostos, tribunais especiais ou levantar exércitos em tempos de paz; firmou o direito que os súditos tinham de peticionar e guardar armas; obrigou à regularidade na convocação do Parlamento; assegurou a liberdade eleitoral e a imunidade de seus membros; e consagrou princípios como os da proporcionalidade tributária, o julgamento por júri e o devido processo legal. Seguiram-se o Decreto da Tolerância (1689), que garantiu a liberdade de consciência para todos os protestantes; o Decreto Trienal (1694), obrigando a convocação do Parlamento pelo menos a cada três anos; o Decreto sobre a Liberdade de Imprensa (1695), que extinguiu a censura prévia aos impressos; o Decreto sobre Traição (1696), que proibiu a Coroa de enquadrar seus adversários naquele tipo penal; o Decreto de Estabelecimento (1701), que fixou a linha de sucessão nos príncipes protestantes da

[158] LOCKE. *Dois tratados sobre o governo,* op. cit., p. 520 e 524.

dinastia Stuart e, na ausência deles, nos descendentes da princesa eleitora de Hannover; e, por fim, o Decreto de União com a Escócia (1707), que criou o Reino Unido da Grã-Bretanha. O "momento oligárquico" inglês, depois britânico, coincidiria com o "longo século XVIII", entrando em declínio somente depois da Primeira Reforma Eleitoral (1832).[159]

A consumação da "revolução oligárquica" deslocou o centro da política, da corte, para as duas casas do Parlamento. Fixou-se desde então a crença, consolidada pelo Iluminismo, de que a Constituição da Inglaterra representava o arquétipo de um Estado de direito, cujas instituições eram mantidas em equilíbrio por um governo misto. O sistema oligárquico tinha por principais traços a relevância do monarca e da influência da Coroa; a dominação do Parlamento por uma elite rural e aristocrática; eleições marcadas pelo patronato e pela influência dos notáveis. A Câmara dos Pares ou Lordes era considerada o "pilar da Constituição", porque vista como a fiadora institucional do governo misto e o esteio da Coroa, que dela extraía seus principais ministros. Por volta de 1750, os aristocratas que nela tinham assento formavam um seletíssimo grupo que, devido às suas vastas propriedades, gozava de uma influência e um padrão de vida compatível com seus títulos de nobreza. Eram cerca de 150 famílias tradicionais, que possuíam uma educação respeitável e casavam-se com membros da mesma extração social. À Câmara dos Lordes também pertenciam quase trinta bispos da Igreja Anglicana, que restringiam suas manifestações às matérias eclesiásticas.[160]

A política começara a obedecer a uma dinâmica bipartidária na década que antecedera a Revolução. O primeiro partido ou agremiação, denominado *whig* ou "do campo", defendia a constituição mista e os dissidentes protestantes; o segundo, chamado *tory* ou "da Corte", defendia o direito divino e os privilégios da Igreja Anglicana. Depois da Revolução de 1688, a ala radical dos *whigs* passou a explicá-la à maneira de Locke como derivada da violação do contrato social pelo rei Jaime II, fato que autorizara o Parlamento a substituí-lo por Maria e Guilherme III. Já a ala radical dos *tories* manteve-se fiel

[159] DICKINSON, H. T. "The British Constitution". *In*: H. T. Dickinson (org.). *A Companion to Eighteenth Century England.* London: Blackwell Publishers, 2002, p. 3-17. O'GORMAN, Frank. *The long eighteenth century: British political and social history.* London: Hodder Arnold, 1997, p. 29-36.

[160] BECKETT, J. V. & JONES, Clyve. "The peerage and the House of Lords in the seventeenth and eighteenth centuries". *In*: Clyve Jones (edição). *A pillar of the Constitution: the house of lords in British politics.* London and Ronceverte: The Hambledon Press, 1989, p. 1-19.

aos reis depostos, apoiando suas pretensões dinásticas por mais meio século. Os moderados dos dois lados, mais numerosos, se encarregaram de sustentar o novo regime. Abraçaram a linguagem do *constitucionalismo histórico*, segundo a qual a Revolução não teria passado de uma restauração da antiga constituição, operada à custa de uma pequena alteração da linha sucessória do trono, que eliminara os príncipes católicos da dinastia Stuart.[161] As divergências partidárias não extrapolavam, porém, o consenso básico segundo o qual a Constituição da Inglaterra era uma antiga monarquia mista, que garantia as liberdades de seus cidadãos.[162]

O bipartidarismo, a oligarquia *whig* e a invenção do liberalismo. Os discursos políticos dos partidos *whig* e *tory* começaram a ser reconfigurados ainda na década de 1690, com a inversão política determinada pela Revolução. Desejosa de satisfazer a ambição de Guilherme III de engajar a Inglaterra nas guerras contra a França, a nova situação *whig* patrocinou uma reconstrução do sistema tributário que, ao longo do século seguinte, aumentou quinze vezes a arrecadação e tornou o reino o mais sobretaxado da Europa. A fundação do Banco da Inglaterra (1694) e a canalização dos recursos do centro financeiro de Londres (a "*City*") para o Tesouro criaram um sistema nacional de dívida e de crédito públicos que expandiu ainda mais a capacidade de financiamento do Estado. Assustada com o crescimento da burocracia, da corrupção e do exército profissional, a minoria *whig* na oposição reafirmou seu ideal republicano de uma comunidade de proprietários fundiários independentes, cuja estabilidade dependia de arranjos fundados no princípio material de propriedade da terra. Após um interlúdio oposicionista sob o reinado de Ana (1702-1714), os *whigs* voltaram ao governo com a dinastia de Hannover e promoveram o Decreto Septenal (1716), que ampliou a duração das legislaturas de três para sete anos, a fim de "esfriar" o sistema político.

Parte significativa dos *whigs* na última década da dinastia Stuart mobilizara o republicanismo contra a suposta tirania de Carlos II e Jaime II. Mas, depois da Revolução Gloriosa, da ascensão da dinastia de Hannover e a consolidação da oligarquia *whig* no poder, foi a maioria do partido *tory* na oposição que – posta em duradouro ostracismo – passou a se exprimir pela linguagem do

161 TULLY. "Placing the *Two treatises*", op. cit., p. 259.

162 BAILYN, Bernard. *As origens ideológicas da Revolução americana*. Edição ampliada. Tradução de Cleide Rapucci. Bauru: EDUSC, 2003, p. 250.

republicanismo clássico. A estabilidade do regime oligárquico *whig* firmou-se durante o longevo gabinete chefiado por Sir Robert Walpole (1721-1745). Ele convenceu a Coroa de que os *tories* pretendiam restaurar o absolutismo dos Stuart e só os *whigs* poderiam consolidar a nova dinastia; assegurou a maioria parlamentar por um modelo de governabilidade baseado no emprego de práticas patrimoniais e clientelistas; e por fim aprovou reformas que aumentavam a influência eleitoral do governo, desestimulando a participação e a competição.[163] Aconteceu então uma inversão de posições ideológicas: a maioria *whig* assumiu o lugar de *partido da Corte*, alegando que a supremacia do Executivo era possível desde que obtivesse maioria no Legislativo. Por sua vez, a maioria *tory* assumiu o discurso do *partido do campo*, exprimindo a indignação da pequena nobreza rural com a corrupção e a ciranda financeira.

O debate sobre o lugar da virtude numa sociedade dominada cada vez mais pela indiferença cívica e pelo interesse econômico foi afetado pela famosa *querela entre antigos e modernos*, cuja versão inglesa ficou conhecida como a "batalha dos livros". O resgate do classicismo à época do Renascimento produzira um paradoxo: de um lado, os humanistas ressuscitavam os clássicos para imitá-los; por outro, as novas técnicas e métodos de filologia revelavam a distância crescente entre a Antiguidade e o presente, e o anacronismo de seus valores para orientar a sociedade moderna.[164] Ao mesmo tempo, a ampliação do horizonte de expectativas em relação à tradição dilatava o espaço para a liberdade e a invenção. Surgia um novo modo de pensar a história, não como um ciclo fechado, à maneira de Políbio, mas como um movimento de *progresso*, aberto para o futuro. Politicamente, a mudança permitiu aos *whigs* situacionistas justificarem as transformações operadas pela "revolução financeira", apelando

---

[163] HELLMUTH, Eckhart. "The British State". *In*: H. T. Dickinson (org.). *A Companion to Eighteenth Century England.* London: Blackwell Publishers, 2002, p. 21. O'BRIEN, Patrick Karl. Finance and taxation. In: H. T. Dickinson (org.). *A Companion to Eighteenth Century England.* London: Blackwell Publishers, 2002, p. 35. POCOCK, *Le moment machiavélien*, op. cit., p. 431. BLACK, Jeremy. *Walpole in power.* Gloucestershire, Sutton Publishing, 2001, p. 9 e 66-80. O'GORMAN. *The long eighteenth century*, op. cit., p. 139. HILL, Brian. "Parliament, parties and elections (1688-1760)". *In*: H. T. Dickinson (org.). *A Companion to Eighteenth Century England.* London: Blackwell Publishers, 2002, p. 58-64. JONES, Clyve. "'Venice preserved; or A Plot discovered': the political and social context of the Peerage Bill of 1719". *In*: GOLDIE. *The English system of liberty*, op. cit., p. 65.

[164] LEVINE, Joseph M. *The battle of the books: history and literature in the Augustan age.* Ithaca and London: Cornell University Press, 1999, p. 22.

a um arsenal de argumentos mais ou menos inéditos. Emergiram então duas diferentes interpretações da Constituição. A primeira, clássica ou republicana, era brandida pela oposição *tory* e tinha como pressupostos valores aristocráticos pré-capitalistas. Estava baseada no ideal de uma comunidade formada por cidadãos proprietários, cujos bens imóveis rurais lhes facultariam o cultivo da virtude necessária à preservação da liberdade e da participação política, contra os perigos da tirania do governo. A segunda interpretação, moderna ou liberal, era defendida pela situação *whig* e apresentava pressupostos capitalistas. Ela partia da realidade de uma sociedade comercial urbana e rentista, cujos membros deixavam a política cotidiana a cargo de seus representantes e voltavam suas energias para o gozo de liberdades privadas.

A interpretação clássica ou republicana da Constituição da Inglaterra formulada por Bolingbroke. A interpretação da Constituição da Inglaterra fundada no ideal clássico de uma "monarquia republicana" encontrou sua versão mais acabada nas obras de Henry St. John, visconde de Bolingbroke (1678-1751). O visconde era um antigo ministro da rainha Ana que, depois da ascensão dos Hannover, apoiara a rebelião jacobita (isto é, favorável à restauração dos Stuart) de 1715 e se refugiara na França. Retornado à Inglaterra depois de perdoado, oito anos depois, assumira fora do Parlamento a condição de chefe da oposição *tory* contra o governo Walpole.[165] Bolingbroke produziu três textos fundamentais na década de 1730, cada qual dirigido a uma das ordens da Constituição: os comuns, os aristocratas e o príncipe. Dirigido aos membros do Parlamento, *Uma dissertação sobre os partidos* negava a divisão do país entre *whigs* e *tories*, acusada por Walpole, para redefini-la como uma luta entre as tendências tirânicas do partido da Corte e o patriotismo do partido do Campo. A mocidade aristocrática foi mobilizada em *Sobre o espírito do patriotismo*, guia para o estadista à maneira de Cícero, civicamente orientado, ambicioso de glória e devotado á pátria. Por fim, Bolingbroke apelou para o herdeiro da Coroa, escrevendo um espelho de príncipe constitucional, *A ideia de um rei patriota*. Foi a versão inglesa do apelo ao rei filósofo como remédio aos males públicos que atormentavam a existência da comunidade política e pareciam incuráveis pelas vias ordinárias. Nesse texto, o visconde defendeu o dever que tinha o monarca de, em circunstâncias de risco para a constituição, intervir na

[165] BLACK. *Walpole in power*, op. cit., p. 141.

política para, por um golpe constitucional, substituir os ministros facciosos por estadistas que fossem modelos de sabedoria, austeridade e virtude.

A primeira parte da *Dissertação* investigava as origens do sistema partidário no século XVII, época em que os Stuart teriam organizado um "partido da Corte" para abater o Parlamento e, com ele, a antiga Constituição. Socorrendo-se de Políbio, Cícero, Lívio, Sêneca, Tácito e Maquiavel, o visconde condenava os partidos como calamidades cívicas: seus membros eram "incapazes de amizade; porque a verdadeira amizade não pode existir entre aqueles que baniram de si a virtude e a verdade. Eles não têm afeição senão por si mesmos; nenhum interesse exceto o próprio". Contra esse partido, na defesa da Constituição, teriam se arregimentado os cidadãos virtuosos no chamado "partido do campo" ou "do país", que não era propriamente um partido, e sim "a nação, falando e agindo por intermédio do discurso e da conduta de determinados homens".[166] O partido da Corte dividira a nação entre *whigs* e *tories* para justificar seu domínio, alimentando entre eles uma rivalidade que os levara a crer serem o que não eram: revolucionários e absolutistas, respectivamente. Entretanto, diante do perigo de restauração católica, os moderados dos dois lados teriam se conciliado por ocasião da Revolução Gloriosa, a fim de restabelecer o *espírito* e os *princípios* da Constituição, conforme a *natureza* e os *verdadeiros fins do governo.* Restaurada a forma de governo tradicional, Bolingbroke entendia que o antagonismo entre os partidos se tornara artificial. Se a sociedade podia ter por base uma constituição fundada na razão natural e no bem comum, sua organização social devia e podia ser apartidária. Em outras palavras, o consenso constitucional justificava o abandono de distinções que não tinham mais razão de ser.[167]

A segunda parte da *Dissertação* descrevia a natureza e os contornos da constituição mista. Citando Maquiavel, Bolingbroke afirmava que, embora poucos devessem governar muitos, o governo era sempre tensionado pela luta entre "o espírito de liberdade" do povo e "o espírito de dominação" dos governantes. Dessa tensão teria nascido o *governo constitucional*: da necessidade de conter a multidão turbulenta surgira o *governo*, e do imperativo de con-

166 BOLINGBROKE, Henry St. John, Visconde. *Political writings.* Editado por David Armitage. Cambridge University Press, 1997, p. 22-29, 37 e 99.

167 MANSFIELD, Harvey C. *Statesmanship and party government: a study of Burke and Bolingbroke.* Chicago and London: The University of Chicago Press, 2013 [1965], p. 64.

ter sua tendência ao arbítrio, a *constituição*. O engenho humano podia criar instituições favoráveis à liberdade e ao exercício da cidadania: um vez que as constituições puras – monarquia, aristocracia e democracia – inclinavam-se para a tirania, apenas a mista revelava-se capaz de produzir um governo estável e virtuoso. Só o governo misto proporcionava "liberdade verdadeira, ou seja, liberdade declarada e garantida pela lei, em igual oposição à licença popular e à vontade arbitrária do governante". A organização mista era a fórmula da união nacional, porque reunia as diferentes ordens dentro "de um mesmo sistema, intimamente ligados e cooperativos, influenciando e sendo influenciados, controlando e sendo controlados uns pelos outros". Assim como Políbio descrevera a Constituição de Roma como um aperfeiçoamento em relação àquela de Esparta, Bolingbroke descrevia a Constituição da Inglaterra como um aperfeiçoamento da romana promovido pelos germânicos, virtuosos antepassados dos ingleses: "É por meio dessa mistura de monarquia, aristocracia e democracia, reunidas em um único sistema, no qual cada uma das três ordens equilibra a outra, que nossa constituição livre de governo tem se mantido por tanto tempo inviolada, ou retornada, depois de sofrer violações, aos seus princípios originários".[168]

Mas a Constituição da Inglaterra também era uma fórmula jurídica que limitava e condicionava o exercício do governo. Aqui Bolingbroke distinguia os dois conceitos. A *Constituição* era o "conjunto de leis, instituições e costumes, derivados de certos princípios fixos da razão, dirigidos a certos objetos determinados de bem comum, que compõe o sistema geral, de acordo com o qual uma comunidade concordou em ser governada". Já o *governo* consistia "no particular modo de conduta que um magistrado principal, e magistrados inferiores sob sua direção e influência, conduzem a administração dos negócios públicos". Por serem organizações efêmeras, formadas por homens sujeitos a paixões e inclinados à tirania, os governos precisavam se orientar conforme com a Constituição, cujos princípios e objetivos traduziam o ideal natural e permanente de supremacia do bem comum: "Constituição é a regra por que nossos príncipes devem governar em qualquer época; governo é aquela por que eles realmente governam em um momento determinado. Uma deve permanecer imutável, enquanto o outro pode e, devido à natureza humana, deve

[168] BOLINGBROKE. *Political writings*, op. cit., p. 83; 112; 126-127 e 132.

variar". Mas os Parlamentos também estavam limitados pelo "bem comum da sociedade".[169] Baluartes da Constituição, sua autonomia dependia de sua periódica reunião contra a dependência arbitrária da Coroa. Garantida pela revolução aquela periodicidade, tornara-se desnecessário o "apelo aos céus" referido por Locke.

Uma vez que a Constituição se encontrava assentada e reconhecida, uma facção só poderia derrocá-la caso corrompesse o Parlamento, seu supremo guardião. Era o que Walpole viria fazendo desde que ascendera aos conselhos da Coroa, segundo Bolingbroke. As liberdades parlamentares dependiam de eleições que renovassem a deputação a cada um ou três anos, tornando-as insuscetíveis de cooptação pela corrupção governamental. O visconde também condenava o modelo de governabilidade criado por Walpole, que garantia maioria parlamentar através de pensões, subornos e cargos públicos. O sistema de freios e contrapesos e de separação de poderes era insuscetível de alteração e não podia ser suprimido a pretexto de embaraçar a governabilidade. Como uma facção áulica ou palaciana, novo "partido da Corte" continuava a perseguir o velho objetivo de minar a autonomia do Parlamento para governar tiranicamente. Mudaram apenas os meios: ao invés de recorrer à prerrogativa para impedir a reunião dos parlamentares, Walpole empregava a corrupção para controlá-los. O arrocho fiscal, a expansão do Estado, a manutenção de exércitos profissionais e a ciranda financeira eram outros tantos instrumentos por que a camarilha da Corte desequilibrava os elementos do governo misto para derrubar a Constituição. Caso os cidadãos não mantivessem vivo o "espírito patriótico" de seus antepassados saxões, a Inglaterra sofreria o mesmo infausto destino da república romana, que sucumbira à tirania de um César. Somente um governo de união nacional, baseado em uma conciliação que dissolvesse a divisão entre *tories* e *whigs*, poderia volver aos princípios germânicos e republicanos da Constituição e interromper o processo de sua degeneração:

> Assim como a liberdade privada não pode estar segura sob um governo no qual a lei, que é sua única e adequada garantia, dependa do arbítrio de uma vontade, também a liberdade pública estará em perigo, sempre que uma constituição livre, que é sua única e adequada garantia, dependa do arbítrio de

[169] Idem, ibidem, p. 88 e 165.

> uma vontade. Uma constituição livre como a nossa também estará dependente dessa vontade, sempre que uma das três ordens que a compõe possa direcionar a vontade das demais.[170]

Mas quais seriam os agentes encarregados de combater o novo *partido da Corte*? Como eles deveriam agir? Na *Dissertação*, Bolingbroke associava as ações da facção governamental à ambição, ao egoísmo e à corrupção. Agora, em sua carta denominada *Sobre o espírito do patriotismo* (1736), o visconde delineava o perfil daqueles que deveriam liderar a oposição, em nome do *partido do campo* ou *do país*. Em primeiro lugar, Bolingbroke lembrava, como bom republicano, que a arte da política não era atividade de profissionais, mas de uma aristocracia de talentos. Ela destinava-se aos predestinados a Providência bafejara com uma superioridade natural de espírito, para que pudessem instruir, guiar e preservar a humanidade.[171] Os aristocratas vocacionados estavam moralmente obrigados a colocar as vantagens de seu alto nascimento, sua fortuna material e sua superioridade intelectual a serviço da pátria. Eles eram os "tutores e guardiães do gênero humano", encarregados de manter *a ordem natural do mundo.* O *espírito de patriotismo* que instilava vida à Constituição dependia de estadistas aplicados no estudo da história e da filosofia, que soubessem mobilizar sua eloquência. O verdadeiro patriota era aquele que, como Catão, empregava "toda a força de seu entendimento e dirige todos os seus pensamentos e ações para o bem de seu país".[172] Não havia maior glória do que despender a vida oferecendo à juventude exemplos de virtude e de educação, na defesa das liberdades públicas e no combate ao mau governo. Eram homens dessa têmpera que salvavam a república contra a maquinação dos Catilinas e suas aspirações à tirania. Nem por isso, pontuava Bolingbroke, dever-se-ia descartar a hipótese de que nem comuns nem pares fossem capazes de refrear o espargimento da corrupção. Haveria, nesse caso, algum expediente a que recorrer?

Maquiavel ensinara que, em circunstâncias de perigo, somente um golpe excepcional desferido do alto, violento e súbito, poderia fulminar a corrupção e criar condições para o restabelecimento da liberdade. Ora, o único em posição de desfechar semelhante golpe era a autoridade suprema que, acima dos

[170] Idem, ibidem, p. 170.

[171] MANSFIELD. *Statesmanship and party government*, op. cit., p. 68 e 74.

[172] BOLINGBROKE. *Political writings*, op. cit., p. 193; 201 e 203.

partidos responsáveis pela decadência do país, estivesse interessado na preservação da Constituição. A fim de sensibilizar o herdeiro do trono, Bolingbroke escreveu o primeiro espelho de príncipe destinado à formação de um chefe de Estado constitucional: *A ideia de um rei patriota* (1738). A releitura de Maquiavel levara o visconde a perceber o príncipe como dotado de potencialidade para exercer em circunstâncias excepcionais um papel diverso daquele de mero encarregado do Poder Executivo. Bolingbroke ressuscitou então as noções monárquicas de *razão de Estado* e *golpe de Estado*, para mobilizá-las, não contra, mas *a favor da restauração da constituição mista*. Tratava-se de dirigir as ambições de domínio do príncipe maquiaveliano para o patriótico propósito de defender a república. Na condição de chave de abóbada do sistema constitucional, o monarca deveria defender a Constituição sempre que abalada pela iniquidade administrativa: "Nada pode, com tanta certeza, de modo tão eficiente, restaurar a virtude e o espírito público essencial para preservação da liberdade e da prosperidade nacional, do que o reinado de semelhante príncipe".[173] A ascensão de um príncipe novo era a ocasião perfeita para semelhante golpe, substituindo os ministros corrompidos por exemplos de austeridade e virtude: "Esse esquema de razão de Estado contém todos os grandes princípios do governo e todos os grandes interesses do Estado".[174] As limitações ao poder só prejudicavam reis de inclinações tirânicas. Ao contrário: ao defender a Constituição sobre os partidos, os reis patriotas adquiriam uma força e uma influência superiores às de qualquer governante absoluto:

> O Rei patriota é o mais poderoso de todos os reformadores. E, porque ele é uma espécie de milagre permanente, raramente visto e tão pouco compreendido, que bastam os efeitos de seu surgimento para que ele suscite, por toda a parte, o amor e a consideração em todo coração honesto, difundindo confusão e terror em todas as consciências culpadas, e submissão e resignação em todos. Um novo povo parece surgir com um novo rei.[175]

Mas Bolingbroke também adaptou ao contexto do "momento oligárquico" a doutrina patriarcal de Filmer: afinal, além de defensor da construção e dos valores republicanos, o rei era também o *pai da pátria*. Assim como uma famí-

[173] Idem, ibidem, p. 222.
[174] Idem, ibidem, p. 252.
[175] Idem, ibidem, p. 251.

lia cuja cabeça e membros estavam animados por espírito e interesse comuns, a nação encontrava em seu príncipe um pai bondoso e protetor, que deveria servir de centro de uma grande união nacional e cuja sua voz fosse ouvida sobre as dissensões partidárias: "Porque a facção está para o partido como o superlativo está para o positivo: o partido é o mal político e a facção é o pior de todos os partidos". Revertendo as políticas das facções, o rei incentivaria a indústria e evitaria dívidas; zelaria pela honestidade; desmobilizaria exércitos; pouparia a nação de guerras inúteis; e revelaria decência e probidade em seu comportamento. O rei eventualmente poderia favorecer um partido e desencorajar outro, quando a situação exigisse, mas jamais se filiaria a algum, nem agiria para proscrever o outro: "Ao invés de endossar as divisões do seu povo, ele tentará uni-lo, sendo ele mesmo centro da dessa união; ao invés de se colocar à frente de um partido a fim de governar seu povo, ele se colocará à frente de seu povo a fim de governar, ou melhor, dizendo, subjugar todos os partidos".[176] As numerosas edições das obras de Bolingbroke reverberariam no Velho e no Novo Mundo, influenciando um sem-número de estadistas europeus e americanos interessados em remodelar o governo de seus países conforme o figurino Constitucional.[177]

A interpretação moderna ou liberal da Constituição da Inglaterra formulada por David Hume. Fundada no ideal de um Estado de direito compatível com a moderna sociedade comercial, a segunda interpretação da Constituição da Inglaterra começou a ser desenvolvida na última década do século XVII. *Whigs* situacionistas como Daniel Defoe e Joseph Addison já mobilizavam argumentos modernos contra os republicanos para justificar a revolução financeira e a manutenção de exércitos profissionais. Alegavam, contra o ideário republicano, que, sujeito a uma dinâmica de progresso, o mundo não podia ser regulado por exigências éticas de um passado remoto; que a liberdade constitucional não era antiga, mas recente, datando da Revolução; que os avanços econômicos permitiam aos cidadãos abandonarem as milícias, para pagarem militares profissionais que lutassem em seus lugares; que a propriedade fun-

176 Idem, ibidem, p. 257-258.

177 ARMITAGE, David. "Introduction". *In*: Henry St. John, Viscount Bolingbroke. *Political writings*. Cambridge University Pres, 1997, p. XXI. KRAMNICK, Isaac. *Bolingbroke and his circle: the politics of nostalgia in the age of Walpole*. Cambridge, Massachusetts: Harvard University Press, 1968, p. 38.

diária havia sido absorvida pelos mecanismos do dinheiro, do crédito bancário e do papel-moeda; que as paixões e os interesses podiam ser canalizados para civilizar os costumes e garantir as liberdades que impulsionavam a economia.

Algumas décadas depois, os intelectuais patrocinados pela oligarquia *whig* liderada por Walpole defenderam seu modelo de governabilidade baseado na "corrupção". Políticos dublês de intelectuais, como o bispo Hodley, lorde Hervey, Thomas Gordon e o próprio irmão de Walpole, Horace, sustentavam contra Bolingbroke que a classe política continuava dividida entre *whigs* constitucionais e *tories* absolutistas; que a distribuição de cargos, pensões e subornos pelo governo se tornara o único meio de preservar a influência da Coroa e o caráter misto da Constituição, em uma época em que os comuns já dominavam 17/20 da economia britânica; que a separação entre a Coroa e o Parlamento não poderia ser absoluta, sob pena de produzir paralisia decisória; que a interpretação constitucional de Bolingbroke era subversiva porque exclusivamente democrática.[178] Em *A liberdade dos antigos e dos modernos estabelecida e comparada* (1734), Hervey afirmava de maneira paradigmática que o feudalismo não passara de uma época de sujeição e barbárie; que a Constituição não radicava na sua antiguidade e estivera em constante fluxo até seu estabelecimento definitivo pela Revolução Gloriosa. A sociedade civil resultava de um "progresso histórico" decorrente da garantia da propriedade privada, da divisão do trabalho e da troca de mercadorias. A virtude cívica era substituída pela polidez como a qualidade essencial na sociedade moderna, orientada pela noção de progresso histórico.[179]

A crença na possibilidade de uma ciência política moderna, de caráter liberal e moderado, encontrou sua expressão na filosofia política de David Hume (1711-1776). Ele era um defensor destacado da ordem monetária criada pela revolução financeira pelo processo de secularização, que convertia crentes supersticiosos em atores de uma história civil. Elaborados a

[178] POCOCK. *Le moment machiavélien*, op. cit., p. 439-494. HAMPSHER-MONK, Ian. "From virtue to politeness". *In*: Quentin Skinner & Martin van Gelderen (ed.). *Republicanism: a shared European heritage*. Volume I: *Republicanism and constitutionalism in early modern Europe*. Cambridge University Press, 2002, p. 105.

[179] KRAMNICK. *Bolingbroke and his circle*, op. cit., p. 111-136. WOOTTON, David. Hume: "The historian". *In*: David Fate Norton & Jacqueline Taylor (editores). *The Cambridge Companion to Hume*. 2ª edição. Cambridge University Press, 2009, p. 468. GOLDIE. *The English system of liberty*, op. cit., p. 75.

partir do repertório *whig* oposicionista produzido ao tempo da "revolução oligárquica", seus *Ensaios políticos* (1739-1745) representaram a resposta mais consistente à interpretação constitucional formulada por Bolingbroke. Hume condenava tanto o absolutismo quanto o radicalismo como resíduos anacrônicos de duas concepções teológicas de mundo: a *superstição* e o *entusiasmo*. Ao aceitar as formas e poderes estabelecidos como naturais e a vontade do príncipe como fonte única da autoridade à maneira de Filmer, o absolutismo dos velhos *tories* emulava o ideal hierárquico do catolicismo (a "superstição"), para quem o conhecimento exigia a intermediação de padres, igrejas e rituais. Já o radicalismo incorria no erro de Locke e outros velhos *whigs*, para quem a legitimidade da ordem repousava sobre um democratismo contratual baseado em direitos naturais. Os radicais emulavam o inconformismo calvinista (o "entusiasmo"), que acreditava aceder ao conhecimento por uma relação direta com a divindade. Para Hume, a estabilidade do Estado de direito dependia de afastar da política crenças baseadas em fundamentos teológicos ou metafísicos, próprios de países atrasados. A civilização moderna criara uma sociedade baseada na polidez, que era impulsionada pelo progresso das ciências e pelas artes, que protegia direitos e trocava mercadorias. A secularização impunha, por conseguinte, reconstruir a ciência política pela introdução de um método experimental, capaz de suprimir a falsa dicotomia entre liberdade e autoridade, independência e coerção, direitos e deveres, demonstrando sua interdependência e a necessidade de um projeto conciliatório, que assegurasse estabilidade ao regime constitucional.[180]

Com o objetivo de substituir formas religiosas e metafísicas de pensamento por uma teoria secular da natureza humana, Hume adaptou o ceticismo de Montaigne para o contexto do "momento oligárquico". Ele entendia que a distinção entre o bem e o mal não podia ser feita pela razão; que as crenças

---

[180] POCOCK, J. G. A. *Virtue, commerce and history: essays on political thought and history, chiefly in the eighteenth century.* Cambridge University Press, 1985, p. 126 e 203. HUME, David. *Ensaios políticos.* Edição de Knud Haakonssen. Tradução de Pedro Pimenta. São Paulo: Martins Fontes, 2003, p. 58-62. HAAKONSSEN, Knud. "Hume's political theory". *In*: David Fate Norton & Jacqueline Taylor (editores). *The Cambridge Companion to Hume.* 2ª edição. Cambridge University Press, 2009, p. 366-367. HUME, David. "Investigação sobre o entendimento humano". *In*: George Berkeley & David Hume. *Tratado sobre os princípios do conhecimento humano; Três diálogos entre Hilas e Filonous em oposição aos céticos e ateus; Investigação sobre o entendimento humano; Ensaios morais, políticos e literários.* Traduções de Antônio Sérgio, Leonel Vallandro, João Paulo Gomes Monteiro e Armando Mora d'Oliveira. São Paulo: Editora Abril, 1984, p. 172.

humanas eram falíveis e incapazes de discernir regras morais e políticas universais, por serem produzidas exclusivamente pelos hábitos.[181] Era preciso, portanto, substituir a política normativa e metafísica, por outra, de fundamento cética e realista, que levasse em conta a experiência, a observação dos costumes e a diversidade de e situações: "Enquanto uma imaginação ardorosa for admissível em filosofia, e enquanto se aceitar que hipóteses possam ser abraçadas meramente por especiosas e agradáveis, jamais poderemos ter princípios firmes ou sentimentos adequados à prática e à experiência comuns".[182] Ao contrário do que acreditavam os republicanos clássicos, não havia na origem da política uma essência a que se pudesse remontar por meio de uma revolução/restauração; o que havia era uma *história* na qual o presente ganhava crescente dignidade e autonomia em relação ao passado. A regularidade do mundo social dependia de instituições que não surgiam da vontade ou da natureza, mas da conformação e adaptação de hábitos coletivos. Governos não se apoiavam em pactos originários ou em acontecimentos remotos, mas em rotinas ancoradas na percepção de justiça das regras relativas ao direito de propriedade e aos contratos.[183] Governos eram legítimos e merecedores de confiança, desde que preservassem as condições de desenvolvimento econômico de uma sociedade que era dotada de uma lógica própria e historicamente variada. Nem por isso, cético como era, Hume acreditava na possibilidade de uma ciência política infalível. Se, de um lado, autores como Maquiavel já não podiam ser seguidos acriticamente no presente, de outro, ainda era cedo para pretender, em matéria política e moral, a certeza das ciências físicas e naturais:

> O mundo ainda é muito jovem para que estabeleça muitas verdades gerais em política que possam permanecer verdadeiras até a mais distante posteridade. Não tivemos nem mesmo três mil anos de experiência; de maneira que não somente a arte do raciocínio é ainda defeituosa nessa ciência, assim como em todas as outras, mas também carecemos de material sobre o qual possamos raciocinar. Não se sabe ao certo qual o grau de refinamento, seja uma virtude

[181] WILEY, James. *Theory and pratice in the philosophy of David Hume.* Palgrave MacMillan, 2012, p. 16; 32-33.

[182] HUME, David. *Tratado da natureza humana: uma tentativa de introduzir o método experimental de raciocínio nos assuntos morais.* Tradução de Deborah Danowski. São Paulo: UNESP, p. 299-304.

[183] Idem. *Ensaios políticos,* op. cit., p. 21.

> um vício, a que a natureza humana é suscetível; nem o que se pode esperar dos homens após uma revolução importante em sua educação, costumes ou princípios.[184]

Preso entre um mundo que se extinguia e outro ainda por nascer, situado entre as exigências de equilíbrio entre a autoridade e a liberdade, tradição e novidade, o pensamento político carregava a marca da ambivalência: "Em todos os governos há uma luta perpétua e entranhada, aberta ou secreta, entre autoridade e liberdade, mas nenhuma das duas pode prevalecer na disputa".[185] Autoridade e liberdade careciam de ser mantidas em equilíbrio. O processo de civilização dependia de um conjunto de instituições criadas pela experiência e pelo costume, identificadas com a autoridade do Estado; só elas eram capazes de conferir racionalidade pública ao dinamismo das forças desencadeadas pelas paixões dentro de um sistema de liberdade.[186] Por outro lado, o receio de que o excesso de liberdade comprometesse o processo civilizatório pelo facciosismo também recomendava cautela contra o radicalismo. Instituições que distribuíam justiça em um ambiente de ordem não deveriam ser sacrificadas a um ideal de perfeição: "O espírito de inovação é em si mesmo pernicioso, por mais favorável que seu objeto possa parecer". Os políticos deviam ser sensíveis às circunstâncias, preservando os costumes e polindo o padrão do debate para que as disputas *sobre* a Constituição se convertessem em disputas *no interior* da Constituição: "A única regra do governo conhecida e reconhecida pelos homens é o uso e a prática. A razão é um guia tão inseguro que é sempre passível de dúvida e questionamento".[187] Conforme ensinara Montaigne, ao invés de dedicar-se a lucubrações abstratas, o indivíduo deveria aceitar a ordem política e revalorizar o cotidiano: "Cuidemos de nosso governo tradicional e o aperfeiçoemos na medida do possível, sem encorajar a paixão por novidades perigosas".[188]

Era o liberalismo moderado que dava pela primeira vez o ar de sua graça. Mas esse complexo processo de transformação do republicanismo em

[184] Idem, ibidem, p. 64.
[185] Idem, ibidem, p. 29-30.
[186] POCOCK. *Virtue, commerce and history*, op. cit., p. 134 e 135.
[187] HUME. *Ensaios políticos*, op. cit., p. 252.
[188] Idem, ibidem, p. 25.

liberalismo, que implicava a criação de novos conceitos e ressignificação dos antigos, não ocorreria do dia para a noite. Até que o humanismo cívico fosse sepultado, na segunda metade do século XIX, pelo cientificismo de Spencer, Comte e Marx, as linguagens do liberalismo e republicanismo permaneceriam amalgamadas, seja na retórica de radicais como Paine e Sieyès, seja na de moderados como Constant e Tocqueville. Por volta de 1750, esse processo estava em seus primórdios: a Grã-Bretanha era ainda uma sociedade transicional marcada por uma espécie de "humanismo comercial". Se já não era possível retornar à virtude clássica dos antigos, também não era possível substituí-la pelas paixões e interesses de um capitalismo ainda em botão. O que os *whigs* tentavam fazer, era atualizar o republicanismo de Cícero ao contexto do Iluminismo britânico, deslocando a ênfase conferida à retórica e à produção de um sentido comum de vida pública para o âmbito privado das conversações e tertúlias, cheias de polidez, das cafeterias e dos salões de chá.[189]

4. Entre a autoridade e a liberdade: as modulações do liberalismo moderado britânico

Jorge III derruba a oligarquia *whig* e assume o papel de rei patriota. Com a subida de Jorge III ao trono em 1760, terminou o modelo de governabilidade criado pela oligarquia *whig*. O novo rei esposava a interpretação da Constituição deixada por Bolingbroke, já admirada por seu falecido pai, o príncipe de Gales, e seu principal confidente, o conde de Bute. Eles condenavam o tipo de governação impressa por Walpole e seus sucessores, ao longo de meio século, pondo a Coroa na vergonhosa sujeição a uma facção. Ao restabelecer o ideal republicano do governo acima dos partidos, combatendo a dívida pública, os exércitos profissionais e as sinecuras, Jorge III desejava restaurar a Constituição "ao seu antigo estado de liberdade" e fazer de seu palácio "a residência da ver-

[189] BLACK. Walpole in power, op. cit., p. 102 e 114. POCOCK, John. Barbarism and religion. Volume 1: The Enlightenments of Edward Gibbon (1737-1764). New York: Cambridge University Press, 2003 [1999], p. 7. KALYVSAS, Andreas; KATZNELSON, Ira. Liberal beginnings: Making a republic for the moderns. Cambridge University Press, 2008. HAMPSHER-MONK. From virtue to politeness, op. cit., p. 86-89.

dadeira devoção e da virtude".[190] Aconselhado por Bute, o novo rei desfechou o "golpe de Estado" preconizado por Bolingbroke: desalojou a oligarquia *whig*, acabou com a proscrição dos *tories* e formou um ministério de conciliação à revelia das conexões partidárias. O impacto do desmonte do antigo modelo de governação sobre o sistema político foi imediato. As velhas lideranças *whigs* perderam o controle da agremiação, que se fracionou nas várias facções chefiadas por Grafton, Chatham, Grenville e Rockingham. O fim do ostracismo também atingiu a coesão dos *tories*, que ficaram livres para se recompor como bem entendessem.[191] O núcleo da nova elite dirigente passou a ser composto pelos chamados "amigos do rei", espécie de "partido da Coroa" identificado pelos *whigs* aos *tories* na medida em que repetia a retórica antipartidária que valorizava a Coroa, a Igreja Anglicana e a Câmara dos Lordes:

> Jorge estava influenciado pelo conceito de governo patriarcal implícito no livro de Bolingbroke, bem como no Livro dos Reis do Antigo Testamento, que servia de base para muitos sermões setecentistas. O rei acreditava que, mantendo seu direito de escolher ministros e sua habilidade de bloquear a legislação, ele poderia se desincumbir de suas funções e agir de modo apropriado. Jorge tentou concretizar as esperanças outrora depositadas em seu pai, e que seu pai havia encorajado. O rei deveria agir como um redentor político, uma noção que refletia o elemento poderosamente otimístico na iconografia da realeza, presente [...] nas teses de Bolingbroke.[192]

Instabilidade e radicalismo na Grã-Bretanha da década de 1760. Mas a década de 1760 foi de grande instabilidade. O novo modelo de governação baseado no poder pessoal do rei produziu uma sucessão de gabinetes fracos, que enfrentaram no plano externo a Guerra dos Sete Anos e, no interno, o descontentamento decorrente da crise econômica. A conjuntura favoreceu o radicalismo urbano liderado pelo deputado John Wilkes (1726-1797), que sustentava que a soberania do povo estava fora do Parlamento, defendia reformas democráticas, atacava o *establishment* de modo irreverente e desabusado. Acusado de libertinagem e incitação à desordem, o aventureiro Wilkes

---

[190] BLACK, Jeremy. *George III: America's last king*. New Haven and London: Yale University Press, 2008, p. 71.

[191] O'GORMAN. *The long eighteenth century*, op. cit., p. 151 e 202.

[192] BLACK. *George III*, op. cit., p. 10-11.

protagonizou uma epopeia de condenações judiciais e fugas espetaculares que angariaram o apoio das multidões para suas demandas pela ampliação da liberdade de imprensa, do devido processo legal e por reforma parlamentar.[193] O ambiente de crise favorecia a contestação, pelas oposições, do sistema "republicano" ou "patriótico" de governação de Jorge III, atacado como autoritário, retrógrado e ilegítimo.

Ao mesmo tempo, as guerras de expansão colonial que obrigavam a Coroa a aumentar continuamente os impostos e centralizar a arrecadação para financiar sua marinha e seu exército esbarraram na resistência dos americanos do outro lado do oceano. A metrópole exigia dos colonos que contribuíssem para a manutenção dos exércitos que os protegiam dos vizinhos indígenas, espanhóis e franceses. Já as treze colônias se recusavam-se a aquiescer a qualquer aumento de impostos antes que tivessem representantes no Parlamento britânico. Inicialmente fundamentada no constitucionalismo histórico, a linguagem de resistência ao aumento dos impostos gradualmente deslizou para aquela do radicalismo, que havia sido produzido na própria metrópole no século anterior. Com a independência dos Estados Unidos (1776), o republicanismo clássico encontrou no Novo Mundo a oportunidade de colocar em prática a engenharia constitucional que, no século anterior, ficara nos sonhos de Harrington, Sidney e Locke. Ela consagrava, nos novos estados confederados, legislativos unicamerais fortes e um decidido repúdio aos exércitos profissionais e a qualquer tipo de centralização política. A derrota militar e a independência da América serviram de advertência ao *establishment* britânico sobre as consequências tanto do radicalismo quanto da fraqueza de um governo monárquico sem apoio da opinião pública.[194]

O constitucionalismo histórico e evolucionário de Edmund Burke. A polarização entre radicalismo democrático e autoritarismo monárquico exigia

[193] McCAHILL, Michael W. "The House of Lords in the 1760s". *In*: Clyve Jones (edição). *A Pillar of the Constitution: the house of lords in British politics.* London and Ronceverte: The Hambledon Press, 1989, p. 188-193. HAMPSHER-MONK, Iain. "British radicalism and the anti-jacobines". *In*: Mark Goldie & Robert Wokler (editores). *The Cambridge History of Eighteenth-Century Political Thought.* Cambridge University Press, 2008, p. 663. O'GORMAN. *The long eighteenth century*, op. cit., p. 226. BLACK. *George III: America's last king*, op. cit., p. 91.

[194] SCHWARTZ, Bernard. *O federalismo norte-americano.* Rio de Janeiro: Forense, 1984. WOOD, Gordon. *The creation of the American Republic.* University of North Carolina Press, 1998. BAILYN, Bernard. *As origens ideológicas da Revolução americana.* Edição ampliada. Tradução de Cleide Rapucci. Bauru: EDUSC, 2003.

uma resposta política dos moderados em defesa de um prudente reformismo. Durante a hegemonia dos "homens de rei", como Bute e lorde North, a antiga coalizão *whig* que dominara o Parlamento na primeira metade do século XVIII se fragmentara em facções diversas. A principal delas estava na oposição e era liderada pelo marquês de Rockingham. Seu doutrinário mais talentoso, Edmund Burke (1727-1797), reivindicou para seus correligionários a condição de herdeiros das tradições do partido. Na qualidade de membro da Câmara dos Comuns, doutrinário e polemista, Burke adaptou como ninguém a imagem do estadista clássico identificada com Cícero para o contexto da política britânica de seu tempo. Dotado de extraordinária cultura e erudição, o político irlandês estava familiarizado com o mundo antigo, conhecendo o repertório da retórica e da eloquência, manuseando a literatura clássica de modo a conseguir efeitos literários notáveis. Mas Burke estava também ancorado no mundo moderno, no qual uma aristocracia fundiária gerencial mobilizava o sistema de crédito público para estimular a prosperidade comercial, a estabilidade política e o poder imperial. Ele estava alinhado a outros pensadores do Iluminismo britânico, como David Hume e Adam Smith, cujo círculo frequentava desde que escrevera *Uma investigação filosófica sobre a origem de nossas ideias do sublime e do belo*. Como eles, Burke estava comprometido com o projeto de uma *economia política*, isto é, uma ciência social nascida da sociedade comercial e financeira, entendida como parte de uma filosofia da moral natural cada vez mais historicizada.

Essa combinação harmoniosa entre antiguidade e modernidade se refletia na concepção que Burke guardava da Constituição da Inglaterra. Por um lado, ele esposava a tese dos constitucionalistas históricos segundo a qual ela datava da Idade Média e era obra da "sabedoria de nossos ancestrais" que, ao estabelecerem o padrão da constituição mista, teriam assegurado os "direitos imemoriais" dos britânicos. Por outro, ele concordava com os modernistas ao reconhecer que ela era um produto histórico, dotado de flexibilidade bastante para adaptar-se ao progresso social, e que por isso revelara resiliência, na defesa daquelas liberdades[195]. Esse competente cruzamento entre o clássico e o moderno produziu o arquétipo do estadista *whig* virtuoso, espécie de Cícero moderno, que seria cultuado e emulado por uma legião de políticos dentro e

[195] POCOCK. *Politics, language and time*, op. cit., p. 251-256

fora da Inglaterra, como Macaulay, Russell, Guizot, Gladstone e Disraeli.[196] O liberalismo moderado dos *whigs* oferecia ao desenvolvimento político britânico uma ideologia hegemônica que os posicionava no centro do espectro político, à esquerda dos *tories* que, como "partido da Corte", valorizavam a "independência da Coroa", e à direita dos *radicais* que, como "partido democrático", insistiam na soberania popular extraparlamentar.[197] À semelhança do senador romano, Burke também se pensava como "um filósofo em ação", apartado tanto do demagogo quanto do filósofo de gabinete.[198]

> Um estadista difere de um professor em uma universidade; o último tem apenas a visão geral da sociedade; o anterior, o estadista, tem um número de circunstâncias para combinar com essas ideias gerais e para levar em consideração. As circunstâncias são infinitas, são infinitamente combinadas; são variáveis e transitórias; aquele que não as leva em consideração, não só está errado, mas louco – *dat operam ut cum ratione insaniat* –; ele é metafisicamente louco. Um estadista, nunca perdendo de vista os princípios, deve ser guiado pelas circunstâncias; e se julgar de modo contrário às exigências do momento, pode arruinar o seu país para sempre.[199]

Essa flexibilidade estava no coração daquilo que Burke compreendia como próprio da prudência do estadista, guiado por uma experiência esclarecida pelo conhecimento histórico e pela avaliação cuidadosa das circunstâncias. Era ela que o acautelava contra a "ilusória precisão geométrica em matéria de argumentos morais".[200] A política não era uma ciência abstrata, racionalista e universalista, mas uma arte voltada para a resolução de problemas práticos. Cada nação – Inglaterra, Irlanda, América, Índia, França – possuía uma ecologia própria que condicionava o ritmo da ação política:

---

[196] Idem. *Virtue, commerce and history*, op. cit., p. 194-195. O'BRIEN, Conor Cruise. "Introduction". *In*: Edmund Burke. *Reflections on the Revolution in Frances and on the proceedings in certain societies in London relative to that event.* Penguin Books, 1968, p. 49. BORD, Joe. *Science and whig manners: science and political style in Britain, c. 1790-1850.* Palgrave MacMillan, 2009, p. 35-39. INSOLE. Christopher J. "Burke and the natural law". *In*: David Dwan & Christopher J. Insole. *The Cambridge Companion to Edmund Burke.* Cambridge University Press: 2012, p. 54.

[197] POCOCK. *Virtue, commerce and history*, op. cit., p. 158-159; 209 e 258.

[198] BURKE, Edmund. *Pre-revolutionary writings.* Editado por Ian Haris. Cambridge University Press, 1993, p. 187.

[199] Idem. *The works of the right honorable Edmund Burke.* Volume III. Oxford and London: Oxford University Press, 1906, p. 317.

[200] Idem. *Pre-revolutionary writings*, op. cit., p. 258.

regras ou posturas, que funcionavam em certos tempos e lugares, não funcionavam em outros. Para manter o equilíbrio instável entre autoridade e liberdade, o estadista deveria saber quando favorecer uma e outra:: "Nossa Constituição repousa sobre um belo promontório, cercado por precipícios íngremes e águas profundas em todos os lados. Ao removê-la de uma inclinação perigosa para um lado, pode haver risco de precipitá-la, por outro".[201]

Assim, o liberalismo moderado de Burke oferecia uma identidade *whig* que o localizava entre os *tories* que, à direita, valorizavam a independência da Coroa, e os radicais que, à esquerda, insistiam na soberania popular das ruas. No começo de sua carreira, Burke se colocou na defesa da liberdade contra a oligarquia conservadora de Jorge III, defendendo os partidos e o governo parlamentar; e as liberdades dos colonos contra o centralismo metropolitano; bem como denunciando os abusos da administração imperial na Índia. Já no final de sua carreira, diante da ameaça do radicalismo francês, ele advogaria a adesão dos *whigs* ao governo *tory* de William Pitt e combateria o ideário revolucionário, universalista e abstrato que se espraiava pela Grã-Bretanha. Burke reconhecia que o zigue-zague era arriscado para o político: "Se ele for obrigado a responsabilizar os favoritos do povo, será considerado ferramenta do poder; se ele censurar os que estiverem no poder, receberá a pecha de instrumento de facção".[202] Mas ele também acreditava que o estadista tinha deveres morais em relação ao público, de que não podia escapar sem prejuízo da própria honra. Conforme reconhecido por seu primeiro biógrafo, Burke mudava de frente de combate sem jamais abandonar o terreno moderado dos *whigs*.[203]

Modulação liberal: Burke e os *Pensamentos sobre as causas dos descontentamentos atuais* (1770). O melhor exemplo de modulação da doutrina *whig* em favor da liberdade contra a autoridade se encontra no panfleto *Pensamentos sobre as causas dos descontentamentos atuais.* A exemplo de Hume, Burke acreditava que a crença de Bolingbroke na existência de um bem comum, perfeitamente discernível por homens racionais, repousava sobre uma concepção ultrapassada de mundo social. Lugar oscilante e plural de interesses legítimos, a sociedade moderna era incompatível com o governo pessoal

[201] Idem, ibidem., op. cit., p. 190.
[202] Idem, ibidem., op. cit., p. 116.
[203] MORLEY, John. *Burke.* London: Macmillan, 1888, p. 109.

de um "rei patriota" orientado por um ideal estático de bem comum. O bom governante não podia se contentar em ser *constitucional*, no sentido de se limitar a garantir a autonomia da sociedade e do mercado. Ele precisava ser também *representativo*, valorizando a opinião dos cidadãos sobre a condução adequada dos negócios públicos: "Todo governo, benefício e gozo humanos, toda virtude e todo ato prudente, é fundado em compromisso e troca".[204] Esta necessidade exigia dos políticos qualidades de flexibilidade e transigência, indispensáveis para auscultar as flutuações da opinião pública. Em outras palavras, a complexidade da sociedade moderna tornava obsoletos os pressupostos sociológicos do republicanismo clássico. O reconhecimento da pluralidade social levava Burke a crer que, ao invés de conduzida exclusivamente pelo ideal do bem comum interpretado pelo "rei patriota", as ações do governo deveriam ser reguladas pelos humores da opinião pública.

Por outro lado, a crítica de Burke à doutrina do governo pessoal não significava alinhamento à posição radical, para quem os governantes e os deputados não passavam de porta-vozes da vontade de seus eleitores. O futuro autor das *Reflexões sobre a Revolução na França* se achava em um meio-termo entre monarquia e democracia, acreditando que a oligarquia parlamentar era um estrato mais preparado e competente para interpretar os interesses sociais. Equilibrando-se entre os extremos da autocracia e do populacho, a classe política deveria evitar simultaneamente "os perigos extremos da submissão servil ou da popularidade selvagem".[205] Também aqui criticava Bolingbroke, para quem os partidos eram facções egoísticas a ser esmagadas pelo "rei patriota". Correias de transmissão entre representantes e representados, os partidos eram na verdade agremiações de cavalheiros reunidos "para fomentar, mediante ações conjuntas, o interesse nacional, com base em algum princípio acerca do qual estão todos de acordo".[206] A influência da aristocracia era legítima desde que *natural*, ou seja, adquirida "por sua conduta uniforme, correta e constitucional, por suas virtudes públicas e particulares".[207]

---

[204] BURKE. *Pre-revolutionary writings*, op. cit., p. 237.

[205] Idem. "Discurso aos eleitores de Bristol". *Revista de Sociologia e Política*, volume 20, nº 44:97-101, novembro de 2012, p. 101.

[206] Idem. *Pre-revolutionary writings*, op. cit., p. 187.

[207] Idem, ibidem, p. 134.

Tudo bem pesado, Burke condenava a doutrina bolingbrokeana do poder pessoal do monarca como uma cortina de fumaça para que uma *cabala, partido da Corte* ou *facção áulica* sustentasse ministérios subservientes e inexpressivos, e mantivesse alijados homens e partidos representativos da *opinião pública*.[208] A pretensão de libertar o "rei patriota" das facções resultara em um modelo inconstitucional de governo: "O poder discricionário da Coroa na formação do ministério, abusado por maus ou fracos homens, deu origem a um sistema que, sem violar a letra da lei, opera contra todo o espírito da constituição"[209]. Ao sugerir que a Constituição não era apenas *forma*, mas *espírito*, Burke estabelecia uma distinção entre *legalidade* e *legitimidade* que posicionava o conceito de *opinião pública* como novo referente interpretativo da Constituição britânica. Abandonava-se a interpretação constitucional clássica, identificada com um governo misto baseado na separação de poderes e no equilíbrio entre monarquia, aristocracia e democracia. Em seu lugar, entrava uma interpretação moderna da Constituição como um *governo parlamentar*, no qual aqueles três elementos passavam a ser concebidos principalmente como instituições – coroa, pares e comuns – cuja legitimidade dependia de sua capacidade de vocalizar a opinião pública.[210]

Nessa nova interpretação *whig* do governo representativo, era a Câmara dos Comuns quem saía beneficiada. Porque composta por deputados eleitos, ela (e não o príncipe, conforme sustentara Locke ao tratar da prerrogativa) se tornava a "imagem expressa dos sentimentos da nação".[211] Embora *legal*, o exercício da prerrogativa de livre nomeação e demissão dos ministros pela Coroa só seria legítimo - e, portanto, "verdadeiramente constitucional" - se envolvesse a escolha de homens sintonizados com a opinião pública. Ou seja: os "representantes da nação". Aqui também havia a marca da moderação: ao se contentarem com reformas políticas que fortalecessem o caráter

---

[208] LEE, Stephen M. "Parliament, parties and elections (1760-1815)". *In*: H. T. Dickinson (org.). *A Companion to Eighteenth Century England*. London, Blackwell Publishers, 2002, p. 75. ELOFSON, W. M. *The Rockingham connection and the second founding of the Whig Party, 1768-1773*. McGill--Queen's University Press, 1996, p. 3. BLACK. *George III*, op. cit., p. 368.

[209] BURKE. *Pre-revolutionary writings*, op. cit., p. 143.

[210] CRAIG, David. Burke and the Constitution. In: David Dwan & Christopher J. Insole. *The Cambridge Companion to Edmund Burke*. Cambridge University Press, 2012, p. 109. MANSFIELD. *Statesmanship and party government*, op. cit., p. 129.

[211] BURKE. *Pre-revolutionary writings*, op. cit., p. 160.

representativo do governo, os *whigs* defendiam a liberdade de expressão de radicais, sem se comprometerem com suas demandas por reformas constitucionais. Era o liberalismo modulado à esquerda.

Modulação conservadora: Burke e as *Reflexões sobre a Revolução na França* (1790). Quando uma nova geração começou a exigir a substituição do arranjo oligárquico por outro, mais "democrático", a doutrina *whig* de Burke modulou à direita no sentido de favorecer a autoridade. A gota d'água foi o sermão do pastor radical Richard Price denominado *Discurso sobre o amor da nossa pátria* (1789), no qual defendia que as bases do governo civil radicavam na completa liberdade religiosa, na livre escolha pela nação e no direito de resistir à tirania; que a monarquia era mera servidora do povo, por ele mantida e passível de responsabilização; que era preciso reduzir os privilégios da Igreja Anglicana e a desigualdade na representação parlamentar. Derivados do progresso das Luzes, os princípios de liberdade, igualdade e fraternidade da Revolução Francesa atualizavam e aperfeiçoavam aqueles da Gloriosa. Justificada pelo pastor com argumentos extraídos de Milton, Locke e Sidney, visões concorrentes e anteriores da natureza e da razão humanas eram condenadas como produtos da ignorância próprios do absolutismo e do catolicismo. Na conclusão, o pastor exortava o público para que o ajudasse a difundir os ideais revolucionários franceses. Todos os seres humanos racionais estavam moralmente comprometidos por laços de solidariedade internacional com todos os movimentos que tivessem por base os princípios da liberdade, da igualdade e da fraternidade. Por isso deveriam se opor às guerras contra a França revolucionária:

> Eu vivi para ver uma difusão do conhecimento, que minou a superstição e o erro. Vivi para ver os direitos dos homens mais bem compreendidos do que nunca; e nações ofegando por liberdade, depois de terem esquecido a ideia do que ela fosse. Vivi para ver trinta milhões de pessoas, indignadas e resolutas, rejeitando a escravidão e exigindo liberdade com uma voz irresistível; seu rei liderou em triunfo e um monarca arbitrário entregou-se a seus súditos. Depois de compartilhar os benefícios de uma Revolução, fui poupado para ser testemunha de duas outras Revoluções, ambas gloriosas. E agora, creio que o ardor pela liberdade está se espalhando e se espalhando; uma reforma geral começa nos assuntos humanos; o domínio dos reis substituído pelo domínio das leis e o domínio dos padres deu lugar ao domínio da razão e da consciência.[212]

[212] PRICE, Richard. *A discourse on the love of our country.* 2ª edição. London: T. Cadell, 1789, p. 18.

Diante de um igualitarismo abstrato que ameaçava subverter o mundo criado pelos velhos *whigs*, Burke voltou suas baterias em defesa da autoridade. Aqui também ecoava a lógica de Hume: "Deve-se reconhecer que a liberdade é a perfeição da sociedade civil; mas, mesmo assim, a autoridade deve ser considerada como essencial para sua própria existência; e nas disputas que tanto a corrente uma e outra, esta última pode, por isso, requerer a preferência".[213]

Em suas célebres *Reflexões sobre a Revolução na França* (1790), Burke condenou os princípios franceses como incompatíveis a Constituição da Grã-Bretanha. Refutando a tese radical de que o Antigo Regime fosse "despótico", ele afirmava que a França já possuía um Estado de direito baseado em sua antiga constituição feudal. Bastavam algumas reformas incrementais, que extinguissem os privilégios anacrônicos, estabelecessem um sistema representativo bicameral e garantissem de modo mais efetivo os direitos adquiridos. Uma vez que o respeito às fórmulas tradicionais preservava a institucionalidade e moderava a tendência anárquica da liberdade, as qualidades mestras do verdadeiro estadista eram duas: "Tentar conservar e procurar aprimorar". Ao invés de demolir tudo, o reformador aproveitava materiais preexistentes a fim de controlar os resultados: "Em todas as questões de Estado há um meio-termo. Não estamos restritos à alternativa de destruir completamente as instituições ou de deixá-las subsistir sem nenhuma reforma".[214] No entanto, Burke lamentava que, tendo podido seguir o espírito de transigência, gradualismo e compromisso próprio da prudência britânica, os franceses – mal inspirados por um Iluminismo radical, abstrato, universalista, sistemático e metafísico – preferissem uma política de tábua rasa que subvertia todos os direitos. No fundo, o autor das *Reflexões* combatia menos os princípios franceses em si do que o radicalismo de sua enunciação e a extensão desmedida, indiscriminada e generalizada de sua aplicação, proclamados sempre com solenidade e perseguidos com violência. Tudo isso lhe parecia contraditório com o propalado objetivo dos revolucionários, que era o de construir um Estado de direito:

> Em todas as mudanças do Estado, moderação é uma virtude não somente amável como poderosa. É uma virtude de disposição, arranjo, conciliação e

[213] HUME, David. *Ensaios políticos*, op. cit., p. 29-30.

[214] BURKE, Edmund. *Reflexões sobre a Revolução Francesa*. Tradução de Renato de Assunção Faria e outros. Brasília: UnB, 1997, p. 157.

> consolidação. Na formação de novas constituições, ela está em seu ambiente natural. Grandes poderes residem naqueles que podem fazer grandes mudanças. Sua própria moderação é seu único freio; e se essa virtude não prevalece em suas mentes, seus atos corresponderão mais ao seu desejo de poder do que à sua sabedoria ou benevolência. Tudo o que fizerem estará nos extremos; será cru, áspero e precipitado [...]. Essa moderação não é inimiga do zelo e do entusiasmo. Há espaço suficiente para eles; pois a restrição não é mais a restrição do princípio e a restrição da razão.[215]

Burke negava que a Revolução Francesa fosse uma versão atualizada da Gloriosa, aproximando-se antes da Grande Rebelião de 1642-1649. Seu motor ideológico havia sido também o *entusiasmo* descrito por Hume, ou seja, um resíduo religioso fanático, expresso na forma secularizada de um cosmopolitismo abstrato, descontextualizado de tempo e espaço, incompatível com a civilização moderna. Burke atribuía o radicalismo francês ao divórcio que lá se operara entre a nobiliarquia campestre, que era conservadora, e a burguesia urbana, que era radical. Na Grã-Bretanha, o harmonioso consórcio entre ambas, materializado em uma constituição mista, produzira o equilíbrio entre as dimensões qualitativa e quantitativa da representação e fornecera à marcha das instituições o seu caráter evolucionário. Na França, o esmagamento da nobreza e da Igreja durante o absolutismo eliminara da Assembleia Nacional os proprietários de terra, restando somente uma burguesia representada por advogados de província, de retórica demagógica, sofística e radical. O resultado era a ausência, no processo revolucionário francês, de qualquer espírito cavalheiresco; por toda a parte, preponderava a selvageria burguesa, carente da polidez característica da civilização.[216] Perto do fim de sua vida, ao recordar o grupo de homens com que estivera identificado na juventude, Burke reafirmaria sua fidelidade aos verdadeiros princípios *whigs* identificados com o moderado Iluminismo britânico:

> A liberdade que eles perseguiram foi uma liberdade inseparável da ordem, da virtude, da moral e da religião, e foi buscada sem hipocrisia nem fanatismo. Eles não desejavam que a Liberdade, em si mesma uma das maiores bênçãos,

[215] Idem. *Further reflections on the Revolution in France.* Editado por Daniel Ritchie. Indianapolis, Liberty Fund, 1992, p. 16-17.
[216] HAMPSHER-MONK. *British radicalism and the anti-jacobines*, op. cit., p. 99-101.

acabasse pervertida e se tornasse a maior maldição que poderia recair sobre a humanidade. Seu principal objetivo era preservar a constituição inteira, e praticamente igual a todos os grandes fins de sua formação, não em uma parte única, mas em todas as partes. Popularidade e poder, eles consideravam da mesma forma. Eram apenas diferentes meios de atingir esse objetivo; e em suas mentes não tinham preferência por um ou outro, encarando-os apenas como instrumentos para alcançar aquele fim.[217]

5. A consagração jurídica da interpretação moderna ou liberal da constituição da Grã-Bretanha

William Blackstone e os *Comentários às leis da Inglaterra*. A interpretação moderna ou moderada da Constituição da Grã-Bretanha, conforme os cânones do constitucionalismo histórico e do "whiguismo cético" de Hume, encontrou sua consagração jurídica nos *Comentários às leis da Inglaterra*, publicados por Sir William Blackstone (1723-1780). Jurista e professor da Universidade de Oxford, Blackstone pretendia dignificar o direito britânico como fonte de direito, assegurando sua preeminência e efetividade em relação ao direito comum continental que remetia à legislação e doutrina imperial romana: "Leis romanas e papais [...] não têm força ou autoridade neste reino; elas não têm mais força obrigatória na Inglaterra do que nossas leis teriam em Roma".[218] Mas Blackstone não se limitava a afirmar a autoridade do Estado nacional como fonte eminente do direito, a exemplo do que faziam juristas de outros países à mesma época. Ele também repudiava o autoritarismo do direito romano, produzido por "tiranos" como os imperadores e os papas. O direito que Blackstone celebrava não era bom somente por ser nacional, mas porque garantia a liberdade dos britânicos contra o arbítrio. Era um movimento que, estendido à hermenêutica jurídica, condenava os métodos de resolução de dúvidas na lei pela via da "interpretação autêntica", que consultava o próprio legislador. Herdada da tradição imperial romana, a "interpretação autêntica" aparecia, no contexto "oligárquico" da Inglaterra, identificada à opressão dos cidadãos promovida por um governo parcial. O único método racional de dirimir dúvidas era aquele recomendado pelo constitucionalismo histórico,

[217] BURKE. *Further Reflections on the Revolution in France*, op. cit., p. 287.

[218] BLACKSTONE, Sir William. *Commentaries on the Laws of England in Four Books.* Philadelphia: J.B. Lippincott Co, 1893, p. 32.

que levava o julgador a perscrutar "o espírito e a razão da lei" presentes nas intenções do legislador à época da produção da lei.[219]

Blackstone reconhecia a tradicional bipartição do ordenamento jurídico entre o direito escrito elaborado e posto em vigor pelo soberano (*statute law*) e o costumeiro, consagrado pela jurisprudência dos tribunais (*common law*). Mas, opondo-se aos juristas continentais que, perseguindo o "momento monárquico", conferiam primazia ao primeiro como fonte do direito, o jurista de Oxford privilegiava o segundo, que "recebia o poder vinculante e a força de lei em decorrência de um uso longo e imemorial, e por sua recepção universal pelo reino".[220] Raciocinando a partir do esquema desenhado por Locke no *Segundo tratado*, Blackstone entendia que o direito consuetudinário salvaguardado pelos precedentes judiciários era o que mais se aproximava do direito natural, fundamento último de legitimidade e efetividade da lei positiva: "O principal fim da sociedade é proteger indivíduos no gozo daqueles direitos absolutos que lhes foram conferidos pelas imutáveis leis da natureza, mas que não poderiam ser preservados em paz sem a assistência e intercâmbio mútuos, obtidos pela instituição de comunidades sociais e amigáveis. Daí se segue que o primeiro e primário fim das leis humanas é o de manter e regular estes direitos *absolutos* dos indivíduos".[221] Como Sir Edward Coke antes dele, Blackstone orgulhava-se do constitucionalismo histórico britânico, que lhe parecia adaptar as antigas tradições de liberdade aos novos tempos de modo natural: "A lei comum da Inglaterra tem se saído como outros edifícios veneráveis da antiguidade, que trabalhadores ávidos e experientes se aventuraram a vestir e refinar, com toda a gama de melhorias modernas".[222] Os documentos que compunham a "grande carta das liberdades" representada pela Constituição eram a Magna Carta, a Petição de Direitos, a Lei do *Habeas Corpus*, a Declaração de Direitos e o Decreto de Estabelecimento. A primazia do direito costumeiro consagrado pelos tribunais era apresentada por Blackstone como uma característica da Constituição da Grã-Bretanha, que, na medida em que assegurava a autonomia da sociedade e a liberdade dos cidadãos, tornava-a superior à de Roma, reputada o suprassumo da organização política pelos ultrapassados republicanos clássicos:

[219] Idem, ibidem., p. 57.
[220] Idem, ibidem, p. 60.
[221] Idem, ibidem, p. 95.
[222] Idem, ibidem, p. 30.

> O direito romano, tal como praticado no tempo de sua liberdade [i.e., da república], também dava grande importância ao costume, mas não tanto quanto o nosso próprio direito. Ele apenas lhe conferia eficácia diante da lacuna da lei [...]. No entanto, quando a tirania dos imperadores se estabeleceu, o direito costumeiro perdeu muito de seu valor [...]. Por essa razão, uma das marcas características da liberdade inglesa reside na dependência que o nosso direito apresenta em relação ao costume. O costume traz consigo esse elemento intrínseco de liberdade, que lhe foi provavelmente introduzido voluntariamente pela vontade do povo.[223]

A monarquia constitucional entre a tirania absolutista e a demagogia republicana. Restava o mais difícil: conciliar a doutrina do governo constitucional e representativo com a teoria da soberania. Reconhecendo à moda clássica a existência de três formas regulares de governo – a monarquia, a aristocracia e a democracia –, o autor dos *Comentários às leis da Inglaterra* acompanhava a opinião de antigos e modernos relativa à excelência da constituição mista. Na Inglaterra, explicava Blackstone, os elementos do governo misto estavam representados pelo rei, pelos lordes espirituais e temporais e pelos comuns. Embora reconhecesse que "em todos (*os governos*) existe e deve existir uma autoridade suprema, irresistível, absoluta, incontrolável, em que residam os *jura summi imperii*, ou os direitos de soberania", cujas ações "nenhum poder na terra pode desfazer", Blackstone afirmava que ela residia na reunião dos três elementos no Parlamento britânico. Em outras palavras, o poder soberano no contexto oligárquico do Estado de direito britânico era pensado em termos completamente diferentes do continental absolutista. Ao invés de uno e indivisível, ele era apresentado como repartido pelos três segmentos sociais. Cada qual ocupava um órgão ou poder distinto, mantidos em equilíbrio sistêmico por mecanismos de freios e contrapesos. A Constituição britânica também era reputada por Blackstone superior a todos os outros arranjos institucionais de seu tempo, porque garantia, além da paz social, a liberdade de todos os súditos:

> A ideia e a prática dessa liberdade política ou civil florescem em seu mais alto vigor em nossos reinos, onde só ficam aquém da perfeição e só podem ser perdidos ou destruídos pela insensatez ou demérito de seu dono: a legislatu-

[223] Idem, ibidem, p. 66.

> ra. As leis da Inglaterra são peculiarmente adaptadas para a preservação desta bênção inestimável, mesmo no assunto mais cruel. Tudo muito diferente das constituições modernas de outros Estados no continente europeu e do gênio da lei imperial, que em geral foram calculadas para conferir ao príncipe ou outros magnatas um poder arbitrário e despótico para controlarem os atos dos súditos. O espírito de liberdade está implantado tão profundamente em nossa constituição e enraizado em nosso solo, que um escravo ou um negro, a partir do momento em que alcança a Inglaterra, recai sob a proteção de suas leis e se torna um homem livre, gozando de todos os direitos naturais.[224]

O caráter moderado da interpretação jurídica da Constituição britânica se manifestava em dois aspectos. O primeiro passava pela afirmação de que o exercício da soberania não cabia ao povo, mas ao órgão aristocrático/oligárquico que o representava: o Parlamento. Blackstone rejeitava a parte revolucionária da teoria de Locke, segundo a qual o povo podia remover ou modificar o governo sempre que julgasse violada a confiança nele depositada. Admissível em um contexto de "revolução oligárquica", a ideia de uma dissolução do governo se tornava inaceitável em um "momento oligárquico" voltado para a consolidação das instituições: "Enquanto durar a Constituição Inglesa, poderemos arriscar a afirmar que o poder do Parlamento é absoluto e sem controle".[225] Carecendo a Constituição de quem a protegesse e a mantivesse, eram os parlamentares que figuravam como "os guardiões da Constituição Inglesa".[226] As preferências oligárquicas de Blackstone, que o inclinavam à supremacia parlamentar, se manifestavam noutros pontos. Ele lembrava que o princípio da hereditariedade monárquica não implicava automaticamente o direito ao trono pelo herdeiro. Ele sancionava, por conseguinte, o direito que tinha o Parlamento de alterar a ordem de sucessão ao trono, exercido no curso da Revolução Gloriosa. Blackstone reconhecia, igualmente, a possibilidade de que um rei, usurpador ou conquistador, legitimasse o seu poder ao longo do tempo, o que na prática importava na defesa *whig* da dinastia de Hannover contra as pretensões dos Stuart (os "jacobitas"). Nem por isso ele justificava a execução de Carlos I, deplorando a instabilidade e a desordem do interregno republicano. Entre o potencial

[224] Idem, ibidem, p. 96.

[225] Idem, ibidem, p. 115-116.

[226] Idem, ibidem, p. 29.

anárquico de um magistrado eleito pelo povo e o potencial tirânico de um rei absoluto, Blackstone defendia o meio-termo representado pela monarquia constitucional, que aliava as liberdades dos súditos à hereditariedade do trono: "Esta união formará uma constituição que será em teoria a mais bela de todas, na prática a mais aprovada pela experiência, e assim espero, a mais longeva na sua duração".[227]

A prerrogativa régia: uma razão de Estado constitucionalizada. Quanto ao exercício da prerrogativa por parte do príncipe, o jurista de Oxford abraçava a doutrina de Locke. Havia *as prerrogativas ordinárias*, que eram as atribuições constitucionais do Executivo, e *as extraordinárias*, definidas como o poder discricionário de agir em prol do bem público na omissão da lei. No exercício das primeiras, o rei deveria ser considerado absoluto, não havendo quem pudesse resistir à sua vontade. Ele podia rejeitar leis, celebrar contratos, emitir moeda, criar pares do reino, perdoar crimes, salvo os limites e exceções estabelecidos pela Constituição. Quanto às atribuições extraordinárias da prerrogativa, o seu exercício era necessário sempre que os contratos ou a sociedade se achassem em perigo e a lei se revelasse fraca contra a violência, a fraude e a opressão. Embora limitada a fins legítimos, o autor dos *Comentários às leis da Inglaterra* reconhecia que o exercício da razão de Estado deveria ficar nas mãos do príncipe, ainda que sujeito aos limites constitucionais. Esse modo de encarar o exercício do poder discricionário distava tanto das doutrinas tirânicas do absolutismoquanto das doutrinas anárquicas do republicanismo, repelidas em nome do equilíbrio que fazia da monarquia constitucional, enquanto governo misto, o único regime capaz de proporcionar liberdade dentro da ordem. O exercício da razão de Estado recebia assim enquadramento constitucional, podendo ser exercido pelo príncipe em circunstâncias imprevistas e extraordinárias em prol da coletividade ameaçada. Blackstone concluía suas reflexões, reafirmando sua crença na moderação como a chave das instituições britânicas:

> A inobservância dessa óbvia distinção entre as duas espécies de prerrogativa – a ordinária e a extraordinária – tornou a doutrina mal compreendida e objeto de exploração pelos defensores da tirania, de um lado, e pelos facciosos da demagogia, de outro. Os primeiros, advogados da soberania absoluta e do domínio

[227] Idem, ibidem, p. 148.

transcendente da coroa, negaram a influência das limitações opostas pelas leis positivas. Deixaram de reconhecer que, segundo o nosso direito, a prerrogativa assim compreendida é um remédio inusual, cujo emprego apenas circunstâncias extraordinárias podem justificar. Por outro lado, com seu excesso de zelo e a percepção do absurdo da doutrina da obediência passiva ilimitada, os republicanos recaíram (às vezes facciosamente) no extremo oposto, sustentando a possibilidade de constante resistência ao príncipe sempre que se acreditassem diante de medidas ilegítimas. Semelhante doutrina é produtora de anarquia, sendo tão perniciosa para a liberdade civil quanto a própria tirania. Pois a liberdade civil bem entendida consiste em proteger os direitos dos indivíduos pela força unida da sociedade, cuja existência depende da obediência a algum poder soberano capaz de mantê-la. A obediência seria um nome vazio, se o indivíduo pudesse decidir até que ponto ele deveria ou não obedecer.[228]

Conclusão

O segundo capítulo foi dedicado a compreender a construção intelectual do Estado de direito na Inglaterra. A emergência de um Estado assentado antes na satisfação das necessidades dos súditos do que de salvação de suas almas criou um problema de legitimidade para a monarquia absoluta. A doutrina do direito divino tornava-se ineficaz diante da secularização da política que, na Inglaterra seiscentista, era acelerada pelas concepções teológicas mais "democráticas" introduzidas pela Reforma. Na segunda década do século XVII começou uma "revolução oligárquica" promovida por uma elite de aristocratas e comerciantes, eventualmente coligados com setores subalternos, marcada pela contestação ao absolutismo e à política da razão de Estado em nome da liberdade. Os intelectuais da "revolução oligárquica" refutavam a antropologia negativa da razão de Estado, alegando que o homem não era tão ignorante, decaído ou incorrigível quanto se supunha; que, dotado de razão natural, ele era passível de aperfeiçoamento pelo mérito, pelo trabalho ou pela virtude; e que, quando atingissem esse ponto de esclarecimento, podiam dispensar a tutela do governo. Surgiu uma teoria imanente do poder, fundada sobre o direito subjetivo dos membros da sociedade, à antiga moda republicana ou à liberal.[229] Passou-se a acreditar na

[228] Idem, ibidem, p. 168-169.

[229] GAUCHET. *L'avènement de la démocratie. Tome I: la révolution moderne*, op. cit., p. 4.

existência de um pacto social, verdadeiro ou imaginário, que regularia os deveres e direitos recíprocos entre povo e governo, condicionando a obediência a certas condições. Os reis deixavam de ser vistos como sagrados para serem reconhecidos como homens de carne e osso, que deviam prestar contas à nação. Os teóricos da "revolução oligárquica" reverteram contra os absolutistas suas próprias doutrinas, opondo a *soberania do povo* àquela do príncipe e, à razão de Estado, *o direito de resistência*, pensado como um recurso excepcional de "apelo aos céus".

Várias correntes intelectuais ou ideologias perseguiram durante a "revolução oligárquica" a substituição do Estado absolutista ou "monárquico" puro, concebendo diferentes modelos de um Estado de direito. A primeira delas foi a do constitucionalismo histórico, que sustentava a existência de uma antiga constituição feudal que teria conferido aos ingleses direitos irrevogáveis e imposto ao monarca a obrigação de governar com a representação da aristocracia e do povo no Parlamento. Baniam o exercício discricionário do poder, pela criação de um sistema de "legalidade" cerrada, insuscetível de ser dobrada pelas circunstâncias. A resistência do absolutismo e dos argumentos de razão de Estado levou, porém, à radicalização do constitucionalismo, na forma de uma doutrina da supremacia do Parlamento. A derrota da monarquia e a revolução subsequente encontraram um paradeiro na ditadura de Cromwell, justificada por uma teoria cesarista do poder.

O interregno obrigou o novo regime a justificar a derrubada da monarquia, tarefa a que se dedicou a primeira geração de republicanos ingleses. Embebida do humanismo renascentista, a maioria deles sonhava com uma ordem política inspirada na antiga república romana, baseada na virtude cívica de uma aristocracia de proprietários educados que soubessem ser senadores nos tempos de paz e chefes militares em tempos de guerra. Embora seus ideais não tenham vingado, e a república tenha morrido junto com seu ditador, prosseguiu a "revolução oligárquica" ao longo dos reinados subsequentes. Emergiu então, na década de 1680, uma ideologia jusnaturalista de fundamento contratualista que justificaria, em linguagem abstrata e universalista, o direito que tinha o povo de resistir à tirania contra um governo que pretendesse violar seus direitos naturais à vida e à propriedade, e que encontrou em Locke seu intérprete mais abalizado. Seu tratado reuniu de modo harmonioso, em um único sistema de explicação, vários dos elementos das diversas linguagens da época, refletindo o sincretismo da produção intelectual. Mas, ao contrário de seus antecessores, Locke soube resolver o problema do exercício do poder discricionário pelo príncipe, enquadrando o exercício da prerrogativa dentro de limites constitucionais. Ele argumentava que, entre a abstração e a generalidade do tipo normativo, de um lado, e a realidade imprevisível da ação humana, de outro, seria preciso em determinados casos deixar margem ao poder discricionário do governante. Bastava tornar seus agentes responsáveis perante o Parlamento para impedir que recaíssem no arbítrio.

A Revolução Gloriosa consumou a "revolução oligárquica" inglesa e serviu de marco para o estabelecimento de um longo "momento oligárquico" plasmado em uma monarquia constitucional respeitadora dos direitos civis, em particular o de propriedade. Ele coincidiu com a expansão do Estado britânico e de uma política que daria origem ao maior império de todos os tempos. Na condição de principal potência europeia e centro do capitalismo, a Grã-Bretanha encontrou condições especialíssimas para a construção de seu Estado de direito oligárquico e, depois democrático, marcado por uma estabilidade parlamentar e por um otimismo intelectual que os demais países, concorrentes ou por ela avassalados, não puderam gozar. A contradição entre a necessidade de expansão do Estado salientada pelos absolutistas e a demanda por representação política por parte dos constitucionalistas foi resolvida pela síntese representada pelo Estado de direito. O crescimento da administração passou a ser tolerado pelos contribuintes, desde que o governo também contemplasse seus interesses. Na medida em que os britânicos puderam pensar a sociedade como um organismo autônomo, que se desenvolvia e se aperfeiçoava a partir do comércio e dos costumes, o reformismo adquiriu contornos moderados.

Enquanto a oposição *tory* se prendia ao repertório do humanismo renascentista, a situação *whig* buscava adaptá-lo às exigências de uma sociedade comercial. A linguagem do *liberalismo* começou a ser talhada por aqueles "modernos", menos como uma ideologia oligárquica alternativa, do que como consequência dos esforços de adaptar, atualizar ou reconfigurar um republicanismo ´percebido como anacrônico em face das demandas de um capitalismo em ascensão. Em contraste com as linguagens oposicionistas da "revolução oligárquica", que exaltavam a *liberdade dos cidadãos*, o bloco *whig* alinhado com Walpole elaborou as bases de um *liberalismo situacionista* que, para enfatizar a importância da *autoridade governamental* como fiador da Constituição, recuperou e adaptou certas categorias do "momento oligárquico", como a do *segredo de Estado*, para justificar a falta de publicidade para as decisões diplomáticas, e a da *razão de Estado*, a fim de empregá-la em caso de guerra ou motim. Não ficou de fora o olhar demofóbico que justificava a circunscrição dos limites legítimos da atividade política ao governo e ao Parlamento, desqualificando as manifestações oposicionistas como expressão inequívoca da tolice e da inconstância do povo.

A revolução financeira, transformando os valores da sociedade, levaria a uma disputa sobre a natureza da Constituição. Os *tories* que mobilizavam a linguagem do republicanismo clássico condenaram os partidos emergentes e as mudanças empreendidas pelos *whigs*, exortando a mocidade aristocrática a colocar sua ambição de glória a serviço da pátria. Como último recurso, apelaram para o próprio príncipe para que agisse como um rei patriota. Ele deveria intervir na política por meio de um golpe constitucional, a fim de interromper a decadência dos costumes e restabelecer um governo modelar em matéria de sabedoria, austeridade e virtude. Da ação do príncipe esperava-se o remédio aos males que atormentavam a comunidade política e pareciam incuráveis pelas vias ordinárias.[230] Tal interpretação clássica da Constituição da Grã-Bretanha desenvolvida pelos *tories* republicanos foi enfrentada pelos intelectuais que apoiavam o novo estado de coisas criados pela oligarquia *whig*, cujo consórcio aristocrático-burguês patrocinava a emergência da sociedade comercial. Os *whigs* apostaram na sensação de ineditismo dos tempos. Emergia uma nova temporalidade histórica como progresso, que levava a civilização a patamares superiores àqueles gozados no curso da Antiguidade clássica, e que vinha servindo de norte à Europa desde o Renascimento. O Iluminismo britânico proclamava o mundo novo da sociedade civil historicamente orientada. Ao transformar o republicanismo clássico conforme as novas exigências da sociedade comercial, ele deu origem a uma nova ideologia política: a do liberalismo. À expansão do horizonte de expectativas, que explicava e apoiava as transformações operadas pelo arranque capitalista, somou-se, no argumento da nova ciência política *whig*, o elogio à singularidade da Constituição da Grã-Bretanha, apontada como a única do mundo capaz de conjugar ordem e liberdade.

[230] GOLDIE, Mark. *The English system of liberty*, op. cit., p. 73.

A rejeição à abstração como ferramenta da política afastou o constitucionalismo britânico do direito público continental. Aqui também vigorava uma lógica "oligárquica" que percebia o direito consuetudinário como um produto orgânico e espontâneo da sociedade civil, que assegurava a liberdade britânica contra o direito produzido pelo soberano. A Constituição da Grã-Bretanha passava a ser apresentada por isso como superior a todas as que já haviam existido, inclusive a da antiga Roma. O consenso quanto ao fundamento histórico do poder dispensava o recurso ao conceito de soberania una e indivisível que ocupava cada vez mais espaço na França. Na Grã-Bretanha, foi o *modus operandi* empírico das instituições herdadas do passado que orientou as interpretações acerca da natureza e do lugar do poder público. Na melhor das hipóteses, o conceito de soberania era pensado como *soberania parlamentar*, que mantinha o ideal fragmentário da constituição mista por detrás da fachada da unidade soberana, identificado com a representação da opinião pública de uma sociedade moderna e plural. Articulado como produto da dialética entre tradição e modernidade, o ideal de progresso lento e seguro nutrido pelo "whiguismo cético" de Hume e Burke acabou plasmado na famosa metáfora da Constituição da Inglaterra deixada por Blackstone:

> Herdamos um velho castelo gótico, erigido na época da cavalaria, mas condicionado para um habitante moderno. Os muros rodeados de fossos, as torres arredondadas e as salas de troféus são magníficas e veneráveis, mas inúteis. Os apartamentos inferiores, agora convertidos em habitações úteis, são alegres e cômodos, embora os arredores sejam sinuosos e difíceis.[231]

[231] STORING, Herbert. "William Blackstone (1723-1780)". *In*: Leo Strauss & Joseph Cropsey. *Historia de la filosofía política*. México: Fondo de Cultura Económica, 1996, p. 594.

Capítulo 3

A CONSTRUÇÃO INTELECTUAL DO ESTADO DE DIREITO NA FRANÇA (1): CONSTITUIÇÃO, GOVERNO MISTO E REPUBLICANISMO SOB O ANTIGO REGIME (1720-1791)

1. EMERGÊNCIA DA SOCIEDADE, CONTESTAÇÃO E "REVOLUÇÃO OLIGÁRQUICA" NA FRANÇA SETECENTISTA

Por volta do século XVI, a política francesa encontrava-se mergulhada na mais profunda anarquia. A nobreza protestante exigia a reunião dos Estados-Gerais para obrigar a realeza a moderar suas ações. A reivindicação foi renovada por republicanos clássicos (lá chamados "monarcômacos") como Théodore de Bèze (1519-1605), que apresentava a aristocracia como defensora das liberdades populares contra o rei em panfletos como *Direito dos magistrados sobre os súditos* [1574]; *Despertem amanhã, franceses* [1575]; *Revanche contra os tiranos* [1577]. No mesmo período surgiram na França os constitucionalistas históricos que, como na Inglaterra, reivindicaram a revitalização de uma antiga constituição imemorial de caráter misto e origem germânica, destinada a enquadrar a monarquia e preservar os privilégios da aristocracia. O mais notório representante dessa corrente foi François Hotman (1524-1590), que em *Franco-Gália* [1574] descrevia a França como uma monarquia limitada por assembleias de nobres e plebeus. A despeito de suas diferenças, as obras de Bèze e de Hotman compartilhavam a tese de centralidade política dos Estados-Gerais (que poderiam eleger e destituir reis) e a da legitimidade da resistência ao tirano. A doutrina da razão de Estado, empregada para justificar o massacre de São Bartolomeu e o assassinato do duque de Guise, seria condenada por Innocent Gentillet (1535-1588) no seu *Anti-Maquiavel* [1576]. Mas o discurso republicano da aristocracia não foi privilégio dos protestantes. Ele também foi apropriado pelos ultracatólicos, em um segundo momento das guerras religiosas.[232]

---

[232] SKINNER. *Os fundamentos do pensamento político moderno*, op. cit., p. 533. LADURIE. *L'État Royal*, op. cit., p. 23-24; 298 e 314-315. GOULART, Alexandre Beraldo. *História e resistência: o*

O restabelecimento da paz por Henrique IV não foi o ponto de parada do processo de engrandecimento do Estado francês, mas a pausa de que ele necessitava para prosseguir. A "revolução monárquica" foi levada adiante por Richelieu e Mazarino e, com ela, o alargamento da base tributária destinada a sustentar os encargos do Estado e o combate à independência da nobreza territorial, dos tribunais aristocráticos e do papado. Diante da desconsideração da Coroa pelos grandes colegiados aristocráticos da "antiga Constituição da França", a nobreza de espada e de toga promoveu durante a menoridade de Luís XIV a rebelião que passou à história com o nome de Fronda. Enquanto a *nobreza de espada* formada pelos antigos senhores feudais combatia pelas armas, a *nobreza de toga* – que ocupava os cargos hereditários de magistrados – insistia no suposto direito de seus tribunais de controlar a legalidade dos atos da realeza. Embora contemporânea da guerra civil inglesa, a Fronda teve o desfecho inverso. Enquanto Carlos I era condenado à morte na Londres republicana, Luís XIV (1643-1715) derrotou os insurretos, submeteu a nobreza e erigiu uma igreja nacional de base *regalista* ou *galicana*. A consequência foi a hegemonia ideológica do absolutismo e das doutrinas da razão de Estado ao longo do "momento monárquico" francês. A paz interna permitiu os progressos responsáveis pelo crescimento econômico, pela monetização da economia, pela formação de uma burocracia mais moderna, pela melhoria do padrão geral de vida e dos níveis de alfabetização e urbanização.[233] Mas, haja vista que a monarquia não eliminara a autonomia relativa das estruturas corporativas, a defesa de seus privilégios serviu de senha para o renascimento do republicanismo clássico e do constitucionalismo histórico no início do século XVIII. O absolutismo, a razão de Estado e o mercantilismo foram novamente denunciados como incompatíveis com as *leis fundamentais* ou a *antiga constituição do reino*, e acusados de atravancar o florescimento da sociedade comercial.[234]

---

pensamento político de François Hotman e Théodore de Bèze. Dissertação de mestrado defendida no Programa de Pós-Graduação em Ciência Política do Instituto de Estudos Sociais e Políticos da Universidade do Estado do Rio de Janeiro (IESP-UERJ). Rio de Janeiro: IESP-UERJ, 2017, p. 23-24.

[233] LADURIE. *L'Ancién Régime. Volume II*, op. cit., p. 113-119.

[234] JARDIN, André. *Historia del liberalismo político: de la crisis del absolutismo a la Constitución de 1875*. 2ª ed., México: Fondo de Cultura Económica, 1998, p. 17. SENELLART. *Machiavélisme et raison d'État*, op. cit., p. 84-96. DOYLE. *Absolute monarchy*, op. cit., p. 54.

Como na Inglaterra, as mudanças proporcionadas pelo Estado absoluto desencadearam o surgimento de uma sociedade civil que, reivindicando sua legitimidade política, demandava canais para vocalizar seus interesses. Se a "revolução oligárquica" inglesa apostara no Parlamento, o desaparecimento dos antigos Estados-Gerais na França levou os insatisfeitos a apostar nos tribunais aristocráticos, lá denominados *parlements*. Entretanto, diversamente do que se passara do outro lado do canal da Mancha, o desenvolvimento ideológico da "revolução oligárquica" na França foi afetado pela emergência de uma "consciência histórica" que, ao invés de perceber o passado como fonte de revitalização e liberdade, nele não enxergava nada além de ignorância e obscurantismo. O grande marco dessa viragem havia sido a famosa *querela entre antigos e modernos*, equivalente francês da "batalha dos livros". A diferença residiu no fato de que, na Inglaterra, ela tivera lugar depois de consumada sua "revolução oligárquica", ao passo que, na França, ela ocorria no apogeu do "momento monárquico". Embora não recusassem a herança da Antiguidade, os modernos franceses afirmavam sua superioridade em matéria de conhecimentos, rigor de raciocínio e busca objetiva pela verdade, rompendo com a concepção cíclica e polibiana de história e afirmando o valor criador do tempo. A monarquia foi perdendo a capacidade de monopolizar os espaços deliberativos e decisórios de poder. Importado da Inglaterra *whig*, o conceito de *opinião pública* passou a designar o tribunal para o qual os contendores públicos deveriam apelar. O fenômeno sugeria que outro conceito, o de soberania, começava a deslizar da esfera secreta do monarca para a pública da nação. Por volta de 1750, graças à filosofia das Luzes, a nova sociedade organizada em salões literários, clubes públicos ou na maçonaria já reelaborava os fundamentos religiosos e históricos de sua "revolução oligárquica". Abraçado pela nobreza togada, o *constitucionalismo histórico* enfatizava uma concepção judiciarista da política, ao passo que, desenvolvido pelos fisiocratas, o *absolutismo ilustrado* traduzia uma concepção administrativa. O *republicanismo radical*, por fim, preferido pela burguesia, sublinhava uma concepção voluntarista que aliava antigos elementos clássicos a outros, novos, fornecidos pelo jusnaturalismo contratualista.[235]

[235] BAKER, Keith Michael (1990). *Inventing the French Revolution: essays on French political culture in the eighteenth century*. Cambridge University Press, p. 25 e 170-171. FURET, François. *Oficina da história*. Lisboa: Editora Gradiva, 1990, p. 195.

2. Ideologias da revolução oligárquica francesa: o constitucionalismo histórico, o constitucionalismo anglófilo, o absolutismo ilustrado e o republicanismo radical

Ideologias da "revolução oligárquica" francesa (1): Montesquieu e o constitucionalismo histórico da aristocracia "germanista". Até meados do século XVIII, a legitimidade das instituições da França era debatida em termos de sua maior ou menor antiguidade na formação histórica do reino, esforçando-se nobreza e monarquia por competir nesse campo. Preceptor do duque de Borgonha, herdeiro do trono, o arcebispo François Fénelon (1651-1715) foi o primeiro a fazer a crítica, ainda velada, do absolutismo de Luís XIV em suas *Aventuras de Telêmaco* [1699]. Nele, Fénelon pregava que a realeza existia apenas para o bem dos súditos e devia resistir às adulações de seus conselheiros; que o reino possuía uma antiga constituição aperfeiçoada no período *gótico*, segundo a qual o rei governava com o consentimento das três ordens do reino; que o príncipe deveria parar de intrometer-se em tudo e sustentar a liberdade de comércio; que assembleias dos três estados ou ordens (nobreza, clero e povo) deveriam fiscalizar as finanças, autorizar novos tributos e encaminhar ao rei queixas contra a administração e os senhores de terra. Já outro crítico do absolutismo, o conde Henri de Boulainvilliers (1658-1722), atacava frontalmente a obra de Bossuet na sua *História do antigo governo da França* [1727], por ele qualificada como "um dos testemunhos mais vergonhosos da indignidade do nosso século e da corrupção dos costumes". Boulainvilliers era um dos chefes da escola "germanista", defensor da tese nobiliárquica segundo a qual a legitimidade dos privilégios aristocráticos radicava nos direitos de conquista da Gália pelos francos, tribo de quem a nobreza francesa descenderia. Diferentemente de Fénelon, o constitucionalismo histórico do conde não entronizava os Estados-Gerais como epicentro da antiga monarquia, mas apenas os tribunais aristocráticos – os *parlements*. Na condição de depositários das leis, eles deveriam devolver ao rei todos os atos normativos que julgassem incompatíveis com a "antiga constituição", através de reprimendas (*remontrances*).[236] O advogado e polemista Louis Adrien Le Paige (1712-1808) se

[236] PHILONENKO, Alexis. "Fénelon, François de Salignac de la Mothe, 1651-1715. Telêmaco". *In*: François Châtelet, Olivier Duhamel & Evelyne Pysier (ed.). *Dicionário de obras políticas*. Traduzido por Glória de C. Lins e Manoel Ferreira Paulino. Rio de Janeiro: Civilização Brasileira,

tornaria célebre na década de 1750 por suas *Cartas históricas sobre as funções essenciais do* Parlement, *sobre os direitos dos pares e sobre as leis fundamentais do reino* [1754]. Para Le Paige, os tribunais aristocráticos teriam por função "se opor, como uma muralha de bronze, a tudo que possa reduzir as tradições e leis que constituem a segurança comum do príncipe e dos povos".[237]

Expressiva de uma nova consciência da temporalidade histórica, a ideia de progresso começou a remodelar a partir da década de 1720 o padrão da discussão sobre a constituição legítima do país. Debatia-se agora também a questão da conveniência ou utilidade das antigas instituições em uma sociedade moderna. O autor que melhor reconfigurou as antigas teses nobiliárquicas dos germanistas para o contexto iluminista, no campo do constitucionalismo histórico, foi o aristocrata e magistrado Charles-Louis de Secondat, barão de la Brède e de Montesquieu (1689-1755), que chegou a presidente do *Parlement* de Bordéus. Em *Do espírito das leis* [1748], Montesquieu desenvolveu uma interpretação liberal, aristocrática e moderada da antiga constituição, baseada na ideia-força de *moderação institucional*. Se, de um lado, ele se aproximava dos diagnósticos de Hume relativos ao advento da sociedade comercial e da necessidade de um liberalismo moderado, de outro, o barão acercava-se de Bolingbroke, com suas críticas à corrupção e à defesa da separação de poderes. A partir de uma engenhosa combinação que equilibrava antigos e modernos, Montesquieu estabeleceu uma tipologia das formas de governo que, demonstrando o anacronismo do ideal republicano e a impropriedade do despotismo, concluía pela defesa da monarquia moderada como o único regime permeável aos diversos interesses sociais. No caso da França, essa monarquia era aquela herdada do período feudal, com suas atribuições e limites estabelecidos pela "antiga constituição do reino", devidamente adaptada aos tempos modernos.[238] Montesquieu percebia

1993, p. 185-187. ASSOUN, Paul-Laurent. Boulainvilliers, Henri de, 1658-1711. "Cartas sobre os parlamentos". *In*: François Châtelet, Olivier Duhamel & Evelyne Pysier (ed.). *Dicionário de obras políticas.* Traduzido por Glória de C. Lins e Manoel Ferreira Paulino. Rio de Janeiro: Civilização Brasileira, 1993, p. 341-346. PRÉLOT, Marcel. *Histoire des idées politiques.* Paris, Dalloz, 1959, p. 370-372 e 359-368. FURET, François. "Feudalidade". *In*: François Furet e Mona Ozouf. *Dicionário crítico da Revolução Francesa.* Tradução de Henrique de Araújo Mesquita. 1ª edição. Rio de Janeiro: Nova Fronteira, 1989, p. 365. CARCASSONNE, Ély. *Montesquieu et le problème de la Constitution Française au XVIIIe siècle.* Genève: Slatkine Reprints, 1978, p. 9-27.

237 BAKER, *Inventing the French Revolution*, op. cit., p. 36-37.

238 TOMASELLI, Sylvana. "The spirit of nations". *In*: Mark Goldie & Robert Wokler (editores). *The Cambridge History of Eighteenth-Century Political Thought.* Cambridge University Press, 2008, p. 35.

em curso um desenvolvimento econômico que secularizava a sociedade, polia os costumes e afrouxava o culto das antigas virtudes cívicas. Por isso, ele já concebia a história como um processo de civilização caracterizado pela gênese e evolução da sociedade civil em etapas sucessivas: povos selvagens dedicavam-se à caça; os bárbaros, à agricultura; e os civilizados, ao comércio.[239]

Diversamente de absolutistas como Bodin, para os quais a paz social dependia da repressão das paixões por uma autoridade forte, a antropologia iluminista de Montesquieu acreditava que instituições adequadas poderiam canalizá-las em benefício do Estado: "Repetirei sempre: é a moderação que governa os homens, e não os excessos". A inteligibilidade do mundo social não mais dependia de uma história mestra da vida, mas de uma sociologia comparada baseada na análise causal dos elementos ou circunstâncias que o regulavam. Ele já não acreditava na utilidade de extrair normas de conduta somente da leitura de clássicos como Tácito ou do proveito de uma política de poder semelhante à do império romano. Tudo isso lhe parecia tão caduco quanto as artimanhas da razão de Estado consagradas por Richelieu. A prosperidade da Europa dependia do aumento do comércio internacional que, por sua vez, exigia um sistema de confiança recíproca entre as nações: "Começamos a nos curar do maquiavelismo e curar-nos-emos todos os dias. Faz-se necessária mais moderação nos conselhos. O que outrora chamaríamos de golpes de Estado, não passaria, atualmente, de imprudência, independentemente do horror".[240] Sua ojeriza às doutrinas da razão de Estado se estendia ao conceito de soberania: "Um homem que aspira à soberania procura menos o que é útil ao Estado do que o que é útil à sua causa".[241] A monarquia absoluta celebrada por Bossuet não passava de *despotismo*, regime arbitrário baseado no medo do déspota, em torno do qual tudo era "vazio" porque não havia sociedade estruturada que se lhe pudesse contrapor. Os Estados despóticos não dispunham de instituições. Possuíam uma estática social rígida e rudimentar, insuscetível ao câmbio e à complexidade. O despotismo tratava o homem como um animal, consagrando leis incompatíveis

---

[239] SPECTOR, Cèline. *Montesquieu: liberté, droit et histoire.* Paris: Michalon Éditions, 2010, p. 228. MORILHAT, Claude. *Montesquieu: politique et richesses.* Paris: PUF, 1996, p. 64.

[240] MONTESQUIEU, Charles-Louis de Secondat, Barão de la Brède et de. *Do espírito das leis.* Introdução e notas de Gonzague Truc. Tradução de Fernando Henrique Cardoso e Leôncio Martins Rodrigues. São Paulo: Abril Cultural, 1979, p. 309-310.

[241] Idem, ibidem, p. 78.

com a civilização. Montesquieu não poupava institutos republicanos como a ditadura e a censura, remédios que lhe pareciam terríveis e ineficazes para a preservação da liberdade.[242] A crescente complexidade socioeconômica também inviabilizava a pretensão de restaurar governos da Antiguidade ou de promover reformas pela força.

A moderação era assim para Montesquieu a virtude magna do estadista: "Eu o digo, e parece-me que só faço esta obra para prová-lo: o espírito de moderação deve ser o do legislador. O bem político, como o bem moral, encontra-se sempre entre dois limites".[243] O principal objetivo de *Do espírito das leis* passava justamente por identificar as condições da liberdade política e civil e esclarecer o legislador sobre as normas que convinham a homens de sociedades marcadas por grande diversidade de circunstâncias. Montesquieu estava interessado em *governos moderados* cujas instituições admitissem certo grau de pluralismo e de liberdade aos cidadãos. Haveria dois tipos de governos moderados: a república, que podia ser democrática ou aristocrática, e a monarquia. Eram governos de leis, orientados por constituições que lhes asseguravam estabilidade. Cada qual tinha o seu princípio. Repúblicas democráticas como a antiga Esparta dependiam da virtude cívica de seus cidadãos; ao passo que as aristocráticas, como Veneza, dependiam da temperança da nobreza para sobreviver.[244] Embora admirasse o ideal republicano de uma sociedade fundada na virtude, na liberdade e na frugalidade, tendo mesmo escrito um livro para compreender as causas da grandeza e da decadência de Roma, Montesquieu não acreditava haver mais espaço para semelhante governo. As repúblicas democráticas só medravam em comunidades pequenas, de forte estruturação hierárquica, nas quais a pobreza e a guerra impediam o florescimento do comércio e do luxo. Eram por isso governos antieconômicos e anacrônicos, de difícil implantação e manutenção. O fracasso de Milton, Harrington e Sidney na Inglaterra e a dificuldade de repúblicas aristocráticas como Veneza para subsistirem reforçavam as convicções de Montesquieu sobre sua decadência. O único regime compatível com o mundo moderno parecia a monarquia constitucional que, sustentada pela honra de seus habitantes, amantes

[242] Idem, ibidem, p. 34.
[243] Idem, ibidem, p. 461
[244] Idem, ibidem, p. 73.

das hierarquias, dispensava o moralismo das virtudes para se satisfazer com o respeito às leis.[245]

Na monarquia constitucional, tudo estava de acordo com a "voz da natureza": a maior complexidade da estrutura política, a autonomia das corporações frente ao Estado, a compatibilidade das liberdades e privilégios com o progresso econômico e o das Luzes, e um Judiciário como moderador dos conflitos. No caso específico da constituição da França, Montesquieu atualizava o constitucionalismo histórico da "tese nobiliárquica": a monarquia francesa surgira das invasões germânicas durante a alta Idade Média e, acompanhando os hábitos instituídos pelos francos, estabelecera um governo contrabalançado por *poderes intermediários* como a nobreza, a Igreja e outras corporações. Montesquieu estava menos interessado em criar uma constituição nova do que em revitalizar a antiga que Richelieu e Luís XIV haviam minado. Ele concordava com Boulainvilliers quando afirmava que a história da França amparava a antiguidade dos direitos da nobreza e a limitação do poderio monárquico. Reconceitualizado à luz da razão, o constitucionalismo histórico era alçado à categoria de um universal: obra-prima do regime misto, a monarquia gótica era "o melhor governo que os homens puderam imaginar".[246] Em conclusão, Montesquieu sustentava que a França possuía sim uma constituição formada por leis fundamentais, cuja perturbação pelas pretensões régias ao despotismo justificava as limitações opostas pelos aristocratas togados dos tribunais. O funcionamento da monarquia era impensável sem os referidos *parlements*, agências judiciárias encarregadas de velar pela constitucionalidade dos atos governamentais e servir-lhe de freio à tendência arbitrária. Na monarquia temperada, o rei acumulava os poderes Executivo e Legislativo, cabendo ao estamento nobiliárquico, na condição de intermediário, filtrar os excessos do poder desde a sua fonte (o rei) até seus destinatários (o povo). Sem leis fundamentais para regulamentar a autoridade e poderes intermediários para assegurar a ação das leis, não havia monarquia constitucional.

Ideologias da "revolução oligárquica" francesa (2): o constitucionalismo anglófilo de Montesquieu. Mas *Do espírito das leis* pretendia ser mais do que uma defesa do antigo constitucionalismo francês. À semelhança de Hume, seu

[245] MORILHAT. *Montesquieu: politique et richesses*, op. cit., p. 27.
[246] MONTESQUIEU. *Do espírito das leis*, op. cit., p. 175

contemporâneo, Montesquieu aspirava a uma ciência política geral e moderna que, reconhecendo a pluralidade de histórias de todas as nações, fornecesse aos seus estadistas indicações sobre como reformar suas sociedades em um sentido mais esclarecido. Em um mundo alargado e multicultural, semelhante ciência política carecia do auxílio de uma *sociologia política comparada*, de que sua obra foi pioneira. Ele defendia a tese de que, para além de seus regimes de governo arquetipicamente definidos (república, monarquia e despotismo), cada povo possuía um complexo cultural, por ele denominado "o espírito geral". Ele resultava de várias causas particulares, como o clima, a religião, as leis, as máximas do governo, os exemplos das coisas passadas, os costumes, as maneiras e a "situação ou gênio do povo".[247] À maneira de Cícero, Montesquieu entendia que a prudência do legislador considerava as circunstâncias em que sua ação teria lugar. Elas explicavam por que os antigos preferiam um modo musical a outro; por que não era possível dividir as terras de modo igual em todas as democracias; por que o governo chinês era menos despótico do que em tese devia; por que era difícil determinar de antemão como as repúblicas deveriam alforriar seus escravos; por que em alguns países havia poligamia e noutros não; por que na Europa havia países mais ou menos livres; por que o câmbio variava tanto; por que eram tão complexas as leis destinadas ao aumento da população. Em todos esses casos, Montesquieu respondia invariavelmente: "Há sempre circunstâncias que fazem variar as coisas"; "Isso depende demais das circunstâncias"; "Depende de mil circunstâncias".[248] O "sublime da administração" estava, portanto, "no bom conhecimento da parte do poder, grande ou pequena, que se deve utilizar nas diversas circunstâncias".[249]

Para Montesquieu, as circunstâncias não eram somente aquelas de Maquiavel, e que justificavam a razão de Estado. Eram, principalmente, de natureza cultural. Sua "sociologia comparada" sugeria que, debaixo de cada um dos tipos gerais de governo (monarquia, república e despotismo), cada povo tinha sua própria cultura, produto de uma série de fatores. Os estadistas precisavam levá-las em consideração: "Cabe ao legislador obedecer ao espírito da nação, quando ele não é contrário aos princípios do governo, pois nada fazemos melhor do que aquilo que fazemos livremente, obedecendo à nossa

[247] Idem, ibidem, p. 117 e 434.
[248] Idem, ibidem, p. 222, 330, 332 e 519.
[249] Idem, ibidem, p. 182.

inclinação natural".[250] E dava o exemplo de Sólon: "Perguntou-se a Sólon se as leis que ele dera aos atenienses eram as melhores. 'Dei-lhes', respondeu ele, 'as melhores que podiam suportar'. Belas palavras, que deveriam ser ouvidas por todos os legisladores".[251] O livro vigésimo nono de *Do espírito das leis*, em especial, oferecia aos estadistas ilustrados um verdadeiro guia para a ação prudente. Porque "o bem político, como o moral, encontra-se sempre entre dois limites", o legislador deveria ser guiado por um "espírito de moderação".[252] Ele deveria perceber que nem sempre leis iguais produziam os mesmos efeitos; que leis semelhantes nem sempre tiveram as mesmas causas; que leis parecidas poderiam ser diferentes na realidade; que era preciso comparar as leis de modo sistemático para compreendê-las; que as leis civis só podiam ser transplantadas de uma sociedade para outra sob a égide das mesmas instituições: "Quando se quer modificar os costumes e as maneiras, não é com leis que se deve modificá-los: isto pareceria muito tirânico; é melhor modificá-los por outros costumes e outras maneiras".[253] Na confecção das leis, cumpria orientar-se pela concisão, simplicidade, precisão, clareza, evitando que elas entrassem "em choque contra a natureza das coisas".[254] Mas o fundamental, o indispensável, era "não separar as leis das circunstâncias nas quais foram feitas".[255] Essa foi uma lição de Montesquieu que Burke jamais esqueceu, e que influenciou o seu modo de pensar o problema da reforma na Grã-Bretanha: os britânicos tinham sua própria cultura, sua própria história, seus próprios costumes.

Mas a sociologia política comparada de *Do espírito das leis* não aspirava a orientar todo e qualquer estadista para a obtenção de todo e qualquer resultado. A Constituição da Grã-Bretanha emergia em sua obra como um possível ideal normativo universal. Combinando em sua descrição daquele governo os elementos da modernidade comercial de Hume com o republicanismo cívico de Bolingbroke, Montesquieu a considerava um caso bem-sucedido de adaptação da constituição feudal ao mundo moderno, cuja particularidade residia na admissão do povo no exercício do governo. Ao descrever o funcionamento das instituições do reino vizinho, o magistrado

[250] Idem, ibidem, p. 266.
[251] Idem, ibidem, p. 274.
[252] Idem, ibidem, p. 461.
[253] Idem, ibidem, p. 270.
[254] Idem, ibidem, p. 469.
[255] Idem, ibidem, p. 467.

bordalês reproduziu fielmente a descrição deixada por seu amigo Bolingbroke na *Dissertação sobre os partidos*. Conforme os cânones da constituição mista, o poder público na Inglaterra se distribuía de maneira equitativa entre seus três elementos. O monarca deteria o Executivo, ao passo que o povo e a aristocracia partilhariam o Legislativo, através de um sistema de duas câmaras. A câmara alta era hereditária e composta por nobres ou pares, enquanto a baixa era eletiva e temporária, reunindo burgueses, comuns ou plebeus. Um sistema de freios e contrapesos impedia que a eventual colisão de interesses de cada corporação comprometesse a estabilidade sistêmica. A instituição-chave para o equilíbrio geral era a câmara aristocrática que, na qualidade de "poder regulador" do Estado, amortecia os conflitos entre rei e povo graças ao desinteresse e à neutralidade proporcionados pela hereditariedade de seus membros.[256] Nesse sentido, a Constituição da Grã-Bretanha aparecia aos olhos de Montesquieu – como depois aos de Blackstone, grande admirador seu – superior àquela de Roma, porque sua estabilidade provinha tanto da capacidade que tinha a nobreza de obstar o poder monárquico quanto da existência de um Poder Legislativo apartado da realeza.

Ao aniquilar a absolutismo e definir a monarquia como uma forma de governo constitucional, Montesquieu foi o primeiro a difundir uma teoria sistemática do constitucionalismo moderno, cuja influência foi universal. Nela, a Constituição da Inglaterra figurava como paradigma de governo representativo. Orientado pelo combate ao absolutismo, o capítulo XXVII do livro décimo nono descrevia o modo "como as leis podem contribuir para formar os costumes, as maneiras e o caráter de um povo". Na prática, o autor enunciava como as leis poderiam alterar os costumes de uma sociedade de modo a predispô-los para a liberdade. Se a eficácia das leis dependia dos costumes, os costumes também dependiam das leis. Em outras palavras, as instituições também concorriam para criar hábitos, e desse modo os costumes de uma sociedade propensa ao despotismo poderiam ser modificados pela introdução das instituições liberais. Governado por dois poderes independentes, o Executivo e o Legislativo, cada cidadão teria "sua vontade própria e faria valer a sua independência". O povo se dividiria em dois partidos, cada qual

[256] STAROBINSKI, Jean. *Montesquieu*. Tradução de Tomás Rosa Bueno. São Paulo: Companhia das Letras, 1990, p. 90. KRAMNICK. *Bolingbroke and his circle*, op. cit., p. 150. MONTESQUIEU. *Do espírito das leis*, op. cit., p. 151.

inclinado ao Parlamento ou à Coroa. O Poder Executivo disporia de cargos em número suficiente para atrair a ambos, que se alternariam no poder. O povo permaneceria vigilante, prevenindo o despertar do despotismo. O Legislativo, mais esclarecido, tranquilizaria o povo contendo o Executivo dentro de seus limites legais. Conduzido pela paixão da liberdade, o comércio se tornaria a principal atividade econômica do país, criando "um luxo sólido, baseado, não nos refinamentos da vaidade, mas em suas reais necessidades".[257] Montesquieu oferecia não apenas uma tipologia descritiva das formas de governo, mas um modelo efetivo de governo moderno e desejável (o da Inglaterra), bem como um guia seguro para os governantes que desejassem segui-lo, desde que não esquecessem das circunstâncias particulares de seus respectivos povos. Como tal, *O espírito das leis* seria lido por Hume, Blackstone e Burke, na Grã-Bretanha, e por Madison e Hamilton, nos Estados Unidos.

Na França, Montesquieu foi certamente o intelectual mais influente do Iluminismo. Suas teses nobiliárquicas referentes ao constitucionalismo histórico e à soberania da nação se tornaram correntes depois de 1753. Na esteira da escalada de conflitos entre Coroa e tribunais aristocráticos, togados como Durey de Meinières (1705-1785) passaram a veicular a tese de que a nação estava acima dos reis e que a nobreza a defendia, ao resistir às investidas contra a "antiga constituição".[258] Os verbetes políticos escritos pelo cavaleiro Louis de Jaucourt (1704-1779) para a célebre *Enciclopédia* organizada por Diderot e d'Alembert [1762] seguiram de perto tal ideia. As *leis fundamentais* eram definidas como bases do Estado, porque indispensáveis à força e à segurança dos povos. Elas versavam sobre a constituição, a forma do governo e a sucessão da Coroa, estipulando as limitações dos poderes que decorriam de convenções, estabelecidas entre governantes e o povo. Quanto à *razão de Estado*, embora a admitisse, Jaucourt a circunscrevia em limites estreitíssimos: "Os representantes dos povos não podem, mais do que quaisquer indivíduos da sociedade, isentar-se das leis da honra e da probidade".[259] Da mesma forma, os príncipes estavam obrigados a justificar publicamente suas razões: "O soberano se lembrará de que deve justiça a

[257] MONTESQUIEU. *Do espírito das leis*, op. cit., p. 279.

[258] BAKER. *Inventing the French Revolution*, op. cit., p. 33-34.

[259] DIDEROT, Denis (org.). *Encyclopédie ou Dictionnaire raisonné des sciences, des arts et des métiers*. Volume IX. Paris. Durand, 1762, p. 609b.

todos os seus súditos, de que é igualmente pai; ele não dará por razões de Estado motivos frívolos ou corrompidos como justificativa para satisfazer suas paixões pessoais ou de seus favoritos; mas ele lamentará a necessidade que o obriga a sacrificar alguns de seus membros pela salvação real de toda a sociedade".[260] Era bem a influência de Montesquieu que se fazia sentir na obra emblemática do Iluminismo francês.

Ideologias da "revolução oligárquica" francesa (3): o absolutismo ilustrado de Voltaire e Helvétius. Os absolutistas revidaram em diversas frentes os ataques desfechados pelo constitucionalismo histórico ao longo da "revolução oligárquica" francesa. No campo da história, eles atacaram em primeiro lugar a "tese nobiliárquica" elaborada por Boulainvilliers. Em sua *História crítica do estabelecimento da monarquia francesa* [1734], o abade Jean-Baptiste Dubos (1670-1742) refutava a narrativa germanista da conquista dos gauleses pelos francos. A Coroa teria herdado os direitos absolutos dos antigos imperadores romanos e com eles criara sua nobreza, dela dependente, porque não havia qualquer direito de conquista. Ao invés de usurpadores das prerrogativas da nobreza, Richelieu e Luís XIV eram apresentados como restauradores do poder legítimo da Coroa. Em suas *Considerações sobre o governo antigo e presente da França* [1764], também o marquês de Argenson (1694-1765) sustentava que a única liberdade consagrada pela Constituição francesa, também como herança romana, era a municipal. A historiografia absolutista encontraria seu apogeu no trabalho do historiador régio Jacob-Nicolas Moreau (1717-1803), encarregado de desmentir as teses "parlamentares" de Le Paige. Em suas *Lições de moral, de política e de direito público na história de nossa monarquia* [1773], Moreau reiterava as teses de Dubos: os francos não trouxeram da Germânia nenhuma constituição gótica; os reis merovíngios herdaram os poderes absolutos dos antigos césares; e o absolutismo centralizador se deu em benefício da proteção dos pequenos e fracos contra o despotismo feudal.[261] Mas não bastava se defender da historiografia germanista. Conforme referido no começo do capítulo, o absolutismo monárquico francês, ao contrário do inglês, enfrentou as consequências da progressiva secularização do debate decorrente do Iluminismo, que erodiu a

[260] Idem, ibidem., volume XIII, p. 776.

[261] CARCASSONNE. *Montesquieu et le problème de la Constitution Française au XVIIIe siècle*, op. cit., p. 42-50. BAKER. *Inventing the French Revolution*, op. cit., p. 54.

credibilidade das doutrinas do direito divino. A exemplo do constitucionalismo histórico, ele também teve que desenvolver novos argumentos de caráter ilustrado, filosófico e público.

O absolutismo passou então a se legitimar como o agente histórico por excelência do processo civilizador. Críticos dos privilégios, intelectuais como François-Marie Arouet, dito Voltaire (1694-1778), e Claude-Adrien Helvétius (1715-1771) passaram a ver no chamado *absolutismo ilustrado* um instrumento de superação dos obstáculos opostos às ideias de justiça, liberdade e igualdade pelas tradições da nobreza e do clero. Crítico impiedoso da obra de Bossuet, considerada um repositório de ignorância e superstição, Voltaire descrevia as relações históricas entre Igreja e Coroa de modo pouco lisonjeiro para com os religiosos: "O rei de um país primeiro faz um acordo com os padres para ser mais bem obedecido pelo povo. Mas logo a monarquia é enganada: os charlatães se valem do poder que o rei lhes delegara para escravizar o próprio rei, mistificando a populaça".[262] Ambos os ilustrados acreditavam que a civilização e a polidez resultavam menos da espontaneidade do comércio internacional do que da ação deliberada de um monarca que fazia de sua Corte um centro difusor das Luzes, atraindo e patrocinando artistas, filósofos e cientistas. Instruído por conselheiros esclarecidos, as decisões do monarca seriam acatadas pelos súditos como teoremas bem demonstrados. Ele suprimiria a venalidade os cargos, tornando a nobreza útil ao Estado e abrindo suas portas a todos os que se destacassem. O príncipe defenderia as liberdades de pensamento e de expressão, a tolerância religiosa e as garantias judiciais.[263] O absolutismo ilustrado era uma fórmula política de modernização que felicitava tanto os reis quanto os povos:

> Acredita-se que os soberanos nada devem aos filósofos. A verdade, porém, é que esse espírito filosófico, que ganhou quase todas as condições sociais, exceto as classes mais baixas, contribuiu muito para os direitos dos soberanos. Cessaram discussões que antes teriam produzido excomunhões, interdito e cismas religiosos. Já se disse que os povos seriam felizes quando tivessem filó-

---

[262] VOLTAIRE, François-Marie Arouet. *Political writings*. Cambridge University Press, 1994, p. 259.

[263] HARTUNG, Fritz. "A definition of Enlightened Despotism". *In*: Roger Wines (ed.). *Enlightened despotism: reform or reaction?* Boston: D.C. Heath and Company, 1967, p. 28. JARDIN. *Historia del liberalismo político*, op. cit., p. 48.

sofos como reis. Mas é igualmente certo que os reis são mais felizes quando encontram filósofos entre os seus súditos.[264]

A crítica do absolutismo ilustrado ao constitucionalismo histórico. Como ilustrados modernos, Voltaire e Helvétius atacaram os fundamentos do constitucionalismo histórico com filosofia e não com história. Pareciam-lhes "uma ideia bem vã, um trabalho bem ingrato, o de querer tudo remontar aos usos antigos, e de querer fixar essa via a que o tempo confere um movimento irresistível".[265] A seu juízo, o constitucionalismo histórico não passava de um meio engenhoso por que a nobreza tentava "revestir de algum brilho a torpeza de sua origem".[266] Eles negavam a existência ou conveniência da antiga constituição feudal e acusavam Montesquieu de ter oferecido novas justificativas para os anacrônicos privilégios das corporações. A restauração da monarquia gótica interromperia os progressos da razão proporcionados pela Coroa, porque não passava de "um edifício de frágeis fundações e estrutura irregular".[267] Voltaire também criticava a definição de despotismo oferecida em *Do espírito das leis*: "Despotismo é apenas o abuso da monarquia, uma corrupção de um belo sistema de governo".[268] Se *antiguidade* significava barbárie, hábito e preconceito, *veneração* era sinônimo de tolice: "Deixemos toda a história antiga no passado, e no que concerne à história moderna, deixemos que cada um tente aprender com os erros de seu próprio país e dos vizinhos".[269] Helvétius e Voltaire também criticavam a Constituição da Inglaterra como expressiva de uma irracional anarquia de interesses particulares. A primeira década do reinado de Jorge III, sacudida pelo radicalismo de Wilkes, sugeria que, ao invés de imitada, aquela complicada constituição deveria ser substituída por um arranjo menos tradicional e mais racional. Ao invés de desconcentrar o poder, as reformas ministeriais deveriam elevar a potência discricionária do monarca e orientá-lo na construção de uma ordem conforme as leis da natureza, nas quais os direitos individuais fossem respeitados. Somente "enfraquecendo a

[264] VOLTAIRE, François-Marie Arouet. *Le siècle de Louis XIV*. Paris: Gallimard, 2016, p. 325.

[265] Idem. *Comentários políticos*. Tradução de Antônio de Pádua Danesi. São Paulo: Martins Fontes, 2001, p. 202.

[266] Idem, ibidem, p. 69.

[267] Idem. *Political writings*, op. cit., p. 259.

[268] Idem, ibidem, p. 97-98.

[269] Idem, ibidem, p. 259.

estúpida veneração dos povos pelas leis e usos antigos" os soberanos se punham "em condição de purgar a terra da maioria dos males que a desolam".[270] Daí que "um rei verdadeiramente bom é o mais belo presente que o céu pode oferecer à Terra".[271]

Voltaire e *O século de Luís XIV* (1751). Em *O século de Luís XIV* [1751], Voltaire descrevia as glórias da centúria durante a qual a França havia sido governada por aquele rei que, de pupilo do cardeal Mazarino, tornara-se um Augusto moderno. Sem absolutismo não teria havido civilização: "É preciso, para que um Estado seja poderoso, ou que o povo tenha uma liberdade fundada nas leis, ou que a autoridade soberana esteja firmada sem contestação".[272] Segundo Voltaire, a partir de Richelieu a monarquia emergira da detestável realidade medieval, "sem leis nem costumes fixos, mudando a cada dois séculos uma linguagem sempre grosseira; os nobres sem disciplina, que só conheciam a guerra e a ociosidade; os eclesiásticos vivendo na desordem e na ignorância, e os povos sem indústria, gemendo em sua miséria".[273] O absolutismo dera à França melhores leis; fundara academias que difundiram o gosto, as artes e as ciências; racionalizara a administração; favorecera a prosperidade econômica e firmara a hegemonia francesa na Europa. Bom pai, bom rei, sempre decente em público, trabalhador em seu gabinete, correto nos negócios públicos, o "rei sol" representava um desmentido cabal das teses de Montesquieu relativas às honras da monarquia. Ele provara, ao longo de seu fecundo reinado, que "em um Estado monárquico e, sobretudo, sob um bom soberano, há virtudes. Nela há tantas virtudes, sem dúvida, quanto nas repúblicas, com menos entusiasmo talvez, mas com mais daquilo que se chama honra".[274] O melhor dos príncipes era aquele que ousava romper com as tradições imemoriais de atraso e superstição e contribuir para a formação de uma sociedade de homens civilizados.[275] Não era

---

[270] HELVÉTIUS, Claude-Adrien. *Do espírito*. Tradução de Mary Amazonas Leite de Barros e Hélio Leite de Barros. *In*: Étienne Bonnot Condillac; Claude-Adrien Helvétius & Marie-Joseph Degerando. Textos escolhidos: Tratado dos sistemas; Resumo selecionado do Tratado das sensações; Lógica; A língua os cálculos; Cartas de Helvétius sobre O espírito das leis; Do espírito; e Dos signos e da arte de pensar. Diversos tradutores. 1a edição. São Paulo: Editora Abril, 1973, p. 225.

[271] Idem, ibidem, p. 81.

[272] VOLTAIRE. *Le siècle de Louis XIV*, op. cit., p. 3.

[273] Idem, ibidem, p. 4.

[274] Idem, ibidem, p. 209.

[275] LOPES, Marcos Antonio. *Voltaire político: espelhos de príncipes de um novo tempo*. São Paulo: UNESP, 2004, p. 88.

à toa, portanto, que os heróis de Voltaire fossem Pedro o Grande, Luís XIV, Frederico II e Catarina a Grande; todos haviam colocado a onipotência do Estado a serviço da razão: "Se a imperatriz da Rússia está começando a criar homens livres, ela fará seu nome imortal assim agindo".[276]

O reformismo ilustrado dos fisiocratas. Tentativa de compatibilizar o projeto monárquico com o ideal de progresso e emancipação do indivíduo, o absolutismo ilustrado serviu de matriz do reformismo que dominaria os altos escalões do governo francês até a Revolução. A partir de 1758, quando publicou suas *Máximas do governo econômico*, o economista François Quesnay (1694-1774) serviu de chefe de uma escola que forneceu nomes como Dupont de Nemours e Le Mercier de la Rivière. Ele defendia o chamado *despotismo legal*: "Que a autoridade soberana seja única e superior a todos os indivíduos da sociedade e a todos os empreendimentos injustos dos interesses particulares".[277] A economia política dos fisiocratas acreditava em uma ordem natural, essencial e geral que, abstraídas as circunstâncias de tempo e de espaço, deduzia a partir da razão o fim último das sociedades e as regras de sua organização adequada. Desprezando esquemas baseados na história ou noções de freios e contrapesos, os ministerialistas lutavam por uma monarquia cesarista que concedesse e garantisse aos súditos um espaço para suas reivindicações e um Poder Judiciário independente. Na qualidade de defensor do interesse público e detentor da técnica administrativa, incumbia ao Poder Executivo julgar da conveniência e da oportunidade dos interesses representados nas futuras assembleias que os reformistas pretendiam criar. Embora reconhecessem a soberania da nação, ministros como Robert Jacques Turgot (1727-1781) entendiam que era a Coroa quem estava encarregada de representá-la. As tensões sociais e políticas acumuladas pela emergência de uma nova sociedade e que ameaçavam paralisar a administração não poderiam ser desfeitas pela restauração de uma velha constituição complicada e antiquada. Só um arranjo novo e racional poderia simplificar a máquina do Estado, responder às demandas do povo e empregar a renda pública de modo mais produtivo.[278]

---

[276] VOLTAIRE. *Political writings*, op. cit., p. 136.

[277] QUESNAY, François. *Economia*. Organização e introdução de Rolf Kuntz. Tradução de Mary M. De C. Neves e outros. São Paulo: Editora Ática, 1984, p. 166.

[278] WILLIAMS, David. "Introduction". In: Voltaire. *Political writings*. Cambridge University Press, 1994, p. 32. CARCASSONNE. *Montesquieu et le problème de la Constitution Française au XVIIIe siècle*, op. cit., p. 313-314. KOSELLECK. *Crítica e crise*, op. cit., p. 123. BAKER.

Ideologias da "revolução oligárquica" francesa (4): o republicanismo radical de Mably e Rousseau. Diferentemente do que se passara na Inglaterra, o constitucionalismo histórico na França se limitava a defender as prerrogativas da nobreza e a participação dos conselhos aristocráticos no governo. Esse divórcio entre aristocracia e burguesia dificultou uma coalizão de interesses semelhante à dos *whigs*. Foi por esse motivo que os novos setores da sociedade buscaram uma fórmula ideológica que não se contentasse em estabelecer um Estado de direito voltado para a garantia da liberdade. Ela deveria consagrar também o valor social da igualdade, para acabar com as divisões estamentais que o constitucionalismo aristocrático queria reavivar. Essa nova fórmula ideológica absorveu muito do imaginário soberanista e unitário do absolutismo monárquico, recorrendo menos à história do que à vontade guiada pela razão abstrata para se legitimar. Difundiu-se assim, entre as elites do chamado Terceiro Estado (o "povo"), um republicanismo *aggiornado* pelas luzes, de caráter igualitário. Os mais eminentes representantes desse republicanismo democrático foram Jean-Jacques Rousseau (1712-1778) e Gabriel Bonnot de Mably (1709-1785). Leitores de Plutarco, Lívio e Tácito, eles adaptaram Locke, Sidney e Bolingbroke à realidade política da França setecentista. Em obras como – *Do contrato social* [1762] e *Dos direitos e deveres dos cidadãos* [1789], eles sustentavam que os homens nasciam livres e se associavam em igualdade de condições para criar um regime de leis elaboradas por si ou por seus representantes. Leis que, expressões da vontade geral, eram obrigatórias, gerais e impessoais. Expresso em torno de conceitos como *soberania, liberdade, contingência, escolha* e *participação*, o novo republicanismo francês se baseava menos na defesa da legalidade do que na afirmação da vontade do povo soberano. A soberania era absoluta, indivisível e intransferível: o povo podia fazer e desfazer o governo, independentemente de sua natureza e qualidade. Era uma ideologia radical que se opunha tanto ao judiciarismo do constitucionalismo aristocrático quanto ao racionalismo do absolutismo ilustrado.[279]

Inventing the French Revolution, op. cit., p. 120-121. JARDIN. *Historia del liberalismo politico*, op. cit., p. 52.

[279] MABLY, Gabriel Bonnot, Abbé de. *Des droits et devoirs du citoyen*. Paris: 1789, p. 3. ROUSSEAU, Jean-Jacques. *Do contrato social*. Tradução de Lourdes Santos Machado. São Paulo: Nova Cultural, 1997, p. 70. BAKER. *Inventing the French Revolution*, op. cit., p. 33.

Os novos republicanos franceses contestavam o absolutismo monárquico, acusando-o de tirânico ou despótico, rejeitando ao mesmo tempo o resgate de constituições históricas ou góticas. Sentindo-se excluídos pelo constitucionalismo aristocrático, eles reivindicavam para o povo a qualidade de detentor da soberania e exigiam a restituição dos Estados-Gerais desaparecidos desde 1613-1614. Em suas *Observações sobre a história da França* [1771], Mably repudiava o "germanismo" da aristocracia que, à maneira dos ingleses, apresentava a história constitucional da França como dotada de coerência e estabilidade. Ele a descrevia, ao contrário, como uma série de revoluções e descontinuidades, usurpações e conflitos, paixões e desordens, que nenhuma lei fundamental lograra disciplinar. Os conquistadores francos elogiados por Boulainvilliers como nobres cavaleiros eram descritos por Mably como seres brutais, sem lei nem pátria, que teriam vindo para a Gália instaurar um governo feudal absurdo e tirânico. Mas os republicanos franceses também desconfiavam dos mecanismos de representação do constitucionalismo britânico, vendo a Constituição daquele país pelas lentes produzidas por Bolingbroke em suas catilinárias contra Walpole. Tratava-se de um governo limitado, mas corrompido por uma oligarquia que manipulava as eleições através do suborno e do clientelismo, tornando a soberania do povo uma ficção. A lei fundamental de uma nação não era aquela que primeiro se estabelecera na história, como um arranjo iníquo imposto pelo mais forte à maioria, e sim aquela que lhe dava existência política regular à luz dos princípios da razão e da justiça. Os radicais franceses concluíram que só a confecção de uma constituição verdadeira por parte do depositário da soberania – os Estados-Gerais – poria fim à tirania vigente. Categorias centrais do "momento monárquico" – como *soberania absoluta* e *razão* ou *golpe de Estado* – foram apropriadas pelos republicanos, que as reverteram em proveito do povo, pensado como o novo príncipe de uma era democrática. O conceito de revolução era interpretado por Mably como um golpe de Estado regenerador desfechado pelo povo soberano contra o governo tirano, com vistas a recuperar sua liberdade perdida[280].

Mas não bastava forjar a república; era preciso conservar entre os cidadãos a virtude cívica de que ela carecia para subsistir. Aqui, o receituário era todo deve-

[280] GOLDIE. *The English system of liberty*, op. cit., p. 42. BAKER. *Inventing the French Revolution*, op. cit., p. 46-50; 95-96.

dor de Roma e Esparta. Para resistir à corruptível natureza humana, o republicanismo francês apresentava duas medidas: um amplo sistema de educação, que generalizasse o amor à pátria, e a liderança de políticos virtuosos que, a exemplo de Licurgo e Sólon, servissem como modelos de civismo e propusessem leis que traduzissem a vontade do povo. Mas também era preciso manter a igualdade e a frugalidade, combatendo o comércio e o luxo. Por esse motivo, os republicanos rejeitavam a nova economia política. Recusando, como os antigos, a distinção entre esfera pública e esfera privada, eles verberavam contra o capitalismo comercial que corrompia as virtudes indispensáveis ao estabelecimento das liberdades. Essa concepção antimoderna do político e do econômico, esposada em *Dos direitos e deveres do cidadão*, de Mably, se chocava frontalmente com o liberalismo embrionário representado na França por Montesquieu. A moderna sociedade comercial fomentava o cosmopolitismo e o pluralismo, elementos que os republicanos julgavam dissolventes do amor à pátria porque traziam consigo as desigualdades e os vícios que tornavam os homens mais egoístas e isolados. A concepção moralista de espaço público defendida pelos republicanos resultou, por fim, na rejeição completa do modelo moderno, moderado e capitalista da Grã-Bretanha. Tendo como pilares a verdade e a virtude, a organização da república democrática caracterizava-se por uma simplicidade proporcional aos costumes de seus cidadãos.[281]

Essa forma radical de pensar as relações entre o público e o particular, a soberania e a representação, levou Mably e Rousseau à propositura de um projeto republicano democrático que recusava a tradição clássica de constituição mista, com suas noções de equilíbrio, moderação e de interdependência entre os poderes. A vontade soberana deveria ser expressa pelo povo reunido ou por uma assembleia única que o representasse. Além disso, ainda que admitissem que o cumprimento das decisões recaísse sobre órgão diverso do Legislativo – o governo –, daí não se inferia que este devesse ser autônomo. Porque associavam a ideia de representação pelo governante ao processo histórico de construção do absolutismo, os republicanos franceses imaginavam que a mera existência de um governo autônomo importaria em usurpar a soberania popular. O problema do governo só tinha duas soluções:

[281] GAUCHET. *La révolution des pouvoirs: la souveraineté, le peuple et la représentation 1789-1799.* Paris: Gallimard, 1995, p. 58. ROUSSEAU. *Do contrato social*, op. cit., p. 58 e 109. MABLY. *Des droits e devoirs du citoyen*, op. cit., p. 173. BAKER. *Inventing the French Revolution*, op. cit., p. 36.

ou a eliminação pura e simples da representação política pela democracia direta, ou o governo por uma assembleia representativa eleita, fiscalizada e controlada pela nação. A aniquilação do Poder Executivo, enquanto personificação visível e simbólica da sociedade civil, era vista como "o pináculo da perfeição política".[282] A subordinação do Executivo ao Legislativo passava por eliminar o elemento monárquico, fracionando o seu exercício no número correspondente ao de pastas ministeriais exigidas pelos negócios públicos. Ao mesmo tempo, diversamente da Grã-Bretanha, onde os ministros saíam dos bancos parlamentares, nenhum dos secretários de Estado da imaginada república francesa participaria do processo legislativo. Sem direito de iniciativa, nem de veto, o governo fatiado em cinco ou seis ministérios independentes se limitaria a executar as decisões da assembleia soberana, verdadeiro cérebro da república. Os radicais franceses lograram assim articular "um republicanismo especificamente gálico focado em três bases: soberania nacional, direito como expressão da vontade geral e separação de poderes".[283] Em suma, um constitucionalismo que, comparado ao britânico, era mais igualitário e menos liberal.

Ditadura, tribunato e censura: a excepcionalidade no radicalismo republicano. Como os republicanos franceses pensaram o problema do encapsulamento do poder discricionário? Eles acreditavam que, como na Antiguidade, a república deveria também criar magistraturas independentes sobre os poderes ordinários, que ficariam exclusivamente responsáveis diante do povo. Elas preservariam a eficácia das leis e dos costumes na forma determinada pela vontade geral, suspendendo-as excepcionalmente no caso de salvação pública. Eram respectivamente a *ditadura*, o *tribunato* e a *censura*. Aqui Rousseau seguia Maquiavel: a ditadura surgia da impossibilidade de previsão legal das eventualidades da Fortuna e da necessidade de salvar a república em ocasiões de grave e iminente perigo. Quando a ameaça não exigisse o completo "adormecimento das leis", ele recomendava a concentração do Executivo nas mãos de um ou dois magistrados; entretanto, se a ameaça fosse premente e de monta, a assembleia nomearia uma autoridade que concen-

[282] MABLY. *Des droits e devoirs du citoyen*, op. cit., p. 337.

[283] WRIGHT, Johnson Kent. "The idea of a republican Constitution in Old Régime France". *In*: Martin van Gelderen & Quentin Skinner (ed.). *Republicanism: a shared European heritage.* New York: Cambridge University Press, 2002, p. 297 e 304.

trasse os poderes e suspendesse as leis.[284] Neste ponto, ele divergia de Mably, que só admitia a ditadura na hipótese de invasão estrangeira e quando esgotados os demais meios de salvação pública. Como os republicanos ingleses, ele temia abrir a caixa de Pandora, alegando que "vias extraordinárias, à força de usá-las [...] se convertam em vias ordinárias".[285] No entanto, apesar de concordar com a imprescindibilidade de prazos curtos e preestabelecidos, Rousseau acreditava em suas *Considerações sobre o governo da Polônia* que era impossível definir juridicamente todas as hipóteses que justificavam a suspensão da constituição e a instauração da ditadura.[286] A vontade geral se impunha a qualquer ordem ou previsão legal: a soberania era matéria de fato, não de direito. No melhor estilo maquiaveliano, Rousseau acenava com exemplos da história romana e destacava a utilidade da ditadura quando a república enfrentasse dificuldades.[287]

As duas outras instituições também visavam à conservação da república. Se a ditadura prevenia sua destruição imediata, as demais investiam contra a corrupção que a destruía em longo prazo. O *tribunato* combateria a ineficácia da legislação; já os costumes seriam preservados por um *tribunal de censura*. Se a corrupção era causa da ineficácia das leis, de nada adiantava editá-las novas, porque eram "os pequenos abusos que abrem a porta às maiores desordens".[288] Daí a importância de instituições que, compensando a força corrosiva da Fortuna, velassem pela observância das normas morais. Para justificá-las, os autores invocavam a fraqueza humana, a força corruptora da inércia e a incapacidade de previsão legal de todas as contingências que, na vida pública, levavam ao enfraquecimento da virtude, ao relaxamento dos costumes e à frouxidão das leis. Para Rousseau, a *censura* manteria os costumes, "impedindo as opiniões de se corromperem, conservando a sua retidão por meio de aplicações sábias e até, algumas vezes, fixando-os, quando ainda se mostram incertos".[289] Esta corte zelaria pela execução das leis suntuárias, coibindo o luxo em nome de uma "simplicidade cômoda"; supervisionaria os estabelecimentos de instrução pública

[284] ROUSSEAU. *Do contrato social*, op. cit, p. 225.
[285] MABLY. *Des droits e devoirs du citoyen*, op. cit., p. 357.
[286] ROUSSEAU. *Do contrato social*, op. cit., p. 226. Idem. *Considerações sobre o governo da Polônia e sua reforma projetada*. Tradução de Luiz Roberto Salinas Fortes. São Paulo: Brasiliense, 1982, p. 69.
[287] Idem. *Do contrato social*, op. cit., p. 226.
[288] MABLY. *Des droits e devoirs du citoyen*, op. cit., p. 352.
[289] ROUSSEAU. *Do contrato social*, op. cit., 230.

para oferecer uma educação republicana à mocidade; e protegeria os "cidadãos fracos, que às vezes não ousam ou não podem queixar-se da tirania de um cidadão rico ou prestigiado". Os censores seriam eleitos pelos legislativos provinciais para mandatos curtos, encaminhando sugestões à assembleia nacional.[290]

Mas o tribunato de Rousseau pouco tinha de romano, já que ele abandonava o modelo republicano tradicional de governo misto pelo regime de supremacia unicameral. Ele buscava inspiração na experiência dos éforos de Esparta e do conselho dos dez de Veneza. A nova instituição manteria o governo nos limites estipulados pela vontade geral, exercendo um papel essencialmente passivo ou negativo, como "o mais firme apoio de uma boa constituição".[291] Ele evitaria assim usurpar as atribuições alheias, limitando-se a *moderar* o governo e proteger o Legislativo. Mably previu um órgão de fiscalização constitucional nos mesmos moldes, na forma de uma ditadura corregedora periodicamente encarregada de examinar a legalidade dos atos governamentais. Ele sugeria que a cada 25 anos se reunisse um comitê extraordinário encarregado de averiguar se os governantes haviam exorbitado e apurasse os atentados às leis. Mably tinha a esperança de que "essa sábia precaução impediria que costumes novos se difundissem e todos os abusos seriam reprimidos antes de adquirirem força o bastante para destruir os princípios do governo". Esse poder corregedor supremo seria "a esperança dos bons cidadãos e conterá os maus. Ele excitaria em todos os espíritos uma fermentação útil, e forçando a recordação das leis, impedirá que elas caiam no esquecimento".[292] Era o controle de constitucionalidade das leis que começava a ser concebido em sua forma moderna.

3. O COMEÇO DA REVOLUÇÃO: A ABOLIÇÃO DO ANTIGO REGIME E O FIM DO CONSTITUCIONALISMO ARISTOCRÁTICO

A luta entre o absolutismo monárquico e o constitucionalismo aristocrático deu a tônica da história da França setecentista. Depois de 1750, os conflitos se acirraram, com as seguidas reprimendas dirigidas ao rei pelos tribunais, que lhe invalidavam as leis, a título de violarem a Antiga Constituição. A tensão

290 MABLY. *Des droits e devoirs du citoyen*, op. cit., p. 319-322.

291 ROUSSEAU. *Do contrato social*, op. cit., p. 221-222.

292 MABLY. *Des droits e devoirs du citoyen*, op. cit., p. 356.

atingiu o clímax na famosa *sessão da flagelação* (1766), quando Luís XV reafirmou sua condição de rei absoluto diante do Parlamento de Paris. A decisão da Coroa de retaliar a nobreza togada, dissolvendo os tribunais, exilando os juízes e os substituindo por outros de sua nomeação, depois revertida, estreitou os vínculos corporativos entre os diversos magistrados do país e criou uma cultura de resistência. Em 1771, o primeiro-ministro, o chanceler Maupeou, desfechou um novo golpe de Estado que aboliu a vitaliciedade dos cargos parlamentares, reorganizou suas jurisdições, limitou o direito de reprimenda e nomeou juízes amovíveis para os novos tribunais. O absolutismo que se pretendia ilustrado, revelado à luz do dia, suscitou reações negativas da opinião pública que, na falta dos Estados-Gerais, via nos tribunais aristocráticos o último baluarte da liberdade contra o "despotismo ministerial".[293] O poder da opinião ficou claro três anos depois, quando Luís XVI subiu ao trono e revogou todas as medidas adotadas por Maupeou. Ao longo desse acidentado percurso, três diferentes ideias foram se associando à ideologia do constitucionalismo histórico da aristocracia: a de que a França seria uma monarquia temperada cuja soberania do príncipe era contida pelos corpos intermediários; a de que o reino teria aspectos oligárquicos, haja vista o direito que a magistratura tinha de exercer o controle da legislação; e, por fim, a de que se tratava também de um regime meio popular, já que o rei dividia a soberania com os Estados-Gerais. O próprio vocabulário ia se modernizando, com os magistrados falando cada vez menos em "privilégios da nobreza" e mais em "direitos da nação":

> Uma nação livre, governada por um monarca que comunica todo o poder civil e político, mas que se subordina à Justiça e às Leis fundamentais, governa por leis fixas e invariáveis como sua própria autoridade. Essas leis, que foram desde sempre a expressão da vontade geral, garantem o poderio de que o príncipe se reveste. Debaixo de sua autoridade, poderes subordinados e dependentes, mas necessariamente ligados à constituição do Estado, temperam o exercício do poder absoluto. A comunicação gradual desses poderes dirigidos pela lei assegura a felicidade e a liberdade dos povos.[294]

[293] FURET, François. *La Révolution Française: de Turgot à Napoléon (1770-1815)*. Paris: Hachette, 1988, p. 90. LADURIE. *L'Ancién Régime*. Volume II, op. cit., p. 169-184.

[294] CARCASSONNE. *Montesquieu et le problème de la Constitution Française au XVIIIe siècle*, op. cit., p. 407.

Os conflitos políticos foram agravados pela crise fiscal. Ao contrário da Grã-Bretanha, que expandia seu poderio imperial graças ao arranjo parlamentar de seu "momento oligárquico", a França ainda padecia das agruras experimentadas pelo vizinho no tempo de Carlos I, quando sequer dispunha de um banco de crédito público. A Coroa se endividava com particulares para fazer frente às despesas orçamentárias e o montante crescente de débitos a ameaçava com a bancarrota. A solução óbvia apresentada pelos fisiocratas era buscar maior justiça tributária, taxando também a nobreza e o clero, que eram os maiores proprietários do país. Mas a aristocracia resistia invocando o constitucionalismo histórico, segundo o qual isenções fiscais integravam o rol de seus privilégios imemoriais. O impasse só poderia ser resolvido pela convocação do órgão de representação nacional, os Estados-Gerais, reunido pela última vez em 1613. A verdade é que, quando a Coroa decidiu afinal por convocá-los, organizando as eleições dos deputados de cada um dos três estamentos, o constitucionalismo histórico já fizera enormes avanços no sentido de estabelecer um Estado aristocrático de direito no país. A Assembleia de Notáveis, reunida pela última vez em 1627, voltara a ser consultada em 1787. O Parlamento de Paris publicou no ano seguinte uma lista das *leis fundamentais do reino*: sucessão ao trono conforme a lei sálica; imposto votado pelos Estados-Gerais; respeito pelos costumes provinciais; inamovibilidade dos magistrados; direito de registro e controle da constitucionalidade das leis pelos tribunais; impossibilidade de prisão sem exame pelo juiz competente.[295] Os próprios absolutistas ilustrados já vergavam para o constitucionalismo, admitindo assembleias representativas ou consultivas e pensando a Coroa como principal representante da soberania nacional, à maneira do "rei patriota" de Bolingbroke. Tudo parecia se encaminhar para uma solução burkeana, por meio da qual a "revolução oligárquica" chegaria a bom termo pela adoção de uma fórmula constitucional de compromisso na reunião dos Estados-Gerais de 1789.[296]

---

[295] Idem, ibidem, p. 550.

[296] GERSHOY, Leo. "Theorists of Enlightened Despotism". *In*: Roger Wines (ed.). *Enlightened despotism: reform or reaction?* Boston, D.C. Heath and Company, 1967, p. 23. SONENSCHER, Michael. "Republicanism, State finances and the emergence of commercial society in Eighteenth Century France – or from royal to ancient republicanism and back". *In*: Quentin Skinner & Martin van Gelderen (ed.). *Republicanism: a shared European heritage.* Volume I: *Republicanism and constitutionalism in early modern Europe.* Cambridge University Press, 2002, p. 276-277. SCOTT. *Enlightened absolutism: reform and reformers in later Eighteenth Century Europe.*, op. cit., p. 19 e

Não foi o que aconteceu, todavia. A resistência das ordens privilegiadas em admitirem a preponderância numérica da burguesia suscitara uma epidemia de panfletos antiaristocráticos que acompanharam as eleições em todo o país. A maioria refletia as ideias republicanas radicais de soberania nacional e de direitos naturais. Denunciavam os privilégios da aristocracia e identificavam a nação como uma comunidade de indivíduos, livres e iguais. Em *O que é o Terceiro Estado*, o abade Emmanuel-Joseph Sieyès (1748-1836) defendia que a verdadeira refundadora da ordem política era a filosofia e não a história. A oposição a Montesquieu era manifesta: a Antiga Constituição podia até existir, mas ela era falsa e indesejável: "Enquanto os aristocratas falarem de sua honra e cuidarem de seus interesses, o Terceiro Estado, quer dizer, a nação, desenvolverá sua virtude, pois se o interesse do corpo é egoísmo, o interesse nacional é virtude".[297] Leitor de Locke e Rousseau, Sieyès argumentava que a nação inteira estava identificada no Terceiro Estado, formado pela maioria esmagadora dos trabalhadores franceses. Sua vontade não podia ser diminuída pela porção ínfima de perdulários, ociosos ou parasitas que compunham as ordens privilegiadas. Amparado em Mably, Sieyès demolia a tese germanista que sustentava o constitucionalismo histórico, alegando que os privilégios decorrentes do direito de conquista dos francos eram injustos à luz da razão e que, ainda que assim não fosse, chegara a hora da revanche, isto é, dos gauleses (o povo) derrotarem os francos (a nobreza). A ruptura da lógica estamental e o restabelecimento da unidade perdida da nação dependiam da representação proporcional, e não paritária, das diferentes ordens. Os Estados-Gerais deveriam funcionar como uma assembleia única, com deliberação e voto conjunto, com poderes para redigir uma nova constituição que exprimisse a vontade da nação. Ao invés de produto da evolução histórica, a constituição passava a ser concebida como a materialização jurídica do contrato social de Rousseau.

Quando afinal os Estados-Gerais se reuniram e se confirmou que o sistema de deliberação e a votação seria paritário e não proporcional, os

30. FURET. *La Révolution Française: de Turgot à Napoléon (1770-1815)*, op. cit., p. 24-25. CARCASSONNE. *Montesquieu et le problème de la Constitution Française au XVIIIe siècle*, p. 291-294. LADURIE. *L'Ancién Régime*. Volume II, op. cit., p. 126-127.

[297] SIEYÈS, Emmanuel-Joseph. *A constituinte burguesa*. 4ª edição. Organização e introdução de Aurélio Wander Bastos. Prefacio de José Ribas Vieira. Tradução de Norma Azevedo. Rio de Janeiro: Lumen Juris, 2001, p. 61.

deputados do Terceiro Estado seguiram o roteiro indicado de Sieyès: reivindicaram para si a qualidade de representantes da nação soberana. Declararam-se reunidos em Assembleia Nacional e juraram não dispersar até "fixarem" de vez a Constituição da França. E foram vitoriosos. Mas "fixar" podia significar tanto restabelecer a antiga, com os corpos intermediários, quanto fazer uma nova, marcada pela igualdade generalizada. De fato, a primeira proposta de fixação da Constituição foi encaminhada pelo conde D'Antraigues (1753-1812), porta-voz do *constitucionalismo histórico* contrário à "destruição das ordens que, pela sua resistência mútua, asseguram a liberdade nacional". Reunidos "em torno desse monarca sucessor de tantos reis pelos quais nossos antepassados sacrificaram suas vidas", o conde sustentava ser um dever das três ordens "reconduzi-lo aos limites que a Constituição fixou em torno do trono".[298] Mas, para a maioria da assembleia, o restabelecimento da "Antiga Constituição" já não era possível ou desejável. Na noite de 4 de agosto de 1789, reagindo à violência que lavrava nas províncias, a Assembleia suprimiu todos os privilégios estamentais e decretou, na prática, o fim do Antigo Regime. Desapareceram os foros das cidades, das províncias, os benefícios eclesiásticos, os dízimos do clero, a venalidade dos cargos judiciários. Já esquecidos àquela altura, os tribunais aristocráticos foram extintos depois de séculos de resistência. Um dos deputados declarava abertamente: "É preciso retornar aos princípios e opor os direitos da razão à falsa autoridade dos séculos".[299] Era o golpe de morte no constitucionalismo histórico. Não restava mais dúvida de que "fixar" a Constituição da França implicava olhar para adiante. Restava saber se isso seria feito por uma reforma à maneira moderada dos liberais, ou por uma revolução, à maneira radical dos republicanos.

[298] D'ANTRAIGUES, Emmanuel-Henri-Louis-Alexandre de Launay, Conde. "Discours du Comte d'Antraigues à la Chambre de la Noblesse sur le caractère constitutif de la division des ordres". *In*: François Furet e Ran Halévi. *La monarchie républicaine: la Constitution de 1791.* Paris: Fayard, 1996, p. 296.

[299] FURET, François. "Noite de 4 de agosto". *In*: François Furet e Mona Ozouf. *Dicionário crítico da Revolução Francesa.* Tradução de Henrique de Araújo Mesquita. 1ª edição. Rio de Janeiro: Nova Fronteira, 1989, p. 130.

4. O CONSTITUCIONALISMO MODERADO DO PARTIDO *MONARQUIANO* E O CONSTITUCIONALISMO RADICAL DOS *PATRIOTAS*.

O constitucionalismo moderado do partido *monarquiano* (1): a defesa da reforma como meio-termo entre restauração e revolução. Inicialmente, prevaleceu a moderação. A segunda proposta de fixação da constituição foi encaminhada pelo partido mais tarde alcunhado *monarquiano*. Apoiado pelo ministro da Fazenda reformista de Luís XVI, o liberal Jacques Necker (1732-1804), o *partido moderado* era composto por deputados do Terceiro Estado, como Pierre-Victor Malouet (1740-1810), Jacques Mallet du Pan (1749-1800), Nicolas Bergasse (1750-1832) e Jean-Joseph Mounier (1758-1806), e da nobreza, como o visconde de Lally-Tollendal (1751-1830) e o conde de Clermont-Tonnerre (1757-1792). Sua composição meio burguesa e aristocrática contribuía para que o partido moderado fosse aquele que, na Constituinte, mais se aproximava de um partido *whig* na França de então. Seu horizonte normativo era efetivamente aquele da Constituição da Inglaterra descrita por Montesquieu. Por seu senso prático e aversão à especulação, o povo inglês era para Lally "o que melhor entende a ciência do governo".[300] Malouet também alertava, como Burke, para "os perigos e as desordens que nascem dos meios conhecimentos e da falsa aplicação dos princípios".[301] Bergasse era igualmente peremptório: nenhum passo poderia ser dado pelo estadista antes de "sondar o terreno sobre o qual se deve caminhar" e o amparo sólido "de uma profunda experiência do homem, do conhecimento exato das afeições que o movem, das paixões que o entretêm".[302] Nesse particular, o famoso conde de Mirabeau (1749-1791) endossava: "A liberdade jamais foi fruto de uma doutrina trabalhada em deduções filosóficas, mas da experiência diária e dos arrazoados simples produzidos pelos fatos".[303]

[300] LALLY-TOLLENDAL, Trophime Gérard, Conde de. "Premier discours sur la déclaration des droits de l'Homme". *In*: François Furet & Ran Halévi (org.). *Orateurs de la Révolution Française.* I – *Les constituants.* Paris: Gallimard, 1989, p. 356.

[301] MALOUET, Pierre-Victor. "Sur la déclaration des droits de l'Homme". *In*: François Furet & Ran Halévi (org.). *Orateurs de la Révolution Française.* I – *Les constituants.* Paris: Gallimard, 1989, p. 453.

[302] BERGASSE, Nicolas. "Rapport sur l'organisation du pouvoir judiciaire". *In*: François Furet & Ran Halévi (org.). *Orateurs de la Révolution Française.* I – *Les constituants.* Paris: Gallimard, 1989, p. 103.

[303] MIRABEAU, Honoré Gabriel Riqueti, Conde de (1989). "Sur la déclaration des droits de l'Homme, I". *In*: François Furet & Ran Halévi (org). *Orateurs de la Révolution Française.* I – *Les constituants.* Paris: Gallimard, 1989, p. 663.

Os monarquianos não falavam a linguagem da democracia à Rousseau, mas da constituição mista à Montesquieu, com seu elogio da moderação e do pragmatismo. Eles buscavam resolver o dilema entre restabelecimento de uma constituição antiga e criação de uma nova, propondo um meio-termo entre história e filosofia. Reconheciam a legitimidade da monarquia tradicional, mas também a necessidade de seu aperfeiçoamento pelas luzes do século. Entre o absolutismo monárquico e uma república coroada, havia lugar para uma monarquia constitucional e representativa, ancorada nas doutrinas da constituição mista, da separação de poderes e dos freios e contrapesos. Não era tarefa da assembleia refundar a sociedade francesa, mas renová-la para a liberdade dentro da ordem e sem pretensões de tábua rasa: "Os franceses não são um povo novo, saído recentemente do fundo das florestas para formar uma associação, mas uma grande sociedade que quer estreitar os vínculos que unem todas as suas partes; que quer regenerar o Reino, para quem os princípios da verdadeira monarquia serão para sempre sagrados", esclarecia Mounier.[304] Eram disparatadas, portanto, as comparações estabelecidas entre os trabalhos da Constituinte e aquilo que se fizera nas ex-colônias britânicas da América, refundadas a partir de teorias de cunho abstrato e metafísico: "Compara-se um povo nascente que se anuncia ao universo, um povo colonial que rompe os vínculos com um governo afastado, com um povo antigo, imenso, um dos primeiros do mundo, que se deu uma forma de governo há quatrocentos anos, e que obedece há oito séculos à mesma dinastia", objetava Lally.[305] A "sociologia das circunstâncias" de Montesquieu também influía no parecer de Malouet. Se, no caso dos estadunidenses, "seus gostos, seus costumes, sua posição os chamavam à democracia", por outro lado, em um grande império como a França, era preciso que "os homens colocados pela sorte numa condição dependente vissem antes os limites do que a extensão da liberdade natural".[306] Mirabeau igualmente frisou a diferença entre as situações da França e dos EUA em uma metáfora célebre:

> Não somos selvagens, que chegam nus das margens do Orenoco para formar uma sociedade. Somos uma Nação velha, e sem dúvida velha demais para a

[304] MOUNIER, Jean-Joseph. "Sur la Constitution". *In*: François Furet & Ran Halévi (org.). *Orateurs de la Révolution Française. I – Les constituants.* Paris: Gallimard, 1989, p. 867.
[305] LALLY-TOLLENDAL. *Premier discours sur la déclaration des droits de l'Homme*, op. cit., p. 353.
[306] MALOUET. *Sur la déclaration des droits de l'Homme*, op. cit., p. 453.

nossa época. Temos um governo preexistente, um rei preexistente, preconceitos preexistentes. Devemos, na medida do possível, aplicar tudo isso à Revolução e salvar a rapidez da transição.[307]

Esse idealismo prático ou realista dos monarquianos se refletiu no projeto constitucional por eles elaborado e apresentado à Assembleia. Entre aqueles que defendiam a restauração da Antiga Constituição e aqueles que negavam sua existência ou destacavam sua inconveniência, os moderados propuseram uma fórmula conciliatória: a constituição seria nova, mas aproveitaria os materiais das leis fundamentais do reino. Entre *restaurar* e *inovar*, era preferível *reformar*. Na *Declaração dos direitos do homem e do cidadão*, aconteceu o mesmo: os moderados reconheciam sua importância para o estabelecimento dos princípios da futura constituição, mas lembravam que ela precisava ser curta, simples e precisa – e não uma exposição sistemática sobre os princípios racionais da associação política.[308] Embora naturais a todos os indivíduos, Mounier entendia que os direitos não eram concebidos de modo absoluto e abstrato: "Não desejamos uma liberdade sem regras, que ponha a autoridade arbitrária na multidão, sujeitando-a ao erro, à precipitação, que chame a anarquia e, na sequência, o despotismo".[309] Também Malouet se preocupava com o potencial desagregador de uma declaração abstrata de direitos: "Uma declaração expressa dos princípios gerais e absolutos da liberdade, da igualdade natural e da liberdade natural pode romper os vínculos necessários".[310] Por essas mesmas razões, a futura declaração deveria para Lally-Tollendal estar contida no texto formal da Constituição, extraindo sua força exclusivamente do direito positivo: "Remontemos sem dúvida ao direito natural, que é o princípio de todos os outros; mas percorramos rapidamente a cadeia dos intermediários, e nos apressemos em descer ao direito positivo, que nos vincula ao governo monárquico".[311] A afinidade dos monarquianos com o jeito *whig*, combinando tradição e mudança, suscitaria os aplausos de Burke, que

[307] MIRABEAU, Honoré Gabriel Riqueti, Conde de. "Discours sur la sanction royale aux décrets des 4 et 11 août". *In*: François Furet & Ran Halévi (org.). *Orateurs de la Révolution Française. I – Les constituants.* Paris: Gallimard, 1989, p. 687.

[308] BAKER. *Inventing the French Revolution*, op. cit., p. 263.

[309] MOUNIER. "Sur la Constitution", op. cit., p. 866.

[310] MALOUET. *Sur la déclaration des droits de l'Homme*, op. cit., p. 456.

[311] LALLY-TOLLENDAL. "Premier discours sur la déclaration des droits de l'Homme", op. cit., p. 354.

os apontaria como os únicos líderes da Assembleia sensíveis ao verdadeiro espírito de reforma. Mounier era referido por ele como "um homem também de honra, virtude e talentos", e Lally-Tollendal, "um dos mais honestos, inteligentes e eloquentes membros da Assembleia Nacional, um dos mais ativos e zelosos reformadores do Estado".[312]

Preocupados com o equilíbrio entre autoridade e liberdade, os moderados defenderam "um poder monárquico reforçado, capaz de representar a nação como um todo e inteira, à custa das pretensões da assembleia de querer encarnar a soberania nacional".[313] Para fazê-lo, procuraram outras referências para além de Montesquieu, malvisto pelos republicanos democratas como defensor dos privilégios nobiliárquicos. Recorreram então ao genebrino Jean-Louis Delolme (1741-1806), autor da popularíssima *Da Constituição da Inglaterra* que, publicada em 1771, alcançara mais de vinte edições. Raciocinando a partir do paradigma da constituição mista e orientado pelo ideal da liberdade cívica, o republicano Delolme acreditava que só uma Coroa poderosa estimulava a aristocracia a mobilizar o povo para a causa da liberdade. Desde que Jorge III ascendera ao trono, orientado pelo ideal do governo pessoal, a aristocracia *whig* se organizara na defesa das causas populares, verberando contra o arbítrio. Para Delolme, o mal da França não residia na tendência ao despotismo, mas, ao contrário, na fraqueza de uma monarquia impotente diante dos avanços de uma nobreza que, através de seus tribunais, recuperava antigos privilégios e mantinha o povo indiferente aos negócios públicos.[314] Mas a ideologia do reformismo ilustrado também contribuía para que monarquianos como Malouet, influenciados pela ciência do Estado de Turgot, desejassem uma Coroa forte. Só ela poderia "racionalizar e unificar o sistema político reforçando a autoridade administrativa central em relação aos interesses regionais ou particularistas".[315] Todos esses fatores concorriam para que moderados como Mounier concebessem o futuro rei constitucional como um "rei patriota" em tempo integral. A Coroa seria um "poderoso baluarte ao pé da qual se reunirão todos os verdadeiros

[312] BURKE. *Reflexões sobre a Revolução Francesa*, op. cit., p. 98-99.

[313] GRIFFITHS, Robert. *Le centre perdu: Malouet et les monarchiens dans la Révolution française*. Grenoble, Presses Universitaires de Grenoble, 1988, p. 87.

[314] DELOLME, Jean-Louis. *The Constitution of England*. London: Revived Apollo Press, 1814, p. 12 e 28.

[315] GRIFFITHS. *Le centre perdu*, op. cit., p. 41.

amigos da ordem e da liberdade", capaz de "manter o equilíbrio e impedir as parcialidades".[316]

O constitucionalismo moderado do partido *monarquiano* (2): a defesa do bicameralismo e da Coroa como primeira representante da nação. Para os moderados, o poder político encontrava sua fonte e justificativa na nação e precisava ser exercido em seu benefício. Isso não queria dizer que ela pudesse exercê-lo diretamente ou de modo absoluto. Os monarquianos rejeitavam assim o significado forte do princípio da soberania nacional veiculado pelos radicais, para quem o governo deveria ser uma emanação direta e continuada da vontade geral. Eles preferiam abraçar o conceito de soberania nacional no sentido fraco de fonte de legitimação última das instituições, destinadas pela Constituição a assegurar o Estado de direito. Na qualidade de relator do anteprojeto, Mounier definiu a Constituição como "uma forma precisa e constante de governo" que exprimia "os direitos e as obrigações dos diferentes poderes de que ele é composto".[317] Suas pedras de toque residiam na organização bicameral do Legislativo e no direito do veto de projetos de lei pelo rei. Sepultado o constitucionalismo histórico, ainda era possível abraçar o anglófilo. Na impossibilidade de se admitir uma câmara aristocrática, os monarquianos recorriam à inspiração americana para imaginar uma câmara alta formada por notáveis locais, ainda que com participação do rei. Para Mallet du Pan, fundado em Delolme, somente uma constituição marcada pela unidade do Executivo e pela divisão bicameral do Legislativo poderia salvaguardar a liberdade e evitar os males da democracia pura.[318]

O principal discurso em defesa do bicameralismo foi pronunciado por Lally-Tollendal no começo de setembro de 1789. Para convencer o plenário da utilidade de um senado, desfazendo os temores de que ele se convertesse em uma nova aristocracia, Lally frisou as teorias da separação de poderes e de freios e contrapesos, deixando de lado a argumentação relativa à necessidade de corpos intermediários, que a assembleia destruíra. A substituição do nome de Montesquieu pelo de Blackstone para justificar aquelas teorias não impe-

[316] MOUNIER, Jean-Joseph. "Sur la sanction Royale". *In*: François Furet & Ran HALÉVI (org.). *Orateurs de la Révolution Française. I – Les Constituants.* Paris: Gallimard, 1989, p. 892.

[317] Idem. *Sur la Constitution*, op. cit., p. 863.

[318] MALLET DU PAN, Jacques. *Sur l'ouvrage de J. L. Delolme sur la Constitution de l'Angleterre.* Paris: 1789, p. 152-154.

diu que o preâmbulo do seu discurso fosse todo extraído de *Do espírito das leis*. Ja que a divisão dos poderes derivava do pendor dos homens para o abuso, recomendava-se a criação de um senado capaz de moderar os conflitos entre rei e povo. Devidamente combinadas, as "três formas de governo [i.e., a monarquia, a aristocracia e a democracia] produziriam "as vantagens de todas sem ter os inconvenientes de nenhuma".[319] Uma única câmara era perigosa para o Estado de direito. Nem mesmo os americanos, povo mais recente e menos complexo, acreditara no equilíbrio dos poderes sem uma segunda câmara. Como critério de composição da câmara alta, Lally propôs mais um meio-termo, entre a nobiliárquica casa dos lordes e o democrático senado federal norte-americano: as províncias francesas escolheriam seus candidatos e o rei escolheria um entre os três mais votados. Também na definição do mandato senatorial prevaleceu o justo meio: entre a temporariedade dos americanos e a hereditariedade dos britânicos, Lally propôs a vitaliciedade para os franceses.

A questão do direito de sanção dos projetos de lei por parte do príncipe foi pensada pelos monarquianos a partir dos mesmos princípios gerais de moderação e pragmatismo. Para eles, a unidade nacional era consequência da existência de um governo, e não um princípio de identidade política anterior à sua instituição. Por isso, eles defendiam que a Coroa dispusesse do direito de veto absoluto sobre os projetos de lei, à semelhança do que se passava na Inglaterra. Pensavam que o rei possuía um poder anterior, preexistente à Assembleia, que deveria por isso ser regulado e não reinventado ou destruído. Era preciso reconhecer que Legislativo e Executivo estavam em pé de igualdade. Nada era mais estranho ao pensamento monarquiano do que o conceito de revolução como a de um fictício momento fundador que suspendesse todas as instituições e direitos existentes, diante de uma metafísica vontade geral.[320] Para Mounier, conferir ao rei um direito de veto somente temporário, como queriam os radicais, importava reconhecer a superioridade do Legislativo na representação da soberania nacional. Nesse caso, o governo deixaria na prática de ser monárquico para se tornar republicano. Ou a

[319] LALLY-TOLLENDAL, Trophime Gérard, Conde de. "Premier discours sur l'organisation du pouvoir législatif et la sanction Royale". *In*: François Furet & Ran Halévi (org.). *Orateurs de la Révolution Française. I – Les constituants.* Paris: Gallimard, 1989, p. 364.
[320] BAKER. *Inventing the French Revolution*, op. cit., p. 285.

França permaneceria monárquica, temperada com um sistema equilibrado de representação, ou viraria uma república, na qual o príncipe não passaria de um preposto da assembleia. Mounier reivindicava para o monarca o papel de um rei patriota, ativo e esclarecido. Na condição de primeiro representante da nação, ele defenderia o interesse público contra as inconstâncias, excessos ou facciosismos do Legislativo:

> Pode-se dizer com razão que os deputados escolhidos nos diferentes distritos não são os únicos representantes do povo; que o Rei é o seu primeiro delegado; que ele é também representante do povo em todas as outras partes da autoridade que lhe foi confiada, e que o povo o encarregou conjuntamente de exprimir a vontade geral; que assim, quando o Rei não dá sua sanção, ele não resiste à vontade geral, que ainda não está formada.[321]

Mounier explicava que as deliberações públicas eram sempre guiadas por uns poucos hábeis que frequentemente iludiam a multidão e mistificavam a vontade geral. O exercício do direito de veto era um meio por que o rei exortava a representação parlamentar a reconsiderar as consequências de seus atos: "Defender a independência da Coroa é defender a liberdade do povo".[322] Responsável pela preservação da ordem, a autoridade do príncipe ficaria desprestigiada caso ele ficasse em uma posição inferior à da Assembleia. Também para Lally o direito de veto representava "o único meio que, nos tempos de turbulências, é capaz de garantir o trono dos esforços de um partido de ambiciosos ou descontentes". Sem Coroa forte e independente, não haveria "obstáculo insuperável às investidas do Poder Legislativo contra o Poder Executivo, à invasão, à confusão dos poderes, por conseguinte à derrubada da Constituição e à opressão do povo".[323] Malouet chegou a defender que o rei, na qualidade de primeiro representante do povo, poderia inclusive vetar o projeto da Assembleia:

> Um monarca não tem nem o direito nem o poder de impedir um povo que quer uma constituição de fazê-la. Ele não tem direito de veto, nem de obstar

[321] MOUNIER. *Sur la sanction royale*, op. cit., p. 900.
[322] Idem, ibidem, p. 899.
[323] BREDIN, Jean-Denis. *Sieyès: la clé de la Révolution française*. Paris: Éditions de Fallois, 1988, p. 203.

> a uma constituição pedida pela Nação. Entretanto, se acontecer que os representantes adotem uma, que seja evidentemente contraria à vontade e ao interesse geral, não duvidaríamos então que o chefe da Nação teria o direito de suspender tal Constituição, de apelar ao povo e de lhe pedir que manifeste sua vontade expressa por meio de novos representantes.[324]

Defensor da tradição monárquica, Mirabeau apoiava neste ponto os argumentos dos moderados: a Coroa precisava estar armada para defender a Constituição contra as eventuais deturpações da vontade geral por parte dos deputados eleitos. O direito de veto era por ele alçado à condição de "baluarte inexpugnável da liberdade política"; o "*paládio* da liberdade nacional".[325] Os deputados eram os representantes transitórios do povo, ao passo que o rei era o seu "representante perpétuo".[326] Na medida em que estava mais em contato com a nação, a Coroa tinha interesse em protegê-la contra as veleidades oligárquicas da classe política.[327] Foi nessa ocasião que Mirabeau pronunciou outra de suas célebres frases: "Creio que o veto do Rei é tão necessário, que preferiria viver em Constantinopla que na França, caso ele não existisse. Não conheço nada de mais terrível do que uma aristocracia soberana de seiscentas pessoas que amanhã podem se tornar inamovíveis, depois de amanhã hereditárias, e findariam, como os aristocratas de todos os países do mundo, por tudo invadir".[328] D'Antraigues também desejava impedir que os eleitos extrapolassem os limites da Constituição:

> É no direito de sanção que o povo encontra o baluarte da liberdade pública e a garantia de que nós, que somos seus representantes, jamais nos tornaremos seus senhores. [...]. Quando o povo confia o poder legislativo a representantes, sua primeira preocupação é garantir que eles jamais quererão coisa diversa da vontade geral. Para garantir que eles jamais queiram coisa diversa, o povo

[324] MALOUET, Pierre-Victor. "Discours de Malouet sur la sanction Royale". *In*: François Furet & Ran Halévi. *La monarchie républicaine – la Constitution de 1791*. Paris: Fayard, 1994, p. 368.

[325] MIRABEAU, Honoré Gabriel Riqueti, Conde de. Discours de Mirabeau sur le droit de veto. In: François Furet & Ran Halévi. *La monarchie républicaine: la Constitution de 1791*. Paris: Fayard, 1996, p. 368. Idem. "Sur Le droit de veto". *In*: François Furet & Ran Halévi (org.). *Orateurs de la Révolution Française. I – Les constituants*. Paris: Gallimard, 1989, p. 679.

[326] Idem, ibidem, p. 686.

[327] Idem. *Discours sur le droit de veto*, op. cit., p. 370.

[328] Idem. "Second discours sur la dénomination de l'Assemblée". *In*: François Furet & Ran Halévi (org.). *Orateurs de la Révolution Française. I – Les constituants*. Paris: Gallimard, 1989, p. 637.

providenciou os meios para vigiá-los e para resistir-lhes. O meio de vigiá-los, o mais poderoso e mais útil, foi o de confiar, ao poder executivo, a sanção real.[329]

Os moderados franceses defendiam assim a tese de que a Coroa transcendia o papel de mero órgão do Poder Executivo, quando exercia o direito de sanção. Na qualidade de representante permanente do povo, o monarca assumia a função de supremo guardião da Constituição e da vontade geral nela plasmada contra as facções parlamentares, à maneira do rei patriota de Bolingbroke. Foi nessa ocasião que um aliado dos monarquianos, o abade Bernardin de Saint-Pierre (1737-1814), chamou publicamente a atenção para esse poder extraordinário do monarca, que existiria em todas as monarquias bem-organizadas, e que ele designava como um *Poder Moderador*. Nessa expressão, condensavam-se todas as correntes contemporâneas que pretendiam transformar o poder régio em um instrumento excepcional de defesa do interesse público:

> O rei, aí, não é apenas um comissário da nação, um *doge* ou um *stadthouder*; é um monarca encarregado de dirigir suas operações [...]. Os três corpos da monarquia reagem sem cessar uns contra os outros, de sorte que, deixados a si mesmos, logo ocorreria que um deles oprimiria os outros dois, ou seria por eles oprimido [...]. Falta, portanto, que o rei tenha ainda o poder moderador, isto é, o de manter o equilíbrio entre esses corpos [...]. Como o rei tem, de direito, o poder executivo, não poderá haver lei alguma aprovada sem a sua sanção; como ele tem também o poder moderador, ele terá sempre o poder de manter o equilíbrio da assembleia, formada que é de dois poderios cujos interesses são opostos.[330]

O constitucionalismo radical dos *patriotas*: o legislativo unicameral como único representante da nação. O constitucionalismo moderado dos monarquianos, de inclinação anglófila, se defrontou com a resistência do *partido democrático*, inclinado por sua vez ao republicanismo radical de Rousseau e Mably. Entre os *patriotas* que compunham o grupo, destacavam-se o já

[329] D'ANTRAIGUES, Emmanuel-Henri-Louis-Alexandre de Launay, Conde (1989). "Sur la sanction Royale". *In*: François Furet & Ran Halévi (org.). *Orateurs de la Révolution Française. I – Les constituants.* Paris: Gallimard, 1989, p. 364.

[330] SAINT-PIERRE, Jacques-Henri Bernardin de. *Œuvres complètes.* Nova edição revista, corrigida e aumentada. Paris: P. Dupont Libraire, tome 11, 1819, p. 64.

referido abade Sieyès, Isaac le Chapelier (1754-1794) e Charles-Maurice de Talleyrand (1754-1838). Acusando os monarquianos de representarem um "partido aristocrata", os radicais aspiravam a uma constituição que organizasse um *regime republicano com rei.* Restabelecer a velha Constituição da França feudal, anacrônica e ilegítima, lhes parecia tão absurdo quanto importar a da Inglaterra, por eles ridicularizada como um "monumento da superstição gótica".[331] Complicado maquinário destinado a coibir ou amenizar as sobrevivências da opressão feudal, a doutrina anglo-americana de equilíbrio dos poderes não se justificava na França, onde a ruptura estava inscrita no programa democrático. A balança de poderes britânica era percebida menos como um desenho institucional racional do que uma acidental acomodação de interesses entre os lordes, verdadeiras relíquias do obscurantismo medieval, e os representantes do povo, que inexplicavelmente ainda vacilavam em deles se livrar. Aos olhos dos radicais, o veto do rei britânico preservava um simulacro de equilíbrio entre poderes, que haviam se tornado no presente muito desiguais em força e legitimidade. Equipados com as luzes do século, os franceses poderiam elaborar uma constituição mais perfeita, que substituísse a tal separação tripartite de poderes equilibrados por uma simples divisão de funções entre um poder soberano e uma autoridade encarregada de executar suas ordens. Na impossibilidade de exercício direto do poder pela nação, uma assembleia ficaria encarregada de representar sua indestrutível unidade.[332] A legitimidade não viria da história, mas da reconstrução racional da vontade da nação.[333]

Aparentemente, os princípios dos radicais eram os mesmos dos moderados: soberania nacional, igualdade civil, lei decorrente da vontade geral, separação de poderes, representação, centralização político-administrativa e direitos fundamentais. As divergências apareciam quando se tratava de dar-lhes desenvolvimento. Embora concordassem que "o bem público exige que o interesse comum da sociedade se mantenha em alguma parte, puro e sem mistura", os moderados achavam que ele deveria ser defendido pela Coroa, ao passo que,

[331] SIEYÈS. *A constituinte burguesa*, op. cit., p. 41.

[332] BAKER. *Inventing the French Revolution*, op. cit., p. 286-287.

[333] BARBERIS, Mauro. "Os limites do poder: a contribuição francesa". *In*: DUSO, Giuseppe (org.). *História da filosofia política moderna*. Tradução de Andrea Ciacchi, Lissia da Cruz e Silva e Giuseppe Tosi. Petrópolis: Vozes, 2005, p. 219.

para os patriotas, essa função recaía sobre a assembleia de representantes.[334] Para os radicais, a existência de duas câmaras legislativas e do direito de veto contrariava os princípios do governo representativo. Sieyès alegava que a França deveria ser pensada como "um todo único, composto de partes integrantes", que "não devem ter separadamente uma existência completa".[335] O princípio da unidade soberana impunha uma expressão igualmente unitária da vontade da nação. Como a eleição era o único critério legítimo para escolher representantes, o poder do monarca só existia enquanto concessão da Assembleia depositária da soberania. O direito de veto do rei aparecia como um "mecanismo estranho" que autorizava um órgão inferior a contrariar o superior. Por isso, o modelo constitucional radical era apresentado como mais simples, moderno e lógico. A supremacia da Assembleia dispensava os complicados mecanismos de freios e contrapesos de Montesquieu, bem como a interveniência de um poder arbitral, fosse do rei, fosse do Senado. Contra o mecanicismo abstrato, racionalista e geométrico de Sieyès levantou-se Mirabeau, que o criticou por sua incapacidade de perceber as dificuldades opostas pelas circunstâncias à prática política:

> Reconheço que a moção do Senhor abade Sieyès está conforme o rigor dos princípios, que é o que se deve esperar de um cidadão filósofo. Mas não é sempre conveniente consultar apenas o direito sem nada conceder às circunstâncias. Eis a diferença essencial entre o metafísico que, na meditação do gabinete, apreende a verdade em sua enérgica pureza, e o estadista que é obrigado a levar em conta os antecedentes, as dificuldades, os obstáculos; eis a diferença, digo, entre o instrutor do povo e o administrador político: um só se preocupa com *o que é*, e o outro só se ocupa *daquilo que pode ser*. Ao metafísico viajando sobre um mapa-múndi tudo se permite, não se deixando incomodar nem com as montanhas, nem com os desertos, os rios, nem os abismos; mas quando se quer realizar a viagem, quando se quer chegar ao seu destino final, é preciso se lembrar a todo o tempo que se caminha sobre a terra e que não se está num mundo ideal.[336]

---

334 SIEYÈS. *A constituinte burguesa*, op. cit., p. 39.

335 Idem. "Dire de l'abbé Sieyès sur la question du veto royal". *In*: François Furet & Ran Halévi. *La monarchie républicaine: la Constitution de 1791*. Paris: Fayard, 1996, p. 411.

336 MIRABEAU, Honoré Gabriel Riqueti, Conde de. "Sur la dénomination de l'assemblée, I". *In*: François Furet & Ran Halévi (org.). *Orateurs de la Révolution Française. I – Les constituants*. Paris: Gallimard, 1989, p. 634.

O plenário da Constituinte resolveu em setembro de 1789 a questão do bicameralismo e do veto monárquico. A proposta moderada de estabelecimento de uma câmara alta ou Senado foi derrotada por uma maioria devastadora de 849 a 89. Quanto ao direito de veto, ele foi admitido em modalidade apenas suspensiva e não absoluta. Triunfara a crença de que nada havia a se aproveitar do passado e que a Constituição deveria ser "fixada" pela elaboração de um texto completamente novo de acordo com os princípios abstratos de direito público. Humilhados, Mounier, Lally, Bergasse e Clermont-Tonnerre se demitiram da Comissão de Constituição, e passaram a direção da Constituinte às mãos dos radicais. Realizava-se o pesadelo de Burke.[337]

Conclusão

O terceiro capítulo demonstrou que o constitucionalismo histórico francês, como o inglês, foi articulado de forma a se inferir, do estudo da história, a existência de uma constituição imemorial que impunha limitações aos poderes da Coroa. Entretanto, sua "revolução oligárquica" apresentaria traços diversos. Na Inglaterra, o absolutismo havia sido derrotado em proveito de uma forma embrionária e oligárquica de governo representativo. A Reforma protestante introduzira um imaginário social mais horizontalizado e pluralista. A insularidade do reino dispensava um exército profissional. Sua história e seus costumes desconheceram um príncipe legislador, herdeiro da tradição absolutista romana. Os clérigos não compunham um estamento legalmente privilegiado e já se gozava de relativa liberdade de cultos. O órgão da representação nacional, o Parlamento, nunca deixou chegou ao ponto de cair em desuso. Embora a aristocracia inglesa ocupasse corporativamente uma câmara política, a dos lordes, ela não constituía, ao contrário da francesa, um estamento privilegiado. Ademais, a instituição beneficiária do constitucionalismo histórico – o Parlamento – contemplava tanto os interesses da nobreza como dos plebeus. A revolução oligárquica teve lugar na Inglaterra antes do Iluminismo, que trouxe uma mudança

337 BAKER, Keith Michael. "Constituição". *In*: François Furet e Mona Ozouf. *Dicionário crítico da Revolução Francesa*. Tradução de Henrique de Araújo Mesquita. 1ª edição. Rio de Janeiro: Nova Fronteira, 1989, p. 532. Idem. *Inventing the French Revolution*, op. cit., p. 275. CARCASSONNE. *Montesquieu et le problème de la Constitution Française au XVIIIe siècle*, op. cit., p. 636.

de consciência histórica que apartava os modernos dos antigos, o presente do passado, a utilidade da tradição. Não se pode esquecer igualmente a expansão imperial da Grã-Bretanha, que a colocou em uma posição privilegiada para se desincumbir de seus desafios. As transformações políticas puderam ser pensadas como um processo de expansão das liberdades dentro da ordem preestabelecida, que estava associado ao desenvolvimento da economia e dos costumes.[338] Por tudo isso, a maioria dos intelectuais britânicos, já tendo resolvido o essencial de seu problema político – a constitucionalização da monarquia –, tendeu a apoiar o poder estabelecido. Daí a elaboração de um constitucionalismo essencialmente moderado, liberal e aristocrático, que definia o Estado de direito a partir da categoria de governo misto e asseguraria a estabilidade e a durabilidade de seu "momento oligárquico" (1688-1832).

Na França, os ventos sopraram no sentido contrário. O absolutismo foi vitorioso e modelou a cultura política do país. A fidelidade à religião católica ajudou a sedimentar um imaginário político hierárquico e unitário. Como na Inglaterra, emergiu uma sociedade civil que, em nome da opinião pública, cobrava canais institucionais para vocalizar seus interesses. Entretanto, os antigos órgãos de representação nacional, os Estados-Gerais, haviam caído em desuso. Aqueles que poderiam enfrentar o monopólio da representação da nação pela Coroa – os tribunais aristocráticos (*parlements*) – eram privativos da nobreza e do clero. Além disso, a difusão do Iluminismo erodiu o historicismo que servira de esteio ao constitucionalismo histórico, favorecendo um racionalismo abstrato e universalista, aberto a novas formas de pensar uma ordem justa e moderna. A questão constitucional passou a ser um problema de legitimidade, justiça e razão, e não um debate historiográfico sobre sociedades do passado remoto. Os privilégios eclesiásticos suscitaram um forte anticlericalismo, que pregava rupturas radicais com os padrões de pensamento (religião) e de ordem política (despotismo). O absolutismo ilustrado, desconhecido na Inglaterra, tornou-se uma ideologia alternativa de "revolução oligárquica" que acenava com um governo modernizador a serviço da derrubada dos privilégios. O resultado foi que, somados, esses fatores dividiram o movimento contestatário francês em duas vertentes: enquanto a primeira era liberal, moderada e aristocrática, a segunda

[338] POCO CK, John. *Barbarism and religion.* v. 1: The Enlightenments of Edward Gibbon, 1737-1764. New York: Cambridge University Press, 2003, p. 300.

tornou-se autoritária, radical e democrática. Os radicais acreditavam que a nação ficava sempre em estado de natureza, na posse direta de sua soberania. Provocada pela necessidade de combater a reação nobiliárquica, a ênfase conferida ao valor da igualdade, durante a "revolução oligárquica" francesa, contribuiu para a instabilidade e a brevidade de seu "momento oligárquico" (1814-1848), criando dificuldades para a aclimatação do liberalismo e do Estado de direito.

A Revolução Francesa optou por seguir o roteiro "democrático" que impôs o reconhecimento do povo como único detentor da soberania. Desde então, estabeleceu-se uma luta desigual entre moderados e radicais. Os primeiros, comprometidos com o modelo britânico, propuseram um meio-termo entre restaurar uma constituição antiga por recurso à história e instaurar uma nova por apelo à filosofia. Cumpria preservar das leis fundamentais do reino aquilo que fosse possível e substituir o que não o fosse por um governo representativo ancorado nas doutrinas da constituição mista, da separação de poderes e dos freios e contrapesos. Os monarquianos não admitiam a concepção de revolução como um momento fundador, que suspendia todas as instituições diante da vontade geral. Pensavam que o príncipe possuía um poder anterior, preexistente à Assembleia, que deveria ser regulado e não destruído. Queriam um rei patriota à maneira de Bolingbroke que, na condição de primeiro representante da nação, defendesse o interesse público contra as inconstâncias e excessos do Legislativo. Ou seja, que além do Executivo ordinário, o príncipe exercesse também o *poder régio ou moderador* referido por Saint-Pierre e Clermont-Tonnerre. Mas os moderados foram derrotados. Os radicais acreditavam que o modelo da constituição mista era incompatível com a soberania popular una, indivisível e absoluta e por isso condenaram todas as propostas que contemplassem separação de poderes equipotentes e equilibrados. Eles se apropriaram conscientemente de categorias centrais do "momento monárquico", como *soberania absoluta* e *razão ou golpe de Estado*, a fim de revertê-las em proveito do novo *príncipe* da era igualitária: o povo. Entre moderação e radicalismo, a Assembleia preferiu o último com todos os seus consectários: vontade política ao invés da razão social; unidade ao invés da diferença; virtude cívica ao invés do comércio; soberania absoluta ao invés de governo limitado pelos direitos do homem. Opções que, a médio prazo, colocaram a França na rota da ditadura e do Terror.[339]

---

339 BAKER. *Inventing the French Revolution*, op. cit., p. 305.

Capítulo 4

A CONSTRUÇÃO INTELECTUAL DO ESTADO DE DIREITO NA FRANÇA (2): CONSTITUIÇÃO, GOVERNO MISTO E REPUBLICANISMO DA REVOLUÇÃO À RESTAURAÇÃO (1791-1821)

1. UMA REPÚBLICA COM REI: A CONSTITUIÇÃO RADICAL DE 1791 E A CRÍTICA MONARQUIANA

A Constituição de 1791: uma república com rei. O fosso aberto entre revolução ou soberania de um lado e constituição ou Estado de direito de outro frustrou os esforços dos moderados por conduzir a "revolução oligárquica" francesa a um porto seguro. O desenho institucional triunfante acabou próximo das concepções radicais de Sieyès. No art. 1ª de seu título III, a Constituição declarava o princípio da soberania da nação que, como no absolutismo monárquico, era descrita como "una, indivisível, inalienável e imprescritível". Enquanto o preâmbulo da declaração de direitos permitia a qualquer cidadão desafiar qualquer ato do governo que lhe parecesse contrariá-los, o art. 2º o autorizava a resistir-lhe: era seu "direito natural" resistir à opressão.[340] Sieyès explicava: em permanente estado de natureza, a nação não ficava presa a nenhum compromisso.[341] Assim como o absolutismo monárquico punha o rei acima das limitações legais sempre que as julgasse incompatíveis com o bem comum, a Constituição radical autorizava a oposição a desobedecer aos governantes sempre que julgasse violados seus direitos. Se a soberania saía toda poderosa do processo constituinte, as instituições saíam fragilizadas. O chefe do Estado não passava de um comissário do Legislativo, de escassa influência sobre uma administração quase toda eletiva. Não podia dissolver a Assembleia, não tinha iniciativa das leis, nem podia exonerar funcionários. Quase todas as suas decisões estavam submetidas à ratificação legislativa. Suas únicas

[340] RIALS, Stéphane. *Textes constitutionnels français.* 17ª edição. Paris: Presses Universitaires de France, 2002, p. 3.
[341] SIEYÈS. *A constituinte burguesa,* op. cit., p. 51

faculdades efetivas eram as de suspender temporariamente projetos de lei e nomear e demitir os ministros. Mesmo assim, o veto do rei podia ser derrubado e a Constituição o proibira de escolher auxiliares entre os deputados da Assembleia. Realizava-se o sonho republicano de Mably: a aniquilação do Poder Executivo.

O Judiciário encontrava-se tão ou mais manietado.[342] Imersos no absolutismo democrático, os constituintes cultivavam uma visão que subordinava o direito à política. Consagrado no artigo sexto da *Declaração dos Direitos do Homem e do Cidadão*, esse legicentrismo se opunha radicalmente à concepção britânica que, refletida na Constituição estadunidense de 1787, subordinara a política ao direito por meio da jurisdição constitucional, autorizando os juízes a anular atos normativos do governo e do Legislativo sempre que atentatórios à lei maior. É que o fantasma dos antigos tribunais aristocráticos, os *parlements*, extintos pela Assembleia, inviabilizava a fiscalização do governo pelo Judiciário. Para o presidente da comissão de reforma judiciária, Jacques-Guillaume Thouret, conceder aos juízes o poder de interpretar as leis ou anulá-las, a pretexto de inconstitucionais, implicava sequestrar a vontade geral: "Uma Nação que exerce o Poder Legislativo por um corpo permanente de representantes não pode deixar aos tribunais executores dessas leis, e submetidos à sua autoridade, a faculdade de revisar tais leis".[343] Os juízes se limitariam a aplicar a lei, eximindo-se de interpretá-la. A finalidade do Supremo Tribunal, a Corte de Cassação, não era a de garantir a constitucionalidade das leis, e sim impedir que magistrados inferiores "invadissem a esfera do poder legislativo, subtraindo-se à estreita e textual observância das leis".[344] Em caso de dúvida na interpretação da lei, os juízes deveriam consultar a própria Assembleia, que esclareceria seu significado através de uma *interpretação autêntica*. Ao contrário do preconizado por Blackstone nos seus *Comentários*, os revolucionários franceses acreditavam que interpretação constitucional não era assunto dos juízes, mas dos legisladores. As ações judiciais que envolvessem interesse do Estado também

[342] DUPUY, Roger & MORABITO, Marcel. *1795: Pour une république sans révolution*. Rennes: Presses Universitaires de Rennes, 1996, p. 235.

[343] THOURET, Jacques Guillaume. "Discours de Thouret sur la réorganisation du pouvoir judiciaire". *In*: François Furet & Ran Halévi. *La monarchie républicaine: la Constitution de 1791*. Paris: Fayard, 1996, p. 473.

[344] CAPPELLETTI, Mauro. *O controle judicial de constitucionalidade das Leis no Direito Comparado*. Tradução de Aroldo Plínio Gonçalves. Porto Alegre: Sérgio Antônio Fabris Editor, 1984, p. 40.

não seriam julgadas pelo Judiciário, mas por uma justiça especial formada por magistrados do próprio governo: o contencioso administrativo.[345]

Premida entre a necessidade contraditória de limitar o poder da Assembleia em benefício do cidadão (Estado de direito) e de maximizar aquele mesmo poder em nome da soberania absoluta da nação (democracia), a Constituinte não admitiu quaisquer institutos que regulassem o exercício excepcional da razão de Estado: nem estado de exceção, nem Poder Moderador, nem jurisdição constitucional. O preâmbulo da *Declaração dos Direitos do Homem e do Cidadão* supunha que a consagração formal dos direitos naturais acabaria com os descontentamentos e baniria a excepcionalidade da prática política.[346] Ameaças graves e excepcionais só poderiam vir do estrangeiro e, nesse caso, o governo deveria suspender toda a Constituição em nome da salvação pública. A revisão constitucional que poderia oxigenar o sistema político só estava admitida para dali a oito anos.[347]

Em busca de um Poder Moderador: a crítica de Clermont-Tonnerre à Constituição de 1791. A promulgação da Carta coincidiu com a busca de um mecanismo capaz de estabilizar o Estado de direito contra as investidas da soberania absoluta do povo. A primeira iniciativa veio do que restara do antigo partido monarquiano. O grupo se dissolvera depois das violências das jornadas de outubro de 1789 e do regresso forçado do rei de Versalhes a Paris. Alguns haviam partido para o exílio; outros, retornado à província. Nem por isso, políticos como Bergasse, Malouet e Mounier deixaram de criticar os rumos dos acontecimentos em escritos dirigidos ao público francês e internacional.[348] A mais notável dessas publicações foi a *Análise arrazoada da Constituição francesa decretada pela Assembleia Nacional*, do conde de Clermont-Tonnerre. Orientado pela ciência política moderada de Montesquieu e Burke, o conde acusava o radicalismo de ter concebido uma Carta inexequível devido ao grau de abstração e universalidade de seus princípios. Ela ignorara a dimensão prudencial da

---

[345] FURET & HALÉVI. *La monarchie républicaine: la Constitution de 1791*, op. cit., p. 213.

[346] RIALS. *Textes constitutionnels français*, op. cit., p. 3.

[347] Idem, ibidem, p. 17.

[348] Vide BERGASSE, Nicolas. "Lettre relative ao serment individuel, adressée au Président de l'Assemblée Nationale"; MALOUET, Pierre-Victor, "Opinion sur la révolte de la minorité contre la majorité et opinion sur l'acte constitutionnel"; MOUNIER, Jean-Joseph. "Ma conduite dans l'Assemblée Nationale". In: François Furet & Ran Halévi (org.). Orateurs de la Révolution Française. I – Les constituants. Paris: Gallimard, 1989.

política, que obrigava o estadista a levar em consideração as circunstâncias específicas da aplicação da lei. Clermont-Tonnerre lembrava que o próprio Rousseau soubera distinguir entre as duas coisas, expondo os princípios abstratos em *Do contrato social*, mas ensinando como modulá-los nas *Considerações sobre o governo da Polônia*. A ignorância entre princípios abstratos e circunstâncias concretas tornara a declaração de direitos incompleta e perigosa. O direito de resistência, admitido moderadamente por Locke, havia sido entronizado como faculdade corriqueira, invocada por qualquer grupelho. O abismo entre soberania do povo e Estado de direito só podia ser corrigido pela criação de uma instância arbitral, capaz de confirmar ou não as alegações de violação dos direitos por parte do governo e dotado de força para ser acatado. Ao deixar a apreciação das eventuais violações à discrição subjetiva dos cidadãos "soberanos", a Constituição expusera o Estado de direito à tirania da maioria e à instabilidade, que grassava desde a reunião dos Estados-Gerais.[349]

No que se refere ao Poder Moderador, Clermont-Tonnerre fazia duas observações particularmente relevantes. A primeira dizia respeito às condições de *estabilidade política da Constituição*. A experiência britânica demonstrara que o rei detinha "dois poderes perfeitamente distintos, o Poder Real e o Poder Executivo". Tratava-se na verdade de uma reflexão sobre as duas dimensões da prerrogativa monárquica, a ordinária e a extraordinária, trazida para o instável contexto constitucional francês. Como chefe do Executivo, sagrado e inviolável, o monarca agia por intermédio de seus ministros, que respondiam por seus atos perante o Parlamento. Mas o rei só seria "verdadeiramente livre e irresponsável" no exercício do chamado *poder real*, quando arbitrava e amortecia os entrechoques dos poderes.[350] Ou seja, Clermont-Tonnerre alegava que a finalidade suprema da prerrogativa extraordinária na Grã-Bretanha era a de manter a estabilidade política e, por extensão, a Constituição. O conde lamentava que, ao invés de conferir aquele poder arbitral ao monarca, como do outro lado da Mancha, a Constituinte francesa preferira construir um Legislativo "todo poderoso contra a Constituição".[351] A Assembleia era tão absoluta quanto o rei do Antigo Regime; ninguém possuía legalmente "nem o direito,

[349] CLERMONT-TONNERRE, Stanislas Marie Adélaïde, Conde de. *Analyse raisonnée de la Constitution française décrétée par l'Assemblée Nationale des années 1789, 1790 e 1791.* Paris: 1791, p. 134.
[350] Idem, ibidem, p. 393.
[351] Idem, ibidem, p. 316.

nem o dever, nem a possibilidade de restringir sua ação, caso ele venha a violá-la".[352] A segunda observação do conde abordava o problema da *estabilidade jurídica da Constituição*. O potencial anárquico da premissa de que qualquer agremiação ficava livre para se revoltar contra o governo, desde que invocasse o nome do povo soberano, só podia ser coibido por um Judiciário encarregado de fixar o sentido e o alcance dos direitos fundamentais. No entanto, o órgão que poderia exercer aquele controle – a Corte de Cassação – havia sido criado sem "nenhuma existência permanente [...], nenhuma espécie de força", incapaz de "resistir ao ascendente do Legislativo".[353] Era evidente para Clermont-Tonnerre que, fadada ao fracasso, a Constituição não duraria. Mas ele não teve tempo de ver sua profecia realizada. Ao longo das jornadas de 10 de outubro de 1792, que puseram fim à monarquia, o conde foi encurralado e assassinado por uma multidão armada, ou milícia que, pelas ruas de Paris, invocava a autoridade do *povo soberano* para fazer justiça pelas próprias mãos.

2. Uma república sem rei: o excepcionalismo revolucionário dos jacobinos e o moderantismo dos termidorianos.

A República do Terror: o excepcionalismo revolucionário e a ditadura de Robespierre (1792-1795). A promulgação da Constituição não interrompeu a carreira ascensional do terrorismo, embrionário desde a tomada de Bastilha a 14 de julho de 1789. Progressivamente instaurou-se o reinado do complô, do rumor, da denunciação e do castigo. A reivindicação do exercício direto do poder soberano pela multidão de lojistas, artesãos, guardas nacionais e federados que, obcecados pela ideia de traição, coagiam a Assembleia Nacional, provocou uma desinstitucionalização da vida política. Em um quadro de conflagração revolucionária, o sistema político assumiu os contornos de "um absolutismo representativo mesclado aos espasmos insurrecionais da democracia direta".[354] A Revolução desvelou a relação íntima entre soberania popular absoluta e a maximização dos poderes excepcionais. As primeiras

[352] Idem, ibidem, p. 335.
[353] Idem, ibidem, p. 373.
[354] GUENIFFEY, Patrice. *Le nombre et la raison: la Révolution française et les élections*. Prefácio de François Furet. Paris: École des Hautes Études en Sciences Sociales, 1993, p. IV.

leis de exceção confiscaram os bens dos nobres e clérigos emigrados, declarando-os banidos e prescrevendo o fuzilamento para os que voltassem. Depois, foram obrigados a deixar o país os padres que recusaram a disciplina civil do clero imposta pelo Legislativo. Em julho de 1792 a Assembleia promulgou lei que a autorizava a adotar medidas excepcionais sem previsão de seu objeto ou duração. A sequência das rebeliões e massacres populares, as declarações de guerra contra os países vizinhos, a nacionalização do clero e a tentativa de fuga da dinastia de Bourbon foram outros tantos eventos que culminaram na execução de um golpe parlamentar promovido por radicais.

A república foi decretada, e a constituição monárquica, posta abaixo. Reuniu-se uma convenção nacional para elaborar outra. Embora alguns convencionais propusessem a previsão das hipóteses de ação discricionária pelo governo, de modo a domesticar a razão de Estado revolucionária, a hipótese foi novamente repelida por conspurcar o ideal de pureza da ordem republicana.[355] A Constituição de 1793, que não admitia o estado de exceção, nunca entrou em vigor. Com o argumento de que, "em circunstâncias revolucionárias, a vontade geral ordena e aprova tacitamente ou expressamente os atos de rigor exercidos para a salvação de todos, para a conservação da liberdade de todos, que alguns querem destruir", a convenção decretou que o governo era absoluto por tempo indeterminado e instituiu tribunais para deter suspeitos e fuzilar os "inimigos do povo".[356] Apoiada "na mais santa das leis, a salvação do povo", e "no mais incontestável dos títulos – a necessidade", o ditador jacobino, Maximilian de Robespierre (1758-1794), justificava a ditadura alegando não ser prudente promulgar a nova Constituição enquanto durasse a guerra contra os inimigos da Revolução. Ele falava em "perigos novos e prementes"; em conjunturas "tempestuosas e móveis" que impunham um governo excepcional, sem as amarras do regime de legalidade.[357] Segundo Robespierre, "em circunstâncias revolucionárias, a vontade geral ordena e aprova tacitamente ou expressamente os atos de rigor exercidos para a salvação de todos, para a conservação da liberdade de todos, que alguns querem destruir".[358]

---

[355] GAUCHET, Marcel. *La révolution des pouvoirs,* op. cit., p. 107.

[356] GUENIFFEY, Patrice. *La politique de la Terreur: essai sur la violence révolutionnaire – 1789-1794.* Paris: Fayard, 2000, p. 178.

[357] ROBESPIERRE, Maximilian de. *Discursos e relatórios da Convenção.* Tradução de Maria Helena Franco Martins. Rio de Janeiro: Contraponto, 1999, p. 130-131.

[358] GUENIFFEY. *La politique de la Terreur,* op. cit., p. 178.

Era a lógica da ditadura romana que se impunha na política democrática moderna. Quanto mais o povo buscava eliminar da Constituição qualquer possibilidade de mecanismos de exceção, a título de se proteger contra as usurpações de seus governantes, mais se estendia na prática o campo da ação discricionária ou arbitrária do governo ditatorial. A lei de 19 de março de 1793 permitia a execução sumária de ladrões e de incendiários, mas também de padres e nobres pela simples razão de seu estado ou condição de nascimento, e seus bens deveriam ser confiscados.[359] Entre março de 1793 e o fim de julho de 1794 foram efetuadas mais de meio milhão de prisões. Cerca de 16.600 pessoas de todas as classes foram executadas pelo tribunal revolucionário de Paris, entre os quais membros da família real (aí incluso o rei, Luís XVI; sua irmã, madame Elizabeth; a rainha, Maria Antonieta), aristocratas aparentados com os Bourbon, como duque de Orléans; clérigos que se recusavam a romper com Roma e políticos girondinos como Brissot e Barnave. O terrorismo jacobino liquidou não só o pessoal dirigente do Antigo Regime, mas a classe política que fizera a Revolução. Tudo pesado, o macabro balanço do Terror, incluindo as vítimas da guerra civil no bastião monarquista da Vendéia, foi estimado em 250 mil mortos.[360]

O Termidor (1795-1799): os "ideólogos" e as propostas de Sieyès de um tribunal constitucional e de um senado conservador. Derrubada a ditadura de Robespierre (1794), a convenção do novo regime, conhecido por *Termidor*, rejeitou a natimorta Constituição jacobina de 1793. Recomeçou então o longo caminho da "revolução oligárquica" na direção do Estado de direito e do liberalismo. O movimento de depuração do radicalismo encontrou seu principal articulador no próprio Sieyès, que sobrevivera ao terrorismo. Ele, que no começo da Revolução defendera a soberania absoluta do povo, subia agora à tribuna para fazer o *mea culpa*: "A soberania, entendida como um poder supremo que dominaria e abarcaria tudo, não existe".[361] Mimética transposição da antiga soberania monárquica, a doutrina da vontade geral revelara-se "um monstro em política e um grande erro da parte do povo fran-

---

[359] Idem, ibidem, p. 35.

[360] FURET, François. "Terror". In: François Furet e Mona Ozouf. *Dicionário crítico da Revolução Francesa.* Tradução de Henrique de Araújo Mesquita. 1a edição. Rio de Janeiro: Nova Fronteira, 1989, p. 149-151. GUENIFFEY. *La politique de la Terreur*, op. cit., p. 174 e 235.

[361] SIEYÈS, Emmanuel-Joseph. *Escritos y discursos de la Révolution.* Edição, tradução e notas de Ramón Maiz. Madrid: Centro de Estudios Constitucionales, 1990, p. 236.

cês".[362] Ao contrário do que imaginara Rousseau, o contrato social transferia ao Estado apenas aquela parcela da soberania indispensável "para manter cada um em seus direitos e seus deveres".[363] Sieyès também reconhecia que a mera divisão dos poderes se revelara incapaz de mantê-los em harmonia, pela falta de um órgão que, encarregado de institucionalizar os conflitos, servisse de "chave de abóboda" do edifício republicano.[364] Para exercer essa função, Sieyès propôs à Convenção termidoriana um tribunal dotado de verdadeira jurisdição constitucional: "Os que não consideram a necessidade de introduzir em todas as relações políticas e constitucionais um meio de conciliação, desde há tempos em uso nas relações civis, não percebem que dificultam os progressos naturais do Estado".[365] Sieyès salientou a diferença entre a *arbitrariedade* da razão de Estado e *discricionariedade* legal. Era com o segundo, não com o primeiro, que o seu *júri constitucional* teria de se haver:

> Permiti que me detenha um instante sobre o termo *arbitrariedade*. Ele possui dois sentidos que é necessário distinguir. Vós o tomais pelo exercício de uma autoridade sem freio, sem regra, sem princípio? É então algo odioso e não desejo menos que vós que ela permaneça alheia às nossas relações sociais. No entanto, se dais a esse nome uma decisão de justiça natural que vosso legislador não soube incluir no seu código, retirai aquela denominação desonrosa, pois que ela se torna algo útil, respeitável e, nesse sentido, nada resulta menos arbitrário.[366]

A despeito de alguns avanços teóricos na direção do Estado de direito, a Convenção termidoriana não escapou da perspectiva mecânica e monista que orientara a Constituinte e a Convenção jacobina. A nova Constituição de 1795 criou um governo separado, na forma de um diretório, mas sem direito de veto ou de iniciativa legislativa. Ainda que dividisse o Poder Legislativo em duas câmaras, tratava-se de uma divisão puramente técnica, que separava a fase da discussão pela câmara baixa (os *quinhentos*) da deliberação final pela câmara alta (os *anciãos*).[367] Ou seja, a primeira câmara só discutia, e a segunda,

---

[362] BREDIN, Jean-Denis. *Sieyès*, op. cit., p. 512.
[363] Idem, ibidem, p. 244.
[364] Idem, ibidem, p. 513.
[365] SIEYÈS. *Escritos y discursos de la Révolution*, op. cit., p. 281.
[366] Idem, ibidem., op. cit., p. 288.
[367] MORABITO, Marcel. "Les nouveautés constitutionnelles de l'an III". *In*: Roger Dupuy e Marcel Morabito (dir.) *1795: pour une République sans révolution*. Rennes, Presses Universitaires de

só decidia. Também foi tímida a abertura a institutos capazes de regular o emprego excepcional da discricionariedade, constitucionalizando a razão de Estado. A proposta de tribunal constitucional foi rejeitada sumariamente pelos convencionais, que admitiram somente um controle preventivo e formal das leis por parte dos anciãos (art. 88). Se, por um lado, não se aceitou qualquer mecanismo de resolução de crises políticas, por outro, o estado de exceção foi constitucionalizado, limitado às hipóteses de guerra externa (art. 398) e de conspiração contra a segurança do Estado (art. 145). Orientados pela experiência, ao contrário dos jacobinos, os termidorianos tentavam encapsular a excepcionalidade dentro da legalidade.

A terceira Constituição francesa não impediu que o novo regime – o *diretorial* ou *termidoriano* – fosse atravessado por uma grande instabilidade. Tratava-se de um governo republicano fraco, violentamente atacado à direita pelos reacionários e à esquerda pelos radicais, incapaz de manter seus propósitos moderados. O processo revolucionário cedia lugar ao golpismo crônico, promovido tanto pela oposição quanto pelo governo, que manipulou as eleições e expurgou da Convenção seus chefes adversários.[368] O veloz desgaste das instituições desaguou no golpe definitivo de 18 de Brumário (1799), quando a Convenção foi dissolvida à força, e a república, entregue de bandeja nas mãos do general Napoleão Bonaparte.

O novo fracasso reacendeu o debate relativo à criação de mecanismos estabilizadores, quando começou a elaboração da quarta Constituição do país: a do *Consulado.* As principais propostas partiram do grupo *dos ideólogos*, a que pertenciam Pierre Claude Daunou (1761-1840), Pierre-Jean Cabanis (1757-1808), Destutt de Tracy (1754-1836) – e, por afinidade, o próprio Sieyès.[369] Partindo de uma concepção mecanicista da ciência social, eles acreditavam que a história era "a mãe dos preconceitos", e a política, "uma ciência cujas leis descobriam os homens por aproximações sucessivas, graças à sua livre reflexão".[370] Defendiam a soberania popular, o regime republica-

---

Rennes, 1996, p. 177 e 170.

[368] NORA, Pierre. "República". *In*: François Furet e Mona Ozouf. *Dicionário crítico da Revolução Francesa.* Tradução de Henrique de Araújo Mesquita, 1ª edição. Rio de Janeiro: Nova Fronteira, 1989, p. 831.

[369] FURET. *La Révolution Française: de Turgot à Napoléon (1770-1815)*, op. cit., p. 402.

[370] GIRARD, Louis. *Les libéraux français 1814-1875.* Paris: Aubier, 1985, p. 24. JARDIN. *Historia del liberalismo político*, op. cit., p. 165.

no, a instrução popular e restrição da participação aos mais capazes. Críticos da Constituição da Inglaterra, eles concebiam a política como uma arte de relojoaria: "Nada é arbitrário em mecânica social e o lugar de cada peça se encontra determinado por relações que não dependem da livre vontade do mecânico".[371] Sieyès aproveitou para apresentar uma nova versão do seu tribunal constitucional, o *colégio de conservadores*, rendendo-se à necessidade adicional de um *Poder Moderador*, na pessoa de um *Grande Eleitor* na chefia do Estado. O perfil deste remetia à experiência monárquica: ele deveria representar o país no interior e no exterior, "acima das paixões particulares e do interesse das facções".[372]

Não obstante, o intuito de Sieyès novamente se frustrou. Napoleão empregou sua influência para substituir o cargo moderador do Grande Eleitor, que não lhe convinha, pelo de um Primeiro Cônsul dotado de amplos poderes. Quanto ao *Senado conservador*, ele jamais exerceu as funções arbitrais que lhe foram previstas. À imitação dos antigos romanos, os senadores se curvaram ao novo César e chancelaram a criação do regime imperial (1804).[373] Inconformado, Destutt de Tracy ensaiou inutilmente restabelecer a independência do Senado, "de modo a permitir a expressão da vontade geral".[374] Em compensação, o estado de exceção encontrou na nova Constituição o seu apogeu, prevendo a possibilidade de sua integral suspensão pelo governo, sempre que diante de "revolta à mão armada ou de tumultos que ameacem a segurança do Estado" (art. 92).

3. O CESARISMO BONAPARTISTA: O ABSOLUTISMO ILUSTRADO DE NAPOLEÃO.

Diante dos tumultos de uma república, decorrentes do processo de democratização e mergulhada em guerras civis e externas, se reencenava pela terceira vez – depois de César, depois de Cromwell – o retorno da paz graças à intervenção de um general carismático. Bonaparte restabeleceu imediatamente a doutrina da razão de Estado, potencializada pela base popular de seu governo:

[371] SIEYÈS. *Escritos y discursos de la Révolution*, op. cit., p. 275.
[372] In: BREDIN, Jean-Denis. *Sieyès*, op. cit., p. 659 e 667.
[373] GAUCHET, Marcel. *La révolution des pouvoirs*, op. cit., p. 237
[374] GIRARD. *Les libéraux français*, op. cit., p.30

"Não me falem de bondade, de justiça abstrata, de leis naturais. A primeira das leis é a necessidade, a primeira justiça é a salvação pública. Para cada dia, seu trabalho; para cada circunstância, sua lei; cada um com sua natureza".[375] Nada mais natural que, naquele momento crucial da "revolução oligárquica", Bonaparte articulasse um regime semelhante àquele estabelecido por Cromwell na Inglaterra. Como ele mesmo dizia, "a anarquia conduz sempre ao governo absoluto".[376] Ditador sob o Consulado, como um César moderno, Napoleão passou à condição de Augusto, depois que se fez plebiscitar imperador. Noves fora a cenografia copiada da Antiguidade clássica, o regime napoleônico era uma versão cesarista do absolutismo ilustrado, destinada a assegurar as conquistas da Revolução em uma época de "circunstâncias extraordinárias".[377] O discurso bonapartista adaptava a razão de Estado monárquica de Luís XIV aos tempos revolucionários, justificando um governo forte, centralizado e modernizador sobre a base de uma sociedade igualitária. Descartavam-se na prática os princípios, o idealismo, o Estado de direito, a metafísica e a rotina, substituídos pelo realismo político o mais duro que se podia conceber: "Não se governa com a metafísica, mas com os resultados das experiências dos séculos. Só existe um agente de governo: a política. Ela aconselha hoje uma coisa, amanhã outra. Tem remédios diferentes para males semelhantes: aquele que podia curar em dadas circunstâncias não é indicado em outras".[378]

O principal jurista do Conselho de Estado e autor do Código Civil, Jean-Étienne-Marie Portalis (1746-1807), encarregou-se de oferecer as razões públicas para a mudança de regime, que passava de republicano a imperial. Sem abandonar o realismo napoleônico, Portalis o temperava de modo a torná-lo palatável para a opinião pública e a classe política. Tratava-se de melhorar o governo, mudando suas formas para assegurar seus princípios, que continuavam republicanos. O autor do Código Civil recuperava os mesmos argumentos de Augusto em Roma: o império nada mais era do que a forma adquirida pela república para garantir a igualdade de seus súditos dentro da ordem. A hereditariedade da nova dinastia dos Bonaparte servia de barreira contra

375 NAPOLEÃO. *Opiniões políticas*. Tradução de Osório Borba. Rio de Janeiro: América Editora, 1957, p. 361.
376 Idem, ibidem, p. 45.
377 DUTCHER, George. "The importance of enlightened despotism". *In*: Roger Wines (ed.). *Enlightened despotism: reform or reaction?* Boston: D.C. Heath and Company, 1967, p. IX.
378 Idem, ibidem, p. 360.

as facções e as intrigas. O regime imperial não atentava contra a igualdade revolucionária, na medida em que, diferentemente do passado, era instituído em benefício do povo, único soberano. Ao invés de evocar os privilégios associados àquele de "rei", o título de imperador era compatível com a nova sociedade revolucionária: "Este título não é mais estranho às repúblicas do que às monarquias; ele jamais se ligou a ideias de poder absoluto do príncipe, nem às ideias de servidão entre os cidadãos; assim a antiga Roma tinha seus imperadores".[379] Ademais, Bonaparte o merecia por seus inestimáveis serviços prestados à França: ele garantira as conquistas da Revolução e suas liberais instituições contra os inimigos dentro e fora da nação. Também não havia riscos de uma nova tirania, já que o Senado continuava a proteger a liberdade de imprensa e a Constituição. Na prática, a razão de Estado modernizadora de Bonaparte se impôs às instituições, com sua profunda aversão às teorizações dos liberais:

> A nação precisa de um chefe, um chefe tornado ilustre pela glória, e não de teorias de governo, de frases, de discursos de ideólogos, coisas que os franceses nada entendem. Demos-lhes brinquedos, como as crianças; isto lhes basta; eles se divertirão e se deixarão conduzir desde, porém, que, jeitosamente, lhes dissimulemos o fim para o qual os fazemos caminhar.[380]

A parolagem de Portalis não mudou a franqueza com que, em suas manifestações privadas, Bonaparte exprimia o seu realismo político. Ele acreditava que os homens eram sempre os mesmos, movidos pelo medo e pelo interesse; que, tendentes à inquietação e à turbulência, os franceses precisavam ser governados com "um cetro de ferro";[381] que a sociedade deveria girar em torno do governo como os planetas em torno do Sol; que a fraqueza governamental era a mais terrível calamidade que poderia recair sobre os povos; que uma constituição jamais poderia estorvar a ação do governo, ficando sua vigência sujeita aos homens e às circunstâncias; que a opinião pública não passava de uma "rameira" a ser manobrada; que a liberdade de imprensa levaria a França à anarquia; que

---

[379] LENTZ, Thierry (Int.). *La proclamation du Premier Empire ou Recueil des pièces et actes relatifs à l'établissement du gouvernement impérial héréditaire, imprimé par ordre du Sénat conservateur.* Paris: Nouveau Monde Éditions, 2002, p. 266.

[380] NAPOLEÃO. *Opiniões políticas*, op. cit, p. 47.

[381] Idem, ibidem, p. 364.

uma boa administração supria a falta de um sistema representativo; que os corpos legislativos tendiam a discussões inúteis, não devendo opinar em nada que dissesse respeito à administração, segurança, polícia, política interna e externa; que a Igreja era indispensável ao Estado como garantia da ordem pública contra a subversão; que o liberalismo econômico era uma bobagem e as indústrias só prosperariam em um regime dirigista e protecionista: "É preciso abandonar teorias vãs. Para governar um grande Estado são precisos muitos juízes, muita polícia, muitos soldados e muitos escudos".[382] Mas Bonaparte não foi apenas um realista cínico e um brilhante general que conquistou toda a Europa e a perdeu. Este César ou Cromwell francês foi um modelo de estadista para todos aqueles que, atordoados pela revolução geral, procuravam uma síntese entre autoridade e igualdade, ainda que às expensas da liberdade.

Essa imagem híbrida de ditador republicano e príncipe imperial, tipicamente cesarista, foi decisiva para o prestígio que aureolou sua figura e perpetuou o seu nome. Destinado a consolidar autoritariamente a nova ordem, seu governo teve por suporte um Conselho de Estado formado por uma plêiade de homens experimentados, que prepararam toda a nova legislação aprovada pelo dócil corpo legislativo. Napoleão se reconciliou com a Igreja Romana por meio de uma concordata, podou os excessos revolucionários em matéria de costumes, aceitou o retorno da nobreza tradicional e criou uma nova, baseada em serviços prestados ao Estado. Com tais ações, conseguiu a adesão da parte mais relevante da classe conservadora, até então refratária à Revolução. Promulgou o primeiro Código Civil moderno, que tomou como base o individualismo, extinguiu privilégios e disciplinou as novas relações sociais em matéria de família, propriedade e contratos. Napoleão centralizou a administração por um eficiente sistema de governadores nomeados (os "prefeitos"), apoiados por uma burocracia profissional com ramificações em todas as regiões do país. Ele vinha acompanhado de uma justiça administrativa encarregada de julgar todos os processos que tivessem o Estado por parte, consagrando a superioridade do público sobre o privado, mas também os direitos dos administrados em face da administração. Napoleão também criou um novo sistema tributário baseado em princípios de individualidade e proporcionalidade, que punha fim às isenções do clero e da nobreza, e um sistema fiscal fundado em

[382] Idem, ibidem, p. 230.

orçamentos reais e não fictícios. Instituiu escolas superiores de formação de funcionários, de liceus ou ginásios; submeteu as escolas militares e técnicas à supervisão do Estado e fundou uma universidade que dirigia todo o complexo educacional e pedagógico da França. Com seu absolutismo ilustrado de base cesarista, organizador de uma administração eficiente e racional, Napoleão tornou-se um modelo universal de estadista modernizador. Seu paradigma administrativo acabaria imitado em todo o continente europeu pelos burocratas que identificavam o bom governo a uma boa administração.

4. Uma pedagogia da moderação: Benjamin Constant e a aclimatação do liberalismo britânico à França pós-revolucionária.

A partir do Termidor, o constitucionalismo moderado de tendência anglófila se rearticulou em torno do *grupo de Coppét*. Era nesse vilarejo suíço, próximo de Genebra, que o banqueiro e ex-ministro da Fazenda de Luís XVI, Jacques Necker, mantinha o castelo que lhe servia de refúgio e à filha, Germaine Necker, dita madame de Stäel (1766-1817), e seu namorado, Benjamin Constant de Rebecque (1767-1830). Diversamente dos ideólogos, que perseguiam uma ciência política racionalista e mecanicista, Necker, Stäel e Constant pretendiam aclimatar na França o modelo da Constituição da Inglaterra. Daí a simpatia que nutriam pelos malogrados monarquianos. Também eles desejavam, como representantes da nova cultura do liberalismo político francês, uma transação entre as forças que reagiam à dissolução da ordem social e política do Antigo Regime, e o radicalismo da cultura republicana[383]. Stäel deles se recordava como "moderados, a maioria dos quais defensores da Constituição inglesa. Não havia homens mais conscienciosos na assembleia". Lally era dotado de "soberba eloquência"; Mounier qualificado como "um publicista da mais alta sabedoria", e Malouet, "um administrador de primeira categoria".[384] Com a derrota desse grupo, a Revolução teria perdido "a causa da razão e da liberdade".[385] Já Constant se referia a Clermont-Tonnerre "com

383 CASSIMIRO, Paulo Henrique Paschoeto. *A liberdade na república dos modernos: teoria e história do liberalismo político francês (1789-1848).* Rio de Janeiro, EDUERJ, 2020, p. 29.
384 STÄEL, Germaine de. *Considérations sur la Révolution française.* Paris, Tallandier, 1983, p. 193.
385 Idem, ibidem, p. 183.

um calor que indica mais do que uma mera referência de autor a autor".[386] Tratava-se, na sua opinião, de "um homem muito esclarecido, que pereceu durante nossos tumultos, como quase todos os homens esclarecidos".[387] Mas nem tudo era identidade entre os antigos e os novos liberais. Enquanto os monarquianos guiavam-se pelas obras de anglófilos como Montesquieu e Delolme, os coppétianos bebiam diretamente no Iluminismo britânico de Hume e Burke. Constant também havia sido aluno de Adam Smith em Edimburgo, com quem tomara lições de economia política. Seria sua missão recuperar a noção perdida de moderação, elevando-a à condição de conceito político central que rompesse com a dinâmica revolucionária pautada pelo radicalismo.[388]

Encerrar a "revolução oligárquica" para fundar um "momento oligárquico" exigia adaptar o whiguismo britânico para um contexto diferente. A cultura política francesa continuava dominada pela noção de soberania absoluta, permanecendo o liberalismo acuado pela violenta polarização entre republicanismo radical e absolutismo reacionário, e depois, pelo cesarismo bonapartista. Daí por que Constant criticava o pendor de todos eles pelo governo arbitrário. Eram todos "sectários constantes da iliberalidade"; "cortesãos fáceis das circunstâncias, amigos complacentes do arbítrio, lógicos severos e metafísicos rigorosos".[389] Do ponto de vista teórico, Constant se dedicou a um trabalho de depuração do entulho ideológico autoritário, condenando as principais categorias do "momento monárquico", como a *soberania absoluta* e a *razão de Estado*, adaptadas pelos radicais de todos os matizes. O dogma da soberania ilimitada do povo lhe parecia tão perigoso quanto o do direito divino. Embora a reconhecesse como premissa, ele condenava os meios empregados pelos revolucionários para defini-la. Seu principal alvo doutrinário era o republicanismo radical de Rousseau, que definira a soberania do povo à moda absolutista como una, indelegável e irrepresentável: "Rousseau serviu de pretexto ao despotismo, porque ele tinha

[386] GAUCHET, Marcel. "Notes". *In*: *Benjamin Constant. Écrits politiques.* Paris: Librairie Générale Française, Pluriel, 1997, p. 779.

[387] CONSTANT, Benjamin. *Cours de politique constitutionnelle.* 2ª edição. Prefácio de Édouard Laboulaye. Paris: 1861, p. 177-178.

[388] ROSANVALLON, Pierre. *La démocratie inachevée: histoire de la souveraineté du peuple en France.* Paris: Gallimard, 2000, p. 82.

[389] CONSTANT, Benjamin. *De la force du gouvernement actuel de la France e de la nécessité de s'y rallier; Des réactions politiques; Des effets de la Terreur.* Préface et notes de Philippe Raynaud. Paris: Flammarion, 1988, p. 119 e 127.

o sentimento da liberdade, mas dela não tinha a teoria".[390] Na medida em que a persistência da concepção absolutista de soberania inviabilizava o gozo das liberdades, era dever de Constant firmar na consciência pública a tese de que a soberania do povo, como qualquer outra, era limitada pelos direitos individuais dos cidadãos; que o Estado de direito, constitucional e representativo, prevalecia sobre as deliberações da maioria:

> Nenhuma autoridade sobre a terra é ilimitada, nem aquela do povo, nem aquela dos homens, que se dizem seus representantes; nem aquela dos reis, a qualquer título que reinem; nem aquela da lei que, não sendo senão a expressão da vontade do povo ou do príncipe, seguindo a forma do governo, deve estar circunscrita aos mesmos limites que a autoridade que dela emana. Os cidadãos possuem direitos individuais independentemente de qualquer autoridade social ou política, e qualquer autoridade que viola esses direitos se torna ilegítima. Os direitos dos cidadãos são a liberdade individual, a liberdade religiosa, a liberdade de opinião, que compreendem a publicidade, o gozo da propriedade, a garantia contra todo arbítrio. Autoridade nenhuma pode atentar contra semelhantes direitos, sem fazer em pedaços o seu próprio título.[391]

Quanto às leis de exceção autorizadas pela *razão de Estado*, gênero a que pertenciam o *segredo de Estado*, *golpe de Estado* e *ditadura*, Constant foi seu inimigo mais temível: a arbitrariedade era corrosiva da moralidade, dos vínculos domésticos, das transações comerciais.[392] Todo governo se perdia ao desviar-se da regularidade e da justiça: "Nada está ao abrigo do arbítrio, quando ele é tolerado uma vez. Nenhuma instituição lhe escapa. Ele anula todas na base".[393] Um governo armado da ditadura corria mais riscos do que sem ela, porque sacrificava a liberdade, que era a razão de sua existência, à violência das medidas que tomava, a pretexto de conservá-la. Também o *segredo de Estado* lhe parecia incompatível com a exigência crescente de publicidade. Ele tornava-se um elemento de inquietação geral em um mundo cujas percepções do certo e do errado dependiam da opinião pública, que

[390] Idem. *Escritos de política.* Tradução de Eduardo Brandão. Edição, introdução e notas de Célia Galvão Quirino. São Paulo: Martins Fontes, 2005, p. 11.
[391] Idem. *Écrits politiques*, op. cit., p. 270 e 275.
[392] FRELLER, Felipe. *Quando é preciso decidir: Benjamin Constant e o problema do arbítrio.* Curitiba, Appris, 2021, p. 94.
[393] CONSTANT. *Escritos de política*, op. cit., p. 158.

logo suscitava suas suspeitas e desconfianças.[394] Quanto à *razão de Estado* típica do maquiavelismo, Constant desmoralizava os princípios de legalidade sobre os quais o bom governo se assentava. Embora reconhecesse situações de grande perigo para a comunidade, o publicista genebrino negava a conveniência de enfrentá-las com medidas excepcionais: "A característica do maquiavelismo é a de preferir o arbítrio a qualquer outra coisa". O perigo não deveria ser conjurado pela supressão da justiça, mas pela adesão escrupulosa às leis estabelecidas, às formas tutelares e às garantias preservadoras dos direitos: "Nada é mais contrário ao maquiavelismo do que a necessidade de princípios positivos, de leis claras e precisas: em uma palavra, de instituições verdadeiramente fixas que não deixem à tirania nenhuma brecha, e à invasão, nenhum pretexto".[395]

Constant recusava assim, de modo terminante, a regra clássica de Cícero segundo a qual a salvação do povo era a suprema lei: as leis de exceção eram destrutivas de todos os governos e não havia salvação fora da legalidade. Daí a fórmula peremptória contra qualquer emprego arbitrário do poder: "Os poderes constitucionais, não existindo senão por conta da Constituição, não podem suspendê-la".[396] A Constituição extraía sua força da confiança que o povo nela depositava enquanto garantidora de suas liberdades. Evitando excessos na repressão dos crimes e confiando nos procedimentos e decisões do Judiciário, o governo precisava dar o exemplo de obediência às leis, a fim de que os cidadãos aprendessem as vantagens da subordinação no Estado de direito.[397] As garantias e os procedimentos eram "as divindades tutelares das associações humanas".[398] Os mesmos princípios serviam para atacar o absolutismo ilustrado napoleônico. A modernização pelo alto prejudicava o aperfeiçoamento que introduzia à força, porque ignorava os ritmos próprios da sociedade que haveria de recebê-lo. Era preciso que a opinião pública estivesse suficientemente amadurecida, porque do contrário reagiria com violência. Como Montesquieu, Constant pensava que um governo moderado e responsável deveria introduzir reformas de maneira cautelosa, acomodando as novas instituições à opinião e esclarecendo o público

[394] Idem, ibidem, p. 155 e 78.

[395] Idem. *De la force du gouvernement actuel*, op. cit, p. 85 e 148.

[396] Idem. *Écrits politiques*, op. cit., p. 783.

[397] Idem. *Œuvres politiques*. Introdução, notas e índice por Charles Louandre. Paris: Charpentier e& Cie., Libraires-Éditeurs, 1874, p. 126.

[398] Idem, ibidem, p. 251. Idem. *Œuvres politiques*, op. cit., p. 40-4.

sem constrangê-lo: "Honra ao príncipe que, em sua marcha ao mesmo tempo prudente e generosa, favorece todos os progressos naturais, respeita todos os adiamentos necessários, e sabe igualmente se precaver da desconfiança que a quer interromper e da impaciência que a quer apressar".[399]

Ao exemplo dos republicanos clássicos, Constant acreditava que a causa da liberdade dependia diretamente da difusão do sentimento cívico pela comunidade política.[400] Mas o publicista suíço frisava, como os *whigs* britânicos do século anterior, a indispensabilidade de adaptar o republicanismo ao liberalismo, operação que o afastava da versão radical daquela ideologia: "Não conheço nenhum sistema de servidão que tenha consagrado erros mais funestos que a eterna metafísica do *Contrato social* ".[401] Constant relativizava a questão concernente às formas de governo monárquica e republicana. Desde que publicara *Da força do governo atual da França* (1796), ele afirmava que qualquer das duas era admissível, desde que comprometidas com o Estado de direito. Em segundo lugar, Constant diferenciou o tipo de liberdade associada à modernidade daquela dos republicanos radicais, que lhe parecia anacrônica. Para tanto, escreveu um folheto com um título idêntico àquele publicado por lorde Hervey no tempo de Walpole (1734): *Da liberdade dos antigos comparada à dos modernos* (1819). Seu propósito era o mesmo: defender o liberalismo de Hume, Montesquieu e Burke, voltado para harmonização do interesse particular com o público e a defesa do sistema representativo e dos direitos civis, contra o radicalismo que ignorava a economia política, pressupunha a oposição entre bem comum e particular, defendia a democracia direta e privilegiava os direitos políticos.[402] Para Constant, a liberdade antiga dependia para existir de um mundo igualmente antigo, onde não havia comércio, trabalho livre, comunidades de grandes dimensões ou paz entre as nações. A modernidade era um regime diverso, pautado pelo intercâmbio de mercadorias, pela extinção da escravidão e paí-

---

[399] Idem. *Écrits politiques*, op. cit, p. 284.

[400] JAUME, Lucien. *L'individu effacé ou le paradoxe du libéralisme français*. Paris: Fayard, 1997, p. 82-86. KALYVSAS & KATZNELSON. *Liberal beginnings*, op. cit., p. 146-175.

[401] CONSTANT. *Escritos de política*, op. cit., p. 135.

[402] Idem. *De la force du gouvernement actuel etc*, op. cit., p. 81. Idem. *De la liberté chez les modernes*. Paris: Librairie Générale Française, Pluriel, 1980, p. 251. Idem. *Fragments d'un ouvrage abandonné sur la possibilité d'une Constitution républicaine dans un grand pays*. Edição estabelecida por Henri Grange. Paris: Aubier, 1991, p.113.

ses de porte considerável, que cada vez mais se opunham à guerra. Havia um verdadeiro fosso entre o mundo moderno e o antigo:

> Não somos persas, submissos a um déspota, nem egípcios, subjugados por sacerdotes, nem gauleses, que podem ser sacrificados por druidas, nem enfim gregos ou romanos, cuja participação na autoridade social os consolava da servidão privada. Somos modernos que queremos desfrutar, cada qual, de nossos direitos; desenvolver nossas faculdades como bem entendermos, sem prejudicar a ninguém; vigiar o desenvolvimento dessas faculdades nas crianças que a natureza confia à nossa afeição, tão esclarecida quanto forte, não necessitando da autoridade a não ser para obter dela os meios gerais de instrução que pode reunir; como os viajantes aceitam dela os longos caminhos, sem serem dirigidos na estrada que desejam seguir.[403]

5. A técnica da moderação: os princípios universais do constitucionalismo liberal e a doutrina do poder moderador

Constant e os princípios universais do constitucionalismo liberal. Mas Constant precisava ir além para adaptar o constitucionalismo britânico para a França. Na Inglaterra, a ordem liberal havia sido organizada pelos *whigs* através de uma aliança entre aristocracia e burguesia. Na França, a Revolução havia destruído a sociedade do Antigo Regime. O desaparecimento da nobreza e do clero como corpos intermediários e a dissolução do seu imenso patrimônio, vendido como bens nacionais, criaram um conjunto de novos interesses ligados à propriedade e à democracia, que não poderia ser desfeito. Inviabilizado o esquema britânico de aliança de classes, parecia a Constant inevitável adaptar para o mundo da burguesia triunfante o liberalismo aristocrático de Montesquieu. Mas isso não era difícil para quem, como ele, acreditava em um processo de civilização caracterizado pela perfectibilidade de uma humanidade rumo à liberdade e à igualdade[404]. A destruição sucessiva de institutos jurídicos como a teocracia, a escravidão, o feudalismo e os privilégios da nobreza sugeria que o movimento histórico identificado com a progressiva elevação do homem pela liberdade e igualdade era inevitável. Diante do descrédito dos

[403] Idem. *Da liberdade dos antigos: comparada à dos modernos.* Tradução de Loura Silveira. São Paulo: Revista de Filosofia Política 2, 1985, p. 20.

[404] CASSIMIRO, *A liberdade na república dos modernos*, op. cit., p. 11.

privilégios decorrentes da hereditariedade, a única desigualdade admissível era aquela decorrente do mérito individual – ou, como se dizia então, dos "talentos e virtudes" de cada cidadão. Mas a impossibilidade de repetir na França a aliança entre aristocracia e burguesia criava uma dificuldade adicional, que era a inexistência de uma tradição constitucional imemorial para fundar o liberalismo moderado. Em outras palavras, não era possível recorrer ao expediente ideológico de um constitucionalismo histórico, identificado com a reação nobiliárquica. Felizmente, para Constant, a ampliação do horizonte de expectativas, decorrente do Iluminismo e da Revolução, indicava que nem sempre a história e a experiência deveriam ser o norte da atividade política, mormente em tempos de marcado ineditismo como aqueles:

> Nada seria mais respeitável e mais necessário de se preservar do que uma velha Constituição de que todos sempre se lembrariam e que o tempo teria gradativamente aperfeiçoado. Mas uma Constituição tão esquecida que são necessárias pesquisas para descobrir e argumentos para provar a sua existência, uma Constituição que é sujeito de dissensão dos publicistas e das querelas dos antiquários não passa de um objeto de erudição, que teria, na aplicação prática, todos os inconvenientes da novidade.[405]

Mas qual seria a base sobre a qual fundar o constitucionalismo moderado na França? Se a história não era mestra da vida e cumpria evitar o arbítrio, a ancoragem liberal requeria princípios universais semelhantes: "A felicidade de nossas sociedades e a segurança dos indivíduos repousam em certos princípios. Esses princípios são verdadeiros em todos os climas, em todas as latitudes. Nunca podem variar, quaisquer que sejam a extensão de um país, seus costumes, sua crença e seus usos".[406] A filosofia de Kant havia sido descoberta por madame de Stäel durante suas andanças na Alemanha, convencendo-a da utilidade de uma política conforme imperativos morais universais: a suprema lei não era a da salvação do povo, mas a da justiça.[407] Do contrário, tudo seria "a ausência de regras, de limites, de definições, em uma palavra, a ausência de tudo o que é exato".[408] Essa perspectiva cosmopolita

[405] CONSTANT. *Escritos políticos*, p. 201.
[406] Idem, ibidem, p. 297.
[407] JAUME. *L'individu effacé*, op. cit, p. 43-45.
[408] CONSTANT. *De la force du gouvernement actuel*, op. cit., p. 142.

de um conjunto de princípios organizadores da vida social dedutível *a priori*, independentemente da experiência sensível, contrariava tanto as noções prudenciais consagradas por Cícero quanto a "sociologia das circunstâncias" de Montesquieu. Mas, como Constant também era um moderado, ele reconhecia que a definição abstrata dos princípios levava a exagerações que, "sendo o meio mais infalível de torná-los inaplicáveis, será sempre uma das armas mais perigosas que podem empregar os partidários do preconceito".[409] Era preciso um meio-termo entre o idealismo utópico de Kant e o realismo atribuído a Burke pelos reacionários. Constant acreditava ser possível deduzir, dos princípios *primeiros* e *gerais*, outros, *secundários* ou *intermediários*, que lhes serviriam de instrumentos de mediação e aplicação. Assim, por exemplo, secundário ou intermediário em relação ao da soberania do povo, o princípio da representação política lhe permitia a viabilização prática. Entre o idealismo utópico e o realismo dos fatos, havia, pois, espaço para um idealismo prático, que poderia substituir a antiga prudência em uma modernidade comprometida com os valores liberais:

> Há princípios universais, porque há dados primeiros que existem igualmente em todas as combinações. Mas isso não quer dizer que, a esses princípios fundamentais, não haja necessidade de acrescentar outros, resultantes de cada combinação particular. Quando se diz que os princípios gerais são inaplicáveis, diz-se simplesmente que ainda não se descobriu o princípio intermediário que exige a combinação particular em questão. [...]. Cada circunstância demanda apenas o princípio que lhe é próprio, porque a essência de um princípio não está em ser geral, nem aplicável a vários casos, mas de ser fixo; e essa qualidade compõe tão bem sua essência, que é nela que reside toda a sua utilidade. Os princípios não são, portanto, vãs teorias, unicamente destinadas a ser debatidas nos recintos estreitos das escolas. São verdades que existem e que penetram gradualmente até nas aplicações as mais circunstanciadas, e até nos menores detalhes da vida social, se se souber seguir seu encadeamento.[410]

A insistência na universalidade dos princípios, emprestada de Kant, não era desarrazoada. Em um contexto hostil ao liberalismo, Constant precisava apostar no pedagogismo e na capacidade que formas liberais teriam de

[409] Idem, ibidem, p. 129.
[410] Idem, ibidem, p. 133.

modificar, com o auxílio de uma imprensa ativa, uma cultura política ligada a noções anacrônicas como o absolutismo e a razão de Estado. Em uma palavra, o publicista genebrino apostava no formalismo institucional, inspirado pelo exemplo da Grã-Bretanha, como fórmula de indução de mudança social na França: "Em 1686 a Inglaterra dava à Europa semelhantes exemplos de barbárie e de servidão; e, dois anos depois, quando Jaime II foi deposto e a Constituição estabelecida, começou esse período de cento e vinte e oito anos até os nosso dias, no qual não há uma sessão do Parlamento que não traga um aperfeiçoamento à ordem social".[411] Por conseguinte, a ciência auxiliar de um liberalismo que aspirava à universalidade seria menos a sociologia das circunstâncias de Montesquieu do que o direito constitucional comparado, cujas linhas mestras ele havia insinuado ao descrever a Constituição da Inglaterra. Na qualidade de braço jurídico do liberalismo, o direito constitucional se converteria em uma técnica de construção institucional capaz de aclimatar os princípios de liberdade em toda e qualquer latitude, através da previsão de garantias individuais e de um adequado agenciamento dos poderes. Porque organizado com este propósito, o *Curso de política constitucional* de Constant (1818-1820) faria imenso sucesso em todos os países da Europa continental e da América Ibérica, visto como um manual básico de organização política liberal. Seus leitores aprenderiam que os direitos individuais eram da essência da modernidade e que só a intangibilidade da Constituição e o sistema representativo serviam de defesas à liberdade de um povo. Instituições bem equilibradas e divididas, explicadas por pedagogos junto à opinião pública e praticadas com boa-fé, seriam capazes de fazer germinar a planta da liberdade em qualquer sociedade com um mínimo de luzes já difundidas:

> A liberdade de imprensa posta acima de qualquer ataque, graças aos julgamentos por um júri; a responsabilidade dos ministros e, principalmente, a dos seus agentes inferiores; enfim, a existência de uma representação numerosa e independente – são essas as avenidas de que a liberdade individual está hoje cercada. Essa liberdade, de fato, é objetivo central de toda associação humana; sobre ela repousam os cálculos da indústria, sem ela não há para os homens nem paz, nem dignidade, nem felicidade.[412]

---

[411] STÄEL. *Considérations sur la Révolution française*, op. cit., p. 521.

[412] CONSTANT. *Escritos de política*, op. cit., p. 153.

A primeira tarefa dos liberais passava assim por consolidar o terreno ainda precário da liberdade, estabilizando o governo a partir de princípios bem estabelecidos. O primeiro era o da soberania do povo, cuja aplicação exigia o sistema representativo e sua limitação pelos direitos fundamentais e pelas garantias constitucionalmente previstas. Eram princípios que, na qualidade de pedagogos da opinião pública, todos os publicistas liberais estavam encarregados de defender. Mas a busca da moderação política também exigia medidas próprias do "momento oligárquico", mais conservador que a "revolução oligárquica". A mais importante passava pela instituição de um censo pecuniário como condição do direito de voto. A violência e o terrorismo revolucionário haviam sido consequências da coação exercida pela multidão parisiense sobre a classe política. Por isso, a França liberal deveria circunscrever o exercício daqueles direitos aos proprietários, como na Grã-Bretanha. Administrar um domínio rural permitia ao seu dono conceber os desafios, as responsabilidades e as dificuldades do governo. Enquanto os ignorantes e apaixonados deixavam-se arrastar pelo radicalismo, os proprietários possuíam as luzes e o senso de responsabilidade próprios da moderação. A propriedade tornava-se o fundamento material de uma nova classe dirigente, identificada com o interesse bem entendido do povo. O reconhecimento do caráter limitado da soberania e a circunscrição da participação àquela nova aristocracia, representativa da "sociedade civil", apaziguaria os espíritos e enraizaria as instituições liberais.[413]

A Restauração (1814): o constitucionalismo anglófilo e a doutrina do Poder Moderador. Restava o esforço específico de criação constitucional pelo direito positivo. Com a queda de Napoleão em 1814 e a perspectiva de uma restauração da monarquia tradicional na pessoa do irmão do rei deposto e executado, Luís XVIII, Constant resumiu suas posições doutrinárias e esboçou projetos de constituição em duas grandes obras: as *Reflexões sobre as constituições e as garantias* (1814) e os *Princípios de política aplicáveis a todos os governos representativos* (1815). Em ambas, Constant defendia que a estabilidade constitucional dependia de sua capacidade de adaptação às flutuações e evoluções da opinião pública. Eram a fixidez e artificialidade

[413] Idem, ibidem, p. 282-283. GAUCHET, Marcel. "L'illusion lucide du libéralisme". *In*: Benjamin Constant. *De la liberté chez les modernes.* Paris: Librairie Générale Française, Pluriel, 1980, p. 36.

das instituições que geravam o imobilismo que a sociedade acabava rompendo por meio das revoluções.[414] O desafio liberal passava, portanto, pela construção de instituições ao mesmo tempo flexíveis e sólidas: flexíveis para respeitar a autonomia da *sociedade civil*, espaço de produção da opinião e guia do progresso; e sólidas o suficiente para dar um paradeiro nos excessos revolucionários.[415] A Grã-Bretanha mais uma vez servia aqui de modelo, não porque seu povo fosse dotado de uma predisposição particular para a liberdade, mas porque havia sido o primeiro país a livrar-se do absolutismo. Na falta de uma flexível constituição histórica se adaptando às mudanças sociais, Constant recorria à técnica do direito constitucional para facilitar a dinâmica integradora entre opinião pública e instituições. Ele distinguia entre *constituição formal* e *constituição material*: tudo o que não dissesse respeito aos limites e às atribuições respectivas dos poderes e aos direitos poderia ser reformado por lei ordinária. Mas esse alvitre não bastava para assegurar o Estado de direito, que carecia ainda de um guardião da constitucionalidade, que exercesse as funções de um *poder neutro, preservador ou moderador*. Constant reconhecia aqui o seu débito com Clermont-Tonnerre:

> Uma das grandes vantagens da realeza é a de ter de certa maneira constituído o direito de destituição (dos ministros) nas mãos do rei. Um partidário esclarecido dessa forma de governo (o Sr. de Clermont-Tonnerre) observa que há, no poder monárquico, dois poderes: o poder executivo investido de prerrogativas positivas, e o poder régio, composto de recordações e ilusões religiosas ou tradicionais, este último sendo, de certa maneira, um poder neutro entre o povo e o poder executivo propriamente dito, que é sempre delegado aos ministros.[416]

A segunda referência encontrada de Constant a Clermont-Tonnerre data da primeira queda de Napoleão em 1814:

> Os leitores ficarão surpresos pelo fato de distinguir o poder régio do poder executivo. Essa distinção, sempre desconhecida, é muito importante. Ela é talvez a chave de toda a organização política. Não reclamo a honra de tê-la inventado: ela se encontra em germe nos escritos de um homem muito escla-

[414] CONSTANT, Benjamin. *Das reações políticas*. In: Revista de História da Universidade de São Paulo (USP), nº 146, 2002, p. 72.
[415] Idem. *De la liberté chez les modernes*, op. cit., p. 409.
[416] Idem. *Fragments d'un ouvrage abandonné*, op. cit., p. 398.

recido (o Sr. de Clermont-Tonnerre), que pereceu durante nossos tumultos, como quase todos os homens esclarecidos.[417]

Como Clermont-Tonnerre, também aqui Constant inspirava-se na prática da Inglaterra, cuja estabilidade se devia, ao seu juízo, ao papel arbitral exercido pelo rei constitucional no exercício da prerrogativa extraordinária. Tratava-se de encapsular o poder arbitrário da razão de Estado e convertê-lo em um poder discricionário, não contrário, mas estabilizador do Estado de direito[418]. Se a espécie humana era progressiva, e o Estado, estacionário, ao autor dos *Princípios de política* parecia essencial impedir os poderes públicos de serem encapsulados por facções, porque nesse caso o governo não representaria o interesse geral.[419] A natureza representativa do Estado de direito impunha mão dupla nas relações entre Estado e sociedade. Assim como os poderes eletivos deveriam velar para que os cidadãos observassem a lei, a Constituição precisava assegurar que aqueles poderes permanecessem fiéis à vontade de quem os constituíra. Constant atribuía os males da república romana precisamente à inexistência de um mecanismo de moderação que garantisse a alternância do poder e seu exercício de modo imparcial: "Cada partido tomava sucessivamente o poder que deveria ter sido confiado a mãos neutras, e dele abusava".[420] Esse *poder preservador, neutro, conservador ou moderador* imaginado por Constant estava assim destinado a evitar o descolamento entre os interesses de governados e dos governantes e garantir a oxigenação da política pela opinião pública.[421] Quando se entrechocassem ou se entrevassem, os poderes contariam com uma força exterior capaz de reconduzi-los aos seus lugares, na forma de um órgão imparcial de fiscalização que conferisse visibilidade reflexiva à soberania nacional.[422] Ele concentraria os mecanismos de freios e contrapesos que, na teoria de Montesquieu, eram empregados pelos próprios poderes uns contra os outros: o direito de veto, a dissolução da câmara baixa, a graça, a demissão e nomeação de ministros, etc. Constant propunha que esse poder discricionário para agir em situações de

---

[417] Idem. *Cours de politique constitutionnelle*, op. cit., p. 177-178

[418] FRELLER. *Quando é preciso decidir*, op. cit., p. 232.

[419] CONSTANT. *Fragments d'un ouvrage abandonné*, op. cit., p. 426.

[420] Idem. *Escritos de política*, op. cit., p. 21.

[421] Idem. *Cours de politique constitutionnelle*, op. cit., p. 179. Idem. *Fragments d'un ouvrage abandonné*, op. cit., p. 359 e 367. Idem. *Écrits politiques*, op. cit., p. 325.

[422] Idem. *Écrits politiques*, op. cit., p. 324 e 327.

crise como árbitro constitucional fosse, como na Grã-Bretanha, depositado nas mãos do rei restaurado:

> Em todos os governos, é preciso que haja uma autoridade, não ilimitada, mas discricionária. Essas duas coisas foram confundidas; e dessa confusão resultaram muitos males. É preciso que essa autoridade discricionária jamais se dirija aos homens, pois os homens devem sempre estar a salvo do arbítrio. Ela deve dirigir-se aos poderes e deve retornar às mãos de quem não possa jamais apoderar-se deles ou deixá-los às suas criaturas. Assim, o poder preservador não pode ser encarregado de nenhuma eleição, para que ele jamais tenha interesses a desbancar. Assim, sua autoridade discricionária será puramente preservadora.[423]

Seria, porém, possível criar um Poder Moderador semelhante ao britânico no contexto francês? Durante o Termidor, Constant cogitara de uma câmara parecida com o Senado desenhado pelos monarquianos em 1789 para desempenhar aquele papel arbitral. Ela seria composta por senadores escolhidos pelos diversos departamentos da França, com mais de quarenta anos de idade e experiência administrativa comprovada. Para serem imparciais, seus membros precisavam ser independentes da vontade ou capricho dos governantes e dos governados. Deveriam exercer cargos vitalícios, ser bem pagos e receber honrarias. A vitaliciedade permitiria bem decidir sobre a dissolução das assembleias legislativas; destituição dos ministros de Estado; perdão de penalidades impostas aos condenados; recebimento de petições contra a administração e, por fim, sanção de emendas à Constituição.[424] Mas Constant nunca ficou satisfeito com essa concepção inicial do Poder Moderador, porque lhe parecia que, para bem funcionar, ele carecia de uma legitimidade que a pura engenharia institucional não tinha como lhe dar. O que impediria o chefe do Executivo contrariado de mandar fechar o Senado moderador, como fizera Napoleão com a Convenção termidoriana? O problema, que parecia insolúvel na república, acabou resolvido pela restauração da monarquia na França em 1814. Ao assumir, Luís XVIII outorgou ao reino uma Carta constitucional que comportava a prática de um governo representativo à inglesa, incluindo uma câmara alta aristocrática:

---

[423] Idem, ibidem, p. 319.

[424] Idem. *Fragments d'un ouvrage abandonné*, op. cit., p. 430, 403 e 441.

> Ninguém combateu a hereditariedade mais vivamente do que eu [...]. Mas, enfim, a república caiu. Desde então resolvi aplicar todas as faculdades do meu espírito para descobrir como seria possível conciliar monarquia e liberdade. Convenci-me de que a conciliação não era impossível e que com a neutralidade completa e formalmente reconhecida do poder régio, uma monarquia constitucional não se opunha a essa liberdade que convém particularmente aos tempos modernos.[425]

Constant acreditava que, como regime político, a monarquia constitucional era mais propensa do que a república a aceitar a chefia de Estado como um poder neutro: o rei era sagrado e inviolável por seus atos, recaindo a responsabilidade deles sobre os ministros de Estado. Nas repúblicas, a responsabilidade era inefetiva porque os chefes eram diretamente responsáveis e empregavam seu poder contra tudo e todos para evitar a própria queda. Em segundo lugar, o anacronismo da figura do rei absoluto em tempos de soberania nacional facilitava deslocá-lo para o exercício de uma função arbitral. Por fim, a monarquia conferia ao moderno Estado de direito a legitimação tradicional de que o Poder Moderador necessitava para se enraizar mais facilmente nos hábitos e nos costumes. O temperamento ideal para um árbitro do sistema constitucional era precisamente aquele de um príncipe dotado de legitimidade histórica, criado para reinar, relativamente medíocre, mas esclarecido e habituado a tolerar as pequenezas da política. Luís XVIII parecia talhado para o papel, conforme reconhecia madame de Stäel:

> Os príncipes das antigas famílias são muito mais convenientes ao bem do Estado do que os príncipes novos. Eles têm em geral menos talentos dignos de nota, mas sua disposição é mais pacífica; eles têm mais preconceitos, mas menos ambição; eles são menos deslumbrados com o poder, porque, desde a infância, se lhes diz que estão a ele destinados; e eles não o temem perder, o que os torna menos desconfiados e menos inquietos. Sua maneira de ser é mais simples, porque não precisam recorrer a meios artificiosos para se impor, e não têm nada de novo a conquistar em matéria de respeito: seus hábitos e as tradições lhes servem de guias.[426]

Foi assim que Constant estabeleceu a teoria liberal da monarquia constitucional, que deveria orientar a interpretação das novas instituições consa-

---

425 Idem, ibidem, p. 534.

426 STAËL. *Considérations sur la Révolution française*, op. cit., p. 439.

gradas na Carta outorgada em 1814. A doutrina do Poder Moderador viria implícita no artigo 13, que declarava a sacralidade da Coroa e sua inviolabilidade e irresponsabilidade jurídica. A ficção da irresponsabilidade era útil, porque criava um elemento de estabilidade e fixidez em uma Constituição que carecia de acompanhar os vaivéns da opinião pública. Sem a inviolabilidade, ele frisava, tudo seria "desordem e guerra eterna entre o monarca e as facções".[427] Mas havia um inconveniente: o princípio da irresponsabilidade monárquica afrontava aquele outro, próprio do sistema representativo, segundo o qual todas as autoridades eram responsáveis por seus atos perante assembleias e tribunais. Na monarquia britânica, a questão havia sido resolvida pela assunção daquela responsabilidade pelos ministros de Estado. Quando subscreviam os atos do rei, os ministros os referendavam, assumindo-os como seus e por eles respondendo diante do Parlamento.[428] Era precisamente em decorrência da distinção entre autoridades responsáveis e irresponsáveis que Constant propunha o afastamento do rei do exercício cotidiano dos atos de governo, que deveriam ficar a cargo do seu gabinete. Em uma monarquia constitucional, o príncipe precisava restringir-se ao papel de superintendente do sistema, figurando de chefe do Executivo, mas deixando a administração prática nas mãos de seus secretários de Estado.

Ficava assim claro que a concepção de Constant relativa ao papel da Coroa divergia daquela que orientara os monarquianos em 1789. Ela abandonava a noção de um "rei patriota" à maneira de Bolingbroke para abraçar aquela de Burke, segundo a qual cabia à sociedade civil definir o interesse público: "A opinião pública se mostra sempre, mesmo no meio das facções que a oprimem".[429] Constant também não tinha identidade com o reformismo ilustrado alimentado por alguns monarquianos de extração fisiocrata, como Malouet. A experiência de quinze anos de cesarismo bonapartista o indispusera contra qualquer noção de Estado forte e interventor. É verdade que Constant não queria um rei fraco: "Quero que a realeza seja investida de toda a força, cercada e toda a veneração que lhe são necessárias para a salvação do povo e a dignidade do trono".[430] Mas essa força lhe era emprestada para que exercesse

---

[427] CONSTANT. *Fragments d'un ouvrage abandonné*, op. cit., p. 343.
[428] Idem. *De la liberté chez les modernes*, op. cit., p. 343.
[429] STÄEL. *Considérations sur la Révolution française*, op. cit., p. 278.
[430] CONSTANT. *Escritos de política*, op. cit., p. 93.

com independência sua função de árbitro. O chefe do Estado teria bens mais valiosos a defender do "que este ou aquele detalhe da administração, este ou aquele exercício parcial da autoridade. Sua dignidade é um patrimônio de família, que ele retira da luta, ao abandonar seu ministério".[431] Se, ao contrário, o rei pressionasse o governo para adotar esta ou aquela diretriz, ele ficava imediatamente exposto à crítica pública, erodindo os fundamentos de sua inviolabilidade. Era nessa divisão entre o Poder Executivo e o Moderador, entre governo e a instância arbitral, prerrogativa ordinária e extraordinária, que para Constant residia "a chave de toda a organização política".[432] Só ela compatibilizava a inviolabilidade da Coroa com a responsabilidade das autoridades perante a nação:

> O rei, num país livre, é um ser à parte, superior às diversidades de opinião, sem outro interesse que a manutenção da ordem e a manutenção da liberdade, sem nunca poder entrar na condição comum, inacessível, por conseguinte, a todas as paixões que essa condição faz nascer e a todas as que a perspectiva de tirar algum proveito alimenta necessariamente no coração dos agentes investidos de um poder momentâneo. Essa augusta prerrogativa da realeza deve infundir no espírito do monarca uma calma e, em sua alma, uma sensação de repouso, que não podem ser o quinhão de nenhum indivíduo numa posição inferior. Ele paira, por assim dizer, acima das agitações humanas, e é a obra-prima da organização política ter assim criado, no próprio seio das dissensões sem as quais nenhuma liberdade existe, uma esfera inviolável de segurança, de majestade, de imparcialidade, que permite que essas dissensões se desenvolvam sem risco, enquanto não excederem certos limites e que, mal o perigo se anuncia, lhe ponha fim por meios legais e livres de toda e qualquer arbitrariedade.[433]

As atribuições do Poder Moderador da Coroa. Consagrando o papel arbitral dos príncipes nos governos representativos, a doutrina do Poder Moderador conciliava a inviolabilidade da Coroa, útil à autoridade, com a responsabilidade dos agentes públicos, essencial à liberdade. Para exprimir efetivamente o *espírito* britânico que a orientava, essa interpretação relativa ao papel do chefe do Estado precisava se impor sobre a *letra* da Carta de 1814, que lhe conferia textualmente o exercício das prerrogativas do Poder Executivo: "Tudo o que

[431] Idem, ibidem, p. 285.
[432] Idem, ibidem, p. 280.
[433] Idem, ibidem, p. 21-22.

digo sobre o poder régio, ainda que numa terminologia diversa daquela de nossa Constituição, está perfeitamente conforme seu espírito".[434] A necessidade de adaptação do governo às mudanças determinadas pela opinião pública impunha uma exegese, não literal, mas evolucionária ou histórico-evolutiva da Constituição. Em outras palavras, não era preciso que o quarto poder estivesse consagrado formalmente. Bastava que, *na prática*, o rei deixasse os negócios ordinários da administração nas mãos de seu conselho de ministros. As atribuições constitucionais que, sob a rubrica do Poder Executivo, o príncipe deveria exercer diretamente, na qualidade de moderador, eram aquelas que diziam respeito aos mecanismos de freios e contrapesos. Nas *Reflexões sobre as constituições e as garantias* (1814), eles eram sete: a nomeação e exoneração de ministros, a sanção dos projetos de lei (com poder de veto absoluto), o adiamento e a dissolução das câmaras, a nomeação dos membros do Judiciário, o perdão de réus condenados e o direito de declarar a guerra e fazer a paz.[435] No ano seguinte, ao publicar os *Princípios de política* (1815), o rol foi reduzido a quatro: nomear e destituir ministros, dissolver a câmara baixa, criar pares para a câmara alta e conceder graça.[436]

No que tange ao Poder Executivo, Constant julgava indispensável o direito de livre nomeação e demissão dos ministros pelo Poder Moderador. Se o rei não tivesse essa liberdade, ele estaria desarmado contra ameaças de golpes de Estado por parte dos interesses contrariados.[437] Isso não queria dizer, no entanto, que o rei governasse em lugar deles. Desde que nomeados, os ministros tinham liberdade de ação e o príncipe se limitava, como chefe formal do governo, ao papel de supervisor geral. Mas aqui há um detalhe importante. Embora não concebesse mais a possibilidade do governo pessoal do monarca, à maneira dos monarquianos, a interpretação de Constant acerca da natureza e dos limites da prerrogativa monárquica não implicava a existência de um *governo parlamentar*, segundo a qual o ministério dependia da dupla confiança do rei e do Parlamento para subsistir. Essa doutrina só seria consagrada durante a Monarquia de Julho (1830-1848). Sob a Restauração (1815-1830), a publicística francesa ainda não falava em *governo parlamentar*, muito menos em *parlamentarismo*;

[434] Idem. *Cours de politique constitutionnelle*, op. cit., p. 169 e 181.

[435] Idem, ibidem, p. 182.

[436] Idem. *Écrits Politiques*, op. cit., p. 323.

[437] Idem. *De la liberté chez les modernes*, op. cit., p. 132.

ela falava em *governo representativo*, gênero cuja espécie por excelência era precisamente a *monarquia constitucional, temperada ou mista*. Luís XVIII e Carlos X estavam livres para nomear e demitir quem bem entendessem e no exercício dessa prerrogativa não foram contestados até perto do fim do regime. O que a maioria da Câmara dos Deputados podia fazer, e efetivamente fazia, era dificultar a vida dos ministros, de modo a convencê-los da utilidade de conquistar sua confiança. O que, em todo o caso, ainda estava longe de ser um regime *parlamentarista*.[438]

No que concerne à Câmara dos Deputados, o Poder Moderador da Coroa tinha o direito de dissolvê-la excepcionalmente (prerrogativa prevista na Grã-Bretanha e na Carta de 1814). Os liberais apoiavam o direito de dissolução porque nele viam uma garantia do equilíbrio entre os poderes, rompendo com a tradição revolucionária de representação-encarnação da soberania do povo por parte do Legislativo. Ao contrário do que os radicais imaginavam, a dissolução nada tinha de autoritária. Primeiro, porque os deputados também precisavam se sujeitar a mecanismos moderadores.[439] O príncipe carecia daquele recurso sempre que a câmara se visse dominada por "uma demagogia desenfreada e turbulenta".[440] Segundo porque a dissolução era um meio de consultar o povo em épocas de crise, convocando novas eleições. Aqui, Constant apontava o mesmo perigo de assembleias descontroladas e a necessidade de contê-las. A experiência revolucionária revelara os males de uma assembleia poderosa e coagida pela multidão. Mas a dissolução da Câmara só funcionava como mecanismo de resolução dos conflitos, frisava Constant, se as eleições fossem honestas. Caso elas fossem manipuladas, como haviam sido durante o Termidor e o período napoleônico, o sistema só seria representativo no nome.[441]

No que tange à Câmara dos Pares, sua criação havia sido uma determinação da Carta de 1814, que optara por um modelo bicameral semelhante ao britânico. Diante do fato consumado, Constant achou por bem defender a sua existência, ainda que não estivesse convicto do critério hereditário adotado para

[438] LAQUIÈZE, Alain. *Les origines du régime parlementaire en France (1814-1848)*. Paris: PUF, 2002.

[439] CONSTANT. *De la liberté chez les modernes*, op. cit., p. 340.

[440] Idem. *Écrits politiques*, op. cit., p. 338.

[441] Idem, ibidem, op. cit., p. 343.

sua composição. Mais tarde ele explicaria: "Uma vez persuadido a esse respeito [i.e., da compatibilidade entre monarquia e liberdade], tive que também me resignar a todas as condições que a monarquia impõe. A de hereditariedade de uma classe, servindo de anteparo à hereditariedade de uma família, me pareceu essencial".[442] Constant defendeu a câmara nobiliárquica nos mesmos termos de Montesquieu: sem nobreza, não havia monarquia, ainda que constitucional. Havendo uma dinastia hereditária, ela carecia de outras para sua sustentação social. Uma câmara alta puramente vitalícia não serviria de contrapeso à baixa. Já a hereditariedade era uma garantia de real independência da câmara alta frente à monarquia (Coroa) e à democracia (Câmara dos Deputados).[443] Mesmo assim, nela poderiam surgir facções. Num órgão insuscetível de ser dissolvido e cujos membros eram hereditários, essa ameaça só poderia ser conjurada caso o rei pudesse, como na Grã-Bretanha, nomear quantos pares fossem precisos para diluir os grupelhos. Daí que Constant incluísse essa atribuição entre aquelas próprias do Poder Moderador: nomear novos pares.[444]

A última atribuição prevista ao Poder Régio ou Moderador por Constant nos *Princípios de política* dizia respeito ao Poder Judiciário, e consistia no direito de nomear juízes e perdoar as penas. Para garantir os direitos contra o arbítrio do governo, os juízes precisavam ser imparciais, qualidade que dependia, por sua vez, de sua independência e inamovibilidade. Era por essa razão que, ao invés de nomeados pelos ministros de Estado, os magistrados deveriam ser escolhidos pelo árbitro dos árbitros, que era o rei. As chances de escolha de juízes imparciais e capazes cresciam na medida em que ela fosse atribuição de uma autoridade igualmente imparcial. Quanto ao direito de perdoar penas, que criava exceções à regra da coisa julgada, Constant o explicava pela necessidade ocasional de um *juízo de equidade natural* para evitar condenações injustas. O raciocínio era o mesmo empregado por Locke para justificar a prerrogativa monárquica extraordinária. Por seus caracteres genéricos e abstratos, a lei escrita não tinha como prever toda a latitude de comportamentos ou situações sociais possíveis. Ela podia ser justa em tese, mas injusta na aplicação particular e concreta. Daí que o Poder Moderador do príncipe devesse ser empregado para corrigir os erros judiciários e fazer

442 Idem. *Fragments d'un ouvrage abandonné*, op. cit., p 534.
443 Idem. *Écrits politiques*, op. cit., p. 534.
444 Idem. *Cours de politique constitutionnelle*, op. cit., p. 311.

justiça: "O direito de agraciar não pode deixar de ser legalmente indefinível. O direito de agraciar nada mais é que a conciliação da lei geral com a equidade particular", explicava Constant.[445]

Conclusão

Este quarto capítulo mostrou como a incapacidade de incorporar em seu programa as demandas do Terceiro Estado frustrou a ambição do constitucionalismo histórico francês de obter o mesmo êxito que o britânico ao longo de sua "revolução oligárquica". A persistência de privilégios aristocráticos em época mais secularizada e democrática, sem canais por que a opinião pública se manifestasse, criou uma panela de pressão. Muitos passaram a crer que pouco havia a aproveitar na história pregressa do país, empregada alternadamente pelo absolutismo monárquico e pelo constitucionalismo aristocrático para justificar a injustiça social e política. Caberia, não à história, mas à razão e à vontade orientadas pela filosofia concorrerem para uma ordem nova e mais justa. Propostas de reformas pluralistas, em que mecanismos como a divisão dos poderes e os freios e contrapesos entravam como partes da constituição, tendiam a ceder lugar a outras que, em vez de desconcentrar o poder, o concentravam na nação. O radicalismo imaginava o poder como um lugar de exata coincidência do povo e de seus representantes, nas antípodas do modelo anglo-saxão que institucionalizava sua diferença. Foi este o raciocínio que, no limite, justificou teoricamente a ditadura jacobina, caracterizada pelo absolutismo democrático, pela excepcionalidade e pela desinstitucionalização da política.[446] Caberia aos liberais, horrorizados com "o império das circunstâncias" que justificava governos arbitrários de todos os matizes, rejeitar a razão de Estado que os fundamentava. Autoridade e liberdade constituíam ordens de realidade distintas, mas conexas, que precisavam ser ajustadas.[447]

A partir do Termidor, os liberais recomeçaram a busca por um instituto capaz de conter a soberania absoluta e firmar o Estado de direito. Falharam,

[445] Idem. *Écrits politiques*, op. cit., p. 423.
[446] ROSANVALLON. *La démocratie inachevée*, op. cit., p. 65.
[447] GAUCHET. *L'avènement de la démocratie*, tome I: *la Révolution moderne*, op. cit., p. 125.

porém, as propostas de um júri constitucional e de um senado conservador. A questão voltou à baila na Restauração, quando Constant trouxe a público sua doutrina do poder *neutro, régio, preservador* ou *moderador*. Mas ela era diferente daquela esboçada pelos moderados nos primórdios da Revolução. Inspirada pelo reformismo ilustrado e pelo rei patriota de Bolingbroke, a Coroa dos monarquianos governava e moderava ao mesmo tempo, na qualidade de primeira representante da nação. Para Constant, ao contrário, o interesse público era determinado pela sociedade civil, que orientava a ação ministerial por meio da imprensa e da representação nacional. O monarca estava adstrito a empregar seu prestígio e autoridade na função de árbitro entre os poderes. Ao exercer pessoalmente os mecanismos de freios e contrapesos que, na doutrina de Montesquieu, eram acionados pelos poderes uns contra os outros, o Moderador convertia o poder discricionário da razão de Estado, de arma de demolição, em instrumento de estabilização institucional. Amparadas por essa arquitetura protetora, a sociedade civil e o mercado poderiam concluir seu processo histórico de emergência, livrando-se em definitivo das amarras do Antigo Regime. O chefe de Estado transformava-se no fiador do "momento oligárquico", encarregado de enraizar os princípios pluralistas de liberdade e da representação em uma terra ainda convulsionada pelo radicalismo. Graças à popularidade de Constant, a doutrina do Poder Moderador tornou-se a interpretação por excelência liberal do papel constitucional do monarca. Essas discussões impactariam o debate relativo ao papel do chefe do Estado na América Ibérica, com as inevitáveis variações decorrentes da diversidade de circunstâncias de nações recém-constituídas no Novo Mundo.

Parte II

A PERIFERIA IBÉRICA E AMERICANA: A CONSTRUÇÃO INTELECTUAL DO ESTADO NO MUNDO LUSO-BRASILEIRO (1580-1824)

Capítulo 5

A FORMAÇÃO DO ESTADO NA PERIFERIA IBÉRICA (1): O ABSOLUTISMO FRACO DA PRIMEIRA "REVOLUÇÃO MONÁRQUICA" PORTUGUESA E SUAS REPERCUSSÕES NO BRASIL (1640-1750)

1. CONFLITO, ANARQUIA E A PRIMEIRA "REVOLUÇÃO MONÁRQUICA" NO PORTUGAL DOS BRAGANÇA (1640-1750)

As grandes navegações e o império quinhentista português. O exitoso processo de expansão marítima de Portugal e Espanha ao longo do século XV elevou os dois reinos da Península Ibérica ao primeiro plano das potências europeias. A aventura ultramarina iniciada com a expedição bancada por dom João I a Ceuta em 1415 culminou com a descoberta da América por Cristóvão Colombo (1492), a divisão do Novo Mundo entre espanhóis e portugueses pelo Tratado de Tordesilhas (1494), a chegada de Vasco da Gama às Índias (1498) e a descoberta do Brasil por Pedro Álvares Cabral (1500). Os gloriosos feitos dos portugueses imortalizaram os nomes dos reis da dinastia de Avis, como Manuel I, o Venturoso, e João III, que deram continuidade aos esforços militares da Reconquista contra os muçulmanos. Especializando-se no papel de entreposto de mercadorias exóticas na praça europeia, o pequeno Portugal geria no começo do século XVI um império comercial e militar espalhado pelos três continentes do mundo então conhecido: América (Brasil), África (Moçambique, Angola, Guiné) e Ásia (Índia e China). A colonização portuguesa na América só começaria efetivamente em 1530, voltada para a produção de açúcar e outros gêneros tropicais. O fracasso do modelo de capitanias hereditárias levou à instalação do governo-geral do Brasil em 1549, na cidade de São Salvador da Bahia. Com o primeiro-governador geral, Tomé de Sousa, chegaram os jesuítas, encarregados de integrar, por meio da catequese e, depois, do aldeamento, as tribos indígenas à civilização cristã. A exigência da produção em larga escala em um reino diminuto e falto de população, somada ao etos aristocrático da sociedade portuguesa, forçou o emprego do trabalho compulsório, primeiro dos indígenas, em regime de ilegalidade, e depois de africanos. Aos fidalgos menores e aos aventureiros plebeus que se transportavam para o Novo Mundo, desejosos de ascensão social, somavam-se os clérigos encarregados de preservar as almas dos colonos. Aos dois grupos, a Coroa concedia imensos lotes de terras, as sesmarias, a fim de que as cultivassem e nelas buscassem pedras ou metais preciosos.

A União Ibérica, a Contrarreforma e a aspiração espanhola ao império universal. Entretanto, as disputas em torno da sucessão ao trono depois da morte do rei dom Sebastião mergulharam Portugal em profunda crise. A Coroa foi arrebatada pelo rei de Espanha, que reinaria como Felipe I. Ao longo do século XVI, a Espanha consolidara suas fronteiras internas pela agregação de diversos reinos peninsulares e se tornara o mais poderoso império do mundo, cujos domínios se estendiam à América e, na própria Europa, à Áustria e à Holanda. Ao mesmo tempo, a Reforma protestante, que questionava a hierarquia e a tradição herdadas do Medievo, conquistava a Inglaterra, afundava a França nas guerras de religião e se disseminava pelo norte da Europa. Para conquistar o apoio do papado, os reis espanhóis se converteram nos principais defensores da Igreja. Do ponto de vista cultural, a condição de bastião da Contrarreforma reduziu, na Península Ibérica, o impacto da recuperação dos ideais da Antiguidade clássica promovida pelo humanismo renascentista e pela crise espiritual desencadeada pelo protestantismo. A reafirmação da escolástica tomista por ocasião do Concílio de Trento, respeitosa da tradição, adiou no mundo ibérico o processo de secularização e de questionamento da hierarquia social. Durante a União Ibérica (1580-1640), ainda que preservando formalmente sua autonomia, Portugal passou a pertencer ao império dos Habsburgos espanhóis (os "Áustrias"). A despeito do regime mais severo e inquisitorial, a integração entre os dois reinos foi inicialmente bem-sucedida: suas elites se entrelaçaram e foi possível expandir a colonização portuguesa no Brasil, porque os limites de Tordesilhas acabaram caducos.

A Guerra dos Trinta Anos: o fracasso da "revolução monárquica" espanhola e a decadência dos reinos ibéricos. Ao longo da Guerra dos Trinta Anos (1618-1648), a Espanha foi perdendo a capacidade de sustentar uma guerra permanente contra tantos e variados inimigos que, contra suas pretensões ao império universal, aspiravam a um sistema de equilíbrio entre as potências. Internamente, a monarquia hispânica afundou em uma crise duradoura relacionada com a gestão dos grupos que a compunham. A penúria fiscal exigia uma "revolução monárquica" capaz de fortalecer a Coroa do ponto de vista econômico, semelhante àquela promovida na França de Richelieu. O desafio foi tomado a peito por dom Gaspar de Guzmán, conde-duque de Olivares, primeiro-ministro de Felipe III (1621-1640). Olivares assumiu as rédeas do poder determinado a tornar mais eficiente a administração, homogeneizando os reinos e domínios da monarquia para maximizar recursos. O direito imperial espanhol era um composto caótico de regimes jurídicos, que combinava o direito metropolitano com numerosos ordenamentos locais, eventualmente distorcidos por costumes e estilos judiciários periféricos.[1] Mas a "revolução monárquica" de Olivares fracassou. A nobreza dos diversos reinos que compunham o país se inquietou com os seguidos aumentos de impostos. O desgosto se agravou com a tentativa de centralização e de substituição do sistema administrativo prebendário, que favorecia a nobreza tradicional, por outro, exercido por comissários régios. Incitadas pela aristocracia, as revoltas que estalaram no Alentejo e no Algarve em 1637-38, seguidas por outros levantes na Catalunha, na Andaluzia, em Aragão e em Navarra, inauguraram um ciclo de trinta anos de instabilidade e anarquia.[2] A Paz de Vestfália (1648) sacramentou a derrota espanhola na Guerra dos Trinta Anos e deslocou a Península Ibérica para a periferia do sistema europeu, cujo centro foi ocupado pela Inglaterra e pela França:

> Os espanhóis do século XVII, diferentemente dos da época renascentista, se apresentam como que sacudidos por grave crise em seu processo de integração (a opinião geral, a partir de 1600, reconhece como cosmicamente inevitável a queda da monarquia hispânica, enquanto regime de convivência do grupo, e que não há mais nada a fazer senão escorá-lo provisoriamente). Isso se traduz em um estado de inquietação – que em muitos casos pode ser qualificado de angustiado – e, portanto, de instabilidade, com uma consciência de irremediável "decadência" que os próprios espanhóis do século XVII adquirem, antes mesmo que assim os julguem os ilustrados do século XVIII.[3]

[1] HESPANHA, Antônio Manuel. "Fazer um império com palavras". *In*: Ângela Barreto Xavier & Cristina Nogueira da Silva (organizadoras). *O governo dos outros: poder e diferença no Império português.* Lisboa: Imprensa de Ciências Sociais, 2016, p. 70 e 73.

[2] CIERVA, Ricardo de la. Historia total de España: del hombre de Altamira al Rey Juan Carlos. Madrid: Editorial Fenix, 2001, p. 464-478.

[3] MARAVALL, José Antonio. *A cultura do barroco.* Prefácio de Guilherme Simões Gomes Jr. Tradução de Silvana Garcia. Revisão técnica de João Adolfo Hansen. São Paulo: EDUSP, 2009, p. 93.

A Restauração: a reação aristocrática e a recuperação da independência portuguesa. Foi nesse contexto de reação contra a "revolução monárquica" de Olivares que Portugal recuperou sua independência. A 1º de dezembro de 1640, a nobreza portuguesa depôs Felipe III e aclamou o duque de Bragança, que assumiu a Coroa com o título de dom João IV (1640-1668). Longe de seguir daí uma acalmia, as décadas seguintes continuaram presas de grande instabilidade, porque o reino teve de sustentar sua independência contra a Espanha, e o rei, a sua coroa contra outros pretendentes. Ademais, não havia em Portugal clima para qualquer "revolução monárquica". A Restauração se fizera em nome das instituições tradicionais contra a centralização tentada por Olivares. A situação obrigava dom João IV a aceitar um estilo de governação muito moroso, próprio de um "momento aristocrático". As elites que dominavam as câmaras municipais preservaram seu poder de mando, controlando a cobrança e administração dos tributos e o poder de levantar e comandar milícias. Os fracassos sucessivos nas tentativas de reconhecimento da independência e o estado de guerra permanente contra a Espanha levaram Portugal a décadas de anarquia, delinquência e penúria. Várias regiões do país viviam sublevadas devido à devastação causada pelas tropas em trânsito e pelo recrutamento forçado. A economia sofreu uma forte contração e a população permaneceu por decênios estacionada em dois milhões de habitantes. Com tantos problemas e carecendo de apoio constante, o fragilizado rei tinha razões de sobra para governar através de conselhos aristocráticos e consultas frequentes às Cortes (que eram o equivalente ibérico do Parlamento inglês e dos Estados-Gerais franceses) para obter dinheiro: 1642, 1645-1646, 1649 e 1653.[4]

A fracassada "revolução monárquica" de Castelo Melhor. Durante o reinado de dom Afonso VI (1656-1668), depois de 28 anos de luta, Portugal conseguiu finalmente o reconhecimento de sua independência e a paz

[4] RAMOS, Rui; SOUSA, Bernardo Vasconcelos e; e MONTEIRO, Nuno Gonçalo. *História de Portugal.* Lisboa: A esfera dos livros, 2009, p. 329-330. CARDIM, Pedro. "O processo político (1621-1807)". *In*: José Mattoso (org.). *História de Portugal.* Quarto volume: *O Antigo Regime.* Lisboa: Editorial Estampa, 1998, p. 401-408. SERRÃO, Joaquim Veríssimo. *História de Portugal.* Volume V: *A Restauração e a monarquia absoluta (1640-1750).* 2ª edição, revista. Lisboa: Editorial Verbo, 1982, p. 28, 126, 137 e 153. DANTAS, Vinicius Orlando de Carvalho. *O conde de Castelo Melhor: valimento e razões de Estado no Portugal seiscentista (1640-1667).* Dissertação de mestrado em História. Niterói: Universidade Federal Fluminense, 2009, p. 285-288.

com a Espanha (1668). Empregando o discurso da "necessidade" e agindo conforme as técnicas da razão de Estado, o primeiro-ministro do novo rei, dom Luís de Vasconcelos e Sousa, conde de Castelo Melhor (1636-1720), fortaleceu a autoridade monárquica pela restrição das facções aristocráticas, criando uma forma mais centralizada e expedita de administração. O conde renovava, no plano local, o intento antes perseguido por Olivares para o conjunto da Ibéria. Castelo Melhor seguiu as máximas da razão de Estado, dentro do que era então possível em Portugal, agindo, de acordo com os contemporâneos, de modo "prudente, verdadeiro e secreto", introduzindo na diplomacia "um pouco de bom modo e dissimulação"[5]. Mas também esse ensaio de "revolução monárquica" falhou. O primeiro-ministro foi acusado de usurpar a função do rei e de suprimir a competência dos tribunais. Com a ajuda da rainha, a nobreza forçou a demissão de Castelo Melhor e, a título de incapaz, substituiu o rei por seu irmão, Pedro II (1668-1706). O novo monarca restabeleceu as formas aristocráticas de governo do tempo de seu pai, administrando por conselhos e juntas (como o de Estado, o de Guerra, o dos Três Estados, e o Ultramarino), e consultando as Cortes com frequência (1673-1674; 1679-1680; e 1697-1698).

Os esforços para introduzir a política mercantilista em Portugal promovidos por dom Luís de Menezes, terceiro conde da Ericeira (1632-1690), também fracassaram. A Coroa se viu obrigada a celebrar acordos comerciais desvantajosos com a França e a Inglaterra, de cujo apoio o reino carecia contra a ameaça espanhola.[6] A crise econômica seguia, provocada pelo fechamento dos mercados europeus, pela fuga de capitais judeus e holandeses e pela queda dos preços do açúcar e do tabaco. A crescente dependência das riquezas do Brasil sobrevalorizava o comércio de importação e exportação português e subvalorizava setores mais produtivos, como o agrícola e o industrial. Como se pode perceber, Portugal enfrentava o desafio de construir seu Estado em um contexto periférico, marcado pelo imperialismo comercial, militar e cultural de vizinhos muito mais poderosos, e pela constante necessidade de ceder para

[5] FARIA, Ana Leal & MONTEIRO, Nuno Gonçalo. *Castelo Melhor e seus tempos (1635-1720)*. Lisboa, Universidade de Lisboa, 2021, p. 33.

[6] SERRÃO, Joel; & MARQUES, A. H. de Oliveira. *Nova história da expansão portuguesa*. Volume VII: *o Império luso-brasileiro, 1620-1750*. Coordenação de Fréderic Mauro. Lisboa: Editorial Estampa, 1991, p. 19. RAMOS, SOUSA & MONTEIRO. *História de Portugal*, op. cit., p. 330.

garantir a sobrevivência em um ambiente internacional desfavorável. O absolutismo "forte" tornava-se assim uma impossibilidade.[7]

A primeira "revolução monárquica" sob o reinado de dom João V. O impulso indispensável ao arranque de uma "revolução monárquica" viria da recuperação dos preços de produtos como o trigo, o azeite e o vinho do Porto, e da descoberta e exploração dos metais preciosos do Brasil. Durante o reinado de João V (1608-1750), a atividade do ouro e dos diamantes dinamizou os setores ligados àquele comércio e aumentou a riqueza privada graças às remessas dos milhares de emigrados. Diante da grande prosperidade e do crescimento demográfico brasileiro, a Coroa desistiu das políticas de autossuficiência e contentou-se em viver da riqueza mineral ultramarina, já que o Brasil sozinho pagava suas próprias importações e as da metrópole. Portugal recuperou sua importância geopolítica e deu alguns passos no caminho da centralização. As Cortes deixaram de ser convocadas; os rituais da monarquia valorizaram a pessoa do príncipe; os grandes da aristocracia passaram a ser enfrentados e formou-se uma elite governativa mais culta e viajada, formada por fidalgos como Luís da Cunha e Alexandre de Gusmão. A "revolução monárquica" joanina reforçou a presença estatal no ultramar, reduzindo a arrogância da nobreza colonial. A cultura floresceu com a construção do palácio-convento de Mafra e a fundação da Real Academia de História (1722). No campo administrativo, dom João V substituiu em 1736 o governo por conselhos por três secretarias de Estado (Interior, Marinha e Ultramar, e Guerra e Estrangeiros) e expandiu a burocracia. Seja como for, foi uma "revolução monárquica" fraca: a posição da Igreja Romana continuou intocada; a economia seguiu extremamente aberta e dependente dos metais preciosos do Brasil; e não houve esforço de justificar teoricamente o absolutismo. Daí a expressão "absolutismo mitigado" ou "*sui generis*" empregado aqui para designá-lo.[8]

[7] SILVA, Francisco Carlos Teixeira da. "Conquista e colonização da América portuguesa: o Brasil colônia – 1500/1750". *In*: Maria Yedda Linhares (org.). *História geral do Brasil*. 9ª edição. Rio de Janeiro: Elsevier, 1990, p. 71. SERRÃO. *História de Portugal*, op. cit., p. 198; 374-376. CARDIM. *O processo político*, op. cit., p. 408-413.

[8] SERRÃO & MARQUES. *Nova história da expansão portuguesa*. Volume VII: *o Império luso-brasileiro, 1620-1750*, op. cit., p. 69. CARDIM. *O processo político*, op. cit., p. 413-415. SERRÃO. *História de Portugal*, op. cit., p. 195, 320 e 358.

2. IDEOLOGIAS DA PRIMEIRA "REVOLUÇÃO MONÁRQUICA" PORTUGUESA (1): O ABSOLUTISMO MITIGADO OU FRACO DA SEGUNDA ESCOLÁSTICA

O paradigma judiciário do Antigo Regime e a identidade portuguesa. Antes do paradigma estatista ou legislativo de organização social vigorava outro, corporativo ou judiciário, de origem medieval. Neste, a sociedade se percebia como politicamente plural, dotada de uma série de polos autônomos, cujos interesses eram reivindicados como legítimos e não podiam ser inteiramente sacrificados a um bem comum identificado com a Coroa. Segundo esse paradigma judiciário, os reis do Antigo Regime deveriam respeitar as normas produzidas pelas diversas fontes do direito, como as jurisdições territoriais e a Igreja, dando a cada o que era seu. O "povo" era considerado em sua relação com a monarquia como uma unidade político-espiritual. Prevalecia a ideia de um pacto entre ambos, segundo o qual o povo deveria acatar o monarca desde que ele governasse de modo justo. O rei partilhava o poder com forças de maior ou menor hierarquia; seu direito legislativo era limitado por doutrinas jurídicas e pelos usos e práticas locais; os deveres políticos cediam perante os morais ou afetivos, cristalizados em redes de amigos ou clientes; e os oficiais régios gozavam de uma proteção ampla de direitos e atribuições.[9] A monarquia deveria manter as distinções, lugares, funções e privilégios dos estamentos, ordens ou estados que, reunindo os vassalos do príncipe conforme as funções clássicas da sociedade medieval – sacerdotes (*oratores*), guerreiros (*bellatores*), trabalhadores (*laboratores*) – compunham a "república" descrita pelo padre Antônio Vieira em 1642:

> Assim como o sal é uma junta de três elementos, fogo, ar e água, assim a república é uma união de três estados, eclesiástico, nobreza e povo. O elemento do fogo representa o estado eclesiástico, elemento mais levantado que todos, mais chegado ao céu e apartado da terra; elemento a quem todos os outros sustentam, isento ele de sustentar a ninguém. O elemento do ar representa o estado da nobreza, não por ser a esfera da vaidade, mas por ser o elemento da

---

[9] XAVIER, Ângela Barreto & HESPANHA, Antônio Manuel. "A representação da sociedade e do poder". *In*: José Mattoso (dir.). *História de Portugal.* Quarto Volume: *o Antigo Regime (1620-1807).* Coordenador: Antônio Manuel Hespanha. Lisboa: Estampa, 1998, p. 114-116. HESPANHA, Antônio Manuel. "A constituição do império português. Revisão de alguns enviesamentos correntes". *In*: João Fragoso; Maria Fernanda Bicalho e Maria de Fátima Gouvêa (org.). *O Antigo Regime nos trópicos: a dinâmica imperial portuguesa.* Rio de Janeiro: Civilização Brasileira, 2001, p. 166-167.

> respiração, porque os fidalgos de Portugal foram o instrumento felicíssimo por que respiramos, devendo este reino eternamente a resolução de sua nobreza os alentos com que vive, os espíritos com que se sustenta. Finalmente, o elemento da água representa o estado do povo: [...] e não como dizem os críticos, por ser elemento inquieto e indômito, que à variedade de qualquer vento se muda, mas por servir o mar de muitos e mui proveitosos usos à terra, conservando os comércios, enriquecendo as cidades, sendo o melhor vizinho que a natureza deu às que amou mais. Estes são os elementos de que se compõe a república.[10]

Fornecida pela Igreja Católica e reafirmada na época da Contrarreforma e da Restauração, a identidade portuguesa passava principalmente pelo vínculo com a cristandade e distinguia os portugueses dos protestantes, muçulmanos, judeus e outros pagãos ou hereges. Primeiro reino da península a converter-se ao catolicismo, acreditava-se que Portugal teria sido favorecido por Deus: nele teriam aportado os primeiros apóstolos, sido efetuadas as primeiras conversões e caído os primeiros mártires. Cristo aparecera no meio da batalha decisiva ao fundador do reino, Afonso Henriques, que em troca da vitória lhe prometera o seu futuro império. Tantos prodígios e milagres eram expressões da predileção divina. No campo especificamente político, o providencialismo apresentava o reino como um produto da luta contra os mouros protagonizada pela dinastia de Avis ao longo de inúmeras conquistas e batalhas. Reis e príncipes figuravam em uma galeria de santos e de heróis como portadores de papéis atribuídos pela Providência. Não era por outra razão que o título concedido pelo papa a dom João V seria aquele de "Majestade Fidelíssima", e que em contrapartida ele fizesse construir um dos maiores palácio-conventos do mundo. Do ponto de vista étnico e cultural mais específico, a identidade portuguesa remetia a um imaginário hispânico, o que explicava o bilinguismo e a intensa atração pela literatura castelhana até meados do século XVIII. Só então começou uma segunda "revolução monárquica", ao longo da qual se fixou uma identidade mais "europeia" e definida por um critério estatal.[11]

O pensamento político-teológico da Segunda Escolástica (1): considerações gerais. As ideologias políticas portuguesas não se baseavam no imaginário

[10] VIEIRA, Antônio. *Escritos históricos e políticos.* 2ª edição. São Paulo: Martins Fontes, 2002, p. 16.
[11] SILVA, Ana Cristina Nogueira & HESPANHA, Antônio Manuel. "A identidade portuguesa". *In*: José Mattoso (dir.). *História de Portugal.* Quarto Volume: *o Antigo Regime (1620-1807).* Coordenador: Antônio Manuel Hespanha. Lisboa: Estampa, 1998, p. 20-29.

produzido pela Renascença e na Reforma, mas naquele da Contrarreforma. Se o rompimento com a Igreja Romana e o surgimento de múltiplas denominações religiosas abalavam as estruturas hierárquicas e corporativas na Inglaterra e na Holanda, a reação católica favorecia as tradições e reafirmava o poder do papa na Espanha e em Portugal. Além do combate às "heresias" que negavam a centralidade da Igreja como congregação de fiéis, os teóricos da Segunda Escolástica – que reunia dominicanos e jesuítas como Francisco de Vitoria, Domingo de Soto, Luís de Molina e Francisco Suárez – combatiam o humanismo renascentista e os doutrinários da razão de Estado, que rejeitavam a lei natural enquanto base adequada para a vida política. O Concílio de Trento (1546) assentou que a Igreja constituía uma instituição visível e jurisdicional, cujas estruturas emanavam do Espírito Santo e cujas tradições eram tão importantes para a salvação da alma quanto as escrituras. Ninguém poderia viver uma vida plenamente cristã fora da Igreja Romana, com suas marcas de antiguidade, existência ininterrupta, abrangência universal, sucessão apostólica dos bispos, unidade sob a autoridade papal e conjunto coerente de doutrinas.[12] Os defensores da Contrarreforma construíram uma teoria ortodoxa da sociedade política, recorrendo à tese aristotélica de que os homens podiam ancorar racionalmente a vida coletiva sobre alicerces morais. Também reafirmaram a validade da hierarquia normativa prescrita por São Tomás, que classificava as leis como eternas, divinas, naturais e positivas. Todo o direito humano precisava estar de acordo com a vontade de Deus revelada pela Igreja.

O pensamento político-teológico da Segunda Escolástica (2): *A dignidade real e a educação do rei* de Juan de Mariana (1598). A vitória da Segunda Escolástica tornou a Península Ibérica o bastião da resistência católica contra o humanismo e o protestantismo. Os espelhos de príncipe produzidos durante a União Ibérica refletiam a exigência de submissão da política à ética identificada com os princípios cristãos. Era o caso de *A dignidade real e a educação do rei* (1598), escrito por Juan de Mariana (1536-1625) para instruir o jovem Felipe II. Segundo Mariana, era a fragilidade humana que se encontrava na origem dos direitos e da sociedade civil. A república ou comunidade política era uma associação de homens reunidos debaixo de leis para erradicar o medo do estado de natureza. Aqui se percebia bem o caráter mitigado do absolutis-

---

[12] SKINNER. *Fundações do pensamento político moderno*, op. cit., p. 421-425.

mo neoescolástico. Por um lado, a monarquia era descrita como o melhor dos governos porque mais conforme às leis da natureza, garantindo a paz interna e mantendo o poder terreno indiviso como o celestial. Por outro lado, Mariana salientava seu caráter frágil e inconstante, porque ameaçada pela cegueira e pelos vícios dos homens. As monarquias estavam sujeitas a sucumbir à tirania e desencadear violências. Embora os príncipes esquecessem, a comunidade política (a "república") não era propriedade deles. Os súditos não se despojavam de sua autoridade original, que os levara a formar uma república por consentimento, nem a teriam transferido aos príncipes para que a exercessem de modo arbitrário. Reis tiranos podiam e deviam ser substituídos por outros, que governassem conforme os ditames da justiça. A necessidade de uma autoridade que mantivesse o primado da ética cristã sobre dirigentes tão inclinados ao pecado e ao vício justificava a tutela da Igreja sobre a monarquia. Os domínios hispânicos estavam abatidos pelo dinheiro fácil dos metais da América e a corrupção pelo luxo se propagava como uma doença. Não era possível separar a religião do governo, da mesma forma que não se separava a alma do corpo. Por isso, o príncipe deveria estreitar os vínculos entre o espiritual e o temporal, confiando postos governamentais de relevância aos membros do alto clero. O monarca e seus súditos, cada qual à sua maneira, deveriam defender a religião, alma da verdadeira política, sem a qual o mundo dos homens se abismava e se decompunha.[13]

O pensamento político-teológico da Segunda Escolástica (3): a *Defesa da fé católica* e o *Tratado das leis* de Francisco Suárez (1612-1613). Em obras como *Defesa da fé católica e apostólica contra os erros da seita anglicana* (1612) e *Tratado das leis e do Deus legislador* (1613), o jesuíta espanhol Francisco Suárez (1548-1617) sustentava ideias semelhantes às de Mariana. O homem era um ser sociável que vivera originalmente em um estado de natureza, cujas bases eram a liberdade, a igualdade e a independência de todos. A lei natural era produto da vontade de Deus e dos homens, que saberiam orientar-se de acordo com ela. Mas, tendo em vista o egoísmo crescente, a sociedade teria se degradado. Era preciso introduzir um regulador externo à vida social, que permitisse aos homens viverem com decência e segurança. Justificava-se assim a criação de uma república ou comunidade política, voltada para fins secula-

[13] MARIANA, Juan de. *La dignidad real y la educación del rey.* Madrid: Centro de Estudios Constitucionales, 1981. MÉCHOULAN, Henry. République et monarchie chez Mariana. In: Yves Charles Zarka. *Monarchie et république au XVIIe siècle.* Paris: PUF, 2007, p. 261-276.

res, mas cujas leis positivas não contrariassem as eternas, divinas e naturais. O povo teria a capacidade de se perceber como uma universalidade e, portanto, de dedicar-se à execução de atos legais coletivos. O consentimento era condição essencial para a legitimidade da ordem política: "Se um reino vem a ser criado por meios puramente injustos, não se pode dizer que o governante possua genuína autoridade legislativa". Suárez e seus companheiros também condenavam a doutrina maquiaveliana da razão de Estado como insana e ímpia: a preservação dos domínios do príncipe seria impossível sem a observância dos preceitos espirituais: "A doutrina desses políticos não tem na verdade valor algum para a conservação de uma república ou reino temporal".[14] Segundo o jesuíta, a honestidade teria maior poder na manutenção da paz e da justiça do que qualquer outra coisa – especialmente a "utilidade", tão decantada pelos doutrinários da razão de Estado. Era a ética católica que deveria continuar a orientar a política dos governantes.

A Segunda Escolástica na Restauração portuguesa (1): a *Justa aclamação do sereníssimo rei de Portugal dom João IV* de Francisco Velasco de Gouveia (1640). Quando do fim da União Ibérica, juristas portugueses como Francisco Velasco de Gouveia (1580-1659) recorreram às doutrinas de Suárez e Mariana para justificar a independência de Portugal. Em sua *Justa aclamação do sereníssimo rei de Portugal dom João IV* (1640), Gouveia escrevia que "o reino pode justamente privar o seu príncipe, ainda que seja legítimo, quando no exercício é tirânico".[15] As teses neotomistas segundo as quais a soberania pertencia originalmente ao povo e não aos reis, que a exerciam limitados por um pacto de sujeição, legitimavam a deposição do rei espanhol. O clero e a nobreza recorreram ao conceito de leis fundamentais do reino, supostamente fixadas no século XII pelas chamadas "Cortes de Lamego", para sustentarem contra a Espanha duas proposições: "Primeira, que a soberania dos príncipes pode ter na terra superior, que conheça suas ações no temporal, ou seja direta, ou indiretamente; segunda, que as Cortes formam neste reino um tribunal soberano, e reduzem a pessoa do rei à mesma condição de um simples parti-

[14] SUÁREZ, Francisco. *Defesa da fé católica*. São Paulo: Editora Concreta, 2015. Idem. *Tratado de las leyes y de Dios legislador*. Madrid: Instituto de Estudios Políticos, 1968. SKINNER. *Fundações do pensamento político moderno*, op. cit., p. 432-449.

[15] GOUVEIA, Francisco Velasco. *Justa aclamação do sereníssimo rei de Portugal dom João IV*. Lisboa: Lourenço de Anveres, 1644, p. 313.

cular".[16] O problema das doutrinas jesuíticas que serviam para garantir a independência de Portugal e eleger outra dinastia é que elas também serviam para condenar as pretensões absolutistas dos príncipes, conforme advertia Gouveia: "Os reis se devem abster de afligir os vassalos, com outros novos tributos, contentando-se com as rendas reais do reino, que fazendo o contrário ficam sendo tiranos".[17] A longa crise em que Portugal mergulhara obrigara a nova dinastia governar com o clero e a aristocracia, reunida em conselhos e consultada em seus órgãos tradicionais de representação. Enquanto a França deixara de convocar os Estados-Gerais em 1613-1614, os portugueses convocariam suas Cortes oito vezes entre 1641 e 1698.

O triunfo da Contrarreforma não significou mera continuidade em relação aos estilos de pensamento medievais. O neotomismo era uma "reação conservadora", é certo, mas que reconhecia os desafios impostos pelo Renascimento e buscava, por uma releitura da tradição, responder às inquietações geradas pela Reforma. Ao romper com a unidade cultural do mundo garantida pela Igreja Católica, o protestantismo provocara uma secularização parcial da vida nos cimos da sociedade estamental. O princípio ordenador da sensibilidade barroca, de que os jesuítas se tornaram agentes privilegiados, era a premissa da vida como sonho, ilusão e engano. Vinha daí a necessidade de restabelecimento do poder e da ordem perdidas. Para tanto, os jesuítas recorreram a uma linguagem de dramatizações e artifícios expressas nas liturgias públicas e nos espetáculos teatrais, cujo objetivo era o de enlaçar novamente o sagrado e o transcendente. Nesse esquema, o rei desempenhava o papel crucial de restaurar, na condição de representante de Deus sobre a Terra, a harmonia e o equilíbrio da sociedade. A origem da comunidade política não residia mais, como na Idade Média, na pura comunicação vinda do transcendente. Era também cada vez mais um produto da vontade monárquica.[18]

[16] SILVA, José de Seabra da. *Dedução cronológica e analítica. Parte primeira, na qual se manifestam pela sucessiva série de cada um dos reinados da monarquia portuguesa, que decorreram desde o governo do Senhor Rei D. João III até o presente, os horrorosos estragos, que a Companhia denominada de Jesus fez em Portugal, e todos seus domínios, por um plano e sistema por ela inalteravelmente seguido desde que entrou neste reino, até que foi dele proscrita, e expulsa pela justa, sábia e previdente lei de 3 de setembro de 1759.* Lisboa: Oficina de Miguel Manescal da Costa, 1767, p. 345.

[17] GOUVEIA. *Justa aclamação do sereníssimo rei de Portugal dom João* IV, op. cit., p. 375.

[18] SEELAENDER, Airton Cerqueira Leite. *Notas sobre a constituição do direito público na idade moderna: a doutrina das leis fundamentais.* Revista Sequência, nº 53, p. 197-232, dez. 2006, p. 202-203. BARBOZA FILHO, Rubem. *Barroco: nossa origem e singularidade.* Acervo, Rio de Janeiro: v. 19,

A Segunda Escolástica na Restauração portuguesa (2): a *História do futuro* e *Os sermões* de Antônio Vieira. O grande expoente da articulação entre moralidade católica e razão de Estado foi o padre Antônio Vieira (1608-1697). Seu empenho na consolidação da dinastia de Bragança e na restauração do poderio português se traduzia em linhas de ação públicas e privadas. Em público, ele alimentava a confiança dos luso-brasileiros, difundindo a crença nos destinos providenciais de Portugal. A graça era a protagonista no destino das nações e o sentido da história podia ser apreendido pelas profecias do Antigo e do Novo Testamento. Em sua *História do futuro* (1649-1664), Vieira anunciava o advento próximo do Quinto Império, o português, que sucederia àqueles da Grécia, Roma, Cristandade e Europa, e seria o definitivo. Na qualidade de verdadeiro dom Sebastião, João IV ressuscitaria, levando a fé católica ao triunfo final contra a heresia e o paganismo.[19] O Brasil desempenhava importante papel em sua profética: os descobrimentos haviam representado uma segunda criação do mundo pela incorporação de uma nova humanidade, identificada com os indígenas. Daí a importância da catequese promovida pelos jesuítas: "Nossos intentos, são fazer grande número de cristãos da nossa doutrina, e independentes de todo outro governo, para com ele penetrarmos os sertões, e levarmos a Cristo por toda essa imensidade de terras e mares".[20] Sua interpretação do Brasil se baseava na profecia de Isaías relativa ao papel dos povos que viveriam em terras caudalosas além da Etiópia: "O texto de Isaías se entende do Brasil, porque o Brasil é a terra que diretamente está além e da outra banda da Etiópia".[21] Em seu socorro, o padre servia-se de diversos autores do repertório eclesiástico, como Malaquias e Daniel, e da Antiguidade clássica, como Tácito e Cícero.

A segunda linha de ação pública de Vieira passava pela denúncia dos males que afligiam o império. Como bom "republicano" à moda romana, o jesuíta verberava contra desonestidade no trato dos dinheiros públicos e na falta de zelo na aplicação da justiça: "Prêmio e castigo são os dois polos em que se revolve e sustenta a conservação de qualquer monarquia, e porque ambos

nº 1-22, jan./dez. 2006. SERRÃO. *História de Portugal*, op. cit., p. 28. MARAVALL. *A cultura do barroco*, op. cit., p. 77.

[19] HANSEN, João Adolfo. "Esquema para Vieira". In: João Cezar de Castro Rocha (org.). *Nenhum Brasil existe: pequena enciclopédia*. Rio de Janeiro: Topbooks, 2003, p. 96-97.

[20] VIEIRA. *Escritos históricos e políticos*, op. cit., p. 211.

[21] Idem. *História do futuro*. São Paulo: Editora Formar, 1970, p. 160-161.

estes faltaram sempre ao Brasil, por isso se arruinou e caiu. Sem justiça não há reino, nem província, nem cidade, nem ainda companhia de ladrões que possa conservar-se".[22] Vieira exortava as três ordens do reino a contribuírem para a independência portuguesa e condenava a omissão da nobreza e do clero em relação às suas obrigações. Queixava-se dos bandeirantes que, ignorando a proibição relativa à escravização dos indígenas, os aprisionavam e promoviam genocídios com a cumplicidade dos governadores. Ao se referir às dificuldades da guerra contra os invasores, Vieira lamentava a decadência dos costumes: "Os holandeses têm a sua indústria, o seu cuidado, a sua cobiça, o seu amor entre si, e ao bem comum; nós temos a nossa desunião, a nossa inveja, o nosso descuido, e a nossa perpétua atenção ao particular".[23] Ele ameaçava os governantes corruptos com as penas do inferno em pregações como o *Sermão da Primeira Dominga do Advento* (1650): "Todos ou quase todos os que governam são causas gravemente culpáveis de graves danos, e nenhum, ou quase nenhum, restitui o que pode: logo nenhum ou quase nenhum, dos que governam se pode salvar".[24] O céu era um modelo de prática moral e de arte política, não sendo possível dissociar a primeira da segunda. A razão de Estado "verdadeira" era aquela que harmonizava a providência e a prudência.[25] Embora, como conselheiro de príncipe, sua posição fosse mais complexa, em suas prédicas sobre a razão de Estado, a posição de Vieira estava perfeitamente alinhada com a da Contrarreforma:

> A verdadeira política é o temor de Deus, o respeito de Deus, a dependência de Deus e a amizade de Deus; e a verdadeira arte de reinar é guardar sua lei. Os políticos antigos estudavam pelos preceitos de Aristóteles, e Xenofonte; os políticos modernos estudam pelas malícias de Tácito, e de outros indignos de se pronunciarem seus nomes neste lugar [i.e., Maquiavel]. A verdadeira política e única é a lei de Deus. Se Deus sabe mais que eles, e é a verdadeira e única sabedoria, estudem-se, aprendam-se e sigam-se as razões de Estado de Deus.[26]

---

[22] PÉCORA, Alcir. *Política do céu, política de obras.* Estudos Portugueses e Africanos (Campinas), nº 27, p. 14.

[23] VIEIRA. *Escritos históricos e políticos,* op. cit., p. 343.

[24] Idem, ibidem, p. 88.

[25] PÉCORA. *Política do céu, política de obras,* op. cit., pp. 5-22.

[26] LISBOA, José da Silva. *Espírito de Vieira ou Seleta de pensamentos econômicos, políticos, morais e literários, com a biografia deste celebrado escritor.* Rio de Janeiro: Imprensa Régia, 1821, p. XXIV-XXV.

3. Ideologias da primeira "revolução monárquica" portuguesa (2): a razão de Estado católica

A razão de Estado católica de Giovanni Botero (1588). Se os neotomistas reiteraram a importância das virtudes cristãs, nem por isso negligenciaram a razão de Estado. O modelo de uma *razão católica de Estado* foi fornecido pelo jesuíta italiano Giovanni Botero (1530-1619). Se o Estado era "um domínio firme sobre os povos", a razão de Estado consistia no "conhecimento dos meios adequados a fundar, conservar e ampliar um domínio deste gênero".[27] Em outras palavras, a razão de Estado era uma técnica de governo voltada para os assuntos terrenos e práticos da administração, o primeiro dos quais era a conservação da monarquia e a ampliação de seus domínios. Mas, para evitar a equiparação com Maquiavel, Botero precisava dar uma no cravo e outra na ferradura. Como cristão, ele sustentava que o príncipe precisava agir de modo prudente e valoroso, conhecendo a filosofia (a moral) e as regras de bem governar (política). A história era igualmente indispensável, "o mais belo teatro que se possa imaginar".[28] Ele deveria escolher conselheiros sábios e experientes, ministrar justiça rápida e uniforme, socorrer os vassalos nas calamidades e promover a religião, "supremo ornamento e esplendor para os Estados".[29] Mas Botero reconhecia que nem sempre a moralidade deveria ser seguida, caso o governo pretendesse manter seu Estado "em paz e tranquilidade".[30] Para lidar com o povo, "monstro de muitas cabeças", Botero recomendava o receituário do mestre florentino: a arte da dissimulação; o segredo na elaboração da política e presteza na sua execução; manter-se informado por espiões; e reprimir a insubmissão eliminando os opositores.[31] Era o maquiavelismo possível, que conciliava a política com as exigências da Igreja; pressupondo a limitação do príncipe, mas o autorizando a exorbitar em certas circunstâncias. A razão de Estado católica funcionaria como um maquiavelismo encapuzado, restrito ao âmbito do governo temporal, e respeitador das aparências devidas à religião oficial. Só na primeira metade do

---

[27] BOTERO, João. *Da razão de Estado*. Tradução de Raffaela Longobardi Ralha. Coordenação e introdução de Luís Reis Torgal. Lisboa: Instituto Nacional de Investigação Científica, 1992, p. 5.

[28] Idem, ibidem, p. 40.

[29] Idem, ibidem, p. 34.

[30] Idem, ibidem, p. 30.

[31] Idem, ibidem, p. 117-118.

século XVIII, com o absolutismo ilustrado e o regalismo, a razão de Estado começaria publicamente a se legitimar.[32]

A doutrina portuguesa da razão de Estado. Embora haja referências a Maquiavel no *Panegírico de dom João III*, declamado por João de Barros (1533), a penetração mais efetiva da literatura da razão de Estado em Portugal data da segunda metade do século XVI. Em *Da instituição e da formação régia* (1572), Jerônimo Osório já reclamava dos conselheiros do rei, que atendiam mais à "religião e ao direito" do que "à utilidade e à glória".[33] A União Ibérica (1589) constrangeu fortemente a recepção de Maquiavel em Portugal, onde passaram a vigorar as regras da Inquisição espanhola que baniam as obras do secretário florentino. Seus admiradores passaram a se escudar em autores menos visados, como Botero e Tácito. Foram estes que forneceram o quadro de referências, a partir do qual estadistas e historiadores ibéricos tentaram compreender a Guerra dos Trinta Anos, verificando a imprevisibilidade da ação política e a possibilidade de minorar suas negatividades pela habilidade do estadista. Aqueles escritores distinguiam entre uma *falsa* ou *demoníaca* razão de Estado, concebida à maneira de Tibério, Tácito e Maquiavel como mera técnica de aquisição, conservação e aumento do poder, da *verdadeira* ou *cristã* razão de Estado de São Tomás, Mariana e Botero que, embora dedicada aos mesmos fins, teria limites morais bastante precisos.[34] Na primeira metade do século XVII, já havia um razoável número de obras sobre a razão de Estado publicadas em Portugal, como os *Discursos da jurídica e verdadeira razão de Estado* (1626), de Pedro Barbosa Homem, que a definia como "uma doutrina especial, que por meio de várias regras dão direito a um príncipe ou para manter em seus Estados a forma e a grandeza original que têm, ou para com novos aumentos ilustrar ou acrescentar à antiga massa de que eles se formaram".[35]

---

[32] BURKE. *Tacitism, scepticism, and reason of State*, op. cit., p. 483.

[33] In: MARCOCCI, Giuseppe. "Construindo um império à sombra de Maquiavel". *In*: Rodrigo Bentes Monteiro e Sandra Bagno (org.). *Maquiavel no Brasil: dos descobrimentos ao século XXI*. Rio de Janeiro: FGV Editora, 2015, p. 65 e 73.

[34] ORTEGA, Manuel Segura. "Pensamiento político em el Renacimiento español. Saavedra Fajardo". *In*: Fernando Vallespín (ed.). *Historia de la Teoría Política*, volumen 2: *Estado y teoría política moderna*. Madrid, Alianza Editorial, 2002, p. 385. MARAVALL. *A cultura do barroco*, op. cit., p. 68.

[35] HOMEM, Pedro Barbosa. *Discursos de la jurídica y verdadera razón de Estado*. Coimbra, Nicolao Carvalho, 1626.

A maior penetração daquelas doutrinas no mundo luso ocorreu na época da Restauração, quando Portugal teve de justificar sua independência e a escolha da casa de Bragança como nova dinastia.[36] Mas como, ao contrário da França de Richelieu e Mazarino, a fragilidade do reino coibia a invocação de qualquer razão de Estado que não fosse católica, seus estadistas tinham de recorrer a argumentos jurídicos e éticos. Para defender o procedimento dos portugueses no Congresso de Paz em Münster, o letrado Martinho de Azevedo reiterava nas suas *Exclamações políticas* (1644) a distinção entre uma razão de Estado "lícita" ou de uma "prudência de Estado", justa, honesta e verdadeira, seguida por eles, daquela outra, maquiavélica, "injusta" ou "do demônio", observada pelos espanhóis. E explicava: "Esta razão de Estado é diretamente contra toda razão, porque não seguindo seu ditame reto, e justo; somente tem o intuito na utilidade, e fim de conservar o Estado; chamando-o vulgarmente razão de Estado, não porque seja razão, mas porque sucede muitas vezes colocar-se os vícios com o nome de virtudes, e dar-se às virtudes os nomes dos vícios".[37] Mas a literatura da razão de Estado parecia útil também no plano interno, porque oferecia diretrizes para firmar o novo príncipe e conservar seus estados. Técnicas de governo especificamente "políticas", que seriam aproveitadas na década de 1660 pelo valido de Afonso VI, o conde de Castelo Melhor, já eram sugeridas em obras como a *Arte de reinar*, de Antônio Carvalho de Parada (1643); a *Suma política* de Sebastião César de Meneses e a *Harmonia política dos documentos divinos com as conveniências do Estado*, de Antonio de Sousa Macedo (1651). Na introdução de seu espelho de príncipe dedicado ao herdeiro da Coroa, dom Teodósio, Meneses já oferecia uma definição da razão de Estado católica:

> A razão de Estado é uma arte. E como quer que sejam as musas que governam – convém saber, o homem, a família e a cidade – necessariamente há três artes de governar. Com a primeira, se governa cada um a si mesmo; com a segunda, se governa a família; com a terceira, se governa a república. Quando cada um

[36] TORGAL, Luís Reis. "Introdução". *In*: João Botero. *Da razão de Estado*. Tradução de Raffaela Longobardi Ralha. Coordenação e introdução de Luís Reis Torgal. Lisboa: Instituto Nacional de Investigação Científica, 1992, p. XXI e XXII.

[37] In: ALMEIDA, Gustavo Kelly de. "Um príncipe cristão e dissimulado: D. Duarte e o negócio do Brasil". *In*: Rodrigo Bentes Monteiro e Sandra Bagno (org.). *Maquiavel no Brasil: dos descobrimentos ao século XXI*. Rio de Janeiro: FGV Editora, 2015, p. 109.

se governa a si mesmo, se dá a Ética; quando a família, a Econômica; quando a república ou reino, a Política. As duas primeiras se ocupam e cousas particulares e domésticas; a terceira, nas cousas públicas e comuns. Porém todas se respeitam e unem com o mesmo vínculo: o homem se ordena para a família; a família consta de muitos homens; a república, de muitas famílias. Subordinam-se entre si estas artes, de modo que a Ética se requer para a Econômica, a Econômica para a Política. A Política é a mais nobre das três, e nela se incluem as duas. Divide-se em monarquia, aristocracia e democracia. Quando a política se governa por uma só cabeça, se chama monarquia; quando por muitas nobres e ilustres, aristocracia; quando por muitas populares, se chama democracia. A razão e a experiência antepõem o governo monárquico aos demais. Desta tratamos, e de instruir um príncipe. Toda a máquina da razão de Estado estriba em três fundamentos principais: força, conselhos e reputação; e estes mesmos são as partes essenciais que formam um príncipe.[38]

Razão e a desrazão de Estado no Portugal restaurado: Antônio Vieira como conselheiro de príncipe. Vieira também refletiu sobre os meios por que a razão de Estado poderia contribuir para retirar Portugal de seu caudal de dificuldades. Esta era uma terceira linha de sua ação política, desenvolvida por ele na qualidade de conselheiro privado do príncipe. No âmbito do segredo de Estado, seu compromisso com a Igreja não o impedia de recomendar ao rei medidas mais pragmáticas. De todos os reinos da Europa, o padre acreditava que a antiga Lusitânia era "o menos rico, o menos poderoso, o mais dividido e mais exposto".[39] As circunstâncias periclitantes exigiam da realeza que obedecesse a uma "razão de Estado", expressão que para Vieira designava uma política ampla voltada para a recuperação do reino, que envolvia o aparelhamento das forças armadas e a adoção de práticas mercantilistas. Em sua *Proposta feita a El-Rei D. João IV em que se representava o miserável estado do reino e a necessidade que tinha de admitir os judeus mercadores que andavam pelas diversas partes da Europa*, Vieira afirmava que tudo no mundo humano estava sujeito à inconstância dos tempos; que o principado restaurado contra a Espanha ainda não havia "lançado firmes raízes"; que era seu dever expor ao monarca "o perigoso estado em que está, ou pode estar muito cedo este reino, e os meios eficazes com que se lhe deve acudir e procurar os seguros da

[38] MENESES, Sebastião César de. "Suma política oferecida ao príncipe Dom Teodósio de Portugal". *In*: Isócrates *et al. Conselhos aos governantes.* Brasília: Senado Federal, 1998, p. 523 e 524.
[39] VIEIRA. *Escritos históricos e políticos*, op. cit., p. 343.

sua conservação".[40] O padre jesuíta lembrava que, na realidade do governo, nenhum príncipe "segue mais leis, que as da conveniência própria. Imaginar o contrário, é querer emendar o mundo, negar a experiência, e esperar impossíveis".[41] No campo das relações internacionais, em especial, de nada contavam razões de justiça, mas somente a força bruta. Era o que ele reconhecia no seu *Papel que fez o Padre Antônio Vieira a favor da entrega de Pernambuco aos holandeses* (1648): "O que dá e tira os reinos no mundo, é o direito das armas, cujas leis ou privilégios são muito mais largos; e segundo este direito costumam sempre capitular os príncipes, principalmente quando um deles é menos poderoso; e só servem as razões e opiniões da justiça, para quando o que ficou leso, se torna a ver em melhor fortuna". Por tudo isso, Vieira, como conselheiro, recomendava ao rei que recorresse à razão de Estado, sempre que a ocasião o exigisse: "Quando estão em necessidade os reis, [...] pode ser lícito, pelas circunstâncias do tempo, o que pelas leis e cânones é proibido".[42] A mesma sugestão reaparecia publicamente no *Sermão de São Roque*: "A bondade das obras está nos fins, não está nos instrumentos. As obras de Deus todas são boas; os instrumentos de que se serve podem ser bons e maus".[43]

É verdade que se tratava de uma razão de Estado católica, que não desejava emancipar-se da religião. Na referida *Proposta feita a El-Rei D. João IV*, Vieira tentava persuadir o príncipe de que a readmissão dos judeus comerciantes em Portugal não contrariava "lei alguma, divina ou humana; antes é muito conforme aos sagrados cânones, doutrina dos santos padres e resoluções de muitos concílios gerais e particulares"; que todo os teólogos reconheciam a licitude de aliar-se mesmo a infiéis "para defesa e conservação dos reinos".[44] O que intrigava Vieira, justamente, era a dificuldade que o governo português revelava para se orientar conforme seus próprios interesses: "Verdadeiramente dificultosíssima de entender é a razão de Estado de Portugal, porque sendo um reino fundado todo no comércio, lança os seus mercadores para os reinos estranhos, e aos estranhos os admite dentro de si mesmo, para que o interesse da navegação e comércio venha a ser todo dos estranhos, e nada seu".[45] No

[40] Idem, ibidem, p. 259.
[41] Idem, ibidem, p. 261.
[42] Idem, ibidem, p. 21.
[43] Idem, ibidem, p. 58.
[44] Idem, ibidem, p. 271.
[45] Idem, ibidem, p. 273.

Sermão de Santo Antônio (1642), ele arriscava afirmar que a própria noção de uma política nacional parecia estranha ao país: "Isto de razão de Estado, com ser tão necessária aos reinos, nunca se deu muito no nosso – culpa do seu demasiado valor – e os portugueses, que a usam e praticam com perfeição, mais a devem à experiência das terras alheias que às influências da própria".[46] Em suma, para Vieira, o Portugal restaurado corria menos risco guiado por uma razão de Estado maquiavélica, do que carente de qualquer outra.

O contexto de retardo cultural da Contrarreforma ibérica, relativamente ao que se passava na Holanda, na Inglaterra e na França, não favorecia a emergência do vocabulário político moderno. Conceitos como *liberdade*, *democracia* e *república* mantiveram pela maior parte dos séculos XVIII os significados vinculados à tradição do Antigo Regime, com seu amálgama de absolutismo mitigado e cultura política meio clássica, meio católica. Segundo o Dicionário Bluteau de 1713, *liberal* era apenas uma pessoa generosa "que, com prudente moderação, gratuitamente, e com boa vontade dá dinheiro, ou cousa que o valha"; "pessoa de qualidade" cujas artes, porque não mecânicas como as dos plebeus e escravos, eram "próprias de homens nobres, e livres não só da escravidão alheia, mas também da escravidão de suas próprias paixões".[47] O conceito de *liberdade* tampouco ostentava as características que o marcariam depois, oscilando entre o sentido metafísico, que era "a faculdade, que a alma tem de fazer ou deixar de fazer alguma coisa, como mais quer", e o civil, que era "a faculdade de poder fazer impunemente, e sem ser responsável, tudo o que não é proibido pelas leis, sem haver quem arbitrariamente tome conhecimento disso".[48] O conceito de democracia também estava longe de seu significado moderno. O Dicionário Bluteau de 1713 a definia como "um governo político, diretamente oposto à monarquia, porque é popular, e nele a eleição dos magistrados depende dos sufrágios do povo". Aos olhos do Antigo Regime, tratava-se de um governo anacrônico e monstruoso: "É governo vulgar e o vulgo sempre há sido, e

[46] Idem, ibidem, p. 5.

[47] BLUTEAU, Rafael. *Vocabulário português e latino, áulico... autorizado com exemplos dos melhores escritores portugueses e latinos, e oferecido a El-Rei de Portugal, D. João V.* Coimbra: Colégio das Artes da Companhia de Jesus; Lisboa: José Antônio da Silva, 1713.

[48] Idem. *Dicionário da língua portuguesa composto pelo Padre D. Rafael Bluteau, reformado e acrescentado por Antonio de Moraes Silva, natural do Rio de Janeiro.* Tomo segundo. Lisboa: Simão Tadeu Ferreira, 1789.

com domínio, monstro formidável: tem conselho, tem razão, tem esfera, tem segredo e tem revolução. Todos querem ter cabeças".[49]

4. Repercussões da primeira "revolução monárquica" portuguesa no mundo luso-brasileiro: a sociedade colonial, o catolicismo jesuítico e a doutrina da razão de Estado

Os inícios da colonização: a instalação do governo-geral do Brasil (1549). Por sua pretensão de assegurar o domínio lusitano do território brasileiro, a criação do governo-geral do Brasil em 1549 foi o grande marco político do início da colonização. O primeiro governador, Tomé de Sousa, chegava à Bahia com o propósito de assentar os colonos e transformá-los em "moradores" com ânimo de permanência. Para alcançar esse fim, ele incentivou a implantação de engenhos de açúcar; o aldeamento dos indígenas junto aos povoados e vilas dos brancos; o estabelecimento de feiras semanais com a presença dos autóctones; combateu o comércio ilegal de pau-brasil e a derrubada indiscriminada das matas, essenciais para as necessidades da construção naval e civil e de fornecimento de combustível para os engenhos. Criaram-se também as câmaras municipais, órgãos de administração local compostas de vereadores, procuradores e juízes ordinários. A sociedade luso-brasileira também se organizava à luz do paradigma corporativo vigente até meados do século XVIII. Ela era uma extensão da peninsular, que reproduzia aquela modelada na baixa Idade Média, com as imperfeições decorrentes de uma terra distante e desconhecida. A civilização luso-brasileira se constituía numa região do globo percebida mais periférica e se organizava para "fora", isto é, para suprir as carências do mercado europeu.[50] Por isso, o peso do passado e das tradições era menor, a mobilidade social, mais intensa, e a estratificação, mais diferenciada.

No conjunto do Império português, formado por possessões que incluíam povos dominados na África e na Ásia, como Angola, Moçambique, Goa e Macau, o Brasil tinha duas especificidades. A primeira era a forte presença da população de origem lusitana, rara nos demais domínios da monarquia. O Brasil era visto como uma extensão natural de Portugal e organizado a partir

[49] BLUTEAU, *Vocabulário português e latino*, op. cit.

[50] WEFFORT, Francisco C. *Formação do pensamento político brasileiro: ideias e personagens.* São Paulo: Ática, 2006, p. 85.

das mesmas instituições políticas e jurídicas, inspiradas no modelo do Império Romano. Os colonos que partiam para a América portuguesa levavam consigo a crença de que a ordem natural do mundo era hierarquizada; que as pessoas, por suas distintas qualidades naturais e sociais, ocupavam posições diferenciadas e desiguais na sociedade; e que tais diferenças resultavam do seu desempenho na obra de conquista da terra.[51] A segunda peculiaridade era conferida pela escravidão, presente desde o primeiro momento no centro da expansão imperial portuguesa. Ela era justificada por doutrinas de guerra justa e pela necessidade de expansão da fé, já empregadas na época da Reconquista contra os mouros e durante as Cruzadas na África. Embora os negros estivessem no mesmo rol de desencaixados da identidade portuguesa, como muçulmanos, judeus ou cristãos-novos, a associação quase imediata com a cor escura da pele tornava sua subalternidade mais difícil de ser superada.[52] Formou-se assim um Portugal americano, que era antes uma sociedade de senhores e escravos, do que de colonizadores e colonizados.

A sociedade colonial luso-brasileira (1): a nobreza da terra. A legislação do Antigo Regime destinava todos os postos governativos (os "ofícios da república") àqueles que eram referidos nas Ordenações como as "pessoas principais da terra", os "melhores dos lugares", os "melhores da terra"; as "pessoas de melhor nobreza". Pressupunha-se que os membros das famílias mais antigas, nobres e ricas davam maiores garantias de isenção e independência e dispunham de uma autoridade natural na comunidade.[53] Havia duas espécies gerais de aristocracia. A primeira era chamada *natural ou hereditária* e comportava três níveis. Antes de tudo, estava a "primeira nobreza da Corte", composta pelas casas dos "grandes do Reino", que detinham títulos nobiliárquicos (duque, marquês, conde, visconde e barão). Estes eram seguidos pelos fidalgos,

[51] FRAGOSO, João; GOUVÊA, Maria de Fátima Silva; & BICALHO, Maria Fernanda Baptista. "Introdução". *In*: João Fragoso; Maria Fernanda Bicalho e Maria de Fátima Gouvêa (org.). *O Antigo Regime nos trópicos: a dinâmica imperial portuguesa.* Rio de Janeiro: Civilização Brasileira, 2001, p. 24.

[52] SERRÃO, Joel; e MARQUES, A. H. de Oliveira. *Nova história da expansão portuguesa. Volume VI: o Império luso-brasileiro, 1500-1620.* Coordenação de Harold Johnson e Maria Beatriz Nizza da Silva. Lisboa: Editorial Estampa, 1992, p. 236. MARCOCCI, Giuseppe. "Império e escravidão: nexos, tensões, controvérsias (ca. 1450-1600)". *In*: Ângela Barreo Xavier & Cristina Nogueira da Silva (organizadoras). *O governo dos outros: poder e diferença no Império português.* Lisboa: Imprensa de Ciências Sociais, 2016, p. 125-150.

[53] MONTEIRO, Nuno Gonçalo. *Elites e poder: entre o Antigo Regime e o liberalismo.* 3ª edição. Lisboa, Imprensa de Ciências Sociais, 2012, p. 43 e 44.

que podiam ser os de solar, dotados de senhorio de terras com jurisdições; aqueles matriculados na Casa Real e seus descendentes ("fidalgos rasos"); e, por fim, os filhos de nobres que, embora não estivessem matriculados, viviam conforme as *leis da nobreza*, ou seja, ostentando largueza de vida sem exercer os ofícios "mecânicos" típicos do Terceiro Estado. A segunda espécie geral de aristocracia chamava-se *política ou civil*: era uma "nobreza simples", vitalícia e não hereditária, obtida por serviços prestados à Coroa, isto é, "por graça e mercê dos reis que a dão aos que a merecem".[54] Ela tinha quatro fontes: a *ciência*, que englobava os doutores, a quem os advogados eram equiparados; os *médicos*; os *milicianos*, como capitães e sargentos-mores; e a *alta burocracia*, que eram os presidentes e membros de tribunais, e magistrados territoriais, como corregedores, provedores, ouvidores militares e juízes de fora. Quanto aos juízes ordinários e detentores de cargos das câmaras municipais (escrivães, vereadores, almotacés, meirinhos e procuradores), a aquisição da nobreza dependia de costume do lugar. A cabeça de tais corpos privilegiados eram os *desembargadores*, cujo estatuto era equiparado ao de fidalgo e que incluíam todos os altos funcionários da Corte, os militares e os universitários.

Na América portuguesa, a aristocracia local ou nobreza colonial compunha a elite política do país. Ela se formara a partir de aventureiros emigrados que, pertencendo à pequena fidalguia do reino, haviam empenhado bens, vidas e família no processo de conquista da terra e expansão da fé. Como entre eles não havia nobres titulados ou hereditários, a elite da terra era enquadrada como nobreza simples e compunha 4% da população livre.[55] Do ponto de vista econômico, a aristocracia colonial se dedicava principalmente à produção de açúcar. O cultivo exigia a fixação em larga escala de trabalhadores baratos em torno do engenho, que também servissem de milícia contra os indígenas. Era inevitável, em tais condições, que a organização social seguisse princípios de organização análogos àqueles vigentes na Europa em fins da Idade Média e que obedeciam aos parâmetros do feudalismo.[56] Os cronistas coloniais acenavam aos potenciais emigrantes com a possibilidade de rápida ascensão

[54] in: SILVA, Maria Beatriz Nizza da. *Ser nobre na colônia.* São Paulo: UNESP, 2005, p. 17.

[55] HESPANHA, Antônio Manuel. *Às vésperas do Leviathan: instituições e poder político em Portugal no século XVII.* Coimbra: Almedina, 1994, p. 344-348.

[56] SCHWARTZ, Stuart B. *Segredos internos: engenhos e escravos na sociedade colonial – 1550-1835.* Tradução de Laura Teixeira Motta. São Paulo: Companhia das Letras, 1988, p. 177.

social, tendo em vista a grande disponibilidade de mão-de-obra escrava, ou escravizável, para explorar os recursos naturais da terra. Era o que já fazia o primeiro deles, Pero de Magalhães Gandavo (1540-1580), em seu *Tratado da terra do Brasil* (1576): "As pessoas que no Brasil querem viver, tanto que se fazem moradores da terra, por pobres que sejam, se cada um alcançar dois pares ou meia dúzia de escravos [...], logo têm remédio para sua sustentação, porque uns lhe pescam e caçam, outros lhe fazem mantimentos e fazenda e assim pouco a pouco enriquecem os homens e vivem honradamente na terra com mais descanso que neste reino [de Portugal]".[57] No começo do século XVIII, André João Antonil (1649-1716) escrevia uma obra dedicada a ensinar aos colonos a se tornarem senhores de engenho: *Cultura e opulência do Brasil por suas drogas e minas* (1711). Tratava-se de um ótimo negócio, porque fornecia grandes cabedais aos moradores e incríveis emolumentos aos erários dos príncipes.[58] Por isso Antonil anotava: "Ser senhor de engenho é título a que muitos aspiram, porque traz consigo o ser servido, obedecido e respeitado de muitos. E [...] bem se pode estimar no Brasil o ser senhor de engenho, quanto proporcionadamente se estimam os títulos entre os fidalgos do Reino".[59]

A esperança de viver como nobre na colônia foi, por conseguinte, o principal motor da imigração portuguesa. Haja vista que qualquer proprietário de escravos, africanos ou indígenas, podia sobreviver sem exercer o trabalho manual, a colonização abria aos fidalgos empobrecidos um campo imenso e ilimitado para a reconstituição de sua nobreza.[60] Como a Coroa era a principal reguladora da mobilidade social, aqueles que não se contentavam com o estilo de vida aristocrático preconizado pela *lei da nobreza* esforçavam-se por ver sua *nobreza civil ou política* reconhecida formalmente, prestando serviços em troca de foros de fidalguia, comendas de ordens militares, tenças e postos de oficialidade.[61] Os morgadios

[57] GÂNDAVO, Pero de Magalhães. *Tratado da terra do Brasil.* Brasília: Senado Federal, 2008, p. 55.
[58] ANTONIL, André João. *Cultura e opulência do Brasil.* 3ª edição. Belo Horizonte: Itatiaia,1982, p. 149.
[59] Idem, ibidem, p. 45.
[60] CANNABARRO, Alice. "A grande propriedade rural". *In*: Sérgio Buarque de Holanda (org.). *História geral da civilização brasileira.* Tomo I: A época colonial. Volume II: Administração, economia, sociedade. 6ª edição. São Paulo: Editora Difel, 1985, p. 201. RICUPERO, Rodrigo. *A formação da elite colonial: Brasil, c. 1530-1630.* São Paulo: Alameda, 2009, p. 83. VIANNA, Francisco José de Oliveira. *Introdução à história da economia pré-capitalista do Brasil.* Rio de Janeiro: José Olímpio Editora, 1958, p. 112.
[61] Com a transferência da Corte para o Brasil, dom João VI concedeu os únicos sete títulos que a

permitiam, à moda feudal, vincular os bens territoriais a favor da linha do primogênito. Genealogias eram reescritas para que a nobreza local se apresentasse como descendente das "nobilíssimas casas de Portugal".[62] Mas o mais seguro meio de ver sua nobreza reconhecida pela Coroa passava pelo exercício dos ofícios das ordenanças. Ele conferia grande poder social e servia para chegar às câmaras municipais, que representavam a vontade dos "povos" e asseguravam a rotina administrativa do império.[63] A legislação metropolitana exigia que os cargos camarários fossem obrigatoriamente ocupados pela *nobreza do lugar*, rodeada de criados e dependentes, transportada de carruagem e assentada "em sesmarias recebidas, destinadas a engenhos ou fazendas de criatório, e no número de escravos possuídos".[64] A ocupação de cargos camarários implicava, portanto, o reconhecimento formal das elites coloniais como uma nobreza local. Ainda que dificultado pelas exigências de "sangue puro" e de vedação ao "trabalho mecânico", o sistema não impediu a ascensão de mestiços ou cristãos-novos, especialmente na época da Restauração, quando a impotência da Coroa tornava qualquer ajuda bem-vinda.[65]

A despeito da analogia com a nobreza feudal europeia, assentada em vastos latifúndios com abundante população de dependentes, do ponto de vista econômico, a aristocracia brasileira se assentava em bases mais aparentadas às do capitalismo.[66] Os senhores de engenho não tinham isenção tributária como a nobreza do reino, viviam da exportação daquilo que plantavam e sujeitavam-se a fatores aleatórios, como a oscilação de preços das *commodities* nos mercados internacionais, a regularidade do fornecimento de escravizados e à disponibilidade de crédito. Dependiam assim dos humores do mercado

aristocracia brasileira viria a receber sob o Antigo Regime, todos baronatos sem grandeza: Azurara, Goiana, Itanhaém, São João Marcos, São Salvador de Campos, São Simão e Santo Amaro. A maioria receberia de dom Pedro I títulos mais elevados, mas não hereditários (MONTEIRO, Nuno Gonçalo. "Nobreza titulada e elites na monarquia portuguesa, antes e depois de 1808". *In*: José Luís Cardoso; Nuno Gonçalo Monteiro e José Vicente Serrão (org.). *Portugal, Brasil e a Europa napoleônica*. Lisboa: Editora de Ciências Sociais, 2010, p. 359).

[62] ROCHA PITA. *História da América portuguesa*. Bahia: Imprensa Econômica, 1878, p. 93.

[63] BICALHO, Maria Fernanda Baptista. "As câmaras ultramarinas e o governo do Império". *In*: João Fragoso; Maria Fernanda Bicalho e Maria de Fátima Gouvêa (org.). *O Antigo Regime nos trópicos: a dinâmica imperial portuguesa*. Rio de Janeiro: Civilização Brasileira, 2001, p. 80.

[64] Idem, ibidem, p. 131.

[65] RAMINELLI, Ronald & BICALHO, Maria Fernanda. "'Nobreza' e 'cidadania' dos Brasis. Hierarquias, impedimentos e privilégios na América portuguesa". *In*: Ângela Barreto Xavier & Cristina Nogueira da Silva (organizadoras). *O governo dos outros: poder e diferença no Império português*. Lisboa: Imprensa de Ciências Sociais, 2016, p. 390.

[66] VIANNA. *Introdução à história da economia pré-capitalista do Brasil*, op. cit., p. 177.

em um grau muito superior àquele da velha aristocracia europeia, baseada em estáveis vilas camponesas. O *status* aristocrático era, como consequência, mais volátil na colônia, "onde as peias sociais eram mais frouxas, a mobilidade mais fácil, a presença do Estado mais tênue".[67] A nobreza agrária, em particular, combinava traços economicamente capitalistas e socialmente feudais:

> A vila romana, o óikos grego, eram essencialmente economias fechadas, dedicadas à satisfação das próprias necessidades [...]. A fazenda de escravos brasileira, ao contrário, nasceu e cresceu tendo em vista o comércio. Era, ela própria, uma empresa mercantil, dedicada a atender as necessidades do mercado mundial. Isso fazia do seu proprietário um personagem original, solicitado simultaneamente por suas ordens de interesses diferentes. O senhor de escravos brasileiros era ao mesmo tempo um *dominus*, no sentido romano, e um comerciante, no sentido holandês do século XVII, ou um industrial, no sentido inglês, dos séculos XVIII e XIX [...]. Não basta dizer que o latifúndio é uma economia mista, feudal-capitalista, mas é necessário entender que é internamente feudal e externamente capitalista.[68]

A sociedade colonial luso-brasileira (2): a ordem do "povo" embaralhada e atrofiada pela escravidão. No Antigo Regime europeu, entendia-se por *povo* a população das cidades e dos campos dedicada ao trabalho manual. Ele fazia parte da sociedade de ordens na condição de Terceiro Estado, ao lado da nobreza e do clero, e gozava de representação política junto às Cortes (no caso de Portugal e Espanha) e nos Estados-Gerais (França). Enquanto a plebe urbana era formada pelos comerciantes e artesãos, organizados em guildas e corporações, a rural se compunha de servos e camponeses livres. Os servos estavam adstritos à gleba e cultivavam o solo sob a autoridade de um senhor. O pacto feudal impunha a proteção do servo em troca de fidelidade e trabalho. Servos não eram escravos: podiam ter família e patrimônio, cultivar a terra, transmitir bens aos filhos e eventualmente vendê-los. Mas não tinham como se desfazer de seus laços de dependência, que eram hereditários, devendo aos senhores um dever de assistência, além de pesadas contribuições e pagamentos. Quanto aos camponeses livres, eles dispunham de terras próprias ou comunais,

[67] WEHLING, Arno; WEHLING, Maria José C. de. *Formação do Brasil colonial.* Rio de Janeiro: Nova Fronteira, 1994, p. 223.

[68] RANGEL, Inácio. *A dualidade básica da economia brasileira.* Rio de Janeiro: ISEB, 1953, p. 30.

agrupando-se em comunidades rurais como os *pueblos* espanhóis e as *villages* francesas.[69] No Brasil, o cenário era muito diferente. Na medida em que a população do reino passível de emigração era diminuta para o tamanho da colônia, a Coroa incentivou a conversão dos indígenas ao cristianismo e seu aldeamento com o objetivo de formar um "povo" de camponeses. A Igreja já proclamara a humanidade do indígena e sua igualdade em relação ao branco, proibindo sua escravização. Ela autorizava, porém, aquela dos africanos, fundado no direito romano vigente na Europa como "direito comum". Mas a licitude da escravização dependia do compromisso assumido pelos senhores de convertê-los ao catolicismo. Para fins de salvação da alma, mais valia uma vida de católico, ainda que escravizado, do que de infiel liberto, seguida de uma eternidade no inferno.

O trabalho de incorporação dos indígenas à civilização colonial ibérica, que deveria transformá-los em um povo de camponeses, foi levado adiante pelas missões dos jesuítas, que "sonharam com uma ordem cristã, marcada por fortes laços mercantis com a Europa e pela imposição da cultura ocidental".[70] Fundada por Inácio de Loyola em 1540, a Companhia de Jesus era o bastião da Contrarreforma. Seus regimentos previam obediência direta ao papa, o que lhes dava alto grau de autonomia em relação aos reis. Da mesma forma, ao invés de viverem na clausura da "vida contemplativa", em seus conventos e mosteiros, os jesuítas se dedicavam à "vida ativa", não criando laços permanentes em lugar nenhum, exclusivamente voltados "para o aperfeiçoamento das almas na vida e nas doutrinas cristãs, e para a propagação da fé."[71] A Companhia chegara a Portugal a pedido de dom João III, que queria contar com ela na empresa ultramarina. O líder dos jesuítas, o padre Simão Rodrigues (1510-1579), ficou no reino como Provincial e enviou para o Brasil o padre Manuel da Nóbrega (1517-1570), que chegou em 1549 com o primeiro governador-geral, Tomé de Sousa. As missões da Companhia de Jesus tinham por fim converter os indígenas (o "gentio") à religião católica, salvar suas almas e evitar sua escravização. As contribuições de Nóbrega foram fundamentais para a formulação do jusnaturalismo neoescolástico de Juan de Victoria, que descreveu a situação bestial dos homens no estado

[69] GALLET, Jean. Servitude. BÉLY, Lucien (dir.). *Dictionnaire de l'Ancien Régime*. Paris: PUF, 1996, p. 1.160-1.163. VIANNA, Francisco José de Oliveira. *Instituições políticas brasileiras*. Volume I. Rio de Janeiro, Editora Record, 1974, p. 89. LADURIE. *L'État Royal*, op. cit., p. 28.

[70] SILVA. *Conquista e colonização da América portuguesa*, op. cit., p. 61-66.

[71] EISENBERG, José. *As missões jesuíticas e o pensamento político moderno: encontros culturais, aberturas teóricas*. Belo Horizonte: Editora UFMG, 2000, p. 32.

de natureza e atribuiu ao medo sua passagem ao estado social. A hipótese, como é sabido, acabaria celebrizada por Thomas Hobbes no *Leviatã*.[72] Para além do trabalho de catequese, os jesuítas também se encarregaram da educação geral dos habitantes nos diversos colégios que fundaram no Maranhão, em Pernambuco, na Bahia, no Rio de Janeiro e em São Paulo.

Na tentativa de celebrar os heroicos e piedosos feitos dos jesuítas, o padre Simão de Vasconcelos (1597-1671) publicou a *Crônica da Companhia de Jesus do Estado do Brasil* (1663). Reiterada a crença providencialista no futuro grandioso do Império português, Vasconcelos queria descrever em sua obra a epopeia dos missionários pioneiros, vindos ao Brasil decididos a "conquistar o poder do Inferno, senhoreado por seis mil e tantos anos do vasto império da gentilidade brasílica".[73] Em primeiro lugar, ele lembrava a dignidade dos indígenas, declarados pelo papa desde 1537 "homens racionais, da mesma espécie e natureza de todos os outros, capazes dos sacramentos da santa Igreja e, por conseguinte, livres por natureza e senhores de suas ações".[74] Não havia, pois, inferioridade do indigena em relação ao branco: "Porque na mesma forma que achamos possível que um homem verdadeiramente racional, por meio da criação agreste e tosco uso dos sentidos, pode perder o lustro de racional e chegar a parecer um bruto, assim também, pelo contrário, esse mesmo, deixando a criação agreste e tornando ao trato político dos homens, por meio deste poderá apurar-se nos sentidos, e apurados estes, nas obras da razão, e não me parece se alegará diversidade".[75] Os jesuítas encontravam semelhanças entre o cristianismo primitivo e as crenças indígenas. Acreditavam que a grande inundação a que se referiam em suas histórias era uma reminiscência longínqua do dilúvio de Noé. Acreditavam também que o pajé Sumé, o grande ancestral dos indígenas, fosse na verdade São Tomé, que teria vindo à América pregar a palavra do Senhor. À maneira dos demais cronistas coloniais, Vasconcelos igualmente combatia a ideia, corrente na Europa, de que o Brasil fosse uma terra inóspita e tórrida:

---

[72] Idem, ibidem, p. 89-123.

[73] VASCONCELOS, Simão de. *Crônica da Companhia de Jesus do Estado do Brasil e dos que obraram seus filhos nesta parte do Novo Mundo, em que se trata da entrada da Companhia de Jesus nas partes do Brasil, dos fundamentos que nela lançaram e continuaram seus religiosos, e algumas notícias antecedentes, curiosas e necessárias das cousas naquele Estado*. Tomo primeiro (e único). Segunda edição, correta e aumentada. Volume I. Lisboa: Editor A. J. Fernandes Lopes, 1865, p. XXV.

[74] Idem, ibidem, p. XCV.

[75] Idem, ibidem, p. XCVII-XCVIII.

> É toda a terra do Brasil por excelência sempre verde, abundante de erva e arvoredo de vários gêneros, entre todas as mais terras do mundo, na conformidade do texto de sua primeira criação. Nesta proposição só poderá duvidar quem não esteve no Brasil, nem teve notícia dele. A primeira coisa que admiram os que de novo vem a esta terra, é o enfeite de sua perpétua verdura, quer de inverno, quer de verão: parece estar sempre em uma eterna primavera, que recreia os olhos e convida as almas a louvar o Autor da natureza, porque sem dúvida excede nessa formosura a todas as outras partes do orbe.[76]

Embora os jesuítas pretendessem converter os indígenas em um povo de camponeses, as coisas tomaram um rumo diferente. No contexto de uma colonização marcada por terras abundantes, elevada carga fiscal e ausência de fundições, os proprietários rurais tenderam a reduzir o investimento em tecnologia ao mínimo. A cana-de-açúcar exigia mão de obra barata, que não podia ser suprida pelos reinóis sôfregos por ascensão social. Foi preciso recorrer à escravidão ou formas disfarçadas de trabalho compulsório. As primeiras vítimas foram justamente os indígenas. As famosas entradas e bandeiras sertão adentro não respeitavam as aldeias, nem a autoridade jesuítica, multiplicando conflitos que terminavam em banhos de sangue. Daí os esforços desenvolvidos pelas eminências intelectuais da Companhia, como o padre Antônio Vieira, no sentido de denunciar a exploração desumana do indígena e a desgraça cristã e econômica gerada pela mineração, que corrompia os costumes dos colonos.[77] Embora endossada pela Coroa, a proteção do indígena pelos jesuítas enfrentava uma resistência feroz em São Paulo, Maranhão e Grão-Pará, regiões que não tinham como arcar com a importação de africanos. Carente de meios financeiros, burocráticos e militares, a Coroa não conseguia impor-se no começo da colonização. Ao contrário, o contexto de crise e de escassez da Restauração a obrigava a contar com os colonos para defender o território e prosseguir na tarefa de expansão e de conquista.[78] As autoridades e as ordenações acabavam sujeitas às vontades da nobreza colonial, conforme reconheceria um governador em 1692:

[76] Idem, ibidem, p. CXXVI.

[77] PÉCORA, Alcir. "Assuntos políticos dos escritos do Padre Vieira". *In*: VIEIRA. *Escritos históricos e políticos*, op. cit., p. XX.

[78] SOUSA, Laura Mello e. *O sol e a sombra: política e administração na América portuguesa do século XVIII*. São Paulo: Companhia das Letras, 2006, p. 116.

"São Paulo há muitos anos que é uma república de per si, sem observância de lei nenhuma, assim divina, como humana".[79]

Uma vez que as epidemias, a mortalidade derivada do trabalho forçado e o rompimento com a economia tradicional de subsistência provocavam a fuga para os sertões, o indígena inviabilizou-se como fonte de mão de obra. Os negros passaram então a ser preferidos, não só no Brasil, mas nas outras colônias europeias do Novo Mundo. No começo do século XVIII já preponderava o elemento africano, fornecido pelos chefes tribais vitoriosos que, da Guiné até Angola, escravizavam seus vencidos.[80] A lógica da substituição já fora prenunciada por Gandavo: uma vez que o "bárbaro gentio" não tinha "nem fé nem lei, nem rei e desta maneira vive sem justiça e desordenadamente", era melhor trocá-los por africanos, "porque nunca fogem nem têm para onde".[81] A aparente semelhança entre a escravidão negra e a servidão europeia, ainda muito difusa no século XVII, escondia suas diferenças. Os negros não eram considerados vassalos protegidos pelo senhor, mas *coisas*, mercadorias; "máquinas de trabalho" sobre as quais ele exercia um poder despótico. Estavam fora da comunidade política e seus poucos direitos eram ignorados na prática. Antonil já descrevia em 1711 o escravizado como a peça central da exploração de açúcar: "Os escravos são as mãos e os pés do senhor de engenho, porque sem eles no Brasil não é possível fazer, conservar e aumentar fazenda, nem ter engenho corrente". Para administrá-los, bastava ao senhor dispor de "três pês: *pau*, *pão* e *pano*".[82] Abundavam negros queimados ou chamuscados com cera quente, marcados na face ou no peito, torturados com ferros em brasa, que tinham orelhas ou nariz decepados ou eram abusados sexualmente.[83] Testemunhos mais circunstanciados apareciam no *Compêndio narrativo do peregrino da América* (1732), de Nuno Marques Pereira:

> Vejo que muitos lavradores do Brasil tratam tão mal seus escravos, que não só os fazem trabalhar de dia, senão ainda de noite, rotos, nus e sem sustento. Pois com que razão se queixa um homem destes que assim obra, de que lhe fujam

[79] Idem, ibidem, p. 114.

[80] CARDOSO, Ciro Flamarion Santana. "O trabalho na colônia". *In*: Maria Yedda Linhares (org.). *História geral do Brasil.* 9ª edição. Rio de Janeiro: Elsevier, 1990, p. 101-103. SERRÃO & MARQUES. *Nova história da expansão portuguesa.* Volume VI: *O Império luso-brasileiro, 1500-1620*, op. cit., p. 262.

[81] GÂNDAVO. *Tratado da terra do Brasil*, op. cit., p. 65 e 54.

[82] ANTONIL. *Cultura e opulência do Brasil*, op. cit., p. 89-91.

[83] SCHWARTZ, *Segredos internos*, op. cit., p. 289 e 123.

> os escravos, e lhe morram, faltando-lhes ele com o necessário para o alimento da vida? Se, nas devassas que manda a lei todos os anos aos ministros que se pergunte por vários capítulos, por bem da república, se pudesse acrescentar mais um artigo, pelo qual se perguntasse, se havia senhor, que tratasse tão mal a seu escravo, que por isso fosse causa de que morresse – eu vos prometo, que talvez haveria maior caridade, não por amor, porém sim por temor. Ver a vida, e a lida de muitos lavradores do Brasil com os seus escravos, faz pasmar: e parecem mais homens faltos do uso da razão, que racionais e cristãos.[84]

A razão de Estado possível durante o "momento aristocrático": dissimulação e simulação da Coroa frente à nobreza da terra. A cultura luso-brasileira era religiosa e ibérica: seus divulgadores eram clérigos, a Igreja era o seu principal suporte, e a teologia, a expressão primeira da sociedade. Bispos e padres subordinavam-se ao rei, frequentemente mais dedicados à Coroa do que à evangelização do povo.[85] Diante da ausência aparente de um "pensamento político" secularizado voltado para a promoção da "revolução monárquica", é o caso de se indagar se os documentos da prática administrativa colonial não apresentariam traços das doutrinas da razão de Estado. Os governadores ultramarinos gozavam de um poder semelhante ao dos supremos chefes militares do Império Romano e podiam derrogar o direito sempre que necessário à realização do bem comum. Supunha-se que tal poder era ainda mais necessário na América, cujo contexto estava longe de ser aquele da Europa, onde justiça e governo se enraizavam e se formalizavam em tradições sedimentadas. No ultramar, as autoridades atuavam em um mundo distante, estranho e não balizado, semelhante àquele descrito por Maquiavel em *O príncipe* e que exigia habilidade e energia contra as inconstâncias da Fortuna. Por isso, os regimentos dados aos governadores sempre previram a possibilidade de decidirem conforme seu prudente arbítrio em hipóteses imprevistas, sopesados os aspectos religiosos, éticos e financeiros.[86] Na prática, em um contexto de fragilidade do poder metropolitano, o Conselho Ultramarino aconselhava aos governadores que con-

---

[84] PEREIRA, Nuno Marques. *Compêndio narrativo do peregrino da América, em que se tratam vários discursos espirituais e morais, com muitas advertências e documentos contra os abusos que se acham introduzidos pela malícia diabólica no Estado do Brasil.* Lisboa: Tipografia de Manuel Fernandes da Costa, 1728, p. 159.

[85] SERRÃO & MARQUES. *Nova história da expansão portuguesa.* Volume VII: *o Império luso-brasileiro, 1620-1750*, op. cit., p. 370-372.

[86] HESPANHA, Antônio Manuel. *A constituição do império português*, op. cit., p. 174-175.

temporizassem com os ultrajes da nobreza colonial, que os intimidava e até os depunha, quando contrariada em matérias de impostos, repressão ao contrabando ou à escravização dos indígenas. Era a razão de Estado do absolutismo "fraco" que ditava às autoridades seiscentistas tais estratégias de dissimulação ou recuo. Um dos conselheiros ensinava: "Quando as forças não estão conformes ao respeito dos fins, é a dissimulação em tais matérias o meio mais seguro entre a conservação do estado e a autoridade dos príncipes".[87]

Reflexos da fracassada "revolução monárquica" de Castelo Melhor: o vice-reinado do conde de Óbidos. O desejo de uma virada da governação em sentido mais "político" pôde ser observado durante a administração do vice-rei dom Vasco Mascarenhas, conde de Óbidos (1663-1667). Óbidos havia sido despachado para o Brasil por Castelo Melhor com o objetivo de estender o ensaio de "revolução monárquica" aos domínios americanos da Coroa. Ele chegava com ordens expressas de submeter à sua jurisdição todas as capitanias, acabando com a falta de hierarquia e a farra da nobreza de terra, que fazia e desfazia governadores. Para enfrentar o confuso e incerto estado de coisas da América portuguesa, Óbidos precisava, em suas próprias palavras, dar "princípio a nova forma que convém se perpetue".[88] Teve coragem de enfrentar a orgulhosa aristocracia pernambucana, que "se imagina hoje república livre" e cujo governador resistia a se subordinar: "Com a minha vinda a este Estado [do Brasil], têm as coisas diferentes termos e está todo o governo dele sujeito às minhas ordens".[89] O conde não se apresentava como mais um governador-geral, e sim como – em suas próprias palavras – um "vice-rei superior a todos os capitães-generais antecedentes", autorizado portanto a "governar este Estado com toda a superioridade, jurisdição e poder"[90]. As instruções do rei, por intermédio de Castelo Melhor, visavam à redução dos poderes dos antigos donatários e submetê-los ao poder de fiscalização e regulação da Coroa. As ações de Óbidos como "príncipe novo" na América incluíam a substituição

[87] In: FIGUEIREDO, Luciano Raposo de Almeida. *Maquiavelianas brasileiras: dissimulação, ideias políticas e revoltas coloniais (Portugal, séculos XVII e XVIII)*. Niterói: Revista *Tempo*, v. 20, 2014, p. 4.

[88] In: DANTAS, Vinícius. "Um vice-rei que lia Maquiavel? Uma aproximação ao governo do conde de Óbidos no Brasil". *In*: Rodrigo Bentes Monteiro e Sandra Bagno (org.). *Maquiavel no Brasil: dos descobrimentos ao século XXI*. Rio de Janeiro: FGV Editora, 2015, p. 157-178.

[89] In: MELLO, Evaldo Cabral de. *A fronda dos mazombos: nobres contra mascates. Pernambuco, 1666-1715*. 2ª edição revista. São Paulo: Editora 34, 2003, p. 39 e 45.

[90] In: FARIA & MONTEIRO. *Castelo Melhor e seus tempos*, op. cit., p. 112.

do pessoal governativo por outro de sua estrita confiança, além de introduzir novas técnicas de controle administrativo. De acordo com Evaldo Cabral de Mello, "tratava-se de medidas centralizadoras como não se haviam tomado no Brasil desde a criação do governo-geral (1549)".[91] Entretanto, à semelhança de Castelo Melhor na metrópole, o estilo de governação de Óbidos foi criticado pela aristocracia colonial como "pouco cristão" porque lançava mão de "dissimulações misteriosas", e foi abandonado por seus sucessores.[92] Os delegados da Coroa só voltariam a enfrentar os magnatas da terra quando das primeiras vagas centralizadoras promovidas no reinado de João V, diante da nova realidade do ouro brasileiro.

Ecos do republicanismo clássico na colônia: fronda da nobreza de Olinda (1710). O conceito de república seguia na virada para o século XVII associado aos seus sentidos clássicos: o mais amplo, de uma comunidade voltada para o bem comum, e o mais restrito, de um governo de origem popular. No mundo luso-brasileiro, a expressão tinha sentido descritivo e conotação aristocrática, relacionando-se ao exercício dos cargos camarários: os vereadores eram os "homens bons" encarregados por sua virtude e nobreza de governarem a "república". Era como recordava em 1837 um professor da Faculdade de Direito de São Paulo: "Nossos avós diziam: 'F., cidadão republicano, membro da câmara, etc.', e então nem se lembravam das democracias".[93] Mas o conceito de *república* também era às vezes mobilizado pelos senhores de terra como sinônimo de "governo do povo", ou seja, deles mesmos. Esses significados podiam derivar da tradição escolástica, mas também do republicanismo de Cícero e Tito Lívio. Inconformada com o aparente apoio da Coroa às pretensões da burguesia recifense de participar da governação da terra, a aristocracia revoltada de Olinda cogitou constituir-se em república em 1710-1712. Como na França da nobiliarquia "germanista" daquela época, os senhores de engenho e escravos pernambucanos justificavam seus monopólios sobre os cargos de vereança invocando o direito de conquista da capitania adquirido por seus antepassados, primeiro contra os indígenas,

---

[91] Idem, ibidem, p. 32.

[92] DANTAS. *Um vice-rei que lia Maquiavel*, op. cit., p. 157-178. MELLO. *A fronda dos mazombos*, op. cit., p. 31.

[93] BROTERO, José Maria de Avelar. *A filosofia do direito constitucional*. Introdução de José Afonso da Silva. São Paulo: Malheiros Editores, 2007, p. 55.

depois contra os holandeses. O embrião de constitucionalismo histórico da nobreza de Olinda pressupunha que a capitania teria se subordinado à Coroa portuguesa, depois da expulsão dos holandeses, sob certas condições, que uma vez inobservadas poderiam justificar a secessão. Reunida a nobreza da região em uma "assembleia de notáveis" para deliberar, Bernardo Vieira de Melo considerou seriamente a hipótese de ruptura com a monarquia e a subsequente constituição de uma república oligárquica à moda de Veneza ou da Holanda.[94] Era um significado de república inverso àquele da monarquia, para quem a existência da república dependia da paz garantida pelo príncipe. Veneza era vista pelos monárquicos como sinônimo de facciosismo: caso as facções aristocráticas fossem bem-sucedidas contra o rei, ficaria "o Estado reduzido a uma república de 24 e seu doge".[95]

Repercussões da primeira "revolução monárquica" portuguesa (1): o *Discurso histórico e político* do conde de Assumar (1720). Depois da Restauração, os conflitos políticos do mundo luso-brasileiro haviam sido travados em entre jesuítas e colonos em torno da escravização dos indígenas. No começo do século XVIII, a descoberta dos metais preciosos na região das Minas Gerais provocara a Guerra dos Emboabas (1707-1709), que opusera os paulistas descobridores das lavras aos adventícios do reino ou outras regiões da América. Os poderosos pareciam esquecidos das noções de bem viver aprendidas na Europa, agindo na América de modo predatório e egoístico. Em seus *Diálogos sobre a grandeza do Brasil* (1618), Ambrósio Fernandes Brandão responsabilizava o deficiente desenvolvimento da colônia à "culpa e negligência e pouca indústria de seus moradores", que "não tratam do aumento da terra, antes pretendem a esfolarem tudo quanto podem".[96] O diagnóstico de frei Vicente de Salvador também era desalentador: "Nenhum homem nesta terra é repúblico, nem zela ou trata do bem comum, senão cada um do bem particular".[97] Para Antonil,

[94] MELLO, Evaldo Cabral. *Um imenso Portugal: história e historiografia.* São Paulo, Editora 34, 2002. Idem. *A fronda dos mazombos*, op. cit., p. 307-317.

[95] ASSUMAR; dom Pedro Miguel de Almeida Portugal e Vasconcelos, conde de. *Discurso histórico e político sobre a sublevação que nas Minas houve no ano de 1720.* Estabelecimento do texto e notas por Laura de Mello e Souza. Belo Horizonte: Fundação João Pinheiro, 1994, p. 64.

[96] BRANDÃO, Ambrósio Fernandes. *Diálogo das grandezas do Brasil.* São Paulo: Editora Melhoramentos, 1977 [1618], p. 33.

[97] SALVADOR, Frei Vicente do. *História do Brasil (1500-1627).* 4ª edição. São Paulo: Editora Melhoramentos, 1954, p. 4.

esses defeitos haviam se agravado com a descoberta do ouro, pois a "insaciável cobiça" aumentara a arrogância e o amor ao luxo junto aos ricos e incitara os vadios à prática de crimes atrozes. Os mosteiros se esvaziavam porque nem os religiosos resistiam à tentação do enriquecimento fácil. Ao mesmo tempo, o desenvolvimento comercial criava nas cidades portuárias uma nova classe social, que ameaçava a hegemonia da nobreza da terra: os negociantes de grosso trato. Eram geralmente plebeus dedicados a diversos segmentos do comércio, inclusive tráfico de escravizados, cujas atividades se estendiam a outros setores, como a pecuária, a condução de tropas, agricultura e empréstimos de dinheiro a juros (usura). A oposição entre os burgueses do Recife e a aristocracia de Olinda materializou-se na chamada Guerra dos Mascates (1710-1712).

As circunstâncias conflituosas recomendavam uma mudança na administração. O Conselho Ultramarino já considerava a substituição da política de simulação e dissimulação por outra, de punição exemplar contra os poderosos do Novo Mundo que viviam *sem rei nem lei*. Era o que preconizava o conselheiro Antonio Rodrigues Costa: "Os moradores do Brasil vão introduzindo por moda o tumultuar e fazer do próprio delito merecimento, constrangendo os governadores a que lhes deem perdão".[98] Era o poder monárquico, desejoso de se afirmar como absoluto contra os mandões, não só do reino, mas também do ultramar.[99] A melhoria das finanças permitiria a mudança de estratégia em uma época em que o império parecia ameaçado por invasões estrangeiras (os franceses haviam saqueado o Rio) e sublevações internas, especialmente na região aurífera. A nova capitania de Minas Gerais, criada em 1712, passara a atrair todo o tipo de gente interessada em lucro fácil nos dois lados do oceano.[100] Sua população flutuante e desenraizada, formada quase toda de forasteiros, estava habituada a resolver suas contendas pela força bruta.

A chegada do novo governador, dom Pedro Miguel de Almeida Portugal e Vasconcelos, conde de Assumar (1717), trouxe consigo umas tantas expectativas. Membro da alta nobreza que progredira ao longo da Restauração, com histórico de participações em campanhas militares e dono de uma biblioteca nada desprezível, Assumar assumia o governo com o propósito declarado de

[98] In: SOUSA. *O sol e a sombra*, op. cit., p. 104.
[99] FIGUEIREDO. *Maquiavelianas brasileiras*, op. cit., p. 10.
[100] SERRÃO. *História de Portugal*, op. cit., p. 350.

pôr fim às tropelias dos poderosos das Minas Gerais.[101] Era hora de consolidar a autoridade, pagar impostos e defender o território. Apresentando-se em seu discurso de posse como um nobre "repúblico" de elevada estirpe, que sacrificara comodidades da Europa para servir na América, o conde fazia o retrato do bom vassalo, afirmando governar pelo exemplo e deplorar a insubordinação.[102] Assumar aludia à recente "Guerra dos Emboadas" à maneira hobbesiana, isto é, como um estado de guerra de todos contra todos cujos horrores só tiveram fim com o restabelecimento do respeito ao príncipe, pressuposto de toda a paz social:

> Oh deplorável tempo! Oh tempo de desgraças, e de misérias, em que a boca de qualquer de vossas armas vomitava uma violência, uma atrocidade, um assassino, um homicida. Tudo isso não é nada: uma civil guerra, em que com inumanos combates, quais lobos ferozes, ou quais outros tupinambás, tabajaras, tamoios, cataguases, [...], carniceiros do gênero humano, uns com outros vassalos se devoravam.[103]

Para a decepção de Assumar, os habitantes das Minas não corresponderam às suas expectativas. Ele logo se viu às voltas com a sedição de Vila Rica provocada pelos magnatas da região do ouro (1720). A repressão severa promovida sobre os revoltosos representou um importante marco no processo da "revolução monárquica" na América portuguesa. A necessidade de justificar procedimentos extremos, como o julgamento sumário e execução dos rebelados, levou Assumar, na companhia de dois colaboradores, a redigir o *Discurso histórico e político sobre a sublevação que nas Minas houve no ano de 1720*. Sua primeira parte era atravessada por considerações extraídas da literatura absolutista do século XVII. O ambiente das Minas Gerais era descrito como o de um principado novo, carente de toda subordinação ou regularidade e "habitada de gente intratável, sem domicílio, e ainda que está em contínuo movimento, é menos inconstante que os seus costumes: os dias nunca amanhecem serenos: o ar é um nublado perpétuo; tudo é frio naquele país, menos o vício, que está

[101] SOUSA. *O sol e a sombra*, op. cit., p. 185-251.

[102] Idem, ibidem, p. 137.

[103] In: *Norma e conflito: aspectos da história de Minas no século XVIII*. Belo Horizonte: Editora da UFMG, 2006, p. 36.

ardendo sempre".[104] Seus primeiros habitantes, chegados vinte anos antes, não passavam de brutos e facínoras, "sem juízo, sem ordem, sem amizade, sem fidelidade e sem compaixão".[105] Em um meio social instável, dominado pela ambição e pela cobiça, os motins eram naturais. Residindo cada qual enclausurado em seu feudo e zombando dos governadores, os grandes das Minas desconheciam o que fosse subordinação à lei, vivendo sempre conforme seus caprichos. Do povo não se podia esperar nada melhor porque, embora não se sublevasse, acompanhava os tumultos: "Tal é a natureza do vulgo, que, para se alegrar e folgar com o seu próprio mal, basta ser novidade e sem razão".[106] Em um ambiente como esse, o governante precisava se fazer temido, porque, segundo Assumar, "a demasia dos povos nasce da facilidade de quem os rege, e as permissões da frouxidão e bondade costumam ser estímulos e alentos de atrevimento e desobediência".[107] A situação de "extrema necessidade" lhe impusera um comportamento à altura das circunstâncias, compatível com sua missão de firmar a autoridade do príncipe na colônia:

> Acabem de entender os príncipes que talvez aumentem os danos da república com sua piedade, e que em certas ocasiões são mais piedosos, quanto mais severos: pois a severidade que castiga a alguns é piedade que absolve a muitos; porque esses poucos, que o rigor, para o exemplo, colheu as mãos, fazem que, para triunfo da benignidade, se prostrem a seus pés todos os mais. Nem como poderá segurar-se e fazer confiança nos bons vassalos o príncipe que perdoa aos maus, quando é sem dúvida que perdoar os maus é botar a perder os bons; e juntamente mostra a experiência que nada humilha e derruba tanto a insolência dos corações rebeldes como a formidável voz e horrorosa vista de um sucesso trágico.[108]

Já a segunda parte do *Discurso*, dedicada a justificar o "golpe de Estado" consistente no castigo sumário – e ilegal – imposto aos rebelados (o mais grave dos quais foi a execução e esquartejamento de Felipe dos Santos), exigia recurso ao repertório da razão de Estado católica, que incluía antigos, como

[104] ASSUMAR. *Discurso histórico e político sobre a sublevação que nas Minas houve no ano de 1720*, op. cit., p. 59.

[105] Idem, ibidem, p. 62.

[106] Idem, ibidem, p. 84.

[107] Idem, ibidem, p. 89.

[108] Idem, ibidem, p. 138.

Tácito e Cícero, e modernos, como Giovanni Botero e Justo Lípsio. Aqui, Assumar lembrava aos leitores que "a reputação é um composto de temor e amor. De amor que devem ter os vassalos ao príncipe; de temor que de si, das suas armas e empresas devem os príncipes fazer que conceba"[109]. O conde alegava que os mandões mineiros se valiam da distância do monarca para ignorarem suas ordens; que "só onde lhe temem as forças é despótica a soberania, e só então obra livre e respeitada, quando lhe assistem braço alentado e a mão armada".[110] Era preciso sedimentar na imaginação dos insurretos que "o príncipe, quando se empenha, é um Briareu de cem braços, que ao mesmo tempo acode a diversas partes, e que não há distância segura das iras do soberano, porque, como sol, tem igual atividade em todos os hemisférios, ferindo igualmente ao monte que se lhe avizinha e ao vale que dele mais se aparta e dista".[111] Diante da rebelião e da fraqueza de forças, Assumar se perguntava: "Que remédio havia mais que deixar os meios ordinários, tentar os contrários, sair dos termos e exceder a ordem?".[112] Em circunstâncias extraordinárias, de extrema necessidade, as máximas da política ensinavam que a observância da lei e a conservação do bem público precediam os direitos dos particulares; que a necessidade nesses casos não tinha lei; e que, quando a dissimulação e a paciência eram insuficientes para defender o bem, "só um castigo repentino equivale e supre a debilidade e falta de forças".[113] Assumar concluía que, "se o piloto, como disse um grande político, que da tormenta e perigosos arrecifes livra a embarcação, merece particular louvor, quanto mais se deve admirar e aplaudir a prudência de um governador, que tantas e tão várias tempestades internas põe a salvo a nau da república".[114] A severa repressão promovida pelo conde, justificada por recurso às doutrinas do absolutismo e da razão de Estado, era evidência clara de que a "revolução monárquica" de dom João V, ainda que fraca, estava em curso no Novo Mundo.

Repercussões da primeira "revolução monárquica" portuguesa (2): o *Tratado político* (1715) e a *História da América portuguesa* (1730) de Rocha Pita. Cinco anos antes da revolta minera de 1720 viera a lume o *Tratado político* de Sebastião da Rocha Pita (1660-1738). Membro da aristocracia baiana, Rocha

[109] Idem, ibidem, p. 146.
[110] Idem, ibidem, p. 148.
[111] Idem, ibidem, p. 157.
[112] Idem, ibidem, p. 172.
[113] Idem, ibidem, p. 164.
[114] Idem, ibidem, p. 191.

Pita alcançara os píncaros da nobilitação possível a um luso-brasileiro: recebeu o título de coronel do regimento privilegiado de ordenanças, foi fidalgo da Casa Real, cavaleiro da Ordem de Cristo e vereador em Salvador. O objetivo do *Tratado* era o de justificar a guerra movida por Portugal contra a Espanha em 1715, nos preceitos da razão de Estado católica. Ela se orientava pelo imperativo de conservação e aumento da monarquia, indispensável à saúde do corpo do Estado, de que a cabeça era o rei. Semelhantes ações engrandeciam a obra de Deus: Sua Majestade Fidelíssima jamais esquecia da expansão e reforço da fé católica, buscando cumprir o destino imperial assinalado a Portugal pela Providência. Com recurso a exemplos extraídos da Antiguidade, Rocha Pita defendia a balança do poder entre as monarquias europeias e condenava o ideal de conquista. A justiça da guerra radicava na prevenção da guerra civil e no imperativo de combater o ideal espanhol de império universal. Só Deus poderia conferir, por meio da graça, estabilidade e glória à monarquia, subtraindo-a aos efeitos da corrupção e da decadência. Curiosamente, Rocha Pita reconhecia que sua posição como analista ficava prejudicada em razão do lugar periférico onde atuava, do outro lado do Atlântico. Além de nubladas pelo "segredo de Estado", as informações sempre chegavam "turvas e confusas a quem como eu vive tão distante das fontes donde emanaram".[115]

A fundação da Academia Brasileira dos Esquecidos (1724) em Salvador da Bahia contribuiu para a divulgação do absolutismo de direito divino. Nascida por iniciativa do vice-rei, a academia foi o primeiro organismo oficial de cultura no Brasil.[116] Recorrendo à metáfora do poder criada por Luís XIV, os acadêmicos baianos comparavam as ações de dom João V aos raios do sol e por isso adotaram como dístico de sua associação *sol oriens in occiduo* (O sol nascente no ocidente), que aludia à proteção e à intensidade do poder monárquico, capaz de iluminar a longínqua periferia americana: "Neste felicíssimo ocidente nasceu o sol para a Bahia! Agora lhe amanheceu, porque agora se verá a Bahia convertida em Atenas; agora sairão à luz os que o nosso descuido encobria com as sombras do esquecimento".[117] Embora encarregados oficial-

[115] PITA, Rocha. *Tratado político*. Brasília: Instituto Nacional do Livro, 1972, p. 39.

[116] MARTINS, Wilson. *História da inteligência brasileira*. Volume I (1550-1794). São Paulo: Cultrix, 1974, p. 299.

[117] In: CASTELLO, José Aderaldo. *O movimento academicista no Brasil (1641-1820/22)*. Volume I, Tomo I. São Paulo: Companhia Estadual de Cultura, 1969, p. 9.

mente de escrever uma história da América portuguesa, os acadêmicos se limitaram no essencial a compor poesias e orações laudatórias ao rei e ao vice-rei. Na primeira oração, o sócio José da Cunha Cardoso comentava ter sido um insignificante nada até ser tocado pelos raios de Sua Majestade: "É a regalia do príncipe, e a propriedade do sol, dar o ser a quem nada era, dar luz a quem não a tinha".[118] A segunda oração, proferida pelo próprio Rocha Pita, retomava o tema do seu *Tratado político*, discorrendo sobre a instabilidade e efemeridade das monarquias; os efeitos nefastos das aspirações ao império universal e à necessidade da balança do poder no sistema internacional. O único império destinado à eternidade era o português, fundado no culto puro da fé católica: "É a religião a maior prerrogativa dos mortais, a mais firme coluna das monarquias".[119] A terceira oração, de João de Brito Lima, se referia a dom João V como "o príncipe mais famoso, o herói mais perfeito, que quantos com seus diáfanos raios o délfico planeta ilustrou, ilustra e ilustrará".[120] O imaginário da Roma imperial estava sempre presente: o monarca era o "supremo César" da república, de que os acadêmicos eram, por suas vezes, os presumíveis Lívios e Tácitos. Portador de todas as virtudes, dom João V lograva dobrar os caprichos da Fortuna por ser "o príncipe mais católico, reto, sábio, prudente, liberal e piedoso que até este presente século se tem visto".[121]

A natureza e a dinâmica do Antigo Regime luso-brasileiro podiam ser apreendidas pela obra que só Rocha Pita se dispôs a escrever, já na qualidade de membro da Real Academia: a *História da América portuguesa* (1730). Tratava-se de um monumento expressivo da primeira "revolução monárquica" portuguesa no Brasil. Em primeiro lugar, porque a história não era escrita do ponto de vista das capitanias mais ou menos isoladas, mas de um todo – a América portuguesa – que só existia em Lisboa, nas considerações do Conselho Ultramarino e de seus representantes no Novo Mundo. Em segundo lugar, a ideologia da revolução monárquica joanina levava Pita a valorizar todos os acontecimentos ou exemplos que contribuíssem para o fortalecimento do nascente Estado luso.[122] Mestra da vida, sua história pretendia perpetuar os suces-

[118] Idem, ibidem, p. 8.
[119] Idem, ibidem, p. 137.
[120] Idem, ibidem, p. 245.
[121] Idem, ibidem, p. 254.
[122] SOUSA. *O sol e a sombra*, op. cit., p. 123-124.

sos da conquista portuguesa, ajuizando os atos praticados por seus principais atores, quase sempre reis, vice-reis, capitães-mores e bispos. Pita observava de perto o repertório político-teológico da monarquia, que mesclava elementos do republicanismo clássico recepcionados pela literatura da Roma imperial – Cícero, Tácito, Plutarco – e aqueles oferecidos pela teologia escolástica e pela razão de Estado.[123] Os retratos morais pincelados pelo autor apontavam aos contemporâneos os exemplos de boas e más condutas, que deveriam respectivamente ser emulados e evitados. Movidos pelo sentimento do dever, os estadistas dignos orientavam-se conforme os preceitos da prudência, tendo em vista o bem comum. Príncipes como dom João IV e governadores como Assumar demonstravam diligência, virtude e piedade em tempos ordinários, e astúcia, coragem e energia nos extraordinários. Eram homens que, aureolados de glória na terra, eram recebidos em triunfo no céu. Estadistas imprudentes, por suas vezes, eram príncipes como dom Sebastião, o cardeal dom Henrique e Felipe III, cuja negligência, hesitação, egoísmo ou vaidade haviam produzido imensos males. Não ficavam de fora os súditos notabilizados por crimes como assassinato, roubo, contrabando, rebelião e heresia, frequentes nas minas recém-descobertas. Na *História* de Pita, os maus padeciam sempre de sofrimentos atrozes antes da morte, eventualmente minorados pelo prévio arrependimento ou conversão à verdadeira fé.

O estilo engenhoso de Rocha Pita não sacrificava o conteúdo de verdade, nem o rigor da pesquisa histórica, tal como exigidas pelo gênero barroco.[124] Em suas análises políticas, ele orientava-se pelo repertório greco-romano, aplicado de modo original na caracterização da república negra dos Palmares, a partir de comparações com Tróia e Esparta. É certo que o Brasil era descrito com os superlativos usuais dos cronistas coloniais: tratava-se do "terreal paraíso descoberto, onde tem nascimento e curso os maiores rios, domina salutífero clima; influem benignos astros e respiram auras suavíssimas, que o fazem fértil e povoado de inumeráveis habitadores".[125] Nem por isso o leitor deixava de entrever a dinâmica de instabilidade e mobilidade da sociedade luso-bra-

[123] SINKEVISQUE, Eduardo. "Sebastião da Rocha Pita: Introdução". *In*: Flávia Varella; Maria da Glória de Oliveira; Rebeca Gontijo. *História e historiadores no Brasil: da América portuguesa ao Império do Brasil, c. 1730-1860.* Porto Alegre: EDIPUCRS, 2015, p. 26.

[124] MARTINS. *História da inteligência brasileira,* volume I, op. cit., p. 398.

[125] PITA. *História da América portuguesa,* op. cit., p. 3.

sileira, típica da condição americana, pautada pela expansão das fronteiras e a descoberta de minas; pelos conflitos entre indígenas e colonos, jesuítas e bandeirantes, nobres e comerciantes, e senhores e escravos; pelos ataques de piratas e tentativas de invasão estrangeira. Aos olhos de Pita, as áreas mais problemáticas da colônia eram Minas Gerais, onde predominavam os aventureiros do ouro, e Pernambuco, cuja nobreza insolente desafiava periodicamente os representantes do rei. As autoridades sabiam, porém, lidar com esses contratempos, esforçando-se por manter as normas de bem viver em um território ainda largamente desconhecido e desabitado. Esses fatos eram descritos por Pita de forma intercalada a outros, expressivos da interferência divina no cotidiano dos colonos. Eram acontecimentos sobrenaturais que podiam tanto ser benéficos, como as aparições de santos e a verificação de milagres, quanto maléficos, na forma de invasões estrangeiras, pestes e secas. À maneira da historiografia romana, essas calamidades costumavam ser anunciadas por cometas, eclipses e outros maus presságios, que não deveriam ser ignorados pelos estadistas prudentes. Ficava clara aí, por meio dos prêmios e castigos, a relação paternal da divindade em relação ao povo, que as autoridades seculares deveriam emular conforme a arte do bom governo.

Conclusão

Este quinto capítulo buscou compreender o processo de construção do Estado em Portugal e suas repercussões no Brasil. A autorrepresentação das comunidades que resultaram da "revolução monárquica", identificada com um "paradigma estatista" ou "legislativo", pressupõe um poder dotado de um centro a monopolizar seu exercício legítimo, orientado por um interesse público, contrário ao particular. Esse foi um processo que se consolidou na Inglaterra na segunda metade do século XVI, durante o reinado de Elizabeth I, e na França da segunda metade do século XVII, durante o reinado de Luís XIV. A "revolução monárquica" aconteceu mais tarde em todos os outros países da Europa, incluindo Portugal. A condição de bastião da Contrarreforma reduziu na Península Ibérica o impacto que a recuperação dos ideais da Antiguidade e a crise espiritual provocada pela Reforma tinham desencadeado do outro lado dos Pireneus. A Contrarreforma prolongou os estilos de pensamento da

Idade Média, poupando a Ibéria da secularização intelectual que questionava as hierarquias políticas. Ademais, embora o discurso da razão de Estado e do absolutismo tenham penetrado na região na segunda metade do século XVII, as peripécias da Restauração resultaram em longa época de crise, instabilidade e anarquia, que impossibilitou a realização de uma "revolução monárquica" em Portugal. À semelhança da Espanha, experimentava-se no reino luso um "momento aristocrático" que reiterava os padrões corporativos de governação e os vínculos de dependência grupal herdados do Medievo. Situação diversa, portanto, do individualismo e da liberdade de consciência afirmados na Europa reformada ou, em menor escala, onde o protestantismo fizera estragos na armadura católica, como a França. Para enfrentar a fragilidade do Portugal restaurado, havia os recursos que Vieira conhecia tão bem: aquecer o patriotismo esfrangalhado pela promessa do destino imperial e denunciar a má conduta dos governantes e dos súditos, a fim de que agissem em prol da redenção espiritual e temporal da república.

As condições para a realização da "revolução monárquica" em Portugal só começaram a se reunir durante o reinado de dom João V, quando a descoberta do ouro no Brasil estabilizou a economia do reino. A partir de então, intensificou-se o processo de esvaziamento dos múltiplos centros decisórios de origem medieval, a submissão da nobreza ao rei e a racionalização e expansão da burocracia monárquica. À semelhança do que se passara na França, as Cortes deixaram de ser convocadas e a Coroa adquiriu crescente autonomia política. Entretanto, a dependência de Portugal em relação à Inglaterra, que garantia sua independência contra a Espanha, e a influência cultural de Roma – a educação do país estava toda nas mãos da Igreja – faziam mais lento o processo de mudança social e de secularização das formas de pensamento. Basta dizer que no Portugal seiscentista e setecentista não parece ter havido republicanismo ou constitucionalismo histórico dignos de nota. O ambiente de pouca contestação política e de grande homogeneidade religiosa, somado ao reduzido dinamismo econômico, tornava superficial ou epidérmica a "revolução monárquica" de dom João V: havia no ar as ideias de absolutismo, mas elas não se enraizavam nas práticas. Daí ser necessário distinguir em Portugal duas etapas do processo de construção do Estado: o primeiro, "fraco" (até 1750) e outro "forte" (depois de 1750). Somente sob o reinado de dom José I, a Coroa passou a perseguir deliberadamente a centralização do poder como meio de unificar a sociedade e melhor dirigi-la. O Estado criado pelo marquês de Pombal, primeiro-ministro do rei, reivindicou o papel de protagonista do progresso, encarregando-se de derramar luzes em uma sociedade percebida como atrasada e incapaz de regenerar-se sozinha. Cumpria submeter nobreza e clero, incentivar e dignificar o comércio, reformar o ensino, formar quadros administrativos e atrair estrangeiros que ensinassem novas técnicas de belas artes, tecnologia militar, economia política e gestão pública. Nem por isso se deve cogitar que o despotismo ilustrado português fosse mera imitação do francês, para quem a autoridade do Estado servia de instrumento para alcançar a liberdade. Os objetivos do reformismo lusitano foram outros: tratava-se antes de firmar o governo político pelo absolutismo monárquico e dinamizar a economia pelo mercantilismo do que de emancipar o indivíduo da ignorância e dar-lhe autonomia social.[126]

[126] CARDOSO, José Luís & CUNHA, Alexandre Mendes. *Discurso econômico e política colonial no Império luso-brasileiro (1750-1808)*. Revista *Tempo* (UFF), volume 17, nª 31, p. 87.

Capítulo 6

A FORMAÇÃO DO ESTADO NA PERIFERIA IBÉRICA (2): O ABSOLUTISMO FORTE DA SEGUNDA "REVOLUÇÃO MONÁRQUICA" PORTUGUESA E O REFORMISMO ILUSTRADO LUSO-BRASILEIRO (1750-1820)

1. A segunda "revolução monárquica" portuguesa: as reformas do Marquês de Pombal (1750-1777)

Percepção do atraso civilizacional e reação monárquica: a difusão do absolutismo ilustrado pela periferia europeia. Até o início do século XVIII, a homogeneidade da herança cristã e feudal conferira à Europa uma comum concepção do mundo, com suas sociedades de ordens, o regime de servidão, um direito geral herdado do romano e um complexo sistema de tributos e jurisdições. Entretanto, a aceleração do desmonte das estruturas medievais, o surgimento de novas tecnologias e a expansão dos poderios militares logo projetaram a Grã-Bretanha e a França no concerto europeu. Essa projeção veio acompanhada pela divulgação dos ideais iluministas, embutidos em uma filosofia da história como progresso elaborada no seio de uma nova sociedade de índole comercial. A sensação de retardo, perda de centralidade e vulnerabilidade percebida pelos demais monarcas europeus – como Catarina da Rússia, Frederico da Prússia, Maria Teresa e José II da Áustria e Carlos III da Espanha – levou-os a adotarem políticas tendentes a corrigir aquela rota de estagnação ou decadência. A política do chamado *despotismo esclarecido* ou *do absolutismo ilustrado*, preconizada na França por Voltaire, Helvétius e Diderot, recomendava a secularização da vida social e o fortalecimento da monarquia a partir do exemplo deixado por Luís XIV.[127] Tratava-se de uma via de desenvolvimento que se propagava "de cima, como um esforço pedagógico de difusão das luzes".[128] A política do absolutismo esclarecido passou a ser vis-

[127] BLUCHE. *Le despotisme eclairé*, op. cit., p. 195.

[128] GUERRA, François-Xavier. *Modernidad y independencias: ensayos sobre las revoluciones hispánicas.* Madrid: Ediciones Encuentro, 2009, p. 126.

ta, na generalidade dos países do sul da Europa, como a melhor esperança de realização de reformas racionais.[129]

A segunda e efetiva "revolução monárquica" portuguesa: o reinado de dom José I e o ministério do marquês de Pombal (1750-1777). Foi por esse tempo que a cultura hispânica que caracterizava a identidade portuguesa, modificada pelo influxo da francesa, passou a se perceber como europeia. O principal agente da segunda "revolução monárquica" portuguesa, deflagrada sob o signo das luzes, foi o primeiro-ministro de dom José I, Sebastião de Carvalho e Melo, conde de Oeiras, depois marquês de Pombal (1699-1782). Nascido fora dos quadros da nobreza tradicional, integrante da uma burocracia viajada e comprometida com os interesses do Estado, Pombal estava persuadido de que a recuperação de Portugal dependia de um estilo novo de governação, que minasse o imperialismo britânico e a Igreja Católica. A situação de Portugal voltara a ser periclitante: a produção aurífera entrara em declínio e o terremoto de 1755 devastara o país. Os níveis do comércio externo decresceram e a produção agrícola brasileira estagnara, devido à preferência conferida ao cômodo extrativismo dos metais preciosos. A agricultura metropolitana também experimentava dificuldades e sua indústria não se desenvolvia, devido à concorrência das manufaturas britânicas, francesas e holandesas. Para modernizar o reino, Pombal precisava entender as origens da superioridade comercial e militar da Grã-Bretanha, assimilando as lições dos países mais desenvolvidos. Uma política de regeneração nacional dependia de uma "revolução monárquica" de caráter ilustrado, que racionalizasse a administração, enfraquecesse a aristocracia e o clero, e proclamasse o caráter absoluto da monarquia. A desorganização provocada pelo terremoto seria aproveitada para reconstruir o país conforme os princípios da razão de Estado, do absolutismo e do mercantilismo. Pombal triunfaria onde Castelo Melhor fracassara.[130]

---

[129] WEHLING, Arno & WEHLING, Maria José. *Direito e justiça no Brasil colonial: o Tribunal da Relação do Rio de Janeiro (1751-1808).* Rio de Janeiro: Renovar, 2004, p. 38-40. MONTEIRO, Nuno Gonçalo. "Poder senhorial, estatuto nobiliárquico e aristocracia". *In*: MATTOSO, José (org.). *História de Portugal.* Quarto volume: O Antigo Regime. Lisboa: Editorial Estampa, 1998. HESPANHA. *Às vésperas do Leviathan*, op. cit., p. 521. PAQUETTE. *Enlightened Reform in Southern Europe and its Atlantic Colonies c. 1750-1830*, op. cit., p. 55.

[130] MAXWELL, Kenneth. *Marquês do Pombal: paradoxo do Iluminismo.* Tradução de Antônio de Pádua Danesi. 2ª edição. Rio de Janeiro: Paz e Terra, 1997, p. 6 e 16. JANCSO, István. "A construção dos Estados nacionais na América Latina: apontamentos para o estudo do Império como projeto". In: Tamás Szmerecsányi e José Roberto do Amaral Lapa (org.). *História econômica da independência e do*

As reformas pombalinas (1): a submissão da Igreja à Coroa pelo regalismo. Cinco foram as políticas de caráter modernizador implantadas pelo absolutismo ilustrado de Pombal. Em primeiro lugar, *práticas regalistas* voltadas para afirmar o controle da monarquia sobre o clero secular e neutralizar as ordens religiosas, vistas como focos de resistência aos valores da Ilustração, entraves ao progresso econômico e instrumentos de ingerência papal. Pombal passara longos anos como embaixador em Viena (1745-1749), onde pudera ver as reformas introduzidas por Kaunitz, primeiro-ministro da imperatriz Maria Teresa, e o modo por que os austríacos combatiam a intromissão da Igreja na vida do país. Havia outros portugueses apoiando medidas secularizadoras. Estrangeirados como Antônio Ribeiro Sanches (1699-1783), colaborador da *Enciclopédia* de Diderot e d'Alembert, defendiam retirar a educação pública das mãos dos padres. A secularização do ensino era indispensável à preparação das novas gerações ao cumprimento de suas obrigações civis e à aclimatação dos valores científicos do Iluminismo.[131] Inconformado com o imperialismo cultural romano, Sanches defendia o ideal do Estado pedagogo e a supremacia legislativa da monarquia sobre a jurisdição eclesiástica. Ele reivindicava (como Blackstone na Grã-Bretanha) o direito nacional como fonte preeminente do direito e a revogação do direito canônico em assuntos seculares. Parecia-lhe "absurdo que se ensinem nas universidades as leis de um soberano alheio, e que seus súditos jurem de observá-las, como leis sagradas".[132] E concluía: "É tempo já que Sua Majestade Fidelíssima tome em suas reais mãos a jurisdição que Deus pôs nelas e criar um secretário de Estado, a cujo cuidado deve estar a educação geral do reino, e livrá-lo da usurpação em que tinha caído, e em que geme".[133] Entre as medidas regalistas adotadas, a mais importante foi a expulsão dos jesuítas, acusados de conspirarem contra a monarquia e o progresso do reino. Tendo em vista a identificação do jesuitismo com os ideais de Contrarreforma, a expulsão era uma medida carregada de simbolismo.

Império. São Paulo: EDUSP/HUCITEC, 2002, p. 8. WEHLING & WEHLING. *Direito e Justiça no Brasil colonial*, op. cit., p. 464-465. SERRÃO. *História de Portugal*, op. cit., p. 157.

131 CARDOSO & CUNHA. *Discurso econômico e política colonial no Império luso-brasileiro (1750-1808)*, op. cit., p. 110.

132 SANCHES, António Nunes *Ribeiro. Dificuldades que tem um reino velho para emendar-se e outros textos. Seleção, apresentação e notas de Victor de Sá.* Lisboa: *Livros Horizonte*, 1980, p. 70.

133 Idem, ibidem, p. 75.

As reformas pombalinas (2): expansão e aperfeiçoamento da burocracia monárquica. Pombal também fomentava o *aperfeiçoamento burocrático*, substituindo o velho sistema de ofícios, que distribuía prebendas e sinecuras hereditárias à nobreza, pela ampliação dos setores profissionais da burocracia, com seus cargos preenchidos pelo critério do mérito, entre as faixas emergentes da sociedade. Ele favorecia a emergência de uma nova aristocracia, ligada não tanto ao sangue, mas ao talento; que, ao invés de blasonar sua independência em relação ao príncipe, lhe estivesse subordinada. Parte da nova elite era formada por grandes negociantes, que traziam mais renda e serviam, portanto, de modo mais eficiente à Coroa, do ponto de vista financeiro. Enquanto o alto comércio tornava-se o aliado preferencial, a parte mais valiosa da nova burocracia – a magistratura encarregada de aplicar a "justiça do rei" – expropriava aos poucos a nobreza tradicional de seus poderes políticos e jurisdicionais. A expansão do "poder de polícia", a cujo cargo ficou a nova Intendência Geral criada em 1760, assinalava a intervenção crescente do Estado no domínio socioeconômico. A Intendência ficava subordinada à Secretaria de Negócios Interiores do Reino e desenvolvia uma política voltada para o aumento da civilização e da polidez de costumes, orientando boas práticas econômicas e reprimindo comportamentos incompatíveis com os valores da "república". A racionalização da arrecadação tributária encontrou sua expressão na criação do Erário Régio (1761) e das Juntas de Fazenda que, espalhadas pelos quatro cantos do império, substituíram a arcaica estrutura de cobrança dos impostos por um sistema modelado por técnicas modernas de escrituração contábil e rigoroso controle das contas públicas.[134]

As reformas pombalinas (3): a política econômica mercantilista. Em terceiro lugar, Pombal favorecia o *fomento econômico*, estimulando a produção agrícola ou manufatureira, seguindo práticas ainda mercantilistas, nas quais já se insinuavam, todavia, elementos da economia política fisiocrata. Pombal se familiarizara com aquelas doutrinas quando embaixador na Inglaterra (1739-1743), época em que se aproximou da *Royal Society* e formou uma biblioteca

[134] GOUVÊA, Maria de Fátima Silva. "Poder político e administração na formação do complexo atlântico português". *In*: João Fragoso; Maria Fernanda Bicalho e Maria de Fátima Gouvêa (org.). *O Antigo Regime nos trópicos: a dinâmica imperial portuguesa*. Rio de Janeiro: Civilização Brasileira, 2001, p. 305. SEELAENDER, Airton Cerqueira Leite. *A "polícia" e as funções do Estado: notas sobre a "polícia" do Antigo Regime*. Revista da Faculdade de Direito – UFPR, Curitiba, nº 49, 2009, p. 75-76.

pessoal contendo os livros mais representativos daquela literatura.[135] A fim de evitar a drenagem das riquezas do Brasil para a Inglaterra, o marquês combateu as facilidades aduaneiras de que as potências gozavam em Portugal. Somente uma política que fechasse a economia e reduzisse os desperdícios daria autossuficiência ao reino. A recém-criada Junta do Comércio aproximou da Corte os grandes negociantes portugueses, inclusive os judeus, e revogou as disposições que impediam seus filhos de entrarem nos quadros da nobreza, estudar em Coimbra e ingressar na magistratura.[136] Em outras palavras, Pombal recrutava a nova burguesia, plebeia e endinheirada, para compor a nova elite política do país. Seguiu-se um período de crescimento econômico mais equilibrado, tendo por pilar o "exclusivo colonial" – isto é, o monopólio das rotas e da comercialização dos produtos brasileiros nas cidades de Lisboa e do Porto, e as companhias de comércio do Grão-Pará (1755), de Pernambuco e da Paraíba (1759). O fomento à indústria têxtil levou à redução brutal das importações britânicas já na década de 1760. A política imperial pombalina defenderia no Brasil produtos tradicionais como o açúcar, o tabaco e o ouro; intentaria a aclimatação de outros, como a noz-moscada e a seda; protegeria os interesses comerciais dos reinóis e aumentaria a fiscalização contra o contrabando. O símbolo máximo dos esforços de autossuficiência em matéria de artes e ciências foi a estátua equestre de dom José I na Praça do Comércio de Lisboa, em 1775, todo concebido, desenhado, modelado, fundido, conduzido e instalado por nacionais.[137]

As reformas pombalinas (4): a reforma legislativa sob o signo do jusnaturalismo absolutista. Em quarto lugar vinha a *reforma legislativa*, voltada para substituir antigas normas jurídicas que cristalizavam privilégios e isenções.[138] Para construir o Estado pelo alto, quatro medidas eram necessárias: primeiro,

[135] CARDOSO & CUNHA. *Discurso econômico e política colonial no Império luso-brasileiro (1750-1808)*, op. cit., p. 73.

[136] SILVA, Maria Beatriz Nizza da. *Cultura letrada e cultura oral no Rio de Janeiro dos vice-reis*. São Paulo: UNESP, 2013, p. 115.

[137] SANTOS, Antonio Cesar de Almeida. "Luzes em Portugal: do terremoto à inauguração da estátua equestre do reformador". *Topoi*, v. 12., nº 22, jan-jun. 2011, p. 75-95.129. SANTOS, J. J. Carvalhão. *Literatura e política: pombalismo e antipombalismo*. Coimbra, Livraria Minerva, 1991, p. 129. CARDOSO & CUNHA. *Discurso econômico e política colonial no Império luso-brasileiro*, op. cit., p. 76.

[138] MAXWELL. *Marquês do Pombal: paradoxo do Iluminismo*, op. cit., p. 79. WEHLING; WEHLING. *Formação do Brasil colonial*, op. cit., p. 227.

o primado do príncipe sobre o pluralismo jurídico das corporações e estamentos; segundo, o do direito positivo (o "direito nacional") sobre o direito romano e canônico (o "direito comum"); terceiro, o da lei como fonte do direito em relação aos costumes e jurisdições senhoriais; por fim, o da vontade do legislador soberano – o rei – sobre a doutrina como critério supremo de interpretação das normas. O veículo por excelência da mudança foi a Lei da Boa Razão (1769), que proclamou o rei como suprema autoridade legislativa, contra a qual não prevaleciam foros, privilégios ou isenções de nenhum estamento, ordem, grupo ou corporação. Mas não bastava que as leis fossem idealmente boas e conhecidas; para os conselheiros de Pombal, era preciso "preparar também os ânimos, tocar os corações, emendar os costumes, plantar as virtudes, edificar sobre os sólidos alicerces da probidade, mover e exercitar as vontades até fazê-las adquirir os felizes hábitos de abraçarem constantemente as regras, que lhes prescrevem as leis e de se conformarem com elas".[139] Fundamental foi a reforma dos estatutos, que introduziram na grade de ensino jurídico a nova disciplina de direito natural, onde se liam modernos como Hugo Grotius, Samuel Pufendorf e Johann Gottlieb Heineccius. A parte mais relevante da disciplina era aquela do "direito público universal", que justificava o governo absoluto com base na razão, dando "a conhecer as obrigações que a natureza impõe ao homem e ao cidadão; as obrigações com que todos nascemos para com Deus, para conosco e para com os outros homens; os recíprocos direitos e ofícios dos soberanos e vassalos e também os das nações livres e independentes".[140] O jusnaturalismo absolutista desses autores convinha ao propósito de Pombal porque ao mesmo tempo sugeria a igualdade natural de todos os homens contra a nobreza e justificava os plenos poderes transferidos por eles e por Deus à monarquia. O direito público universal ensinaria os vassalos a serem obedientes, combatendo intelectualmente "as duas perniciosas seitas dos ímpios monarcômacos e maquiavelistas que, por diferentes caminhos, conspiram para dissolver e romper a apertada e indissolúvel união dos vassalos com os monarcas, com a qual prosperam e florescem as monarquias".[141]

139 POMBAL, Marquês de. *Compêndio histórico da Universidade de Coimbra*. Apresentação de Manuel Ferreira Patrício. Prefácio de José Esteves Pereira. Introdução e coordenação de José Eduardo Franco e Sara Marques Pereira. Porto: Tipografia do Carvalho, 2008, p. 230.

140 Idem, ibidem, p. 256.

141 Idem, ibidem, p. 260.

As reformas pombalinas (5): a reforma educacional. Em quinto e último lugar, vinha a *reforma educacional*, operada pela introdução de um conteúdo programático que aproximasse os portugueses das transformações científicas acumuladas em países desenvolvidos como a Grã-Bretanha e a França. No *Compêndio histórico da Universidade de Coimbra* (1771), produzido pela Junta de Providência Literária, todos os males da universidade eram atribuídos aos estatutos criados pelos jesuítas, no final do século XVI.[142] Cumpria adotar uma orientação nacionalista, que valorizasse mais a utilidade do saber do que a sabedoria em si mesma. O caminho havia sido apontado pelo padre Luís Antônio Verney (1713-1792) em seu célebre *Verdadeiro método de estudar* (1746), no qual, baseado na filosofia de Locke e na física de Newton, os silogismos e o espírito de sistema escolásticos eram substituídos pela observação e pelo empirismo como método científico. Chegava a Portugal, meio século depois da Inglaterra e da França, a querela dos modernos contra os antigos: "Eu acho espalhados nos antigos filósofos alguns pensamentos que nós hoje recebemos como certos, mas sem método, sem razão, sem demonstração e, pela maior parte, por via de conjecturas".[143] Não bastava mais para Verney repetir Platão e Aristóteles; tornara-se indispensável, em suas palavras, "unir os Antigos com os Modernos".[144] Também a História passou a ser mais do que um saber pedagógico de celebração dos acontecimentos passados. Ela se tornou um instrumento fundamental da gestão política, que permitia compreender as causas do "atrasamento" do reino e corrigir aquela má rota: "Se a glória não nos movesse a estudá-los [os fatos históricos], a necessidade nos obrigará", reconhecia o acadêmico José Correia da Serra.[145] As novas instituições criadas ou reformadas por Pombal – a Escola de Comércio, o Erário Régio, o Colégio dos Nobres e a Universidade de Coimbra – forneceriam funcionários habilitados para uma atuação prática de intervenção do domínio social, em que a ciência entrava como aliada do reformismo. Era como explicara Francisco de Lemos, reitor da Universidade de Coimbra:

[142] Idem, ibidem, p. 9.

[143] VERNEY, Luís Antônio. *O verdadeiro método de estudar*. Volume III: Estudos filosóficos. Organização de Antônio Salgado Jr. Lisboa: Livraria Sá da Costa, 1949, p. 202-203.

[144] Idem, ibidem, v. IV, p. 135.

[145] SERRA, José Correia da. "Discurso preliminar (1790)". *In*: Flávia Varella; Maria da Glória de Oliveira; Rebeca Gontijo. *História e historiadores no Brasil: da América portuguesa ao Império do Brasil, c. 1730-1860*. Porto Alegre: EDIPUCRS, 2015, p. 127.

> Não se deve encarar a universidade como um corpo isolado, preocupado apenas com seus próprios negócios, como sucede normalmente; mas como um corpo no coração do Estado que, mercê de seus intelectuais, cria e difunde a sabedoria do Iluminismo para todas as partes da monarquia a fim de animar e revitalizar todos os ramos da administração pública e de promover a felicidade do homem. Quanto mais se analisa essa ideia, maiores afinidades se descobrem entre a universidade e o Estado; quanto mais se vê a dependência mútua desses dois corpos, mais se percebe que a ciência não pode florescer na universidade sem que ao mesmo tempo floresça o Estado, melhorando e aperfeiçoando a si mesmo.[146]

Como se percebe, a secularização da vida social portuguesa, longe de ter sido "natural", foi imposta pelo Estado monárquico, de cima para baixo, e de fora para dentro, conforme os preceitos do absolutismo ilustrado. As consequências desse método de apressar o progresso se refletiram na forma seletiva por que as autoridades se apropriaram do repertório iluminista. Porque voltado para o fortalecimento da autoridade sobre uma sociedade atrasada, o reformismo pombalino recepcionava o ideário técnico-científico da modernidade, mas se opunha a admitir sua parte politicamente mais adiantada. O Iluminismo que entronizava a liberdade como valor era deliberadamente rejeitado. Para garantir o ambiente propício às ideias de fortalecimento da autoridade monárquica, Pombal criou em 1768 a Real Mesa Censória, incumbida de selecionar os livros e periódicos que poderiam circular no império. Estavam proibidos todos os escritos identificados com a política emancipatória inglesa e francesa, desde Locke até Rousseau, passando por Montesquieu. Admitiam-se somente os autores comprometidos com o absolutismo, como Hobbes, Pufendorf e Heineccius. Em síntese, a Ilustração não estava em Portugal a serviço do "momento oligárquico", como na Grã-Bretanha, nem da "revolução oligárquica", como na França: ela estava a serviço da "revolução monárquica", voltada para a construção ideológica do Estado. Como esclarece José Murilo de Carvalho, "esse Iluminismo [português] era essencialmente reformismo e pedagogismo. O seu espírito não era revolucionário, nem anti-histórico, nem religioso, como o francês; mas essencialmente progressista, reformista, nacionalista e humanista. Era o Iluminismo italiano: um Iluminismo essencialmente cristão e católico".[147]

---

[146] MAXWELL. *Marquês do Pombal*, op. cit., p. 114.

[147] CARVALHO, José Murilo. *A construção da ordem: a elite política imperial.* 2ª edição, revista. Rio de Janeiro: UFRJ/Relume Dumará, 1996, p. 57.

2. Ideologias da segunda "revolução monárquica" portuguesa: o absolutismo ilustrado ou "forte" do período pombalino

Primícias do absolutismo ilustrado: o *Testamento político* de dom Luís da Cunha (1747-1749). As reformas pombalinas não brotaram em terreno virgem. Muitos fidalgos tiveram a oportunidade de viajar e residir no exterior na primeira metade do século XVIII. Foi a partir do contato desses "estrangeirados" com os avanços artísticos e científicos do norte da Europa que se conformou a mentalidade modernizadora que avassalaria Portugal durante o reinado de dom José I (1750-1777). Entre esses precursores encontrava-se dom Luís da Cunha (1662-1749), diplomata que redigira um *Testamento político* (1747-1749) endereçado ao herdeiro do trono. O velho áulico denunciava a educação escolástica, a usurpação das terras públicas, seu abandono pela falta de cultivo, a precariedade das vias de comunicação, o esvaziamento dos povoados, a ruína da indústria, e o fato de que, embora detentora de um terço do país, a Igreja em nada contribuía "para a despesa e a segurança do Estado".[148] Havia fragilidades estruturais intransponíveis, como o tamanho exíguo do reino e a debilidade de suas forças. Nem por isso ele deveria descurar de seu aparelhamento militar: "Vossa Alteza necessita mais de ter bons generais que grandes jurisconsultos".[149] Ele criticava a Inquisição por ter levado os cristãos-novos a fugirem, levando consigo suas fortunas; e maldizia os tratados de comércio com a Inglaterra, que arruinavam a indústria portuguesa. Os remédios por ele apontados já não viriam da história como mestra da vida, à maneira de Cícero. Já tocado pela mudança do regime de historicidade, Cunha argumentava com os exemplos dos países mais adiantados. Ele deixava deliberadamente de lado as referências aos clássicos da Antiguidade, às Sagradas Escrituras e à história tradicional, "que faria larga e fastidiosa a sua leitura, que procurarei abreviar quanto me for possível".[150] O fidalgo aconselhava imitar o rei da Inglaterra na garantia da segurança pública, e o da França na criação de uma burocracia de intenden-

[148] CUNHA, Luís da. *Testamento político ou Carta escrita pelo grande D. Luís da Cunha ao Senhor Rei D. José I antes de seu governo, o qual foi do Conselho dos Senhores D. Pedro II e D. João V, e seu Embaixador às cortes de Viena, Haia e de Paris, onde morreu em 1749*. Introdução de Nanci Leonzo. São Paulo: Alfa Ômega, 1976, p. 42.

[149] Idem, ibidem, p. 49.

[150] Idem, ibidem, p. 18.

tes. Recomendava uma política mercantilista, a venda de bens eclesiásticos e o esvaziamento dos conventos. Por fim, lembrava a iniciativa de outros países atrasados, como a Prússia e a Rússia, que traziam especialistas estrangeiros para introduzir novas técnicas e artes. A modernização se convertia assim na razão de Estado por excelência de Portugal: "Importa pouco que se faça uma injustiça a certo particular, quando dessa resulta a utilidade comum – *salus populi suprema lex est"*.[151]

A sociologia política do despotismo ilustrado: o *Discurso político sobre as vantagens que o reino de Portugal pode tirar de sua desgraça* do marquês de Pombal (1756). Não surpreende, pois, que, na condição de afilhado de dom Luís da Cunha, Pombal lhe tenha seguido os passos. O programa pombalino de refundação nacional se encontra no escrito a ele tradicionalmente atribuído e denominado *Discurso político sobre as vantagens que o reino de Portugal pode tirar de sua desgraça, por ocasião do terramoto de 1º de novembro de 1755*[152]. O documento cruzava duas referências ideológicas que, opostas na França cêntrica, se complementavam no periférico Portugal. A primeira delas era a sociologia comparada de Montesquieu, que reconhecia a diversidade de costumes dos povos e a conveniência de levá-los em consideração quando se tratava de inovar. *Do espírito das leis*, muito referenciado por Pombal, lhe permitia compreender a mudança do tempo histórico, o advento da sociedade comercial e os fundamentos da economia política: "É a indústria de certos povos que, atraindo a si as riquezas dos outros, faz inclinar a seu favor o sistema da Europa".[153] Pombal tinha consciência da centralidade adquirida pelo comércio internacional no campo geopolítico, que fizera, da Grã-Bretanha e da França, as principais potências da Europa: "O comércio hoje regula a política; dele dimana o poder de um

[151] Idem, ibidem, p. 63.

[152] Embora o discurso conste das obras completas do marquês, sua autoria tornou-se objeto de controvérsia nas últimas décadas (BARRETO, José. "O discurso político falsamente atribuído ao marquês de Pombal". Revista História das Ideias, tomo 1. Coimbra, 1982, pp. 385-422). Seja como for, a eventual inautenticidade da autoria não faria muita diferença neste caso específico. Texto atribuído de forma inconteste a "alguém", gerando duradouros efeitos na esfera pública por dois séculos, já se tornou na prática texto desse "alguém". A própria longevidade da imputação autoral só se tornou possível porque o pensamento contido no texto cuja autoria se questiona está em sintonia com outros textos, sabidamente autênticos, da lavra daquele a quem a referida autoria é imputada. Do contrário, o texto não poderia lhe ter sido atribuído por tanto tempo.

[153] POMBAL, Sebastião de Carvalho e Melo, marquês de. *Memórias secretíssimas do marquês de Pombal e outros escritos.* Lisboa: Publicações Europa-América, 1984, p. 179.

povo".[154] A partir daí, era fácil deduzir as causas econômicas do atraso de Portugal, que radicavam na dependência dos metais preciosos da América e na atrofia dos setores produtivos, como a agricultura e indústria: "Não basta a um povo ter metais para prover às suas necessidades, é necessário que a primeira subsistência esteja dentro do Estado".[155] A modernização da economia portuguesa exigia, assim, reatar com a política mercantilista do conde da Ericeira, patrocinando o fomento da atividade produtiva (mediante proibições) e dos circuitos de distribuição (através de monopólios). Cumpria adotar uma postura nacionalista e anti-imperialista, acabando com as "condescendências que o governo português há tido com o governo britânico; elas são tais, que não sei que potência alguma as haja tido semelhantes com outra".[156]

A leitura de *Do espírito das leis* também permitia a Pombal deduzir as causas culturais do atraso português. Era preciso indagar como o país, pioneiro na época do Renascimento, permanecera dali por diante apartado das inovações que haviam levado a França, a Inglaterra e a Holanda a progredirem. O marquês atribuía aquela estagnação à influência excessiva dos jesuítas e da Segunda Escolástica: "Enquanto uma nova luz se derramou na terra, Portugal só ficou nas trevas da mais espessa ignorância. O norte, neste país opaco, onde tudo é matéria, fez grandes progressos nas ciências. Os conhecimentos abriram caminho por toda a parte, e as artes liberais penetraram por todas as nações do mundo, só não o puderam fazer em Portugal. Este ficou sendo em poucos dias, o país bárbaro dos povos polidos da Europa".[157] O providencialismo incutira na alma portuguesa um fatalismo que tudo punha nas mãos de Deus: "Seguindo, pois, um tal plano da providência, o povo mais idiota pode supor que se governa como a mais ilustrada nação. Esta é precisamente a doutrina dos maometanos. Entre eles, um cruel destino faz tudo, a política não tem o que fazer".[158] A Igreja era proprietária de um terço do país e seus bens permaneciam fora do mercado. A modernização de Portugal dependia de um choque de Ilustração que substituísse a mentalidade medieval por outra, de caráter técnico e científico. Era urgente apressar o processo de secularização

[154] Idem, ibidem, p. 143.
[155] Idem, ibidem, p. 162-163.
[156] Idem, ibidem, p. 69.
[157] Idem, ibidem, p. 185.
[158] Idem, ibidem, p. 176.

através de uma reforma do ensino, que banisse o neotomismo e introduzisse as ciências. Pombal almejava um governo ilustrado, baseado em decisões racionais, despidas de superstição, tomadas a partir de informações claras e exatas, extraídas de missões científicas encarregadas de organizar cartografias e quadros estatísticos da população.

Se a sociologia de Montesquieu servia para que Pombal compreendesse as causas do atraso econômico e cultural de Portugal, era o absolutismo ilustrado de Voltaire que lhe permitiria colocá-lo no caminho do progresso. Leitor voraz de *O século de Luís XIV*, o marquês derramava-se em elogios ao "rei-sol": "Tudo havia sido obscuridade e trevas em França nos precedentes reinados ao do grande rei, tudo foi claridade enquanto ele ocupou o trono".[159] Aqui Pombal cruzava a antropologia negativa típica do absolutismo com a crença ilustrada de que era possível canalizar os vícios privados para a produção de bens públicos: "As recompensas são absolutamente necessárias às ciências. Não há quase outros meios de fazer mover os homens o gosto das ciências e belas artes, mais que fazendo a cobiça, porque assim é arquitetura do coração humano, que os vícios mais vis sirvam sempre de fundamento às maiores virtudes".[160] Em um reino demasiado atrasado como Portugal, o legislador não se podia dar ao luxo da cautela recomendada por Montesquieu. Nos países periféricos, desde que esclarecido, o malsinado despotismo se transformava no melhor e mais pronto remédio de que o estadista podia lançar mão para restaurar o prestígio de sua pátria e garantir sua sobrevivência. Por essa razão, a adoção franca e desassombrada de uma política absolutista lhe parecia indispensável para modernizar as estruturas do país. O primeiro-ministro lembrava ao seu rei: "Vossa Majestade é a cabeça da monarquia, alma da república, vida dos vassalos, pai, feitor, protetor, defensor e procurador de todo o povo, recurso dos oprimidos, conservador de seus estados".[161] A razão de Estado detestada por Montesquieu era mobilizada por Pombal para designar todos os esforços do príncipe ou "máximas de governo" no sentido de remover os entraves ao desenvolvimento do império. Tornavam-se assim legítimos todos os golpes de Estado, indispensáveis para dobrar os representantes refratários da tradição – os primeiros dos quais eram a nobreza indisciplinada e os jesuítas rebelados:

[159] Idem, ibidem, p. 187.
[160] Idem, ibidem, p. 187.
[161] Idem, ibidem, p. 68.

> Enfim, na mão de Portugal, está abrir hoje os olhos sobre o perigo em que se tem achado. Seu próprio mal pode dar-lhe meios para se resgatar das suas desordens políticas. Antes desse acontecimento, todas as reformas que a sua política poderia intentar, dariam em falso. Quando os princípios de um governo estão corrompidos, quando a sua constituição foi moldada sobre abusos, quando os preconceitos antigos têm servido a formar um novo gênio, quando um grande luxo se assenhoreou da nação, quando as máximas depravadas tomaram o lugar das boas, quando o povo perdeu a norma de seus antigos costumes, digo que as melhores leis não acham em que pegar. É preciso então, para me explicar assim, é necessário um golpe de raio, que abisme e subverta tudo, para tudo reformar.[162]

É claro que, em um país atrasado, as teorias, doutrinas e técnicas que deveriam induzir sua modernização não podiam vir das próprias entranhas; elas teriam de vir de outros mais adiantados em luzes, como a França e a Inglaterra. O nacionalismo modernizador nascia da experiência cosmopolita das luzes. Não era possível formar "homens de Estado em um reino onde as ciências estão banidas e onde se não sai a viajar. O governo político não se refina senão à proporção que as ciências especulativas lançam novas luzes nos espíritos da nação, ou vendo-se em outras cortes".[163] Mas aqui a sociologia política comparada de Montesquieu retornava, para advertir que a introdução de novos hábitos e instituições dependia de sua conveniência ou adaptabilidade. Se bons costumes como o amor à ciência traziam virtudes, maus costumes como o luxo corrompiam a população: "Quando pela frequência de estrangeiros, um povo vem a corromper seus costumes, não fica bastante força às leis para sustentar o governo político. Mostre-me um só governo na terra, que não tenha decaído pela corrupção de seus costumes".[164] Em outras palavras, Pombal acreditava na possibilidade de uma importação crítica dos mecanismos, estilos de pensar e instituições dos países mais desenvolvidos: "Não é questão de saber se os usos e costumes de uma nação estrangeira são melhores, trata-se de saber, se eles convêm ao povo, no qual se querem introduzir".[165] O cruzamento das duas referências – a sociologia política comparada para pensar as razões do atraso e o absolutismo ilustrado para orientar a ação política – fornecia a fórmula adequada de superação do atraso:

> Têm-se visto há um século muitos governos prontos a perecer, pelas de-

[162] Idem, ibidem, p.188.
[163] Idem, ibidem, p. 187.
[164] Idem, ibidem, p. 175.
[165] Idem, ibidem, p. 175.

> sordens que se haviam introduzido em sua constituição, corrigirem-se, e por esta reforma virem a ser nações potentes. Seria possível que a regra não fosse boa senão para as outras nações da Europa, e só ruim para Portugal? Sei que quando um povo que tem há muito tempo uma certa maneira de se governar, é perigoso mudá-la, mas este não é o caso de Portugal. Este reino está cheio de gente que viu nascer este sistema e que o chora. [...]. Se este sistema é mau e tende diretamente a destruir a liberdade da nação, não há que se parar um momento em o destruir. Máxima de Estado em matéria de governo político e civil: quando, mudando os abusos, os inconvenientes que resultam, são maiores que os mesmos abusos, é preciso sofrê-los; mas quando estes são superiores aos inconvenientes, nada há que duvidar; é necessário reformá-los.[166]

O discurso oficial pombalino e o antijesuitismo: a *Dedução cronológica e analítica* publicada por José de Seabra da Silva (1767). Pombal precisava encontrar culpados pelo atraso e pela decadência do país, e foram principalmente os jesuítas que pagaram o pato. A grande obra que justificou o absolutismo regalista e a expulsão da Companhia de Jesus dos domínios portugueses foi a *Dedução cronológica e analítica* (1767), publicada pelo secretário de Estado José de Seabra da Silva (1732-1813). Embora poupasse a Igreja e a escolástica de São Tomás, seu requisitório contra os jesuítas e o neotomismo era violentíssimo. Seabra sustentava que os regulares da Companhia formavam uma espécie de "Internacional", dedicada a reduzir o poder dos reis. Desde que admitidos por dom João III em 1530, os jesuítas teriam se entranhado nas malhas do Estado por um sistema de intrigas e insinuações para propagar o *fanatismo*, catolicismo falso e deturpado que entorpecia a inteligência do povo e das elites. Depois de colocar a família real sob a tutela de seus pregadores, conselheiros e confessores, a Companhia teria se assenhoreado das principais instituições culturais, como o Colégio dos Nobres e a universidade, a fim de destruir as fontes responsáveis pelo florescimento do reino à época das grandes navegações. Para atingir seus objetivos, os jesuítas teriam expulsado os sábios renascentistas e introduzido um método de ensino de origem pagã (porque baseado em Aristóteles e Averróis), denominado "arábico-peripatético", que reduzia o saber científico a disputas escolásticas, julgadas inúteis e abstratas. Esse processo de aniquilação da

[166] Idem, ibidem, p. 158.

cultura portuguesa encontrara seu zênite com a adoção do Index jesuítico, que proibia a produção, importação e circulação de livros modernos que comprovavam a falsidade de suas doutrinas.[167]

A narrativa da *Dedução cronológica* atribuía todos os reveses do reino às referidas maquinações jesuíticas, que incluíam o fato de dom Sebastião não ter se casado, sua morte da batalha de Alcácer-Quibir e a tomada da Coroa pelo rei espanhol em 1580, em detrimento da casa de Bragança. Depois da Restauração, a Companhia se apressara em tutelar o novo rei, dom João IV, conspirando depois para afastar Castelo Melhor e seu protetor, dom Afonso VI. Convocadas para sancionar o golpe palaciano que substituiu o rei pelo irmão, dom Pedro, as Cortes haviam deliberado conforme as "pestíferas" concepções de poder extraídas da bibliografia neotomista. Porque sustentava a origem popular do poder dos reis, seu direito de escolhê-los e eventualmente depô-los ou assassiná-los quando tiranos, o "jesuitismo monarcômaco" de Molina, Mariana e Suárez, repetido pelo "Sinédrio Jesuítico" de Velasco de Gouveia, era considerado tão nefasto quanto as doutrinas republicanas de François Hotman ou John Milton. Os jesuítas também eram acusados de subverter os verdadeiros princípios de governo monárquico, apreendidos pela doutrina do direito divino dos reis e pelas Sagradas Escrituras interpretadas por Bossuet; e pelo direito natural e das gentes lecionado por publicistas como Pufendorf, Heineccius e Grotius. Qualquer veleidade de constitucionalismo histórico também era repelida por Seabra: os reis lusos governariam sempre por direito de conquista e as leis fundamentais do reino prescreviam somente a ordem de sucessão ao trono. A monarquia portuguesa era descrita à moda absolutista da França: "O governo monárquico [é] aquele em que o supremo poder reside inteiramente na pessoa de um só homem; o qual, ainda que se deve conduzir pela razão, não reconhece contudo outro superior (no temporal), que não seja o mesmo Deus; o qual (homem) deputa as pessoas que lhe parece mais próprias para exercitarem nos diferentes ministérios do governo e o qual faz as leis e as derroga, quando bem lhe parece".[168]

---

[167] ALVIM, Gilmar Araújo. *Linguagens do poder no Portugal setecentista: um estudo a partir da Dedução cronológica e analítica (1767)*. Dissertação de mestrado defendida no Programa de Pós-graduação em História da Universidade Federal Fluminense. Niterói: UFF, 2010.

[168] SILVA. *Dedução cronológica e analítica*, op. cit., p. 357.

3. Ideologias do "momento monárquico" português: o reformismo ilustrado no período pós-pombalino (1777-1807)

A "Viradeira": a queda de Pombal e os receios dos ilustrados. Depois que dona Maria I subiu ao trono em 1777 e Pombal caiu em desgraça, correu pelo reino a notícia de que, profundamente católica e ligada aos adversários do marquês, a nova soberana promoveria uma reconciliação com a nobreza e o clero. Detidos foram libertos, os ausentes regressaram ao país e os insatisfeitos puderam recuperar o prestígio perdido: era a "Viradeira". Corriam quadrinhas como: "O povo todo se espalha/ Com alegria fatal, /Dizendo com voz igual/Para a aclamação vizinha/Viva el-Rei, viva a Rainha/Morra o marquês de Pombal".[169] A mudança, que alarmou os reformistas, encontrou expressão no poema do estudante brasileiro Francisco de Melo Franco, *O reino da estupidez* (1777). Melo Franco enaltecia Pombal e ridicularizava os professores da universidade de Coimbra que, a despeito dos novos e modernos estatutos, continuavam sem saber "nem o direito pátrio, nem o público, nem o das gentes, nem política, nem comércio, finalmente, nada útil".[170] Afugentadas da Grã-Bretanha e da França pelas luzes do século, só em Portugal a estupidez medieval encontrara refúgio: "A mole Estupidez cantar pretendo, que distante da Europa desterrada, na Lusitânia vem fundar seu Reino".[171] O mesmo temor foi manifestado por Ribeiro Sanches, que por esse tempo escreveu um texto de título sugestivo: *Dificuldades que tem um reino velho para emendar-se* (1777). Sanches se colocava na posição de um legislador que, diante de "um reino velho, instituído com as leis do fanatismo, com as leis sem serem fundadas na conservação e amor dos súditos, leis sem objeto algum para aumentar a população, sem objeto para a defesa geral do Estado, quisesse de um jato reformar este cadaveroso reino, e formar dele um novo, à imitação daquele da Rússia, da Prússia, Sardenha, etc.".[172] Era bem o fantasma da condição periférica que, para minimizar suas fragilidades estruturais, parecia exigir da monarquia portuguesa um estado de reforma contínua.

---

169 SANTOS. *Literatura e política: pombalismo e antipombalismo*, op. cit., p. 87.

170 FRANCO, Francisco de Melo. *Reino da estupidez*. Belém do Pará: Núcleo de educação à distância, 2010, p. 2.

171 Idem, ibidem, p. 3.

172 SANCHES. *Dificuldades que tem um reino velho para emendar-se, op. cit.*, p. 52.

O "momento monárquico" português: o reformismo ilustrado. O receio ilustrado de retrocesso não se concretizou. A reabilitação da velha nobreza não tinha como desafiar os interesses consolidados pelo empreendimento pombalino, já arraigados na sociedade portuguesa; além disso, permanecia a necessidade de reformas e de homens tecnicamente aparelhados para assessorar e garantir a prosperidade do Estado.[173] Prosseguindo nas pastas de ministros homens vinculados ao pombalismo, como Martinho de Melo e Castro e José Seabra da Silva, o reinado de dona Maria I apresentou uma versão mais moderada do absolutismo esclarecido denominada *reformismo ilustrado,* cujos grandes cenáculos foram a Universidade de Coimbra reformada por Pombal e a Academia de Ciências de Lisboa, fundada por Sua Majestade em 1779. Na Academia, reuniam-se intelectuais e estadistas interessados na aplicação prática de princípios mercantilistas, fisiocráticos e liberais e pelo estudo metódico da natureza e da geografia do império. Desejavam contribuir para o desenvolvimento econômico de Portugal, condição para que o país progredisse em outros campos. Em suas expedições científicas, os ilustrados davam vazão ao seu interesse pelas possessões ultramarinas, identificando, nomeando e classificando produtos e materiais para posterior análise de seus potenciais de exploração comercial.[174] A economia política de Adam Smith ocupava um lugar especial na discussão sobre o grau adequado de intervenção estatal no processo de geração de riqueza. A maioria dos ilustrados preferia um Estado coordenador, fomentador e reparador das assimetrias que o mercado não conseguia corrigir.[175] Na sequência da Academia de Ciências, foram fundadas instituições análogas em composição e propósitos, como a Biblioteca Real e o Museu de História Natural.[176]

O absolutismo jurídico: as *Instituições de direito civil lusitano* de Pascoal de Melo Freire (1789). Do ponto de vista teórico, o absolutismo ilustrado encontrou sua expressão máxima na obra do jurista Pascoal de Melo Freire (1738-1789). Sua teoria do poder visava a superar a aparente oposição entre ciência do direito e razão de Estado. Afinal, um Estado absoluto e esclarecido

[173] SILVA, Ana Rosa Cloclet da. *Inventando a nação: intelectuais ilustrados e estadistas luso-brasileiros na crise do Antigo Regime português.* São Paulo: Hucitec, 2006, p. 106-107.

[174] Idem, ibidem, p. 152.

[175] Idem, ibidem, p. 146-147.

[176] Idem, ibidem, p. 112.

pela racionalidade de seus fins não precisaria mais recorrer à razão de Estado: ciência e prudência seriam uma única e mesma coisa.[177] Seu esforço de consolidação da ordem jurídica nacional seguia uma orientação que estava nas antípodas de Blackstone. Encarregado pelo governo de modernizar a caótica e esparsa legislação do reino pela criação de um Código, Melo Freire afirmava nas *Instituições de direito civil lusitano* (1789) que o Estado não tinha por fim salvaguardar liberdades, e sim "a segurança interna e externa dos cidadãos e a salvação do povo, que é a suprema lei".[178] O príncipe estava autorizado a praticar todos os atos que reputasse necessários para atingir aqueles fins, sem prestar contas a qualquer autoridade terrena. O atributo principal do poder majestático era o direito de legislar, sem o qual era impossível dirigir os vassalos e ajustar os negócios conforme a honra e a utilidade da república. A narrativa histórica de Melo Freire seguia de perto a da *Dedução cronológica*: os reis sempre teriam sido absolutos e as Cortes não passavam de conselhos consultivos reunidos à discrição da Coroa. Portugal não era uma monarquia mista, mas pura, e nela, "estando o trono provido, não reside nem nas Cortes nem no povo a mais pequena partícula do poder majestático; esta é a natureza do principado". As leis não podiam ser consideradas injustas, ainda que contrárias ao direito civil ou canônico; elas obrigavam a todos, exceto o príncipe. Cabia igualmente ao rei interpretar as leis de modo autêntico, explicando-lhe o sentido por ser a fonte de todo o direito, por si ou por intermédio da Casa de Suplicação. Aqui também a lógica "monárquica" da hermenêutica jurídica de Melo Freire trombava de frente com a lógica "oligárquica" de Blackstone. Eram válidos somente os costumes que não contrariassem o direito escrito proclamado pela vontade régia: "Se não fosse direito do Príncipe fazer, segundo o seu arbítrio, as leis a cujas normas as ações dos súditos se devam conformar, de que modo os poderia dirigir e harmonizar todas as coisas com a utilidade da República? Daí que o poder de fazer leis seja um direito majestático e nunca possa faltar ao supremo imperante da República".[179]

---

[177] SENELLART, Michel. *Machiavélisme et Staats-raison au XVIIIe. Siècle. Revue de Synthèse*: tomo 130, 6ª série, nº 2, 2009, p. 273.

[178] FREIRE, Pascoal José de Melo. *Instituições de direito civil lusitano.* Tradução do latim de Miguel Pinto de Menezes, revista por Antônio Manuel Hespanha. Lisboa, Ministério da Justiça, 1966.

[179] In: XAVIER e HESPANHA. *A representação da sociedade e do poder*, op. cit., p. 128.

O frustrado constitucionalismo histórico de António Ribeiro dos Santos (1789). A deterioração da saúde mental da rainha Maria I, agravada pelas mortes do marido, dom Pedro III, e do príncipe herdeiro, dom José, levou a uma situação de vazio de poder no final da década de 1780. Esse período coincidiu com o aparente triunfo do constitucionalismo histórico na França, onde os tribunais aristocráticos haviam fixado as leis fundamentais do reino e obrigado o rei a convocar a Assembleia de Notáveis e os Estados-Gerais. A ressurreição dos antigos órgãos de representação sugeria que o avanço das Luzes derrotara o absolutismo na França e que a principal nação da Europa continental seguiria o exemplo da Grã-Bretanha.

Foi nesse momento (1789) que o jurista e professor de cânones da Universidade de Coimbra, António Ribeiro dos Santos (1745-1818), ensaiou a defesa de um constitucionalismo histórico português, em suas críticas ao projeto de Código redigido por Melo Freire.[180] Antigo defensor do jusnaturalismo absolutista, Santos resolvera adaptar ao reino luso os argumentos desenvolvidos por Montesquieu. Ele alegava, em resumo, que Portugal também possuía uma antiga constituição de origem visigótica, que vigorara nos reinos das Astúrias e de Leão e depois teria sido consagrada pelas Cortes de Lamego. De origem popular e pactuada, as leis fundamentais previam uma monarquia moderada, na qual o príncipe governava, assistido pelos três estados do reino.[181] Elas reconheciam o poder originário de Deus, mas também a mediação exercida pelo povo, que aclamara o primeiro rei de Portugal em troca da salvaguarda de seus foros e liberdades. A deturpação da antiga constituição portuguesa começara no reinado de Afonso V e chegara a um estado de completa ruína durante a ditadura do "tirano" Pombal.[182] Pregando a soberania limitada dos príncipes e maldizendo o "muito odioso" absolutismo, o constitucionalismo histórico de Ribeiro dos Santos defendia, à semelhança do francês, o restabelecimento das leis fundamentais e a convocação das Cortes.[183] Pretendido arauto de uma "revolução aristocrática" restauradora dos antigos usos de Portugal, Santos defendia que "o verdadeiro respeito ao

[180] PEREIRA, José Esteves. *O pensamento político em Portugal no século XVIII: António Ribeiro dos Santos*. Lisboa: Imprensa Nacional-Casa da Moeda, 2005, p. 264-265.

[181] Idem, ibidem, p. 328-331.

[182] Idem, ibidem, p. 248.

[183] Idem, ibidem, p. 337.

trono consiste em que os vassalos estejam certos de que o príncipe lhes não quer fazer injustiça e lhes deixa salvos todos os meios possíveis e prontos, por que possam requerer mui facilmente os seus direitos".[184]

Mas o professor de Coimbra deu azar: a deriva dos Estados-Gerais da França em uma moderna Constituinte, que liquidou a sociedade do Antigo Regime e seu suspirado constitucionalismo histórico, foi um balde de água fria em seus planos de meter um fim ao absolutismo. Ao refutar as críticas de Ribeiro Santos, Melo Freire pôs logo o dedo na ferida: "Basta lembrarmo-nos, hoje, das assembleias [revolucionárias] de França e suas consequências".[185] Como Voltaire, o autor das *Instituições de direito civil lusitano* negava que a monarquia absoluta correspondesse ao despotismo oriental descrito por Montesquieu: "Eu quero um rei humano, que conheça que ele foi feito para a república, e não a república para ele; que ame os seus vassalos; que lhes administre a justiça, sem acepção das pessoas [...]; que não abuse do seu poder; e que não prive o homem e o cidadão de sua liberdade natural e civil, senão no caso de assim pedir a causa pública e o bem universal da sociedade".[186] Acusado de republicano e "monarcômaco", o constitucionalismo histórico de Ribeiro dos Santos morreu em botão. Os anos seguintes tornaram ainda mais escassas as possibilidades de uma "revolução oligárquica" portuguesa. O terremoto provocado pela Revolução Francesa levou os monarcas a redobrarem as apostas no absolutismo ilustrado como meio de modernizar a sociedade sem subvertê-la. Com a assunção formal da regência pelo príncipe dom João (1792), no lugar da mãe, a política do reformismo foi restabelecida oficialmente: o domínio público sobre os poderes privados foi ampliado, o sistema penitenciário foi reformado, velhos direitos reais eclesiásticos de natureza antieconômica foram abolidos e o exercício do poder foi racionalizado, através de medidas como a criação da Secretaria de Estado da Fazenda.[187]

O conde de Linhares: reformismo ilustrado e projeto imperial luso-brasileiro. O estadista mais identificado com o reformismo ilustrado foi um afilhado de Pombal, dom Rodrigo de Sousa Coutinho (1755-1812), que assumiu a Secretaria de Marinha e de Ultramar (1796), e depois as pastas dos Negócios

[184] In: ibidem, p. 343.
[185] Idem, ibidem, p. 293.
[186] Idem, ibidem, p. 301-302.
[187] CARDIM. *O processo político*, op. cit., p. 419-424.

Estrangeiros e da Fazenda. O futuro conde de Linhares era um nobre culto e inteligente, que passara quase vinte anos como diplomata no reino do Piemonte e da Sardenha absorvendo o Iluminismo de Giambattista Vico, Cesare Beccaria e Antonio Genovese. Foi a partir de Turim, igualmente, que dom Rodrigo conheceu a Europa e seus grandes intelectuais ilustrados. Na França de Luís XVI, Coutinho conversara com o abade Raynal sobre os problemas da administração colonial e admirara os esforços de Necker para instaurar o sistema representativo no país.[188] Homem de seu tempo, admirador do despotismo ilustrado de José II da Áustria, dom Rodrigo defendia um sem-número de reformas, como a substituição dos ofícios hereditários da nobreza por cargos providos por mérito; a correção dos abusos clericais e o esvaziamento dos conventos; o combate à ociosidade e o incentivo a uma cultura de trabalho; a tolerância religiosa no lugar do fanatismo católico; o fomento econômico e a modernização fiscal e administrativa.[189] Embora não rompesse com a política mercantilista, ele estava disposto a testar algumas das fórmulas de Adam Smith, reduzindo impostos e combatendo monopólios. Dom Rodrigo se movia por uma orientação fisiocrata que associava o despotismo esclarecido ao liberalismo econômico. O que lhe parecia fundamental, como antes a Pombal e a dom Luís da Cunha, era que o reino pudesse "viver e existir como os outros europeus".[190] O reformismo ilustrado era a fórmula por excelência para promover a modernização social sem questionar os fundamentos da ordem absoluta. Do ponto de vista político, embora admirasse os britânicos, dom Rodrigo não advogava para os lusos uma constituição como a daquele país. Sua admiração pela Grã-Bretanha se devia antes às técnicas eficientes de administração das riquezas. Em um ofício de 1790, ele deixaria clara sua preferência em matéria de ideologia e de forma de governo:

> Ninguém é mais apaixonado do que eu por um despotismo luminoso, em que o interesse do déspota e o da nação é inseparável, em que todos os vassalos são igualmente sujeitos à lei, todos contribuindo igualmente para a defesa e a segurança do Estado, em que nenhuns corpos intermediários da magistra-

---

[188] FUNCHAL, Marquês de. *O conde de Linhares: Dom Rodrigo Domingos Antônio de Sousa Coutinho*. Lisboa: Tipografia Bayard, 1908, p. 193.

[189] POMBO, Nívea. *Dom Rodrigo de Sousa Coutinho: Pensamento e ação político-administrativa no Império português (1778-1812)*. São Paulo: Hucitec, 2015, p. 31 e 37.

[190] In: ibidem, p. 225.

tura, clero ou nobreza podem, por seus pretendidos privilégios e pelos seus prejuízos, obstar a execução das ordens reais, sempre dirigidas ao bem público, porque o interesse do déspota sábio e hábil é inseparável daquele do povo.[191]

Para que todas essas medidas surtissem efeitos, cabia reforçar o Estado para que cumprisse seu papel de indutor da riqueza pública e privada. Para tanto, dom Rodrigo chamava a atenção para a centralidade do Brasil e a necessidade que Portugal tinha de reforçar seus vínculos de solidariedade com as elites luso-brasileiras, caso desejasse preservar seu império. As diferenças de tratamento entre europeus e americanos deveriam ser eliminadas, e os brasileiros talentosos, aproveitados pela administração imperial. Na sua *Memória sobre os melhoramentos dos domínios portugueses na América* (1797), dom Rodrigo escrevia: "Os domínios portugueses na Europa não [...] formam senão a capital e o centro das suas vastas possessões. Portugal reduzido a si só seria dentro de um breve período uma província da Espanha, enquanto servindo de ponto de união da monarquia, que se estendia às suas vastas possessões, era sem contradição, uma das potências, que tinha dentro de si todos os meios de figurar entre as primeiras da Europa".[192] Dom Rodrigo desejava reforçar os laços entre metrópole e colônia, postulando "luminosas reformas executadas por homens inteligentes e capazes de formar sistemas bem organizados, e cuja utilidade seja, por todos, sentida e experimentada".[193] As reformas por ele preconizadas assegurariam "o sacrossanto princípio da unidade, primeira base da monarquia que se deve conservar com o maior ciúme, a fim de que o português nascido nas quatro partes do mundo se julgue somente português; e não se lembre senão da glória e grandeza da monarquia, a que tem a fortuna de pertencer, reconhecendo e sentindo os felizes efeitos da reunião de um só todo, composto de partes tão diferentes que, separadas, jamais poderiam ser igualmente felizes".[194] Para favorecer o melhor aproveitamento dos produtos e artigos oferecidos pela natureza nos diversos domínios da monarquia, dom

[191] In: SANTOS, Nívea Pombo Cirne dos. "Um turista na Corte do Piemonte: dom Rodrigo de Souza Coutinho e o iluminismo italiano e francês (1778-1790)". *Vária História*, Belo Horizonte, vol. 25, nº 41, janeiro/junho de 2009, p. 221.

[192] In: SILVA. *Inventando a nação*, op. cit., p. 157.

[193] In: MAXWELL, Kenneth. *A devassa da devassa: A inconfidência mineira. Brasil-Portugal – 1750-1808.* 5ª edição. Tradução de João Maia. São Paulo: Paz e Terra, 2001, p. 235.

[194] In: LYRA, Maria de Lourdes Viana. *A utopia do poderoso Império: Portugal e Brasil, bastidores da política: 1798-1822.* Rio de Janeiro: Sette Letras, 1994, p. 69.

Rodrigo fundaria em Lisboa a Casa Literária do Arco do Cego, chefiada pelo botânico luso-brasileiro frei José Maria da Conceição Veloso. A tipografia serviria de centro de integração e proteção dos universitários oriundos da América portuguesa. Protegidos pelo futuro conde de Linhares, os jovens luso-brasileiros se dedicaram a traduzir textos ingleses e franceses sobre agricultura, manufatura, ciência e arte, criando em Portugal um modesto equivalente da *Enciclopédia* de Diderot e d'Alembert.[195]

4. Repercussões do "momento monárquico" na América portuguesa: o absolutismo católico e o reformismo ilustrado luso-brasileiro

O impacto do absolutismo na colônia: desenvolvimento cultural e expansão da burocracia estatal. Graças aos bandeirantes liderados por Borba Gato, os metais preciosos tão insistentemente procurados foram encontrados em 1695, na região onde foi depois criada a capitania das Minas Gerais. A produção de ouro e de diamantes, ao longo da primeira metade do século seguinte, fez de Portugal um dos grandes centros comerciais da Europa. A descoberta desencadeou uma corrida que levou multidões da costa para o interior, e do reino para a colônia, a ponto de ter sido preciso coibir a emigração. Até eclesiásticos abandonavam mosteiros e conventos para tentar a sorte nas Minas. O surto demográfico e urbano povoou o miolo do sudeste brasileiro e fez da capital da região aurífera, Vila Rica do Ouro Preto, a mais populosa da América Ibérica. A necessidade de escoamento dos metais preciosos para a Europa criou estradas e movimentou o comércio. O porto do Rio de Janeiro tornou-se o mais importante do Atlântico sul. Houve um grande desenvolvimento na região da rota do ouro em matéria de serviços e cultura, principalmente literária e arquitetônica. Surgiu uma elite educada, desejosa de ascensão e integração no projeto luso-brasileiro esboçado pelo marquês de Pombal e aperfeiçoado pelo conde de Linhares. As famílias abastadas enviavam seus filhos a Coimbra, onde estudavam, faziam relações e se deixavam cooptar pela burocracia imperial. Fundaram-se clubes como a Academia dos Seletos (1752) e a Academia Científica (1772), frequentadas por sacerdotes, militares, funcionários e comerciantes. Era o eco do Iluminismo português na América portuguesa:

[195] Idem, ibidem, p. 154.

autoritário, estatista, absolutista, preocupado com a divulgação do saber vinculado às ciências naturais e voltado para o incremento e maior eficiência da atividade econômica.[196]

A estratégia do projeto modernizador do absolutismo ilustrado português englobava o conjunto do império, pensado como uma unidade harmoniosa de partes complementares. Ele pretendia atacar os problemas referentes à extração dos metais preciosos e aos produtos de exportação; à acomodação dos povos indígenas e ao crescente descontentamento dos colonos; ao tráfico e à gestão dos escravizados; à regulação do comércio oceânico; à emigração dos reinóis para a América e ao monopólio comercial.[197] A reforma começou pela administração. De prebendas régias exercidas como honrarias, os cargos adquiriram caráter mais profissional, começando a ser ocupados por letrados remunerados. O corpo de servidores se expandiu em termos quantitativos e passou a exercer maior controle sobre as relações sociais. Surgiu uma nobreza burocrática formada por governadores, secretários, juízes, ouvidores, desembargadores, militares de alta patente, técnicos fazendários e autoridades eclesiásticas. Para intervir de modo mais efetivo na administração local, a Coroa determinou que juízes de fora passassem a integrar a estrutura das câmaras municipais. Ao mesmo tempo, a arrecadação dos tributos deixou de ser atribuição dos vereadores, representantes da nobreza colonial, e passou à alçada das provedorias de Fazenda, controladas pela nova burocracia. A criação de uma Casa da Moeda e de um novo Tribunal da Relação no Rio de Janeiro, para onde foi transferida a sede do vice-reino, também fortaleceu a autoridade da Coroa em seus domínios ultramarinos. A nova administração promoveu alterações na gestão do espaço luso-brasileiro, combatendo as jurisdições corporativas, abolindo definitivamente as capitanias hereditárias e reenquadrando as populações indígenas.[198] Eram os reflexos da "revolução monárquica" do lado americano do Império português.

[196] CARDOSO, Ciro Flamarion Santana. "A crise do colonialismo luso na América portuguesa (1750-1822)". *In*: Maria Yedda Linhares (org.). *História geral do Brasil.* 9ª edição. Rio de Janeiro, Elsevier, 1990, p. 113-119.

[197] PAQUETTE *Enlightened Reform*, op. cit., p. 7 e 310. WEHLING; WEHLING. *Formação do Brasil colonial*, op. cit., p. 227 e 301.

[198] SAMPAIO, Antônio Carlos Jucá de. "Famílias e negócios: a formação da comunidade mercantil carioca na primeira metade dos setecentos". *In*: João Luís Ribeiro Fragoso; Carla Maria Carvalho de Almeida; e Antônio Carlos Jucá Sampaio. *Conquistadores e negociantes: História de elites no Antigo Regime nos trópicos. América lusa, séculos XVI a XVIII.* Rio de Janeiro: Civilização Brasileira, 2007, p. 230. WEHLING & WEHLING. *Direito e Justiça no Brasil colonial*, op. cit., p. 36-48.

O absolutismo pombalino luso-brasileiro: o *Tratado de direito natural* de Tomás Antônio Gonzaga (1772). O absolutismo pombalino encontrou sua grande expressão teórica junto à intelectualidade luso-brasileira no *Tratado de direito natural* (1772). A obra foi escrita pelo jovem jurista mineiro Tomás Antônio Gonzaga (1744-1810), então candidato a uma vaga de professor na Universidade de Coimbra, e foi dedicada ao marquês de Pombal, "varão sábio, prudente e justo" que estimulara os "estudos dos direitos naturais e públicos" até então ignorados em Portugal. Gonzaga pretendia contribuir para firmar os princípios do absolutismo, citando Bodin e Hobbes, mas principalmente a trinca de juristas favoritos do pombalismo: Grotius, Pufendorf e Heineccius. Para tornar a desobediência malvista tanto na terra como no céu, ele também invocava teólogos católicos como Tomás de Aquino, Paulo Apóstolo, Gregório e João Crisóstomo. Na primeira parte do livro, Gonzaga buscava demonstrar a existência de Deus como fundamento último de toda a ordem jurídica e justificava o direito natural a partir da antropologia pessimista do absolutismo: "É o homem o mais feroz de todos os animais. Nele, dominam as paixões das riquezas, da elevação e outras mais, que não achamos nos brutos".[199] Deus incutira o direito natural no coração dos homens para que soubessem regular as suas ações conforme as noções do justo e do injusto. Haja vista que, no entanto, eles preferiam empregar sua liberdade na satisfação de "seus apetites torpes e depravadas paixões",[200] Deus ordenara o estabelecimento das sociedades civis. Nelas haveria governantes terrenos por Ele designados como seus lugares-tenentes, que obrigariam os homens a viverem em paz dentro de regras de direito positivo, castigando quem as desrespeitasse.

Era na segunda parte do *Tratado* que Gonzaga explicava as origens e o funcionamento das "sociedades humanas", remédios ministrados por Deus para atenuar os males gerados pelas paixões dos humanos e conduzi-los para "a paz, o sossego, a justiça e a defesa".[201] Por meio das leis civis, os governantes compeliam os maus e os ignorantes a se comportarem conforme os preceitos da justiça divina, de modo a encaminhá-los para a prática da virtude, da justiça e da verdade. Todos os governos surgiam do pacto que fundava a sociedade civil; entretanto, desde que o povo escolhia seus governantes, por meio de um

[199] GONZAGA, Tomás Antônio. *Tratado de direito natural.* São Paulo, Martins Fontes, 2010, p. 21.
[200] Idem, ibidem, p. 45.
[201] Idem, ibidem, p. 131.

segundo pacto de submissão, ele perdia o direito de questioná-los ou substituí-los. O fundamento ético das sociedades repousava antes de tudo na religião revelada, tal como interpretada pela Igreja Católica. Para Gonzaga, não era possível às sociedades subsistirem sem "uma comunicação da sabedoria divina, que não só nos mostre o que nós não podemos alcançar naturalmente, mas que, certificando-nos das que podemos conhecer, nos guie os passos pelo caminho da virtude, da justiça e da verdade".[202] Aqui não havia espaço para tolerância religiosa: as igrejas protestantes não passavam de "sinagogas do Anticristo".[203] Isso não significava que Gonzaga renunciasse ao regalismo. A investidura divina dos príncipes não dependia da sanção papal, sendo preciso dar a Deus o que era de Deus, e a César, o que deste fosse. O temporal e o espiritual eram domínios autônomos, cada qual com sua respectiva jurisdição.

Quanto às formas de governo, Gonzaga sustentava haver regimes regulares ou puros – monarquia, aristocracia e democracia –, e irregulares ou mistos. Adotando como critério de avaliação a capacidade que tais regimes teriam de responder às circunstâncias extraordinárias de perigo para a comunidade, a democracia lhe parecia o pior. Até "que se ajunte um povo, se conformem os votos e se decida a coisa, já muitas vezes tem chegado o mal a termos que não têm remédio, à maneira do enfermo que morre pela indeliberação do médico". A melhor forma de governo, porque mais ágil, era a monarquia: "Ainda que, do governo de um só, se possam seguir alguns incômodos, os que se podem seguir do governo de muitos são mais e mais nocivos". No que se refere às características do poder político, Gonzaga assinalava tanto sua origem divina, referendada pelo povo, quanto a soberania absoluta, que teria por qualidades "não reconhecer superioridade alguma"; "não dar conta e razão de nada"; "ser superior às suas próprias leis" e "ser sagrado".[204] Como Voltaire, ele desqualificava a associação feita por Montesquieu entre absolutismo e despotismo. Este último era um governo repugnante, que "consiste na lassidão de fazer o soberano quanto quiser e não quanto é justo".[205] A opinião dos monarcômacos, que legitimava o direito de resistência do povo, era rejeitada como "oposta e nociva ao sossego e quietação da sociedade. Viveríamos sem-

[202] Idem, ibidem, p. 91.
[203] Idem, ibidem, p. 106.
[204] Idem, ibidem, p. 141.
[205] Idem, ibidem, p. 151.

pre em uma continuada discórdia, se por qualquer injustiça houvesse o povo de se armar contra o soberano para o castigar e depor. Com este pretexto ele se faria desobediente, e a cada passo se faria a república vexada com o peso de alguma guerra civil".[206] O príncipe era um "ministro de Deus para o bem" que nunca podia ser removido. Os súditos deveriam aguentá-lo, inclusive quando mau ou tirano, por se tratar de um castigo imposto pela Divina Providência:

> O rei não pode ser, de forma alguma, subordinado ao povo; e por isso ainda que o rei governe mal e cometa algum delito, nem por isso o povo pode se armar de castigos contra ele. Já mostramos que os delitos do rei não podem ter outro juiz senão a Deus, de onde se segue que como o povo não pode julgar as ações dele, o não pode também depor, pois que a deposição é um ato de conhecimento e por consequência de superioridade.[207]

Àquela altura, o absolutismo de Gonzaga já era compartilhado pelas autoridades coloniais. Em carta ao Conselho Ultramarino (1770), o vice-rei do Brasil, dom Luís de Almeida Mascarenhas, segundo marquês do Lavradio (1729-1790), revelava seu desgosto com os "magnatas" de Goiás que, diante da morte do governador, haviam escolhido um governo interino. Para Lavradio, só o rei poderia "ceder de si aquele poder que é unicamente seu. De outra forma, seria conceder aos povos aquele poder que já hoje não tem, e por consequência usurpar, aos soberanos, o poder supremo e absoluto que possuem e exercitam entre todos os seus povos naquela capitania".[208] Ao celebrar as exéquias de dom José I na cidade de Salvador da Bahia (1777), o frei Antônio Sampaio associava o conjunto da comunidade ao corpo físico do príncipe, de modo tipicamente absolutista:

> Os grandes reis não costumam morrer sós. A dependência, em que vivem deles os outros homens, faz comum a todos o efeito de sua perda; e o estrago que vemos em seus cadáveres, comunica-se de alguma maneira a todos os seus súditos. Daquela sorte que nos corpos animados se destrói toda a organização, arruinando-se algum dos membros de que depende toda a máquina, assim sucede de ordinário nos Estados. Eles formam com os soberanos uma espécie

[206] Idem, ibidem, p. 143.

[207] Idem, ibidem, p. 147.

[208] LAVRADIO, Dom Luís de Almeida Portugal, Marquês do. *Cartas do Rio de Janeiro.* Rio de Janeiro: Instituto Estadual do Livro, 1978, p. 31.

> de corporação, ainda mais unida, se pode dizer, do que se unem com a própria cabeça os nossos corpos. A religião costuma ser o seu espírito; a nobreza assemelha-se à porção mais necessária à nossa vida; ela é como o coração da Pátria; e se nos detivermos nesta proporção, poderemos dizer que as milícias são as mãos do príncipe; as letras, os olhos; o comércio, o sangue; a agricultura, o seu sustento; a legislação, a voz; e a paz pública, uma como vital respiração.[209]

O reformismo ilustrado na colônia e o fantasma da Revolução Francesa. Sob o comando de ministros como dom Rodrigo de Sousa Coutinho e Martinho de Melo e Castro (1716-1795), o absolutismo esclarecido atenuou-se na forma de um *reformismo ilustrado*, voltado principalmente para a dinamização da atividade econômica. Ela exigia, entre outras coisas, o levantamento e o catálogo dos produtos naturais disponíveis nas colônias e a estimativa de seu potencial comercial. Os vice-reis despachados para o Brasil, como o marquês do Lavradio e dom Luís de Vasconcelos e Sousa, introduziram maior racionalidade na administração através de relatórios e planos de governo; incentivaram a criação de agremiações científicas, como a Sociedade Literária do Rio de Janeiro, e promoveram melhoramentos urbanos, conforme os preceitos do civilizador "direito de polícia" – novos arruamentos, distribuição de água por aquedutos e chafarizes, e parques públicos. O direito de polícia era definido por Moraes (1789) como "o governo e administração interna da república, principalmente no que respeita às comodidades, isto é, limpeza, asseio, fartura de víveres e vestuário, e à segurança dos cidadãos".[210] Os governadores prestigiavam a colaboração do "vassalo ilustrado", aclimatando novas técnicas que favorecessem a exploração racional e intensiva das riquezas do Brasil. Era esse conhecimento disseminado por apostilas que os qualificava à ocupação de determinados cargos dos dois lados do Atlântico.[211] Apesar da censura dos livros comprometidos com ideais de liberdade ou igualdade, o reformismo ilustrado não coibia de modo eficiente seu acesso e incentivava a formação de uma intelectualidade que, nas sociedades literárias, legitimava a noção de um

[209] SAMPAIO, Frei Antônio de. *Oração fúnebre que nas exéquias do muito alto, muito poderoso e fidelíssimo senhor D. José I, Rei de Portugal e dos Algarves, celebradas no convento de São Francisco da cidade da Bahia, recitou o padre Frei Antônio de Sampaio, natural da mesma cidade.* Lisboa: Régia Oficina Tipográfica, 1781, p. 1-2.

[210] SILVA. *Dicionário da língua portuguesa,* op. cit., p. 464.

[211] NIZZA. *Cultura oral e cultura letrada no Rio de Janeiro nos vice-reis,* op. cit., p. 76, 304 e 320.

"público" ou uma "opinião pública", ainda que muito discreta e controlada. Os esforços governamentais não foram em vão: se o Dicionário Bluteau em 1728 afirmava, no verbete *política*, que "o fim principal da boa política não é a prosperidade temporal dos Estados, mas a glória de Deus na administração da Justiça", o Dicionário Moraes de 1789 já não lhe fazia referência à religião, definindo a política de modo lacônico e secularizado como "arte de governar os Estados".[212] Indício de que o processo de saída da religião fizera progresso entre as classes letradas.

A proclamação da república na França e a execução de Luís XVI (1793) levaram o reformismo ilustrado português, porém, a uma inflexão conservadora. O medo de infiltração das ideias revolucionárias foi agravado pelo exemplo da ilha de São Domingos (Haiti), colônia francesa na qual cem mil escravizados sublevados a partir de 1791 mataram quatro mil brancos, destruíram pelo fogo cento e oitenta engenhos de açúcar e centenas de plantações de café. Sob o comando de um militar autodidata e filho de escravizados, Toussaint Louverture, a escravidão foi suprimida dois anos depois em virtude da sublevação[213]. Ao associar independência, república e abolição por um levante generalizado de escravos, o precedente haitiano era o mais subversivo que se podia conceber na América. O secretário dos Negócios da Marinha e Domínios Ultramarinos, Martinho de Melo e Castro, alertou os governadores da América portuguesa contra os "escritos sediciosos e incendiários" que intentavam "espalhar a semente da insurreição entre vassalos de seus respectivos soberanos". A Revolução na França produzira uma "extraordinária e temível revolução literária e doutrinal que, nestes últimos anos e atualmente, tem tão funestamente atentado contra as opiniões estabelecidas, propagando novos, inauditos e horrorosos princípios, e sentimentos políticos, filosóficos, ideológicos e disseminados para ruína da religião, dos impérios e da sociedade". Daí que ele concluísse: "Toda a prudência religiosa e política exige que, para reparação do pretérito e precaução do futuro, se recorra a outros meios e providências que possam com maior vigor e eficácia ocorrer a tantos males e

---

[212] BLUTEAU, Rafael. *Vocabulário português e latino, áulico, anatômico, arquitetônico etc.* Coimbra: Colégio das Artes da Companhia de Jesus, 1728, p. 576. SILVA, Antonio de Moraes e. *Dicionário da língua portuguesa, recompilado dos vocabulários impressos até agora, e nesta segunda edição novamente emendado e muito acrescentado.* Lisboa: Tipografia Lacerdina, 1789, p. 405.

[213] DUBOIS, Laurent. *Avengers of the New World : the story of the Haitian Revolution.* Harvard University Press, 2009.

ruínas".[214] O fantasma da subversão levou as autoridades a ressaltarem os fundamentos religiosos da ordem social a fim de assegurar, no âmbito das massas, o primado da monarquia.

O projeto colonial ilustrado de Azeredo Coutinho. A obra mais expressiva do "reformismo ilustrado" nesse período foi a do bispo José Joaquim da Cunha de Azeredo Coutinho (1742-1821), membro da nobreza do Rio enriquecida com o açúcar. Formado em cânones em Coimbra, o eclesiástico fundara em Pernambuco um seminário cuja excelência fez dele o mais célebre do Brasil.[215] Azeredo propunha um projeto comprometido com o plano de integração imperial proposto pela Coroa, que conciliava a posição subalterna do Brasil com a satisfação dos interesses da nobreza colonial, através de argumentos extraídos do liberalismo econômico. No seu *Ensaio econômico sobre o comércio de Portugal e suas colônias* (1794) o bispo alegava que Portugal devia esquecer o ouro e apostar na agricultura; que o Brasil era fertilíssimo em gado, couro, leite e carnes; que a metrópole precisava de uma marinha poderosa e poderia aproveitar os indígenas civilizados como marinheiros; que a insuficiência da população do reino disposta a emigrar para o Brasil justificava o tráfico de escravizados; que a monarquia deveria se endividar com as colônias sem prejuízo de seu monopólio comercial e industrial; que, ao invés de competir com as manufaturas francesas e britânicas, Portugal faria bem em aceitar a divisão internacional do trabalho, especializando-se no papel de entreposto de produtos exóticos; que o reino deveria persistir na aliança com a Grã-Bretanha, mantendo-se neutro nas guerras da Revolução Francesa. O liberalismo econômico encantava o bispo, que traduzia os interesses dos plantadores luso-brasileiros: "O meio de promover e adiantar a indústria de uma nação é deixar a cada um a liberdade de tirar um maior interesse do seu trabalho: os ingleses e os holandeses, primeiros mestres da arte do comércio, têm dado estas lições a todos".[216] Nem por isso Azeredo deixava de atacar o radicalismo, que espalhava "a semente das revoluções, para separar as colônias de suas metrópoles,

[214] In: STARLING, Heloisa. *Ser republicano na colônia: a história de uma tradição esquecida.* São Paulo: Companhia das Letras, 2018, p. 183-184.

[215] NEVES, Guilherme Pereira das. *História, teoria e variações.* Rio de Janeiro: Contracapa, 2011, p. 264.

[216] COUTINHO, José Joaquim da Cunha de Azeredo. *Obras econômicas de Azeredo Coutinho (1794-1804).* São Paulo: Companhia Editora Nacional, 1966, p. 183-184.

principalmente as de Portugal e Espanha, as mais ricas do Novo Mundo".[217] Ele condenava os "novos filósofos" franceses, empenhados em "fomentar a anarquia e reduzir as nações a um contínuo giro de revoluções, de mortes, de roubos e de assassinatos, debaixo do pretexto de castigar os tiranos e de dar a todos a liberdade".[218]

Se a ideologia conservadora emergiu como reação ao radicalismo revolucionário, Azeredo Coutinho foi talvez o pioneiro dessa linhagem que, comprometida com reformismo ilustrado, começou no Brasil a incorporar o vocabulário difundido por Burke em sua modulação conservadora e reacionários como De Maistre ou De Bonald. Ele atacava o jusnaturalismo democrático como falso e ímpio, "um tecido de sofismas e falsidades, mais próprios a enganar do que a ilustrar; outros, ridículos, miseráveis, absurdos, e que só merecem o desprezo e a indignação".[219] Para Azeredo, a democracia era um regime impossível, porque incapaz de gerar a subordinação indispensável à conversão da multidão em povo: "A desordem não poderá jamais produzir a ordem e a experiência; a experiência tem já feito ver muitas vezes que a organização dos grandes corpos das nações depende de mil e mil circunstâncias, que não cabem na compreensão dos homens".[220] Traduzindo por metáforas de movimento a aceleração da temporalidade, provocada pelos acontecimentos de 1789, o bispo comparava a Revolução a "um rochedo que, despenhando-se do alto de uma montanha, acelera sempre o seu movimento, em contínuos saltos".[221] O retrocesso provocado pelo radicalismo o levava a duvidar da filosofia ilustrada da história, sugerindo que as civilizações regressavam à barbárie depois do apogeu. Era o que se passava na Europa: "A história, mestra dos tempos, nos tem feito ver, constantemente, que todas as vezes que um Estado se quis fazer uma revolução, nada foi mais necessário do que pregar aos povos a liberdade e gritar contra o jugo da tirania, debaixo de um pretexto qualquer que fosse. Aqueles mesmos que mais se têm inculcado por seus maiores defensores, e da humanidade, têm sido os seus maiores tiranos, que, armando-se uns contra os outros cegamente, os têm destruído sem compaixão".[222]

[217] Idem, ibidem, p. 61.
[218] Idem, ibidem, p. 303-304.
[219] Idem, ibidem, p. 293.
[220] Idem, ibidem, p 245.
[221] Idem, ibidem, p. 66.
[222] Idem, ibidem, p. 295.

Por essas razões, Azeredo preferia a combinação de absolutismo esclarecido e liberalismo econômico: "As mudanças repentinas são sempre perigosas; elas, nos corpos morais, produzem sempre os mesmos efeitos que nos corpos físicos produz uma concussão geral ou um choque repentino de todas as suas partes".[223] O radicalismo enchera o mundo de misérias a pretexto de patrocinar a filantropia universal.[224]

A crescente desconfiança a respeito de um Iluminismo radicalmente universalista, conhecido por sua "mania de civilizar a África, reformar a Europa, corrigir a Ásia e regenerar a América", suscitava em Azeredo Coutinho um particularismo crítico que reivindicava, para os ilustrados periféricos, um espaço de saber privilegiado, que era o das regiões por eles habitadas. O conceito de "circunstâncias", que no vocabulário humanista da razão de Estado designava a imprevisibilidade dos acontecimentos, havia sido ressignificado por Montesquieu para aludir aos fatores geográficos e culturais que impactavam na formação das leis e dos costumes dos diversos povos. Azeredo Coutinho se apropriava daquela categoria, tal como reelaborada em *Do espírito das leis*, para designar as singularidades das regiões do mundo acerca das quais os cosmopolitas europeus davam os palpites mais infelizes: "É mais fácil dar regras gerais, do que sabê-las aplicar às circunstâncias".[225] O bispo se referia aos "escritores que do fundo dos seus gabinetes presumem dar leis ao mundo, sem muitas vezes tratarem de perto os povos de que falam, sem conhecer os seus costumes, nem as suas paixões".[226] Azeredo Coutinho reivindicava a existência de um saber local e concreto, insuscetível de apreensão pela ciência abstrata e universalista dos europeus. Era um argumento que conferia a intelectuais periféricos um papel na cena da Ilustração, ainda que subalterno. "Os raciocínios, sem o socorro dos fatos e das experiências, e mesmo sem o conhecimento local e dos climas, só servem para multiplicar escritos inúteis".[227] Azeredo também refutava teorias como a dos climas que, afirmando a impossibilidade de civilização nos trópicos, condenavam os colonos luso-brasileiros a uma condição de perpétua barbárie. O desenvolvimento dos costumes dos habitantes

[223] Idem, ibidem, p. 98.
[224] Idem, ibidem, p. 60.
[225] Idem, ibidem, p. 93.
[226] Idem, ibidem, p. 92.
[227] Idem, ibidem, p. 191.

das colônias não exigia do Estado providências diferentes daquelas tomadas, na metrópole, em relação aos reinóis. Bastava saber administrar suas paixões:

> O homem é sujeito a necessidades e a paixões: estas são maiores ou menores à proporção das ideias provenientes dos objetos que o cercam, ou das que adquire pela educação. Entre estes afetos ou paixões, há sempre alguma ou algumas que sobressaem e excedem às outras com mais força ou atividade: estas são as que formam e constituem o caráter próprio do sujeito, assim como também o particular das nações. A arte de pôr em ação a máquina de cada indivíduo consiste em pesquisar qual é a sua paixão mais forte e dominante. Achada ela, pode-se dizer que estão descobertos o segredo e a mola real do seu movimento. Aquele que tiver a visão aguda e penetrante e um tato fino e delicado para distinguir as paixões dos homens os poderá, sem dúvida, conduzir por cima das maiores dificuldades. O homem, e ainda o bruto, levado por força, está sempre em uma contínua luta e resistência; levado, porém, pelo caminho de sua paixão, ele segue voluntariamente e, muitas vezes, corre mesmo adiante daquele que o conduz.[228]

A inflexão conservadora de Azeredo Coutinho foi exacerbada pela extinção do tráfico de escravizados no Império britânico (1807), seguida pela pressão para que as outras potências lhes seguissem o exemplo. O "particularismo crítico" do bispo passou a recusar todas as medidas progressistas que, estribadas no "iluminismo" (expressão já tomada em sentido pejorativo), se lhe afigurassem incompatíveis com os objetivos vitais do Império português. Invocando todo o repertório do absolutismo ibérico para condenar o radicalismo francês e o liberalismo britânico, o bispo de Elvas assentava, em sua *Análise sobre a justiça do comércio do resgate dos escravos na costa da África* (1808), que a pretensão da extinção geral da escravidão pelos "filantropos ingleses" encobria uma estratégia geopolítica de dominação universal. Ora, a razão de Estado que determinava à Grã-Bretanha que extinguisse o tráfico – reservar para si o monopólio da mão de obra africana – impunha a Portugal, ao contrário, que o mantivesse. O pequenino reino carecia de transportar para o imenso e despovoado Brasil os negros de suas colônias africanas para sobreviver na periferia europeia. A razão de Estado autorizava a derrogação da lei natural, que consagrava a liberdade de todos os seres humanos, sempre que ela pusesse

---

228 Idem, ibidem, p. 95.

as nações em risco. Este era o caso de Portugal. Ademais, o tráfico não era tão mau. As nações africanas vitoriosas escravizavam os vencidos e os vendiam a nações mais civilizadas, que lhes davam na América a oportunidade de uma vida melhor, batizando-os e lhes ensinando ofícios. Por isso, erravam os "chamados filósofos e seus cegos sectários", que "quiseram que a justiça das leis da sociedade se medisse pela lei natural absoluta, sem atenção às diversas circunstâncias em que os homens se acham no estado da sociedade".[229] O diretor do Seminário de Olinda postulava "que a necessidade da existência é a suprema lei das nações; que a justiça das leis humanas não é, nem pode ser absoluta, mas sim relativa às circunstâncias, e que só aos soberanos legisladores, que estão autorizados a dar leis às nações, pertence pesar as circunstâncias e aplicar-lhes o direito natural, que lhes manda fazer o maior bem possível das suas nações relativamente ao estado em que cada uma delas se acha".[230] O particularismo crítico de Azeredo Coutinho elevava o tráfico de escravizados à condição de razão de Estado: "A justiça das leis humanas não é absoluta, mas sim relativa às circunstâncias".[231] Era um argumento que faria escola.

5. A "revolução monárquica" portuguesa recomeça no Brasil: a transferência da Corte e a as metamorfoses do reformismo ilustrado na América (1808-1820)

A transferência da sede do Império português para o Rio de Janeiro. Portugal encontrava-se em uma nova encruzilhada no começo do século XIX. Os reinos e impérios europeus vinham travando desde 1791 uma guerra contra a Revolução Francesa e, depois, contra Napoleão, chefe dos mais poderosos exércitos já vistos até então. O grande inimigo do imperador era a Grã-Bretanha de Jorge III que, embora derrotada no continente, resistia a uma invasão francesa graças à sua esplêndida esquadra, três vezes maior. Portugal era aliado tradicional dos britânicos, que desde o século XVII lhe garantiam a sobrevivência em troca de vantajosos tratados comerciais. As pressões exercidas por Paris para que Lisboa rompesse aquela aliança se tornaram insuportáveis. Era

229 Idem, ibidem, p. 258-259.
230 Idem, ibidem, p. 138.
231 Idem, ibidem, p. 251.

um dilema difícil. Romper com a Grã-Bretanha significava perder o império ultramarino. Romper com a França implicava a ocupação do reino e a deposição da dinastia de Bragança.[232] Diante do ultimato do imperador, em 1807, os conselheiros da Coroa decidiram que a perda do território europeu era um mal menor e que o Brasil poderia servir de plataforma para sua posterior reconquista. A mudança da capital para o outro lado do Atlântico era cogitada sempre que a monarquia corria perigo. O principal defensor da medida naquele momento era dom Rodrigo de Sousa Coutinho, principal artífice do projeto imperial luso-brasileiro. A transferência da Corte pouparia a família real portuguesa de sofrer a mesmo destino da espanhola (a deposição e o cativeiro); evitaria a perda da América; poria o governo a salvo dos conflitos europeus; e, de lambuja, permitiria ao príncipe dom João retaliar a França e a Espanha, invadindo e conquistando a Guiana Francesa e o Uruguai. Tudo somado, ao invés de uma deserção covarde, a transferência da Corte em 1808, de Lisboa para o Rio de Janeiro, foi mesmo uma "inteligente e feliz manobra política".[233]

A "revolução monárquica" luso-brasileira promovida pelos ministérios joaninos. O caminho seguido pela América portuguesa rumo à autonomia foi o inverso da América espanhola. A "revolução monárquica" desencadeada por Pombal permanecera epidérmica naquele Novo Mundo vastíssimo, longínquo e desabitado. Mas a transferência da Corte deflagrou uma "revolução monárquica" especificamente luso-brasileira. As capitanias do Brasil foram definitivamente subordinadas à autoridade do Rio de Janeiro, nova sede do império. Acabou a hierarquia entre capitanias principais e secundárias, deixando-as todas em paridade diante da administração central. Os mecanismos de arrecadação tributária foram aperfeiçoados. A administração da justiça foi adensada e interiorizada. Novos tribunais de Relação foram estabelecidos no Maranhão e em Pernambuco. A Relação do Rio de Janeiro, por seu turno, foi transformada em Casa de Suplicação, tribunal de última instância. Aumentou expressivamente o número de juízes de fora, encarregados de fiscalizar e de impor a autoridade da Coroa sobre as câmaras

[232] SCHULTZ, Kirsten. *Versalhes tropical: império, monarquia e a corte real portuguesa no Rio de Janeiro, 1808-1821.* Tradução de Renato Aguiar. Rio de Janeiro: Civilização Brasileira, 2008, p. 54-55.

[233] LIMA, Oliveira. *Dom João VI no Brasil.* 3ª edição. Rio de Janeiro: Topbooks, 1996, p. 43.

municipais. Criaram-se também juntas nas capitanias com o propósito de agilizar os assuntos do Desembargo do Paço. Foram fundadas as três primeiras faculdades do país, duas de medicina e a outra de engenharia. Tipografias foram introduzidas para dar publicidade aos atos oficiais e permitir a circulação de jornais, revistas e almanaques. Patrocinou-se a vinda de uma missão artística francesa, que criou uma academia de belas-artes. No campo científico, o governo fundou um museu nacional e um jardim botânico. Embora a expansão dos tentáculos estatais não acabasse com o mandonismo dos potentados, ela alterou a correlação de forças entre os interesses públicos representados pela Coroa e os privados, identificados com a nobreza da terra. A monarquia saía fortalecida.[234]

A "revolução monárquica" luso-brasileira provocou profundas alterações nas políticas voltadas para o Brasil. O fim do regime colonial abriu um novo horizonte de expectativas, em que a América portuguesa figurava de potência emergente. Para apressar a mudança dos costumes, dom João recriou no Rio a Intendência Geral de Polícia, através da qual "o Estado absolutista, dirigindo, moldando e instrumentalizando seus súditos, multiplicava e suas riquezas, expandindo as fontes últimas do poder político-militar da Coroa". As novas políticas fomentavam "o aumento populacional, o enriquecimento dos súditos, o progresso cultural, a colonização de regiões abandonadas, a maior integração dos indígenas e 'cristãos-novos' na sociedade, o surgimento de novas companhias e manufaturas, o disciplinar das camadas populares e o aprimoramento das condições de limpeza e segurança da capital".[235] Estabeleceu-se uma sociedade de Corte em torno dos paços da Boa Vista, da Cidade e da Santa Cruz, e se construiu no Largo do Rossio carioca um teatro semelhante ao de Lisboa. Foram concedidas comendas à nobreza da terra.[236] O rei promoveu "a aproximação entre os diversos segmentos das elites das regiões que formavam o reino do Brasil (1816), intercambiando experiências, confrontando interesses, construindo as bases subjetivas para a construção de uma identida-

[234] WEHLING, Arno. "Estado, governo e administração no Brasil joanino". *Revista do Instituto Histórico e Geográfico Brasileiro*, 168 (436), jul./set. 2007, p. 48.

[235] SEELAENDER. "A 'polícia' e as funções do Estado: notas sobre a 'polícia' do Antigo Regime", op. cit., p. 78.

[236] MONTEIRO, Nuno Gonçalo. *Nobreza titulada e elites na monarquia portuguesa, antes e depois de 1808*, op. cit., p. 350.

de política comum".[237] No domínio econômico, proclamou-se a liberdade de indústria. Para resolver problemas de crédito, foi fundado o primeiro banco da América Ibérica, o Banco do Brasil. Criaram-se fábricas reais, incentivando manufaturas, pólvora e siderurgia. A agricultura diversificou-se com a introdução do café e do chá. O governo patrocinou as primeiras levas de imigrantes europeus e sobretaxou a importação de africanos, a fim de povoar os vazios demográficos e iniciar a transição para o regime de mão de obra livre.[238] A elevação formal do Brasil à condição de reino (1815) formalizou esse processo de descolonização e permitiu à monarquia integrar o comitê dos principais do Congresso de Viena, que redesenhou o mapa da Europa após a derrocada de Napoleão.

O imaginário imperial português tornado luso-brasileiro. A transferência da Corte foi interpretada pelo público como um momento de refundação da monarquia semelhante ao da Restauração (1640). Parecia cumprir-se a profecia relativa ao providencial destino atribuído ao Brasil desde os primórdios da colonização.[239] O imaginário imperial associado à colônia já era veiculado pelos cronistas coloniais quinhentistas, empenhados em combater a ideia de que a terra brasileira fosse "a mais ruim do mundo, onde seus habitantes passam a vida em contínua moléstia, sem terem quietação, e sobretudo falta de mantimentos regalados, que em outras partes costuma haver".[240] Em 1618, escrevia Ambrósio Fernandes Brandão: "A terra é disposta para se haver de fazer nela todas as agriculturas do mundo pela sua muita fertilidade, excelente clima, bons céus, disposição do seu temperamento, salutíferos ares e outros mil atributos que se lhe ajuntam".[241] E completava: "Não vejo eu nenhuma província ou reino, dos que há na Europa, Ásia ou África, que seja tão abundante de todas elas, pois sabemos que, se têm umas lhe faltam outras".[242] Quase duzentos anos depois, Azeredo Coutinho reiterava a cantilena: "A riqueza e a abundância que a Providência espalhou por todas as partes, ali estão

---

[237] JANCSÓ. *A construção dos Estados nacionais na América Latina*, op. cit., p. 23.

[238] CARDOSO, José Luís; MONTEIRO, Nuno Gonçalo; SERRÃO, José Vicente (org.). *Portugal, Brasil e a Europa napoleônica*. Lisboa: Editora de Ciências Sociais, 2010.

[239] MARTINS, William de Souza. "O púlpito em defesa do Antigo Regime: a oratória franciscana na Corte joanina". *Tempo*, vol. 17 nº 31. Niterói, 2011, p. 117-144.

[240] BRANDÃO. *Diálogos das grandezas do Brasil*, op. cit., p. 33.

[241] Idem, ibidem, p. 32.

[242] Idem, ibidem, p. 33.

juntas, como num centro [...]. O céu, a terra, todos os elementos concorrem à competência para a sua fertilidade e riqueza. Nada ali falta, tudo só espera pela mão do homem".[243] As alusões constantes à vastidão das terras férteis e águas abundantes, às densas florestas a perder de vista e às majestosas serras das possessões americanas, a esconder incalculáveis riquezas, desembocou em um imaginário imperial especificamente brasileiro. No *Tratado descritivo do Brasil* (1587), Gabriel Soares de Sousa afirmava que, de tão opulento, o "novo reino" permitiria a edificação "de um grande império, o qual com pouca despesa destes reinos se fará tão soberano que seja um dos primeiros Estados do mundo".[244] Trinta anos depois, Ambrósio Brandão repetiria que a terra era suficiente para comportar "grandes reinos e impérios".[245]

Esse imaginário imperial cresceu depois que, finda a União Ibérica (1640), Portugal enfrentou o torvelinho de problemas que o atormentaram na segunda metade do século. Para conseguir o apoio da França contra a Espanha, o padre Antônio Vieira aconselhara dom João IV a oferecer a regência do reino ao duque de Orléans e retirar-se para as colônias da América.[246] Com a descoberta do ouro e dos diamantes das Minas Gerais e a recuperação pronta da economia, ficou clara a dependência da metrópole em relação à colônia. Em sua obra *Cultura e opulência do Brasil* (1711), Antonil já a descrevia como "a melhor e mais útil conquista, assim para a Fazenda Real, como para o bem público, de quantas outras o reino de Portugal conta".[247] A necessidade de responder globalmente aos desafios impostos pela exploração dos metais e pedras preciosas consolidou a imagem da colônia como uma unidade geográfica aos olhos dos conselheiros ultramarinos.[248] Na segunda metade do século XVIII, o lugar ocupado pelo Brasil foi crescendo a ponto de designar a quase totalidade do Império português. Alguns estadistas voltaram a martelar a conveniência de transferir a sede da monarquia para a América, onde Portugal deixaria de ser um camundongo, a fugir todo o tempo dos gatos, para se tornar uma

[243] COUTINHO. *Obras econômicas*, op. cit., p. 141.

[244] SOUSA, Gabriel Soares de. *Tratado descritivo do Brasil em 1587*. São Paulo: Companhia Editora Nacional, 1938, p. 39.

[245] BRANDÃO. *Diálogo das grandezas do Brasil*, op. cit., p. 60.

[246] LYRA, Maria de Lourdes Viana. "A transferência da Corte, o Reino Unido luso-brasileiro e a ruptura de 1822". *Revista do Instituto Histórico e Geográfico Brasileiro*, 168 (436), jul./set. 2007, p. 48.

[247] ANTONIL. *Cultura e opulência do Brasil*, op. cit., p. 205.

[248] SOUSA. *O sol e a sombra*, op. cit., p. 108.

potência indisputável. Foi o caso de dom Luís da Cunha, que recomendou a dom João V que se mudasse para o Brasil e assumisse o título de "Imperador do Ocidente". O diplomata argumentava que "o príncipe, para poder conservar Portugal, necessita totalmente das riquezas do Brasil, e de nenhuma maneira das de Portugal [...], de que se segue que é mais cômodo, e mais seguro, estar onde se tem o que sobeja, que onde se espera o de que se carece".[249] Já sob o governo de Pombal, diante da ameaça de invasão franco-espanhola (1762), foi preparada uma esquadra destinada a transportar dom José I em segurança para a América.[250] O projeto imperial de dom Rodrigo de Sousa Coutinho partia da mesma premissa. Reconhecendo que Portugal não era "a melhor, nem a mais essencial parte da monarquia", ele aconselhava o príncipe regente dom João a mudar-se para o Brasil.[251]

Mas o projeto imperial alimentado pelo futuro conde de Linhares também desejava prevenir o separatismo. As sedições de Vila Rica e de Salvador mostravam que a difusão de obras críticas da administração colonial e os exemplos dos Estados Unidos e da França podiam mobilizar os luso-brasileiros contra a Coroa – especialmente aqueles que, em apertos fiscais, desejavam quedar sós no proveito daquele "império". A ideia de que a presença da Corte no Brasil impediria a secessão das capitanias já estava no ar nas últimas décadas do século XVIII, transparecendo no depoimento de um dos inconfidentes, o cônego Vieira: "Se no tempo da aclamação do Senhor Rei dom João IV, viesse esse príncipe para o Brasil, a esta hora se acharia a América constituindo um formidável império; e ainda seria felicíssimo este continente, se viesse para ele algum dos príncipes portugueses".[252] Quando seu tataraneto, o príncipe regente dom João, afinal arribou na Baía de Guanabara, e anunciou que viera "fundar um grande império", era o sonho dos dois Vieiras – o padre e o cônego – se realizava. Dom João era ovacionado nas ruas da capital como "imperador do Brasil" e versos laudatórios eram compostos na mesma toada: "América feliz tens em teu seio, do novo império, o fundador sublime".[253] De

249 CUNHA. *Testamento político*, p. 371.

250 LYRA. "A transferência da Corte, o Reino Unido luso-brasileiro e a ruptura de 1822", op. cit., p. 48.

251 In: SILVA. *Inventando a nação*, op. cit., p. 98.

252 CÂMARA DOS DEPUTADOS. *Autos da Devassa da Inconfidência Mineira*, op. cit., p. 158.

253 In: VIANA. "A transferência da Corte, o Reino Unido luso-brasileiro e a ruptura de 1822", op. cit., p. 52.

fato, o príncipe assumiu o protagonismo político e militar que nunca tivera na Europa. Ele não pretendia apenas pôr o Brasil a par de Portugal, mas criar o equivalente meridional dos Estados Unidos.[254] A Coroa empreendeu campanhas de expansão territorial à maneira romana: a oeste, declarou guerra aos "bárbaros" (que não eram outros, que os índios botocudos); ao norte, ocupou território francês (a Guiana Francesa) e, ao sul, o espanhol (o Uruguai), que foi anexado ao Brasil com o nome de província Cisplatina.[255]

O enraizamento do reformismo ilustrado como fórmula de superação do atraso colonial. As circunstâncias inéditas de instalação do aparelho de Estado português, representante da civilização europeia em um território largamente selvagem e cuja escassa sociedade local era percebia como atrasada, criaram no Brasil um ambiente fertilíssimo para a agenda do reformismo ilustrado. Na Europa, a Coroa geria um reino longamente assombrado pela decadência e sempre posto em risco pelo apetite dos vizinhos e pela má-fé dos aliados. Na América, ela se via enfim desembaraçada, gerindo um território continental no qual a correlação de forças estava invertida. Na América do Sul, Portugal era a potência hegemônica, e Espanha e França, dois míseros anões. Essa "metropolização" do olhar da alta burocracia monárquica permitia agora pensar o Brasil como uma entidade autônoma, destinada a um futuro de grandeza, mas cuja sociedade ainda estava na primeira infância. Em matéria de instrução e difusão intelectual, ela era a mais atrasada do continente. O vice-reino hispânico menos desenvolvido, o de Nova Granada (atual Colômbia), desde 1738 dispunha de duas universidades e de imprensa.[256] Quando se abriram os portos (1808), no Rio de Janeiro havia somente duas ou três livrarias, e quase todos os livros eram de teologia e medicina.[257] Também a população brasileira era percebida como mais viciosa que a reinol. A escravidão e a mestiçagem haviam criado uma estrutura social incrivelmente complexa e hierárquica, que

[254] RAMOS; SOUSA & MONTEIRO. *História de Portugal*, op. cit., p. 447.

[255] MENEZES, Lená Medeiros de. "Relações internacionais: mudanças nos dois lados do Atlântico (1801-1821)". *Revista do Instituto Histórico e Geográfico Brasileiro*, 168 (436), jul./set. 2007, p. 125.

[256] BUSHNELL, David. *Colombia: una nación a pesar de si misma.* 21ª edição. Bogotá: Editorial Planeta, 2007, p. 46. Se a Colômbia era a mais atrasada, a mais adiantada das colônias espanholas era provavelmente o México, "em vias de escolarização e alfabetização rápidas" (GUERRA, *Modernidad y independências*, op. cit., p. 343 e 346).

[257] MARTINS. *História da inteligência brasileira*, volume I, op. cit., p. 339.

combinava as diferenciações tradicionais entre estamentos e funções sociais com elementos raciais autóctones: indígenas aldeados ou não aldeados, negros ladinos ou boçais, libertos negros ou mestiços, tipo de ofício por eles exercido. O Brasil não parecia ter povo, mas somente "população" ou "plebe". Quanto aos costumes, a ideia de que se tratava de terra sem lei nem virtude era corrente. O próprio Pombal advertia aos parentes que despachava para o Brasil para se acautelarem, porque "o país influi em quase todos os espíritos na ambição e relaxação das virtudes".[258] Azeredo Coutinho também reconhecia em seus escritos que "um povo que vive em um país fértil e abundante, por isso que vive farto, entrega-se mais aos prazeres, ao luxo e à ociosidade; cada cidadão vive quase como separado e independente".[259]

O projeto imperial luso-brasileiro reconfigurado a partir do Brasil partia assim de um contraste brutal: de um lado, um imenso território, cuja abundância poderia fazer da monarquia a mais poderosa do mundo. De outro, escassez de população e ausência de povo, tal como entendido pelos parâmetros europeus, que só enxergavam uma plebe ignorante, cheia de cobiça e preguiça. Um diagnóstico como esse, que impelia o estadista à pronta superação do passado colonial para atingir o futuro de grandeza, só favoreceu a aclimatação do reformismo ilustrado como fórmula política.[260] Mais do que a Europa, a América oferecia aos ibéricos "amplas e quase inesgotáveis possibilidades de uma administração ativa, de um protagonismo ainda impossível nos territórios já controlados pela tradição".[261] A atuação vigorosa de um governo ilustrado, incumbido de desenvolver um país ainda bárbaro, passou a ser reconhecida como indispensável ao arranque da civilização. A lógica era de grande simplicidade: quanto mais concentrado o poder, maiores as chances de uma fuga para o futuro, que reduzisse o hiato entre retardo socioeconômico e as potencialidades do território. Do ponto de vista constitucional, isso significava apostar nas virtualidades de uma constituição monárquica, deixando de lado veleidades de aristocracia, democracia ou governo misto. Quando a Espanha conflagrada pela ocupação francesa convocou as Cortes de Cádis (1812), o

---

[258] POMBAL. *Memórias secretíssimas*, op. cit., p. 191.

[259] COUTINHO. *Obras econômicas*, op. cit., p. 112.

[260] CARVALHO, José Murilo de. "O motivo edênico no imaginário social brasileiro". *Revista Brasileira de Ciências Sociais*, volume 13, nº 38, São Paulo, outubro de 1998.

[261] BARBOZA FILHO, Rubem. *Tradição e artifício: iberismo e barroco na formação americana*. Belo Horizonte: Editora da UFMG, 2000, p. 267.

conde de Linhares criticou a medida e apontou o caminho a ser seguido por Portugal: "Ganhar o afeto do povo com justas concessões".[262] Quanto mais atrasado o país, mais enérgico e esclarecido deveria ser o governo:

> Acredito que o maior infortúnio que pode acontecer a uma nação é a revolução; que um homem justo e honesto jamais a possa provocar, nem mesmo ser o primeiro a declará-la; quando desafortunadamente quer a opressão quer o choque de opiniões entre os homens conduzam a semelhantes desolações. Acredito ser a monarquia absoluta superior às duas formas simples [de constituição], aristocrática e democrática, uma vez que ela é suscetível de um grande aperfeiçoamento, assim como de produzir a felicidade, uma vez que um príncipe esclarecido, conhecendo seus verdadeiros interesses, os veja como inseparáveis dos de seus súditos, e produza então um bem-estar tão considerável e rápido, que nenhuma outra forma de governo lhe possa ser comparada.[263]

Os agentes do reformismo luso-brasileiro (1): a burocracia ilustrada. Os agentes do reformismo ilustrado luso-brasileiro eram principalmente os funcionários nascidos na América portuguesa. Boa parte dos colaboradores havia sido iniciada por dom Rodrigo nos mistérios de arte de empregar a ciência a serviço do Estado, traduzindo trabalhos científicos na Casa Literária do Arco do Cego e criando entre si vínculos estreitos de socialização.[264] Eram homens de letras como José Bonifácio de Andrada e Silva, Mariano Pereira da Fonseca, Silvestre Pinheiro Ferreira e José da Silva Lisboa. Depois da morte do conde em 1812, como resposta à pequena "viradeira" patrocinada pela nobreza tradicional, seus discípulos fundaram a primeira revista luso-brasileira voltada para a publicação de artigos sobre letras, cultura, artes e ciências: *O Patriota*. Através dela, aqueles letrados desejavam mostrar que o legado do conde sobrevivia; que a verdadeira aristocracia era aquela do mérito e não a do sangue; que a elite por ele espalhada dos dois lados do oceano não era somente administrativa, mas cultural; e que só ela poderia difundir o conhecimento indispensável à civilização luso-brasileira.[265] Os artigos da revista discorriam

[262] In: LIMA. *Dom João VI no Brasil*, op. cit., p. 139.

[263] GUIMARÃES, Manoel Luiz Salgado. "As luzes para o Império: história e progresso nas páginas de *O Patriota*". *In*: Lorelai Kury (org.). *Iluminismo e império no Brasil: O Patriota (1813-1814)*. Rio de Janeiro: FIOCRUZ, 2007, p. 74.

[264] Idem, ibidem, p. 35.

[265] MOREL, Marco. Pátrias polissêmicas: república das letras e imprensa na crise do império por-

sobre matemática, navegação e hidrografia, hidráulica, botânica, agricultura, química, medicina e mineralogia. Descreviam viagens às províncias mais distantes, relatando histórias e características das tribos indígenas, salientando a necessidade de estradas para desbravar os sertões e de civilizar os indígenas. Reiteravam, assim, o padrão do periférico Iluminismo português que, aos exercícios de especulação pura dos países cêntricos, preferia se concentrar na produção de conhecimentos voltados para uma intervenção prática.[266] O poder racional dos ilustrados, que pretendia conformidade à ordem natural, exigia a neutralização da política, entendida como lugar da irracionalidade e de todos os seus males, como o conflito, a desordem e o egoísmo.[267] No final do período joanino, quase todos os personagens referidos serviriam sob o ministério de Tomás Antônio Villanova Portugal.

A razão de Estado do novo projeto imperial: abolição da escravatura, imigração europeia e industrialismo na *Memória* de João Severiano Maciel da Costa. Entre os brasileiros que serviam a dom João com mais intimidade estava o mineiro João Severiano Maciel da Costa, futuro marquês de Queluz (1769-1833). Formado em leis e cânones aos 23 anos de idade pela Universidade de Coimbra, Maciel da Costa era desembargador da Casa de Suplicação quando da transferência da Corte para o Rio de Janeiro. Foi nomeado intendente geral da Guiana, onde serviu por sete anos até sua devolução à França. Nesse meio-tempo, fez transportar para o Brasil uma série de produtos naturais ali aclimatados, como o cravo, a noz-moscada e a fruta-pão. Ele o reconheceria mais tarde, quando deputado: "Tirei o partido possível daquela conquista, quando previ que poderia a vir a ser restituída aos franceses, fazendo transplantar para o Brasil o que havia nela de gêneros preciosos, tanto indígenas como estrangeiros".[268] Em 1819-1820, já gozando do título de conselheiro, João Severiano escreveu uma *Memória sobre a necessidade de abolir a introdução dos escravos africanos no Brasil* (1821). As epígrafes condenatórias do cativeiro, transcre-

tuguês na América. In: Lorelai Kury (org.). *Iluminismo e império no Brasil: O Patriota (1813-1814)*. Rio de Janeiro: FIOCRUZ, 2007, p. 16.

[266] KURY, Lorelai. "Descrever a pátria, difundir o saber". *In*: Lorelai Kury (org.). *Iluminismo e império no Brasil: O Patriota (1813-1814)*. Rio de Janeiro: FIOCRUZ, 2007, p. 142.

[267] ROSANVALLON, Pierre. *O liberalismo econômico: história da ideia de mercado*. Tradução de Antonio Penalves Rocha. Bauru: EDUSC, 2002, p. 69-70.

[268] In: BRASIL. *Boletim da Biblioteca da Câmara dos Deputados*, volume 19, nº 2. Brasília: Câmara dos Deputados, 1970, p. 218.

vendo excertos de Montesquieu e de Melo Freire, reiteravam o método pombalino de catalisar a sociologia montesquiana das circunstâncias para os fins do absolutismo ilustrado. Ele lamentava que fatores que contribuíam para o atraso do Brasil, como o escravismo e o agrarismo, estivessem tão enraizados na cultura do país. Entretanto, como bom representante da Ilustração, o futuro marquês estava convicto de que "prejuízos nacionais não se destroem com a força, senão só com as luzes".[269] Embora fosse potencialmente um dos maiores impérios do mundo, a civilização no Brasil ainda estava em sua infância. Esta era a razão pela qual o Estado deveria "seguir a marcha que a [ciência] política nos ensina, para elevá-lo à prosperidade e grandeza que lhe marcou a Divina Providência".[270]

A memória de Maciel da Costa constitui um bom termômetro para medir os planos do reformismo ilustrado para seu império americano, que incluíam a fundação de uma universidade, a promoção da imigração europeia, a extinção paulatina da escravidão e a industrialização do país. O principal obstáculo ao projeto imperial, na sua opinião, residia no "sistema de trabalho por escravos, o qual ofende os direitos da humanidade, faz infeliz uma parte do gênero humano, põe em perpétua guerra uns com os outros homens, e paralisa a indústria, que nunca pode prosperar solidamente senão em mãos de gente livre". Era de sumo interesse da Coroa, portanto, dar continuidade ao desmonte do sistema colonial, que incluía acabar com o regime escravista, não apenas por questões humanitárias, mas porque ela impedia o surgimento de um "povo", prejudicava o desenvolvimento industrial e a segurança do Estado, favorecendo "a multiplicação indefinida de uma população heterogênea, desligada de todo o vínculo social, e por sua mesma natureza e condição, inimiga da classe livre".[271] Aqui ele discordava francamente de Azeredo Coutinho. O desejo da Grã-Bretanha de obrigar Portugal a extinguir o tráfico de escravizados, a fim de reservar a África para o consumo de suas manufaturas, não constituía óbice para que os luso-brasileiros também a promovessem. Ao contrário, era preciso tirar partido da

[269] COSTA, João Severiano Maciel da. *Memória sobre a necessidade de abolir a introdução dos escravos africanos no Brasil; sobre o modo e condições com que esta abolição se deve fazer; e sobre os meios de remediar a falta de braços que ela pode ocasionar.* Coimbra: Imprensa da Universidade, 1821, p. 8 e 10.

[270] Idem, ibidem, p. 6.

[271] Idem, ibidem, p. 7.

adversidade: "A boa política ensina que, não podendo um Estado dirigir e comandar os sucessos à sua vontade, deve tirar deles o melhor proveito possível".[272] A disseminação do regime escravista tornava-se incompatível com os padrões civilizatórios exigidos pelo projeto imperial:

> Em todas as nações civilizadas é a classe do povo quem forma a grande maioridade dos indivíduos, e é por consequência nessa classe que reside a força física nacional, e é dela que se tiram os defensores da pátria. No Brasil, por efeito do maldito sistema de trabalho por escravos, a população é composta de maneira, que não há uma classe que constitua verdadeiramente o que se chama povo; e este defeito deve infalivelmente influir muito no método do governo. O clero que é bem composto, não goza, todavia, que é da consideração política necessária. A nobreza, que é pouca, está no mesmo caso; de sorte que não vemos outra população senão a dos indivíduos que compõem a classe média entre a nobreza e o povo, como são os empregados nos diferentes ramos do serviço público, os ocupados no comércio, os proprietários que desfrutam seus rendimentos, e todos os que se aplicam ao estudo das ciências e das artes. O resto, que devia corresponder ao baixo povo, é uma enorme massa de negros escravos e de libertos, que fazem ordinariamente causa comum entre si. Com tal população, o Estado não tem um apoio contra os desvarios da classe média, a quem dão calor fortunas e instrução, e todo o corpo social está à discrição daquela em que reside a força física. Roma teve que combater dez vezes seus escravos (que ao menos tinham outra civilização e costumes) e venceu; São Domingos sucumbiu. [...]. Enquanto a população estiver semeada a grandes distâncias, o mal será paliado; mas com a introdução indefinida dos africanos, esta situação muda, e o raio nos ameaça perpendicularmente sobre a cabeça.[273]

A escravidão também ameaçava a industrialização do Brasil, que, para galgar o patamar de potência, carecia de se tornar produtor de manufaturas. Era o mesmíssimo receituário de Pombal, agora aplicado à América portuguesa: erradicar a escravidão, dinamizar a economia e incentivar indústrias pela via do protecionismo. Contrário àqueles que louvavam a divisão internacional do trabalho e defendiam o destino agrícola do Brasil, Maciel da Costa afirmava que nenhum país poderia ser adiantado sem comércio e indústria: "O erro nasce principalmente de se pretender aplicar ao comércio de Nação para Nação a regra de uma absoluta e ilimitada liberdade, que só convém ao comércio

[272] Idem, ibidem, p. 18.
[273] Idem, ibidem, p. 20-21.

interior de província para província da mesma nação".[274] Ora, se o escravismo já levava a população livre a ter repugnância dos trabalhos agrícolas, o mesmo aconteceria com as manufaturas. A economia política já comprovara os malefícios do sistema feudal para os progressos da indústria e do comércio; que esperar, pois, do sistema escravista de africanos, que estavam "no último grau da escala da servidão"?[275] Diante da impossibilidade de extinguir a escravidão de chofre, Maciel da Costa recomendava, como bom conhecedor da sociologia de Montesquieu, prudência e persistência na reforma social: "Todas as medidas rápidas e diretas são desaconselhadas pela [ciência] política; mostrar aos homens o interesse e aplanar os caminhos para chegarem a ele, parece ser a mola mestra da operação".[276] Entrementes, cumpria poupar os escravizados existentes, promovendo sua moralização, proteção e propagação; inspirar o amor ao trabalho nos homens livres; empregar os indígenas como trabalhadores; e incentivar a vinda de europeus.

A memória de Maciel da Costa demonstra o quanto a abertura de horizontes ocasionada pela transferência da Corte modificara o projeto imperial baseado em Lisboa. A elite política sempre pensara o Brasil como mera plataforma de geração de riqueza para Portugal, conforme reconhecia o ministro Martinho de Melo e Castro em 1772: "Todo o mundo sabe que as colônias ultramarinas são estabelecidas com preciso objeto de utilidade da metrópole, ou da cidade capital do reino, ou estado a que são pertencentes, e disso resultaram dessa essencial certeza máximas tão infalíveis e tão universalmente observadas na prática de todas as nações".[277] Esse processo de drenagem da riqueza da periferia para um centro exigia a colaboração das elites coloniais. Elas também precisavam perceber a terra que habitavam como um lugar qualitativamente inferior, para viabilizar o pacto colonial. Era esse olhar de implícita ou explícita subalternidade que as autorizava a adotar, na colônia, um código de conduta de maior relaxação ou permissividade em relação à metrópole. Ele incluía a maior predação do patrimônio natural, a exploração desumana de mão de obra, o contrabando sistemático, a inobservância de padrões morais, etc. Enquanto o projeto imperial original pensava Portugal como centro, era

[274] Idem, ibidem, p. 32.
[275] Idem, ibidem, p. 26.
[276] Idem, ibidem, p. 38.
[277] RAMOS; SOUSA & MONTEIRO. *História de Portugal*, op. cit., p. 418-419.

possível, como fizera Azeredo Coutinho, defender o escravismo com base em argumentos de razão de Estado: sem escravos a colônia não produzia riqueza, e a metrópole jazeria no atraso e na ignorância. Entretanto, mudada a Corte para o Rio de Janeiro, o projeto imperial teve de ser reconfigurado desde a perspectiva do Brasil. Práticas, comportamentos e instituições antes tolerados ou percebidos como naturais passaram a ser vistos como indesejáveis. Por isso, modernizar a sociedade brasileira se tornava a nova razão de Estado da monarquia joanina. Modernizar, para os ilustrados, significava "vesti-lo à europeia, para assim nos explicarmos, e modelar sua marcha econômica pela das nações cultas, salvo o desconto das localidades".[278] A correção dos maus hábitos e preconceitos coloniais deveria ser perseguida à moda realista e prudente da tradição ibérica, deixados de lado os arroubos do radicalismo francês:

> A experiência, nossa melhor mestra em arranjamentos políticos, já nos tem posto de prevenção bem fundada contra grandes prosperidades feitas repentinamente, e contra os projetistas que as inculcam e afiançam. Demolir um edifício é fácil; reconstruí-lo, difícil; desmoralizar uma nação, pronto; levantar os costumes decaídos, tardio; a descida para o mal, suave; a subida para o bem, agra e escabrosa. O *tardiora sunt remedia quam mala*[279] do grande Tácito, uma eterna verdade em política.[280]

Os agentes do reformismo luso-brasileiro (2): os clérigos da Capela Real. Enquanto os burocratas ilustrados saudavam o caráter civilizador da monarquia, os clérigos recordavam os progressos do Brasil desde que se tornara "objeto das vistas paternais do mais benéfico dos príncipes, recebendo de sua munificência favores jamais obtidos por nossos pais".[281] Era o que fazia o frei Francisco do Monte Alverne (1784-1858): "O impulso vigoroso, que impele o carro, em que o Brasil se mostra doravante, não descobre uma vontade firme e determinada em promover o adiantamento do Brasil?". O frei comparava a ação de dom João àquela de Pedro o Grande, fundador do Império russo, ambos apagando "o fulgor da realeza, e instruindo-se nos mais rudes miste-

278 COSTA. *Memória sobre a necessidade de abolir a introdução dos escravos africanos no Brasil*, op. cit., p. 29.

279 Tradução: "Os remédios são mais lentos do que os males".

280 Idem, ibidem, p. 51.

281 ALVERNE, Frei Francisco do Monte. *Obras oratórias*. Nova edição. Tomo segundo. Rio de Janeiro: Garnier, 1908, p. 272-273.

res, a fim de civilizar o seu povo".[282] O poder absoluto era natural e desejável em uma América ainda barbarizada e selvagem, destituída de uma sociedade sedimentada. Descritos os brasileiros invariavelmente como cordiais, dóceis e cândidos, os clérigos aludiam à "paternal bondade" do príncipe. O cônego da Capela Imperial, o padre Luís Gonçalves dos Santos (1767-1844), rasgava elogios ao reformismo do monarca, cujo impulso difundia a civilização europeia e afugentava a barbárie colonial:

> Estas coisas insensivelmente se fazem diante dos nossos olhos, certamente com gratidão à augusta presença do senhor D. João VI, com a qual este país, de rude e agreste, vai aos poucos povoando-se, civilizando-se e embelezando-se, bem como depois de um rigoroso inverno se anima, reverdece e floresce a natureza com a chegada da risonha primavera. Sim, com a vinda de Sua Majestade para o Brasil, extinguiu-se o antigo sistema colonial, que não permitia aos brasileiros mais do que a agricultura, o trabalho das minas de ouro e as artes fabris indispensáveis, sem as quais não podem os homens viver em sociedade. Mas apenas chegou Sua Majestade, quando logo franqueou o comércio, permitiu a indústria, facultou as artes e ciências, admitiu os estrangeiros, mandou abrir estradas, facilitou a comunicação dos povos e, entre outros bens que nos concedeu, promoveu a civilização [...]. Difundindo-se a luz do centro para a periferia, elas têm chegado até nós, e virão chegando em maior abundância, removidos os obstáculos que as impediam, pela poderosa mão do senhor D. João VI.[283]

Conclusão

Este sexto capítulo procurou compreender a dinâmica do momento monárquico português, no contexto do Iluminismo periférico. É possível explicar os diferentes tons assumidos pelo Esclarecimento nos três países analisados – Inglaterra, França e Portugal –, em função de suas diferentes posições no circuito do poder geopolítico (centro ou periferia) e dos igualmente diversos momentos por eles atravessados em seus respectivos processos de construção nacional (monárquico ou oligárquico). O Iluminismo

[282] Idem, ibidem, p. 281.

[283] SANTOS, Luís Gonçalves dos. *Memórias para servir à história do reino do Brasil.* Rio de Janeiro: Livraria Editora Zélio Valverde, 1943, p. 580-581.

de Bolingbroke, Hume e Burke coincidia com a consolidação do "momento oligárquico" britânico, marcado pela ascensão da opinião pública como mecanismo regulador do governo representativo, o que explica seu caráter liberal e moderado. O Iluminismo de Montesquieu, Voltaire e Rousseau coincidia com o período da "revolução oligárquica" francesa, fornecendo fórmulas de emancipação de sua sociedade civil da tutela do Estado absoluto. Já o periférico Iluminismo de Pombal, Ribeiro Sanches e Melo Freire não visava, nem dar livre curso a uma moderna sociedade que ainda não existia, nem lhe proporcionar meios de emancipar-se. Ele pretendia consumar a "revolução monárquica" portuguesa, construindo o Estado de que o reino carecia para reformar sua arcaica sociedade e restaurar o prestígio perdido. O direito público universal baseado no conceito de soberania absoluta servia para organizar um direito positivo coerente, onde o espiritual e o temporal estivessem separados e garantidos os direitos e deveres dos reis e dos súditos. O Iluminismo ibérico assumiu a forma de um discurso autoritário de caráter pedagógico, científico, técnico, econômico, voltado para a maximização da eficiência administrativa, tributária e comercial. Orientado pelo valor da autoridade e não da liberdade, o reformismo de Pombal não mirava Walpole, mas Richelieu.[284] A Real Mesa Censória manteria fora de circulação livros críticos do absolutismo e da Igreja. O público deveria se contentar com jusnaturalistas absolutistas, como Grotius, Pufendorf, Heineccius e outros autores da Europa central, cujo mundo era mais assemelhado ao português.

Mas a situação no Novo Mundo não poderia ser igual à do Velho. A "revolução monárquica" promovida por Pombal, seguida pelo "momento monárquico" de Melo e Castro e de dom Rodrigo, permaneceu epidérmica em um vastíssimo e desabitado Brasil. As mudanças ficariam restritas – como o grosso da nova burocracia, aliás – às cidades mais importantes, sobretudo as litorâneas. O Brasil aparecia em um segundo círculo periférico, imediatamente depois do primeiro, europeu, onde se encontrava Portugal. A condição colonial gerava na nobreza da terra e seus grandes comerciantes uma mentalidade eurocêntrica e descompromissada com a realidade local, vista por eles mesmos à moda metropolitana: um imenso e rico território a ser explorado

[284] FALCON, Francisco José Calazans. *A época pombalina (política econômica e monarquia ilustrada).* São Paulo: Ática, 1982.

em proveito próprio, de modo escravista e predatório. O projeto imperial de Azeredo Coutinho pressupunha o Brasil como um território privativo de uma nobreza da terra, comprometida, por outro lado, com a tarefa de de manter Portugal numa posição de relevo, ainda que secundário, no cenário europeu. O cosmopolitismo liberal e democrático era incompatível com as necessidades de um império atrasado e periférico como o português, devendo ceder às circunstâncias de tempo e de espaço: "Por que se não há de reconhecer como justa ou ao menos obrigatória a lei da escravidão, quando assim o pedir o bem desta ou daquela sociedade ou nação?".[285] Para tanto, cumpria combater o radicalismo e o anárquico ideário de liberdade, que desorganizaria a sociedade colonial e o setor produtivo.[286] A difusão do vocabulário político moderno se dava de modo pontual, prevalecendo uma cultura na qual as práticas do Antigo Regime se mesclavam a tópicos do reformismo ilustrado e referências vagamente liberais.[287]

Por outro lado, as fragilidades estruturais de Portugal na Europa contrastavam cada vez mais com as potencialidades do Brasil na América. Instalada no Rio, a Coroa se libertava do fardo de gerir um reino assombrado pela decadência, pelo apetite dos vizinhos e pela má-fé dos aliados. Ela passava a administrar um continente onde as posições de grandeza e fraqueza das nações estavam invertidas: nele, Portugal era o gigante, e Espanha e França, dois anões. A nova identidade americana exigia que a Coroa reconfigurasse a posição do Brasil no projeto imperial, transformando sua sociedade a partir dos ideais eurocêntricos de civilização e de civilidade.[288] Teve então início a primeira "revolução monárquica" brasileira: o príncipe difundiu a ciência e as artes, fomentou a economia, fortaleceu o Estado e abriu a perspectiva de substituição da mão de obra escravizada pela imigração europeia. Resultou daí uma das maiores diferenças entre o Iluminismo luso-brasileiro e aquele de países como a França ou a Inglaterra. Ao invés de surgir entre os súditos letrados,

---

[285] COUTINHO. *Obras econômicas*, op. cit., p. 253.

[286] FRAGOSO, João & FLORENTINO, Manolo. *O Arcaísmo como Projeto: mercado atlântico, sociedade agrária e elite mercantil em uma sociedade colonial tardia: Rio de Janeiro, c. 1790 – c. 1840.* Rio de Janeiro: Civilização Brasileira, 2001. NEVES. *História, teoria e variações*, op. cit., p. 215.

[287] NEVES, Lúcia Maria Bastos Pereira das. "O governo de Dom João: tensões entre ideais liberais e as práticas do Antigo Regime". *In*: José Murilo de Carvalho e Adriana Pereira Campos (orgs.), *Perspectivas da cidadania no Brasil Império*. Rio de Janeiro: Civilização Brasileira, 2011, p. 203.

[288] SCHULTZ. *Versalhes tropical*, op. cit., p. 127.

na forma de doutrinas liberais e democráticas, a Ilustração encontrou seus agentes privilegiados entre os funcionários públicos, e suas doutrinas eram tributárias do absolutismo.[289] O reformismo ilustrado, entendido como uma versão mitigada do absolutismo esclarecido, passou a ser encarado como a política que, por excelência, convinha a um continente virgem de história e falto de todos os elementos de civilização.[290] Tal ideologia encontrava terreno fértil em um país onde a terra era grande, e o homem, pequeno; em uma sociedade nova que, diferentemente do reino luso, se pensava de modo cada vez mais prospectivo; cujo horizonte de expectativas se dilatava na medida em que crescia seu desejo de distanciar-se de um passado maculado pelo atraso[291]. A independência *de facto* do Brasil sob o reinado americano de dom João VI também se operou com essa peculiaridade ideológica em relação aos vizinhos: ao invés de um republicanismo radical, o reformismo ilustrado da monarquia absoluta, que fincou raízes e abrasileirou-se. Fato de grandes consequências para o pensamento político brasileiro.

[289] Idem, ibidem, p. 325.

[290] BETHELL, Leslie. "A independência do Brasil". In: Leslie Bethell (org.). *História da América latina. Da independência a 1870.* Volume III. Tradução de Maria Clara Cescato. São Paulo: EDUSP, 2001, p. 194-198.

[291] LYNCH, Christian Edward Cyril. "Absolutismo ilustrado e formação do imaginário imperial brasileiro no Antigo Regime". Cadernos de Estudos Estratégicos, nº1, abril de 2001, p. 17.

Capítulo 7

DO ANTIGO REGIME À REVOLUÇÃO: LIBERALISMO ECONÔMICO, CONSTITUCIONALISMO E RADICALISMO DURANTE A "REVOLUÇÃO MONÁRQUICA" LUSO-BRASILEIRA (1789-1821)

1. IDEOLOGIAS DA "REVOLUÇÃO OLIGÁRQUICA" LUSO-BRASILEIRA (1): O LIBERALISMO ECONÔMICO (1808-1821)

A abertura dos portos e o cosmopolitismo cultural. Em princípio, a política joanina no Brasil seguia os princípios da razão de Estado. Era o que advertia Maciel da Costa aos novos súditos de Sua Majestade na Guiana Francesa: "Não é dado a simples particulares o penetrar os segredos políticos dos gabinetes dos soberanos".[292] Era tipicamente absolutista a explicação oferecida pelo desembargador mineiro: "O soberano conhece melhor que ninguém os interesses de sua poderosa monarquia, e no seu paternal desvelo devemos depositar todos a mais ilimitada confiança, como é muito obrigação nossa".[293] Nem por isso a aclimatação do reformismo ilustrado no Brasil foi livre dos paradoxos impostos pela condição periférica. O absolutismo europeu emergira em um ambiente de fechamento de fronteiras e instalação de sistemas econômicos protecionistas, marcados por elevado grau de intervenção do Estado na economia. Mas, no Brasil da "revolução monárquica" joanina, já havia praças mais ou menos livres onde se compravam e vendiam produtos nacionais e estrangeiros, manufaturas e *commodities* do mundo inteiro. A abertura dos portos fizera do Brasil território livre para toda a espécie de mercadorias fornecidas pela indústria e pela manufatura inglesa e francesa. Livre do monopólio dos portos lusitanos, o preço de todos os produtos exportados pelo Brasil duplicara, e o dos importados caíra pela metade.[294]

[292] In: MORAES, Alexandre José de Mello. *História do Brasil-Reino e Brasil Império.* Tomo I. Belo Horizonte, Itatiaia, 1982, p. 413.

[293] COSTA. *Memória sobre a necessidade de abolir a introdução dos escravos africanos no Brasil,* op. cit., p. 37.

[294] BELCHIOR, Elysio de Oliveira. "As bases econômicas do Reino instalado na América". *Revista do Instituto Histórico e Geográfico Brasileiro,* 168 (436), jul./set. 2007, p. 143.

Em outras palavras, a "revolução monárquica" luso-brasileira patrocinada pelo reformismo joanino teve a singularidade de se processar em um ambiente, não de fechamento, mas de abertura à cultura cosmopolita da época. Do ponto de vista literário, a mudança pode ser mensurada pelo aumento da importação de livros e do número de livreiros, que na Corte passaram de três em 1808 para dezesseis em 1820. Da mesma forma, com a introdução da tipografia, impressos começaram a ser produzidos pela primeira vez. Até 1821, a Tipografia Régia trouxe a lume uma média de sete impressos por mês, perfazendo um total de mil no período. Mas o gabinete joanino autorizou também tipografias na Bahia (1811) e em Pernambuco (1816). Surgiram os primeiros jornais, entre os quais *A Gazeta do Rio de Janeiro* e *Idade d'Ouro do Brasil*, este em Salvador. Entre as revistas fundadas no período, destacou-se a já referida *O Patriota*, que contava com estudos de literatura, história, geografia, estatística, política, ciência e artes. Apesar da censura, que coibia a circulação de jornais e livros proibidos, as malhas de controle governamental eram insuficientes e toda a sorte de leituras clandestinas acabava por circular.[295] A renovação continuou com a missão artística francesa, que lançou os fundamentos da futura Academia Imperial de Belas Artes e introduziu o estilo neoclássico no Brasil. A criação de cursos de medicina, de engenharia, economia e comércio, além de um museu nacional e um jardim botânico, fomentava um ambiente de discussão intelectual. Modernizar era europeizar, e europeizar, reproduzir os padrões civilizacionais franceses e britânicos:

> Com a chegada de Dom João VI ao Rio de Janeiro, o patriciado rural que se consolidara nas casas-grandes de engenho e de fazenda – as mulheres gordas, fazendo doce, os homens muito anchos dos seus títulos e privilégios de sargento-mor e capitão, de seus púcaros, de suas esporas e dos seus punhais de prata, de alguma colcha da Índia guardada na arca, dos muitos filhos legítimos e naturais espalhados pela casa e pela senzala – começou a perder a majestade dos tempos coloniais. [...]. A presença no Rio de Janeiro de um príncipe com poderes de rei; príncipe aburguesado, porcalhão, os gestos moles, os dedos quase sempre melados de molho de galinha, mas trazendo consigo a coroa; trazendo a rainha, a corte, fidalgos para lhe beijarem a mão gordurosa, mas

[295] IPANEMA, Cybelle de. "A comunicação e a imprensa sob o regente D. João VI". *Revista do Instituto Histórico e Geográfico Brasileiro*, 168 (436), jul./set. 2007, p. 201-215.

prudente [...], veio a modificar a fisionomia da sociedade colonial; alterá-la nos seus traços mais característicos.[296]

A mudança cultural, que começou o processo de "europeização" da sociedade brasileira, foi devida principalmente à influência dos estrangeiros. Depois dos Tratados de 1810, formaram-se vastas colônias de comerciantes britânicos no Rio de Janeiro, em Salvador da Bahia e no Recife. O contato influiria sobre os estilos de vida e até de arquitetura doméstica do Brasil, pela introdução do hábito do chá, cerveja e pão, maior limpeza das ruas e saneamento das casas: "Sob o olhar desse ente superior, o brasileiro do século XIX foi abandonando muitos de seus hábitos tradicionais [...] para adotar as maneiras, os estilos e o trem de vida da nova camada de europeus que foram se estabelecendo em nossas cidades".[297] Depois de estabelecida a paz europeia, em 1815, foi a vez dos comerciantes franceses se instalarem nas principais capitais do Brasil e difundirem o gosto requintado no trajar, na literatura, na comida e no mobiliário. Em despacho para Paris em 1814, o cônsul francês no Rio afirmava que seus compatriotas "trazem seus talentos e sua indústria; o efeito de sua presença e de seu exemplo será naturalizar algumas artes e dar a um país que começa e que tem necessidade de toda espécie de cultura, um crescimento rápido".[298] Em suma, a busca pela modernidade europeia impelia a elite luso-brasileira a abraçar os produtos culturais identificados com a Grã-Bretanha e a França. Gilberto Freyre lamentaria: "O brasileiro, mal saído das sombras do sistema patriarcal e da indústria caseira, deixou-se estontear da maneira mais completa pelos brilhos, às vezes falsos, de tudo o que era artigo de fábrica vindo da Europa. Um menino diante das máquinas e novidades de Londres e de Paris".[299]

Exposta a um elevado grau de cosmopolitismo, era inevitável que o ideário ilustrado acabasse por admitir, ainda que vagamente, transigir com o constitucionalismo. Em 1816, o frei Monte Alverne já ousava invocar a autoridade de Fénelon, um dos pioneiros na crítica do absolutismo francês. Ele sugeria

[296] FREYRE, Gilberto. *Sobrados e Mucambos: decadência do patriarcado rural e desenvolvimento urbano.* In: Silviano Santiago (org.). *Intérpretes do Brasil.* Vol. I. Rio de Janeiro, Nova Aguilar, 2003, p. 723.

[297] Idem, ibidem, p. 986.

[298] LIMA, Valéria. *J.-B. Debret, historiador e pintor.* Campinas: UNICAMP, 2007, p. 95.

[299] FREYRE. *Sobrados e mucambos*, op. cit., p. 1.022.

que, embora absoluto, o poder do rei dependia da observância das leis e só se justificava pelo bem-estar do povo:

> O rei pode tudo sobre os povos, mas as leis podem tudo sobre o rei. O rei tem o poder absoluto para causar o bem, e as mãos ligadas para produzir o mal. As leis o revestem de prerrogativas tão singulares com a condição de que será o pai de seus vassalos. Não é para si só, que Deus o constituiu rei, mas para ser o homem dos povos, dos povos a que ele deve todo o seu tempo, sua afeição toda. Senhores, se apreciardes a sabedoria e a circunspecção com que o príncipe se tem havido em sua melindrosa regência, não deveis reconhecer desempenhadas por eles estas máximas de Fénelon?[300]

José da Silva Lisboa e as ambiguidades do reformismo joanino (1): absolutismo ilustrado e liberalismo econômico. Era difícil à Coroa contornar o vocabulário político moderno no contexto em que o Império português se encontrava no começo do século XIX. A guerra contra o "despotismo francês" lhe impunha a difícil tarefa de conciliar a liberdade que Portugal tinha de existir como nação independente com a continuidade do absolutismo político. A situação era agravada pela necessidade que o gabinete encabeçado por dom Rodrigo de Sousa Coutinho tinha de defender a abertura dos portos, a aliança com a Grã-Bretanha e os Tratados de 1810, contra os princípios mercantilistas brandidos pelos negociantes prejudicados e pela nobreza portuguesa. A verdade é que as circunstâncias haviam tornado aquelas medidas imperiosas para as duas Cortes, a de São Cristóvão e a de Saint James.[301] O projeto imperial luso-brasileiro não tinha como ser alavancado sem uma aliança estreita com a Inglaterra, que abrisse os portos ingleses para as exportações brasileiras e interessasse o governo britânico em proteger a monarquia portuguesa e sua expansão na direção do Rio da Prata.[302] Por outro lado, a Grã-Bretanha tinha o seu comércio na Europa asfixiado pelo Bloqueio Continental decretado por Napoleão. Foi nesse quadro que o conde de Linhares adotou o liberalismo econômico como política oficial da monarquia. Os princípios de Adam Smith, que consagravam a liberdade civil, a de comércio e a de indústria, passaram

[300] ALVERNE. *Obras oratórias*, op. cit., p. 281.
[301] CARDOSO & CUNHA. *Discurso econômico e política colonial no Império luso-brasileiro*, op. cit., p. 87.
[302] RAMOS, SOUSA & MONTEIRO. *História de Portugal*, op. cit., p. 448.

a ser veiculados por impressos saídos da própria Tipografia Régia. Embora o absolutismo não fosse desafiado no curto prazo, ele acabaria desgastado pela difusão de princípios de organização social baseados na liberdade de comércio e de indústria.

A combinação de reformismo ilustrado e liberalismo econômico encontrou sua máxima expressão na obra do letrado encarregado por dom Rodrigo de divulgar os princípios do Iluminismo britânico no Brasil: o advogado, jornalista, economista e político baiano José da Silva Lisboa (1756-1835). Quando acumulava as funções de advogado comercial, professor de grego e, depois, secretário da Mesa da Inspeção da Bahia, Lisboa publicara livros pioneiros em matéria de direito e economia como os *Princípios do direito mercantil* (1798) e os *Princípios de economia política* (1804). Embora reconhecesse suas dificuldades de intelectual periférico, longe "dos grandes focos das luzes europeias", nem por isso ele abria mão de sua posição reformadora, que o colocava "frequentemente em conflito com instituições antigas, erros populares, discórdia dos sábios e polícia de Estados cultos, que a razão e o decoro constrangiam a considerar com o devido escrúpulo e reverência".[303] A ambição de conciliar reforma social e econômica através do liberalismo econômico, sem questionar o absolutismo, refletiu-se na estratégica decisão de combinar a "severa análise do próprio Smith, a majestosa simplicidade de Ferguson e a alta eloquência de Burke" em matéria econômica, com os ensinamentos de antigos como Sêneca, Cícero e Tácito em matéria política. Este último, em especial, era elogiado como "o maior mestre da política da Antiguidade".[304] Tratava-se de uma estratégia de divulgar o moderno pela boca dos antigos, respeitando as normas impostas pela censura. Lisboa justificava a combinação alegando que outros "modernos escritores de crédito [...] não se desprezam de transcrever (com mais ou menos sobriedade) os clássicos, a quem tantos séculos não têm podido tirar a fama e a ascendência".[305] Conforme notado por Arno Wehling, seu entusiasmo pela economia política de Adam Smith não o incompatibilizava com os desígnios políticos de dom Rodrigo de Sousa Coutinho, piloto "da *Realpolitik* brasileira do

[303] LISBOA, José da Silva. *Princípios de economia política.* Introdução histórica de Alceu Amoroso Lima. São Paulo: Pongetti, 1956, p. 64-65.
[304] Idem, ibidem, p. 96.
[305] Idem, ibidem, p. 67.

período joanino e da independência".[306] Foi assim que o futuro visconde de Cairu conquistou a confiança dos poderosos e se tornou o principal publicista do Brasil joanino.

José da Silva Lisboa e as ambiguidades do reformismo joanino (2): economia política e crítica do mercantilismo. Em *Princípios de economia política*, Lisboa defendia a hipótese de que o desenvolvimento social e econômico do Império português estava travado pelo arbitrário e imoral sistema de monopólios, responsável pela "grosseria, incivilidade e miséria da maior parte dos habitantes da terra e da extrema dificuldade de polir e aquietar povos rudes ou desgovernados e introduzir nos países cultos um sistema de justiça e leal correspondência".[307] Por outro lado, a economia política britânica oferecia um modelo alternativo de organização social, de caráter ético-normativo, que pensava o mercado como um mecanismo igualitário e meritocrático.[308] O liberalismo econômico era um "sistema fixo de economia generosa e universalmente benéfica",[309] que pressupunha a perfectibilidade humana e dirigia a sociedade para a civilização e a opulência.[310] Ele faria crescer a riqueza pública fugindo ao jogo de soma zero do mercantilismo, logrando "conciliar o interesse de todos os países e classes de indivíduos, dando dignidade aos povos e aos governos, deixando àquele manejar seus próprios negócios e a este atribuindo a genuína e essencial prerrogativa de proteger e acreditar a nação".[311] Ao contrário do egoísta sistema de monopólios, os princípios liberais se ancoravam na pureza dos sentimentos religiosos; na constância do espírito de atividade no manejo da indústria; no amor ao trabalho; e no bom uso dos frutos da instrução e riqueza. Uma sociedade saudável dependia de uma base ética que orientasse seus cidadãos e governantes para a prática das virtudes: "Sem princípios sólidos de religião e bons costumes, pouco ou nada valem as leis econômicas e civis".[312] Os princípios cosmopolitas e pacíficos da economia política se opunham à toda forma de egoísmo nacional e guerreiro, associado

[306] WEHLING, Arno. "Cairu e o 'comércio franco e legítimo'". *Carta mensal.* Rio de Janeiro: c. 64, n. 761, agosto de 2018, p. 19.

[307] LISBOA. *Princípios de economia política*, op. cit., p. 78.

[308] PAIM, Antonio. *Cairu e o liberalismo econômico.* Rio de Janeiro: Tempo Brasileiro, 1968, p. 59.

[309] LISBOA. *Princípios de economia política*, op. cit., p. 81.

[310] Idem, ibidem, p. 115.

[311] Idem, ibidem, p. 97.

[312] Idem, ibidem, p. 134.

ao maquiavelismo das "máximas de governo, razões de Estado, segredos de gabinete, arcanos do império e outros do regime das nações".[313] A economia política era encarada, portanto, como uma *arte de civilização*, que organizava o mundo social como Deus organizara o mundo físico: através de leis simples e fecundas, que harmoniosamente ligavam "todos os indivíduos e as nações em voluntária dependência, para recíproco gozo dos produtos do respectivo trabalho e indústria".[314]

Embora dissertasse de modo abstrato ou universalista sobre os males do mercantilismo e os benefícios do liberalismo econômico, o que Lisboa pretendia ao fim e ao cabo era convencer o público leitor da necessidade de livrar o Império português – leia-se: o Brasil – do monopólio colonial. Era para atingir tal fim que ele mobilizava a linguagem do "momento oligárquico" britânico, que haveria de assegurar "a cada indivíduo a bem regulada liberdade civil e o direito de propriedade; a indefinida extensão do mercado; a irrestrita propagação das luzes; a moderação e boa ordem dos impostos, e a confiança de nacional e estrangeiro na sabedoria do governo".[315] Uma vez que o anacrônico sistema de monopólios tornava Portugal cada vez mais dependente das colônias, cumpria substituí-lo pela economia política da Grã-Bretanha, país a quem estava reservada "a inauferível honra de assoalhar padrões de engenho em tudo que há de sublime e profícuo".[316] Ele propunha substituir a sociedade de estamentos pela de classes, onde se achava garantida "a segurança das pessoas e propriedades legitimamente adquiridas com a menor restrição possível da liberdade de cada indivíduo, regulada pelo bem comum da espécie humana e circunstâncias específicas do território e estado de cada nação".[317] Sem fazer alarde, Lisboa sugeria pôr abaixo o arcabouço socioeconômico do Antigo Regime a fim de criar um mundo social novo, no qual os privilégios fossem banidos, vigorasse a igualdade perante a lei e o único critério de distinção entre as pessoas fossem "as virtudes, os talentos e os serviços úteis à humanidade e ao Estado".[318] Somente a liberdade de comércio, indústria e trabalho poderia garantir o soerguimento de Portugal: "Será de eterna glória ao augusto

[313] Idem, ibidem, p. 116.
[314] Idem, ibidem, p. 112.
[315] Idem, ibidem, p. 122.
[316] Idem, ibidem, p. 94.
[317] Idem, ibidem, p. 116.
[318] Idem, ibidem, p. 117.

dom João dar primeiro o exemplo de um império, em que a razão e a justiça triunfem dos prejuízos e atentados, com que até o presente se acha manietada a indústria e o comércio do gênero humano".[319] A tarefa não era tão difícil: bastava acomodar "as diferentes operações do ministério às opiniões, costumes e hábitos do povo; em maneira que, insensível e destramente, se preparem e se aproveitem as ocasiões favoráveis para introduzir um novo sistema de instituições mais úteis".[320]

Quando, em janeiro de 1808, o príncipe regente dom João arribou em Salvador a caminho do Rio de Janeiro, o governador da Bahia, o conde da Ponte, encaminhou-lhe uma representação contendo as reivindicações daquela praça comercial, a primeira das quais era a abertura dos portos. A fundamentação havia sido fornecida por Silva Lisboa e atendia às necessidades da política externa portuguesa. O príncipe, agradecido, incumbiu o letrado baiano de ministrar cursos de economia na nova Corte.[321] Incorporado por dom Rodrigo ao time de ilustrados a serviço do projeto imperial luso-brasileiro, Lisboa teve uma ascensão fulminante: foi diretor e censor da Impressão Régia, deputado da Real Junta do Comércio, Agricultura, Fábrica e Navegação do Brasil e desembargador da Casa de Suplicação.[322] A contrapartida foi sua transformação no verdadeiro intelectual orgânico do regime joanino. Ainda em 1808 Lisboa publicou no Rio as *Observações sobre o comércio franco no Brasil*, cujo fito era justificar o fim do monopólio e defender a aliança com a Grã-Bretanha: "A franqueza do comércio, regulada pela moral retidão, é o princípio vivificante da ordem social, e o mais natural e seguro meio da prosperidade das nações".[323] O Brasil carecia de inúmeros artigos de uso dos povos civilizados e não podia operar como uma autarquia.

Mas a aliança com a Grã-Bretanha não era defendida somente por razões de troca econômica. Lisboa acreditava que a cultura britânica permitiria aos luso-brasileiros absorverem mais rapidamente, por contágio, o que havia de mais avançado em matéria de civilização: "A semelhança e o exemplo são os

---

[319] Idem, ibidem, p. 105.

[320] Idem, ibidem, p. 103.

[321] KIRSCHNER, Tereza Cristina. *Visconde de Cairu: itinerários de um ilustrado luso-brasileiro.* São Paulo: Alameda, 2007, p. 142-143.

[322] Idem, ibidem, p. 154-161.

[323] CAIRU; José da Silva Lisboa, visconde de. *Visconde de Cairu.* Introdução de Antônio Penalves Rocha. São Paulo: Editora 34, 2001, p. 194.

maiores estímulos das ações humanas. Estando em maior contato com os povos mais civilizados, é impossível que não nos emparelhemos à sua indústria".[324] Neste sentido, a Grã-Bretanha era o grande modelo de moderação e moralidade a ser emulado por Portugal contra os excessos e leviandades dos franceses: "A lição dos grandes homens da Inglaterra é um dos melhores antídotos contra o contágio céltico, e é própria a formar grandes caracteres de homens públicos".[325] O livro de Lisboa legitimava a ação do conde de Linhares, que enfrentava os negociantes e os nobres descontentes com as reformas que serviam de sustentáculo ao projeto imperial americano:

> Não nos persuadamos que os nossos maiores nos deixaram todas as possíveis lições de sabedoria. Adotemos da antiguidade o que é bom, e venerável, e não o que se mostra irracional e caduco. Quando a órbita política torneia com tão vertiginoso movimento, é absurdo ficar-se estacionário, e não se seguirem novas regras. Quando o vento salta à proa, o bom piloto muda logo de rumo.[326]

José da Silva Lisboa e as ambiguidades do reformismo joanino (3): o Iluminismo britânico sem constitucionalismo nem política. Três anos depois das *Observações sobre o comércio franco no Brasil*, Silva Lisboa foi encarregado por dom Rodrigo de traduzir e publicar os *Extratos das obras políticas e econômicas do grande Edmund Burke* (1812), então reproduzidas na Europa e na América do Norte por conservadores, reformistas ilustrados e reacionários, para combater as ideias radicais da Revolução Francesa. Não foi diferente no caso luso-brasileiro. Introduzida e organizada por Silva Lisboa, o propósito da publicação era "assoalhar algumas amostras dos pensamentos deste insigne mestre de ciência prática da administração e de política ortodoxa, por ser o mais valente antagonista da seita revolucionária e o que, ensinando realidades e não quimeras, expôs os verdadeiros direitos do homem, lançando exata linha divisória entre as ideias liberais de uma regência paternal e as cruas teorias de especuladores metafísicos, ou maquiavelistas, que têm perturbado ou pervertido a imutável ordem social, estabelecida pelo Regedor do Universo".[327] O

[324] Idem, ibidem, p. 84.
[325] Idem, ibidem, p. 87.
[326] Idem, ibidem, p. 194.
[327] Idem. *Extratos das obras políticas e econômicas do grande Edmund Burke.* 2ª ed. mais correta. Lisboa: A Nova Impressão da Viúva Neves e Filho, 1822, p. V-VI.

livro poria à disposição do público um "antídoto contra o pestífero miasma e sutil veneno das sementes da anarquia e tirania da França, que insensivelmente voam por bons e maus ares, e por todos os ventos do globo".[328] Nem por isso a iniciativa deixava de ser um marco: era a própria Coroa que punha à disposição do público a obra de um liberal, ainda que em modulação conservadora. Se antes Lisboa atacara os reacionários em matéria de economia, agora se voltava contra os revolucionários, defendendo um meio-termo capaz de proporcionar progresso na ordem.[329] Em outras palavras, o futuro visconde se colocava como um *whig*, reformista para com os conservadores e cauteloso em relação aos radicais. Aos seus olhos, a obra de Edmund Burke representava a contrapartida política do mesmo modelo de sociedade preconizada por Adam Smith no domínio econômico:

> Burke judiciosamente observou que não se precisava de talento, nem de sagacidade fora do comum, para notar irregularidades na regência dos Estados, e os abusos dos nobres, ricos e administradores públicos: a questão só é sobre os oportunos remédios de prevenir os dados e emendá-los. Execrar revoluções não é defender desgovernos, nem excluir boas leis. Ainda os melhores soberanos e administradores são obrigados a conformarem-se às opiniões das diversas ordens do Estado. Quando o remédio é pior que o mal, até as boas reformas são inúteis ou nocivas. As revoluções são como os terremotos: tudo arruinam e nada reparam. A sociedade civil, depois de convulsões políticas, sempre torna a recompor-se de ricos e pobres, nobres e plebeus; bons e maus; quem mande e quem obedeça. A cena será renovada e unicamente mudarão os atores. Só a doce influência da verdadeira religião e o progresso da cultura do espírito podem diminuir erros e vícios dos homens e fazer durar e florescer os impérios. Mas a perfeição ideal é de absoluta impossibilidade. Que se ganha com as revoluções? As ambições desordenadas se desenfreiam. É preciso confiar a força pública de novas mãos e concentrá-la na de poucos ou de algum, para resistir-se aos inimigos internos e externos. Eis organizada a oligarquia, que logo finda em ditadura e tirania. Tal é o desfecho das revoluções antigas e modernas; e, em algumas, o despotismo se firmou para sempre.[330]

[328] Idem, ibidem, p. V.

[329] ROCHA, Antonio Penalves. "Economia política e política no período joanino". *In*: Tamás Szmrecsányi e José Roberto do Amaral Lapa (org.). *História econômica da independência e do Império.* São Paulo: EDUSP/HUCITEC, 2002, p. 43.

[330] LISBOA. *Extratos das obras políticas e econômicas do grande Edmund Burke*, op. cit., p. VI-VII.

Tudo concorre para a ideia de que Silva Lisboa já tivesse o constitucionalismo histórico de Burke em seu horizonte político normativo. Ele reconhecia que a sociedade civil deveria ser organizada conforme um regime de liberdades que levasse em conta as diferentes classes econômicas e não estamentos; que os regulamentos mercantilistas precisavam ser revogados; que a escravidão impedia o trabalho livre indispensável à construção de um mercado nacional. Era, pois, natural que o baiano sugerisse também a grande providência preconizada pela cartilha do constitucionalismo histórico: a revitalização das Cortes, reivindicada em 1789 por Antônio Ribeiro dos Santos. Mas este não pareceu ao futuro Cairu um posicionamento prudente. Crescia depois de 1814 a pressão pelo retorno da Corte para o reino luso, abandonado, empobrecido e reduzido à condição de dependência da antiga colônia. A bandeira do constitucionalismo histórico só favoreceria os velhos nobres e negociantes prejudicados pela política "americana" de dom João. Na medida em que deslocaria o eixo da política de volta para Portugal, a convocação das Cortes atentaria contra o projeto imperial luso-brasileiro. Foi provavelmente por esse motivo que, em suas obras do período, Silva Lisboa silenciou sempre que pôde em tudo o que dizia respeito à reforma política e constitucional. Seus textos evitavam tanto os elogios ao despotismo ilustrado, no estilo de dom Rodrigo ou de José Bonifácio, quanto as alusões apologéticas de Blackstone à Constituição da Grã-Bretanha. Tratava-se de uma opção de tal modo calculada que, embora citasse Montesquieu e Burke com grande frequência, Lisboa o fazia seletivamente, deixando de lado a defesa do fracionamento do poder. De modo igualmente característico, embora louvasse o restabelecimento da monarquia legítima na França (1814), o futuro Cairu não disse palavra sobre a outorga da Carta constitucional por parte de Luís XVIII.

José da Silva Lisboa e as ambiguidades do reformismo joanino (4): o paternalismo como fórmula de conciliação entre absolutismo e Estado de direito. Quando o contexto tornava impossível não se referir à natureza do regime político português, o futuro visconde se limitava a fazer a apologia do *status quo* e sugerir que, embora formalmente absolutista, a monarquia de dom João, na prática, respeitava todos os direitos, prerrogativas e privilégios dos súditos. Era como se Silva Lisboa a pensasse no registro da "monarquia moderada" francesa, em transição para o Estado de direito por via evolucionária, tal como descrita por Montesquieu em *Do espírito das leis* e por Burke nas *Refle-*

xões. Com a relevante diferença de que, em Portugal, nada havia de parecido com os antigos tribunais aristocráticos que, na França setecentista, brandiam o constitucionalismo histórico como contrapeso ao poder régio. No fim das contas, era ao caráter "paternal" do regime monárquico que o futuro Cairu recorria para conciliar o regime absoluto português com a economia política britânica, ainda que em chave bem diferente daquela de Jaime I ou Filmer. Era um "paternalismo" ou "patriarcalismo" sorridente e benigno, tolerante, que preferia perdoar a lançar mão de castigos severos: "Perfeita concórdia é o símbolo do governo patriarcal, que olha e ampara com benignidade protetora a quantos se aprazem de sua doce regência".[331] Lisboa argumentava que a sociedade civil surgira da agregação de diversas famílias sob a chefia de um mesmo pai ou chefe, e que por isso a monarquia era o governo natural dos homens.[332] No "justo regime patriarcal", o príncipe amparava todos os seus súditos como filhos: "Quanto mais o governo civil se aproxima a este caráter paternal e forceja por realizar essa ficção generosa e filantrópica, tanto ele é mais justo e realmente poderoso, sendo então a obediência a mais voluntária e cordial, e a satisfação dos povos, a mais sincera e indefinida".[333]

Em suas *Memórias sobre os benefícios políticos do governo de El-Rei Nosso Senhor D. João VI* (1818), Lisboa enfatizava que, na medida em que se fazia merecedora do amor dos súditos, a monarquia paternal se permitia autoconter, poupando-se de atos tirânicos ou opressivos: "Ainda que, pela prerrogativa da realeza, seja superior às leis, [o príncipe] contudo respeitou sempre nelas a majestade do trono, e a base da ordem pública. Os verdadeiros portugueses reconhecem nele o pai indulgente, ainda a filhos erradios, sempre desvelado no bem público, protegendo e honrando a todos, sem exceção de pessoas e naturalidades".[334] No campo econômico, era também o poder pessoal do monarca que o levava a exercer "antes um poder puramente tutelar e de benéfica influência [...] do que autoridade compulsória e de direção imediata".[335] Em síntese, a doutrina do paternalismo benévolo apresentava a monarquia luso-brasileira como um Estado de direito que desabrochava graças à ação

[331] Idem. *Memória dos benefícios políticos do governo de El-Rei Nosso Senhor D. João VI*. Rio de Janeiro: Impressão Régia, 1818, p. 15.

[332] Idem. *Princípios de economia política*, op. cit., p. 119.

[333] Idem, ibidem, p. 119.

[334] Idem. *Memória dos benefícios políticos*, op. cit., p. 15.

[335] Idem, ibidem, p. 132.

esclarecida de um príncipe generoso, cujo interesse era "inseparável da felicidade do povo, doçura do governo e simplicidade da administração".[336] Diante da tarefa hercúlea de justificar um Antigo Regime cercado de cosmopolitismo cultural e econômico, evitando um constitucionalismo histórico que bateria de frente com o projeto imperial, a única opção era se socorrer da fórmula do reformismo ilustrado: "Legislação iluminada e administração firme".[337]

Até 1817, o grosso do combate de Silva Lisboa se voltara contra os mercantilistas e negociantes desejosos do retorno do sistema de monopólios que prejudicava o Brasil. A partir do momento, porém, em que o projeto imperial foi afrontado simultaneamente na América, pela Revolução Pernambucana, e na Europa, pela Conspiração de Gomes Freire, o futuro visconde começou a privilegiar a defesa da autoridade e da religião[338]. Em seus *Estudos do bem comum e economia política ou Ciências das leis naturais e civis de animar e dirigir a geral indústria e promover a riqueza nacional* (1819-1820), Lisboa afirmava que o bom governo encaminhava a organização social conforme as leis da economia política inscritas no plano da Providência Divina. O economista político tornou-se "o auxiliar do moralista".[339] Ele passou a enfatizar com insistência crescente que o catolicismo era o fundamento inarredável da educação cívica e que a economia política podia suprir a falta de um governo representativo. Baseado nos *Ensaios políticos* de Hume, Silva Lisboa argumentava que a ciência política ainda era incipiente, sendo incapaz de prever resultados. A economia política, ao contrário, era terreno mais seguro sobre o qual investir a reconstrução social.[340] A defesa do sistema exposto por Smith em *A riqueza das nações* oferecia a Lisboa a vantagem adicional de ridicularizar os "sequazes de Rousseau e Mably", ou seja, os republicanos radicais, como defensores, não da riqueza, mas da "pobreza das nações".[341] Ao deixar para trás o anacronismo representado pelo republicanismo clássico e pelas doutrinas mercantilistas, a economia política britânica contri-

[336] Idem, ibidem, p. 116.
[337] Idem, ibidem, p. 82.
[338] LYNCH, Christian Edward Cyril. "Absolutismo político e liberalismo econômico: o reformismo ilustrado de José da Silva Lisboa". Revista do IHGB, Rio de Janeiro, a. 181 (483), 47-74, maio-agosto de 2020.
[339] LISBOA, José da Silva. *Estudos do bem comum e economia política ou Ciências das leis naturais e civis de animar e dirigir a geral indústria e promover a riqueza nacional.* Parte I. Rio de Janeiro: Tipografia Régia, 1819, p. 6-9.
[340] Idem, ibidem, p. 143.
[341] Idem, ibidem, p. 186.

buía para a maior estabilidade dos governos e instilava noções de solidariedade na atrasada sociedade luso-brasileira. O liberalismo econômico, com sua divina mão invisível, aparecia nos *Estudos do bem comum* como um emplastro milagroso que harmonizava todos os conflitos, encaminhando-os a um bom fim: "Eis uma das incomensuráveis vantagens do comércio, com que o eterno Regedor da Sociedade muitas vezes visivelmente extrai o bem do mal e faz que até a cobiça e a vaidade concorram para o progresso da civilização, liberdade civil e perfeição das obras da natureza e arte!".[342]

2. Ideologias da "revolução oligárquica" luso-brasileira (2): o constitucionalismo moderado, monárquico e anglófilo (1808-1820)

A infiltração do liberalismo político: Hipólito da Costa e o *Correio Brasiliense*. Foram os portugueses dos dois lados do Atlântico que se encarregaram da divulgação – clandestina – do liberalismo político através de periódicos publicados em Londres. Jornais como o *Correio brasiliense*, *O português* e *O investigador português em Londres* foram a ponta da lança da imprensa independente no mundo luso-brasileiro, e foi ela quem preparou o ambiente cultural para a substituição do absolutismo pelo constitucionalismo. O principal era o *Correio brasiliense* ou *Armazém literário*, redigido pelo rio-grandense Hipólito José da Costa Pereira Furtado de Mendonça (1774-1823). Antigo protegido de dom Rodrigo na Casa Literária do Arco do Cego e por ele incumbido de coletar informações nos Estados Unidos, ao ingressar na maçonaria da Filadélfia, o jovem acabou por absorver o ideário liberal. Essa conversão ideológica foi fatal, quando seus adversários subiram ao poder e ordenaram sua prisão. Hipólito fugiu para a Inglaterra, onde, patrocinado pelo duque de Sussex (irmão de Jorge III), ele se tornou o primeiro intelectual luso-brasileiro a patrocinar a difusão do liberalismo político.[343] Como jornalista doutrinário, ele afirmava: "A liberdade individual do cidadão é o primeiro bem; e protegê-lo é o primeiro dever de qualquer governo".[344] Atuando em favor de uma

[342] Idem, ibidem, p. 66.

[343] BUVALOVAS, Thaís. *Hipólito da Costa na Filadélfia (1798-1800)*. São Paulo: Hucitec, 2011.

[344] COSTA, Hipólito José. *Antologia do Correio Brasiliense*. Organização e seleção de Barbosa Lima Sobrinho. Rio de Janeiro: Editora Cátedra, 1977, p. 95.

sociedade periférica subjugada pelo "despotismo", o publicista fazia às vezes de paciente pedagogo encarregado de despertar a opinião pública e pressionar o governo: "Os povos do Brasil têm direito a gozar daquela liberdade raciocinável, que consiste em não estar sujeito senão às leis e não ao arbítrio dos que governam".[345] Para tanto, cumpria antes de tudo consagrar a liberdade de imprensa, definida por Hipólito como "a liberdade de falar ou comunicar os pensamentos dos homens, o que é de direito natural, e somente proibido pelos governos, que têm razão para temer que as suas ações sejam examinadas". Sem ela, "a nação não prospera, porque os dons e vantagens da natureza são poucos para reparar os erros do governo e porque se alguém descobre o remédio ao mal, não lhe é permitido indicá-lo".[346]

Hipólito da Costa: um liberal entre os ilustrados. Quando se compara o pensamento político de Hipólito aos dos demais ilustrados luso-brasileiros formados por dom Rodrigo, é possível detectar pontos comuns. Ele comungava do projeto imperial luso-brasileiro e acreditava que a transferência da Corte teria sido o desfecho natural de um longo processo de amadurecimento: "Desde a Restauração, em 1640, começou-se a olhar em Lisboa para o horizonte do Brasil, como para o futuro recurso dos portugueses e a sua terra prometida".[347] Hipólito também acreditava que, a despeito do alto grau de defasagem civilizacional da sociedade luso-brasileira, o novo império poderia vir a ser "um dos mais poderosos e felizes países que existam sobre a face da terra". Daí por diante, começavam as discordâncias. Em primeiro lugar, ele não reconhecia a qualidade ilustrada de qualquer absolutismo, por ele equiparado ao despotismo descrito por Montesquieu em *Do espírito das leis*. Nenhum povo seria feliz privado daquela "liberdade raciocinável, que é a base da sociedade civil"; da mesma forma, nenhum Estado seria respeitado "sem que as afeições dos naturais pelas suas instituições pátrias os leve a ponto de sacrificar, sendo necessário, os bens, as fortunas e as vidas".[348] Para o redator do *Correio*, era impossível progredir sem liberdade política, que educava os cidadãos para a vida pública e facultava a discussão e exame dos diversos pontos de vista. Por mais atrasada que fosse a sociedade, era sempre preciso contar com a opinião, para combater

[345] Idem, ibidem, p. 135

[346] Idem, ibidem, p. 115.

[347] Idem, ibidem, p. 127.

[348] Idem, ibidem, p. 72.

as arbitrariedades do governo, através da imprensa e de eleições. Apesar de oficialmente proibido, o *Correio Brasiliense* tinha ampla circulação no Brasil e era lido pelo próprio rei.

O constitucionalismo moderado de Hipólito da Costa, semelhante ao de Burke em sua modulação liberal, revelava sobriedade nas aspirações e na linguagem, evitando criticar o rei para responsabilizar os ministros pelos males: "As desgraças dos soberanos procedem quase sempre dos conselhos temerários, que lhes dão ministros amigos do despotismo".[349] Essa moderação lhe permitia elogiar as decisões governamentais que julgava acertadas, como a da introdução de tipografias, a da legislação voltada para reduzir a crueldade com os escravizados e o desmantelamento do sistema mercantilista: "Enquanto o príncipe regente de Portugal adornar os lados do seu trono com homens tão beneméritos como D. Rodrigo de Sousa Coutinho, pode estar seguro, que o seu nome será estimado pelos estrangeiros e respeitado pelos nacionais".[350] Embora criticasse o antigo patrono por sua resistência à liberdade de imprensa, para Hipólito, o radicalismo não era uma opção: "As reformas nunca se devem procurar por meios injustos, quais são os da oposição de força ao governo e efusão de sangue".[351] Se, por um lado, a tradição não podia servir indefinidamente de óbice às mudanças, por outro, cabia ao governo tomar a iniciativa de promovê-las: "Ninguém deseja mais do que nós as reformas úteis; mas ninguém aborrece mais do que nós, que essas reformas sejam feitas pelo povo; pois conhecemos as más consequências desse modo de reformar. Desejamos as reformas, mas feitas pelo governo; e urgimos que o governo as deve fazer enquanto é tempo, para que se evite serem feitas pelo povo".[352] Para o redator do *Correio Brasiliense*, as revoluções poderiam ser prevenidas, desde que o governo revelasse "um desejo de melhoramentos progressivos, com o que, ainda quando se não realizem sempre, se conserva a massa geral do povo, e os homens bons e espirituosos da nação, consolados pelas esperanças de futuros mais próximos".[353] Reformas liberais evitariam os riscos de subversão: "Quando em uma nação faltam os meios constitucionais de poderem os povos

[349] Idem, ibidem, p. 94.
[350] Idem, ibidem, p. 28.
[351] Idem, ibidem, p. 170.
[352] Idem, ibidem, p. 79-80.
[353] Idem, ibidem, p. 20.

representar as suas queixas ao imperante, sempre apelam, com direito ou sem ele, para os meios de força".[354]

Na prática, por onde se deveria começar a liberalização da sociedade luso-brasileira? Como bom *whig*, o redator do *Correio* confiava nas excelências do constitucionalismo histórico e, por conseguinte, na revitalização da antiga constituição portuguesa. Malgrado o autoritarismo pombalino, ela não desaparecera da memória dos reinóis, com suas cortes deliberativas, seus nobres que elegiam reis e seus prelados independentes. A lembrança desse passado servia como um freio, ainda que fraco, às ambições despóticas. Nesse sentido, Hipólito alimentava esperança análoga à de Ribeiro dos Santos: a de que "as antigas leis e constituição da monarquia portuguesa" servissem de parâmetro para reformas que, circunscrevendo o poder da Coroa, abrissem as portas do serviço público aos talentos e às virtudes, combatessem privilégios e desperdícios, e responsabilizassem os ministros.[355] Mas Hipólito reconhecia que o estado do Brasil era problemático comparado ao de Portugal. A antiga colônia nunca participara da vida constitucional da metrópole: "Ali não há cidade ou vila que tenha direito de mandar um procurador às cortes; ali não há nobreza titular, que possa alegar o direito de ter voto e ser ouvida na decisão dos grandes negócios de sua nação; ali os prelados estão de tal maneira dependentes, que não gozam dos dízimos". Em uma terra como o Brasil, destituída de qualquer tradição constitucional, a monarquia conseguia governar mais despoticamente. Não havia na América portuguesa "nenhuma contrabalança popular, nem na prática nem na teoria".[356] Daí as críticas renitentes de Hipólito aos administradores das capitanias, referidos sempre como "desgovernadores" que agiam como "pequenos déspotas".[357] O jornalista também condenava o trabalho escravo. Ele prejudicava tanto o cativo quanto seu senhor, que contraía "todos os vícios inerentes à escravidão e insensivelmente se acostuma a faltar a todos os seus deveres morais, fazendo-se feroz e insensível aos males dos outros".[358] Hipólito defendia uma "gradual e prudente reforma que, marcando os progressos de nossa civilização, servirá de grande honra e glória aos legisladores que se ocuparem dessa matéria".[359]

[354] Idem, ibidem, p. 166.
[355] Idem, ibidem, p. 75.
[356] Idem, ibidem, p. 73.
[357] Idem, ibidem, p. 19.
[358] Idem, ibidem, p. 135.
[359] Idem, ibidem, p. 105.

A matriz constitucional anglo-saxã como modelo civilizatório para o Brasil. A esta altura, Hipólito da Costa inaugurava, ao lado de José da Silva Lisboa, já no período joanino, a longeva tradição cosmopolita brasileira que identificaria a Grã-Bretanha como o modelo de civilização a ser emulado: "A Inglaterra é a potência mais adequada para ter uma íntima amizade e aliança com o Brasil. Este país nascente, e falto de experiência, só da Inglaterra pode, nas atuais circunstâncias, aprender a organizar suas instituições políticas, a dirigir as suas operações comerciais; a dispor e tirar vantagem de seus recursos de finanças, etc.".[360] O redator do *Correio Brasiliense* acreditava que até a ocupação militar de Portugal pelos britânicos teria sido benéfica, comunicando os lusos ideias de liberdade. Nesse aspecto, Hipólito ia além de Silva Lisboa. Ele incluía em sua anglofilia um veio americanista, vendo os Estados Unidos como uma versão americanizada da Grã-Bretanha. As antigas colônias britânicas já tinham extinguido o tráfico de escravizados e recebiam uma imigração em massa de europeus atraídos por garantias de liberdade. O Brasil deveria seguir o precedente. Além de reduzir a insuficiência demográfica, a imigração promoveria "o melhoramento físico da espécie, pelos casamentos de pessoas de diferentes países e constituições; e o melhoramento moral que a comunicação das diferentes nações umas com outras sempre traz consigo e de que o Brasil muito deve necessitar, porque se acha, já três séculos, como em prisão de segredo; privado inteiramente do benefício de civilização, que os homens derivam da comunicação uns com os outros".[361] A imigração em massa funcionaria como um transplante cultural, que elevaria as atrasadas estruturas socioeconômicas da sociedade luso-brasileira a padrões europeus de civilidade. Do ponto de vista econômico, a concorrência de lavradores alemães, escoceses, italianos, húngaros e holandeses acordaria os agricultores de seu sono letárgico: "O colono rústico do Brasil jamais alterará a sua rotina de trabalhar a terra, que aprendeu de seus pais, sem que veja que seu vizinho [estrangeiro], por seguir diferente método, obtém melhores colheitas e mais proveito".[362]

[360] COSTA. *Antologia do Correio Brasiliense*, op. cit., 39.

[361] Idem, ibidem, p. 69.

[362] Idem, ibidem, p. 70.

3. Ideologias da primeira "revolução oligárquica" luso-brasileira (3): o constitucionalismo radical, republicano e confederativo (1789-1817)

A *nobreza da terra* inconformada com os rumos da "revolução monárquica" portuguesa. O impulso ideológico "oligárquico" que vinha da Europa durante o período joanino vinha expresso em um constitucionalismo moderado, que visava a cercear as prerrogativas da Coroa conforme o modelo da monarquia britânica. Já o impulso especificamente "americano" ou autóctone fermentava na forma de um nativismo radical republicano inspirado nas revoluções francesa e estadunidense. A partir do último quarto do século XVIII, a valorização dos grandes negociantes e a crescente capilaridade do Estado gerada pela "revolução monárquica" de Pombal começaram a incomodar setores poderosos da nobreza colonial luso-brasileira. Até o reinado de dom João V, a impotência quase completa das autoridades permitira à aristocracia local monopolizar os cargos de vereança, desafiar governadores e jesuítas, expulsar os invasores por conta própria e anular na prática a proibição da escravidão indígena.[363] Esse cenário mudou quando o crescimento econômico provocado pelo ouro levou à emergência de duas novas elites. A primeira era a dos *negociantes de grosso trato* que, envolvidos com o comércio transatlântico de rota europeia e africana, importavam e exportavam escravos, tabaco, fumo, açúcar, couro e prata de diversos centros do império, como Lisboa, Porto, Rio, Luanda, Costa da Mina e a Colônia do Sacramento. Enriquecidos e desejosos de mobilização, os negociantes passaram a disputar os ofícios camarários com os nobres da terra, para quem eles lhes pertenciam por direito de conquista e não podiam ser ocupados por gente que trabalhava com as mãos..[364] Os negociantes recor-

363 BICALHO, Maria Fernanda. "Conquista, mercês e poder local: a nobreza da terra na América portuguesa e a cultura política do Antigo Regime". *Almanack Braziliense*, nº 2, nov. 2005. KANTOR, Iris. "Impasses e repercussões do reformismo ilustrado na segunda metade do século XVIII". *In*: Cecília Helena de Salles Oliveira; Vera Lúcia Nagib Bittencourt e Wilma Peres Costa (org.). *Soberania e conflito: configurações do Estado nacional no Brasil do século XIX*. São Paulo: Hucitec, p. 66-69. NIZZA. *Cultura oral e cultura letrada no Rio de Janeiro nos vice-reis*, op. cit., p. 313.

364 SAMPAIO, Antônio Carlos Jucá de. "Os homens de negócio do Rio de Janeiro e sua atuação nos quadros do Império português (1701-1750)". *In*: João Fragoso; Maria Fernanda Bicalho e Maria de Fátima Gouvêa (org.). *O Antigo Regime nos trópicos: a dinâmica imperial portuguesa*. Rio de Janeiro: Civilização Brasileira, 2001, p. 80. FRAGOSO, João. "Fidalgos e parentes de pretos: notas sobre a nobreza principal da terra no Rio de Janeiro". *In*: João Luís Ribeiro Fragoso; Carla Maria Carvalho de Almeida e Antônio Carlos Jucá Sampaio. *Conquistadores e negociantes:*

reram ao governo de Lisboa que, de um modo geral, decidia em seu favor. O desenlace da emblemática sedição de Olinda em 1710 e da guerra entre a sua nobreza e os mascates pelo domínio político da região indicava o lado para o qual penderia a Coroa. As reformas pombalinas posteriores abriram as portas da nobilitação aos filhos dos grandes comerciantes e favoreceram a conformação de uma aristocracia mais moderna, vinculada também ao mérito e ao serviço público.

O segundo segmento social concorrente, ainda mais temível para a velha nobreza da terra, era formado pela nova aristocracia de *funcionários* ou *burocratas do Estado monárquico*, ou seja, desembargadores, militares graduados, inspetores e coletores de impostos, etc. É verdade que não se deve exagerar sua força, diante da inércia administrativa, da escassez de recursos e sua concentração em uns poucos centros urbanos. Mas a nobreza da terra percebeu mudanças na correlação de forças e fez o que pôde para manter sua hegemonia. O maior controle das atividades econômicas, o aperfeiçoamento dos mecanismos de arrecadação fiscal e de repressão ao contrabando e a redução das jurisdições criaram muitos descontentes, especialmente nas capitanias de Minas Gerais e de Pernambuco. Para piorar, o acesso às distinções nobiliárquicas foi se tornando mais difícil. Durante os três séculos em que a Corte estivera em Lisboa, a Coroa não concedeu título de nobreza a nenhum português americano e apenas alguns chegavam a comendadores de alguma ordem militar. A riqueza dos colonos, mesmo que abundante, não lhes abria as portas do topo da hierarquia social de um império multicontinental, que preservava a exclusividade da metrópole em matéria de educação superior e produção de bens culturais. Os governos das capitanias eram cada vez menos ocupados por naturais da colônia, agora reservados aos nobres reinóis para que as administrassem sobranceiros às facções locais. A primeira nobreza do reino – cerca de quarenta famílias residentes em Lisboa – detinha o monopólio das presidências de tribunais, dos comandos do exército, dos governos das colônias mais importantes e dos bispados mais relevantes.[365] O advento das novas ideias liberais e democráticas serviria para criticar e combater a "revolu-

---

história de elites no Antigo Regime nos trópicos. América lusa, séculos XVI a XVIII. Rio de Janeiro: Civilização Brasileira, 2007, p. 38.

[365] MONTEIRO. *Elites e poder*, op. cit., p. 136-137.

ção monárquica" em curso, justificando no campo ideológico os pruridos ofendidos da liberdade senhorial.

O impacto intelectual do republicanismo norte-americano: a denúncia ilustrada da colonização ibérica e o ideal confederativo na Inconfidência Mineira (1788-1789). O repertório da "revolução oligárquica" francesa, britânica e estadunidense chegou ao Brasil por meio do contrabando de livros proibidos. Nas décadas de 1770 e 1780, os "vassalos ilustrados" da colônia já não ignoravam o que se passava no "centro" do mundo. A obra mais influente foi a *História filosófica e política dos estabelecimentos de comércio dos europeus nas duas Índias*, assinada pelo abade Guillaume-Thomas François Raynal (1713-1796). Ela obteve imenso sucesso editorial ao combinar as ideias de intelectuais do cosmopolitismo iluminista, como Thomas Paine, Voltaire, Montesquieu, Helvétius e Rousseau. Interessava aos luso-brasileiros, em particular, a seção intitulada *O estabelecimento dos portugueses na América* (1781), na qual o reino luso era denunciado como um "um povo selvagem entre os civilizados".[366] Sua crítica se estendia ao processo da colonização marcado pelo furor fiscal, pelos monopólios, pela escravidão, pelo clero ignorante e corrompido, pelo fanatismo supersticioso da população e pelo fechamento de seus portos a todos os estrangeiros. Esta última medida teria o propósito deliberado de manter a terra na mais completa barbárie. Como resultado, os colonos luso-brasileiros teriam se tornado uma raça degenerada; por toda parte, viam-se "os mesmos roubos, as mesmas traições, as mesmas vinganças, os mesmos excessos de todos os tipos e sempre a mesma impunidade".[367] Não havia solução que não passasse pela abertura do Brasil aos princípios cosmopolitas do Iluminismo europeu. Mas Raynal duvidava que os portugueses fossem capazes de fazê-lo, tal o seu estado de degradação. O abade por isso incitava os brasileiros educados na Europa a seguirem o exemplo dos Estados Unidos, cujo processo de independência ele descrevia noutra seção da sua *História das duas Índias*, chamada *A revolução na América.*

Entre os envolvidos na chamada Inconfidência Mineira (1789), havia contrabandistas, fazendeiros, letrados, militares, padres e contratadores, mas não escritores políticos. Por isso, não legaram nenhum documento de próprio pu-

---

[366] RAYNAL, Guillaume-Thomas François. *O estabelecimento dos portugueses na América.* Prefácio de Berenice Cavalcanti. Rio de Janeiro: Arquivo Nacional, 1998, p. 149.
[367] Idem, ibidem, p. 117.

nho representativo de seu pensamento, que deve ser deduzido do conjunto probatório dos autos do processo a que responderam por crime de lesa-majestade (os "autos da devassa"). Os sediciosos estavam sugestionados pela parte da obra de Raynal que defendia o direito que os homens tinham de se livrar dos governos tirânicos: "Deus, que é o princípio da justiça e da ordem, odeia os tiranos. Deus imprimiu no coração dos homens este amor sagrado da liberdade; Ele não quer que a servidão avilte e desfigure sua mais bela obra".[368] Raynal também descrevia com riqueza de detalhes a estratégia dos ex-colonos britânicos durante a guerra de independência, que os inconfidentes interpretavam como um guia para arquitetar a sublevação geral. Era o que dava a entender o padre Carlos Correia de Toledo e Melo (1731-1803), em seu depoimento: "Havia um livro de autor francês [...], o qual no fim trazia o modo de fazer levantes".[369] O conceito de "América" aparecia nas falas dos inconfidentes como algo mais do que uma região geográfica do planeta. Ele aparecia em oposição ao conceito de "Europa", entendida como lugar de absolutismo e tirania. "América", ao contrário, era conceito sempre relacionado a outros como *república*, *liberdade*, *revolução* e *sedição*. A inspiração no precedente revolucionário norte-americano transparecia na carta endereçada por um dos sediciosos ao embaixador dos Estados Unidos na França, Thomas Jefferson (1743-1826). Nele, um estudante de Coimbra opunha a "liberdade americana" à "escravidão" imposta pelos europeus: "A natureza, fazendo-nos habitantes do mesmo continente, nos conectou por relações de uma pátria comum".[370] De fato, um dos livros encontrados nas mãos dos conspiradores era a *Coletânea de leis constitutivas dos Estados Unidos da América* (1778), que propagava o laboratório de experiências constitucionais das antigas colônias britânicas depois da independência.[371] O ponto alto do livrinho era a Declaração de Independência dos Estados Unidos, decalcada do capítulo do *Segundo tratado* de Locke que legitimava o direito de resistência do povo contra o tirano:

---

[368] RAYNAL; Guillaume-Thomas François. *A revolução da América*. Tradução de Regina Clara Simões Lopes. Rio de Janeiro: Arquivo Nacional, 1993, p. 84.

[369] Idem, ibidem.

[370] FERES JR., João; Mader, Maria Luísa. "América – Brasil". *In*: Javier Fernandez Sebástian (dir). *Diccionario político y social del mundo iberoamericano*. Tomo I. Madrid: Centro de Estudios Políticos y Constitucionales, 2009, p. 83.

[371] MAXWELL, Kenneth (org.). *O livro de Tiradentes*. São Paulo: Penguin/Companhia das Letras, 2013, p. 19.

> Eis as verdades evidentes por si mesmas: que todos os homens foram criados iguais; que há certos direitos inalienáveis de que o Criador os dotou, tais como a vida, a liberdade e o desejo de bem-estar, para a manutenção dos quais foram instituídos entre eles os governos, que devem seus justos poderes ao consentimento dos governados; e, desde que uma forma de governo tenda a destruí-los, o povo tem o direito de a modificar ou de a abolir e de instituir uma nova, assentando sua base nos princípios e dando aos seus poderes a organização que julgar mais própria a realizar sua felicidade.[372]

O pensamento político inconfidente: as *Cartas chilenas* de Tomás Antônio Gonzaga e os *Autos da devassa*. O que de mais próximo foi produzido espontaneamente pelos inconfidentes foram as *Cartas chilenas* (1788), conjunto de treze poemas satíricos que circularam anônimos por Ouro Preto no ano anterior à descoberta da conspiração. Seu autor era aquele mesmíssimo Tomás Antônio Gonzaga que, referido no capítulo anterior, fizera a apologia do absolutismo pombalino em seu *Tratado de direito natural* e agora, como desembargador, figurava como o personagem mais ilustre do frustrado levante. As *Cartas* denunciavam os desmandos do governador de Minas Gerais, Luís da Cunha Menezes, ali referido como o "Fanfarrão Minésio", um imaginário general-capitão do Chile espanhol. Tratava-se do exemplo do mau agente da Coroa, que vinha à América violar todas as normas do bom governo: "Que feliz fora esta vasta conquista, se os seus chefes com as leis dos monarcas se ajustaram! Mas alguns não se presumem vassalos, só julgam que os decretos dos augustos têm força de decretos, quando ligam os braços dos mais homens, que eles mandam, mas nunca quando ligam os seus braços".[373] O governador era comparado à maneira de Montesquieu a um sultão, porque carente de quaisquer virtudes cívicas e praticante das maquiavélicas artes da dissimulação e da simulação. Ele ignorava os direitos dos súditos, cercava-se de parasitas e desperdiçava o dinheiro dos contribuintes com obras faraônicas: "Há de bem governar remotas terras aquele que não deu, em toda a vida, um exemplo de amor à sã virtude?". Aqui entrava um aspecto nevrálgico na argumentação de Gonzaga: os governantes coloniais deveriam ser escolhidos também pelo mérito e pelo conhecimento da realidade local: "As letras, a justiça, a temperança não são morgados que se fizesse a sábia

[372] Idem, ibidem, p. 149.

[373] GONZAGA, Tomás Antônio. *Cartas chilenas*. Universidade da Amazônia, Núcleo de Educação à Distância, 2017, p. 30.

natureza, para andarem por sucessão nos filhos dos fidalgos".[374] Apesar de tudo, Gonzaga não abandonava sua posição de "vassalo ilustrado", que denunciava em seus versos os malfeitos do governador para que Sua Majestade o substituísse por outro, mais digno de sua confiança:

> De pejo e vergonha os bons monarcas, que pias intenções sempre alimentam, e regem como filhos os seus povos, tocados se verão. Prudentes, sábios, consultarão primeiro sobre a escolha daqueles chefes, que remotos climas determinam mandar, deles fiando a importante porção do seu governo. Prevenidos que a vã, brutal soberba só nas obras influi destes monstros, pelo escrutínio da virtude espero, que regulados seus votos sejam.[375]

A despeito do que consta nas *Cartas* e nos *Autos da devassa*, a insatisfação da nobreza colonial mineira ainda não tinha condições de se exprimir plenamente em formas modernas. Nos Estados Unidos, a independência se dera durante o apogeu do "momento oligárquico" britânico: ambiente intelectual bastante diverso do Brasil, onde se sedimentava o reformismo ilustrado pombalino. Na América portuguesa havia espaços de sociabilidade onde se discutiam autores iluministas, mas eles eram muito reduzidos se comparados aos da Europa e mesmo da América hispânica. Estava presente certa concepção clássica de governo republicano, isto é, limitado e orientado pela lei e pela virtude cívica. Por outro lado, não havia espaços para a igualdade civil. Os inconfidentes ainda concebiam o bom governante como aquele que respeitava hierarquias e preservava distinções. Gonzaga, Alvarenga Peixoto e Cláudio Manuel da Costa louvavam o mérito individual e o conhecimento local para denunciar a tirania dos governadores reinóis, mas não se queriam nivelados com a ralé ou o populacho.[376] Era o que sugeria o padre Toledo, quando assegurava que a futura república manteria a diferença entre os "nobres" e os "de inferior qualidade". As *Cartas* também continham comentários desairosos relativos à mestiçagem e ao ritmo musical dos africanos. Os inconfidentes se fiavam na opinião de José Álvaro Maciel, outro "vassalo ilustrado" envolvido na conspiração. Ele recomendava a manutenção do sistema escravista, sob pena de subverter a economia e arriscar

[374] Idem, ibidem, p. 14.
[375] Idem, ibidem, p. 85.
[376] SOUZA. *O sol e a sombra*, op. cit., p. 174.

um massacre da população branca.[377] Tratava-se de uma típica "ideologia crioula", isto é, dos descendentes dos conquistadores da América, que se percebiam como injustiçados pelos europeus, de quem desejavam se livrar, para exercer livremente sua dominação sobre os setores subalternos da população colonial: negros, mestiços e indígenas[378].

Por outro lado, é equivocado imaginar que a Coroa vestisse a carapuça de tirana egoísta, que os inconfidentes lhe punham na cabeça. Em correspondência para o visconde de Barbacena, governador de Minas Gerais, o ministro Martinho de Melo e Castro reconhecia, em tom de reprimenda, que a insatisfação dos colonos não era infundada. Ele reconhecia os "descuidos, e negligências e com os enormíssimos abusos" com que a capitania vinha sendo administrada. Mas os colonos também tinham sua parcela de culpa. A nobreza da terra se recusava egoisticamente a contribuir para o bem comum, sonegando os impostos devidos ao Estado, sem o qual ele não tinha como se manter. A linguagem patriótica de Gonzaga relativa à necessidade de "sacudir o domínio de Portugal" era própria do "sistema desses habitantes ou dos seus magnatas, quando entendem que a altivez, a arrogância e os ameaços de levantamento não são de sezão, de sorte que ou incutindo terror, ou comovendo à compaixão, sempre venham a conseguir o seu fim, que é de não pagar o que devem nem satisfazer o quinto, na forma que eles mesmos o pediram e se obrigaram de sua própria vontade ao seu inteiro complemento".[379] Por esses motivos, alguns historiadores descreveram a *inconfidência* com menos entusiasmo do que a tradição republicana: ela teria sido "um movimento de oligarcas e no interesse da oligarquia, sendo o nome do povo invocado apenas como justificativa".[380] O influxo da Revolução Francesa só fez aumentar a vigilância das autoridades. No Rio de Janeiro, a preocupação com o transbordamento político das discussões dos "vassalos ilustrados" refletiu-se na vigilância ordenada pelo vice-rei, o conde de Resende, sobre os poucos locais onde eles se encontravam, como boticas, escadas de igrejas e chafarizes.

---

[377] FLECK, Eliane Cristina Deckmann. "Os inconfidentes: intérpretes do Brasil do século XVIII". *In*: Günter Axt e Fernando Schüler. *Intérpretes do Brasil: cultura e identidade*. Porto Alegre, Artes e Ofícios, 2004, p. 31. STARLING. *Ser republicano na colônia*, op. cit., p 132, 142, 145 e 159.

[378] SIMON, Joshua. *The ideology of creole revolution : imperialism and independence in American and Latin American Political Thought*. New York, Cambridge University Press, 2017, pp. 15-16.

[379] MORAES. *História do Brasil-Reino e Brasil Império*, tomo I, op. cit., p. 40 e 44.

[380] MAXWELL. *A devassa da devassa*, op. cit, p. 156

O impacto intelectual do republicanismo francês: as tertúlias da Sociedade Literária do Rio de Janeiro (1794). Foi nesse contexto de caça às bruxas que a Sociedade Literária do Rio de Janeiro foi dissolvida em 1794, e seus membros, presos sob a acusação de conspirarem contra a Coroa. O vice-rei os acusava de sustentarem que "os reis não são necessários; que os homens são livres e podem em todo o tempo reclamar a sua liberdade; que as leis por que se governa a nação francesa são justas; e que o mesmo que aquela nação [i.e., a França] praticou se devia praticar neste continente; que a Sagrada Escritura, assim como dá poder aos reis para castigar os vassalos, o dá aos vassalos para castigar os reis".[381] Os membros da Sociedade Literária teriam afirmado que "o governo das repúblicas deve ser preferido ao das monarquias, e que os reis são uns tiranos opressores dos vassalos".[382] Um deles, Silva Alvarenga, defenderia não haver "melhor governo do que o governo de iguais" – com a inevitável salvaguarda de que "desde que restrito aos iguais". Outro membro entendia que "as leis francesas eram boas pela igualdade que introduziam entre os homens".[383] De fato, o Iluminismo, principalmente o francês, chegava todo pelo contrabando: a biblioteca do sócio mais culto da sociedade continha mil e quinhentos livros, entre cujos autores estavam Fénelon, Montesquieu, Voltaire, d'Alembert e Rousseau. O tema que mais os inflamava era o ultramontanismo. Detentores de um novo saber científico, os "vassalos ilustrados" não se conformavam com o monopólio dos religiosos em matéria de ensino. Não surpreende, pois, que tivessem sido denunciados por um frade franciscano. De resto, em parte devido à pressão das famílias sobre a Coroa (entre as quais a do jovem Mariano José Pereira da Fonseca, futuro marquês de Maricá), acabaram todos liberados, sem que se comprovasse qualquer veleidade sediciosa. Em outras palavras, não houvera conspiração: só conversas.[384]

---

[381] In: SILVA, Maria Beatriz Nizza da. *A cultura luso-brasileira: da reforma da Universidade à independência do Brasil.* Lisboa: Editorial Estampa, 1999, p. 209.

[382] In: MARTINS, Wilson. *História da Inteligência Brasileira.* Volume II. São Paulo: Cultrix, 1974, p. 506.

[383] *In*: FIGUEIREDO, Luciano Raposo de Almeida. "O império em apuros: notas para o estudo das alterações ultramarinas e das práticas políticas no império colonial português séculos XVII e XVIII". *In*: Junia Furtado (org.) *Diálogos oceânicos.* Belo Horizonte: Editora UFMG, 2001.

[384] NIZZA. *Cultura letrada e cultura oral no Rio de Janeiro do tempo dos vice-reis*, op. cit., p. 215. STARLING. *Ser republicano na colônia*, op. cit., p. 193 e 203.

O impacto intelectual da Revolução Francesa: o jacobinismo na frustrada "Conjuração Baiana" (1798). O entusiasmo da nobreza da terra com o republicanismo francês e norte-americano arrefeceu quando percebeu o perigo de que tais ideias contagiassem os setores subalternos da sociedade. O alarme amarelo soou com a notícia dos acontecimentos na ilha de São Domingos, colônia francesa na qual, imbuídos dos princípios revolucionários, os escravizados se rebelaram, massacraram os brancos e aboliram a escravidão, passando a gerir a colônia como se fosse uma república negra independente (1791). O alerta vermelho soou quando da descoberta, no Brasil, de outra conspiração malograda, chamada dos Alfaiates, que teve lugar em São Salvador da Bahia sete anos depois.[385] Foram afixados em diversos lugares públicos *Avisos* dirigidos ao "poderoso e magnífico povo baiense republicano". O autor dos ditos avisos era sempre o mesmo: "O Povo". Falava-se em revolução e não revolta; rejeitavam-se o absolutismo monárquico e a desigualdade entre os homens; e louvava-se a constituição republicana: "Todos serão iguais, não haverá diferença, só haverá liberdade, igualdade e fraternidade".[386] Os manuscritos continham extratos de Boissy d'Anglas, de Raynal e de Rousseau. No curso da repressão, as autoridades identificaram uma legião de pardos, pretos e mulatos livres, exigindo igualdade de tratamento. Nas palavras do governador da Bahia, todos os implicados pareciam infectados pelos "abomináveis princípios franceses, e com grande afeição à absurda pretendida Constituição francesa que varia a cada seis meses".[387] Ele não acreditava no envolvimento da elite da capitania, porque proprietários de escravos não desejariam fomentar uma revolução que se voltaria contra eles mesmos. Por outro lado, as dubiedades dos jacobinos baianos acerca da escravidão indicavam que até eles temiam que o tiro da abolição lhes saísse pela culatra. Membros da elite baiana teriam recuado, diante do risco da repressão da Coroa, e da perda de controle sobre os escravizados.[388] Em outras palavras, a escravidão parecia um limite intransponível para os próprios setores interessados em investir no radicalismo.

---

[385] GRIMBERG, Keila. *O fiador dos brasileiros: cidadania, escravidão e direito civil no tempo de Antônio Pereira Rebouças.* Rio de Janeiro: Civilização Brasileira, 2002, p. 53.

[386] In: JANCSO, István. *Na Bahia contra o Império: história do ensaio de sedição de 1798.* São Paulo: HUCITEC, 1995, p. 118-124.

[387] Idem, ibidem, p. 141-142.

[388] VALIM, Patrícia. "Da contestação à conversão: a punição exemplar dos réus da Conjuração Baiana de 1798". Topoi, v. 10, nº 18, janeiro-junho de 2009, pp. 14-23

A primeira Revolução espanhola e a Constituição de Cádis (1808-1812). Dez anos depois, começou o desmantelamento do Antigo Regime hispano-americano (1808). Enquanto o príncipe regente dom João escapava para o Brasil, Fernando VII foi preso e obrigado por Napoleão a abdicar em benefício de seu irmão, José Bonaparte. O golpe acabou frustrado pela mobilização da sociedade espanhola contra as forças de ocupação. Juntas provisórias se encarregavam de governar as diversas regiões do reino em nome do rei legítimo. Uma Junta Central se proclamou depositária da soberania, incumbida de "regenerar a nação". Seus membros invocaram as antigas leis fundamentais e a doutrina escolástica da *translatio imperii*, que autorizavam "os povos" a retomarem seus direitos originários enquanto durasse a ausência do rei legítimo. O afrouxamento da censura fez surgir uma miríade de periódicos. Emergiram três correntes ideológicas. A primeira estava identificada com o absolutismo ilustrado encarnado pelo antigo secretário de Estado de Carlos III, o conde de Floridablanca (1728-1808). A segunda, a do constitucionalismo histórico, era brandida pelos moderados, admiradores de Montesquieu e Burke. Seu mais ilustre representante era Gaspar Melchor de Jovellanos (1744-1811), que, à maneira dos monarquianos franceses, desejava aproveitar as antigas leis fundamentais para estabelecer uma constituição em estilo britânico. Por fim, os radicais ou revolucionários estavam identificados com o periodista Manuel Quintana (1772-1857). Queriam uma constituição como a da "monarquia republicana" francesa de 1791, baseada na soberania da nação encarnada por assembleia única, a que se subordinariam o príncipe e os tribunais.[389] Entre eles, surgiu um liberalismo tipicamente hispânico que, em um ambiente católico e economicamente mais atrasado, assumiu uma tonalidade mais moral, nacional e cívica do que individualista ou capitalista.

Em nome da salvação pública e da regeneração da pátria, a Junta Central convocou Cortes que deveriam ser compostas de deputados de todo o império (Europa, América e Filipinas), com o objetivo dotar a Espanha de uma constituição monárquica. A despeito das referências extraídas do constitucionalismo histórico, o roteiro seguido pelos radicais espanhóis, que prevaleceram afinal, foi o mesmo da Assembleia francesa de 1789-1791. Tratava-se de uma autêntica Constituinte, que nada tinha a ver com as antigas cortes de representantes

389 GUERRA. *Modernidad y independências*, op. cit., p. 218.

das ordens dos diversos reinos de que a Espanha se compunha. O respeito tributado ao constitucionalismo antigo não impedia os radicais de denunciarem suas insuficiências no mundo moderno. Se as circunstâncias presentes obrigavam a mudar a constituição, nada poderia se opor à vontade da nação soberana de se dotar de instituições mais convenientes. Não admira que a chamada Constituição de Cádis (1812) acabasse por adotar um modelo institucional análogo àquele que tivera Rousseau e Sieyès como gurus. Com idênticos tons moralistas e patrióticos, ela consagrava o mesmíssimo sistema da "república com rei" descrita no terceiro capítulo: concepção da soberania da nação como unitária e indivisível; supremacia de uma câmara única (as Cortes), a que estavam subordinados o rei e os tribunais; e rigorosa centralização política. É verdade que duas grandes diferenças separavam as duas constituições: a consagração do catolicismo como única religião de todos os espanhóis; e o uso retórico do constitucionalismo histórico, que ocultava a influência gálica debaixo de uma suposta tradição medieval espanhola. Seja como for, também à semelhança do roteiro original, a constituição durou pouco. Dois anos depois, o rei espanhol retornou de seu exílio e, apoiado pela tropa, restabeleceu o absolutismo, dando origem a um conflito que duraria décadas.[390]

A desagregação do Império espanhol e o constitucionalismo radical no processo de independência hispano-americano. Os diversos vice-reinos e capitanias da América também recusaram legitimidade a José Bonaparte, na expectativa de obter igualdade de representação na futura Constituinte. Quando essa expectativa não se realizou, as lideranças ultramarinas reivindicaram o direito de organizar suas próprias juntas. O movimento autonomista ganhou força quando uma revolta substituiu a Junta Central por um Conselho de Regência, que também pretendia a lealdade da América sem consultá-la. Caracas, Buenos Aires e outras cidades organizaram então suas juntas, apoiadas nos mesmos argumentos do constitucionalismo histórico espanhol: os vice-reinos

[390] PORTILLO VALDÉS, José Maria. "Constitución – introducción". *In*: José Fernandez Sebástian (dir.). *Diccionario político y social del mundo iberoamericano*. Tomo I. Madrid: Centro de Estudios Políticos y Constitucionales, 2009, p. 315-316. SUANZES CARPEGNA, Joaquín Varela. *Política y Constitución en España*. Madrid: Centro de Estudios Políticos y Constitucionales, 2007, p. 190-193 e 419-426. SEBASTIÁN, Javier Férnandez. "Liberalismo em Espãna (1810-1850)". "La construcción de un concepto y la forja de una identidad política". *In*: Javier Fernández Sebástian (coord.). *La aurora de la liberdad: los primeros liberalismos en el mundo iberoamericano*. Madrid: Marcial Pons, 2012, p. 272-273. CIERVA. *Historia total de España*, op. cit., p. 598.

recuperavam sua soberania originária na ausência do rei e se autogovernariam enquanto esta durasse. Enquanto isso, os deputados hispano-americanos defenderam nas Cortes de Cádis uma concepção de nação alternativa àquela dos peninsulares, que era tão unitarista quanto a de Sieyès em 1791. Invocando as doutrinas pactistas escolásticas, os deputados hispano-americanos declararam que a "nação espanhola", espalhada pelos dois hemisférios, se compunha de um agregado compósito de "povos" autônomos, reunidos pela fidelidade à Coroa. Foi nesse espírito que eles apresentaram um projeto federativo de Constituição, julgado indigno de deliberação pela maioria peninsular, que não renunciava à concepção unitária e indivisível de soberania. Concepção que, na prática, garantiria a hegemonia dos espanhóis europeus, graças à centralização estabelecida desde Madri.[391]

Aprofundavam-se as fissuras no Império espanhol. Diante do não reconhecimento de sua autoridade pelas antigas colônias hispano-americanas, o Conselho de Regência acusou-as de desacato e preparou-se para submetê-las pela força. Tal decisão precipitou a secessão: o radicalismo se tornou abertamente republicano e separatista. Assim como os liberais metropolitanos haviam recorrido à história para reafirmar os direitos da nação espanhola contra o absolutismo, os ultramarinos radicalizados apelaram à mesma autoridade para denunciar os "trezentos anos de despotismo" colonial e clamar pela independência. Por isso, embora se valessem da mesma retórica exaltada dos radicais peninsulares, os hispano-americanos deles se distinguiam pelo seu marcado "americanismo". O conceito de "América" havia se generalizado desde a convocação das Cortes de Cádis como mecanismo de diferenciação identitária, exprimindo interesses, desejos e aspirações de autonomia. Contra o preconceito metropolitano que associava o Novo Mundo à barbárie ou à selvageria, a América passou a ser descrita pelos radicais hispano-americanos como uma terra jovem de abundância e liberdade associada ao regime republicano, ao mesmo tempo em que detratavam a Europa monárquica como caduca, decadente e despótica. Voltado para afirmar a dignidade e a capacidade de autodeterminação das colônias, esse movimento tornou-se mais forte e violento durante a guerra de independência. Os conceitos de América e república remetiam ao exemplo pioneiro dos Estados Unidos, invocado com cada

[391] GUERRA. *Modernidad y independencias*, op. cit., p. 418-424.

vez mais frequência pelos partidários da forma confederativa ou federativa de Estado, principalmente na Venezuela (1811) e Nova Granada (1811).[392] A condição americana tornou-se, desde então, a marca distintiva do constitucionalismo radical hispano-americano, comparado àquele da metrópole, mais identificado com a França revolucionária.

Quando Fernando VII reassumiu o trono (1813), ao invés de amainar, a guerra de independência recrudesceu. Reafirmando não apenas a posição metropolitana da Espanha, o rei restabeleceu o absolutismo e despachou navios e tropas para submeter os rebelados. A expedição militar colheu êxitos em suas primeiras atuações. Ao fim e ao cabo, todavia, repetiu-se o desfecho do conflito havido meio século entre as tropas britânicas e os rebeldes das treze colônias da América do Norte, com a derrota dos exércitos espanhóis diante das forças comandadas por San Martín e Simon Bolívar. Mas a vitória dos rebelados não trouxe a paz ao subcontinente. Quando a independência da América se revelou assegurada, ressurgiu em cada capital hispano-americana o desejo de reafirmar sua hegemonia sobre as antigas áreas dos vice-reinos e capitanias, de que haviam sido centros sob o domínio espanhol. Dali por diante, o roteiro seguiu caminho inverso ao estadunidense. Ao invés de prevenirem o conflito, confederando-se sob uma mesma constituição, diversas regiões do antigo império se lançaram umas contra as outras na tentativa de submetê-las à sua própria autoridade ou, ao inverso, de garantirem sua autonomia. Daí as longas guerras civis que fracionaram a identidade hispano-americana. Os países da região começaram suas vidas independentes , portanto, com imensas dificuldades, devido à falta de um consenso político, às perdas demográficas e à destruição da infraestrutura econômica. À exceção do Chile, que conseguiu iniciar sua "revolução monárquica" na década de 1830, grandes países da região como a Argentina, a Colômbia e o México experimentariam meio século de anarquia, guerra civil e ditadura até consolidarem seus Estados nacionais.[393]

[392] LEAL CURIEL, Carole. "De los muchos, uno: el federalismo en el espacio iberoamericano". *In*: José Fernandez Sebástian (dir.). *Diccionario político y social del mundo iberoamericano.* Tomo I. Madrid: Centro de Estudios Políticos y Constitucionales, 2009, p. 83. LYNCH, John. "As origens da independência da América espanhola". *In*: Leslie Bethell (org.). *História da América latina. Da independência a 1870.* Volume III. Tradução de Maria Clara Cescato. São Paulo: EDUSP, 2001, p. 61-67.

[393] ANNA, Timothy. "A independência do México e da América Central". *In*: Leslie Bethell (org.). *História da América latina. Da independência a 1870.* Volume III. Tradução de Maria Clara Cescato.

O projeto imperial luso-brasileiro desafiado: a Revolução Pernambucana de 1817. A imagem do Brasil joanino como uma ilha de tranquilidade foi manchada quando irrompeu em Pernambuco sua primeira revolução. A insatisfação da região era antiga. Os pernambucanos tinham pouca participação no governo, predominantemente ocupado por europeus e, de forma suplementar, por fluminenses e baianos. O acelerado crescimento econômico causado pela expansão do algodão aumentava a má vontade com as despesas da monarquia. Boa parte da aristocracia local não se sentia identificada com o projeto imperial luso-brasileiro e enxergava o Rio como outra Lisboa. O que a elite pernambucana desejava – como noutros países e circunstâncias – era evitar uma "revolução monárquica" promovida alhures, em detrimento de seu próprio poder local. Esse movimento dependia da secessão de Pernambuco e da instalação de um regime republicano, eventualmente confederado com as capitanias vizinhas. A explosão independentista apresentava muitas semelhanças com as da América hispânica, com a importante diferença de que a autoridade monárquica desafiada não estava do outro lado do oceano, mas na costa do mesmo continente, no Rio de Janeiro. O movimento de 1817 também era menos republicano do que autonomista. Seguindo os precedentes dos vizinhos, mas também dos portugueses à época da Restauração, os pernambucanos justificavam a secessão recorrendo ao mito constitucional de que a capitania teria se livrado sozinha do jugo holandês e se associado livremente à Coroa de Portugal, em troca de certas regalias fiscais e administrativas que, uma vez rompidas, legitimavam o desligamento. Tratava-se de uma "restauração da pátria" contra a tirania.

Embora a iniciativa de romper com o projeto imperial construído pelos burocratas do Rio de Janeiro tenha partido da aristocracia local, seus principais ideólogos eram padres que, estudantes do Seminário de Olinda, haviam se deixado seduzir pelo que havia de mais radical na política da Ilustração. Também como nas ex-colônias hispânicas, o imaginário da América como um espaço de liberdade levava à combinação da retórica patriótica da Revolução Francesa com o constitucionalismo norte-americano. Rousseau, Mably, Sieyès e Condorcet eram mobilizados por Cipriano Barata (1763-1838), o frei Joaquim Rabelo do Amor Divino Caneca (1779-1825) e os

São Paulo: EDUSP, 2001, p. 118. GUERRA. *Modernidad y independencias*, op. cit., p. 413-427.

padres Francisco Muniz Tavares (1793-1876) e José Martiniano de Alencar (1794-1870) para, em nome da soberania do povo, justificar a substituição da monarquia absoluta pelo regime republicano. Mas eles também se inspiravam no constitucionalismo norte-americano, quando se tratava da organização da nova república, a partir da mesma coletânea manuseada pelos inconfidentes mineiros – àquela altura, mais do que obsoleta. A constituição pernambucana previa o critério censitário para regular a participação política, liquidava o poder dos desembargadores em benefício dos proprietários de terra e garantia a escravidão em nome do direito de propriedade.[394] O radicalismo retórico do movimento pernambucano afastou moderados como Hipólito da Costa, para quem era "absurdo supor que as revoluções são o meio de melhorar a nação".[395]

Na prática, muito do potencial radical dos revolucionários não se concretizava. Os membros do governo provisório falavam de república em voz baixa e circunscreviam a questão dos direitos do homem aos letrados, certos de que não seriam compreendidos pela maioria. Essa prudência não era infundada, porque a massa da população indígena ou mestiça massacrava todos os que não se dispusessem a gritar "Viva El Rei".[396] Esse monarquismo é facilmente explicável: a Coroa sempre havia sido a única instância de proteção de que os indígenas e os negros dispunham contra os colonos, que os olhavam somente como escravos potenciais. Não viam assim razão para aderir a uma república de senhores, que provavelmente lhes traria apenas mais opressão e sofrimento. República logo sufocada pelas tropas despachadas do Rio de Janeiro.

---

[394] NEVES, Guilherme Pereira das. "Para fazer de 1817 uma revolução: o papel da historiografia". *Revista do Instituto Histórico e Geográfico Brasileiro*, ano 178 (475): 15-42, set./dez. 2017, p. 109. WEHLING, Arno. "Tradição e inovação no discurso político-jurídico da Revolução de 1817". *Revista do Instituto Histórico e Geográfico Brasileiro*, ano 178 (475): 15-42, set./dez. 2017, p. 42. CONTINENTINO, Marcelo Casseb. "Tempos de constituição: perspectivas e paradoxos da lei orgânica da revolução republicana de 1817". *Revista do Instituto Histórico e Geográfico Brasileiro*, ano 178 (475): 15-42, set./dez. 2017, p. 29 e 34.

[395] MELLO, Evaldo Cabral de. *A outra independência: o federalismo pernambucano de 1817 a 1824*. São Paulo, Editora 34, 2004, p. 45-46 e 82. LYRA. Maria de Lourdes Viana. "A Revolução pernambucana de 1817 no contexto do Reino Unido luso-brasileiro". *Revista do Instituto Histórico e Geográfico Brasileiro*, ano 178 (475): 15-42, set./dez. 2017, p. 72.

[396] MELLO. *A outra independência*, op. cit., p. 63.

4. A revolução liberal: a mudança do vocabulário político e a emergência de uma opinião pública (1820-1821)

A segunda Revolução liberal espanhola e seus desdobramentos em Portugal (1820). Antes mesmo da transferência da Corte para o Rio, já se esboçava em Portugal uma reação aristocrática contra a política de enfraquecimento da nobreza tradicional.[397] Com o advento da consciência histórica moderna, as simpatias nobiliárquicas se voltaram para o constitucionalismo britânico, que atualizava, conforme sugestão de Montesquieu, as antigas leis fundamentais para a sociedade moderna. Mas as ideias antiabsolutistas tiveram pouco eco até 1815, quando a guerra acabou. O conflito devastara Portugal e sua economia sofrera um baque com o fim do monopólio comercial com o Brasil. A ausência do rei dilatara os horizontes políticos da sociedade. Contra a ocupação francesa, a regência consentiu em mobilizações populares, empregou uma linguagem patriótica de libertação nacional, discutiu reformas e ultrapassou o absolutismo. A imprensa habituara os portugueses a discutir política, graças à circulação clandestina dos periódicos liberais.[398] Por outro lado, o projeto imperial luso-brasileiro assentado no Rio de Janeiro invertia as relações entre os dois reinos, passando Portugal à condição de dependência do Brasil. Era um estado de coisas humilhante demais para perdurar. Diante do abandono político, da depressão econômica, da interferência britânica e da revolução na Espanha, as elites administrativas, comerciais e militares do reino europeu abandonaram o reformismo ilustrado. O projeto imperial luso-brasileiro, portanto, não tinha inimigos só na América, mas também na Europa. No mesmo ano de 1817, em que estalara a revolução em Pernambuco, a Regência desbaratara em Lisboa uma sedição encabeçada pelo general Gomes Freire de Andrade, destinada a promover "a salvação e a independência de Portugal". A intenção era a de instalar um novo governo no reino, adotar o constitucionalismo e afastar os britânicos.

Em 1820, um novo pronunciamento militar na Espanha reinstituiu, contra a vontade de Fernando VII, o regime da Constituição de Cádis. O movimento constitucionalista reabriu o ciclo revolucionário e se propagou, com

[397] RAMOS; SOUSA & MONTEIRO. *História de Portugal*, op. cit., p. 433.
[398] Idem, ibidem, p. 449-450.

êxitos variados, por países como França, Itália, Grécia, Alemanha e Rússia. O maior impacto teve lugar em Portugal, no qual estourou um pronunciamento apoiado por negociantes, clérigos e militares ligados à maçonaria. Em nome da regeneração nacional (a terceira desde 1640), os revolucionários repetiram o roteiro seguido pelo vizinho em 1812: compuseram uma Junta Central de governo que, na ausência do rei, invocou o direito que tinha a nação de se reintegrar nos seus direitos; reivindicou a qualidade de representante provisória da soberania; e convocou Cortes encarregadas de dar uma constituição ao reino. Buscando restabelecer pelo constitucionalismo o primado de Portugal, o programa revolucionário voltava-se contra o projeto de império sediado na América, alimentado pelo conde de Linhares e agora, por Tomás Antônio Villanova Portugal. Se estes defendiam a capital do Reino Unido no Rio, a ideologia do reformismo ilustrado e a economia pautada pelo liberalismo econômico, os peninsulares liderados pelo desembargador Manuel Fernandes Tomás advogavam o retorno da Corte para Lisboa, a linguagem do liberalismo político e uma economia de monopólios que favorecesse os negociantes reinóis.[399] As representações encaminhadas ao rei em março de 1821, solicitando sua permanência no Brasil, já acusavam os europeus de pretenderem restabelecer sua hegemonia, como reação à fraqueza e à decadência do reino luso.[400] Estava preparado o antagonismo que, patente nas Cortes de Lisboa, desencadearia o processo de secessão do Reino Unido de Portugal, Brasil e Algarves.

A Revolução chega ao Brasil. O gabinete joanino recebeu consternado a notícia da Revolução, mas não acreditava que ela pudesse se estender ao Brasil. Os conselheiros demoraram a deliberar sobre a resposta da Coroa. O governo deveria permanecer ou não? O caráter absoluto do regime deveria ser reiterado, ou era mais prudente reconhecer a legitimidade das Cortes? Havia uma terceira possibilidade: conceder a Portugal uma carta constitucional, deixando o Brasil sob o "governo paternal" do rei. Os conselheiros aventaram inclusive a dissolução das Cortes, enviando-se à Europa um agente para esse fim – o nosso já conhecido desembargador Maciel da Costa, que já fizera publicar um panfleto defendendo a permanência de toda a família real no Brasil.[401]

---

399 Idem, ibidem, p. 451.

400 MORAES. *História do Brasil-Reino e Brasil Império*, tomo I, op. cit., p. 114-115.

401 PALMELA, Duque de. *Memórias do duque de Palmela*. Transcrição, prefácio e edição de Maria

Os conselheiros supunham o Brasil como bastião de lealdade ao seu monarca; entretanto, a partir de janeiro de 1821, algumas províncias começaram a aderir à Revolução. Com o apoio da aristocracia local, os governadores do Pará e da Bahia foram depostos pela tropa portuguesa e substituídos por juntas, incumbidas de governar até a nova constituição. Diante do perigo, o gabinete de dom João optou por uma linha de ação mais próxima do constitucionalismo histórico. Por um lado, ele reconheceu a necessidade de Cortes e formou uma comissão que providenciaria a eleição dos deputados brasileiros. Por outro, o monarca reiterou sua condição de soberano; condenou a forma irregular da convocação, que contrariaria as leis fundamentais do reino; decidiu que a futura constituição não se aplicaria ao Brasil em razão de suas especificidades e resolveu que permaneceria na América, seguindo para a Europa o príncipe herdeiro, dom Pedro. Inconformadas, as tropas portuguesas aquarteladas no Rio aderiram à Revolução. O rei foi coagido a reconhecer a soberania nacional e jurar fidelidade às Cortes e à futura constituição.[402] Na sequência, as demais províncias também organizaram suas juntas. Era, também aqui, o roteiro seguido pelas antigas colônias hispânicas, que terminara pela fragmentação do antigo Império espanhol.

A "guerra literária": a liberdade de imprensa e recepção do vocabulário político moderno. A decretação da liberdade de imprensa desencadeou uma explosão de manifestações, classificada por um contemporâneo como "uma guerra literária, que tem inundado todo o Portugal e Brasil de panfletos e folhas volantes".[403] Escritos em linguagem desabrida e personalista, grande parte dos panfletos e jornais constituíam verdadeiros "insultos impressos", tendo em vista a abundância de polêmicas entre os próprios periodistas que frequentemente degeneravam em ataques puramente pessoais.[404] A multiplicação dos

---

de Fátima Bonifácio. Lisboa: Dom Quixote, 2000, p. 164.

402 VARGUES, Isabel Nobre. "O processo de formação do primeiro movimento liberal: a Revolução de 1820". *In*: José Mattoso (org.). *História de Portugal.* Quinto volume: O liberalismo (1807-1890). Coordenadores: Luís Reis Torgal e João Lourenço Rique. Lisboa: Editorial Estampa, 1998, p. 49-51. FERNANDEZ SEBÁSTIAN. *Liberalismo em España*, op. cit., p. 276-277. SCHULTZ. *Versalhes tropical*, op. cit., p. 333-338. PALMELA. *Memórias*, op cit., p. 161.

403 RIO DE JANEIRO, Compadre do. *Justa retribuição dada ao compadre de Lisboa em desagravo dos brasileiros defendidos por várias asserções, que escreveu na sua carta em resposta ao compadre de Belém.* Segunda edição correta e aumentada. Rio de Janeiro: Tipografia Nacional, 1822, p. 5.

404 LUSTOSA, Isabel. *Insultos impressos: A guerra dos jornalistas na independência – 1821-1823.* São Paulo: Companhia das Letras, 2000.

impressos favoreceu a criação de novas formas de sociabilidade e, com elas, a emergência definitiva da "opinião pública", entendida como um espaço público que deveria nortear a organização da nova ordem política baseada na soberania da nação. A primeira tarefa da imprensa era a de exercer um papel de pedagogia política idêntica àquela levada a cabo na França por Benjamin Constant ou na Grã-Bretanha por Hipólito da Costa. Os jornalistas liberais combatiam a cultura política do Antigo Regime baseada na soberania do rei com as bênçãos da Igreja, e habituavam o público àquela outra, liberal, assentada em categorias como *soberania nacional, divisão de poderes* e *sistema representativo*. Os redatores se consideravam diretores da opinião pública; demiurgos intelectuais que a criariam a partir do conjunto de preocupações comuns. Conscientes de sua distância em relação à massa de eleitores, eles adotavam uma estratégia gradualista e didática de convencimento, que passava por aproveitar formas literárias tradicionais, como os catecismos e os dicionários, para esclarecer os novos princípios e conceitos da nova ordem: *razão, história, regeneração, constituição, revolução, opinião*, etc.[405] Nem todos, porém, acreditavam nos benefícios ilimitados da liberdade de imprensa, temendo e lamentando seu efeito pernicioso sobre a esfera pública: "Este século pode ser denominado o do papel, tão importante e geral é o uso e o abuso que dele se faz".[406]

Os periódicos contribuíram assim para legitimar a obra de destruição do Antigo Regime, acelerando a mudança de cultura política através da circulação de notícias, artigos e textos doutrinários, a maior parte das quais produzida em periódicos europeus de circulação internacional. Rompido o dique da censura, a expressão do ideário liberal veio carregada de referências desordenadas a quase todos os republicanos clássicos e constitucionalistas relevantes que haviam se notabilizado ao longo das "revoluções" e "momentos" oligárquicos ingleses e franceses. O autor da *Memória constitucional e política sobre o estado presente de Portugal e do Brasil*, José Antônio de Miranda, citava Fénelon, Filangieri, D'Alembert, Sidney, Locke, Vattel, Raynal, Du Pradt, Montesquieu e Rousseau. Os jornais publicavam longos trechos traduzidos daqueles autores, alegando que, pela falta de recursos financeiros e do hábito de leitura, os

---

[405] GUERRA. *Modernidad y independencias*, op. cit., p. 285-297.

[406] MARICÁ, Mariano José Pereira da Fonseca, Marquês de. *Máximas, pensamentos e reflexões*. Rio de Janeiro: Ediouro, 1977, p. 234.

leitores não estavam habituados a ler volumes muito longos e que aquele era o melhor modo de familiarizá-los com a nova cultura política.[407] Sendo pouco frequente o emprego da expressão *liberalismo* naquele período, os autores dos sermões, panfletos e artigos se valiam de substantivos outros, como *constitucionalismo* ou *governo representativo*, tomados como sinônimos dos dois lados no mundo português.[408] De fato, em um primeiro momento, eles parecem mesmo ter sido intercambiáveis, porque somente era liberal quem queria a Constituição e, com ela, o governo representativo. Daí que cada um deles timbrasse em se declarar "muito liberal e muito constitucional", desejosos todos de gozar "dos benefícios de uma Constituição liberal".[409] O liberal queria tanto "o bem de sua pátria" quanto "a liberdade"; quanto à Coroa, ele "ama o monarca, respeita-o, quando é respeitável, amaldiçoa-o quando é indigno e tirano, e prefere a morte a um jugo insuportável". Já o "liberalismo" ou a "liberalidade de ideias"[410] era "a justiça mais pura e mais elevada aplicada a nossas ações e, portanto, a fonte de todas as nossas virtudes".[411]

Ao *constitucionalismo* era atribuída a capacidade de regenerar a pátria e dar-lhe felicidade. Em panfleto atribuído ao desembargador Maciel de Costa, o autor afirmava que, como na arca de Noé, haveriam de habitar à sombra da Constituição "diversos caracteres, e todos em perfeita paz. Uma nação [...] com um governo constitucional, ativo, vigilante e enérgico, será certamente uma potência de grande respeito, e consideração política, e terá um lugar distinto entre as Nações de primeira ordem".[412] Segundo o *Amigo dos homens e da pátria*, a Constituição era o veículo que permitiria o advento do sistema representativo; era "a norma, ou a regra, que uma sociedade unanimemente estabelece para a sua geral conservação, tranquilidade e bem-estar".[413]

407 CONTIER, Arnaldo Daraya. *Imprensa e ideologia em São Paulo (1822-1842): matizes do vocabulário político e social.* Petrópolis: Editora Vozes, 1979, p. 45-46.

408 VERDELHO, Telmo dos Santos. *As palavras e as ideias na Revolução Liberal de 1820.* Coimbra: Instituto Nacional de Investigação Científica, 1981.

409 MIRANDA, José Antônio de. "Memória constitucional e política sobre o estado presente de Portugal e do Brasil". 1821, *In*: Raymundo Faoro (int.). *O debate político no processo da independência.* Rio de Janeiro, Conselho Federal de Cultura, 1974.

410 Idem, ibidem, p. 66.

411 In: NEVES, Lúcia Maria Bastos Pereira das. *Corcundas e constitucionais: a cultura política da independência (1820-1822).* Rio de Janeiro: Revan, 2003, p. 143.

412 ANÔNIMO. *Exame analítico-crítico da solução da questão: o Rei e a Família Real de Bragança devem, nas circunstâncias presentes, voltar a Portugal ou ficar no Brasil?* Rio de Janeiro: 1821, p. 23.

413 *In*: SILVA. *A cultura luso-brasileira*, op. cit., p. 230.

Do mesmo modo, *Um patriota amigo da razão* entendia que a Constituição era composta das "leis fundamentais pelas quais um povo estabeleceu o modo por que quer ser governado e determina os limites do poder que confere às autoridades a que se sujeita".[414] Persistia também a noção histórica de Constituição. No *Correio Brasiliense*, o moderado Hipólito da Costa sublinhava que, depois de ignorada por tanto tempo pelo absolutismo, agora as Cortes lisboetas iriam reformá-la "conforme as exigências do tempo" para depois estendê-la também à América lusitana.[415] O mesmo escrevia o anônimo autor das *Reflexões sobre a necessidade de promover a união dos Estados de que consta o Reino Unido de Portugal, Brasil e Algarves nas quatro partes do mundo*, publicado em Lisboa em 1822. Ele entendia que "as Cortes se propuseram formar a Constituição da monarquia, ou antes, reformar a antiga constituição portuguesa".[416] Em linguagem mais técnica, o também moderado José da Silva Lisboa, enfim abraçado ao constitucionalismo britânico, distinguia entre as antigas leis fundamentais medievais e o conceito moderno de Constituição. Ele sempre teria entendido "por constituição de um Estado o complexo de leis, a que se destina a perpetuidade, qualquer que seja depois a instabilidade das instituições humanas. Em consequência, leis constitucionais, no meu humilde entender, são as que antes se chamavam leis fundamentais do Estado, que não se podem derrogar sem ruína do mesmo Estado, ou de sua forma de Governo".[417]

Conclusão

O sétimo capítulo sugeriu que a transferência da Corte para o Brasil produziu efeitos ideológicos ambivalentes. Por um lado, ao se converter no primeiro artífice do Estado brasileiro, a monarquia lusitana naturalizou o reformismo ilustrado como ideologia própria à modernização de um país cujo fabuloso

[414] *In*: NEVES. *Corcundas e constitucionais*, op. cit., p. 149.
[415] COSTA. *Antologia do Correio Braziliense*, op. cit., p. 270.
[416] ANÔNIMO. "Reflexões sobre a necessidade de promover a união dos Estados de que consta o Reino Unido de Portugal, Brasil e Algarves nas quatro partes do mundo". Lisboa: Tipografia de Antônio Rodrigues Galhardo, 1822, p. 4. *In*: Raymundo Faoro (int.). *O debate político no processo da Independência*. Rio de Janeiro, Conselho Federal de Cultura, 1974.
[417] In: RODRIGUES. *A assembleia constituinte de 1823*. Petrópolis: Vozes, 1974.

potencial contrastava com seu espantoso atraso socioeconômico. Neste sentido, o início da "revolução monárquica" brasileira assemelhou-se mais ao dos países europeus do que ao de seus vizinhos ibero-americanos, porque à sombra da realeza. Por outro lado, se o absolutismo na Europa emergira em um ambiente de fechamento de fronteiras e instalação de sistemas protecionistas, marcados por elevado grau de intervenção do Estado na economia, no Brasil da "revolução monárquica" joanina, a sociedade ficou exposta ao cosmopolitismo periférico. O fato de que o absolutismo já era uma ideologia superada nos países cêntricos do início do século XIX (Grã-Bretanha, França e Estados Unidos) obrigava o Antigo Regime tropical a propagandear a economia política identificada à modernidade comercial para se legitimar. A mesma Coroa que difundia o reformismo ilustrado como método de governo se encarregou da divulgação, ainda que seletiva, das obras do Iluminismo britânico, preparando a opinião pública, ainda que involuntariamente, para o sistema constitucional. Os condicionantes periféricos obrigavam dom João VI a uma política dupla, que com a mão direita reforçava a autoridade monárquica pela centralização e com a esquerda reduzia a estreiteza da esfera pública, abria o país ao comércio internacional, introduzia a imprensa, autorizava a publicação de escritos, fundava faculdades e incentivava a imigração estrangeira. Tudo isso impactou no tipo de pensamento político produzido no Brasil, reduzido até 1808 à formulação de propostas de corte mercantilista e fisiocrata voltadas para a modernização da exploração da terra pelo melhor conhecimento de sua natureza e pela introdução de novas tecnologias.[418]

Quando da chegada da Corte ao Brasil, as fontes de instrução política estavam circunscritas, segundo um contemporâneo, "às histórias da Grécia e Roma, o *Contrato Social* de Rousseau e alguns poucos volumes dos escritos de Voltaire e do abade Raynal, que haviam escapado à vigilância das autoridades".[419] Agora, a despeito da censura prévia, estava o Brasil exposto ao contágio das ideologias da "revolução oligárquica" europeia. A Revolução Francesa provocou um terremoto ideológico que sacudiu a periferia europeia e americana por três décadas. Os segmentos simpáticos ao constitucionalismo

[418] VILHENA, Luís dos Santos. *Pensamentos políticos sobre a colônia.* Rio de Janeiro: Arquivo Nacional, 1987, p. 39.

[419] ARMITAGE, John. *História do Brasil: desde o período da chegada da família de Bragança, em 1808, até a abdicação de D. Pedro I, em 1831.* Belo Horizonte: Itatiaia, 1981, p. 30.

encontraram, na subversão universal da ordem, o incentivo de que careciam para instituir governos constitucionais e representativos. Do ponto de vista ideológico, a Revolução provocou na periferia um fenômeno desconhecido nos países em que a construção do Estado se dera de modo mais ou menos endógeno, como a Grã-Bretanha e a França, centros do capitalismo mundial. Refiro-me ao descompasso entre a radicalidade dos conceitos e ideologias veiculados a partir daqueles dois países cêntricos e as diferentes condições socioeconômicas das sociedades que os recepcionavam. Por causa dessa assimetria, sob a aparente uniformidade do vocabulário moderno – *soberania do povo, governo representativo, constituição, separação de poderes*, etc. –, os diferentes conceitos e linguagens políticos sofreram por toda a parte reinterpretações, fenômeno cuja compreensão exige – são palavras de François Xavier-Guerra – que "nos proponhamos pensar as condições prévias que tornam possível a difusão das mutações". Pensar tais condições passa por conhecer, ainda que de modo sumário, a conformação morfológica e socioeconômica de cada sociedade sobre a qual impactou a linguagem política moderna. Isto significa perguntar-se "sobre os lugares em que a mutação se produz, os homens que a experimentaram em primeiro lugar e os meios e os ritmos com que a mutação se transmite a outros lugares e outros grupos sociais".[420]

Do ponto de vista ideológico, a "revolução oligárquica" luso-brasileira operou-se a partir de dois impulsos, o externo ou europeu e o interno ou americano. No que toca ao primeiro deles, José da Silva Lisboa foi seu principal agente. O futuro visconde de Cairu sustentou o caráter paternal da monarquia, responsável pelo respeito aos direitos e garantias individuais; a superioridade do Brasil sobre Portugal no quadro do Reino Unido; a apologia do liberalismo econômico como produtor de riquezas; a influência britânica como estratégia de superação do atraso cultural; e a necessidade da extinção da escravatura como regime de trabalho. O progresso passava pela livre concorrência bem temperada; pelo estreitamento de vínculos políticos e comerciais com as nações mais desenvolvidas e pela educação generalizada como meio de instrução e moralização. Num ambiente ainda colonial e mercantilista, a introdução do vocabulário do Iluminismo britânico permitiu a difusão, pela primeira vez, de noções essenciais da política moderna, como a da superioridade dos con-

[420] GUERRA, *Modernidad y independencias.* op. cit., p. 338.

temporâneos sobre os antigos, a busca da felicidade como móvel do mundo social e a natureza perfectível do homem. O problema era que, no ambiente cosmopolita da abertura dos portos, especialmente depois de 1814, havia cada vez menos gente contente com a leitura seletiva do Iluminismo, que justificava a monarquia ilustrada e paternal de dom João VI. Ao mesmo tempo, uma vez que a França de Benjamin Constant seguira a Grã-Bretanha na moderada trilha da monarquia constitucional, não havia mais dúvidas, para parte significativa das elites do Reino Unido de Portugal, Brasil e Algarves, que aquele era o caminho inarredável da modernidade política. Coube a Hipólito da Costa dar o passo adiante e, suprindo o vazio de liberalismo político, difundi-lo pelas páginas de o *Correio Brasiliense*.

No que tange ao segundo impulso da primeira "revolução oligárquica" brasileira, o interno ou americano, ele correspondia à renitente insatisfação de diversos proprietários identificados com as famílias tradicionais da colônia com a política centralizadora de Lisboa. Eles encontraram militares para apoiá-los e intelectuais, geralmente padres, que justificaram seus anseios autonomistas a partir das ideologias revolucionárias estadunidense e francesa. Nenhuma obra parece ter exercido maior influência do que a *História das duas Índias* de Raynal, cuja crítica severa da colonização portuguesa marcaria o liberalismo brasileiro com sua rejeição da herança ibérica e seu ideal anglo-saxão de organização política. No entanto, em uma sociedade cuja "opinião pública" era formada por senhores de escravos de etos aristocrático, a radicalidade dos ideais libertários teria um alcance mais limitado. A miríade de hierarquias raciais, econômicas e nobiliárquicas presente no Brasil dificultava a identificação do patriciado colonial com a plebe. Elites autonomistas, como a dos inconfidentes mineiros, imaginavam a si mesmas exercendo o papel político de "povo", que se levantava contra a tirania absolutista. Ao grosso da população, mestiça e miserável, caberia o papel de seu obediente auxiliar, na condição de "plebe". A luta dos liberais brasileiros contra o absolutismo adquiria assim, na periferia colonial, um sentido menos igualitário em relação às camadas subalternas e mais liberatório em relação à burocracia monárquica, percebida como "despótica" ou "estrangeira". A nobreza da terra e seus aliados queriam mais liberdade para si e menos para os que estavam abaixo.[421] Por essa razão, a retórica radical

[421] LYNCH. *As origens da independência na América espanhola*, op. cit., p. 68. SIMON. *The ideology*

escondeu frequentemente a defesa de valores aristocráticos da nobreza colonial, típicos do Antigo Regime. Em segundo lugar, é preciso notar também a limitada abrangência geográfica da pretensão dos autonomistas que falavam em nome da nação. Havia um projeto monárquico de império luso-brasileiro, mas só havia projetos de repúblicas "mineira", "baiana" ou "pernambucana". Por isso, os movimentos autonomistas de índole "americana" teriam fatalmente fragmentado o Brasil em diversas repúblicas independentes, algumas das quais eventualmente reunidas por laços confederados. O êxito da transição da monarquia absoluta para a constitucional preveniu aquele desfecho.

A revolução que restaurou a Constituição de Cádis, em 1820, só pode ser compreendida se reconstituído o processo de eclosão do liberalismo. O processo constituinte espanhol seguira os passos do francês, com a vitória da corrente radical sobre a anglófila, mas também sobre o federalismo dos americanos. Do ponto de vista institucional, o movimento espanhol de 1812 ressuscitou a "república com rei" dos patriotas franceses de 1789-1791: Legislativo unicameral, com o rei e o Judiciário girando em torno das Cortes; e um regime de governo unitário, reafirmando a supremacia imperial de Madri. A Revolução espanhola de 1820 reapresentou a Constituição de Cádis como um "universal" de liberdade e produziu um efeito dominó na Europa e na América. A primeira das peças a cair foi o reino de Portugal, cuja revolução replicou as juntas provisórias da Espanha e os argumentos do constitucionalismo histórico ibérico, segundo o qual a nação recuperava seus direitos originários na ausência do rei. Ocorre que, no caso lusitano, o rei não estava ausente como o espanhol durante o cativeiro de Napoleão; ele se encontrava na parte americana do Reino Unido. A diferença sugeria que, para os revolucionários peninsulares, o Brasil não era um reino no mesmo nível de Portugal e deveria ser reconduzido a uma posição subalterna no contexto do império. Por outro lado, a Revolução chegou à América apoiada pela tropa portuguesa e pela nobreza provincial que desejava autonomia em relação à monarquia, estivesse ela sediada em Lisboa ou no Rio. A liberdade de imprensa representou os primeiros passos dos brasileiros na construção de uma esfera pública moderna. A crítica da colonização portuguesa como fator de atraso do Brasil, que justificara a revolução monárquica promovida

of Creole Revolution, op. cit., p. 65.

pelo absolutismo ilustrado, foi sucedida pela crítica do Antigo Regime, reputado despótico.

A fórmula de acesso à modernidade era agora a do liberalismo político. Os revolucionários peninsulares queriam expulsar os britânicos, desfazer o projeto imperial ilustrado baseado na América e recuperar o monopólio do mercado brasileiro para os comerciantes de Lisboa e do Porto. Ocorre que, embora também desejassem se livrar do projeto imperial, os radicais luso-brasileiros divergiam de seus homólogos peninsulares em outros pontos. Queriam autonomia para suas antigas capitanias, que eles pensavam como "povos" mais ou menos apartados, tais como as antigas colônias britânicas da América do Norte e os vice-reinos da América hispânica. Sua adesão ao constitucionalismo lisboeta era motivada pela esperança de que as Cortes consagrassem uma forma confederativa de império – a mesma que movera os deputados hispano-americanos nas Cortes de Cádis. Quando ficou claro que os portugueses só pretendiam liquidar o governo do Rio para restabelecer a hegemonia de Lisboa, com a agravante de golpear a liberdade de comércio, os radicais brasileiros recuaram. Foi então que os burocratas, reunidos na abandonada Corte carioca, vislumbraram uma oportunidade de salvar o projeto imperial. Adotando um constitucionalismo moderado compatível com seus objetivos reformistas, os ilustrados recuperaram a iniciativa política, acusando as Cortes de pretenderem a recolonização do Brasil e atraindo as elites das províncias, com a promessa de uma Constituinte exclusivamente brasileira. Descartada a união com Portugal, já sob o signo da independência, chegaria em 1823 a hora do ajuste de contas entre as duas velhas adversárias: a burocracia monárquica luso-brasileira e a aristocracia colonial das províncias, cada qual com seus diferentes projetos de país.

Capítulo 8

DA REVOLUÇÃO À INDEPENDÊNCIA: A DISPUTA ENTRE RADICAIS E MODERADOS SOBRE O MODELO DA PRIMEIRA "REVOLUÇÃO OLIGÁRQUICA" BRASILEIRA (1821-1824)

1. IDEOLOGIAS DA PRIMEIRA "REVOLUÇÃO OLIGÁRQUICA" BRASILEIRA (1): O CONSTITUCIONALISMO RADICAL *NATIVISTA* OU *BRASILIENSE*

A antiga nobreza colonial passa a se apresentar como "povo" e "nação". A primeira "revolução oligárquica" brasileira precisava legitimar-se na vontade do novo soberano. Mas quem deveria ser considerado *povo* ou *nação* na nova ordem de coisas? A recepção das ideias revolucionárias de origem francesa se dava em um contexto socioeconômico diferente. Embora o conjunto do território brasileiro fosse 16 vezes superior ao da França, sua porção efetivamente povoada correspondia a míseros 345 mil km^2, correspondente à costa atlântica, ao centro-sul de Minas Gerais e às regiões do Mato Grosso e do Grão-Pará alcançáveis por navegação lacustre.[422] Enquanto a França apresentava cerca de 60 hab./km^2, no Brasil ela não chegava a um único; e na área habitada, não passava de 10. Fora das capitais das províncias, o contato humano era raríssimo, e o Estado, inexistente. Além disso, a porção livre e branca correspondia a apenas um terço da população, sendo as demais compostas de indígenas e de negros, a maioria escravizados. As taxas de alfabetização e urbanização reforçavam o caráter tradicional da sociedade. Na França de 1800, cerca de 20% da população vivia em cidades e já sabia ler e escrever, ao passo que aquele índice no Brasil, 70 anos depois, ainda não passaria de 6%. De cada 100 habitantes livres do Brasil, apenas 23 homens e 13 mulheres sabiam ler. Entre os escravizados, o percentual era de um a cada mil. Do ângulo econômico, se a França já em vias de industrialização exportava cerca de quarenta milhões de libras em 1789, trinta anos depois, as exportações do Brasil escravista e agrário

[422] WEHLING & WEHLING. *Formação do Brasil colonial*, op. cit., p. 336.

chegavam a pouco mais de 3 milhões, ou seja, treze vezes menos.[423] A primeira "revolução oligárquica" brasileira exportada de Paris via Cádis e Lisboa se processou, portanto, sobre uma sociedade cujos níveis de urbanização e de instrução pública eram análogos aos da França de Henrique IV (1600).[424] Ou seja, quando a França dava os primeiros passos de sua "revolução monárquica"!

Para além dessa diversidade socioeconômica, é preciso destacar o fato adicional de que, no Brasil, a condição colonial e a disseminação da escravidão impediram a formação de um "povo" à europeia, integrado por camponeses e artesãos dedicados aos ofícios mecânicos. Os trabalhadores livres viviam no campo como agregados, vendeiros ou capangas, e os que estavam nas cidades tinham seus salários e prestígio depreciados pelos escravizados que lhes faziam concorrência.[425] Um comerciante de Salvador explicava que, uma vez que os negros se ocupavam de todos os trabalhos manuais que na Europa eram exercidos pelo que lá era percebido como povo, no Brasil "poucos são os mulatos e raros brancos que neles se querem empregar, sem excetuar aqueles mesmos indigentes que em Portugal nunca passaram de criados de servir, de moços de tábua e cavadores de enxada".[426] A massa de trabalhadores manuais identificada como "o povo" na sociedade de ordens do Velho Mundo aparecia irreconhecível naquela plebe mestiça, miserável e maltrapilha, frequentemente ociosa, socialmente desorganizada e politicamente irrelevante. O mesmo comerciante acrescentava em 1798: "Todo o povo, à exceção de alguns lavradores aparatosos, como os senhores de engenho, é uma congregação de pobres; pois que, além de serem muito poucas as artes mecânicas e fábricas em que possam empregar-se, nelas mesmas o não fazem pelo ócio que professam; e a consequência que daqui pode tirar-se, é que infalivelmente hão de ser pobrís-

---

[423] BALHANA, Altiva Pilatti. "A População". *In*: SILVA, Maria Beatriz Nizza da. *O Império Luso-Brasileiro*. Lisboa: Editorial Estampa, 1986. LEVASSEUR, E.; RIO BRANCO, José Maria Paranhos, Barão do. "A instrução". *In*: LEVASSEUR, E. (org.) *O Brasil*. 1ª edição brasileira. Rio de Janeiro: Bom Texto/ Letras e Expressão, 2000, p. 110. LADURIE. *L'État Royal*, op. cit., p. 32 e 49. Idem. *L'Ancién Regime II*, op. cit., p. 364. WEHLING & WEHLING. *Formação do Brasil colonial*, op. cit., p. 217.

[424] CARVALHO. *A construção da ordem*, op. cit., p. 55-78.

[425] FRANCO, Maria Sylvia de Carvalho. *Homens livres na ordem escravocrata*. 4ª edição. São Paulo: UNESP, 1997, p. 65. MELLO, Evaldo Cabral de. "Uma Nova Lusitânia". *In*: Carlos Guilherme Mota (org.). *Viagem incompleta: a experiência brasileira*. Volume I – Formação: Histórias. 2ª edição. São Paulo: Editora SENAC, 2000, p. 83. SCHWARTZ: *Segredos internos*, op. cit., p. 264.

[426] VILHENA, Luís dos Santos. *Recopilação de notícias soteropolitanas e brasílicas*. Salvador: Imprensa Oficial, 1921, p. 140.

simos".[427] Era o que vinte anos depois informava às Cortes de Lisboa o último ministro dos Negócios Estrangeiros de Portugal no Rio, Silvestre Pinheiro Ferreira: "No Brasil, esta classe [do povo] é proporcionalmente muito menor do que na Europa, porque retirada a classe dos escravos e libertos. Quase todo o resto se compõe de homens que receberam aquele grau de educação que, nos outros países, compõem certa classe acima do que se chama povo".[428]

Em uma sociedade que mudava de vocabulário político, sem correlata mudança socioeconômica, o conceito de povo acabou encapsulado pela pequena camada livre de letrados, profissionais liberais e donos de terra, que pertenciam aos quadros da antiga aristocracia colonial.[429] Era contra o Estado absoluto e seus desembargadores, responsáveis pela "revolução monárquica", que a nobreza da terra buscava acertar contas através da Revolução liberal. Não por acaso, uma das primeiras providências tomadas pelas juntas provisórias das províncias foi interromper a remessa dos tributos ao Rio de Janeiro. Os funcionários luso-brasileiros, principalmente os desembargadores, eram detratados como a personificação do "despotismo ministerial" e referidos de modo pejorativo como "partido português". A expressão aludia menos ao fato de serem eles portugueses (tecnicamente, a maioria não o era) do que à sua formação universitária em Coimbra e sua associação com o absolutismo. Mas também eram neles que, ao longo do processo de independência, confiaria a massa de cidadãos portugueses que aqui ficaria, naturalizada ou não. Era como se a condição de brasileiro e constitucional fosse privativa das elites provinciais. É certo que, no Brasil, não havia o mesmo grau de animosidade que existia na América hispânica entre a elite *criolla* e os peninsulares. O projeto imperial servia de válvula de escape àquela tensão, cooptando membros da elite brasileira. Além disso, com a transferência da Corte, os portugueses nascidos na América tinham mais presença no governo e seus serviços eram reconhecidos e recompensados. A identificação entre europeus e americanos era reforçada pela presença dos africanos, servindo a escravidão de amálgama para a classe dominante.[430] Nem por isso

[427] Idem, ibidem, p. 927.

[428] In: BRASIL. *Documentos para a história da independência.* Volume I. Lisboa – Rio de Janeiro. Rio de Janeiro, Oficinas gráficas da Biblioteca Nacional, 1923, p. 39.

[429] PEREIRA, Luísa Rauter. *O povo na história do Brasil: linguagem e historicidade no debate político (1750-1870).* São Paulo: Paco Editorial, 2016, p. 101.

[430] BETHELL. *A independência do Brasil*, op. cit., p. 194-198.

deixava de existir certa rivalidade, especialmente nas províncias do Nordeste (o "Norte"), cuja distância da Corte tornava sua consciência "americana" mais saliente do que no Sudeste (o "Sul").

Se, por um lado, os *brasilienses* ou *nativistas* das províncias se distinguiam da nobreza burocrática na qualidade de "nação" ou "povo", nem por isso pretendiam se confundir com a "plebe", ou seja, com a massa miserável de mestiços e negros livres do campo ou das cidades. Como no restante da América Ibérica, embora condenasse a administração monárquica como "despótica", a elite "*criolla*" do Brasil nutria sentimentos ambíguos pelas classes subalternas. Embora a maior parte da nobreza da terra provincial, quando se tratava de enfrentar a monarquia, pensasse a si mesma no registro "cidadão", isto é, como partícipe de uma sociedade civil ou nação, quando se tratava de pensar sua posição frente à plebe, ela continuava se concebendo como um patriciado dominado por um "fortíssimo, visceral sentimento aristocrático de preconceitos de família, senão de classe".[431] Ao contrário da Grã-Bretanha e da França, cujas "revoluções oligárquicas" haviam sido promovidas pela nova sociedade comercial, no Brasil agrário e escravista de 1821, os liberais só podiam sair dos quadros dos "homens bons da república", ou seja, da nobreza civil ou política do Antigo Regime. A sociedade continuava essencialmente aristocrática, conforme anotava o botânico francês Auguste de Saint-Hilaire (1779-1853): "A posse de um engenho confere aos lavradores dos arredores do Rio uma espécie de nobreza. Só se fala em consideração de um senhor de engenho, e vir a sê-lo é a ambição de todos".[432] O mesmo acontecera no sul dos Estados Unidos, onde a escravidão também era onipresente. No fundo, como ocorrera em toda a América, os movimentos independentistas patrocinados pela nobreza da terra não tiveram como principal móvel o desejo de se livrarem do domínio metropolitano, por ser monárquico ou estrangeiro. O que pretendiam, antes de tudo, era assegurar a plenitude de seus supostos direitos históricos como descendentes dos conquistadores, exercendo como senhores seus privilégios sobre seus bens e as populações subalternas, sem a intermediação,

---

431 SOUZA. *O sol e a sombra*, op cit., p. 143.

432 SAINT-HILAIRE, Auguste de. *Viagem pelas províncias do Rio de Janeiro e Minas Gerais*. Belo Horizonte: Itatiaia, 1975, p. 38.

restrição ou regulamentação de um poder superior[433]. Entretanto, apenas no Brasil a nobreza da terra continuava se vendo às voltas com a burocracia monárquica, tendo em vista as particularidades por que se operou sua independência política.

O "partido democrata" ou "patriota" dos *nativistas* ou *brasilienses*. Enquanto os ilustrados luso-brasileiros acreditavam que o Brasil não tinha "povo" e que o primeiro dever do Estado era o de criá-lo pelo alto, a antiga nobreza da terra reivindicava para si aquela condição – a de "povo" – a fim de legitimar sua aspiração ao poder. Este era o partido descrito por observadores estrangeiros como o "partido democrata" da Revolução brasileira, que aspirava a uma "independência republicana" e à instauração de "governos provinciais independentes".[434] Empenhados na adesão das províncias aos ideais do constitucionalismo, o grupo revolucionário *nativista* ou *brasiliense* era, em sua grande maioria, composto por homens que não haviam cursado a Universidade de Coimbra e, embora vinculados ao poder local e provincial, não tinham acesso à Corte.[435] O grau de radicalidade deste "partido" era maior nas províncias do Nordeste, onde se destacavam o cearense José Martiniano de Alencar, o baiano Cipriano Barata e os pernambucanos frei Caneca e Venâncio Henriques de Resende (1784-1866). No Sudeste, prevalecia mais moderação, especialmente no grupo paulista em torno do padre Diogo Antônio Feijó, Nicolau dos Campos Vergueiro (1778-1859) e Francisco de Paula Sousa e Melo (1791-1852).[436] Na Corte, os representantes mais conspícuos dessa corrente eram José Clemente Pereira (1787-1854), Gonçalves Ledo e Januário da Cunha Barbosa. Eles definiam a Constituição como a expressão escrita de um pacto político firmado entre os cidadãos para assegurar seus direitos naturais e imprescritíveis, como o princípio majoritário, o da legalidade, o do governo representativo e o direito de petição. A soberania pertencia à nação e a única ordem legítima seria produto de uma Constituinte: "Só os povos têm o direito de escolher o sistema e as leis

[433] SIMON. *The ideology of Creole Revolution*, op. cit., p. 20.

[434] *In*: SILVA, Maria Beatriz Nizza da. *A primeira gazeta da Bahia: Idade d'Ouro do Brazil.* 2ª edição. Salvador da Bahia: UFBA, 2005, p. 181.

[435] BARMAN, Roderick J. *Brazil: the forging of a Nation.* Stanford, Stanford University Press.

[436] DOHLNIKOFF, Miriam. *O pacto imperial: origens do federalismo no Brasil.* São Paulo: Editora Globo, 2005, p. 31.

por que devem ser regidos".[437] Diogo Antônio Feijó (1784-1843) explicava esse nexo entre Constituição e direitos fundamentais:

> Qual o objetivo de toda a instituição política, ou de toda a espécie de governo? A garantia dos direitos e da liberdade de cada um. [...]. Mas o governo pode abusar da força que lhe é confiada: em vez de se servir dela para protegê-la, pode torná-la um meio de opressão. A nação, pois, deve ter garantias contra os governantes. Os homens, para serem felizes hoje, carecem de estar seguros da ventura de amanhã. Essas garantias estarão na Constituição jurada que fixa a natureza e os limites dos poderes [...]. O melhor governo, qualquer que seja a sua forma, é, pois, aquele que afiança os direitos de cada um, e que é obrigado a submeter-se à Constituição.[438]

Como acontecera na América hispânica, o constitucionalismo radical mobilizado pelos membros do "partido democrata" para promover no Brasil de 1821-1822 a sua "revolução oligárquica" era aquele mesmo empregado pelos lusitanos europeus nas Cortes de Lisboa. Carregado de republicanismo e jusnaturalismo contratualista, ele era tributário do espanhol e, por via reflexa, dos patriotas franceses de 1789/1791. O "projeto nacional português" liderado pelo desembargador Manuel Fernandes Tomás visava a resgatar a centralidade de Portugal e por isso se opunha ao "projeto imperial luso-brasileiro" centrado no Rio. Esse já havia sido um dos pontos de rusga entre os periodistas luso-brasileiros exilados em Londres: enquanto o *Correio Brasiliense* defendia a elevação do Brasil à condição de reino unido a Portugal, *O investigador português*, *O português* e *O campeão português* faziam campanha contrária, baseados nos supostos direitos e tradições históricas da nação portuguesa. Como se percebe, para os liberais reinóis, a nação portuguesa era somente a parte peninsular do império. Por essa razão, eles estavam dispostos a perder o Brasil, se necessário para resgatar a dignidade de Portugal. Eles não imaginavam que, do outro lado do oceano, houvesse quem também quisesse liquidar com o Rio de Janeiro como centro alternativo a Lisboa.[439] Não foi sem surpresa, portanto, que

---

[437] BARBOSA, Januário da Cunha; LEDO, Gonçalves. *Revérbero constitucional fluminense. Escrito por dois brasileiros amigos da Nação e da Pátria.* Volume II. Rio de Janeiro: Tipografia Nacional, 1822, p. 39 e 81.

[438] FEIJÓ, Diogo Antônio. *Diogo Antônio Feijó.* Organização, introdução e notas de Jorge Caldeira. São Paulo: Editora 34, 1999, p. 144.

[439] Idem, ibidem, p. 39.

assistiram à adesão progressiva das províncias brasileiras ao seu o projeto de uma "nação portuguesa de ambos os hemisférios".

Mas os deputados eleitos pelo Brasil estavam divididos em duas alas. A primeira se compunha dos moderados reunidos em torno de Antônio Carlos de Andrada Machado, irmão do primeiro-ministro de dom Pedro, José Bonifácio. Reunindo a antiga burocracia monárquica e a maior parte da deputação paulista, esta ala de *luso-brasileiros* ou *coimbrãos* defendia a preservação do Reino Unido de Portugal e Brasil, ou seja, de um reino do Brasil dotado de governo próprio. As instruções enviadas por Bonifácio, sustentadas por deputados como Costa Aguiar, Fernandes Pinheiro e Villela Barbosa, propunham uma monarquia dual, dotada de um governo-geral para o Reino Unido, e outros dois para cada um dos reinos em separado. Queriam também uma distribuição equilibrada de poderes políticos à moda britânica, que respeitasse a autonomia da Coroa. Já a segunda ala era composta dos *brasilienses* ou *nativistas*, e seguia a orientação da maioria radical portuguesa. Também encampavam o desenho institucional de uma "república com rei" apoiado pela maioria dos portugueses, e não reconheciam a legitimidade do governo instalado no Rio. Deputados como Cipriano Barata, Martiniano de Alencar e Diogo Feijó partiam do princípio de que o reino do Brasil havia sido dissolvido pela Revolução e se diziam representantes exclusivos de suas províncias. Desejavam a consolidação da situação criada pela Revolução em cada uma delas, tornadas virtualmente autônomas. Por isso, propunham uma monarquia que reunisse Portugal e cada uma das províncias do Brasil em condições de igualdade, na forma de uma vasta confederação. Lisboa ficaria sendo o centro do império confederado, e cada província gozaria de amplas competências próprias.

Era precisamente neste último ponto que a maioria dos radicais portugueses, orientada pelo nacionalismo peninsular, discordava dos brasileiros. Os nacionalistas reinóis tendiam a um terceiro arranjo, cujo "integracionismo", embora eliminasse o reino do Brasil como entidade política (como queriam os *brasilienses* ou *nativistas*), submetia as províncias a um regime de centralização ainda mais apertada do que a do Antigo Regime (que brasileiro nenhum queria). Fernandes Tomás considerava as províncias brasileiras como extensões do reino peninsular a serem governadas a partir de um centro único e indisputável, que representasse a soberania una e indivisível dos "portugueses dos dois hemisférios".[440] Pernambuco e Bahia deveriam ser governadas de Lisboa da mesma forma que a Beira, o Alentejo e o Algarve. A perspectiva feriu o brio autonomista dos *brasilienses*, que apelaram – como antes deles os hispano-americanos nas Cortes de Cádis – ao imaginário especificamente americano. Alegaram que, entre os dois continentes, havia grande diversidade de circunstâncias, que inclinava à adoção de uma forma de Estado confederativa como a estadunidense. Os *nativistas* também mobilizaram o argumento de que não havia uma nação portuguesa "histórica"; que ela precisava ser construída artificialmente pelas diversas partes que a compunham em igualdade de condições. Eles começaram a abandonar a nau dos liberais europeus quando as Cortes determinaram o envio de tropas ao Nordeste, a pretexto de manter a ordem pública. A ameaça de um despotismo, não carioca, mas lisboeta, foi aproveitada pelos irmãos Andrada, que prometeram uma Constituinte específica para o reino do Brasil. O deputado Antônio Carlos apresentou às Cortes um projeto que, coerente com as instruções do irmão, previa uma Assembleia Legislativa e um Executivo autônomo para o Novo Mundo. Como se pode imaginar, a maioria "integracionista" das Cortes rejeitou o projeto. Os deputados brasileiros aceitaram a inevitabilidade da independência e progressivamente se retiraram de Portugal.[441]

O projeto de "monarquia democrática" do partido *brasiliense* ou *nativista*. Diante da ameaça lisboeta, os *nativistas* aderiram à fórmula de emancipação sob o patrocínio de dom Pedro. Havia na América um príncipe disposto a ser constitucional; havia a ordem escravista a preservar e o mau exemplo dos vizinhos hispano-americanos. Nem por isso eles renunciavam ao autonomismo provincial que os guiava desde a Inconfidência Mineira. Em contraposição ao "projeto imperial brasileiro" da burocracia monárquica, os *brasilienses* acalentavam o projeto de uma "monarquia democrática" que resultaria da combinação de dois elementos. O primeiro decorreria, mais uma vez, do padrão da "república com rei" inventada pelos radicais franceses de 1791 e reiterado pelos espanhóis de 1812 e pelos portugueses de 1822. Embora esse modelo de república disfarçada de monarquia já estivesse defasado em relação ao que se praticava na Grã-Bretanha e na França, os *brasilienses* continuavam a atacar

[440] Idem, ibidem, p. 109.
[441] Idem, ibidem, p. 187.

todas as propostas baseadas no protótipo da constituição mista. Alegavam que a criação de uma segunda câmara e a concessão do veto absoluto ao monarca faziam parte de um plano para "remoçar no Brasil a rançosa e encarquilhada aristocracia".[442] A Constituição de Portugal, feita pelas Cortes de Lisboa, era o modelo a seguir em matéria de agenciamento dos poderes. Ela imitara a espanhola, fazendo de dom João um mero delegado da Assembleia soberana. Era o que defendia o radical Cipriano Barata, seguindo o exemplo de Mably: os portugueses haviam transformado o monarca em uma "fera sem unhas, domesticada e presa".[443] Os brasileiros deviam fazer igual.

O segundo elemento da "monarquia democrática" estava vinculado ao imaginário americanista. O radical Henriques de Resende explicava: uma vez que "o Brasil pertence todo, e deve pertencer ao sistema americano", sua futura monarquia deveria se fundamentar "em alicerces próprios do nosso terreno, e não sobre as mesmas instituições do sistema europeu, porque a experiência nos mostra que as plantas exóticas não podem prosperar em nossos climas".[444] Frei Caneca endossava essa visão: "O sistema americano deve ser idêntico; desprezemos instituições oligárquicas, só cabidas na encanecida Europa".[445] A localização geográfica do país justificava uma monarquia diferente das europeias, conferindo maior peso aos elementos democráticos ou republicanos e, por extensão, à forma confederativa que vigorara nos Estados Unidos entre 1776 e 1787. Caberia às províncias arrecadar os impostos, transferindo ao governo imperial o necessário ao sustento da dinastia e do serviço diplomático. Exército e marinha, cada província teria os seus.[446] Caneca insistia que o reino do Brasil desaparecera depois da Revolução: "Quando aqueles sujeitos do *sítio do Ipiranga*, no seu exaltado entusiasmo, aclamaram a Sua Majestade Imperial, e foram imitados pelos aferventados fluminenses, Bahia podia constituir-se *república*; Alagoas, Pernambuco, Paraíba, Rio Grande, Ceará e Piauí, *federação*; Sergipe d'El-Rei, *reino*; Maranhão e Pará, *monarquia constitucional*; Rio Grande do Sul, *estado despótico*".[447]

---

[442] In: LUSTOSA. *Insultos impressos*, op. cit., p. 339.

[443] Idem, ibidem, p. 339.

[444] ANAIS da Assembleia Constituinte Brasileira, sessão de 29 de julho de 1823.

[445] In: PESSOA, Reynaldo Carneiro (org.). *A ideia republicana no Brasil através dos documentos*. São Paulo: Alfa-Ômega, 1973, p. 37.

[446] BARMAN. *Brazil: the forging of a Nation*, op. cit., p. 94-95.

[447] CANECA, Frei Joaquim do Amor Divino. *Frei Joaquim do Amor Divino Caneca*. Organização e introdução de Evaldo Cabral de Mello. São Paulo, Editora 34, 2001, p. 468.

O ressurgimento do Brasil como "nação" dependeria da livre adesão de cada província a um pacto social que respeitasse suas autonomias.

O periódico *brasiliense* ou *nativista* da Corte: o constitucionalismo radical do *Revérbero Constitucional Fluminense* e suas modulações (1821-1823). O principal órgão do constitucionalismo radical no Rio de Janeiro era o *Revérbero Constitucional Fluminense*, editado por Januário da Cunha Barbosa (1780-1846) e Joaquim Gonçalves Ledo (1781-1847). Ambos eram membros da *nobreza da terra*, chefes da maçonaria local e vereadores do Senado da Câmara, cujos poderes haviam sido esvaziados pela Intendência Geral de Polícia.[448] Como na França em 1789 e na Espanha de 1812, o *Revérbero Constitucional Fluminense* apostava no republicanismo radical, com seu característico voluntarismo. Para reforçar seus pontos de vista, o jornal reproduzia longos discursos das Cortes de Cádis, que lhes pareciam exemplares. Coerente com a lógica da "revolução oligárquica", o *Revérbero* denunciava o *despotismo ministerial* e atacava o monopólio da burocracia para reivindicar a participação da *sociedade civil* nos negócios públicos. Era "ao archote da opinião pública" representada pelo *Revérbero* que "os inimigos da Nação e da Liberdade se acovardam e ocultam os seus vergonhosos intentos".[449] O periódico invocava de modo emblemático a autoridade do "sábio Sieyès", que inventara a doutrina do poder constituinte e era por isso "o primeiro e talvez o único publicista que nos tem ensinado e aclarado os nossos direitos". A influência doutrinária daquele autor reaparecia quando os dois redatores buscavam definir a nação:

> O que é Nação? É a grande reunião de povos, que obedecem a uma mesma lei, e a um mesmo sistema de governo. As classes privilegiadas, que gozam foro, e exceções da lei, não constituem nação, são pequenas frações da grande massa, em quem só reside a força, o poder e a soberania [...]. O governo é na moral o que no físico é um relógio: cumpre atrasá-lo, ou adiantá-lo, e o povo é o relojoeiro, a quem compete compassá-lo pelo cronômetro da vontade geral.[450]

---

[448] OLIVEIRA, Cecília Helena de Salles. *A astúcia liberal: relações de mercado e projetos políticos no Rio de Janeiro (1820-1824).* Bragança Paulista: EDUSF e Ícone, 1999, p. 106.

[449] BARBOSA & LEDO. *Revérbero Constitucional Fluminense,* op. cit., vol. I, p. 52.

[450] Idem, ibidem, vol. I, p. 246.

O progresso da civilização alcançado pelo "povo brasileiro" exigia um novo pacto social, que pusesse fim ao despotismo e reintegrasse os cidadãos na posse de seus direitos naturais, assegurando-os contra o arbítrio. Para compensar o fato de não serem ilustrados como os coimbrãos ou luso-brasileiros, Ledo e Barbosa lançavam mão de argumentos republicanos extraídos de Rousseau, que valorizavam a sabedoria simples do homem do povo, especialmente o do campo (os donos de terras), sobre os pedantes letrados urbanos.[451] Outra característica do constitucionalismo radical era o antipartidarismo, típico da ideologia republicana clássica, desde Maquiavel a Rousseau, passando por Bolingbroke e tantos outros. Na medida em que se supunha que o bem comum pudesse ser conhecido por intermédio da razão e da virtude, o dissenso cívico só podia ser atribuído à ignorância ou às paixões. O homem de partido era "um escravo, que voluntariamente renunciou ao uso da própria razão"; uma "máquina pronta a obedecer ao primeiro agente que a empregar no serviço de sua avareza e de sua ambição".[452] Do ponto de vista constitucional, Gonçalves Ledo e Januário Barbosa afirmavam a exclusiva soberania nacional na confecção de sua lei básica: "Só os povos têm o direito de escolher o sistema e as leis por que devem ser regidos".[453] Só o modelo da "república com rei" adotado em Portugal (1822), depois da Espanha (1812) e da França (1791), era compatível com o caráter "democrático" das demandas do "povo brasileiro", ou seja, da nobreza da terra:

> Na verdade, que desejavam os mais acérrimos democratas do Brasil? Liberdade. Como haviam de assegurá-la? Por uma Constituição. E que Constituição mais livre, mais cheia mesma de formas republicanas, que a Constituição de Portugal? [...]. Ora, na Constituição Lusitana, os órgãos da lei e os funcionários são propostos pelo Conselho de Estado, e o Rei nem pode dissolver, nem congregar as Cortes, e até nem suspender as leis que fizerem; logo é claro, que nada mais podia desejar o Brasil, e que os brasileiros são agora verdadeiramente livres.[454]

No entanto, quando se tratava de defender a forma de Estado, Ledo e Barbosa abandonavam o unitarismo "integracionista" de Sieyès, repetido

[451] Idem, ibidem, vol. II, p. 36.
[452] Idem, ibidem, vol. II, p. 35.
[453] Idem, ibidem, vol. II, p. 81.
[454] Idem, ibidem, vol. I, p.176.

pelos espanhóis e pelos portugueses, para abraçar o confederalismo estadunidense.[455] Encampando o imaginário americanista do radicalismo ibero-americano, Ledo e Barbosa hostilizavam um suposto *sistema europeu* que "escravizara a América" com seu absolutismo e seu monopólio comercial. Ambos se lhe contrapunham o exemplo dos Estados Unidos, que não conheciam "nem Santa Aliança, nem Corte; nem antigos colonos, nem famílias privilegiadas; nem classes preponderantes, nem proselitismo religioso".[456] O *Revérbero* também combatia o intervencionismo, o protecionismo, o imigrantismo e o industrialismo para defender a lavoura, o mercado livre e o tráfico de escravizados. Tratava-se de uma política de liberação dos interesses privados pautada pela estabilização da moeda, fiscalização do dinheiro público e oferta de crédito aos agricultores. A intervenção governamental só era bem-vista no interesse da lavoura. O jornal publicava uma coluna chamada *O despertador agrícola*, que pedia a redução dos impostos e vinculava o seu pagamento à observância do "livre arbítrio e senhorio da propriedade".[457] A colonização suíça promovida pelos ilustrados era acerbamente criticada por ter concedido terras aos colonos e criado tributos à comercialização de escravizados. A Coroa prejudicava a lavoura ao sobretaxá-la e trazer o imigrante europeu para concorrer com o nacional.[458] O periódico *nativista* também se opunha à política industrialista ensaiada pelo reformismo ilustrado. Em um país essencialmente agrícola como o Brasil, o protecionismo era "um artificialismo" que onerava os cofres públicos, prejudicava o câmbio baixo que favorecia as exportações e desviava da lavoura os capitais, que o Estado nela deveria investir para aumentar as safras.[459]

No entanto, a plataforma do *Revérbero* foi se moderando no processo de independência. Quando os brasilienses acreditaram que as Cortes de Lisboa rejeitariam suas demandas por descentralização política e liberdade comercial, passaram a acusá-la de ter se desviado "do sistema do liberalismo começado;

[455] DOHLNIKOFF. *O pacto imperial*, op. cit., p. 15.
[456] BARBOSA & LEDO. *Revérbero Constitucional Fluminense*, op. cit., p. 38 e 246.
[457] Idem, ibidem, p. 298.
[458] Idem, ibidem, p. 318.
[459] SOARES, Luiz Carlos. "A indústria na sociedade escravista: as origens do crescimento manufatureiro na região fluminense em meados do século XIX (1840-1860)". *In*: SZMRECSÁNYI, Tamás e LAPA, José Roberto do Amaral (org.). *História econômica da independência e do Império*. 2ª edição revista. São Paulo: Hucitec/EDUSP, 2002, p. 288.

abusou da boa-fé do Brasil e quis recolonizá-lo".[460] Então, para agradar o príncipe e disputar-lhe a ascendência contra Bonifácio, o periódico começou a acenar com a doutrina termidoriana de que nenhuma soberania era ilimitada e transitou para um modelo constitucional mais equilibrado, que admitia para a Coroa poderes excepcionais "para acudir às imprevistas e urgentes necessidades do Estado"[461] e "manter o equilíbrio de todos os poderes entre si".[462] No entanto, o *Revérbero* continuava reticente a respeito do padrão de constituição mista defendido por Bonifácio e seus aliados. Os periodistas temiam que uma eventual câmara alta adquirisse um caráter aristocrático, vitalício ou hereditário, que favorecesse a nobreza burocrática.[463] A evolução de Ledo e Barbosa no caminho da moderação também decorria da dificuldade em equilibrar a dimensão *democrática, libertária* e *igualitária*, fundamental para arrancar da monarquia o livre comércio, o direito de propriedade e o absenteísmo em matéria socioeconômica, com aquela outra, *aristocrática, ordeira* e *hierárquica*, indispensável para circunscrever a esfera pública a limites seguros. Essa duplicidade típica da ideologia crioula da nobreza da terra, agora travestida de "povo", transparecia na invocação da célebre passagem de Rousseau sobre a origem ilegítima da propriedade privada. Ela era interpretada às avessas para legitimar o direito de conquista das terras ocupadas historicamente pela nobreza da terra, contra as pretensões dos indígenas e pequenos lavradores de reavê-las, apoiadas por Bonifácio:

> Rousseau diz, com razão, que o primeiro fundador da sociedade civil foi o que, cercando primeiro uma porção de terreno, intimou aos outros – Esta terra é minha! E o filósofo Bentham concede a lei e a propriedade como irmãs, que nascem juntas. Ora, se a civilização deriva da lei e da propriedade, será contraditório querer-se o derivado anterior ao princípio. Tenham propriedade, para serem civilizados![464]

Os mais radicais entre os radicais: Frei Caneca e Cipriano Barata. Embora parte dos nativistas tenha moderado suas pretensões ao longo de 1822,

[460] LYRA. *A utopia do poderoso Império*, op. cit., p. 222.
[461] BARBOSA & LEDO. *Revérbero Constitucional Fluminense*, op. cit., vol. I, p. 67.
[462] Idem, ibidem, p. 130.
[463] Idem, ibidem, p. 201.
[464] Idem, ibidem, p. 45.

nem por isso deixou de haver uma ala radical. Ativistas nordestinos como frei Caneca e Cipriano Barata se valiam de uma retórica libertária democrática, elogiosas das virtudes do homem simples, aí incluso o trabalhador manual, negro e mestiço.[465] Também falavam em reformas sociais e invocavam antes a soberania do "povo" do que aquela da "nação". Mas esses "exaltados" também não eram, em princípio, contrários ao estabelecimento de uma monarquia, desde que compatível com a "liberdade americana". Ao juízo de frei Caneca, o "império constitucional" era uma modalidade de governo entre a monarquia absoluta e a república, que reunia "as vantagens de uma e de outra forma, e repulsa para longe os males de ambas. Agrilhoa o despotismo, e estanca os furores do povo indiscreto e volúvel".[466] Era na linguagem desses exaltados que mais se encontrava o elemento típico do constitucionalismo radical ibero-americano: a concepção da América como espaço de liberdade e autogoverno contra a autocracia e a aristocracia. Defendiam um desenho institucional que associava o federalismo norte-americano ao modelo da "república com rei" das constituições portuguesa de 1822 e espanhola de 1812. Nessa "monarquia democrática", um Legislativo unicameral pairaria sobre um conjunto de províncias confederadas: "A massa da província só se há de pacificar", assinalava frei Caneca, "quando vir que as Cortes soberanas não estabelecem duas câmaras; que não dão ao supremo chefe do poder Executivo veto absoluto; e que ele não tem a iniciativa das leis no Congresso".[467]

No entanto, o radicalismo desses escritores também não deve ser exagerado a ponto de acreditar que, em matéria de democracia, fossem nossos contemporâneos. Os exaltados não descartavam de todo a distinção entre povo e plebe, típica da nobreza da terra, e não desejavam ser vistos como niveladores. Quando um adversário qualificou seu grupo como representativo da *canalha*, frei Caneca protestou: "A canalha de qualquer lugar é a parte ínfima do povo, pela sua qualidade, pelas suas ocupações, pelos seus vícios, pela falta de educação honesta". Ao contrário, Caneca dizia pertencer a um partido formado por "varões distintos pela sua origem, sua abundância pecuniária, seus talentos, educação, empregos e sentimentos", isto é, "a flor da província".[468] O

[465] CANECA. *Frei Joaquim do Amor Divino Caneca*, op. cit., p. 452.
[466] Idem, ibidem, p. 502.
[467] Idem, ibidem, p. 141.
[468] Idem, ibidem, p. 427.

editor do *Tiphis Pernambucano* negava que a característica das repúblicas fosse o igualitarismo: "Nas democracias puras há classes, há distinções nascidas da indústria e propriedade; e como estas classes são da natureza, não podem ser destruídas por nenhuma forma de governo, e nem jamais nestas relações podem os homens ser nivelados". O que Caneca queria das democracias não era a igualdade social, mas o "espírito da república".[469] Posição semelhante era a do baiano Cipriano Barata, redator do *Sentinela da Liberdade*. Embora inimigo acérrimo do "partido aristocrático", Barata sempre evitou o conceito de democracia. Assumindo apenas nos últimos dias de vida sua condição de republicano, nem assim ele flertaria com o igualitarismo, dizendo-se desejoso de uma "aristocracia republicana" formada pela sabedoria, pela virtude e pela propriedade. Pareciam-lhe que, refletidas pela estratificação social, as diferenças entre os homens eram naturais.[470] Em suma, eram mais republicanos do que propriamente democratas e, como tal, não dispensavam a necessidade de uma elite virtuosa e abastada para o bom governo da comunidade.

Seja como for, o que mais poderosamente unia os membros do "partido democrata" formado pelos *brasilienses* ou *nativistas* era o inimigo comum identificado com a nobreza burocrática. A crítica da centralização e a do funcionalismo caminhavam de mãos dadas desde a "revolução monárquica" pombalina, para libertar as províncias da tutela do Estado. Silvestre Pinheiro Ferreira afirmava que, se havia algo que unia o "partido democrático", era "o desejo de que todos os negócios que só dizem respeito a qualquer delas comecem e acabem nelas; sejam tratados e julgados e cuidados por homens nela residentes e por ela escolhidos".[471] Os desembargadores e outros magistrados menores do Antigo Regime eram acusados pela nobreza da terra de monopolizarem, "com uma prostituição inaudita, as medalhas, as honras, as condecorações, que só são, e devem ser, o exclusivo patrimônio dos homens beneméritos, que têm feito relevantes serviços à Pátria e ao Estado [...]. Ministros, que podem considerar senão como o refugo dos portugueses, vergonha da humanidade, e a escória do servilismo".[472] O presidente da Junta Pernambucana, Gervásio

---

469 Idem, ibidem, p. 252.

470 BARATA, Cipriano. *Sentinela da Liberdade e outros escritos.* Organização e edição de Marco Morel. São Paulo: Edusp, 2008, p. 910.

471 BRASIL. *Documentos para a história da independência.* Volume I. Lisboa – Rio de Janeiro. Rio de Janeiro: Oficinas gráficas da Biblioteca Nacional, 1923, p. 39-40.

472 MIRANDA. *Memória constitucional e política*, op. cit., p. 32.

Pires Ferreira, maldizia o "exército faustoso e inútil de funcionários públicos" que, "para se perpetuarem na ociosidade, mando, privilégios e interesses de que gozam à custa da liberdade e fazenda dos cidadãos não duvida sacrificar a mesma Constituição e a nossa fraternal harmonia".[473] Também o riquíssimo latifundiário Nicolau dos Campos Vergueiro se definiria como um "cidadão raso" diante da "aristocracia fantástica" que, no seu entender, era composta pelos altos funcionários do Estado.[474] Depois de se referir à "preponderância desembargatória" como "forma de despotismo e tirania", o radical Cipriano Barata bradava: "Fora laço desembargatório!".[475] Um viajante francês deixaria testemunho pessoal da aversão da nobreza da terra à magistratura: "Temiam nos juízes ordinários a ignorância, nos juízes de fora a venalidade e nos ouvidores o despotismo".[476] Era o lado obscuro do reformismo ilustrado.

2. IDEOLOGIAS DA PRIMEIRA "REVOLUÇÃO OLIGÁRQUICA" BRASILEIRA (2): O CONSTITUCIONALISMO MODERADO *LUSO-BRASILEIRO* OU *COIMBRÃO*

Os dilemas do conservadorismo hispano-americano. Se a aristocracia rural aliada ao comércio urbano brandia o liberalismo radical, era a burocracia monárquica, apoiada pelos negociantes leais à Coroa, quem se pautava por um discurso mais moderado. Mas qual seria a ideologia adotada pelos setores comprometidos com o "projeto imperial brasileiro"? Não custa aqui verificar a situação dos conservadores da América hispânica, a fim de averiguar suas semelhanças e diferenças com o caso brasileiro. O vazio deixado pela autoridade legítima lançara as antigas capitanias e vice-reinos em um vórtice de anarquia que as juntas não puderam conter. A independência interrompera a fraca "revolução monárquica" promovida a partir de Madri pelo reformismo ilustrado de Carlos III. Ao mesmo tempo, as tentativas de "revolução oligárquica" em um contexto de ausência de Estado lançara os novos países

[473] MELLO. *A outra independência*, op. cit., p. 78-79.

[474] "A 'classe popular', definida por Vergueiro, representava na realidade social da Província de São Paulo uma elite e uma minoria possuidora de fortunas e participante do processo político. As 'classes privilegiadas', expressão empregada no plural, associava-se, através de uma linguagem ilusória, às lexias de 'povo' e 'todos os cidadãos', mas, conforme a realidade, representava os homens livres (cidadãos brasileiros), pertencentes às facções políticas da burguesia mercantil da província" (CONTIER, *Imprensa e ideologia em São Paulo*, op. cit., p. 175).

[475] BARATA. *Sentinela da Liberdade e outros escritos*, op. cit., p. 510.

[476] WEHLING e WEHLING. *Direito e Justiça no Brasil colonial*, op. cit., p. 112.

em um "momento anárquico" análogo àquele vivido pela Inglaterra durante a Guerra das Duas Rosas ou pela França no tempo das Guerras Religiosas. Desapontados, os moderados comprometidos com a independência, mas também com a restauração da ordem, encharcaram-se de realismo ou pessimismo sociológico. Desenvolveram então uma linguagem política que, como a dos radicais, ressaltava as diferenças da sociedade ibero-americana face à Europa, só que em chave negativa. Ao invés de um espaço de liberdade onde seria possível construir uma nova humanidade, os moderados ou conservadores hispânicos ressaltavam a carência de Estado e a invertebração social da América hispânica. Não fazia sentido compará-la com os Estados Unidos, que haviam experimentado uma colonização muito mais favorável ao autogoverno e à liberdade. Era um discurso, pois, que reaproveitava elementos do reformismo ilustrado. Seu objetivo era justificar nos novos países a centralização do poder em torno do chefe de Estado e a constituição de uma nova aristocracia política, capaz de assegurar os meios de um progresso seguro.

Apareceram então dois grupos que, outrora nos extremos do espectro político, caminharam para o centro em direção ao outro, mas em desacordo a respeito da forma de governo mais adequada aos novos países. Aqueles que desistiram da união constitucional com a Espanha passaram a advogar uma monarquia independente como regime mais acomodado aos costumes e tradições da região. No Rio da Prata, o general Belgrano justificou em 1816 suas posições apontando tanto para a desordem americana quanto para o clima conservador da Europa depois do Congresso de Viena. A monarquia constitucional, ele argumentava, seria útil para o país tanto política como diplomaticamente. O general San Martín manteve contatos com a rainha de Portugal e Brasil, dona Carlota Joaquina, aventando a possibilidade de deslocá-la do Rio de Janeiro para Buenos Aires, onde seria proclamada regente. Tentativas semelhantes tiveram lugar no Chile, onde também se acreditava que a monarquia constitucional manteria a unidade e a estabilidade da antiga capitania. A preferência dos monárquicos era por infantes da própria Coroa espanhola; entretanto, diante das dificuldades opostas por Fernando VII, eles estavam dispostos a considerar príncipes de outras dinastias europeias. Como a França e a Grã-Bretanha não se entendiam sobre um nome aceitável, alguns aventaram uma solução caseira. No México ensaiou-se uma saída napoleônica, aclamando-se um general – o *criollo* Itúrbide, herói da independência – como

Agostinho I. O problema é que Itúrbide estava longe de granjear a legitimidade de que gozara Bonaparte vinte anos antes na França. Além disso, um imperador *criollo* não apresentava qualquer tradição que o habilitasse a ser mais respeitado que os demais caudilhos. O problema da legitimidade de um príncipe novo improvisado na América hispânica também foi enfrentado por Belgrano, que propôs a entronização de um descendente dos incas. A proposta foi recusada pela elite *criolla* do Rio da Prata, que desprezava os indígenas.

O segundo grupo de conservadores hispânicos era formado de republicanos desapontados pela experiência caótica posterior à emancipação das colônias – e isto, a despeito das tentativas de estabilizar a sociedade por meio de ditadores provisórios, como O'Higgins no Chile ou Bolívar na Grã-Colômbia. Desaparecera o otimismo das luzes francesas, universalista e racionalista, ou do federalismo norte-americano. Em seu lugar, estava o que havia de mais pessimista no republicanismo de Rousseau: a descrença na possibilidade da democracia, governo próprio para anjos; a decadência cívica provocada pela modernidade do luxo, que corrompera a virtude e a substituíra pelo egoísmo; a ignorância em que jaziam povos abandonados por inescrupulosas elites. Montesquieu era invocado para explicar a dificuldade de uma república num país de grandes proporções e a tendência ao despotismo em sociedades desestruturadas. A constituição mista da Grã-Bretanha parecia resolver o problema aparentemente insolúvel da conciliação entre ordem e liberdade. Mas a imagem de Napoleão como cônsul também simbolizava uma república na qual a concentração de poderes no chefe de Estado garantia a coesão das Forças Armadas e a obediência dos cidadãos. Até o triunfo da virtude, o ideal republicano deveria conviver na América hispânica com um governo autoritário e pedagogo semelhante ao do absolutismo ilustrado. O representante por excelência desde republicanismo desiludido foi Simon Bolívar (1783-1830) que, em seu *Discurso de Angostura* (1819), reconhecia que os povos hispano-americanos estavam despreparados para a liberdade depois de séculos de ignorância e tirania, e que só um governo forte e ilustrado poderia modelá-los no caminho da virtude. Era preciso adaptar ao contexto ibero-americano a Constituição da Grã-Bretanha, "destinada a operar o maior bem possível aos povos que a adotam".[477] As novas repúblicas deveriam ter um senado here-

[477] BOLÍVAR, Simon. *Los projectos constitucionales del Libertador*. Caracas: Congresso da República, 1983, p. 250-251.

ditário, que desempenhasse o papel de elemento estabilizador das instituições, e uma presidência vitalícia que preservasse a unidade do Estado. Em síntese, o quadro de anarquia hispano-americana exigia um regime constitucional inverso ao de Cádis: ao invés de uma "monarquia republicana", uma "república monárquica"; ao invés de uma "república com rei", uma "monarquia sem rei". Mas esse projeto feria de morte o imaginário americanista das elites hispano-americanas, comprometidas com o liberalismo que as fortalecia.[478]

O partido dos ilustrados luso-brasileiros em face da Revolução liberal. As dificuldades experimentadas pelos conservadores hispano-americanos foram atenuadas no Brasil, onde havia um príncipe legítimo disposto a conduzir a transição para o liberalismo sem solução de continuidade, com o apoio dos ilustrados do período joanino. Por *elite coimbrã* ou *partido luso-brasileiro* designo aqui esses diversos intelectuais e funcionários graduados da Coroa, liderados pelo primeiro-ministro de dom Pedro, José Bonifácio de Andrada e Silva (1763-1838). Observadores estrangeiros descreviam este "partido" como composto pelos "mais poderosos em posses, em empregos de representação ligados aos togados do Rio de Janeiro".[479] Entre os seus líderes e intelectuais mais representativos, estavam desembargadores e conselheiros como José da Silva Lisboa, João Severiano Maciel da Costa, Hipólito da Costa, Mariano José Pereira da Fonseca, mas também Antônio Luís Pereira da Cunha (1760-1837), Luís José de Carvalho e Melo (1764-1826), Manuel Jacinto Nogueira da Gama (1765-1847), José Joaquim Carneiro de Campos (1768-1836), Antônio Carlos de Andrada Machado (1773-1845) e José Feliciano Fernandes Pinheiro (1774-1847). Visceralmente ligados ao projeto imperial luso-brasileiro, distribuídos pelas secretarias de Estado, pelos tribunais e órgãos eclesiásticos da monarquia, suas sortes estavam vinculadas à preservação do *status* de reino conferido ao Brasil em 1815. *Status* ameaçado pelas Cortes de Lisboa e pelas províncias que haviam aderido à Revolução, conforme reconhecia Silvestre Pinheiro Ferreira: "A mágoa que hoje excita o descontentamento de todo o Brasil é de verem que pela abolição de uma capital se põe em contradição a forma de seu governo em sua inauferível categoria de Reino. O descontenta-

[478] SAFFORD, Frank. "Política, ideologia e sociedade na América Espanhola do pós-independência". *In*: Leslie Bethell (org.). *História da América Latina, Volume III: Da independência a 1870.* Tradução de Maria Clara Cescato. São Paulo: EDUSP, 2001, p. 350.
[479] SILVA. *A primeira gazeta da Bahia: Idade d'Ouro no Brasil*, op. cit, p. 181.

mento do Rio de Janeiro consiste nos clamores do sem-número de empregados que de repente se acham esbulhados não só da influência e dignidade de que se achavam de posse, mas até de todo o meio de proverem à sua indispensável subsistência".[480]

Em média dez anos mais velhos do que os *nativistas* ou *brasilienses*, boa parte dos *luso-brasileiros* estudara direito em Coimbra sob a proteção do conde de Linhares e compunha a geração de 1790.[481] Quando rapazes, Hipólito, Antônio Carlos, Feliciano, Carneiro de Campos e Nogueira da Gama haviam participado da Casa Literária do Arco do Cego, traduzindo obras sobre doenças, agricultura, comércio e matemática. Depois de integrados na administração pública, o futuro conde de Linhares continuou a protegê-los como irmãos ou filhos, segundo a memória de um deles.[482] Bonifácio se formara em mineralogia e, íntimo de dom Rodrigo, tornou-se um dos maiores cientistas da Europa, ocupando diversos cargos administrativos. Embora metido na Revolução de 1817, seu irmão Antônio Carlos seguira carreira de juiz de fora em Santos, ouvidor e corregedor em Olinda, para depois galgar o posto de desembargador da Relação da Bahia.[483] O baiano Carneiro de Campos não só estudara em Coimbra como havia sido professor dos filhos de dom Rodrigo, passando a servir na Secretaria de Fazenda em Lisboa e, depois, na dos Negócios do Reino no Rio, tendo chegado a oficial-maior (o cargo mais elevado antes de ministro), e obtido diversas condecorações até ser nomeado conselheiro da Fazenda.[484] Intelectual orgânico do regime joanino, Silva Lisboa também estudara em Coimbra, tendo servido à administração colonial na Bahia e feito uma carreira meteórica desde 1808. À mesma época, como já se sabe, o desembargador mineiro Maciel da Costa se tornara o brasileiro mais influente

---

480 In: BRASIL. *Documentos para a história da independência*. Volume I. Lisboa – Rio de Janeiro. Rio de Janeiro: Oficinas gráficas da Biblioteca Nacional, 1923, p. 41.

481 MAXWELL, Kenneth. *Chocolate, piratas e outros malandros: ensaios tropicais*. São Paulo: Paz e Terra, 1999, p. 191. DIAS, Maria Odila Leite da Silva. *A interiorização da metrópole e outros estudos*. São Paulo: Alameda, 2005, p. 102. CARVALHO. *A construção da ordem*, op. cit., p. 55-78. BARMAN. *Brazil: the forging of a Nation*, op. cit., p. 76. NEVES. *Corcundas e constitucionais*, op. cit., p. 86. LYRA. *A utopia do poderoso Império*, op. cit., p. 83-88.

482 CALMON, Pedro. *Nogueira da Gama. Sua origem, sua vida, suas memórias*. *In*: Anais do Congresso de História do Segundo Reinado – Comissão de História Política e Administrativa. II volume. Rio de Janeiro: Instituto Histórico e Geográfico Brasileiro, 1984, p. 394.

483 SISSON, S. A. *Galeria dos brasileiros ilustres*. Volume I. Brasília: Senado Federal, 1999, p. 273.

484 Idem, ibidem, vol. 2, p. 201-202.

do círculo palaciano.[485] Trajetória similar havia sido a do baiano Pereira da Cunha, que começara a vida pública como ouvidor, passara a desembargador e chanceler da Relação da Bahia e acumulava o cargo de deputado da Junta de Comércio. No fim do Antigo Regime, o futuro marquês de Inhambupe assumiu um dos postos mais importantes da administração régia, o de Intendente Geral de Polícia (1821).[486] Caçula do grupo, Mariano da Fonseca tirara grau de bacharel em matemáticas e filosofia em Coimbra. Seu envolvimento nas tertúlias da Sociedade Literária do Rio de Janeiro (1794) não impediu o futuro marquês de Maricá de, dali por diante, seguir sólida carreira na Junta do Comércio, na de Agricultura, na Tipografia Régia e na Censura Régia, até galgar o posto de conselheiro da Coroa.[487]

Embora reconhecida e condecorada, a geração de 1790 nunca conseguira ocupar postos ministeriais. Nos últimos anos do Antigo Regime, essa situação estava em vias de mudar. A Coroa tinha planos de abrir novas estradas e fundar universidades no Brasil. O investimento no caráter francamente americano da monarquia impunha a admissão de brasileiros natos no ministério. Foi por esse motivo que Tomás Antônio Vilanova Portugal convidou José Bonifácio para assumir uma das secretarias de Estado do Reino, ou a reitoria da futura universidade, se ele preferisse.[488] Da mesma forma, a comissão nomeada pelo monarca para proceder à escolha dos procuradores a ser enviados às Cortes incluía todos os brasileiros mais dignos de sua confiança, entre os quais Carvalho e Melo, Pereira da Cunha, Maciel da Costa, Silva Lisboa e Mariano da Fonseca.[489] A decisão do rei de voltar à Europa comprometera os interesses do grupo, que dependia da presença da Corte no Rio de Janeiro. Maciel da Costa e Carvalho e Melo chegaram a ser presos pelos revolucionários, acusados de conspirar contra a partida de dom João.[490] A permanência de dom Pedro como regente do Brasil representou uma solução de compromisso que visava a preservar a Corte, com seu aparato de tribunais, juntas e secretarias de Estado, ainda que esvaziado

[485] MORAES. *História do Brasil-Reino e do Brasil Império*, op. cit., vol. 1, p. 117.
[486] SISSON. *Galeria dos brasileiros ilustres*, op. cit., vol. 2, p. 66-67.
[487] Idem, ibidem, vol. 2, p. 215.
[488] SOUSA, Otávio Tarquínio de. *História dos fundadores do Império do Brasil*. Volume I: *José Bonifácio*. Brasília: Senado Federal, Conselho Editorial, 2015, p. 115.
[489] MORAES. *História do Brasil-Reino e do Brasil Império*, op. cit., p. 59.
[490] Idem, ibidem, p. 151.

pela adesão das províncias a Lisboa. Por outro lado, diante do retorno da nobreza portuguesa tradicional à Europa, chegara a hora do grupo ascender ao primeiro escalão do governo.

O discípulo dileto de dom Rodrigo: José Bonifácio de Andrada e Silva. O ilustrado que liderava o Brasil era o paulista José Bonifácio de Andrada e Silva (1763-1838). Nascido em Santos de família abastada, Bonifácio matriculou-se em 1783 na Universidade de Coimbra reformada por Pombal. Obtido seu grau, partiu em uma excursão científica por diversos países da Europa, aprendendo idiomas e granjeando fama como mineralogista e químico. Protegido pelo grande mecenas da época, o duque de Lafões, em 1789 Bonifácio foi admitido na Academia de Ciências de Lisboa, da qual tornou-se depois secretário.[491] Do ponto de vista ideológico, o paulista se filiava desde moço ao absolutismo ilustrado de Voltaire, a quem chamava "o vate dos filósofos".[492] Admirava príncipes enérgicos e cultos como Pedro o Grande e Frederico da Prússia, e ministros como Pombal. De volta a Portugal, Bonifácio foi incumbido por dom Rodrigo de ensinar metalurgia em Coimbra e exercer o cargo de intendente das Minas. Em sua correspondência, o conde buscava apaziguá-lo: "Sobre o seu Brasil, pode estar descansado; são grandes os seus destinos".[493] O Andrada por toda a parte percebia o atraso, a incúria, o desperdício e a pobreza, por ele atribuída à ausência de um governo forte, liderado por uma burocracia de sábios e técnicos. Desconfiava da iniciativa particular, sempre egoísta e predatória, e queria o bem do povo provido por uma Coroa iluminada. Para ele, não havia outro meio de adiantar Portugal e principalmente o Brasil, considerado "um país novo, e ainda em grande parte desconhecido por causa da admirável extensão do seu território, das muitas e diferentes nações que o habitam, e quase infinita variedade das suas naturais e espontâneas produções, e cujo governo se principia agora a estabelecer com a devida ordem".[494] No que toca à economia, José Bonifácio se inclinava à fisiocracia, admitindo a intervenção do Estado. Como Silva Lisboa e Maciel da Costa, a escravidão

---

[491] ARAUJO, Valdei Lopes de. *A experiência do tempo: conceitos e narrativas na formação nacional brasileira.* São Paulo, Aderaldo & Rothschild, 2008, p. 26.

[492] In: SOUSA, Otávio Tarquínio de. *História dos fundadores do Império do Brasil.* Volume I: *José Bonifácio.* Brasília, Senado Federal, Conselho Editorial, 2015, p. 59 e 73.

[493] Idem, ibidem, p. 104.

[494] ANDRADA E SILVA, José Bonifácio de. *José Bonifácio de Andrada e Silva.* Organização de textos e introdução de Jorge Caldeira. São Paulo: Editora 34, p. 66.

era deplorada por ele como um obstáculo à formação do povo e do mercado, que dependia de trabalho metódico, disciplinado e assalariado.[495] Era impossível conciliar uma Constituição liberal com uma sociedade "habitada por uma multidão imensa de escravos brutais e inimigos".[496] O próprio príncipe dom Pedro (1798-1834) propunha o incremento da imigração estrangeira, lembrando aos traficantes de escravizados que "a felicidade geral prevalece à particular".[497]

Bonifácio compartilhava assim com Maciel da Costa a crença de que o problema magno do novo império era o de constituição do povo. O projeto imperial brasileiro entendia que a falta de mão de obra deveria ser suprida com imigrantes e indígenas que, depois de civilizados, seriam incorporados ao mercado de trabalho. Contrário à antiga nobreza da terra que justificava a tomada das terras indígenas a partir do direito de conquista, Bonifácio propunha protegê-las alegando serem eles seus legítimos proprietários. Já os escravizados deveriam ser convertidos, "de homens imorais e brutos, em cidadãos ativos e virtuosos".[498] Essa conversão se faria pela fiel execução das leis coloniais boicotadas pela aristocracia local e por uma nova legislação, que protegesse o escravo e lhe facilitasse a aquisição da liberdade. Bonifácio propunha um conselho tutelar que fixaria em cada município o limite de sua jornada de trabalho, o montante de suas rações e seu vestuário adequado. Ele zelaria pela efetividade de outros direitos, como o de só serem punidos no pelourinho urbano e em montante proporcional ao delito, com o consentimento e à vista da autoridade pública; o de receberem um pedaço de terra e auxílio para nela se estabelecerem depois de libertos; o de testemunharem em juízo; o de denunciarem às autoridades a crueldade dos senhores; o de se casarem e permanecerem com a família. As escravas grávidas e os menores de 12 anos ficariam resguardados dos trabalhos insalubres ou excessivos. Os senhores estariam obrigados a libertar suas concubinas negras e respectivos filhos; a sustentar velhos e doentes e a alforriar aqueles que pagassem pelo seu resgate. A oposição de Bonifácio à pretensão da aristocracia da terra de se apropriar do título de "povo brasileiro" ficava evidente, quando ele dizia que o governo não se deixaria assustar pelos

[495] OLIVEIRA. *A astúcia liberal*, op. cit., p. 118.
[496] ANDRADA E SILVA. *José Bonifácio de Andrada e Silva*, op. cit., p. 201.
[497] In: VIANNA, Hélio. *Dom Pedro I, jornalista*. São Paulo: Melhoramentos, 1967, p. 82.
[498] ANDRADA E SILVA. *José Bonifácio de Andrada e Silva*, op. cit., p. 190.

"urros do sórdido interesse" de uma "classe de gente desinformada e pouco ilustrada".[499] Sua afinidade com o absolutismo ilustrado era total:

> Que se precisa pois? Precisa-se quanto antes de uma boa administração, única e enérgica; precisa-se de novos regulamentos, assim gerais como particulares, acomodados às circunstâncias do Estado, e às localidades particulares de cada distrito, em que se aproveitem as boas ideias antigas, e se corrijam as más por outras melhores, fundadas em princípios científicos e na experiência dos séculos, cuja execução seja cometida somente a uma diretoria única e poderosa, que dirija e vigie com a mais sisuda atenção sobre os administradores particulares, que se devam conservar, e sobre os novos que se devam criar. Só assim se realizarão os magnânimos desejos de nossos príncipes, sem desgraçados empates, rivalidades e oposições: só assim haverá economia e responsabilidade; só assim, finalmente, com o andar do tempo, haverá oficiais instruídos e capazes, que obrando debaixo de princípios certos e harmônicos, hajam de tirar ramos tão importantes do abatimento e miséria, que ora jazem, e de os aproximar gradualmente ao ideal de perfeição que devem ter. Permita o Céu que o bom príncipe, que como pai nos governa, livre dos cuidados da guerra, possa dar a este mal o remédio que tanto se precisa.[500]

A acomodação dos ilustrados às novas circunstâncias (1): o projeto imperial se torna exclusivamente brasileiro. Orientada pelo projeto imperial de dom Rodrigo, a geração de 1790 aprendera que a América portuguesa era a parte mais importante da monarquia e que a burocracia compunha o único grupo político capaz de suplantar a rede de fidelidades ou interesses inscritos no registro regional (Portugal, São Paulo, Rio Grande, Bahia, Pernambuco etc.). Por essa razão, ao contrário do que entendiam os nativistas, para quem a existência do Brasil dependia da adesão das províncias a um pacto livremente negociado, para os coimbrãos ou luso-brasileiros, sempre existira um Brasil uno, vasto e homogêneo. Adequadamente direcionado por um Estado forte e esclarecido, o Brasil cumpriria seu destino de pujança e grandeza, dominando o hemisfério sul com seu comércio e seus produtos. Embora a transferência da capital para o Rio implicasse mudanças no plano original do conde de Linhares, nem por isso se perdera a ideia-força do grande e poderoso império.[501]

---

[499] Idem, ibidem, p. 128 e 201.

[500] Idem, ibidem, p. 63-64.

[501] COSTA, Wilma Peres. Enlaces entre a Europa e a América na crise do Antigo Regime. In: Cecília

Das páginas do *Correio Brasiliense*, Hipólito da Costa repetia o mantra: no dia em que a Coroa encampasse a política de dom Rodrigo, eles "lançariam os fundamentos do mais extenso, bem defendido e poderoso império, que é possível que exista na superfície do globo no estado atual das nações que o povoam".[502] Mas a crença dos velhos ilustrados na grandeza do Império nunca se desvinculou da perspectiva crítica: "O Brasil é grande em possibilidade, e não em atualidade", advertia Silva Lisboa.[503] O futuro visconde via perfeitamente as dificuldades que os governantes teriam de enfrentar diante do passivo representado pela herança colonial: "Não se pode dissimular que no Brasil há o máximo obstáculo aos melhoramentos econômicos e que uma espécie de feudalidade senhorial continuamente guerreia contra as leis da natureza e ordem social".[504]

Diante dos dilemas colocados pelas Cortes de Lisboa, a geração de 1790 resignou-se a circunscrever o projeto imperial aos limites do território brasileiro. Bonifácio lamentava: "Sempre fomos portugueses e queremos ser irmãos dos da Europa, mas não seus escravos. Igualdade de direitos e de venturas é a única base em que devem assentar o pacto social de toda a nação lusitana".[505] No mais, a Revolução liberal deveria se resolver pela adoção de uma constituição que não criasse solução de continuidade com o antigo reino do Brasil, agora formalmente separado de Portugal. Cumpria investir no papel da monarquia como modeladora da nova nação, e reconhecer o primado da razão de Estado, conforme insistia o futuro Cairu: "O livro da razão dos soberanos não é o dos mercadores. Os grandes negócios das nações regem-se pela sua imensidade. Os gabinetes nas transações diplomáticas só atendem à aritmética política".[506]

A acomodação dos ilustrados às novas circunstâncias (2): a defesa do constitucionalismo anglófilo. Diante da capitulação de dom João e da adesão de dom Pedro ao sistema constitucional, os conselheiros da Coroa não tiveram

Helena de Salles Oliveira; Vera Lúcia Nagib Bittencourt e Wilma Peres Costa (org.). *Soberania e conflito: configurações do Estado nacional no Brasil do século XIX.* São Paulo: Hucitec, p. 33. LYRA. *A utopia do poderoso Império,* op. cit., p. 123.

502 COSTA. *Antologia do Correio Brasiliense,* op. cit., p. 127.

503 ANAIS da Assembleia Constituinte Brasileira, sessão de 18 de agosto de 1823.

504 CAIRU; José da Silva Lisboa, visconde de. *Leituras de economia política e direito econômico.* Rio de Janeiro: 1827, p. 56.

505 LYRA. *A transferência da Corte, o Reino Unido luso-brasileiro e a ruptura de 1822,* op. cit., p. 67.

506 LISBOA. *Memória dos benefícios políticos,* op. cit., p. 143.

opção senão aderir. Mas essa adesão passava longe do constitucionalismo radical. Uma vez que os *nativistas* se agarraram ao modelo de "república confederada com rei", os ilustrados se voltaram para o constitucionalismo moderado britânico. Já houvera um precedente na Corte joanina, fornecido em 1821 por dom Pedro de Sousa Holstein (1781-1850), conde de Palmela. Em carta a dom João VI, o ministro explicava que a revolução era uma consequência "da tendência progressiva de opiniões que há três séculos a esta parte se vão desenvolvendo na Europa e que certamente não há de cessar enquanto todos os Estados de que se compõe a federação europeia não tiverem adotado um mesmo sistema de governo". Todos os países europeus já teriam se constitucionalizado, não fossem os excessos da Revolução Francesa. Mas era preciso distinguir duas correntes de constitucionalismo. Havia aquela que frutificara das revoluções holandesa e inglesa e gerara liberdade através de reformas paulatinas, e aquela dos franceses e espanhóis, que faziam tábua rasa do passado, "deixando-se levar por doutrinas abstratas e pela vaidosa esperança de produzirem de um jato só códigos constitucionais". Palmela entendia que os esforços da Coroa deveriam produzir uma "Constituição monárquica moderada", que fosse um meio-termo entre a Carta concedida por Luís XVIII à França e a "Constituição espanhola ditada pelo Congresso na ausência do rei e sem ele ser ouvido nem contemplado". A futura ordem constitucional não seria assim nem dádiva da monarquia, nem da vontade revolucionária. A reforma da velha Constituição portuguesa, entendida como uma fórmula de transação, daria origem a uma "monarquia moderada e mista". Ela teria a vantagem adicional de evitar a "democracia mais ou menos disfarçada" desejada pelas Cortes, que era "incompatível com a dignidade e segurança do trono".[507]

O solo do constitucionalismo moderado vinha adubado pelas doutrinas do Iluminismo britânico difundidas por Hipólito da Costa e Silva Lisboa. Hipólito recebera a Revolução como uma fatalidade, lamentando que a monarquia não houvesse por conta própria satisfeito a opinião pública, dando "instituições constitucionais moderadas, adaptadas ao estado de civilização e instrução do país".[508] Era sempre preferível que o governo promovesse as

[507] BRASIL. *Documentos para a história da independência*, op. cit., p. 16-17.

[508] COSTA, Hipólito José da. *Hipólito José da Costa*. Organização e introdução de Sergio Goes de Paula. São Paulo: Editora 34, 2001, p. 65.

reformas, porque garantia a moderação que a perda do controle do processo político punha em risco. No princípio, ele viu a convocação das Cortes com bons olhos. Quando ficou claro, porém, que elas pretendiam aniquilar o governo do Brasil, restabelecer o regime de monopólios e adotar o modelo de "república com rei", Hipólito passou a fazer a crítica do radicalismo e a defender a independência do Brasil. José Bonifácio era "um brasileiro de reconhecido merecimento", razão pela qual o jornalista apoiava seu clamor pela preservação de um "centro de união" das províncias americanas.[509] Hipólito estava em uma posição semelhante àquela dos monarquianos franceses, reclamando que as Cortes de Lisboa imitavam "as coisas más que se encontram na Constituição espanhola".[510] Ele questionava o sentido da palavra "liberal" ou "liberalidade" empregada pelos revolucionários para designarem-se a si mesmos. Sua radicalidade lhe parecia incompatível com a tolerância e o espírito de liberdade que só o temperamento moderado poderia oferecer[511].

Hipólito distinguia entre sistema constitucional e regime democrático, confundidos pelos radicais. O que estava em jogo era o advento do primeiro, e não do segundo. Do ponto de vista institucional, o legislador deveria elaborar uma constituição sobre a base de um governo misto, conforme recomendado pelos povos mais sábios desde a Antiguidade. A mistura equilibrada entre os elementos democrático e monárquico produziria no Brasil a desejada "harmonia".[512] O projeto de "monarquia democrática" lhe parecia inconciliável com a finalidade da realeza: "Quando as Cortes puderem fazer tudo, a forma de governo é puramente democrático-representativa, e então o rei será um elemento desnecessário na Constituição".[513] Depois que dom Pedro e Bonifácio convocaram uma Assembleia Constituinte para o reino do Brasil, Hipólito lhes ofereceu um esboço de Constituição. Ela devia ser indubitavelmente monárquica, porque era o regime de governo mais condizente "com a educação, modo de vida e costumes daquele país". Seu projeto também consagrava o bicameralismo adotado na Grã-Bretanha e nos Estados Unidos. Era para o

509 Idem, ibidem, p. 388-389.
510 Idem, ibidem, p. 185.
511 LUSTOSA, Isabel. *O jornalista que imaginou o Brasil: tempo, vida e pensamento de Hipólito da Costa* (1774-1823). Campinas, UNICAMP, 2019, p. 206.
512 COSTA. *Hipólito José da Costa*, op. cit., p. 277.
513 Idem, ibidem, p. 278.

exemplo do mundo anglo-saxão, e não para o ibérico, que os brasileiros deveriam se voltar:

> Não se pode negar que a Inglaterra tem chegado a um ponto de esplendor de virtudes civis, de patriotismo, de prosperidade nacional, de que são raros os exemplos na história dos povos civilizados, e tudo isso se atribui à sabedoria das instituições civis. Entre estas, tem conspícuo lugar a sua segunda Câmara, onde se acham, por educação, por interesses e por princípios, homens ligados às leis do país e que resistem às inovações prejudiciais.[514]

Outro que se lançou à defesa do constitucionalismo moderado foi José da Silva Lisboa. A adesão da dinastia de Bragança à monarquia constitucional lhe permitira afinal abraçar de modo global e coerente o ideário do Iluminismo britânico, complementando a defesa do liberalismo econômico com o político. Além de atuar na imprensa, o futuro Cairu passou a veicular os princípios moderados por meio de livros como o *Roteiro brasílico ou Coleção de princípios e documentos de direito político* (1822). Mais conservador do que Hipólito, o futuro Cairu agradecia o céu por ter abençoado o Brasil com a monarquia constitucional, poupando-o "dos males do governo democrático, de que estava ameaçado pelo exemplo e contágio dos estados continentais da América". A fim de premunir os brasileiros contra o radicalismo, Lisboa se dispunha a divulgar "os conhecimentos da ordem civil e social nas classes influentes na geral prosperidade para uma boa constituição; sem isso, não pode haver sólido poder, e nem ainda seguro de existência".[515] O *Roteiro* era permeado de comentários seus a textos de Montesquieu, Hume, Burke, James Mill, mas também de Portalis. As passagens transcritas explicavam a natureza do governo representativo e constitucional, a doutrina dos freios e contrapesos e a da separação de poderes, a excelência da Constituição da Grã-Bretanha por seu caráter misto, a necessidade de salvaguardar a autoridade da Coroa e os benefícios da centralização política: "Rousseau e Condorcet, Mirabeau e Mably não são meus homens", dizia ele.[516] O "sofista de Genebra" era acusado de defender "que o estado selvagem era melhor que o civilizado; que o homem que

[514] Idem, ibidem, p. 511.
[515] LISBOA, José da Silva. *Roteiro brasílico ou Coleção de princípios e documentos de direito político.* Rio de Janeiro: Tipografia Nacional, 1822, número 1, p. 3.
[516] In: NEVES. *Corcundas e constitucionais,* op. cit., p. 346.

pensa é um animal depravado; que as ciências, artes e riquezas corrompem a sociedade; que o primeiro que estabeleceu a distinção entre o meu e o teu foi inimigo da Humanidade etc".[517] Contra o modelo de "república confederada com rei" dos radicais, Silva Lisboa defendia o governo misto dos moderados. Comparava a delicadeza de sua composição institucional à arte de produção do açúcar, atividade a que se dedicava boa parte da elite brasileira:

> O bom governo constitucional, composto dos três poderes, se pode comparar ao açúcar, que para adquirir e reter sua própria cristalização, consistência e doçura, é necessário (conforme se diz na moderna linguagem química) que estejam em perfeito equilíbrio os seus três principais constitutivos – oxigênio, hidrogênio, carbônico. Qualquer inclinação ou rompimento da balança lhe destrói a natureza e virtude. Achar, pois, os dados para a manutenção do equilíbrio dos três poderes é a incógnita do grande problema do direito público.[518]

A acomodação dos ilustrados às novas circunstâncias (3): um constitucionalismo compatível com a "revolução monárquica". Mas qual era o desenho institucional que Bonifácio desejava? De modo análogo a Bolívar, o Andrada entendia que, no estado de atraso em que se achava a sociedade brasileira, a futura constituição não podia enfraquecer o governo. O princípio da autoridade precisava ser prestigiado para evitar a anarquia que grassava na América hispânica. Para tanto, cumpria equilibrar a dispersão do poder provocada pelo reconhecimento dos direitos dos cidadãos com um governo monárquico forte. Era a única forma de assegurar a autoridade do Estado contra os seus inimigos e conduzir o Brasil aos seus elevados destinos. Essa Constituição deveria assim acomodar o reformismo ilustrado: "Desde que qualquer Nação chega a conhecer o seu poder e a desejar Constituição, o único remédio para evitar revoluções, é que os ministros se conformem com as ideias do tempo e daqueles que podem destruir o governo atual. Tudo está em dar-lhes uma Constituição. Seja esta mais despótica que liberal – pouco importa, por então".[519] O essencial, para Bonifácio, era evitar que a Constituição enfraquecesse o "centro comum" criado em torno do príncipe dom Pedro. No manifesto

[517] LISBOA. *Roteiro brasílico*, op. cit., p. 7.

[518] Idem, ibidem. número IV, p. 3.

[519] In: SANTOS, Estilaque Ferreira dos Santos. *A monarquia no Brasil: o pensamento político da independência*. Vitória: EDUFES, 1999, p. 56.

dirigido às nações em agosto de 1822, ele reconhecia que a gota d'água da independência havia sido a tentativa das Cortes de Lisboa de eliminar aquele "centro", sem o qual seria impossível seguir a "revolução monárquica" iniciada por dom João VI:

> Desvaneceram-se então em um momento todas as esperanças, até mesmo de conservar uma delegação do poder executivo, que fosse o centro comum de união e de força entre todas as províncias deste vastíssimo país, pois que sem este centro comum que dê regularidade e impulso a todos os movimentos de sua máquina social, debalde a natureza teria feito tudo o que dela profusamente dependia, para o rápido desenvolvimento de suas forças e futura prosperidade. Um governo forte e constitucional era só quem podia desempeçar o caminho para o aumento da civilização e riqueza progressiva do Brasil; quem podia defendê-lo de seus inimigos externos e coibir as facções internas de homens ambiciosos e malvados, que ousassem atentar contra a liberdade e a segurança individual, e contra o sossego e segurança pública do Estado em geral, e de cada uma de suas províncias em particular.[520]

Bonifácio estava tão convicto quanto Linhares e Pombal de que o príncipe deveria possuir "todas as atribuições que exija o bom desempenho das suas funções como chefe da execução, e a sua dignidade, como regulador da máquina política".[521] Daí a necessidade de um Executivo enérgico: "Na execução, não há segredo comparável à celeridade. Nos negócios, das três partes que são: a preparação, o exame e a execução; só a do meio deve ser obra de vários; o resto, de um só".[522] A Coroa tinha de "organizar suas molas de modo que, semelhante à ação da eletricidade, a impulsão do poder soberano se comunique com rapidez e força do primeiro grau ao último, passando por todas as classes".[523] A Constituição futura deveria garantir a liberdade, é certo, mas também a razão de Estado. O ideal confederativo dos nativistas não passava de um feudalismo encapotado, a que a Coroa precisava resistir para proteger o povo. Bonifácio encarava as pretensões dos *brasilienses* do mesmo modo por que os absolutistas franceses encaravam no século XVII as pretensões republicanas da aristocracia feudal: o federalismo não passava de

[520] ANDRADA E SILVA, José Bonifácio de. *Obras políticas.* Brasília: Senado Federal, 1973, p. 298.
[521] Idem, ibidem, p. 174.
[522] Idem. *Projetos para o Brasil*, op. cit., p. 247 e 174.
[523] Idem. *José Bonifácio de Andrada e Silva*, op. cit., p. 265.

um artifício por que a antiga nobreza da terra pretendia converter cada cada província em "uma pequena república, para serem nelas chefes absolutos, corcundas despóticos".[524] Era por esses motivos que a Constituição brasileira deveria seguir o figurino moderado. Enquanto a matriz radical só gerara conflito e morticínio na França, a matriz britânica a pacificara depois de 25 anos de anarquia e revolução.[525]

Restava o problema de como refundar a monarquia sobre o princípio da soberania da nação. Aqui não era possível apelar para o constitucionalismo histórico, que no Brasil não existia. Era preciso admitir aquela soberania, rechaçando, contudo, a pretensão da nobreza da terra de se apropriar dela para o seu projeto de "monarquia democrática". Gonçalves Ledo planejava obrigar dom Pedro a jurar fidelidade à futura Constituição, por ocasião de sua aclamação como imperador. Para frustrar o plano,, o Andrada recorreu a argumentos extraídos da doutrina bonapartista. A experiência do Império napoleônico revelara que a teoria da origem democrática do poder era passível de ser empregada, não para enfraquecer, mas para reforçar a Coroa. Era o que fizera Hobbes a respeito de Cromwell no *Leviatã*. Bonifácio aproveitou a cerimônia da aclamação, por que tradicionalmente "os povos" davam aquiescência aos reis do Antigo Regime, desde a ascensão da dinastia de de Bragança (1640), para veicular a tese de que ela teria estabelecido uma relação direta entre imperador e povo. Dom Pedro teria sido eleito livremente pela nação, dela recebendo poderes para exercer todos os atos próprios da sua soberania.[526] Bonifácio aproveitava o precedente imperial de Bonaparte para driblar a doutrina do poder constituinte de Sieyès e preservar, dentro de uma moldura democrática, o tipo de representação do absolutismo ilustrado no qual era o príncipe quem encarnava a soberania da nação. Essa primazia conferida ao imperador não poderia ser disputada pelos constituintes. O pacto celebrado entre a nação e o príncipe assegurava a este último um conjunto de prerrogativas que impediam a consecução do projeto nativista de uma "monarquia democrática", republicana e confederada. O plano de Bonifácio foi segredado ao ministro da Áustria, que o transmitiu a Viena:

---

[524] Idem, ibidem, p. 181.

[525] ANAIS da Assembleia Constituinte Brasileira, sessão de 6 de maio de 1823.

[526] NEVES. *Corcundas e constitucionais*, op. cit., p. 344-345.

> [Bonifácio lhe declarou que] uma das mais fortes razões por tomar-se logo o título de Imperador era que não se poderia duvidar de que, se a escolha não fosse feita naquele momento [somente por ocasião da aclamação], ela se tornaria inevitável no momento da reunião da assembleia constituinte geral, e que, neste caso, ela colocaria Sua Alteza Real numa dependência extrema e bem perigosa com relação a essa assembleia. Em lugar disso, o príncipe se tornaria imperador sem que ela [a assembleia] tenha intervindo como uma autoridade superior, emanando da vontade direta do povo. Esta assembleia faria as leis, mas não se investiria de toda a soberania, o soberano fazendo parte essencial da representação nacional. Este seria enfim um verdadeiro pacto que se firmaria entre o povo e o soberano, o qual não implicava nenhum compromisso prévio, e rejeitar-se-ia o que fosse inadmissível.[527]

Em conclusão, com o final do Antigo Regime houve uma polarização do espectro político, conforme reconheceria o deputado *nativista* Martiniano de Alencar: "De certo tempo para cá o Brasil parece dividido em dois partidos. Todos desejam a independência, porém uns seguem ideias democráticas, e outros, aristocráticas".[528] De retórica realista, tributária do absolutismo ilustrado, unitária e interventora, o projeto imperial da burocracia luso-brasileira não reconhecia a preexistência do povo e, investindo-se o papel de criá-lo, fundava a representação da soberania nacional na autoridade do príncipe. De retórica idealista, tributária do liberalismo de tendência democrática, federalista e economicamente liberal, o projeto de monarquia da antiga nobreza colonial protestava pela preexistência de uma nação com ela identificada, fundando a representação da soberania nas províncias e na autoridade parlamentar. O embate se refletiu nos jornais da Corte. Chefiados por Ledo, os radicais acusavam Bonifácio de não deixar "que falem os escritos, veículo da opinião pública", "com os seus terrores, com as suas sugestões e levando mão das suas arbitrariedades de devassas, prisões, expatriações; não respeitando a liberdade dos povos, a segurança das vidas e pessoas dos cidadãos".[529] Já Bonifácio e a burocracia monárquica acusavam os nativistas de constituírem "uma facção oculta e tenebrosa de furiosos demagogos e anarquistas",[530] contra a qual deve-

[527] SANTOS. *A monarquia no Brasil*, op. cit., p. 286.

[528] ANAIS da Assembleia Constituinte Brasileira, 22 de julho de 1823.

[529] CANECA, Joaquim do Amor Divino Rabelo, Frei. *Ensaios Políticos: crítica da Constituição outorgada; Bases para a formação do pacto social e outros.* Rio de Janeiro: PUC/Rio, 1976.

[530] LUSTOSA. *Insultos impressos*, op. cit., p. 261.

riam se dirigir "todos os esforços do governo e dos homens sábios, virtuosos e pacíficos".[531] Era na arena da Constituinte que se resolveria o dilema, tal como posto pelo secretário-geral do imperador, Francisco Gomes da Silva: "Ou queremos monarquia constitucional, isto é, um governo misto, ou queremos uma monarquia republicana".[532]

3. O EMBATE ENTRE O "PROJETO IMPERIAL" *COIMBRÃO* E O PROJETO DE "MONARQUIA DEMOCRÁTICA" *BRASILIENSE* DURANTE A CONSTITUINTE

Os defensores do "projeto imperial" adotam o constitucionalismo moderado dos monarquianos. Conquanto representasse o modelo político a ser seguido pelos *coimbrãos*, a Grã-Bretanha apresentava o inconveniente de não possuir um código constitucional formal. Foi nesse contexto que eles redescobriram, pela leitura de coletâneas de oradores da Constituinte francesa de 1789-1791, o projeto anglófilo dos monarquianos. Os argumentos de Malouet, Mounier, Lally e Clermont-Tonnerre em defesa da Coroa, incorporando a concepção do príncipe como um rei patriota, legitimava o poder pessoal do monarca, na qualidade de "primeiro representante da nação". A diferença era que, no Brasil, não era possível recorrer ao constitucionalismo histórico, fosse para satisfazer a aspiração nativista dos radicais, fosse para erigir uma monarquia moderada à inglesa, entendida como a versão modernizada das antigas leis fundamentais do reino. O constitucionalismo histórico, já abalado desde a Revolução Francesa, parecia inviável em um país americano de passado colonial. Era preciso fundar a legitimidade do novo Estado a partir da ruptura provocada pelo ato de independência em face de Portugal. A solução teórica inventada pela criatividade de José Bonifácio providenciou a solução: assentar a legitimidade de dom Pedro, não na condição de herdeiro tradicional do trono, mas como um "príncipe novo" de um "principado novo", para usar a expressão de Maquiavel; um príncipe que, à maneira de Napoleão, havia sido escolhido diretamente pela nação soberana. Em outras palavras, Bonifácio atualizou o absolutismo ilustrado luso-brasileiro para fundar a legitimidade política do novo império, recorrendo à doutrina do cesarismo revitalizada pelo imperador francês.

---

[531] ANDRADA E SILVA. *José Bonifácio de Andrada e Silva,* op. cit., p. 249.
[532] VIANNA. *Dom Pedro I, jornalista,* op. cit., p. 174.

Foi assim que a proposta constitucional de uma monarquia moderada, no padrão britânico interpretado pelas lentes setecentistas de Bolingbroke e Montesquieu, defendida em 1789 na França pelos monarquianos e legitimada pela vontade da nação, ganhou a preferência do "partido luso-brasileiro" chefiado pelos antigos desembargadores e conselheiros da Coroa: Maciel da Costa, José Bonifácio, Antônio Carlos, Carneiro de Campos, Silva Lisboa e Carvalho e Melo. Em fevereiro de 1823, o imperador pleiteou uma Constituição curta e prática, "adaptada ao país". Um projeto nessas bases foi apresentado no Apostolado, loja maçônica controlada por José Bonifácio.[533] Depois de repetirem o mote de Mirabeau, segundo o qual o direito de veto constituía "o maior escudo da liberdade e da segurança pública", dom Pedro, os Andrada e Carneiro se comprometeram com um desenho institucional que "conciliasse os direitos do povo com os do seu imperante, sem ofender as formas essenciais e constitutivas de uma verdadeira monarquia mista".[534] Na Fala do Trono com que abriu a Constituinte, o imperador pediu "uma Constituição sábia, justa, adequada e executável" em que "os três poderes sejam bem divididos" e cujas bases dessem "uma justa liberdade aos povos", sem prejuízo da "força necessária ao Poder Executivo".[535] Em setembro de 1823, Carvalho e Melo repetiria o mantra: "A base a mais essencial dos governos representativos é a divisão dos poderes, e estes devem ser separados, mas por tal maneira, unidos e harmonizados, que a recíproca resistência constitua o equilíbrio, e se unam à maneira de uma abóbada, e todos se concentrem a fim de que se consiga a firmeza e estabilidade do governo, e a prosperidade dos povos".[536]

A agenda política dos Andrada na Constituinte era dupla: garantir a supremacia da Coroa contra o Poder Legislativo e implantar a forma de Estado unitária sobre as províncias. No que se refere ao primeiro daqueles objetivos, a questão das relações de precedência entre Assembleia e Imperador foi suscitada logo. Antônio Carlos já dava então, como líder do governo, o tom monarquiano de defesa das prerrogativas imperiais. Se havia superioridade de algum dos po-

[533] Idem, ibidem, p. 58.

[534] *In*: BARATA, Alexandre Mansur. Constitucionalismo e sociabilidade na cidade do Rio de Janeiro (1822-1823): a Nobre Ordem dos Cavaleiros da Santa Cruz e o projeto de constituição para o Império do Brasil. *In*: José Murilo de Carvalho (org.) *Nação e cidadania no Império: novos horizontes*. Rio de Janeiro: Civilização Brasileira, 2007, p. 365 e 367.

[535] ANAIS da Assembleia Constituinte Brasileira, sessão de 3 de maio de 1823.

[536] Idem, sessão de 16 de setembro de 1823.

deres constituídos, esta certamente seria do príncipe, já que sua influência sobre os demais seria "da essência da monarquia constitucional". Contra a teoria do poder constituinte de Sieyès, que atribuía exclusividade à Assembleia na representação da soberania, o irmão de José Bonifácio retrucava que a nação fizera do imperador seu primeiro representante; que havia sido ele quem, naquela qualidade, convocara a Constituinte.[537] Na condição de defensor perpétuo dos interesses da nação, *por livre vontade dela e não de direito divino*, o príncipe poderia inclusive vetar o futuro anteprojeto, caso o julgasse atentatório ao bem comum. Sem tirar nem pôr, era o mesmo direito que Malouet reivindicara em 1789 para Luís XVI. Daí porque, ao abrir as sessões da Constituinte, ao invés de jurar fidelidade à futura Constituição, Pedro I declarou, glosando Luís XVIII, que a defenderia *desde que fosse digna dele e do Brasil.*[538] Dois dias depois, Antônio Carlos repetiu a lição: "A Nação elegeu um imperador constitucional, deu-lhe o poder executivo e o declarou chefe hereditário; nisto não podemos nós bulir. O que nos pertence é estabelecer as relações entre os poderes, de forma, porém, que se não ataque a realeza; se o fizermos, será a nossa obra digna do imperador, digna do Brasil e da assembleia".[539] Depois de adaptar o mote de Mirabeau, para sustentar que o povo brasileiro *não era composto de selvagens que vinham nus para formar uma sociedade*, Carneiro de Campos também repetiu que o pacto social já estava "ajustado e firmado" desde a aclamação no ano anterior, cabendo aos deputados somente "especificar as condições indispensáveis para fazer aquele pacto profícuo, estável e firme":

> A soberania é inalienável: a Nação só delega o exercício de seus poderes soberanos. Ela nos delegou somente o exercício do Poder Legislativo e nos encarregou de formarmos a Constituição de um governo por ela já escolhido e determinado; pois muito antes de nos eleger para seus representantes, tinha já decretado que seria monárquico constitucional e representativo. Ela já tinha nomeado o Senhor Dom Pedro de Alcântara seu supremo chefe, seu monarca, com o título de Imperador e Defensor Perpétuo. Estas bases jamais podem ser alteradas pela Constituição que fizermos ou por qualquer decreto ou resolução desta assembleia.[540]

[537] Idem, sessão de 2 de maio de 1823.

[538] ROSANVALLON, Pierre. *La monarchie impossible: les Chartes de 1814 et 1830*. Paris: Librarie Arthème Fayard, 1994, p. 250.

[539] ANAIS da Assembleia Constituinte Brasileira, sessão de 6 de maio de 1823.

[540] Idem, sessão de 26 de junho de 1823.

O segundo objetivo dos Andrada – a forma unitária de Estado – foi perseguido pela apresentação de um projeto de lei que substituía as juntas provisórias das províncias, criadas à época da Revolução, por governadores nomeados pelo imperador. Este era o pesadelo dos *nativistas* ou *brasilienses*, que mais uma vez se defrontavam com o argumento "integracionista" mobilizado em Lisboa e em Cádis pelos europeus contra os americanos que desejavam autonomia. O projeto dividiu a base governista, porque o subgrupo dos antigos conselheiros e desembargadores oriundos do período joanino temiam que o furor centralizador dos Andrada suscitasse uma reação separatista. Carneiro de Campos alegava ser favorável à ideia em tese, mas acreditava que, naquelas circunstâncias, suprimir as juntas provinciais era um passo precipitado: "O povo que, de repente, passa da escravidão à liberdade, não sabe tomar esta palavra em seu verdadeiro sentido".[541] Mas o projeto centralizador dos Andrada avançava. Uma vez que a monarquia era incompatível com o federalismo, Antônio Carlos respondia que o governo precisava "ser consequente aos princípios do governo adotado e estender às províncias o que a razão política prescreve no centro".[542] Silva Lisboa também achava que a federação teria "pior efeito que uma bala pestífera do levante, para dissolução do Império do Brasil".[543] Carvalho e Melo seguia na mesma direção, quando declarava que a admissão do federalismo seria "o mesmo que dizer: 'desmanchem-se os laços que nos ligam; cada uma das províncias separe-se, faça o seu governo, e se depois a união não lhes aprouver, façam como quiserem a sua federação'".[544] Mais uma vez Carneiro opôs, ao absolutismo ilustrado de Voltaire, defendido por Bonifácio, a sociologia política de Montesquieu: "Os prejuízos dos povos merecem muita contemplação em política: quando o legislador não os pode vitoriosamente combater, deve-os respeitar".[545] Em resumo, a coalizão governista estava convencida de que a maioria da Assembleia toleraria a forma de Estado centralizada apenas enquanto durasse a guerra contra Portugal, mas se dividia quanto à forma de enfrentar a ameaça: os Andrada preferiam a repressão, ao passo que Carneiro preferia contemporizar.[546]

[541] Idem, sessão de 26 de maio de 1823.

[542] Idem, sessão de 16 de junho de 1823.

[543] Idem, sessão de 18 de setembro de 1823.

[544] Idem, sessão de 17 de setembro de 1823.

[545] Idem, sessão de 17 de junho de 1823.

[546] BARMAN. *Brazil: the forging of a Nation*, op. cit., p. 66-67 e 75.

Os defensores da "monarquia democrática" adotam o constitucionalismo radical ibero-americano. Os defensores do "projeto imperial brasileiro" não falaram para um auditório passivo. Entre a oposição *nativista* ou *brasiliense*, havia veteranos da Revolução de 1817 depois eleitos para as Cortes de Lisboa, como José Custódio Dias, Martiniano de Alencar e Muniz Tavares. Uma vez que a doutrina do imperador como primeiro representante da nação servia para que Bonifácio limitasse os poderes da Assembleia, os radicais defenderam a tese oposta, segundo a qual a Constituinte detinha a exclusividade na representação da soberania nacional. O deputado mineiro José Custódio Dias indagava: "Alguém duvidaria que esta Assembleia é soberana, constituinte e legislativa, por ser representante da Nação, cujas prerrogativas não poderiam ser comunicadas em virtude de sua indivisibilidade originária?".[547] Além da doutrina do imperador como interlocutor privilegiado da vontade nacional, refutava-se igualmente a tese de que ele pudesse vetar os projetos legislativos elaborados pela Constituinte. Embora concordasse com a ponderação de Malouet de que "o chefe da Nação é o guarda nato da felicidade geral; é aquele a quem pertence vigiar sobre todos os outros poderes", para o deputado pernambucano Francisco de Paula de Almeida e Albuquerque (1800-1869), o príncipe só disporia do direito de veto depois de promulgada a Constituição. Reconhecia assim a precedência da Assembleia, quando sustentava ser esta quem, na qualidade de depositária exclusiva da soberania, deveria fixar como e quando o monarca deveria exercer aquela prerrogativa.[548] Foi o padre e deputado radical, também pernambucano, Venâncio Henriques de Resende, quem com mais veemência combateu os argumentos monarquianos mobilizados pelos *luso-brasileiros:*

> Dizem que a assembleia não é infalível e é sujeita às paixões. E o Imperador é um anjo, não tem paixões? O Imperador é mais sujeito a essas paixões, porque tem para elas mais incentivo: comanda a força, dá os empregos, as honras e é quem executa as leis; por isso tem mais interesse em que elas sejam a seu jeito. Nós nada disso temos e somos temporários; tornamos para o que antes éramos. A assembleia não é infalível, e o Imperador é? Nego. É tanto homem como nós, e ademais tem maiores entraves para ver a verdade, mais incentivo às paixões. Quando os povos nos mandaram aqui para

[547] ANAIS da Assembleia Constituinte Brasileira, sessão de 2 de maio de 1823.
[548] Idem, sessão de 26 de junho de 1823.

> fazer a Constituição e as reformas indispensáveis, estavam convencidos que essa constituição essas reformas eram necessárias e sabiam quais eram elas. Viemos com plenos poderes; a constituição e as reformas devem ser efetivas e de nenhuma forma devem depender da sanção imperial os decretos da assembleia constituinte.[549]

Os deputados *brasilienses* ou *nativistas* comparavam o projeto centralizador de Bonifácio, que substituía as juntas por governadores nomeados, ao plano pretensamente recolonizador das Cortes de Lisboa. Carneiro da Cunha e Martiniano de Alencar passaram a pressionar o imperador para demitir os Andrada, sugerindo que um governo "despótico" e "corcunda" comprometia sua popularidade. À tentativa dos radicais de insuflar as galerias da Assembleia, Bonifácio, na condição de presidente, ordenou que elas se mantivessem em silêncio, "senão chamo a guarda e mando prender a todos".[550] Fato que Cunha deploraria por demonstrar "o quão boçais somos em matérias constitucionais, e quanto, apesar dos muitos roncos e gabos de liberalismo, estamos atascados no pegajoso lodaçal das máximas do velho despotismo".[551] A luta prosseguiu. Na sessão de 17 de junho, Andrade Lima e Henriques de Resende apresentaram um projeto alternativo para o governo das províncias. Ao invés de nomeados pelo imperador, os governadores seriam eleitos. Era o federalismo pondo a cabeça de fora. Na véspera, Martiniano de Alencar advertira que as províncias do Nordeste não estavam dispostas a perder a autonomia conquistada depois da Revolução:

> Tem-se dito e desconfiado nas províncias, e aqui mesmo, que o ministério procura entronizar o despotismo; que essa imensidade de empregados do Rio de Janeiro suspira pelo tempo em que eles eram respeitados e grandes, à custa do sangue e suor dos cidadãos. Tem-se dito mesmo que o maior motivo dos sucessos que deram princípio à independência foi o desagrado que sentiram os empregados com o decreto da abolição dos tribunais do Rio de Janeiro; tem-se dito que tudo aqui se prepara para formar uma constituição a jeito e a molde do despotismo disfarçado. [...]. E como desvaneceremos essas suspeitas? [...]. Será porventura mandando-lhes, no princípio dos nossos trabalhos, esses mesmos escândalos de sua antiga dor

[549] Idem, sessão de 26 de junho de 1823.
[550] Idem, sessão de 20 de junho de 1823.
[551] Idem, sessão de 21 de junho de 1823.

> e ódio, um governador só com o nome mudado pelo de presidente, um governador de armas independente, um secretário que é o mesmíssimo dos antigos generais, e todos enviados do Rio de Janeiro, onde se presume o foco do despotismo?[552]

Prosseguindo a estratégia de contra-ataque, os *nativistas* ou *brasilienses* apresentaram um projeto de lei segundo o qual a legislação produzida pela Assembleia dispensava a sanção do imperador. O projeto rejeitava implicitamente a doutrina de Bonifácio de que o príncipe fosse o primeiro representante da nação e os deputados tivessem limites objetivos às suas ações. Ele acolhia, ao contrário, a tese radical de que a Constituinte era a detentora exclusiva da soberania, e que por isso tanto a legislação ordinária quanto a Constituição dispensariam o aceite do príncipe. Foi nesse quadro de defesa das prerrogativas da Coroa que os *luso-brasileiros* ou *coimbrãos* mobilizaram os argumentos dos monarquianos franceses em favor do direito de veto e, ao mesmo tempo, se debruçaram sobre o conceito de Poder Moderador para estabelecer a posição e as atribuições do imperador em uma monarquia constitucional.

4. A RECEPÇÃO DO CONCEITO DE PODER MODERADOR E SEUS SIGNIFICADOS: GOVERNANTE APARTIDÁRIO, PODER DE EXCEÇÃO E EIXO DA CENTRALIZAÇÃO POLÍTICA

O conceito de Poder Moderador chega ao Brasil. O *Curso de política constitucional* de Benjamin Constant começara sete anos antes sua carreira de meio século como bíblia do constitucionalismo liberal. Sua doutrina do Poder Moderador também gozava de imensa popularidade. Na França, já em 1816 o visconde de Chateaubriand (1768-1848) expusera uma concepção análoga do papel constitucional do rei:

> A doutrina sobre a prerrogativa régia constitucional é: que nada proceda diretamente do rei nos atos do governo; que tudo seja obra do ministério, mesmo o que se faça em nome do rei e com sua assinatura, projetos de lei, decretos, escolha de homens. O rei, numa monarquia representativa, é uma divindade que nada pode atingir: inviolável e sagrado, ela é ainda infalível; pois, se houver

[552] Idem, sessão de 17 de junho de 1823.

um erro, esse erro é do ministro e não do rei. Assim, pode-se tudo examinar, sem ferir a majestade real, pois tudo decorre de um ministério responsável.[553]

Três anos depois, era um antigo termidoriano, o conde de Lanjuinais (1753-1827), que defendia a interpretação do chefe de Estado como um poder neutro. Refutando a tese reacionária de que o rei fosse "mestre e senhor", ele frisava a natureza moderadora da prerrogativa régia:

> Para que haja uma liberdade regular, é necessária uma autoridade mediadora diretiva, moderadora, neutra a certos aspectos, absoluta em outras relações, enfim irresponsável, uma autoridade que previna ou termine toda luta perniciosa, que propicie ou restabeleça a harmonia necessária entre as grandes autoridades. Eis o que apenas o Rei pode fazer, propondo as leis, recusando ou concedendo sanção às resoluções das duas câmaras, nomeando os pares, e criando novos pares; convocando, adiando, ou dissolvendo as câmaras; usando de seu direito de agraciar e comutar as penas, nomeando e demitindo ministros; distribuindo, revogando as recompensas e os favores.[554]

Na América portuguesa recém-independente sob o signo da monarquia ilustrada, todavia, o objetivo mais premente dos luso-brasileiros ou coimbrãos não era o de estabilizar o Estado de direito no contexto de um "momento oligárquico" como o francês, mas o de legitimar a continuidade da "revolução monárquica" iniciada por dom João VI. Para isso, precisavam de instrumentos fornecidos pela doutrina liberal que garantissem a inviolabilidade do imperador, seu poder de dissolver a câmara e a centralização política contra as veleidades dos *nativistas* ou *brasilienses*.[555] Ora, o Poder Moderador era uma invenção da moderna escola francesa de direito público. Segundo

---

[553] CHATEAUBRIAND; François-René, visconde de. *Chateaubriand politique.* Textos escolhidos, apresentados e anotados por Jean-Paul Clément. Paris: Hachette, 1987, p. 172.

[554] LANJUINAIS; Jean-Denis, Conde de. "Constitutions *de la Nation française*". In: *Œuvres de J.-D. Lanjuinais, pair de France, membre de l'Institute, etc., avec une notice biographique, par Victor Lanjuinais.* Tome deuxième. Paris: Dondey-Dupré Père et Fils, Imprim. Libraires, 1832, p. 219.

[555] Não era exatamente nova a ideia de um Poder Moderador ou Regulador. Quando vice-presidente da Junta Provisória de São Paulo, José Bonifácio sugerira aos deputados daquela província que partiam para as Cortes de Lisboa, em 1821, que propusessem o estabelecimento de um tribunal de censura na futura Constituição do Reino Unido. Era semelhante ao júri constitucional planejado por Sieyès e, como este, declararia a inconstitucionalidade dos atos normativos dos poderes constituídos; verificaria a regularidade das eleições e suspenderia os ministros e magistrados a requerimento (ANDRADA E SILVA. *José Bonifácio de Andrada e Silva,* op. cit., p. 127).

autores como Constant, Chateaubriand e Lanjuinais, as atribuições do quarto poder compreendiam o direito de veto sobre os projetos de lei e o direito de dissolução da Câmara dos Deputados.[556] Se essa era a doutrina liberal do poder monárquico, ela naturalmente deveria ser seguida onde quer que se organizassem monarquias constitucionais, como era o caso brasileiro. Trocando em miúdos, o fato de se tratar de um *slogan* da esquerda liberal francesa convertia a doutrina do Poder Moderador, que no Brasil fortalecia o príncipe, em argumento poderoso contra os *brasilienses* ou *nativistas*, a maioria dos quais declarava seguir cegamente "a opinião do célebre Benjamin Constant, publicista muito elogiado pelos mais ilustres deputados desta assembleia".[557] Três foram as representações do conceito de Poder Moderador apresentadas na Constituinte. A primeira delas transmitia a imagem de um *governante suprapartidário*, desinteressado e acima da política; a segunda, a de *um poder de exceção a serviço do sistema constitucional*; a terceira, a de um *avalista ou artífice da centralização político-administrativa*, eixo da unidade nacional.

Poder Moderador (1): um governante suprapartidário. O líder do governo, deputado Antônio Carlos de Andrada Machado, apresentava o Poder Moderador como *um lugar privilegiado e inalcançável ocupado pelo chefe do Estado*, cuja posição imporia cerimonioso respeito. Na qualidade de "poder influente e regulador, a coluna mestra da sociedade", o monarca era "superior a todos os outros poderes, a quem nenhuma das manifestações de submissão, de deferência e de respeito jamais pode ser degradante". Como um "ser metafísico" que conseguia "distinguir o verdadeiro interesse da sociedade e de se guiar por ele", por se encontrar "acima das nossas fraquezas e paixões",[558] só o monarca estava em condições de regular os demais poderes:

> Quando uma Nação é regida por um só indivíduo, o governo [...] é monárquico se o poder é hereditário na dinastia reinante e se o monarca tem alguma parte, ao menos, no supremo Poder Moderador nacional. Se todos os poderes se concentram num só homem, a monarquia é absoluta, a qual, porém, se difere do despotismo em ser o poder exercitado segundo leis fixas [...]. Se os poderes são divididos, ficando a legislação na mão dos representantes nacionais, e o Poder Executivo na mão de um monarca hereditário, inviolável e com

[556] CONSTANT. *Écrits politiques*, op. cit., p. 324.

[557] ANAIS da Assembleia Constituinte Brasileira, sessão de 15 de julho de 1823.

[558] Idem, sessão de 30 de abril de 1823.

alguma influência sobre os outros poderes, temos o que chamamos monarquia constitucional representativa.[559]

Enquanto Constant declarava que o monarca estava acima da política enquanto poder neutro, Antônio Carlos declarava que ele o estava inclusive enquanto chefe do Executivo. Ao enfatizar a inviolabilidade do monarca enquanto titular do Poder Moderador, o irmão de Bonifácio refletia os anseios do próprio imperador, ofendido pela irreverência da oposição. Era o que dizia dom Pedro I:

> Não posso levar à paciência que todos queiram e gritem Constituição e não queiram a inviolabilidade do monarca em toda a sua extensão ilimitada, como deve ser. Eu sou constitucional por princípio, já o era antes de se proclamar em Portugal; não sou como muitos que querem a Constituição e sabem tão pouco o que ela é [...]. Depois estive na Inglaterra e vi o bem executado sistema, ainda mais constitucional fiquei, vi que o Rei é um ente moral respeitadíssimo como tal e por isso inviolável. [...]. Sendo o Rei o Poder Moderador, era mister que ninguém lhe pudesse pedir contas, seus ministros é que são responsáveis por tudo, mas não de bagatelas, como é agora moda no sistema constitucional de 1791.[560]

Poder Moderador (2): um poder de exceção a serviço da salvaguarda do sistema constitucional. Para Carneiro de Campos, o Poder Moderador era *um poder de exceção a serviço da salvaguarda do sistema constitucional.* Como Aristóteles, Carneiro entendia as formas de governo como arquétipos que subjaziam às maneiras de organização social de cada sociedade particular. "Os governos se distinguem pelas suas formas externas. O caráter particular que constitui a sua natureza e classifica a sua espécie, só a poderemos achar nos poderes que exercem as diversas autoridades que o compõe".[561] A partir desse critério, ele concluía pela existência de quatro formas de governo: *república pura ou democrática*, *república representativa ou aristocrática*, *monarquia pura ou absoluta*, e *monarquia constitucional, representativa, temperada ou limitada.* República e monarquia puras eram tipos contrários: na primeira, o povo

[559] Idem, sessão de 16 de maio de 1823.

[560] VIANA. *Dom Pedro I, jornalista*, op. cit., p. 96.

[561] ANAIS da Assembleia Constituinte Brasileira, sessão de 26 de junho de 1823.

ou a nação participava diretamente do governo, tanto quanto, na monarquia absoluta ou despotismo, apenas o monarca exercia o poder. A novidade era o *governo constitucional representativo*, moderna forma de governo misto na qual a influência popular decrescia em relação à república pura ou democracia. Já não era a nação que deliberava por si mesma, mas seus representantes eleitos, e o governo já não se achava concentrado nas mãos de um único, como na monarquia absoluta. Este gênero misto de governo, que era o constitucional e representativo, possuía, entretanto, mais de uma única espécie. Desde que a Inglaterra criara o primeiro, outros haviam surgido na Europa e na América. Para Carneiro, a única forma de distingui-las passava por identificar em cada uma o elemento político preponderante: ou o chefe da Nação, elemento monárquico, ou a assembleia, elemento republicano. No primeiro caso, o governo estava mais próximo da monarquia; no segundo, da república.

O governo constitucional e representativo apresentava assim dois tipos intermediários. O primeiro era o da *aristocracia, república ou democracia representativa*, marcado pela hegemonia do elemento aristocrático, que era a assembleia. Ele envolvia repúblicas representativas declaradas, como os Estados Unidos, e outras, disfarçadas de monarquias, como a França de 1791, a Espanha de 1812 e o Portugal de 1822 (a "república com rei"). Já a segunda espécie – *monarquia constitucional* – tinha por referência a Constituição da Inglaterra e era "um governo misto, que se combina umas vezes com elementos democráticos, outras com a aristocracia e democracia juntamente".[562] Aí, o poder monárquico garantia sua autonomia ou ascendência pelo direito de veto e de dissolução da Assembleia, que era o poder aristocrático ou democrático representativo. O futuro marquês de Caravelas julgava que, ao fazer do chefe da Nação o guardião da Constituição, o governo constitucional e representativo ficaria estruturalmente resguardado contra a tendência das assembleias de expandir seus poderes. O Poder Moderador resolvia o problema central da política moderna: forjar uma ordem institucional capaz de equilibrar as justas aspirações à liberdade, materializadas no reconhecimento dos direitos fundamentais dos cidadãos e na divisão dos poderes, e a necessidade de ordem, manifesta na necessidade de preservação da autoridade pública e de seu prestígio:

[562] Idem, sessão de 26 de junho de 1823.

> O monarca constitucional, além de ser o chefe do Poder Executivo, tem demais o caráter augusto de defensor da Nação: ele é sua primeira autoridade vigilante, guarda dos nossos direitos e da Constituição. Esta suprema autoridade que constitui a sua pessoa sagrada e inviolável, e que os mais sábios publicistas deste tempo têm reputado um poder soberano distinto do Poder Executivo por sua natureza, fim e atribuições – esta autoridade, digo, que alguns denominam *poder neutro ou moderador* e outros *tribunício*, é essencial nos regimes representativos. Em verdade, senhores, desde o momento em que a Nação, não podendo exercer por si mesma todos os seus poderes, delega o exercício deles, uma saudável desconfiança de perder a sua liberdade e cair debaixo do jugo da tirania, se coloca ao lado da confiança que ela tem nos seus mais acreditados representantes. A Nação não ignora que todo poder tende por si mesmo a ampliar-se, e que é da natureza do homem amar o poder. Nas monarquias representativas, dois riscos hão a correr: primeiro, a reunião dos poderes no corpo legislativo; o que constituiria a tirania de muitos; segundo, a reunião dos poderes do chefe da Nação, o que lhe daria o caráter de um monarca absoluto, e formaria a tirania de um só. Para conservar a liberdade entre estes dois escolhos, é indispensável que o Poder Legislativo e o monarca sejam armados de uma igual vigilância: o Poder Legislativo sobre os ministros, que no exercício do Poder Executivo podem favorecer a tirania de um só; e o monarca sobre o corpo legislativo, para que este não possa sair dos limites que a natureza tem marcado. Estas considerações deram nascimento ao Poder Moderador, que é o baluarte da liberdade pública e a mais firme garantia para a Nação que nós, que somos os seus legítimos representantes, e os que nos sucederem em outras assembleias, jamais nos transformaremos em seus senhores e tiranos. [...]. Estes mandatários, aliando, à augusta função que lhe é confiada aos cuidados, todas as ambições que atormentam os homens; a sua vontade e o seu interesse particular e pessoal, podendo achar-se em contradição com a vontade e interesse geral, cumpre que a Nação constitua a sua sentinela naquele que é superior a todas as considerações e interesses particulares e que tem um interesse eminente em manter a Constituição pela qual existe como monarca.[563]

Por conseguinte, o Poder Moderador de Carneiro de Campos não derivava simplesmente de uma qualidade da realeza ou da natureza das coisas. *Ele era o direito que tinha a nação de ser protegida pelo representante do bem comum quando desprovida de meios de autodefesa contra o particularismo dos interesses legislativos;* a autoridade imparcial capaz de manter *in extremis* a ordem cons-

[563] Idem, sessão de 26 de junho de 1823.

titucional contra as veleidades facciosas e particularistas de seus representantes eleitos. Como, em razão de seu excesso de trabalho e pouca instrução, o povo soberano não podia agir por conta própria para defender seus interesses,[564] o governo representativo requeria a ação daquele poder que, "como atalaia da liberdade e dos direitos do povo, inspeciona e equilibra todos os outros poderes".[565] Delegado ao imperador por aclamação popular, o Poder Moderador era a "suprema autoridade vigilante" da nação e tinha por missão "impedir a perturbação da ordem pública e o desfuncionamento da máquina política".[566] "Remédio extremo e instância última do sistema constitucional", o quarto poder deveria ser acionado sempre que não houvesse "outro meio ordinário e pacífico de evitar danos iminentes ao Estado".[567] O Poder Moderador era, portanto, um poder discricionário excepcional, exercido pelo chefe do Executivo para salvar um regime constitucional incipiente e frágil, ameaçado tanto pela demagogia quanto pelo absolutismo. Carneiro de Campos pensava o Poder Moderador em uma chave republicana clássica, como um sucedâneo aperfeiçoado da ditadura romana, ou da razão de Estado.

Poder Moderador (3): o eixo da centralização monárquica e da unidade nacional. A última das releituras do conceito de Poder Moderador foi feita por João Severiano Maciel da Costa, autor da *Memória* e futuro marquês de Queluz. Antigo íntimo de dom João VI, Maciel era o mais propenso a encarar a Coroa conforme os cânones do absolutismo ilustrado, atribuindo à condição de Poder Moderador do chefe do Estado sua posição de artífice da "revolução monárquica". Para o desembargador mineiro, a fracassada experiência francesa do Senado napoleônico comprovara que a defesa das instituições deveria ficar a cargo do próprio imperante. Na qualidade de detentor do "supremo Poder Moderador", o príncipe vigiava "como atalaia sobre todo o Império; é a sentinela permanente, que não dorme, não descansa". Maciel invocava aqui uma imagem típica do Antigo Regime: o monarca era "o Argos político, que com cem olhos tudo vigia; tudo observa". Mas ele ia além, ao conferir ao monarca a condição de um *representante existencial da soberania.* Com sua centena de olhos, o chefe de Estado "tudo toca; tudo move; tudo dirige; tudo concerta;

564 Idem, sessão de 28 de julho de 1823.
565 Idem, sessão de 26 de junho de 1823.
566 Idem, sessão de 28 de julho de 1823.
567 Idem, sessão de 23 de junho de 1823.

tudo compõe, fazendo aquilo que a Nação faria se pudesse". A metáfora dos olhos que tudo viam era extraída do repertório do absolutismo e recordava a imagem que Bossuet pintara do rei como dotado da faculdade divina de onipresença, capaz de tudo saber porque os próprios pássaros lhe vinham contar. Em suas memórias, Luís XIV repetira, de modo menos poético, que o dom divino da onipresença podia ser replicado através da burocracia, ou seja, da nomeação, pelas províncias afora, de delegados seus, encarregados de servir como os "mil olhos do rei".

Também Maciel da Costa acreditava que dom Pedro precisava exercer sua vigilância em um país vasto e atrasado como o Brasil, e que para tanto, ele precisava de funcionários para dispor de "olhos e braços por todo o Império".[568] Como governador da Guiana Francesa ocupada por Portugal, Maciel da Costa aprendeu por experiência própria a importância de ser "olho" do príncipe em um império no qual enfraquecer o poder não era uma opção civilizadora. O que o futuro marquês pretendia, portanto, ao mobilizar o conceito de Poder Moderador, era *justificar a centralização político-administrativa contra as pretensões de autonomia das províncias.* Era o imperativo decorrente da necessidade de assegurar o bem comum, contra o interesse particular, que fazia do príncipe um governante acima das facções, encarregado de garantir a unidade nacional. A preeminência do interesse público, geral, sobre o interesse privado, provincial, dependia do direito que teria o monarca de nomear os governadores das províncias: "Esses olhos, esses braços, são as autoridades provinciais, que veem e tocam por ele e com ele estão em contínuo contato; relações estas que não quadram aos membros do poder judiciário, que deve ele mesmo ser vigiado, sobrerroldado". E concluía, à maneira do reformismo ilustrado: "Não há, senhores, outro meio nenhum de governar um grande país: dividir a guarda e a vigia da observância das leis por tantas autoridades subalternas, quanto bastem para o feliz desempenho; premiar os zelosos e exatos; punir os infiéis e negligentes".[569]

Em síntese, o Poder Moderador era apresentado pelos *luso-brasileiros* como o instituto constitucional que permitiria à Coroa preservar o bem comum, entendido como *imparcialidade, equilíbrio institucional* ou *interesse*

568 Idem, sessão de 23 de agosto de 1823.

569 Idem, sessão de 23 de agosto de 1823.

nacional, contra o interesse particular representado, respectivamente, pelo *político profissional*, movido por paixões e apetites; pelas *facções partidárias*, instaladas na assembleia; e, enfim, pelas *províncias*, com suas oligarquias bairristas e inclinadas ao separatismo. A estratégia dos governistas não impedia a oposição de perceber que a doutrina do Poder Moderador era um cavalo de Tróia, mas criava-lhe dificuldades na medida em que seria obrigada a sustentar que, naquelas circunstâncias, a teoria de Constant estaria sendo mobilizada para fins contrários àquilo que, no seu entender, seria *verdadeiramente* constitucional.

5. Da demissão dos Andrada à outorga da Constituição do Império (1823-1824)

A demissão dos Andrada. Depois da aclamação de dom Pedro, Bonifácio passara a reprimir diversos *nativistas* ou *brasilienses*, a título de anarquistas e republicanos. Era preciso evitar que "homens perversos e deslumbrados maquinassem contra a segurança do Estado e contra a vontade geral dos povos". Bonifácio se escorava na lógica da razão de Estado, segundo a qual o governo, naquelas circunstâncias especialíssimas de fundação de um novo império, precisava se orientar conforme "a grande lei da salvação da pátria, primeira lei sobre todas".[570] Os nativistas reclamavam uma anistia que libertasse os presos e garantisse a liberdade de imprensa, ao que Bonifácio respondia que "o povo do Brasil quer uma constituição, mas não quer demagogia e anarquia". Ele se dizia disposto a combater "esses mentecaptos revolucionários que andam, como em mercados públicos, apregoando a liberdade, esse bálsamo da vida, de que eles só se servem para indispor os incautos".[571] Sua estratégia funcionava bem, do ponto de vista institucional. Os radicais eram sistematicamente derrotados graças à ação do competente líder, Antônio Carlos, que pilotava uma maioria governista de cerca de 2/3 da Assembleia. A coalizão era formada por duas alas. A primeira, mais "andradina", tinha por núcleo a deputação paulista. A segunda, mais "burocrática", era composta pelos antigos conselheiros joaninos. Para Antônio Carlos, os radicais confundiam *povo* com *nação*: "Nação abrange o soberano

[570] Idem, sessão de 9 de maio de 1823.
[571] Idem, sessão de 9 de maio de 1823.

e os súditos, povo só compreende os súditos. O soberano é a razão social, coleção de razões individuais; povo é o corpo que obedece à razão".[572] A maioria governista pretendia conciliar a liberdade com a autoridade: "A força e a justiça é só quem erige, quem conserva os governos. Tudo o mais é expediente de tímidos e ignorantes".[573] Quanto ao modelo norte-americano com que acenavam os *brasilienses*, Antônio Carlos o descartava à maneira de Bolívar, destacando as diferenças entre as respectivas formações nacionais: "A analogia com os Estados Unidos só a cegos pode impor; é mister dormir ao pino no meio-dia e ter os olhos fechados para não ver a diferença de um povo nutrido desde o berço em ideias democráticas para outro que, criado no seio da monarquia absoluta, não tem a frugalidade, a temperança e o amor da igualdade, condições insupríveis das repúblicas".[574]

O esfacelamento da base governista. No entanto, por volta de junho de 1823, surgiu uma cisão interna ao grupo *coimbrão* ou *luso-brasileiro*, que detinha a maioria da Assembleia. O autoritarismo dos Andrada, denunciado de modo cada vez mais inflamado pelos *nativistas*, começou a incomodar os conselheiros mais moderados da ala burocrática e o próprio imperador, que temia perder popularidade. A crise culminou com a demissão do ministério. Nomeado para o lugar de Bonifácio, Carneiro de Campos fez cessar a perseguição na esperança de desmobilizar os radicais e resguardar o espaço decisório da Coroa na futura Constituição.[575] Mas não foi o que aconteceu. Acreditando-se vítimas de uma intriga da ala palaciana, os Andrada passaram para a oposição, apostando na retórica nativista. Além de acusarem o novo gabinete como pró-lusitano, criticavam-no por representar um "partido neutro ou do ventre", "absolutamente indiferente ao futuro político do Brasil"; que só desejava "a conservação de suas fortunas, ordenados, pensões, ou o acréscimo de novas". Mas eles também não deixavam de atacar os radicais, principalmente Cipriano Barata. O jornal de Barata, o *Sentinela de Pernambuco*, só se preocupava em "comunicar aos povos incautos a sua labareda revolucionária".[576]

[572] Idem, sessão de 6 de maio de 1823.
[573] Idem, sessão de 21 de maio de 1823.
[574] Idem, sessão de 16 de maio de 1823.
[575] ARMITAGE. *História do Brasil*, op. cit., p. 78.
[576] LIMA SOBRINHO, Alexandre José Barbosa. "A ação da imprensa em torno da Constituinte". *In*: Octaciano Nogueira (org.). *A Constituinte de 1823: obra comemorativa do sesquicentenário da instituição parlamentar.* Brasília: Senado Federal, 1973, p. 58-59.

Em outras palavras, os Andrada reposicionaram-se como um novo centro político, que aliava o projeto imperial à retórica radical nativista. Uma vez que Carneiro de Campos não detinha as qualidades de líder do governo, a base governista se esfarelou, tendo a Coroa experimentado sucessivas derrotas para evitar o avanço do projeto *brasiliense* de "monarquia democrática". Àquela altura, os absolutistas comandados por dom Miguel, irmão de dom Pedro, já haviam dissolvido as Cortes de Lisboa. Maciel da Costa advertiu a Assembleia do risco de seguir as pegadas de sua predecessora:

> Tenho lido toda minha vida obras políticas, tenho visto nações estrangeiras, e confesso que quando encaro com o edifício que devemos reformar, tremo, Senhor Presidente, e receio que as coisas que substituirmos não ajustem e enquadrem bem [...]. Se este susto não é fundado, então erro eu, mas com os mestres de política antigos e modernos. Que belas coisas não diz Cícero a este respeito! Entre os modernos temos Bacon, que diz e demonstra que as reformas das instituições de um povo são mais obra do tempo do que do gabinete, temos Montesquieu, João Jacques [Rousseau], Montlosier, Benjamin Constant que suponho hoje nas mãos de todos, os quais trovejam sobre a circunspecção com que se deve tocar em um edifício social para reformá-lo. Dizer-se que isto é paixão por velhas instituições, não merecia resposta, e contento-me com dizer que, nos dois extremos, antes a taxa de apaixonado por antigas instituições que não forem incompatíveis com a liberdade que todos desejamos, do que a de inovar temerário e demagogo, que entre um respeito supersticioso e idólatra por antigas instituições e um furor temerário de inovações há um meio. Este é o da circunspecção e da prudência.[577]

A dissolução da Constituinte. O sinal amarelo acendeu quando Antônio Carlos apresentou o anteprojeto de Constituição em setembro de 1823. O anteprojeto excluía o direito de dissolução da câmara, que pertencia ao monarca na França e na Inglaterra. Ao mesmo tempo, os *nativistas* estavam firmes no propósito de quebrar as pernas dos desembargadores, substituindo a justiça centralizada por jurados escolhidos pela antiga nobreza da terra. Deputados como Martiniano de Alencar denunciavam o despotismo, a corrupção e a ignorância dos magistrados e queriam jurados em todos os órgãos de Justiça, sob a pena de não se salvaguardar a segurança pessoal e a propriedade

[577] ANAIS da Assembleia Constituinte Brasileira, sessões de 16 e 18 de agosto de 1823.

privada.[578] Os *coimbrãos* ou *luso-brasileiros* redarguiam conforme a linguagem ilustrada, segundo a qual a "sociedade civil" dos brasilienses não passava de uma classe egoística e ignorante de senhores de escravos, e o "Estado despótico", o protetor dos pequenos contra a opressão dos grandes. Tendo em vista que o sistema de escravidão fazia com que a maior parte dos delinquentes fosse de negros, o sistema de jurados entronizaria a justiça dos senhores de escravizados. Um sistema imparcial e justo, só uma burocracia profissionalizada como a monárquica poderia dar.[579]

O ambiente de anarquia parlamentar foi irritando o imperador. O episódio do "brasileiro resoluto", no qual um suposto patriota foi surrado por portugueses em pleno Largo da Carioca, catalisou a retórica nativista e antilusitana contra o gabinete. Ao permitirem a invasão do plenário da Assembleia por populares armados enquanto os Andrada discursavam contra os "inimigos da Pátria", os radicais reproduziram a estratégia de intimidação aplicada durante a Revolução Francesa. Alarmado, o deputado Carvalho e Melo aconselhou o imperador, em conformidade com a doutrina monarquiana de Malouet, a dissolver a assembleia na qualidade de Defensor Perpétuo do Brasil e seu primeiro representante.[580] O conselho do futuro visconde de Cachoeira havia sido dado pelos próprios Andrada quando estavam no governo.[581] Pressionado pelo exército, o imperador tentou negociar com a Assembleia a detenção dos três irmãos; diante da negativa, ele ordenou a dissolução. Era a única forma que lhe restara, ao seu juízo, de impedir que lhe reduzissem "as atribuições, que competem pela essência dos governos representativos ao chefe do Poder Executivo e que me haviam sido conferidas pela Nação, como imperador constitucional e Defensor Perpétuo do Brasil".[582] Tratava-se de medida de salvação pública motivada pelo perjúrio, por parte dos deputados, de sua promessa de defender a independência, o império e a dinastia de Bragança.[583] Também houve quem negasse o caráter de golpe de Estado, sob

---

578 Idem, sessão de 23 de outubro de 1823.

579 Idem, sessão de 21 de outubro de 1823.

580 LYRA, Augusto Tavares de. *Instituições políticas do Império*. Brasília: Senado Federal, 1979, p. 19.

581 MONTEIRO, Tobias. *História do Primeiro Reinado*. Volume I. Belo Horizonte: Itatiaia, 1982, p. 784.

582 CONTINENTINO, Marcelo Casseb. *História do controle de constitucionalidade das leis no Brasil: percursos do pensamento constitucional no século XIX (1824-1891)*. São Paulo: Almedina, 2015, p. 145.

583 JAVARI; Jorge João Dodsworth, Barão de (org.). *Império brasileiro: falas do trono, desde o ano de*

o argumento de que se tratava de atribuição ordinária dos monarcas, que pelo Poder Moderador tinham o direito de dissolver câmaras.[584]

A outorga da Constituição de 1824. O fechamento da Assembleia foi acompanhado da promessa de uma nova Constituinte, que trabalharia a partir de um novo anteprojeto elaborado pelo recém-criado Conselho de Estado. O imperador prometia que ele seria "duplicadamente mais liberal" do que aquele de Antônio Carlos.[585] Sob o olhar atento do príncipe, encarregado de redigir o anteprojeto, Carneiro de Campos pôde aperfeiçoar muitíssimo o dos Andrada, tornando-o mais preciso e conciso.[586] Seu projeto tinha quase cem artigos menos e era tecnicamente bastante superior.[587] Moldando-a conforme suas convicções, mas respeitando as disposições já aprovadas pela Assembleia, Carneiro foi responsável por duas novidades: a inclusão explícita de um quarto poder, o Moderador, e a previsão de alguma descentralização política, pela criação de Conselhos Gerais de Província. Embora desprezados por frei Caneca como "uns meros fantasmas para iludir os povos",[588] os conselhos eram um avanço frente ao unitarismo dos Andrada, que pretendiam retalhar as províncias para adotar o sistema departamental francês. Aprovado pelo Conselho de Estado, o anteprojeto foi submetido às câmaras municipais, órgãos por excelência de expressão da vontade do povo no Antigo Regime luso-brasileiro. Capitaneadas pelo Senado da Câmara do Rio de Janeiro, opinaram quase todas por sua outorga imediata.

Legitimado pela consulta às câmaras, dom Pedro I outorgou o anteprojeto de Carneiro de Campos como Constituição Política do Império do Brasil a 25 de março de 1824. A nova Constituição representava uma solução de compromisso entre o liberalismo político exigido pelas circunstâncias e uma divisão de poderes que tornasse possível levar adiante o projeto imperial. A exposição de motivos explicava a adoção do regime monárquico pela necessidade de criar no Brasil "um centro da garantia que afiançasse sua segurança".

1823 até o ano de 1889. Prefácio de Pedro Calmon. Rio de Janeiro: Editora Itatiaia, 1993, p. 83.

[584] LUSTOSA. *Insultos impressos*, op. cit., p. 409.

[585] JAVARI (org.). *Império brasileiro: falas do trono*, op. cit., p. 81.

[586] SISSON. *Galeria dos brasileiros ilustres*, op. cit., vol. I, p. 203.

[587] LIMA, Manuel de Oliveira. *O Império brasileiro (1821-1889).* Itatiaia, São Paulo e Belo Horizonte: 1989, p. 60. DINIZ, Hindemburgo Pereira. *A monarquia presidencial.* Rio de Janeiro: Nova Fronteira, 1984, p. 250. MONTEIRO. *História do Primeiro Reinado*, op. cit., vol. II, p. 21.

[588] CANECA. *Ensaios políticos*, op. cit., p. 72.

Haja vista que "o perfeito sistema constitucional consistia na fusão da monarquia, da aristocracia e da democracia", a Carta organizava as instituições conforme os cânones de "uma verdadeira monarquia mista", como a britânica. O sistema bicameral se justificava pela necessidade de equilíbrio, a opinião dos deputados gerais sendo corrigida pelos senadores, mais ponderados e experientes. Já o veto absoluto do imperador destinava-se a conter "a transcendência do Poder Legislativo nos limites em que se deve concentrar e ficando o povo debaixo do escudo daquela atribuição, em perfeita imunidade contra as agressões de uma representação desatinada, infinitamente mais temível que o despotismo de um só".[589] Repetiam-se, mais uma vez, os argumentos monarquianos de Lally, Mounier, Malouet e Mirabeau. Embora pela força, triunfava na América portuguesa aquilo que fracassara na França: o projeto de fundar a autoridade monárquica sobre a soberania nacional em um desenho institucional marcado pela separação de poderes, governo misto e ascendente do monarca.

Uma vez garantidos pelos *coimbrãos* os pressupostos necessários à continuidade da "revolução monárquica", a Constituição se permitia ao luxo de ser a mais liberal de todas as monarquias constitucionais de seu tempo: consagrava a soberania da nação (art. 12); a divisão de poderes políticos (art. 9º); a responsabilidade ministerial (arts. 102, 132 e 133); o sistema representativo (art. 3º); o censo pecuniário baixo e amplo para o exercício dos direitos políticos (art. 90 a 95), corrigido pela eleição em dois graus, conforme a lógica oligárquica dos sistemas eleitorais da época; e, por fim, uma extensa declaração de direitos e princípios fundamentais: abolia todos os privilégios e as penas cruéis; admitia a todos os cidadãos o direito de ocupar cargos públicos; consagrava o princípio da legalidade e da não irretroatividade das leis; a liberdade de ir e vir, de pensamento e de imprensa; a tolerância religiosa; a inviolabilidade da correspondência, etc. (art. 179).[590] A Constituição também previa, no lugar da Casa de Suplicação, um Supremo Tribunal encarregado de fazer as vezes de uma Corte de Cassação à francesa. Cabia ao Legislativo interpretar as leis de

---

[589] In: ROMERO, José Luis (org.). *Pensamiento conservador.* Caracas: Biblioteca Ayacucho, 1978, p. 303-305.

[590] Espanha e Portugal já haviam retornado ao absolutismo, ao passo que a França era regida por uma Carta mais concisa, mas também mais vaga, cuja legitimidade radicava na Divina Providência (CARVALHO, José Murilo de. *A monarquia brasileira.* Rio de Janeiro: Ao Livro Técnico, 1993, p. 25).

modo autêntico (art. 15, VIII e IX). O poder de decretar o estado de exceção, herdeiro das discussões republicanas clássicas sobre a ditadura, mas também do contratualismo lockeano, era atribuído à Assembleia Geral e, na falta dela, ao governo, se o perigo fosse iminente, e se limitava à suspensão de algumas garantias "nos casos de rebelião ou invasão, pedindo a segurança do Estado" (art. 179, XXXV). A influência de Constant se refletia nos artigos de caráter doutrinário referentes à divisão de poderes (art. 9ª), ao Poder Moderador (art. 98) e ao procedimento de revisão constitucional. A Constituição só exigia uma câmara revisora quando se tratasse de modificar a organização do Estado e os direitos fundamentais. Nos demais casos, a reforma poderia ser feita por lei ordinária (art. 178).

O Poder Moderador na Constituição de 1824: realidade e mito de uma institucionalização ambivalente. A quase unanimidade da historiografia acredita que a recepção do Poder Moderador desfigurou a doutrina de Constant num sentido absolutista.[591] De acordo com esses autores, a Constituição teria atribuído ao monarca o exercício do Executivo e do Moderador, quando a intenção de Constant seria a de separá-los para consagrar o parlamentarismo. Mas a questão é mais complexa. Antes de tudo, é preciso separar dois aspectos distintos da transposição do instituto: o jurídico – isto é, como as competências preconizadas por Constant foram incorporadas por Carneiro de Campos na Constituição – e o político – ou seja, os objetivos que a Coroa perseguia através dele. Essa distinção é fundamental porque as intenções dos atores são mais voláteis, mudando conforme a composição de interesses, ao passo que a finalidade das instituições é a de estabelecer regras fixas para estabilizar o jogo político. No caso concreto, penso que um bom ponto de partida consiste, em primeiro lugar, no exame dos textos constitucionais das demais nações; em segundo, tentar apreender o que se entendia por governo parlamentar. Em terceiro e último lugar, impõe-se medir o grau de conhecimento que o meio político brasileiro possuía da obra de Constant e averiguar se foram promovidas alterações nas competências do Poder Moderador. À luz dessas questões,

---

[591] CUNHA, Pedro Octavio Carneiro da. "A fundação de um Império liberal". *In*: Sérgio Buarque de Holanda (org.). *História geral da civilização brasileira.* Tomo II, 1ª vol., 6ª edição. São Paulo: Difel, 1985, p. 256. BONAVIDES, Paulo e ANDRADE, Paes. *História constitucional do Brasil.* 3ª edição. Rio de Janeiro, Paz e Terra, 1991, p. 96. FAUSTO, Boris. *História do Brasil.* 7ª edição. São Paulo: Editora da USP, 1999, p. 152. FAORO, Raymundo. *Os donos do poder: formação do patronato político brasileiro.* 11ª edição. Rio de Janeiro: Editora Globo, 1997, p. 290.

torna-se possível opor pelo menos três objeções ao argumento de que, por não haver consagrado o parlamentarismo inglês, a Constituição de 1824 teria traído a doutrina de Constant para operar, através dela, uma "constitucionalização do absolutismo".[592]

Em primeiro lugar, todas as Constituições monárquicas do século XIX, inclusive as ibéricas, designavam o monarca como titular do Executivo. No período dos Cem Dias, durante os quais redigiu para Napoleão uma Constituição liberal, o próprio Constant evitou exprimir as relações entre o Executivo e o Legislativo em termos de separação de poderes. Certo de que, deixando o texto mais flexível e mais aberto, com o tempo se formaria um consenso em torno de suas doutrinas constitucionais, Constant preferiu expressões mais imprecisas, como *imperador*, *governo*, *ministros* e *câmaras*.[593] Além disso, já vimos que o Poder Moderador não precisava ser textualmente consagrado como quarto poder: a adaptação do governo à opinião pública imporia interpretações constitucionais menos conformes à letra da lei do que ao espírito liberal. Até o final de sua vida, Constant interpretaria o papel constitucional do rei da França de acordo com a doutrina do poder neutro, deixando em segundo plano a literalidade dos enunciados da Carta de 1814, que lhe atribuíam o Poder Executivo. Em outras palavras, o fato de se conferir o exercício do Poder Executivo formalmente ao monarca – como na França, na Espanha, em Portugal, na Holanda e na Bélgica – não impedia a aplicação da doutrina do Poder Moderador. Bastava que, na prática, os negócios ordinários da administração fossem geridos por ministros responsáveis diante do Parlamento. Nesse ponto, a Constituição brasileira foi muito mais cuidadosa, porque não confundiu o imperador com o próprio Poder Executivo. Declarou-o apenas o seu *chefe* e que ele o exercia por meio de seus ministros (art. 102), sem os quais seus atos não teriam eficácia (art. 132).

Em segundo lugar, a historiografia brasileira tradicionalmente toma por equivalentes conceitos como *parlamentarismo* e *governo representativo*. Entretanto, essa equivalência não encontra respaldo em nenhuma das obras publicadas sobre o Poder Moderador nas décadas de 1810 ou 1820. A publicística francesa da Restauração não falava em parlamentarismo, mas de um *governo*

[592] BONAVIDES & ANDRADE. *História constitucional do Brasil*, op. cit., p. 96.
[593] RIALS. *Textes constitutionnels français*, op. cit., p. 45.

constitucional representativo que, orientado pelas doutrinas do governo misto e da separação de poderes, atribuía a nomeação e demissão dos ministros exclusivamente ao príncipe. A responsabilidade dos ministros diante das câmaras era puramente jurídica ou criminal na forma de *impeachment*, e não política, como nos governos parlamentares. O próprio Constant demonstrava dificuldade em dissociar entre os dois tipos de responsabilidade.[594] O que os liberais de então pleiteavam era simplesmente a necessidade de um entendimento entre governo e Parlamento. Esse quadro só foi alterado na década de 1830, quando se impôs aos espíritos a chamada *doutrina do governo parlamentar*, de acordo com a qual o ministério era politicamente responsável não apenas diante do rei, mas também do Parlamento. Criada por seus adversários com cunho pejorativo, a palavra *parlamentarismo*, por sua vez, somente se difundiria na década de 1850, para designar a pretensão parlamentar de organizar os gabinetes à revelia da Coroa. Nesse caso, abandonavam-se definitivamente as teorias da separação de poderes e do governo misto pelas de *parlamentarismo* e de *democracia*. Daí o equívoco dessa interpretação historiográfica sobre a transposição da teoria do Poder Moderador para a Constituição de 1824. Sustentar que Constant tivesse em mente o *parlamentarismo* é exigir deles dons divinatórios, que ele não poderia ter.

Em terceiro lugar, a ideia de que a doutrina do Poder Moderador teria sido deformada pela Constituição do Império é discutível. Basta comparar as prerrogativas outorgadas ao imperador pela Carta de 1824 com aquelas reconhecidas por Constant em suas obras. Nas *Reflexões sobre as constituições e as garantias*, Constant enunciara sete atribuições inerentes ao poder neutro: a nomeação e exoneração de ministros, a sanção dos projetos de lei (com poder de veto absoluto), o adiamento e a dissolução das câmaras, a nomeação dos membros do Poder Judiciário, o poder de agraciar réus condenados e o direito de declarar a guerra e fazer a paz.[595] No ano seguinte, ao publicar os *Princípios de política*, o número de atribuições do Poder Moderador foi reduzido para quatro: nomear e destituir ministros, criar novos pares, dissolver a câmara baixa, e conceder graça.[596] Do ponto de vista substantivo, essas atribuições nada tinham de novas: eram arroladas por todas as constituições como pertencentes

[594] ROSANVALLON. *La monarchie impossible*, op. cit., p. 87.
[595] CONSTANT. *Cours de politique constitutionnelle*, p. 182.
[596] Idem. *Écrits politiques*, op. cit., p. 323.

ao Poder Executivo. A única novidade estava em agrupá-las em um poder suplementar distinto – o Moderador. Ao transpor tais atribuições para seu projeto de Constituição, Carneiro de Campos promoveu apenas duas alterações: primeiro, conferiu ao quarto poder o direito de anistiar; segundo, retirou-lhe a prerrogativa de fazer a guerra e a paz, passando-a à esfera do Executivo para sujeitá-la à referenda dos ministros. Carneiro também adaptou à realidade brasileira três das competências previstas por Constant. Uma vez que a Coroa não pretendia criar uma aristocracia hereditária, no Brasil não fazia sentido o direito de nomear pares. Adotou-se então a fórmula monarquiana, segundo a qual o príncipe escolheria senador um dos três candidatos mais votados em cada província. O direito de nomear juízes também foi substituído pelo de suspendê-los quando suspeitos de corrupção, e mesmo assim, depois do contraditório. Por fim, já que no Brasil se previa uma pequena descentralização, que na França unitária não existia, Carneiro estendeu o direito de veto da Coroa aos projetos de lei provinciais.

A verdade, portanto, é que o imperador e seus conselheiros de Estado lograram operar uma transposição jurídica bastante fiel das competências concedidas por Benjamin Constant ao seu poder neutro. Ao contrário do que se sustenta, todas as alterações e adaptações jurídicas efetuadas por Carneiro de Campos na doutrina de Constant invariavelmente tiveram sentido mais liberal, porque resguardavam a independência do Judiciário, ampliavam o controle dos ministros, favoreciam a descentralização e obrigavam o monarca a ouvir o Conselho de Estado antes de exercer aquele poder. O que ocorre aqui é uma confusão entre *transposição jurídica* e *interpretação doutrinária*. Os velhos ilustrados *luso-brasileiros* queriam deixar a porta entreaberta para que as competências constitucionais conferidas ao Poder Moderador pudessem ser interpretadas, não conforme a doutrina de Constant, e sim aquela de Bolingbroke, Mounier, Malouet e Lally, de modo a acumulá-lo com o exercício do governo. Ora, Constant distinguia entre autoridade inviolável (o rei) e autoridade responsável (ministério) para afastar o primeiro do exercício direto do governo, retirando-o da condição de chefe da administração e investi-lo do papel de árbitro do sistema. Por isso ele qualificava a distinção entre o Poder Moderador e o Executivo "a chave de toda a organização política".[597] É sintomático que,

[597] Idem, ibidem, p. 324.

tendo guardado fidelidade à transposição jurídica das atribuições do Poder Moderador assinalada nos *Princípios de política*, os conselheiros de Estado o tenham feito conceituar na Constituição de modo doutrinariamente diverso. Pela redação do art. 98, "a chave de toda a organização política" deixava de ser a distinção entre aqueles dois poderes para se tornar o próprio Moderador ("O Poder Moderador é a chave de toda a organização política...").

Parece improvável que a mudança decorresse de uma tradução malfeita. Em primeiro lugar, porque Constant era o autor mais lido entre os constituintes, segundo declarara Maciel da Costa em agosto de 1823.[598] Em segundo lugar porque, quando toda a elite política falava e lia em francês, qualquer leitor mediano podia compreender que o propósito de Constant era o de enfraquecer e não o de fortalecer a Coroa. Tanto assim que o único constituinte que se manifestou contra a doutrina do Poder Moderador foi justamente Silva Lisboa, ao afirmar que Constant não era autor do seu agrado: "É pelo seu insidioso sistema de fazer o ministério ter as atribuições do Poder Executivo, figurando o monarca constitucional mero Poder Neutro, que, no meu entender, ele viria a ser, a pretexto de sagrado e inviolável, uma autoridade nula".[599] Por fim, o artigo 98 declarava que, na qualidade de delegado privativo do Poder Moderador, o imperador era o chefe supremo e – atenção – *o primeiro representante da nação*, porque por ela investido da condição de seu Defensor Perpétuo e Imperador Constitucional. O comando resolvia assim o problema da hierarquia na representação da soberania entre monarca e Assembleia, oposto pelo art. 11, em favor do primeiro. O veto suspensivo do imperador era na prática quase absoluto; e a organização do Senado, idêntica à pleiteada por Lally-Tollendal. Em síntese, os ilustrados *luso-brasileiros* convertidos ao constitucionalismo moderado perceberam ser possível efetuar uma importação juridicamente fiel do conceito de poder neutro, atraente pela sua modernidade e pela ênfase que conferia à inviolabilidade do imperador. Ela vinha corrigida, porém, por artigos doutrinários, que permitiram legitimar o governo pessoal da Coroa, e eventualmente, o exercício da razão de Estado indispensável à constituição de um novo principado, como era o Império do Brasil.

[598] ANAIS da Assembleia Constituinte Brasileira, sessão de 18 de agosto de 1823.
[599] Idem, ibidem, sessão de 6 de agosto de 1823.

Conclusão

Este oitavo capítulo mostrou que, no meio do caminho da primeira "revolução monárquica" brasileira, houve uma "revolução oligárquica" vinda de fora e apoiada pelos poderes periféricos insatisfeitos com o processo de centralização instaurado a partir do Rio de Janeiro por dom João VI. Tendo em vista o seu caráter relativamente epidérmico, por incidir sobre uma sociedade cujos índices de alfabetização e urbanização eram semelhantes àqueles da França em 1600, a Revolução liberal não envolveu o mesmo grau de mobilização da francesa, nem suscitou fenômenos equivalentes ao do jacobinismo: a incidência de direitos "feudais" era menor, e o *status* nobiliárquico, mais disseminado e precário. A *esfera pública* mais reduzida, homogênea e elitizada também reduziu a radicalidade do processo. A presença de um núcleo já instalado de Estado, chefiado pelo herdeiro legítimo do trono, e o receio de insurreições escravizadas ajudaram a manter dentro de limites mais estreitos as divergências entre as elites. Em outras palavras, a revolução no Brasil foi menos traumática, mas também mais superficial, do que a francesa e mesmo a hispano-americana, porque sua sociedade era a mais atrasada da região. Ainda maciçamente agrário, escravista e rural, o perfil socioeconômico dos promotores da primeira "revolução oligárquica" brasileira também seria diferente daquele predominantemente urbano e comercial ("burguês") do meio britânico, francês e mesmo português. A maioria dos nativistas era saída das fileiras da antiga nobreza provincial. Eram senhores de engenho que mobilizavam Locke, Rousseau e Sieyès para interromper a "revolução monárquica" iniciada por dom João, que reduzira o espaço de autonomia das elites provinciais. Para os radicais *nativistas* ou *brasilienses*, a futura Constituição deveria privilegiar os elementos democráticos ou republicanos, o que passava por enfraquecer o poderio monárquico e fortalecer a Assembleia que representava a nação, ou seja, eles mesmos. A reconstituição do Brasil em novas bases dependia de um pacto confederativo, condizente com o espaço de liberdade representado pelo Novo Mundo, com sua propensão republicana e federativa.

Por outro lado, havia um choque entre o antigo imaginário imperial da burocracia monárquica e o novo imaginário nacional da nobreza da terra convertida em "povo". Os impérios se distinguiam por seus sonhos de expansão e incorporação, bem como pelas tentativas de manter as diferenças, as desigualdades e a capacidade de integração; ao passo que as nações supunham uma concepção horizontal de comunidade e a equivalência entre os nacionais.[600] O que complicava a situação no Brasil é que os conservadores que permaneciam agarrados ao ideário imperial concebiam seu projeto levando em conta a integralidade das populações heterogêneas de que a América portuguesa era composta, ao passo que os liberais restringiam o núcleo homogêneo da nação à reduzidíssima elite proprietária da época colonial. Devido à natureza revolucionária da emancipação política, o conservadorismo ibero-americano não podia se limitar à defesa do *status quo*. Defender as tradições não fazia sentido em uma terra que se acreditava atrasada na marcha da civilização depois de séculos de condição colonial. Por conta disso, a grande influência político-intelectual na formulação do conservadorismo brasileiro foi o reformismo ilustrado. Já no outono da vida, a geração de 1790 foi obrigada a adaptar o seu ideal de um império luso-brasileiro orientado por um reformismo ilustrado às contingências da Revolução liberal, que impunha substituir o absolutismo pelo constitucionalismo e excluir Portugal. O antigo segundo escalão do governo joanino pretendia manter as rédeas do poder, adaptando o antigo projeto imperial à nova conjuntura.

Mas como seria possível enquadrar o reformismo ilustrado em um projeto de Constituição? O recurso ao constitucionalismo histórico no Brasil era difícil. É certo que alguns elementos, relativos à origem divina do poder do rei ou às leis fundamentais do reino, poderiam ser aproveitados. Mas a sociedade brasileira jamais experimentara governo limitado, nem participara de quaisquer Cortes, tampouco as tivera próprias; além disso, a independência exigia uma refundação de legitimidade da monarquia que não podia se amparar na tradição. Na falta de uma constituição histórica, optaram por refundá-la à maneira escolástica do retorno da soberania aos povos, apresentada a aclamação do príncipe, porém, como um verdadeiro plebiscito napoleônico. A saída estava em opor, ao liberalismo radical, uma moldura constitucional como a britânica, interpretada à maneira de Bolingbroke. Tratava-se de pensar uma constituição que, nos antípodas do constitucionalismo ibérico, assegurasse ao príncipe um complexo de prerrogativas que lhe permitissem seguir adiante

[600] BURBANK, Jane & COOPER, Frederick. "Império, direitos e cidadania de 212 a 1946". *In*: Ângela Barreto Xavier & Cristina Nogueira da Silva (organizadoras). *O governo dos outros: poder e diferença no Império português*. Lisboa: Imprensa de Ciências Sociais, 2016, p. 546.

com a "revolução monárquica", indispensável ao projeto imperial brasileiro. Por essas razões, o constitucionalismo monarquiano caía como uma luva aos membros da geração luso-brasileira de 1790, para quem a Coroa forte era elemento imprescindível de ordem e progresso.

As duas questões centrais a serem enfrentadas pelos deputados constituintes eram a organização dos governos provinciais e as relações entre o Executivo e o Legislativo. A desorganização da base do governo depois da saída dos Andrada tornou possível o avanço do projeto de "monarquia democrática" perseguido pelos nativistas. Esse avanço só pôde ser interrompido pela dissolução da Assembleia decretada pelo imperador. Na Constituição imperial aprovada pela maioria das câmaras municipais, Carneiro de Campos consagrara um texto farto em direitos e garantias, sustentado, todavia, por uma Coroa forte. A doutrina liberal de Constant, destinada a fazer, do rei, um quarto poder destinado à estabilização do Estado de direito oligárquico, foi incorporada ao teor da Constituição do Brasil para legitimar a continuidade da "revolução monárquica", indispensável ao "projeto imperial brasileiro", adaptado às circunstâncias da revolução e da independência. Daí um texto constitucional que permitia duas diferentes interpretações e, por conseguinte, duas formas distintas de desempenho da Coroa enquanto agência pública. De suas disposições seria lícito esperar tanto um funcionamento conforme o liberalismo do *Curso de política constitucional* de Constant, em que o monarca era o gerente neutro do governo representativo, quanto um sistema de índole monarquiana, no qual o príncipe representasse a nação à maneira do *rei patriota* de Bolingbroke. contra o facciosismo da Assembleia. Tudo dependia de se interpretar as atribuições do Poder Moderador, ou pela doutrina oitocentista de Constant, ou pela doutrina setecentista dos monarquianos, que encapsulava a razão de Estado naquele poder. A primeira daquelas interpretações seria adotada pela esquerda *liberal*, *brasiliense* e *nativista*, depois *luzia*, *moderada* ou *progressista*; e a segunda delas, a monarquiana, pela direita *realista*, *luso-brasileira* ou *coimbrã*, depois *saquarema* ou *conservador*a. Em torno desses eixos se desenvolveria o debate político-constitucional do império.

Parte III

O MOMENTO MONÁRQUICO: A CONSTRUÇÃO INTELECTUAL DO ESTADO NO BRASIL INDEPENDENTE (1824-1860)

Capítulo 9

A DESCONSTRUÇÃO DO "PROJETO IMPERIAL": A MARCHA DA PRIMEIRA "REVOLUÇÃO OLIGÁRQUICA" (1824-1835)

1. A REAÇÃO *NATIVISTA* À DISSOLUÇÃO DA CONSTITUINTE EM PERNAMBUCO E A REAFIRMAÇÃO DO PRINCÍPIO MONÁRQUICO.

A Confederação do Equador: a resistência armada ao golpe de Estado. A outorga da Constituição a 25 de março de 1824 não pôs fim imediato ao estado de constitucionalidade nominal em que o Brasil se encontrava desde o começo da Revolução. O funcionamento do aparato político-institucional acabou adiado pela intercorrência de acontecimentos extraordinários, como a revolução separatista no Nordeste (a Confederação do Equador), e as guerras de independência – contra Portugal – e da Cisplatina – contra a Argentina. Aqui nos interessa examinar o primeiro movimento, iniciado pelos radicais de Pernambuco. O projeto de Constituição havia sido criticado por apenas duas câmaras: a de Itu, dominada pelo padre Diogo Antônio Feijó, e a do Recife, onde pontificava intelectualmente frei Caneca. Somente esta última, porém, reagiu ao golpe de Estado, desencadeando um movimento separatista que reverberou no Ceará e na Bahia. Era o corolário lógico da doutrina *nativista* de que o antigo reino do Brasil se desfizera com a Revolução e só podia ser reconstituído por um pacto de associação livremente negociado.[1] O endosso da Constituição pela maioria esmagadora das câmaras municipais do país nada significava para Caneca: tratava-se de um mecanismo ultrapassado de legitimação política, típica do Antigo Regime. A legitimidade moderna só poderia ser obtida por meio de contrato como base de representação política, a eleição como seu instrumento de realização e as províncias como sua circunscrição. Por tudo isso, o frei protestava contra a origem supostamente ilegítima da

[1] MELLO. *A outra independência*, op. cit., p. 13.

nova Constituição alegando, à maneira de Sieyès, que apenas uma Assembleia Constituinte teria poderes para elaborá-la e promulgá-la: "Como Sua Majestade Imperial não é Nação, não tem soberania, nem comissão da nação brasileira para arranjar esboços de constituição e apresentá-los, não vem este projeto de fonte legítima, e por isso se deve rejeitar [...]. A ação de escolher por si a matéria do pacto social, e dá-lo, como faz Sua Majestade, é um ato de soberania, que ele não tem".[2] Por isso, a dissolução da Constituinte era qualificada como um ato de "despotismo asiático"; espécie de 18 Brumário tropical desfechado pela "perversa facção portuguesa" que, dominando a burocracia monárquica, pretendia recolonizar o Brasil e plantar na América "a árvore da escravidão".[3]

Vencida a preliminar de ilegitimidade, não se saía melhor o projeto constitucional de Carneiro de Campos. Caneca o considerava inferior àqueles organizados por Locke e Hamilton para a América do Norte. Sua vocação para o despotismo teria enchido de terror a nobreza da terra de Pernambuco, definida como o conjunto dos "homens probos, constitucionais, ricos proprietários, tudo o que é gente de bem".[4] A Constituição seria "contrária à liberdade, independência e direitos do Brasil". Além de deixar a porta entreaberta para uma reunião com Portugal, ela permitia redividir o território das províncias, sujeitando-as ao tacão da Corte. O mais grave, porém, era o "poder moderador de nova invenção maquiavélica", classificado como "a chave mestra da opressão da nação brasileira e o garrote mais forte da liberdade dos povos". Ele permitia a dissolução da Câmara, órgão de representação popular, mas deixava intato o Senado, onde por toda a vida se assentariam os "apaniguados do imperador". A Constituição também desfavorecia a independência do Legislativo, ao autorizar que parlamentares ocupassem cargos de ministros. Recusando a tese luso-brasileira relativa à unidade e indivisibilidade do Brasil, Caneca defendia a tese confederativa segundo a qual as províncias teriam ficado independentes e cada qual podia seguir o caminho que bem entendesse:

> Nós estamos sim independentes, mas não constituídos. Ainda não formamos sociedade imperial, senão no nome; por isso, ainda que a maior parte das províncias tivesse de fato pedido para jurar e jurasse o projeto, daqui não se seguia

[2] CANECA. *Ensaios políticos*, op. cit., p. 100-101.
[3] Idem. *Frei Joaquim do Amor Divino Caneca*, op. cit., p. 319.
[4] Idem, ibidem, p. 350-351.

que as outras, uma que fosse, e essa a mais pequena, se devia sujeitar ao voto da maioria, porque ainda não estava no círculo da sociedade imperial. O Brasil só pelo fato de sua separação de Portugal e proclamação de sua independência ficou de fato independente não só no todo, como em cada uma de suas partes ou províncias, e estas, independentes umas das outras. Ficou o Brasil soberano, não só no todo, como em cada uma de suas províncias. [...]. No meio dessas possibilidades, o Rio, pelo poder soberano que tinha no seu território, aclamou Sua Majestade imperador constitucional, e então Sua Majestade não ficou sendo mais do que imperador do Rio de Janeiro.[5]

Em defesa do projeto imperial (1): dom Pedro I e a doutrina monárquica da salvação pública. A resposta do governo não veio na linguagem moderada do Iluminismo britânico. De modo análogo aos inícios dos Estados europeus, dom Pedro I recorreu à doutrina da razão de Estado, invocando a necessidade e o caráter excepcional das circunstâncias em que o Brasil independente se achava. O príncipe precisava conjurar os perigos de decomposição da ordem pública recorrendo, se preciso, à violência e ao segredo: "A salvação da pátria, que me está confiada como defensor perpétuo do Brasil, e que é a suprema lei, assim o exige".[6] Conforme a lógica da "revolução monárquica" retomada, a liberdade de imprensa sofreu restrições severas, levando a uma redução expressiva de periódicos circulando no país. O Estado-Maior *luso-brasileiro* ou *coimbrão* corroborava as justificativas fornecidas pelo imperador: "Há frequentemente ocultas razões de Estado, que não estão, nem devem estar, ao alcance dos indivíduos, ainda que das altas jerarquias", explicava o futuro Cairu em 1824.[7] Mesmo o escrupuloso Carneiro de Campos reconhecia que "a conservação do Estado é a primeira das leis, a qual todas as leis positivas e todos os direitos positivos devem ceder – *Salus populus suprema lex*".[8] A razão de Estado monárquica encontrou sua expressão jurídica na decretação do estado de exceção, autorizada em casos de rebelião e invasão, em nome da "salvação do Estado", que permitia a suspensão das garantias previstas no art. 179 XXXV da Constituição – em Pernambuco (julho de 1824), no Ceará (outubro de 1824), na Bahia (novembro de 1824),

[5] Idem. *Ensaios políticos*, op. cit., p. 100-101.

[6] CANECA. *Frei Joaquim do Amor Divino Caneca*, op. cit., p. 307.

[7] CAIRU; José da Silva Lisboa, Visconde de. *Constituição moral e deveres do cidadão, com exposição da moral púbica conforme o espírito da Constituição do Império*. Rio de Janeiro: Tipografia Nacional, 1824, p. 15.

[8] ANAIS da Assembleia Constituinte Brasileira, sessão de 15 de julho de 1823.

na Cisplatina e no Rio Grande do Sul (maio de 1825). A decretação deveria ser tomada pelo Poder Legislativo por ato especial ou, sendo urgente, pelo Executivo, sujeito à referenda. Uma vez que ainda não se reunira a Assembleia Geral, o governo imperial agia conforme a lógica e as práticas do Antigo Regime. Alegando que o estado de exceção suspendia a garantia do juízo natural, inspirado em precedente recente da França, dom Pedro ordenou a formação de comissões militares com a finalidade de julgarem sumariamente os rebeldes pelos crimes políticos de traição e lesa-majestade. Era a "doutrina imperial de salvação pública", indispensável para consolidar a ordem nacional contra a ameaça estrangeira e o separatismo.[9]

Em defesa do projeto imperial (2): a *Constituição moral e deveres do cidadão* do visconde de Cairu (1824). José da Silva Lisboa respondeu intelectualmente ao desafio revolucionário em uma obra denominada *Constituição moral e deveres do cidadão* (1824). Nela, o futuro Cairu pretendia extrair, dos fundamentos da nova Carta, a ciência moral que deveria servir de "antídoto literário às drogas gálicas", ou seja, ao radicalismo de nativistas como frei Caneca e Cipriano Barata. Recorrendo à autoridade de Hume, Montesquieu, Smith e Burke, o economista baiano estava preocupado com a precária estrutura de sentimentos morais na sociedade brasileira recém-emancipada. Presente no Iluminismo britânico como fundamento ético da ação coletiva, o conjunto de valores fornecidos pela religião lhe parecia longe de ser um "arcaísmo". Em um país cuja formação colonial e escravista legara uma estrutura de escassa integração social, os sentimentos de moralidade precisavam sedimentar mecanismos de reconhecimento e de autoestima.[10] Somente uma adequada interpretação do sistema de "moral pública" subjacente à nova Constituição poderia facilitar o enraizamento das instituições.[11] Embora fosse um dote universal, a simpatia humana teria sido corrompida pelo cativeiro, pelos monopólios e pela guerra. Daí por que Cairu condenava o "infame comércio" de escravizados; o "hórrido tráfico de sangue huma-

[9] WARESQUIEL, Emmanuel de & YVERT, Benoît. *Histoire de la Restauration, 1814-1830: naissance de la France moderne.* Paris: Editions Perrin, 2002, p. 172. MONTEIRO, Tobias. *História do Primeiro Reinado.* Volume I. Belo Horizonte: Itatiaia, 1982, p. 153-183.

[10] NARITA, Felipe Ziotti. *A educação na sociedade imperial: moral, religião e forma oitocentista.* Curitiba: Prismas, 2018.

[11] CAIRU. *Constituição moral e deveres do cidadão*, op. cit., p. 15.

no".[12] A moral pública autorizava os cidadãos a perseguirem seus interesses particulares apenas nos justos limites do bem comum. O interesse público impunha aos indivíduos obrigações radicadas nos comuns sentimentos da humanidade, na experiência, na razão e no exame do "comparativo progresso da civilização em outros povos".[13] Os cidadãos precisavam guiar seu entendimento menos pelos "princípios abstratos" do que pelo "farol da experiência".[14] Depois do respeito a Deus, a principal obrigação dos homens era a de obedecer ao governo: "A sociedade civil não pode ser mantida sem a autoridade do poder supremo e dos magistrados estabelecidos pela lei".[15] Sem respeito à autoridade pública, não haveria nem aumento da população, nem a acumulação de bens e conhecimentos indispensáveis ao progresso das nações. No que concerne às reformas políticas e econômicas, a prudência preconizava o "circunspecto cálculo das circunstâncias e gradual preparação dos homens para a nova ordem de coisas".[16] Quanto à melhor forma de governo, a monarquia constitucional era a mais favorável ao desenvolvimento da sociedade civil. Ainda era cedo para se deixar deslumbrar pelos experimentos das jovens repúblicas do Novo Mundo:

> A história de seis mil anos tem mostrado que a monarquia hereditária, de boas leis fundamentais e regulamentares, enche os fins dos governos, tanto por sua estabilidade, como porque o gênero humano tem nele feito os maiores avanços, para a civilização e a prosperidade. Todas as mais formas ou organizações de Estados se têm mostrado incomparavelmente mais precárias, e, por assim dizer, efêmeras, não tendo podido resistir ao poder monárquico, pela sua força e unidade central, que parece ser da lei da natureza, a qual sempre tende a centro de movimento. Os governos da América, que ora tanto seduzem os povos, não têm ainda o cunho de longa experiência, para se ajuizar de sua vantagem e solidez. As declamações com que tanto se tem atroado contra as monarquias, em um e outro hemisfério, só podem ter aplicação às monarquias bárbaras.[17]

[12] Idem, ibidem, p. 41.
[13] Idem, ibidem, p. 149.
[14] Idem, ibidem, p. 212.
[15] Idem, ibidem, p. 83.
[16] Idem, ibidem, p. 367.
[17] Idem, ibidem, p. 309.

2. O "partido realista" e o "partido liberal" na Assembleia geral do Império

Devido à morosidade na realização de eleições em algumas províncias e o atraso na escolha dos senadores por parte do imperador, o sistema político previsto na Constituição só começou a funcionar de fato quando da abertura da Assembleia Geral, a três de maio de 1826. Logo ficou claro que o "projeto imperial brasileiro" continuava malvisto por parte considerável da classe política. Desejosa de descentralização política e da desregulamentação socioeconômica, a antiga nobreza da terra estava profundamente ressentida com a dissolução da Constituinte e o rigor da repressão contra os rebelados de Pernambuco. Ao longo dos meses seguintes, foram se delineando no Parlamento os dois grupos ou partidos que, grosso modo, repetiam as antigas divisões entre a antiga *nobreza da terra das províncias,* com sua elite política *brasiliense* ou *nativista,* de um lado, e a antiga *nobreza burocrática da Corte,* com sua elite *coimbrã* ou *luso-brasileira,* de outro. Os dois passaram a ser referidos pela futura historiografia liberal como "partido brasileiro" e "partido português", ou "partido liberal" e "partido absolutista", respectivamente. A designação é má, porque partidária. Na falta de nomes melhores, vou chamar ao primeiro *partido liberal*; e ao segundo, *partido realista,* denominações empregadas na Europa, e que foram replicadas pelos observadores estrangeiros.[18]

O partido realista (1): composição e ideologia. O *partido realista* se compunha essencialmente da burocracia civil e militar da Corte, apoiadas pelo alto comércio das cidades marítimas e, nas províncias, pela propriedade rural leal à Coroa. Seus chefes eram os velhos *luso-brasileiros* ou *coimbrãos,* que haviam redigido a Constituição como conselheiros de Estado e alternavam-se na função de ministros do imperador. Nesse intervalo, todos haviam sido nobilitados com títulos de visconde. No fundo, dava-se continuidade à tradição da velha *nobreza civil e política,* porque os títulos não eram hereditários, mas vitalícios. Carneiro de

[18] DANTAS, Mônica Duarte. *Uma Nação verdadeiramente livre: a organização judiciária e a ordem do processo criminal no Império do Brasil (1826-1832).* Tese apresentada ao Instituto de Estudos Brasileiros da Universidade de São Paulo para a obtenção do título de livre-docente. São Paulo, USP, 2017, p. 30. ARMITAGE, John. *História do Brasil: desde o período da chegada da família de Bragança, em 1808, até a abdicação de D. Pedro I, em 1831.* Belo Horizonte, Itatiaia: 1981, p. 78.

Campos virou visconde de Caravelas; Maciel da Costa, de Queluz; Nogueira da Gama, de Baependi; Pereira da Cunha, de Inhambupe; Villela Barbosa, de Paranaguá; Carvalho e Melo, de Cachoeira. Em breve subiriam todos a marqueses – exceto este último, que morreria antes. Além de nobilitados, os antigos chefes *coimbrãos* também haviam sido nomeados senadores vitalícios, fazendo da câmara alta uma muralha institucional do "projeto imperial brasileiro". Materializava-se o pesadelo dos *brasilienses* de 1821-1823, que temiam uma segunda câmara que se tornasse o bastião da nobreza burocrática joanina. Entre os escolhidos para o Senado, havia outros três *realistas* de expressão política: Felisberto Caldeira Brandt Pontes de Oliveira Horta, marquês de Barbacena; José da Silva Lisboa, visconde de Cairu; e Francisco Carneiro de Campos, irmão mais velho de Caravelas que era desembargador da Casa de Suplicação.[19] Na Câmara dos Deputados, o partido realista também contava com nomes expressivos, como os de José Clemente Pereira, Januário da Cunha Barbosa, Miguel Calmon du Pin e Almeida e José Antônio da Silva Maia.

Embora a historiografia liberal os tenha associado a um suposto *partido português*, partidário do absolutismo, a verdade é que, embora conservadores, os *realistas* foram sinceramente constitucionais, dentro daquilo, naturalmente, que entendiam por essa expressão. No Senado, eles cooperaram com os projetos de leis elaborados pelos liberais da Câmara, como aquele que eliminava os foros privilegiados do Antigo Regime. Mas também não se pejavam de emendá-los, quando lhes pareciam ir longe demais. Os *realistas* interpretavam a Constituição conforme os cânones do constitucionalismo monarquiano setecentista, que pressupunham a Coroa como centro de gravidade de um governo dotado de força e unidade para manter a ordem pública. Esta condição lhes parecia no Brasil indispensável para viabilizar o liberalismo. Assim, quando o imperador cogitou, em março de 1829, a possibilidade de um novo golpe de Estado para emendar a Carta em sentido mais autoritário, a ideia foi rejeitada por todos os seus conselheiros de Estado.[20] Em outubro do mesmo

[19] BARMAN, Roderick J. *A formação dos grupos dirigentes políticos do Segundo Reinado: a aplicação da prosopografia e dos métodos quantitativos à História do Brasil Império.* Anais do Congresso de História do Segundo Reinado – Comissão de História Política e Administrativa. 2º volume. Rio de Janeiro: Instituto Histórico e Geográfico Brasileiro, 1984, p. 64. LYRA, Augusto Tavares de. *Instituições políticas do Império.* Brasília: Senado Federal, 1979, p. 78.

[20] SOUSA, Otávio Tarquínio de. *Vida de dom Pedro I.* Volume II. São Paulo: Melhoramentos, 1972, p. 307.

ano, quando reunidos para deliberar sobre uma rebelião que exigia a restauração do absolutismo, todos os presentes entenderam ser "indispensável sustentar a todo custo o sistema constitucional, evitando os excessos da democracia ou absolutismo, que eram igualmente nocivos".[21] O constitucionalismo monarquiano dos *realistas*, que interpretava o governo misto à moda de Bolingbroke, não era descabido. A maioria dos europeus que aqui residiam criticava a Constituição como demasiado liberal para um país tão atrasado.[22] Maciel da Costa, agora marquês de Queluz, coerente com seu reformismo ilustrado, perguntava ironicamente: "Lembrou já alguém aconselhar ao imperador da Rússia que fizesse o seu governo monárquico constitucional representativo?".[23] É certo que havia gente propensa ao absolutismo, principalmente entre militares graduados, altos dignitários da Igreja e áulicos do Paço. Mas eles não podiam se pronunciar publicamente sem incorrerem em crime de traição.

O *partido realista* (2): o constitucionalismo monarquiano do marquês de Caravelas. O mais destacado representante intelectual do *partido realista* no reinado de dom Pedro I era aquele que servira de principal redator da Constituição de 1824: José Joaquim Carneiro de Campos. Filho de uma baiana e de um comerciante português, o marquês de Caravelas nascera em Salvador da Bahia a 4 de março de 1768 e, não sendo o primogênito, foi destinado por seus pais à carreira eclesiástica. Sem vocação para monge, colara grau de bacharel em direito e em teologia em Coimbra, onde se fizera protegido do conde de Linhares como oficial da Secretaria de Estado da Fazenda em Lisboa. Quando da transferência da Corte para o Rio de Janeiro, passou à Secretaria de Negócios do Reino, na qual chegou a diretor-geral e recebeu a Ordem de Cristo. Com o estalar da Revolução e o retorno do rei a Portugal, Carneiro pediu a dom Pedro a remoção para a Secretaria da Fazenda, da qual seria conselheiro. Alegava estar cansado devido ao excesso de trabalho, que lhe debilitara a saúde, mas também às constantes mudanças de ministros. Carneiro ainda serviria sob o ministério do conde dos Arcos e dos efêmeros gabinetes organizados por Francisco José Vieira e pelo desembargador Pedro Alves Di-

[21] ATAS do Conselho de Estado, sessão de 28 de outubro de 1829.

[22] LISBOA, Karen Macknow. "Olhares estrangeiros sobre o Brasil no século XIX". *In*: MOTA, Carlos Guilherme (org.). *Viagem incompleta: a experiência brasileira*. Volume I – Formação: Histórias. 2ª edição. São Paulo: Editora SENAC, 2000, p. 275.

[23] ANAIS do Senado do Império, sessão de 9 de maio de 1829. SOUZA, Miguel Augusto Gonçalves de. *O marquês de Queluz e sua época*. Belo Horizonte: Itatiaia, 1988.

niz. Este exemplar burocrata de segundo escalão se viu envolvido na política quando Bonifácio assumiu o Ministério do Reino e fundou a loja maçônica do Apostolado, a qual Carneiro se filiou. Seu cognome ali era *Aristóteles*, que aludia ao seu gosto proverbial pela prudência e pela moderação, características de outra forte referência intelectual sua, que era Montesquieu. Ao seu juízo, nem os "demagogos" promotores da emancipação nem o povo tinham "luzes" para avaliar as consequências de seus atos em um país como o Brasil. Sua população era muito heterogênea e uma súbita proclamação geral de liberdade poderia levar as raças rivais a entrarem em conflito.[24] Eleito deputado constituinte pela Bahia em 1823, Carneiro logo fez "aparecer a vasta cópia de conhecimentos políticos que causaram admiração geral e o colocaram no número de brasileiros mais doutos".[25] Pouco depois, ele sucedeu a Bonifácio como primeiro-ministro de dom Pedro I.[26]

Carneiro compartilhava com seu antecessor a crença na necessidade de expandir a capilaridade do Estado como requisito para as reformas exigidas pelo espírito da Ilustração. Também apostava que a imigração europeia e a abolição do tráfico preparariam a extinção da escravatura e extirpariam os maus costumes da população. Havia, porém, uma diferença de métodos: Carneiro não era um voluntarista, crendo, ao contrário, que as mudanças deveriam ser feitas gradualmente: "A planta que ainda é tenra precisa de mão benfazeja, que a faça vegetar e crescer".[27] Era a sociologia política de Montesquieu, e não o despotismo ilustrado de Voltaire, que orientava sua atividade legislativa: "O legislador, quando organiza uma lei, não deve se guiar só pela imitação do que se faz em outro país; porque é preciso examinar as razões capitais e ver se elas se acham também nos lugares para onde se legisla".[28] Na Europa, a elevação do grau de civilização proporcionado pelo Iluminismo transformara a sociedade e tornara possível o governo constitucional representativo. Ocorre que, numa

[24] BARATA, Alexandre Mansur. "Constitucionalismo e sociabilidade na cidade do Rio de Janeiro (1822-1823) – A Nobre Ordem dos Cavaleiros da Santa Cruz e o projeto de Constituição para o Império do Brasil". *In*: José Murilo de Carvalho (org.) *Nação e cidadania no Império: novos horizontes*. Rio de Janeiro: Civilização Brasileira, 2007, p. 365. RESENDE, Marquês de. *Memória histórica de D. Fr. Francisco* de S. *Luís Saraiva*. Lisboa: Academia Real de Ciências, 1864, p. 66.

[25] SISSON. *Galeria dos brasileiros ilustres*, op. cit., vol. I, p. 202.

[26] LEAL, Hamilton. *História das instituições políticas brasileiras*. Rio de Janeiro: Estado da Guanabara, 1962, p. 109. ARMITAGE. *História do Brasil*, op. cit., p. 78.

[27] ANAIS do Senado do Império, sessão 8 de maio de 1829.

[28] Idem, sessão de 9 de junho de 1829.

sociedade periférica e atrasada que não experimentara um processo análogo e ainda carecia de instrução, como a brasileira, não era possível replicar na prática uma ordem idêntica à da Inglaterra ou da França. Na falta dos intelectuais independentes, Carneiro entendia caber às notabilidades políticas formar uma opinião pública, dando o exemplo de respeito à autoridade e esclarecendo a população a respeito de seus direitos e deveres.[29] Embora se declarasse favorável aos princípios enunciados por seus colegas mais adiantados, Carneiro de Campos ressalvava que eles deveriam ser interpretados restritivamente em função do menor grau de civilização do país:

> Eu sou da opinião que as doutrinas que o ilustre senador apresentou são boas; estou por elas e as adotaria, se visse que a Nação brasileira já tinha todas as luzes precisas. Nesse caso, eu diria que sim, que fosse como diz o ilustre senador. Mas, como estou persuadido disto, [...] digo que as leis devem ser outras; devem ser acomodadas às circunstâncias. Virá tempo em que possa dar-se essa amplidão; talvez que não seja nos nossos dias, mas será para os que vierem depois. Nós não queremos pôr peias, mas também não queremos uma total liberdade.[30]

Caravelas era sinceramente liberal quando destacava que a autoridade não era um fim em si, mas condição para construir um estado de coisas mais livre e justo, e que por isso o Parlamento devia dedicar-se a elaborar as leis "que a Constituição a cada passo nos está mostrando serem necessárias e indispensáveis para que ela possa ser literalmente executada".[31] As mais urgentes eram as de regularização das leis orçamentária, do sistema financeiro e de combate à corrupção e à fraude; a criação de um banco nacional; a organização do Poder Judiciário; e a elaboração dos códigos Criminal e de Processo Criminal. Igualmente relevantes eram a extinção do tráfico e a promoção da imigração europeia, que substituiria a mão de obra escrava. Para Caravelas, o Brasil haveria de "bendizer a mão que acabou com tão abominável comércio" e seria "feliz com um sistema regular de colonização".[32] Da mesma forma, o marquês se empenhava por modernizar a magistratura, a fim de enquadrar a corporação

[29] ANAIS da Assembleia Constituinte Brasileira, sessão de 20 de setembro de 1823.
[30] ANAIS do Senado do Império, sessão de 9 de maio de 1829.
[31] JAVARI. *Império brasileiro: falas do trono*, op. cit., p. 102.
[32] ANAIS do Senado do Império, sessão de 1830, volume I, p. 50.

nos moldes do constitucionalismo liberal. Como senador, ele se empenhou pela criação do novo Supremo Tribunal de Justiça, modelado a partir da Corte de Cassação francesa, e que implicou a abolição dos antigos tribunais do Antigo Regime, como o Desembargo do Paço, a Casa da Suplicação e a Mesa de Consciência e Ordens, que acumulavam funções judicantes, políticas e administrativas. É verdade que os demais senadores, que pertenciam à velha magistratura (como o marquês de Inhambupe), não pareciam inteiramente resignados ao novo sistema de separação de poderes, que a privaria de suas antigas funções de governo e administração. Inhambupe tendia a ver o novo Supremo como uma versão modernizada da Casa de Suplicação, que deveria herdar algumas de suas práticas. A reforma de outros juízos de primeiro instância e tribunais do Antigo Regime, como os conselhos de Fazenda e Militar, seriam feitas a retalho ao longo dos anos seguintes.[33]

Aos olhos de Caravelas, o Judiciário não perdia sua autonomia por causa da supervisão do chefe do Estado. O Poder Moderador deveria funcionar somente como instância de correição da magistratura: "A inspeção que tem o Poder Moderador sobre o Poder Judicial não dá nenhuma ingerência ao Executivo sobre este último. O que o Imperador faz é vigiar de maneira com que os juízes desempenham os seus deveres; vigiar que não se deslizem da linha dos seus deveres; mas não vai examinar as sentenças que esses juízes dão, nem interromper e alterar o curso ordinário da justiça". Carneiro de Campos reconhecia que essa independência não era completa, na medida em que os ministros do Supremo seriam nomeados pelo imperador e pagos pelo Tesouro Público. A alternativa era eleger os magistrados, o que lhe parecia muito pior. Ecoando Montesquieu, o marquês considerava que, embora o povo tivesse discernimento suficiente para escolher seus representantes e julgar sobre a existência ou não de fatos enquanto jurados, ele não o teria "para nomear juízes de direito, que têm que aplicar a lei aos fatos; nem os magistrados que hão de servir nos tribunais".[34] A independência do Poder Judicial, não sendo absoluta, era, porém, a independência possível,

[33] LOPES, José Reinaldo de Lima. "Governo misto e abolição dos privilégios: criando o Judiciário imperial". *In*: Cecília Helena de Salles Oliveira, Vera Lúcia Nagib Bittencourt e Wilma Peres Costa (org.). *Soberania e conflito: configurações do Estado nacional no Brasil do século XIX*. São Paulo: Editora Hucitec, 2010, p. 175.

[34] ANAIS do Senado do Império, sessão de 8 de maio de 1828.

conferindo vitaliciedade aos seus membros e dando unicamente ao Poder Moderador a possibilidade de suspendê-los mediante queixas e observado o devido processo legal. A principal função do novo tribunal seria a de manter a uniformidade da jurisprudência por meio dos recursos de revista, resolvendo os conflitos de interpretação das leis suscitados pelos tribunais de segunda instância. O objetivo da revista, para Caravelas, era "sustentar a harmonia e uniformidade da aplicação das leis, que protegem os nossos direitos pessoais e reais"; ela se fundava "no interesse público da uniformidade da jurisprudência que protege e mantém o direito das partes".[35] Era, assim, um mecanismo indispensável à segurança jurídica dos novos direitos consagrados pela Constituição.

Mas o amor de Caravelas à moderação e ao equilíbrio constitucional em prol da liberdade não chegava a ponto de negar a importância dos contrapesos indispensáveis à preservação da ordem. A Igreja e a Coroa eram elementos herdados do Antigo Regime que deveriam ser aproveitados, porque contribuíam para preservar a unidade e a força essencial à autoridade. Compensavam assim a dispersão de poder decorrente do princípio do pluralismo introduzido pelo liberalismo, que encontrava sua manifestação mais eloquente na extensa declaração de direitos consagrada pela Constituição. Efetuava-se, assim, uma transação entre a modernidade que trazia a liberdade e a tradição que assegurava a autoridade: se a liberdade de consciência deveria ser garantida pela lei, nem por isso se dispensava a união entre Igreja e Estado[36]. Da mesma forma, não era por se tornar constitucional, que o monarca deveria ser reduzido a um papel decorativo, como pretendiam os defensores da "república com rei". Caravelas era claro: "Tenhamos sempre presentes estes princípios, que são axiomas de Direito Público: Não há liberdade sem um poder que a sustente. Não há poder sem respeito".[37] Da mesma forma, nenhuma das medidas liberais, pensadas na chave ilustrada, seria exequível sem uma forma mais ou menos unitária do Estado. O próprio imperador lembrava aos parlamentares, nem sempre de modo sutil, que era ele o primeiro interessado na promoção do bem comum:

---

[35] Idem, sessão de 10 de maio de 1828.

[36] ANAIS da Assembleia Constituinte Brasileira, sessão de 8 de outubro de 1823.

[37] Idem, sessão de 28 de julho de 1823.

> Tornando aos negócios do Império, estou intimamente persuadido, que todos aqueles que não pensam relativamente a eles, do modo como nesta minha imperial fala me exprimo, não são verdadeiramente amigos do Império, não são imperialistas constitucionais, mas sim disfarçados monstros, que só estão esperando ocasião para saciar sua sede no sangue daqueles que defendem o trono, a pátria e a religião. Não me persuado que no recinto desta assembleia exista um só dos representantes nacionais, que não pense da mesma maneira que eu penso, seja qual for o meio, por que pretenda alcançar o fim, que eu desejo: ver o Império firme e o povo contente.[38]

O *partido liberal* (1): composição e ideologia. O partido intitulado *brasileiro*, *patriota* ou *liberal* era descrito por um quase contemporâneo da seguinte forma: "Liberais e constitucionais eram em geral todos os cidadãos nascidos no Brasil, particularmente os mais jovens, e a classe dos lavradores abastados, que desejavam preponderar no novo regime político".[39] Ele se compunha de duas alas. A metade mais radical continuava apoiada pela antiga *nobreza da terra* das províncias, como *brasiliense* ou *nativista*. Sua ideologia política era ainda o liberalismo radical ibérico, e seu projeto político, o de uma *monarquia democrática* que lhe trouxesse a federação como forma de Estado e a "república com rei" da França de 1791. Seus próceres, como o paulista Diogo Antônio Feijó, o mineiro José Bento Ferreira de Melo e o cearense José Martiniano de Alencar, tinham cerca de dez anos menos que a geração luso-brasileira de 1790 e haviam aderido à Revolução na expectativa de que ela reconhecesse o autogoverno das antigas capitanias. Porém, quando ficou claro que o federalismo não triunfaria nas Cortes, eles correram para o Príncipe Regente na esperança de que uma Constituinte brasileira promovesse a descentralização. Mais uma vez decepcionados, desta vez pela dissolução daquela Assembleia, eles condenaram a repressão contra os confederados pernambucanos, seus aliados naquela província.[40] O ódio à burocracia monárquica joanina continuava. Sua permanência no poder lhes parecia burlar a lógica de mudança imposta pela revolução e pela independência, que deveriam ter colocado o governo nas mãos da antiga nobreza colonial. Para Martiniano de Alencar, veterano das lu-

[38] JAVARI (org.). *Império brasileiro: falas do trono*, op. cit., p. 102.
[39] PEREIRA DA SILVA, J. M. *Segundo período do reinado de Dom Pedro I no Brasil.* Rio de Janeiro: Livraria Garnier, 1871, p. 21.
[40] BARMAN. *Brazil: the forging of a Nation*, op. cit., p. 120-121.

tas nativistas desde 1817, já passara da hora de urdir "um plano qualquer para que a nação não seja só de militares e empregados públicos".[41] Os liberais da ala esquerda do partido tentavam enfraquecer a centralização, propugnando juizados de paz eleitos pelas autoridades municipais. Deles se esperava reduzir o poder dos magistrados indicados pela Corte e aumentar o das notabilidades locais.[42] Bastante embebidos da literatura clássica, os brasilienses ou nativistas estavam intelectualmente próximos de republicanos setecentistas como James Harrington e Algernon Sidney, para quem a atividade política era própria de cavalheiros rurais independentes, que deveriam chefiar milícias e ocupar cargos públicos em nível local, como juízes de paz, jurados, delegados etc.

Já a parte direita do "partido liberal" era composta por jovens magistrados como o pernambucano Pedro de Araújo Lima, o paulista José da Costa Carvalho e os mineiros Bernardo Pereira de Vasconcelos e Honório Hermeto Carneiro Leão, cerca de dez anos mais novos que os *brasilienses* referidos no parágrafo anterior. Apesar de também formados em direito pela Universidade de Coimbra, eles hostilizavam os *realistas* por associá-los ao Antigo Regime e ao domínio português. Ao invés de socializados na burocracia imperial por um ministro carismático como o conde de Linhares, eles haviam vivenciado o desmantelamento do Estado luso no bojo da ocupação napoleônica e da presença militar britânica; a hostilidade dos reinóis para com os brasileiros; o advento tumultuário da Revolução e a independência da América portuguesa; e, por fim, a reação absolutista da Abrilada. Sua antipatia pelos *realistas* não os tornava, porém, simpáticos ao radicalismo tributário do liberalismo ibérico e do republicanismo clássico anglo-americano. A literatura neorromana estava saindo de moda nos círculos *whigs* na década de 1820-1830, minada pelas histórias filosóficas produzidas pelos intelectuais escoceses.[43] A ala direita do partido liberal preferia o liberalismo anglófilo contemporâneo, propagado na França pelos doutrinários e coppétianos. Seus jornais, como *A Aurora Fluminense*, de Evaristo da Veiga, e *O Farol Paulistano*, de José da Costa Carvalho, apresentavam as categorias da Constituição da Inglaterra em chave mais moderna do que as clássicas, referidas pelos *realistas*. Intelectuais

---

[41] SOUSA, Otávio Tarquínio. *Bernardo Pereira de Vasconcelos*. Belo Horizonte: Itatiaia: 1988, p. 95.
[42] BARMAN. *Brazil: The forging of a Nation*, op. cit., p. 145.
[43] BORD, Joe. *Science and whig manners: science and political style in Britain, c. 1790-1850*. Palgrave Mac Millan, 2009, p. 85-86.

seiscentistas e setecentistas como Filangieri, D'Alembert, Sidney, Locke, Vattel e Raynal eram substituídos por Constant, Guizot, Chateaubriand, Lanjuinais, Royer-Collard e Bentham.[44] *O Farol Paulistano*, publicado por Costa Carvalho, acreditava que, se a "força da opinião pública" conseguisse elevar a sua voz "ao trono constitucional", desapareceriam os "ministérios péssimos" que governavam o Brasil.[45]

O *partido liberal* (2): o liberalismo de oposição de Bernardo Pereira de Vasconcelos. O deputado mineiro Bernardo Pereira de Vasconcelos (1795-1850) era a figura de maior destaque do *partido liberal*. Nascido em Ouro Preto, desembargador, proprietário de lavras e arrendatário de escravizados, ele pertencia a uma elite que abastecia a Corte de produtos agrícolas[46]. Mestre da oratória, atravessada pelo mais ácido sarcasmo, amado e odiado na mesma intensa proporção, Vasconcelos se destacaria como principal arauto do liberalismo parlamentar. Ele exigia que o sistema político brasileiro não emulasse a república estadunidense, mas a monarquia britânica: "Ides à Inglaterra, onde deveis trilhar estrada diversa de que tem seguido os vossos predecessores. Nada de Paris, nada de Viena, nada de Cortes Apostólicas".[47] Mas a Grã-Bretanha de Vasconcelos não era aquela descrita pelos *realistas* à moda de Bolingbroke, como um governo misto de predominância aristocrática e chefiada por um rei patriota. Era aquela outra, mais moderna e liberal, de base parlamentar, governada por partidos e orientada pela opinião pública, que Burke havia descrito no começo de sua carreira. Como este último, Vasconcelos entendia que, longe de prejudicado pela existência de facções, um sistema abertamente partidário como o britânico merecia ser imitado. Daí que ele propusesse duas alterações na dinâmica parlamentar brasileira. Primeiro, as Falas do Trono, por que o imperador abria e encerrava as sessões parlamentares, não deveriam mais ser interpretadas como manifestação da vontade do monarca, mas de seu ministério, que por meio delas expunha as necessidades governativas e solicitava a confiança dos parlamentares: "A Constituição estabelece o governo

[44] BARMAN, Roderick. *A formação dos grupos dirigentes políticos do Segundo Reinado*, op. cit., p. 66. Idem. *Brazil: The forging of a Nation*, op. cit., p. 138.

[45] In: CONTIER. *Imprensa e ideologia em São Paulo*, op. cit., p. 45.

[46] SILVA, Wlamir. *Liberais e povo: a construção da hegemonia liberal-moderada na província de Minas Gerais (1830-1834)*. Belo Horizonte: Fapemig, 2009, p. 104-105.

[47] VASCONCELOS, Bernardo Pereira. *Manifesto político e exposição de princípios*. Introdução do senador Petrônio Portella. Brasília: Senado Federal, 1978, p. 120.

representativo e não a ação preponderante da Coroa".[48] Em segundo lugar, os ministros deveriam comparecer às câmaras para explicar os negócios de suas pastas, a fim de que os membros do Parlamento se posicionassem sobre os projetos do governo. Eram os mecanismos que, ao seu sentir, dariam continuidade à "revolução oligárquica", iniciada pela Revolução de 1820-1821 e violentamente interrompida pela dissolução da Constituinte:

> Convidem-se os ministros; venham dar-nos os precisos esclarecimentos e desistam eles do timbre de não virem a esta casa, de nos negarem sempre os meios de felicitarmos a nossa pátria, e de quererem enfim que caminhemos às apalpadelas. Acabe-se com essa política mesquinha e cesse a guerra que os grandes poderes Legislativo e Executivo; por mais ilustrado que seja o corpo legislativo, não pode acertar sem o auxílio que a experiência, o hábito dos negócios e o conhecimento das dificuldades fornecem ao Executivo, assim como este sem o Legislativo não pode bem conhecer as necessidades dos cidadãos e das províncias. A divisão dos poderes não é para eles se hostilizarem mutuamente.[49]

Quando o assunto era de natureza socioeconômica, porém, a oposição liberal reiterava o posicionamento da elite *brasiliense* ou *nativista* exposta no *Revérbero Constitucional Fluminense*, atacando as intenções ilustradas do governo de dom Pedro I voltadas para o fomento da indústria nacional.[50] Apologista do livre comércio, Vasconcelos vociferava: "Favor e opressão significam a mesma coisa em matéria de indústria; o que é indispensável é guardar-se o mais religioso respeito à propriedade e à liberdade do cidadão brasileiro".[51] Ele também se opunha à atração de imigrantes pela concessão de terras e a que adquirissem fábricas metalúrgicas, alegando que o governo apoiava forasteiros que vinham concorrer com os proprietários nacionais e enriquecer às custas deles. A admiração pela Inglaterra também desaparecia quando se tratava de cumprir a cláusula do tratado de reconhecimento da independência, que obrigava o Brasil a extinguir o tráfico de escravizados. Vasconcelos não acreditava que a escravidão desmoralizasse "uma Nação no grau a que

[48] In: PEREIRA DA SILVA. *Segundo período do reinado de Dom Pedro I no Brasil*, op. cit., p. 215.
[49] VASCONCELOS, Bernardo Pereira de. *Bernardo Pereira de Vasconcelos*. Organização e introdução de José Murilo de Carvalho. São Paulo: Editora 34, 1999, p. 47.
[50] SOARES. *A indústria na sociedade escravista*, op. cit., p. 288
[51] In: SOUSA. *Bernardo Pereira de Vasconcelos*, op. cit., p. 73.

o exagero apresenta".[52] Na mesma senda ia Costa Carvalho, para quem, ao invés de pensar em imigrantes, o governo deveria favorecer a nobreza da terra, construindo-lhe estradas para escoar seus produtos e praticando um câmbio que lhes garantisse "um bom preço no mercado".[53] Feijó também justificava a continuidade do tráfico pelo estado rudimentar da agricultura, sugerindo que os imigrantes fossem assentados ao lado dos escravizados na qualidade de empregados.[54] No Senado, Vergueiro sugeria adiar por dez anos a extinção do tráfico, alegando que se tratava um "grande golpe" contra os "interesses da Nação". Ele também reivindicava que os imigrantes viessem como assalariados e não como concorrentes da grande lavoura: as terras devolutas deveriam ser vendidas e não doadas pelo governo.[55]

O *partido liberal* (3): o liberalismo de oposição de Evaristo da Veiga. Do lado de fora da Câmara, o esforço de Vasconcelos era amparado pela ação doutrinária de Evaristo Ferreira da Veiga (1799-1837), redator do periódico mais prestigioso da Corte, *A Aurora Fluminense*. Vocacionado para as artes liberais, mas sem condições de estudar na Europa, Evaristo exercia a profissão de livreiro no Rio de Janeiro. Com a morte de Hipólito da Costa, Evaristo herdou o posto de mais importante doutrinário liberal do Brasil. Ele era um admirador da obra de Constant e seguia fielmente sua pedagogia da moderação, voltada para educar a opinião pública para os valores cosmopolitas de modernidade. Os irmãos de Evaristo haviam se estabelecido no sul de Minas Gerais, onde prosperaram e desenvolveram fortes conexões com as elites que abasteciam com seus produtos o mercado da Corte. Foram eles, pois, o principal sustentáculo de sua atividade jornalística. Certo de que o liberalismo não se tornaria hegemônico sem ganhar a respeitabilidade da elite dirigente, Evaristo pautava o seu jornal por um elevado nível intelectual: "Moderação nos escritos, verdade nas doutrinas, decência no estilo, instrução moral, mais moral, muita moral – eis o que, sobretudo, aconselham os amigos da boa

[52] Idem, ibidem, pp. 50 e 53.

[53] In: CONTIER. *Imprensa e ideologia em São Paulo*: op. cit., p. 128.

[54] BETHELL, *The abolition of the Brazilian slave trade: Britain, Brazil and the slave trade question (1807-1869)*. Cambridge University Press, 1970, p. 70. FEIJÓ. *Diogo Antônio Feijó*, op. cit., p. 151-153.

[55] ANAIS do Senado do Império, sessão de 3 de julho de 1827. Idem, sessão de 1830, volume I, p. 297 e 302. BETHELL. *The abolition of the Brazilian slave trade*, op. cit., p. 57.

ordem".[56] Ele acreditava que o Brasil deveria preservar a monarquia constitucional. A desastrosa experiência das antigas colônias hispânicas indicava que, em razão do despreparo cultural de suas populações, a república na região não trazia liberdade, mas despotismo. Era um regime de governo que, ao contrário da França e dos Estados Unidos, vinha invariavelmente "múltipla, nominal e regida por inumeráveis, pequenos chefes militares".[57] Evaristo também encarava com bons olhos a Constituição de 1824, nela encontrando instrumentos suficientes para o desejado progresso na ordem. Eis por que defendia a moderação como a qualidade mestra da política: "Nada de excessos. Queremos a Constituição. Não queremos a revolução".[58] Mas era preciso interpretar a Constituição em sentido liberal contra os gabinetes imperiais, que lhe pareciam avessos à prática do governo constitucional e representativo, entendido, à maneira de Vasconcelos, como um governo parlamentar.

Na medida em que também se batiam contra os ministros do rei Carlos X, por agirem à revelia da Câmara francesa, Constant e Guizot forneciam a Evaristo modelos de ação para reproduzir, no Brasil, um "liberalismo de oposição" responsável.[59] O papel da oposição tornava-se não só legítimo como fundamental, porque punha o governo no caminho desejado pela opinião pública: "A oposição, que os governos olham como um espantalho, é para eles uma verdadeira necessidade; é a força que os sustenta, e a tocha, que os alumia. Sem apoio, eles transviam e precipitam".[60] Mas, também aqui, o jornalismo político de Evaristo era dúbio quando se tratava se exprimir ou dirigir a referida "opinião pública". Haja vista que a "sociedade civil" brasileira ainda se caracterizava pela sua imaturidade, lutando "com erros inveterados a que o tempo [de colônia e absolutismo] deu robustez e raízes",[61] a imprensa liberal precisava ajudá-la, ensinando-lhe os cânones do governo representativo.[62] Ou seja, o periodismo liberal não podia no Brasil se contentar em exprimir os impulsos de uma sociedade periférica e

[56] VEIGA, Evaristo Ferreira da. *A Aurora Fluminense*, nº 3, edição de 28 de dezembro de 1827.
[57] Idem, ibidem, nº 587, edição de 1º de fevereiro de 1832.
[58] Idem, ibidem, nº 59, edição de 18 de janeiro de 1828.
[59] MANENT, Pierre. *Histoire intellectuelle du libéralisme.* Paris: Hachette, 1987, p. 181.
[60] VEIGA. *A Aurora Fluminense*, nº 676, edição de 17 de setembro de 1832.
[61] Idem, ibidem, op. cit., nº 9, edição de 18 de janeiro de 1828.
[62] CASSIMIRO, Paulo Henrique Paschoeto & VIEIRA, Lidiane Rezende. *As linguagens do liberalismo político e o problema da opinião pública no pensamento de Evaristo da Veiga.* Trabalho apresentado na Área de Trabalho de Pensamento Político Brasileiro, reunido no 10º Encontro da Associação Brasileira de Ciência Política. Belo Horizonte: 2016, p. 22.

carente, mas sim formá-la e dirigi-la. Com esse propósito, Evaristo traduziu e publicou centenas de extratos de livros e brochuras de Hume, Montesquieu e Burke, bem como de seus representantes contemporâneos, como madame de Stäel e Benjamin Constant – inclusive a célebre conferência *Da liberdade dos antigos comparada à dos modernos.* Este trabalho pedagógico levaria o público a compreender o caráter universal da luta travada pelos liberais brasileiros: "A liberdade de imprensa, que se acha proclamada no Brasil, é a arma poderosa, que nossas ainda jovens e débeis mãos devem aprender a manejar com destreza, para lutarem contra o despotismo e contra o governo absoluto".[63]

O liberalismo moderado do "partido liberal", chefiada por Vasconcelos e Evaristo, não era, portanto, apenas diferente do constitucionalismo monarquiano brandido pelos coimbrãos e seus aliados, orientados pelo "projeto imperial brasileiro". Ele era diferente também do constitucionalismo radical ibero-americano dos *brasilienses* ou *nativistas*, guiados pelo projeto de "monarquia democrática". Aquilo que os liberais moderados desejavam era modernizar a interpretação da Constituição de 1824 conforme os padrões dos anglófilos franceses. Eles substituíam a linguagem exaltada, virtuosa e patriótica do republicanismo clássico, ainda presente no liberalismo ibérico por aquela outra - a da moderação, dos interesses e do progresso, própria da "sociedade comercial". Expressão da liberdade dos modernos de Constant, a moderação era qualificada por Evaristo como a virtude política por excelência. Ela era a "prudência reguladora, que modificando as opiniões sociais extremas, as chama ao justo termo, ou antes, que dá aos objetos o seu devido valor, sem deixar-se fascinar pelo calor do entusiasmo, ou pelo prisma das paixões do momento".[64] Se a bandeira dos coppétianos era a interpretação liberal da Carta de 1814, outorgada por Luís XVIII, aquela dos moderados brasileiros só poderia ser a interpretação liberal da Constituição de 1824, concedida por dom Pedro I. Trabalhar por sua efetividade, na forma de um governo parlamentar e pelo desenvolvimento prático de seus princípios, bastaria para colocar o Brasil no caminho da civilização:

> A Constituição traz esperança; barreira contra a opressão dos potentados e governantes; o escritor possui o seu espaço de censura, de pedagogia po-

[63] VEIGA. *A Aurora Fluminense*, op. cit., nº 1, edição de 21 de dezembro de 1827.

[64] Idem, ibidem, nº 563, edição de 30 de novembro de 1831.

lítica; de direcionamento ao governo, apontando suas falhas e sugerindo ações melhores; há um contínuo melhoramento e desenvolvimento prático; os homens habituam-se a prezar seus direitos, a amar a Pátria, a obedecer à lei e resistir à tirania.[65]

3. COMBATENDO O "PROJETO IMPERIAL": A INTERRUPÇÃO DA "REVOLUÇÃO MONÁRQUICA" PELA OPOSIÇÃO LIBERAL E A ABDICAÇÃO DE DOM PEDRO I.

Desconstruindo o "projeto imperial" (1): a luta da Câmara contra o Senado. Contando na primeira legislatura com mais de 60% dos deputados, o *partido liberal* aproveitou todas as possibilidades que a Constituição lhe oferecia para enfraquecer a posição da Coroa e da alta burocracia. Irritava-os a concepção monarquiana, expressiva do paradigma clássico da constituição mista, segundo a qual o Senado seria uma câmara mais alta em hierarquia e dignidade. A oposição liberal não se resignava quando os senadores restringiam seus projetos destinados a esvaziar o poder das instituições centrais do governo. Aceitava as emendas, mas logo propunha novas leis prevendo os mesmos pontos vetados. Também reapresentava propostas que o monarca se recusara a sancionar.[66] No final de 1826, a pressão da Câmara *liberal* avançou de modo mais desassombrado sobre o Senado *realista*. Diante da sequência de desacordos, os deputados liberais requereram a fusão das câmaras prevista no art. 61 da Constituição, alegando que ela implicava discussão e votação conjunta. Haja vista que o número de deputados era o dobro daquele de senadores, tratava-se de um óbvio artifício para conceder à câmara baixa um meio de sempre derrotar a alta. Invocando sua condição de redator da Constituição, o marquês de Caravelas reagiu, declarando que a reunião ali prevista só implicava discussão conjunta e não votação. Do contrário, a monarquia perdia o seu caráter misto.[67] Os liberais redarguiram que os dispositivos constitucionais careciam de interpretação evolucionária; que a monarquia brasileira resultava de um compromisso com a democracia; e que

---

[65] Idem, ibidem, nº 170, edição de 27 de março de 1829.

[66] DANTAS. *Uma Nação verdadeiramente livre*, op. cit., p. 235-236.

[67] ANAIS do Senado do Império, sessão de 14 de agosto de 1826. SOUSA, Joaquim Rodrigues de. *Análise e comentário da Constituição política do Império do Brasil, ou Teoria e prática do governo constitucional brasileiro*. Volume I. São Luís do Maranhão: 1867, p. 237.

o Senado não podia erigir-se em aristocracia.[68] O artifício oposicionista de reduzir o significado de governo representativo àquele de governo parlamentar foi detectado por Francisco Carneiro de Campos. O irmão mais velho de Caravelas, que ocupava a pasta dos Negócios Estrangeiros, fez questão de afirmar que os ministros eram tão constitucionais quanto os liberais:

> Eu simpatizo com os ilustres membros da Assembleia Geral nos sentimentos constitucionais. Sou amigo das liberdades públicas e assaz tenho disso dado testemunhos. Nesta parte, portanto, não discordamos. Porém, nisto mesmo há alguma exageração, e nós sabemos que os ilustres membros da oposição costumam, por via de regra, apresentar o governo debaixo de uma face pouco vantajosa e muito diversa daquela que é a verdadeira. [...]. Tenho ouvido censurar grandemente o governo e atribuir-lhe vistas sinistras e planos criminosos; todavia, durante o pouco tempo que sirvo, não vejo que os meus ilustres colegas sejam animados de outros sentimentos, senão da maior obediência à Constituição e às leis, ou que tenham em vista outra coisa, senão o promover e solidar a prosperidade da Nação.[69]

Desconstruindo o "projeto imperial" (2): o juizado de paz, a reforma municipal e o Código Criminal. Orientados pelo ideal de uma sociedade autônoma, "democrática" e descentralizada, os liberais produziram uma pletora de projetos destinados a desmontar as estruturas vigentes. O primeiro foi uma lei regulando a liberdade de imprensa, cujo caráter bastante liberal salvaguardava a expressão da "opinião pública", ou seja, dos periódicos oposicionistas. A segunda lei regulou a responsabilidade jurídica dos ministros e conselheiros de Estado, tornando-os passíveis de pressão por parte dos deputados. A terceira lei, promulgada a 15 de outubro de 1827, criava e regulamentava as funções do juiz de paz, esvaziando os poderes dos magistrados nomeados pela Coroa. Eleito pela localidade e auxiliado por um corpo de jurados igualmente independentes, como nos Estados Unidos, o juiz de paz exercia uma jurisdição bastante ampla que incluía promover a conciliação, decidir causas de valor baixo, dispersar baderneiros e bêbados, convocar a milícia e até proteger florestas. Era a primeira machadada na árvore unitária do "projeto imperial brasileiro". Essa lei foi seguida por outra, a de 1º de

[68] PEREIRA DA SILVA. *Segundo período do reinado de Dom Pedro I no Brasil*, op. cit., p. 241.
[69] ANAIS da Câmara dos Deputados do Império, sessão de 1830, volume II, p. 672.

outubro de 1828, que reorganizou as câmaras municipais, reduzindo-as ao exercício de funções meramente administrativas. Para os liberais, não eram apenas os municípios, mas as províncias que precisavam ser fortalecidas. A reforma obrigaria a nobreza de cada província a articular seus interesses de modo mais estreito com sua bancada de deputados, capacitando-a para enfrentar de modo mais eficiente o poder central.[70]

O Código Criminal (1830) foi outro diploma legislativo por que os liberais minaram o "projeto imperial" sustentado pelos luso-brasileiros. A prioridade de sua elaboração decorria da necessidade de modernizar a legislação penal herdada do Antigo Regime, revogando o livro V das Ordenações Filipinas (1603) e as leis extravagantes que se lhe seguiram. A codificação penal consagrava o monopólio da atividade legiferante pelo Estado; eliminava a vigência de normas emanadas de outras fontes do direito e concentrava o ordenamento criminal em uma única lei, organizada de forma sistemática e redigida em estilo claro e sintético. Baseado num anteprojeto de Vasconcelos, o texto refletia os anseios liberais por uma sociedade civil autônoma liderada pela antiga nobreza da terra, na qual a Coroa fosse uma peça acessória.[71] Seus autores fortaleceram a posição da "sociedade civil", estabelecendo penas pouco rigorosas para a grande maioria dos crimes, e instituíram a garantia do *Habeas Corpus* contra as prisões ilegais. Ao mesmo tempo, enfraqueceram o poder monárquico ao extinguirem os crimes de traição e de lesa-majestade, e suprimiram a pena de morte para os crimes políticos, que somente os radicais podiam cometer. A pena de morte foi circunscrita ao homicídio, ao latrocínio e, claro, à insurreição escrava. Era a lógica da "revolução oligárquica" em uma sociedade rural escravista, que justificava a abolição da pena de morte para os crimes políticos cometidos pelos "cidadãos-senhores" contra o Estado, mas a preservava para os escravizados rebelados por eles possuídos. O auto-interesse transparecia na fala de um dos chefes liberais de Pernambuco, o deputado Rego Barros:

[70] FLORY, Thomas. *Judge and jury in Imperial Brazil: social control and political stability in the new State, 1808-1871.* Austin: University of Texas Press: 1981, p. 59-60. SLEMIAN, Andréia. *Sob o império das leis: Constituição e unidade nacional na formação do Brasil (1822-1834).* São Paulo: Aderaldo & Rothschild, 2009, p. 179-185. DOHLNIKOFF. *O pacto imperial*, op. cit., p. 83-89.
[71] COSTA, Vivian Chieregati. *Codificação e formação do Estado nacional brasileiro: o Código Criminal de 1830 e a positivação das leis no pós-independência.* Dissertação de mestrado defendida no programa de pós-graduação em História. São Paulo: Universidade de São Paulo, 2013, p. 312.

> A pena de morte deve, com efeito, ser abolida nos casos políticos, porém, não nos casos de homicídio, e para conter a escravatura, pois esta é a única pena que a pode conter. Nos erros políticos não a posso admitir, porque eles procedem da má inteligência das coisas; e mesmo muitas vezes, o partido vencido, seja o bom partido; isto é, aquele que faria a felicidade da Nação se o seguisse.[72]

Em defesa do "projeto imperial" (3): o gabinete Clemente Pereira (1827). Diante da alta rotatividade de ministros e ineficácia das políticas destinadas a estruturar a legislação complementar à Constituição, o imperador reconheceu a necessidade de disputar a hegemonia na Assembleia Geral com políticos extraídos de fora da burocracia. Nomeou dois liberais para o Senado (Vergueiro e Holanda Cavalcanti) e formou um gabinete com os deputados mais destacados da minoria: Pedro de Araújo Lima, depois substituído por José Clemente Pereira (Império), Miguel Calmon (Fazenda) e Lúcio Soares Teixeira de Gouveia (Justiça). A expetativa era a de chegar a melhores termos com a Câmara dos Deputados. Os novos ministros trabalharam com duas linhas de ação. Primeiro, tentaram reduzir a velocidade da substituição das instituições herdadas do Antigo Regime, que suscitava a resistência das corporações militares, eclesiásticas e judiciárias que apoiavam a Coroa e se sentiam atingidas por medidas liberais, como a extinção da Intendência de Polícia (1828), da Mesa do Açúcar e do Tabaco (1828) e do Desembargo do Paço (1829). Por isso, os novos ministros pediam adiamento dos projetos mais polêmicos e recusavam os requerimentos de informações ao governo formulados pela oposição como inconstitucionais. A segunda estratégia do gabinete Clemente Pereira passava por oferecer opções mais "monárquicas" de adaptação do Estado absoluto ao regime constitucional. Contra os modelos ingleses e americanos, a nova geração de *realistas* buscou inspiração naquele da magistratura e da polícia francesas. Organizadas por Napoleão no espírito do absolutismo ilustrado, elas mantinham firmes a administração nas mãos do governo nacional.[73] Os governistas alegavam que, considerando que "as luzes ainda não se acham derramadas por todo o vasto território do império", não era prudente descentralizar todo o Judiciário de primeira instância, pondo-o nas mãos de inexpertos na ciência jurídica.[74]

---

[72] Idem, ibidem, p. 186-188.

[73] Idem, ibidem, p. 180.

[74] DANTAS. *Uma Nação verdadeiramente livre*, op. cit., p. 165.

Amparando-se no repertório da razão de Estado, os ministros também justificavam o recurso a expedientes excepcionais do Antigo Regime, como a instalação de comissões militares para julgar crimes de alta traição. Argumentavam que, enquanto não fossem criadas todas as instituições previstas pela Carta de 1824, o vácuo legislativo autorizava o governo a agir à moda antiga. Para tanto, apoiavam-se na lei de 20 de outubro de 1823, segundo a qual, enquanto não houvesse nova legislação, continuavam em vigor todas as leis, regimentos, alvarás e outras normas editadas até 1821 pelos reis de Portugal. Enquanto não se regulamentassem os assuntos tratados pela Constituição, o governo preservava sua margem de manobra, que não poderia ser limitada pelo Parlamento.[75] Alegava-se que aquele era um período de "revolução monárquica", cujos perigos imprevistos e obstáculos demandavam um Executivo forte e desembaraçado para enfrentá-los. Cumpria, naquele momento fundacional do Brasil independente, distinguir "entre uma Constituição estabelecida e arraigada, e uma Constituição que começa, e que ainda não está ainda montada com todas as peças que lhe são necessárias. Naquela, nunca se deve tocar, porque o seu andamento pararia; nesta é necessário tocar, para pô-la em movimento". Enquanto a transição para o Estado de direito não se completasse, o ministro recomendava: "Fechemos os olhos aos erros".[76] O próprio dom Pedro repetiria o raciocínio em uma de suas Falas do Trono: "Ninguém, mais do que eu, busca cingir-se à lei; mas, quando os que saem dela não acham, de pronto, outro que os coíba, é mister que o governo tenha essa autoridade, enquanto o sistema geral não estiver totalmente organizado, e tudo marchando perfeita, regular e constitucionalmente".[77]

Os argumentos governistas, que preconizavam constitucionalismo monarquiano, prudência na velocidade das reformas "oligárquicas" e leis complementares de matiz napoleônico, não sensibilizaram a oposição liberal. Ela sustentava que diversas das disposições constitucionais eram autoaplicáveis, dispensando regulamentação. Diversamente dos realistas, que apelavam ao exemplo da Inglaterra para argumentar que um Estado de direito não se construía do dia para a noite, Evaristo respondia que a moderna civilização im-

[75] PEREIRA, Vantuil. *Ao Soberano Congresso: direitos dos cidadãos na formação do Estado Imperial brasileiro (1822-1831)*. São Paulo: Alameda, 2010, p. 163-164.
[76] ANAIS da Câmara dos Deputados do Império, sessão de 1830, volume IV, p. 127.
[77] JAVARI (org.). *Império brasileiro: falas do trono*, op. cit., p. 102.

primira à política um caráter cosmopolita e dinâmico, que permitia que as mudanças se processassem mais rapidamente do que no passado:

> As reformas, dizem eles, são necessárias no Brasil, mas é mister marchar muito devagar: a Inglaterra não estabeleceu sua constituição, senão pelo decurso dos séculos, e ela é aí mais obra dos hábitos, do que de leis escritas. Mas não lhes lembra de que já não estamos no tempo da barbaridade feudal, com que a Inglaterra lutou [...]. A civilização hoje se comunica com a rapidez da matéria elétrica, pelo mecanismo da imprensa, que transmite em um instante o pensamento do sábio, do observador, aos lugares mais remotos; e que os povos não existem atualmente incomunicáveis e isolados, como nos venturosos dias dos barões suseranos.[78]

Desconstruindo o "projeto imperial" (3): a disputa da Câmara pelo papel de guardiã da Constituição. A pressão parlamentar continuou nos anos seguintes, levando a Câmara a disputar o papel de guardiã da Constituição com o imperador. Aqui é útil assinalar o que se passava na França, cujo debate influía diretamente na política brasileira. O objetivo é verificar as semelhanças e as diferenças na forma por que a oposição liberal lutava contra a prerrogativa régia, bem como a função exercida nesse contexto pela doutrina do Poder Moderador.

Na França da Restauração desenhava-se um enfrentamento similar entre *realistas* e *liberais*. O artigo 13 da Carta declarava o rei titular do Poder Executivo, ao passo que o seguinte, proclamando-o *chefe supremo do Estado*, dava-lhe poderes para comandar as Forças Armadas e a política exterior, nomear os funcionários públicos e "fazer os regulamentos e decretos (*ordonnances*) necessários à execução das leis e à segurança do Estado". Os *realistas* franceses entendiam que esse texto permitia ao rei nomear e demitir livremente os ministros, exercer o governo pessoal e, nos casos de salvação pública, dissolver as câmaras e governar por decreto. Contra essa exegese autoritária dos partidários da prerrogativa régia (os chamados *ultras*), os liberais franceses adotaram a hermenêutica evolucionária que a compreendia, não como um poder excepcional do monarca, mas como uma força de arbitragem e impulsão – ou seja, como um Poder Moderador. A resolução dos conflitos entre governistas e oposicio-

[78] CASSIMIRO & VIEIRA. *As linguagens do liberalismo político e o problema da opinião pública no pensamento de Evaristo da Veiga*, op. cit., p. 44.

nistas requeria a mediação de uma instância imparcial que, representando a unidade da soberania, resolvesse as divergentes interpretações do jogo político e contornasse as ameaças de ruptura institucional. Não havia, aqui, espaço para o governo pessoal: o Executivo era sinônimo de *gabinete*, a quem cabia decidir sobre o estado de exceção, mas sem expedir decretos com força de lei.

Na França, portanto, a doutrina do Poder Moderador constituía uma resposta dos liberais à interpretação ditatorial dos *realistas* relativamente à prerrogativa régia. No Brasil, as coisas se passaram de outro modo. Porque viam os *realistas* como equivalentes dos *ultras*, os liberais consideravam o Poder Moderador da Constituição, não uma garantia do governo representativo, mas um artifício da antiga nobreza burocrática para perpetuar-se no poder. Inviabilizava-se assim a possibilidade de que a Coroa fosse vista como imparcial. A oposição também não esperava que, dominado pela maioria *realista*, o Senado pudesse exercer o papel imaginado por Hipólito da Costa: o de um "corpo intermediário entre o monarca e os representantes imediatos do povo", encarregado de manter "o justo equilíbrio entre as pretensões de uns e outros, evitando a aceleração na fatura das leis, e o demasiado desejo de inovação, que sempre existe mais ou menos nas assembleias populares; e contendo os abusos do Executivo, pelo respeito, que lhe deve inspirar uma corporação com atribuições mais duradouras e permanentes do que a mera cooperação legislativa".[79] Na falta de instituições "neutras" para as quais apelar, os deputados oposicionistas invocaram o artigo 15 IX da Constituição, que outorgava à Assembleia o dever zelar pela constitucionalidade dos atos do governo. Começaram a se considerar os guardiões do governo representativo, entendido como parlamentar, contra as supostas ilegalidades ministeriais: "Se até aqui a Constituição tem sido violada", declarava Vasconcelos em 1827, "se tantos despotismos e arbitrariedades têm sido cometidos (*pelos ministros*) nesta terra da liberdade, é porque o grande monarca do Brasil o ignorava, e não tinham reunidos os que têm todo o interesse na consolidação da Monarquia, isto é, os Srs. Deputados".[80]

Essa conversão da "guarda da Constituição" em arma da oposição, latente desde o projeto de responsabilidade dos ministros (1827), encontrou sua

[79] COSTA. *Antologia do Correio Brasiliense*, op. cit., p. 598.
[80] VASCONCELOS. *Manifesto político e exposição de princípios*, op. cit., p. 37.

oportunidade de manifestar-se quando ressurgiu o problema de como julgar os implicados nas rebeliões que tiveram lugar no Nordeste do Brasil. A suspensão das garantias constitucionais em Pernambuco, por ocasião da Rebelião dos Afogados (1829), seguida pela criação de nova comissão militar, havia sido decretada pelo imperador contra o parecer unânime do Conselho de Estado, onde se assentavam os velhos *luso-brasileiros.*[81] Para o governo, permanecia de pé a legislação do Antigo Regime que previa a nomeação de comissões militares para crimes políticos, como o de lesa-majestade. Alegava-se que o dispositivo constitucional que proibia juízos de exceção carecia de ser regulamentado. Os liberais entendiam que a criação de tais comissões violava o princípio constitucional segundo o qual "ninguém será sentenciado, senão pela autoridade competente, por virtude de lei anterior e na forma por ela prescrita" (art. 179 XI). Interpelados para que comparecessem à Câmara para se explicarem, os ministros de Estado recusaram-se, alegando prestar contas somente à Coroa. Em represália, a oposição os acusou de violarem os princípios do governo representativo, entendido como parlamentar, e propuseram sua responsabilização por alta traição. Seguiram os precedentes da Câmara dos Comuns em sua campanha contra a prerrogativa monárquica de Carlos I na primeira metade do século XVII. Pediram ao imperador que demitisse o ministério devido às "contínuas violações da Constituição e da lei, e pelo terror incutido de volta do absolutismo, senão real, ao menos aparentemente justificado por muitos atos".[82] Somente assim, para o deputado pernambucano Holanda Cavalcanti, ficaria claro que "os representantes do povo são fiscais da Constituição".[83] Esta última proposição colidia frontalmente com a interpretação monarquiana adotada pelos *coimbrãos* ou *realistas,* segundo a qual aquela função era privativa do imperador, na qualidade de primeiro representante da Nação e Defensor Perpétuo do Brasil.

A situação de enfrentamento era análoga àquela da Constituinte nos últimos meses de 1823. A solução aventada pelo imperador também foi a mesma. Influenciado pelos elementos palacianos que o cercavam na intimidade, dom Pedro I sondou seus conselheiros de Estado sobre a conveniência de um novo golpe de Estado, que dissolvesse a Câmara e impusesse ao país uma Constituição

[81] ATAS do Conselho de Estado, sessão de 1829, p. 69.
[82] JAVARI (org.). *Império brasileiro: falas do trono,* op. cit., p. 130.
[83] ANAIS da Câmara dos Deputados do Império, sessão de 1829, volume I, p. 42-45.

"verdadeiramente monárquica", em nome da salvação pública. Embora todos os presentes o desestimulassem de semelhante intento, nem por isso deixaram de lamentar a desfiguração do antigo "projeto imperial brasileiro", promovida pela oposição liberal em sentido "oligárquico". Aferrado ao reformismo ilustrado de seus tempos de íntimo de dom João VI, o marquês de Queluz se confessava "profundamente magoado [...], vendo um belo Império fundado pelo gênio e o amor de Vossa Majestade Imperial ao povo brasileiro, nos termos de naufragar na mão da canalha".[84] No Senado do Império, foi a vez do marquês de Baependi retaliar a oposição, ao apresentar um projeto de lei que subtraía à Câmara o direito de acusar os ministros de Estado sem a anuência dos senadores.[85] O ápice do mal-estar se deu no encerramento da primeira legislatura (1829), quando o imperador se recusou, na Fala do Trono, a dirigir a palavra aos membros do Parlamento. Limitou-se a declarar as duas únicas sentenças de praxe – a do vocativo, que precedia a locução imperial ("Augustos e digníssimos representantes da nação brasileira"), e a que a encerrava ("Está fechada a sessão").

Em defesa do "projeto imperial" (4): o gabinete Barbacena-Caravelas e o ensaio fracassado de governo parlamentar (1829). Para piorar a situação, o *partido realista* sofreu uma derrota considerável nas eleições para a segunda legislatura (1829). Vários governistas não foram reeleitos e a bancada da oposição ampliou-se com a eleição de Evaristo da Veiga e de antigos radicais, que haviam sido constituintes e voltavam ao plenário com sangue nos olhos, depois do golpe de Estado de 1823.

Seguindo conselho de José Bonifácio, que retornara do exílio na França com seus irmãos Antônio Carlos e Martim Francisco, dom Pedro I adotou uma estratégia de conciliação com a Câmara. Formou um novo gabinete que, chefiado pelo marquês de Barbacena (Fazenda), contava com o apoio de Caravelas (Império), e do deputado Miguel Calmon, futuro marquês de Abrantes (Estrangeiros). Tratava-se de um ensaio de "governo parlamentar", tal como desejado por Vasconcelos e seus amigos. Profundo conhecedor das práticas britânicas desde seus primeiros contatos com o duque de Palmela e vendo-se como um *whig*, Barbacena comprometeu-se a governar com o apoio da maioria da Câmara, baseado nos princípios da unidade e

[84] SOUSA. *Vida de Dom Pedro I*, v. II, op. cit., p. 302 e 307.
[85] ANAIS do Senado do Império, sessão de 1830, volume I, p. 434-437.

solidariedade ministeriais. Admitia a possibilidade de reformas, desde que prudentes; prometia que todas as propostas relevantes seriam discutidas previamente em conselho de ministros; que ele respeitaria as formalidades constitucionais e toleraria as três correntes de opinião existentes: a dos "democratas ou liberais"; a dos "absolutistas" e, por fim, a dos "constitucionais ou imperiais", com a qual se identificava.[86] Disposto a criar um modelo de governabilidade que sustentasse a Constituição, o marquês de Barbacena se dispôs a atacar seus dois principais obstáculos: a influência dos áulicos de inclinação absolutista e a tendência do imperador a intrometer-se nos assuntos dos ministros, tratando-os como criados.

Mas a experiência falhou. Primeiro, porque dom Pedro I preferiu dar ouvidos às intrigas dos palacianos contra Barbacena, que acabou demitido de forma humilhante, acusado de corrupção.[87] Segundo, porque o compromisso assumido pelo marquês de abolir o tráfico de escravos desencadeou entre a oposição liberal da Câmara uma onda de indignação.[88] A concepção "democrática" de radicais como Lino Coutinho exigia do Estado que se abstivesse de intervir no domínio socioeconômico:

> O verdadeiro modo de promover a indústria nacional consiste em destruir as leis que se opõem ao interesse dos particulares, ao derramamento da instrução, ao aumento dos capitais e da civilização. Se quisermos aumentar a indústria dos povos, cuidemos do estabelecimento de sociedades promotoras de indústria; facilitemos por todos os modos as comunicações entre as províncias, por água e terra; demos inteira liberdade ao comércio e às artes, sem conceder privilégio ou monopólio a pessoa alguma.[89]

A abdicação de dom Pedro I e o fim do domínio "realista" (1831). A notícia da Revolução de Julho na França e da queda de Carlos X estimulou os *liberais* a fazer paralelos entre aqueles acontecimentos e os do Brasil, advertindo

[86] PEIXOTO, Rafael Cupello. *O marquês de Barbacena: política e sociedade no Brasil imperial (1796-1841)*. Tese de doutorado defendida no Programa de Pós-Graduação em História da Universidade do Estado do Rio de Janeiro. Rio de Janeiro: UERJ, 2018, p. 246.
[87] PEREIRA. *Ao Soberano Congresso*, op. cit., p. 222.
[88] MARTINS, Roberto Borges. "Minas e o tráfico de escravos no século XIX, outra vez". *In*: Tamás Szmrecsányi e José Roberto do Amaral Lapa (orgs.). *História econômica da independência e do Império*. 2ª edição revista. São Paulo: Hucitec/EDUSP, 2002, p. 105. BARMAN. *Brazil: The forging of a Nation*, op. cit., p. 149. BETHELL. *The abolition of the Brazilian slave trade*, op. cit., p. 68.
[89] ANAIS da Câmara dos Deputados, sessão de 23 de maio de 1827.

que a recusa obstinada de dom Pedro em ouvir a "opinião pública" poderia levá-lo a sofrer destino semelhante. A oposição passou a explorar os antagonismos nativistas, aliando-se aos radicais. Identificando-se com o *partido brasileiro ou patriota*, os moderados chefiados por Evaristo acusaram os *realistas* de integrarem um *partido português* de caráter absolutista e recolonizador: "O amor-próprio nacional tem sido, no Brasil, pisado aos pés pelos homens da privança, pelo partido que goza da especial confiança de quem governa [...]. As suas ações, os seus movimentos, as suas menores palavras, tudo é antinacional, tudo revela o desprezo e a aversão por esta terra que se rebelou".[90] Reivindicando a soberania popular à maneira de Rousseau, os radicais autonomistas, por suas vezes, denunciavam o suposto absolutismo que só favorecia as "classes nobres" e pregavam a revolução "contra os que atacam o contrato social e usurpam os direitos do povo". Eles também destacavam, à maneira de Locke, que os cidadãos tinham o direito de "resistir à opressão manifesta, à iniquidade e tirania".[91] Por sua vez, o imperador atacou pessoalmente o "partido desorganizador" que, com o objetivo exclusivo de "empolgar empregos" e "saciar suas vinganças e paixões particulares", se valia do falso paralelo entre as situações do Brasil e da França para concitar "os povos à federação".[92] A crise econômica que datava da Revolução não ajudava o ambiente político, agravado pelas despesas com as guerras contra a Argentina (que resultaram na independência da Cisplatina) e pelo pagamento das reparações a Portugal, em razão do tratado de independência. Também faltava ouro e a inundação de papel no meio circulante, além de inflação, provocava uma derrama de moedas falsas.[93] Nesse quadro, havia algum tempo o imperador pensava em abandonar o trono. Dom Pedro já anunciara a possibilidade ao Conselho de Estado, depois de advertido que muitas das dificuldades decorriam do seu comportamento errático e voluntarioso.[94]

---

[90] In: SOUSA, Otávio Tarquínio de. *Evaristo da Veiga.* Belo Horizonte: Itatiaia, 1988, p. 96.

[91] In: BASILE, Marcello Otávio. *Ezequiel Corrêa dos Santos: um jacobino na Corte Imperial.* Rio de Janeiro: Editora da FGV, 2001, p. 28

[92] In: BONAVIDES & ANDRADE. *História constitucional do Brasil*, op. cit., p. 80.

[93] RIBEIRO, Gladys Sabina. *A liberdade em construção: identidade nacional e conflitos antilusitanos no Primeiro Reinado.* Rio de Janeiro: Relume Dumará, 2002, p. 359-364. PEREIRA. *Ao Soberano Congresso*, op. cit., p. 125-129.

[94] SÃO LEOPOLDO, José Feliciano Fernandes Pinheiro, Visconde de. *Memórias do Visconde de São Leopoldo.* Revista trimestral do Instituto Histórico, Geográfico e Etnográfico do Brasil, tomo XXXVIII, parte segunda. Rio de Janeiro: Garnier, 1875, p. 24.

Ainda assim, o príncipe não fugiu do conflito com os liberais. Ignorando a representação que lhe dirigira a oposição para afastar-se do suposto *partido português*, ele nomeou um gabinete chefiado por Inhambupe e composto somente de senadores *realistas*, conhecido como o "ministério dos marqueses". Ajudados pelos *exaltados*, os liberais da Câmara reuniram diante do Senado uma multidão, secundada por militares de baixa patente, para exigir de dom Pedro um ministério apenas de membros do *partido brasileiro*. O imperador recusou-se, arrolando argumentos monarquianos: em primeiro lugar, intérprete da vontade geral e guardião da Constituição, ele era mais constitucional que qualquer brasileiro nato; em segundo lugar, se a Carta lhe outorgava competência exclusiva para nomear e demitir ministros, era ele que estava na legalidade ao exercê-las, e os oposicionistas, fora dela. Por fim, tendo em vista a natureza mista do governo, ele declarou que faria tudo para o povo, mas nada por meio dele. Recusando-se, portanto, a aceitar "imposições violentas contrárias à Constituição, ditadas pelo povo e pelo exército amotinado", dom Pedro desistiu da Coroa. Assinou um termo de abdicação em prol de seu filho e herdeiro de 5 anos de idade; nomeou José Bonifácio como seu tutor; assumiu o título de duque de Bragança e partiu para a Europa. Lá, dom Pedro lutaria pelo trono português da filha mais velha, dona Maria da Glória, usurpado pelo irmão dele, dom Miguel.[95] Surpreendidos pelo abandono do trono, os liberais reproduziram os termos por que os franceses haviam anunciado a vitória da Revolução de Julho. Se a proclamação da França prometia que "a Carta (*constitucional)* será doravante uma verdade",[96] a do Brasil jurava que "a independência da nossa Pátria e as suas leis" enfim se tornariam "uma realidade".[97]

Mas a comparação entre dom Pedro I e Carlos X merece questionamento. Interpretando a prerrogativa da Coroa como um poder ditatorial, o rei da França golpeou a representação nacional, dissolveu a Câmara duas vezes seguidas, suspendeu a liberdade de imprensa e impôs por decreto uma reforma eleitoral para favorecer o seu *partido realista*. Diante da Revolução de 1830, ele fugiu

[95] SOUSA. *Vida de dom Pedro I*, vol. III, op. cit., p. 109. CUNHA, Pedro Octavio Carneiro da. "A fundação de um Império liberal". *In*: Sérgio Buarque de Holanda (org.). *História geral da civilização brasileira*. Tomo II, 1º vol., 6ª edição. São Paulo: Difel, 1985, p. 396. MACAULEY, Neill. *Dom Pedro I: a luta pela liberdade no Brasil e em Portugal, 1798-1834*. Tradução de André Villalobos. Rio de Janeiro: Record, 1993, p. 281.

[96] In: ROSANVALLON. *La monarchie impossible, op. cit.*, p. 303.

[97] ANAIS do Senado do Império, sessão de 1831, volume I, p. 11.

para a Áustria e se tornou o chefe exilado do *legitimismo*, que pretendia restabelecer o Antigo Regime na França. O imperador do Brasil, por sua vez, não apenas não ousou dissolver a Câmara, como o incidente que terminou o seu reinado partiu da oposição, que concentrou na capital dois ou três milhares de pessoas para obrigá-lo a mudar o ministério. Ao invés de fugir, ele abdicou e partiu para Portugal, não para restabelecer o Antigo Regime, e sim a Carta constitucional, gêmea da brasileira, que ele dera ao país por ocasião da morte de seu pai, e que havia sido cancelada por seu irmão usurpador. Dom Pedro reivindicava a defesa da Constituição e foi em nome dela que, em sua última proclamação, em Ouro Preto, pediu apoio contra os radicais. Conforme explicava o marquês de Inhambupe depois da abdicação, o príncipe não abrira mão de interpretar suas atribuições conforme uma hermenêutica constitucional que colocava a Coroa como baluarte do bem comum: "O Senhor Dom Pedro resistiu, dizendo que o Ministério novamente nomeado estava demitido, mas ele nomearia outro de sua escolha, como lhe permitia a Constituição, asseverando constantemente, que antes morreria, ou abdicaria, do que aceitar o outro Ministério".[98] Por outro lado, embora não fosse absolutista, é preciso reconhecer que o imperador era inconstante e voluntarioso. Espécie de rei-soldado, não se acomodaria ao papel de rei constitucional à inglesa, nem tinha paciência ou habilidade para costurar um modelo de governabilidade capaz de reunir o país em torno do "projeto imperial brasileiro". Revelaria as mesmas características na luta contra o irmão e no exercício da Regência em Portugal, depois da vitória.

4. Os liberais moderados no poder: enfrentando os realistas à direita e os radicais à esquerda

Varrer os conservadores e frear os radicais: os moderados no poder. Dez anos depois da Revolução de 1821, subia enfim ao governo do Brasil o "partido democrático" chefiado pela elite *nativista* ou *brasiliense*, representante da velha nobreza da terra, agora "sociedade civil". O dia 7 de abril de 1831 passaria a ser comemorado pelos vitoriosos – e, depois dele, pela historiografia liberal – como aquele da verdadeira independência; o dia em que a América portuguesa

[98] Idem, ibidem, volume I, p. 57.

finalmente se livrara da burocracia monárquica, detratada como um "partido português" de tendência recolonizadora.[99] A primeira providência dos liberais foi desalojar a "nobreza privilegiada" que, segundo Evaristo, desde os tempos coloniais vivia parasitariamente "do produto das rendas, dos impostos pagos pelas classes industriais".[100] Dessa vez, foram eles que apelaram para a salvação pública, a fim de driblarem o artigo 124 da Constituição, que determinava a composição da regência provisória pelos ministros do Império e da Justiça e dos dois conselheiros de Estado mais antigos. O deputado Ernesto Ferreira França explicava a razão: "A maioria destes homens não tem confiança pública e estão marcados pelo ferrete de colaboradores do despotismo".[101] Foram escolhidos pelos liberais, à revelia da Constituição, o general Lima e Silva, o senador Vergueiro e o marquês de Caravelas, o único considerado confiável entre os antigos discípulos do conde de Linhares. O novo governo revalidou a nomeação de José Bonifácio como tutor de dom Pedro II, para que ficasse claro que ele devia seu posto à Câmara (e não ao ex-imperador), e propôs o expurgo de todos os funcionários cuja conservação lhe parecesse "prejudicial à causa pública".[102]

Mas não eram todos os liberais que estavam no poder. Apenas os "moderados" haviam sido admitidos. Os principais jornais que, na Corte, defendiam a causa moderada, eram *A Aurora Fluminense*, de Evaristo da Veiga; *Astréa*, de Antônio José do Amaral e José Joaquim Vieira Souto; *O independente*, de Joaquim José Rodrigues Torres e Francisco de Sales Torres Homem, e *O sete de abril*, de Bernardo Pereira de Vasconcelos.[103] Fora das câmaras, seu

[99] Assim, por exemplo, pensava um liberal radical como Raymundo Faoro, herdeiro típico dessa linhagem de autores: "O 7 de abril era o complemento ideológico do 7 de setembro. O movimento da independência fora embaraçado, desvirtuado e deturpado pelo imperador e seu quadro administrativo português e absolutista". FAORO, Raymundo. *Os donos do poder: formação do patronato político brasileiro.* Rio de Janeiro: Editora Globo, 1958, p. 152. O mesmo pensaria um socialista cosmopolita, também herdeiro dessa tradição historiográfica, como Caio Prado Júnior: "Com a abdicação de D. Pedro I chega a revolução da independência ao termo natural de sua evolução: a consolidação do 'estado nacional'. O primeiro reinado não passara de um período de transição em que a reação portuguesa, apoiada no absolutismo precário do soberano, se conservara no poder". PRADO JR., Caio. *Evolução política do Brasil: colônia e império.* São Paulo: Editora Brasiliense, 1980, p. 64.

[100] In: SOUSA. *Evaristo da Veiga, op. cit.*, p. 177.

[101] In: RODRIGUES, José Honório (org.). *Atas do Conselho de Estado.* Volume II. Segundo Conselho de Estado, 1823-1834. Brasília: Senado Federal, 1973, p. XXIX.

[102] ANAIS da Câmara dos Deputados do Império, sessão de 1832, volume I, p. 178-185.

[103] BASILE, Marcello Otávio. *O Império em construção: projetos de Brasil e ação política na Corte regencial.* Tese de doutorado do PPGHS/UFRJ. Rio de Janeiro: UFRJ/IFCS, 2004, p. 24-36.

bastião político era a Sociedade Defensora da Liberdade e Independência Nacional. Segundo Evaristo, seguindo a lógica da "revolução oligárquica", o partido moderado era o único a contar com o apoio da "nação". Porque defendia a "santa causa da propriedade nacional", ele tinha ao seu lado "os maiores proprietários, anciões respeitáveis por suas virtudes e saber, e enfim as classes mais úteis do Estado".[104] Seguiam a linha do equilíbrio entre o radicalismo do partido "exaltado" e o conservadorismo do "realista". Era o que repetia em São Paulo *O novo farol paulistano*, jornal que pertencia a um dos regentes permanentes: "A moderação é a nossa divisa; nas circunstâncias atuais nenhuma virtude é tão necessária: aborrecemos tudo quanto é excesso; os excessos são incompatíveis com a liberdade e com a prosperidade da pátria".[105] Tendo se aproximado dos exaltados nos últimos meses do reinado de dom Pedro I, os moderados agora tentavam freá-los, alegando que o direito de resistência não incluía a mudança de regime nem autorizava "abater por tal modo o governo que este não possa preencher os fins para que foi instituído".[106] Ele não se negavam a reformar a Constituição em tempo oportuno e se declaravam dispostos a agir energicamente "na repressão da violência e da sedição".[107]

Os radicais da Corte, alijados pelos moderados, estavam congregados na Sociedade Federal Fluminense. Seus principais jornais eram a *Nova luz brasileira*, de Ezequiel Corrêa dos Santos; *O república*, de Antônio Borges da Fonseca; *O tribuno do povo*, de Francisco das Chagas Oliveira França; *A malagueta*, de Luís Augusto May; e *A sentinela da liberdade do Rio de Janeiro*, de Joaquim Cândido Soares de Meireles.[108] Embora a maioria deles tivesse curso superior, os radicais apresentavam perfis ocupacionais variados: eram profissionais liberais, comerciantes, militares, padres e funcionários públicos de menor gradação e dispunham apenas de um punhado de deputados na Câmara (sete).[109] Ao contrário dos moderados, que

[104] In: ANDRADE, Marcos Ferreira & SILVA, Janaína de Carvalho. *Moderados, exaltados e caramurus no prelo carioca: os embates e as representações de Evaristo Ferreira da Veiga (1831-1835).* Almanack. Guarulhos, nº 4, 2012, p. 109 e 144.

[105] In: CONTIER. *Imprensa e ideologia em São Paulo*, op. cit., p. 47.

[106] In: SOUSA. *Evaristo da Veiga*, op. cit., p. 104.

[107] VASCONCELOS. *Manifesto político e exposição de princípios*, op. cit., p. 169.

[108] Idem, ibidem, p. 130-140.

[109] BASILE. *O Império em construção*, op. cit., p. 111.

entendiam a soberania nacional encarnada nas câmaras, e dos realistas, para quem ela era representada pelo imperador, os exaltados a acreditavam nas ruas. A democracia era sinônima de federalismo, razão pela qual advogavam a criação de assembleias provinciais e a elegibilidade de seus governadores. Eles associavam o governo republicano e federativo não só à liberdade, mas ao progresso material: "Só nas repúblicas como a dos Estados Unidos é que se vê Justiça. Canais de navegação, escolas, hospitais etc. em abundância para todos".[110] Queriam a extinção de todas as instituições que garantiam o elemento "monárquico": Poder Moderador, Conselho de Estado e Senado vitalício, que deveriam ser substituídas por outras de caráter eletivo, como a Guarda Nacional, o júri e os juízes de paz. O mais exaltado dos fluminenses, Ezequiel Corrêa dos Santos, queria uma "monarquia americana *sui generis*", ao mesmo tempo democrática, constitucional, federalista, não hereditária e eletiva.[111] A despeito das revoltas no começo da Regência, os radicais foram se acalmando conforme percebiam o empenho dos moderados na reforma da Constituição. No fundo, ambos os grupos temiam a restauração de dom Pedro I, supostamente tramada pelos realistas, a que se referiam como "miseráveis parasitas, desprezíveis mandões, infames déspotas e homens sem mérito e virtudes".[112] Para os exaltados, que desejavam a república federativa, o movimento de 7 de abril de 1831 não teria passado de uma "jornada de otários", conforme declarava um deles em suas memórias:

> O sete de abril foi um verdadeiro *journée des dupes*. Projetado por homens de ideias liberais muito avançadas, jurado pelo sangue dos Canecas e dos Radcliffs, o movimento tinha por fim o estabelecimento do governo do povo por si mesmo, na significação mais lata da palavra. Secretário do Clube dos Amigos Unidos, iniciado em outras sociedades secretas, que nos últimos dois anos espreitavam somente a ocasião para dar com segurança o grande golpe, eu vi com pesar apoderarem-se os moderados do leme da revolução – eles, que só na última hora tinham apelado conosco para o juízo de Deus![113]

[110] Idem. *Ezequiel Corrêa dos Santos*, op. cit., p. 37.

[111] Idem, ibidem, p. 35.

[112] Idem, ibidem, p. 116.

[113] OTONI, Teófilo. "Circular aos eleitores de Minas". *In*: Basílio de Magalhães, *A "Circular" de Teófilo Otoni*. Rio de Janeiro: Imprensa Nacional, 1916, p. 69.

Colocado na defensiva, o *partido realista* resistia ao rolo compressor. Do lado de fora das instituições, ele se articulara em torno da Sociedade Conservadora da Constituição com a finalidade de "sustentar, por todos os meios legais, o sistema político jurado no Brasil".[114] Os realistas defendiam todas as instituições que, desenhadas pelo marquês de Caravelas, sustentavam o "projeto imperial brasileiro": o Poder Moderador, o Conselho de Estado, o Senado vitalício, a forma unitária do Estado.[115] A Sociedade Conservadora foi sucedida pela Sociedade Militar, de que faziam parte velhos servidores de dom João e dom Pedro I, como José Bonifácio, os marqueses de Baependi e Jacarepaguá, e os viscondes de Alcântara, Caeté e Pedra Branca.[116] Os realistas também fundaram jornais como *O Caramuru*, redigido por David da Fonseca Pinto; *O Carijó*, dirigido pelo barão de Bülow; e *A Trombeta*, de Luiz Antônio da Silva. Coerentes com o compromisso de preservação da ordem como condição do progresso, os *caramurus* condenavam a revolução como "o maior flagelo dos povos" e priorizavam o fortalecimento da autoridade: "Justiça e força: eis os elementos essenciais da ordem e da estabilidade dos governos". A Constituição deveria ser defendida contra "quantas ideias tendam a alterá-la ou reformá-la, bem como essa federação monárquica, monstro até agora desconhecido em política e cuja consumação traria ao Brasil montões de estragos, de ruínas e a completa aniquilação social".[117] Uma vez que seus periódicos exprimiam as queixas dos militares, clérigos e funcionários prejudicados pelo governo, o ministro da Justiça, Diogo Antônio Feijó, os acusava de não pretenderem outra coisa, senão "entrar outra vez na carreira das honras, títulos e empregos, e viver à custa do Estado".[118]

Premido dos dois lados, o situacionismo redobrou a retórica da moderação. Seu principal doutrinário, Evaristo da Veiga, substituiu o *liberalismo de oposição* de Constant pelo *liberalismo de governo* formulado por Guizot, depois da Revolução de Julho.[119] Desejava progressos adequados ao nível

[114] PINTO, David de Fonseca. *O Caramuru: o imperador e a Constituição jurada*, nº 1, edição de 2 de março de 1832.

[115] BASILE, Marcello Otávio. *Os reacionários do Império: a imprensa caramuru no Rio de Janeiro.* Dimensões – revista de história da UFES. Volume 10 – janeiro/julho de 2000, p. 167-189.

[116] Idem. *O Império em construção, op. cit.*, p. 367.

[117] PINTO. *O Caramuru,* op. cit., nº 1, edição de 2 de março de 1832.

[118] FEIJÓ. *Diogo Antônio Feijó, op. cit.*, p. 117.

[119] CASSIMIRO & VIEIRA. *As linguagens do liberalismo político e o problema da opinião pública no pensamento de Evaristo da* Veiga, *op. cit.*, p. 30.

de civilização do país, obtidos por reformas ponderadas e constitucionais. Criticava tanto a república que comprometia a prosperidade e os destinos do Brasil, quanto a realeza que pretendia "vestir a nossa monarquia com as galas e velhos atavios que o regime gótico legou aos povos europeus". A monarquia representativa entre os dois extremos aparecia como o regime em que "os dons da liberdade podem ser mais bem saboreados, no remanso da paz que ele oferece, contidas as facções com o prestígio da realeza".[120] A moderação era elevada por Evaristo à condição de virtude política suprema: "O meio-termo é o melhor ponto de todas as causas".[121] Contra os exaltados, que o acusavam de indiferença cívica, ele respondia não lhe faltar disposição para conter os maus, desde que nos limites do Estado de direito. O moderado sabia defender-se com energia, mas somente quando agredido; esquecia as injúrias que lhe eram assacadas e, garantindo a liberdade de expressão para todos, opunha-se a regimes de terror e anarquia. Já o radical, devido ao seu estado do espírito permanentemente agitado, vivia com as faculdades de entendimento perturbadas. Dividindo os homens em duas espécies, a dos heróis e a dos monstros, os exaltados queriam "que todas as mudanças e os melhoramentos sejam feitos já e já, sem se consultar a aptidão dos povos, nem a disposição dos elementos existentes, para as formas que pretendem dar à organização social; proclamam a necessidade de vinganças, embora a lei seja preterida, e a precipitação preside a todos os seus passos, deliberações e fatos".[122] Evaristo não condenava a opinião radical, desde que ela renunciasse ao golpismo e disputasse o poder dentro da legalidade.

As duas metades do partido moderado: o *movimento* e a *resistência*. Mas, entre os moderados, também havia aqueles mais propensos à autoridade, e outros, mais inclinados à liberdade. Na França os vitoriosos haviam se dividido depois da Revolução de 1830. Do lado esquerdo estava o *partido do movimento*, encabeçado por políticos como Jacques Laffitte e Odilon Barrot, que queriam reformas que fizessem, do novo regime encabeçado pelo rei Luís Felipe de Orléans, uma monarquia "rodeada de instituições republicanas", conforme a expressão do velho marquês de Lafayette. Do lado direito, por sua vez, estava o *partido da resistência* que, liderado por François Guizot e Casimir

[120] In: SOUSA. *Evaristo da Veiga*, *op. cit.*, p. 177.

[121] VEIGA. *A Aurora Fluminense*, *op. cit.*, nº 617, edição de 16 de abril de 1832.

[122] Idem, ibidem, nº 1832, edição de 5 de março de 1832.

Périer, preferia explicar o novo regime como resultado de um mero desvio da linha sucessória do trono, imposto para prevenir o retorno ao absolutismo. Agiam como os ingleses depois da Revolução de 1688, que lhes servia de referência para pensar a de 1830. Mantidas as devidas proporções, essas duas seções se repetiram no Brasil, depois da abdicação de dom Pedro I. O *partido do movimento* encontrava aqui o seu sucedâneo na ala esquerda do partido moderado, formada por antigos *brasilienses* ou *nativistas* como o senador Vergueiro e os deputados Diogo Feijó, Martiniano de Alencar, Custódio Dias, José Bento e Paula Sousa. Eram, todos eles, donos de terras e, como tais, envolvidos com a atividade produtiva escravista. José Custódio Dias e José Bento eram proprietários no sul de Minas e aí tinham seus principais redutos eleitorais. O primeiro lidava com gado e, da Corte, comprava e remetia escravizados para sua fazenda. Feijó era senhor de engenho em Campinas, tendo se dedicado, depois de 1816, ao negócio da cana-de-açúcar. O também fazendeiro José Bento dividia casa no Rio de Janeiro com Martiniano de Alencar, dono de terras no Ceará. Quase todos os políticos paulistas, como Feijó, Paula Sousa e Vergueiro, eram grandes proprietários e detentores das maiores fortunas da província.[123]

Do ponto de vista ideológico, a atração dos moderados de esquerda pelo modelo americano era tributária de um liberalismo fortemente marcado pelo republicanismo clássico. Nunca tendo saído do Brasil, cujo ensino e cultura eram essencialmente greco-latinos, a maioria deles pensava a "república" no registro de Cícero e Tito Lívio, ou de Harrington ou Sidney. Ou seja, de um republicanismo que nos Estados Unidos havia sido adaptado ao liberalismo jusnaturalista por gente como Thomas Jefferson. Feijó e seus companheiros queriam o Brasil governado por senhores de engenho patrioticamente orientados, cuja liberdade e independência lhes permitisse escapar da dominação sofrida por assalariados, serventes, crianças, mulheres e escravos.[124] Pensavam-se chefes de um "partido do campo" brasileiro, reunindo a nobreza da terra contra a influência corruptora da Corte. Daí o esforço de Feijó, como ministro da

[123] LENHARO, Alcir. *As tropas da moderação*. São Paulo: Editora Símbolo, 1979, p. 119-120. CONTIER. *Imprensa e ideologia em São Paulo*, op. cit., p. 59.
[124] GOLDIE, Mark. The English system of liberty. In: Mark Goldie & Robert Wokler (editores). *The Cambridge History of Eighteenth-Century Political Thought*. Cambridge University Press, 2008, p. 68-69.

Justiça, para reduzir ao mínimo o aparato da monarquia e suprimir cerimônias julgadas indignas de homens livres, como a do beija-mão ao imperador. Os moderados do *movimento* também acreditavam que exércitos profissionais, mantidos por um príncipe como dom Pedro I, ameaçavam a liberdade do "povo", ou seja, dos grandes proprietários. O improvisado exército brasileiro, que lutara na guerra da Cisplatina, era chefiado por mercenários e composto por negros, mulatos e pobres. Para Feijó, José Bento e Alencar, era preciso dissolver essa tropa: lutando a soldo, os mercenários não tinham compromisso com a liberdade da pátria; quanto aos negros, mulatos e pobres, eram incapazes de autonomia cívica. A função militar deveria ser privativa de cidadãos em armas na defesa da "república", recrutados pelos juízes de paz das localidades. Por conta disso, o governo regencial substituiu o exército por uma Guarda Nacional, cuja independência seria garantida pela exigência, para integrá-la, de uma renda anual superior a 200 mil-réis nas capitais e metade desse valor no interior. Só proprietários independentes poderiam revelar fidelidade e intrepidez no desempenho de seus deveres cívicos, sugeria Feijó.[125]

Nenhum desses moderados de esquerda, amantes das virtudes do campo contra a corruptora Corte fluminense, apreciava a Constituição de 1824. Para o senador Alencar, ela não passava de uma "papeleta" que não tinha "a validade que nós lhe queremos dar e nem faz com que se nos tenha o respeito que se deve ter".[126] Queriam eliminar a vitaliciedade do Senado, o Poder Moderador e o Conselho de Estado. O federalismo garantiria a autonomia das províncias, assegurando a "república" de baixo para cima, pela ocupação, por parte de senhores de terras, dos cargos de juiz de paz, jurado, delegado, coronel ou capitão de milícia ou policial de paróquia. Embora "republicano", porém, o *movimento* não renunciava à monarquia por conta da "solidez do governo pela perpetuidade do seu primeiro magistrado".[127] Dar-se-iam por satisfeitos se a despissem "das formas de que se revestia quando era absoluta". Pensavam que, na "monarquia democrática", o regente ou o príncipe deveria se portar como o presidente hereditário de uma confederação de

[125] FEIJÓ, Diogo Antônio. *Relatório do Exmo. Senhor Ministro da Justiça do ano de 1831 apresentado à Assembleia Geral Legislativa na sessão ordinária de 1832.* Rio de Janeiro: Plancher, 1832, p. 3.
[126] ANAIS do Senado do Império, sessão de 1831, volume II, p. 322.
[127] FEIJÓ. *Diogo Antônio Feijó,* op. cit., p. 166.

províncias.[128] Para Feijó, a condição americana do Brasil tornava quaisquer tentativas de recriar a fidalguia europeia "objeto de riso para o homem sensato, e de estranheza para o rústico". Monarquia sim, "mas sem baixeza, sem a menor sombra de aviltamento no seu caráter nobre, livre e independente".[129] A escravidão em nada contrariava esse ideal republicano. O direito romano reconhecia que a liberdade não era para todos e que as pessoas podiam ficar "sujeitas ao domínio de outrem", conforme constava do Digesto. Cícero e outros respeitáveis varões romanos tinham escravos, bem como Jefferson e os pais da pátria norte-americanos. Feijó acreditava que o amor à liberdade da nobreza da terra provinha de sua condição de senhores. A propriedade escrava lhes incutia um "caráter já de independência e soberania que o observador descobre no homem livre, seja qual for o seu estado, profissão ou fortuna. Quando ele percebe o desprezo ou o ultraje da parte de um rico ou poderoso, desenvolve-se imediatamente o sentimento de igualdade; e se ele não profere, concebe ao menos, no momento, este grande argumento: *Não sou seu escravo*!".[130]

Essa orientação americanista e "republicana" da ala esquerda dos moderados contrastava com aquela da ala direita do partido, a *resistência*. Liderada por Bernardo de Vasconcelos, a direita moderada contava com magistrados que também eram ou viriam a ser fazendeiros, como o pernambucano Pedro de Araújo Lima, o paulista José de Costa Carvalho, o mineiro Honório Hermeto Carneiro Leão; e, a partir de meados da década, a famosa tríade fluminense composta por José Joaquim Rodrigues Torres (1802-1872), Eusébio de Queirós Matoso Câmara (1812-1868) e Paulino José Soares de Sousa (1807-1866). A *resistência* brasileira se exprimia nos termos ideologicamente mais modernos, baseados no liberalismo governista de Hume, atualizado por Guizot ao "momento monárquico" francês. Seu modelo civilizacional não era a Roma republicana nem o sul escravista dos Estados Unidos, mas a França de Luís Felipe. Orientados por um imaginário europeu, eles preferiam, ao federalismo, a forma de Estado unitária criada por Bonaparte. A centralização era por eles reputada um indispensável meio de civilização do Brasil: por sua maior população, comércio e vida cultural, o Rio era uma "cidade mais iluminada" que as outras, e sua "opinião pública, muito mais bem formada

[128] Idem, ibidem, p. 167.
[129] Idem, ibidem, p. 159.
[130] Idem, ibidem, 136.

que nas outras províncias".[131] Em matéria de sistema de governo, a *resistência* revelava predileção pelas fórmulas de governo parlamentar que se afirmavam na Grã-Bretanha e na França. Vasconcelos escrevera em julho de 1831 uma *Exposição de princípios* consagrando a solidariedade ministerial. Nela se encontraria "a força indispensável para manter a ordem pública e promover a prosperidade".[132] Suas afinidades com os desembargadores luso-brasileiros, vinte anos mais velhos, eram grandes. Mas o receio da restauração de dom Pedro I impedia a aproximação. A impossibilidade de uma aliança com os realistas, à direita; a agitação federalista dos exaltados, à esquerda, e o desapreço do *movimento* pela Constituição obrigaram a direita moderada a *ceder para conter*, conforme reconhecia Evaristo:

> Sou sincero amigo e entusiasta da Constituição; admito as reformas porque desejo sempre sacrificar o meu voto particular ao desejo e vontade nacional, mas não porque entenda que a Constituição tal qual está não possa fazer a ventura do Brasil, dando às províncias a soma de liberdade que desejam. Porém, o voto contrário se tem pronunciado geralmente e eu estou pronto a ceder de minhas opiniões individuais para acompanhar o que parece desejo nacional.[133]

5. Desconstruindo o "projeto imperial": o reformismo liberal, o semifederalismo e o triunfo da "monarquia democrática"

Desconstruindo o "projeto imperial" (4): a lei da Regência e o Código de Processo Criminal. Devido ao complicado rito previsto nos artigos 174, 175 e 176 da Carta de 1824, a reforma constitucional destinada a desmontar as instituições monarquianas não pôde ser efetuada imediatamente. Era preciso que pelo menos um terço da Câmara, entendida como poder constituído, reconhecesse sua necessidade e definisse os artigos que mereciam discussão (art. 174). Elaborava-se então um projeto de lei que era remetido ao Senado, para que com ele concordasse ou recusasse, no todo ou em parte. A recusa parcial ou total, ou emenda, implicava retorno do projeto à Câmara, para apreciação daquelas alterações; caso se chegasse a um consenso, o projeto era remetido à Coroa para sanção (art. 175). Uma vez sancionado e convertido em lei, a

[131] VASCONCELOS. *Bernardo Pereira de Vasconcelos, op. cit.*, p. 42-43.

[132] Idem. *Manifesto político e exposição de princípios, op. cit.*, p. 169.

[133] In: BASILE. *O Império em construção, op. cit.*, p. 137.

legislatura seguinte receberia poderes para discutir a reforma constitucional, circunscrita, porém, aos artigos predefinidos (art. 176). Por conta da complexidade do rito, que levaria tempo para ser cumprido, os liberais propuseram duas leis ordinárias. Foram as leis da Regência e do Código de Processo Criminal. A Lei da Regência (1831) fortaleceu a Câmara, ao proibir os regentes de dissolvê-la (art. 19 § 1º); de suspenderem unilateralmente as garantias constitucionais (art. 19 § 6º) e de nomearem novos conselheiros de Estado ou lhes conceder, ou aos ministros, graça e anistia (art. 19, §§ 2º, 3º e 5º). A lei também determinou a referenda obrigatória dos atos do Poder Moderador pelos ministros de Estado (art. 10) e a possibilidade de se derrubar desde logo os vetos legislativos opostos pelos regentes (artigo 11 a 15). A Câmara ainda fez depender a suspensão de juízes, determinada pelo Poder Moderador, da concordância dos presidentes de províncias (art. 17). As ratificações de tratados e declarações de guerra deveriam passar pelo crivo da Assembleia Geral (art. 20). Em outras palavras, os liberais trataram de emascular o quanto puderam o Poder Executivo e o Moderador.

Por outro lado, passando da condição de bigorna para a de martelo, diante da crescente violência e anarquia do país, os liberais reconheceram que diversas penalidades do Código Criminal eram demasiado brandas. Proibiram o uso e o porte de determinadas armas e instrumentos perfurantes; aumentaram as punições aos vadios e mendigos e criaram novos tipos penais para coibir os motins, os tumultos e as assuadas. Em outras palavras, autorizaram uma série de medidas repressivas que haviam negado aos gabinetes de dom Pedro I. No poder, Evaristo reclamava que nos Estados Unidos as penas eram muito mais duras e que no Brasil os bandidos zombavam da lei. Nem por isso os moderados favoreciam um retorno à centralização, aproveitando, ao revés, a fragilização do Senado para desconstruir o "projeto imperial brasileiro" imposto à velha nobreza da terra em 1824. O que se pretendia era aumentar a repressão dentro de um novo desenho institucional que favorecesse o poder local e a Câmara dos Deputados. A lei mais importante do período foi o Código de Processo Criminal que, ao disciplinar a organização do Judiciário de primeira instância, não só ratificou o papel anteriormente concedido aos jurados e juízes de paz, como lhes incumbiu de exercer "republicanamente" as atribuições policiais e judiciárias que estavam nas mãos dos desembargadores dos tribunais de segunda instância (as "relações"). Realizava-se assim o ideal nativista dos senhores de engenho, que convertia o aparelho da justiça em meio de participação política e defesa de seus direitos no plano local contra a "tirania" da Coroa.[134] Era a "revolução oligárquica" em marcha e, com ela, o plano de transformar o Brasil em uma "monarquia democrática" ou "republicana".

Desconstruindo o "projeto imperial" (5): a proposta de reforma da Constituição (1832). Poucos meses depois da Lei da Regência, os moderados de esquerda apresentaram o projeto de lei contendo o pacote de reformas constitucionais. Além da supressão do Poder Moderador e do Conselho de Estado (§§ 6º e 8º), a proposta elaborada pelo deputado Miranda Ribeiro consagrava o federalismo (§ 1º), criava assembleias provinciais (§ 9º); decretava o fim da vitaliciedade do Senado, que passaria a ser temporário e eleito pelas províncias sem interferência da Coroa (§ 5º); permitia a derrubada imediata dos vetos do Executivo pelo Legislativo (§ 7º); reduzia para dois anos o mandato dos deputados (§ 4º) e criava uma Regência única a ser ocupada pelo vencedor de uma eleição indireta, à maneira do presidente dos Estados Unidos (§ 11). Para o *movimento*, todas essas mudanças eram consequências lógicas da abdicação de dom Pedro I. O moderado Paula Sousa se perguntava: "Como haverá de marchar o regime novo com as mesmas molas do regime velho? Como há o governo nacional, criado e organizado de novo, de caminhar conservando todos os elementos do governo velho pelo Brasil?".[135] Os radicais engrossavam o caldo, condenando a Carta de 1824 como "toda cheia de fórmulas monárquicas da velha e carunchosa Europa; uma Constituição até hoje sempre calcada aos pés e que nos foi ofertada pela força das circunstâncias e a favor da qual se extorquiram votos entre o terror das armas e das comissões militares".[136] Apesar dos protestos de Carneiro Leão e de Evaristo da Veiga, que se opuseram na condição de chefes da "resistência", a maioria da bancada liberal apoiou a proposta da extinção do Poder Moderador, que seguiu para o Senado.

O problema da responsabilidade pelos atos da Coroa na monarquia constitucional. No Antigo Regime, o monarca era considerado o soberano absoluto e sagrado. Nenhum dos seus atos estava sujeito à responsabilidade. O rei só

[134] COSTA. *Codificação e formação do Estado nacional brasileiro, op. cit.*, p. 304. LOPES. *Governo misto e abolição dos privilégios*, op. cit., p. 165. COSER, Ivo. *Visconde do Uruguai: centralização e federalismo no Brasil* (1823-1866). Belo Horizonte: Editora da UFMG, 2008, p. 60.

[135] In: RODRIGUES, José Honório. *Conciliação e reforma no Brasil: um desafio histórico-cultural.* 2ª edição. Rio de Janeiro: Nova Fronteira, 1982, p. 49.

[136] In: BASILE. *Ezequiel Corrêa dos* Santos, *op. cit.*, p. 28.

prestava contas a Deus. Esta situação não podia perdurar no paradigma liberal de governo constitucional e representativo. Na medida em que a soberania da nação implicava o caráter delegado de todos os poderes políticos, e o constitucionalismo, a limitação do poder, todos os mandatários e funcionários tinham de prestar contas ao Parlamento e aos tribunais. Em repúblicas, como a dos Estados Unidos, a questão foi resolvida proclamando-se a responsabilidade de todos os agentes, inclusive o presidente. Nas monarquias, porém, como a Grã-Bretanha, foi preciso conciliar o novo princípio com o antigo, que proclamava a inviolabilidade e a sacralidade do rei. Assentou-se então que os ministros de Estado responderiam pelos atos da Coroa, desde que os referendassem. A referenda, na forma de uma subscrição à firma do monarca, significava que o ministro estava de acordo com a decisão e assumia a responsabilidade por suas consequências. Porque conciliava a autonomia do príncipe enquanto governante com o direito que tinha a nação de fiscalizar e controlar a legalidade dos atos governamentais, a responsabilidade ministerial pelos atos da Coroa tornou-se um dogma da monarquia constitucional. Se os secretários de Estado estivessem de acordo com as decisões do príncipe, deveriam referendá-las e assumir a responsabilidade perante as câmaras; caso contrário, deveriam renunciar para assinalar a divergência e ceder o lugar a outros, que assumissem o ônus.

Na década de 1820, o paradigma do *governo constitucional representativo* era explicado à maneira monarquiana pelas teorias setecentistas do governo misto e da separação de poderes, inspiradas em Bolingbroke e Montesquieu. A responsabilidade ministerial era pensada em chave puramente jurídica, no quadro de uma monarquia constitucional pré-parlamentar, na qual o monarca escolhia seus ministros e exercia pessoalmente as atribuições de chefe do Poder Executivo.[137] Ela resolvia o problema da irresponsabilidade da Coroa, sujeitando os ministros a um processo de *impeachment*. No Brasil, a responsabilidade dos ministros e conselheiros de Estado, prevista na Constituição, era regulamentada pela lei de 15 de outubro de 1827, que reprimia os crimes de traição (art. 1º), peita, suborno e concussão (art. 2º), abuso de poder (art. 3º), falta de observância da lei (art. 4º), atentado contra a liberdade, segurança, ou propriedade dos cidadãos (art. 5º) e dissipação dos bens públicos (art. 6º).

---

[137] ROSANVALLON. *La monarchie impossible*, *op. cit.*, p. 85.

Caso a denúncia fosse considerada procedente pela Câmara, ela decretaria a acusação dos réus e remeteria os autos do processo ao Senado, que se converteria em tribunal de justiça para julgá-los e, eventualmente, condená-los à morte, deportação, exclusão do serviço público e prisão. Entretanto, a partir da instauração da Monarquia de Julho na França (1830) e da primeira reforma eleitoral da Inglaterra (1832), aquele paradigma sofreu alterações decorrentes da doutrina do *governo das maiorias ou governo parlamentar*, segundo a qual a nação representada pelo Parlamento podia não somente fiscalizar os atos do governo, mas influenciar a sua composição. Em outras palavras, a nomeação dos ministros passou a depender de um entendimento prévio da Coroa com a maioria da Câmara, razão pela qual o sistema de governo passou a ser conhecido como aquele da *dupla confiança*. Era o elemento democrático que começava a adquirir preponderância sobre o aristocrático e o monárquico, anunciando a substituição do padrão constitucional clássico do governo misto pelo de democracia pura e simples, que se firmaria no final do século XIX.

Poder Moderador e o princípio da responsabilidade ministerial: problemas de compatibilização. Era por meio da doutrina do Poder Moderador que liberais como Benjamin Constant e François Guizot interpretavam o papel institucional da Coroa e influenciavam seu funcionamento em países como a França, a Bélgica e a Espanha. A realeza personificaria, na modernidade, a soberania do direito ou da justiça, na forma de "um poder moderador, elevado acima dos acidentes, das lutas da sociedade, e não intervindo senão nas grandes crises".[138] No Brasil e em Portugal, a Constituição de 1824 e a Carta Constitucional de 1826 haviam consagrado aquela doutrina, criando formalmente um quarto poder. Suprimidas as alusões às províncias e à origem popular do poder, a Carta portuguesa concedida pelo mesmo dom Pedro I (lá, dom Pedro IV) era idêntica à brasileira, substituindo as palavras *Império*, *Brasil*, *Imperador* e *Senado*, respectivamente, por *Reino*, *Portugal*, *Rei* e *Câmara dos Pares*. Assim, por exemplo, o Poder Moderador ficou definido no reino luso como "a chave de toda a organização política e compete privativamente ao Rei, como Chefe Supremo da Nação, para que incessantemente vele sobre o equilíbrio e harmonia dos mais poderes políticos".[139] A previsão expressa de

[138] GUIZOT, François. *Histoire de la civilisation en Europe: depuis la chute de l'Empire romain jusqu'à la Révolution Française.* 6ª edição. Perrin et Cie, Libraires-Éditeurs, 1855, p. 236.

[139] In: MELO FRANCO, Afonso Arinos de. *O constitucionalismo de dom Pedro I no Brasil e em*

um poder neutro mereceu o elogio dos franceses. Para Constant, "a distinção estabelecida [entre o Poder Executivo e o Moderador] pela Carta de Dom Pedro é o único meio de conciliar a existência da monarquia com o estabelecimento da liberdade, isto é, o único meio de prolongar a duração da forma monárquica".[140] Também Guizot se dizia surpreso pela "rapidez extraordinária" por que aquela doutrina passara "dos livros para os fatos. Um soberano fez dela, na Constituição do Brasil, a base mesma de seu trono; a realeza está aí representada como um Poder Moderador, elevado acima dos poderes ativos, como um espectador e juiz das lutas políticas".[141]

Ocorre que a inscrição formal do quarto poder criava um problema que não existia em monarquias como as da França, da Inglaterra ou da Bélgica, nas quais a prerrogativa régia (isto é, o "Poder Moderador") estava debaixo da rubrica do Poder Executivo e os ministros de Estado respondiam por todos os atos da Coroa. No Brasil e em Portugal, em que os dois poderes haviam sido formalmente separados, a Constituição só previra a referenda ministerial para os atos do Executivo, sendo omissa a respeito do Poder Moderador. Os artigos 98 da Constituição brasileira e 71 da Carta portuguesa prescreviam que o Poder Moderador era delegado "privativamente" à Coroa; ao passo que os artigos 102 e 75 declaravam que o príncipe era chefe do Poder Executivo, exercendo-o "pelos seus ministros de Estado". Já os artigos 132 e 102, que cuidavam do ministério, prescreviam: "Os ministros de Estado referendarão, ou assinarão todos os atos do Poder Executivo, sem o que não poderão ter execução". Ao redigir a Constituição, o marquês de Caravelas imaginara que, enquanto chefe do Poder Executivo, o imperador governaria através de ministros responsáveis, mas que precisava estar livre para agir como árbitro na qualidade de titular do Poder Moderador. Nesse caso a responsabilidade recairia sobre os conselheiros de Estado, que ele deveria ouvir antes de tomar suas decisões.[142] O problema

Portugal. Rio de Janeiro: Arquivo Nacional, 1972.

[140] In: BARBOSA, Silvana Mota. "Constant et la politique brésilienne: présentation d'un inédit". *In*: Alain Dubois & Anne Hofmann e François Rosset (dir.). *Annales Benjamin Constant, 23-24 – Benjamin Constant en l'an 2000: nouveaux regards.* Actes du colloque des 7 et 8 mai 1999 organisé à l'occasion du XXe. anniversaire de l'Institut et de l'Association Benjamin Constant. Lausanne: Institut Benjamin Constant, 2000, p. 224.

[141] GUIZOT. *Histoire de la civilisation en Europe, op. cit.*, p. 236.

[142] O artigo 142 da Constituição fixava a competência do Conselho de Estado: "Os Conselheiros serão ouvidos em todos os negócios graves e medidas gerais da pública Administração; principalmente sobre a declaração da guerra, ajustes de paz, negociações com as nações estrangeiras, assim como

é que a Coroa não estava obrigada constitucionalmente a seguir o parecer da maioria dos conselheiros, nem precisava ouvi-los quando se tratava de nomear e demitir os ministros (artigos 143 e 111). Nesses casos, os atos do príncipe ficavam descobertos, e o sistema representativo, vulnerável a críticas de que a Constituição teria "constitucionalizado o absolutismo".

Em outras palavras, o sistema constitucional não "fechava" inteiramente no que dizia respeito aos atos da Coroa referentes ao Poder Moderador. Para os moderados, restavam duas opções: entender que, a despeito da omissão constitucional, os ministros de Estado também eram responsáveis pelos atos do Poder Moderador, ou reconhecer que simplesmente não havia quem por eles respondesse. Nenhuma delas era isenta de problemas. Admitir a responsabilidade dos ministros por uma interpretação conforme a Constituição, que dispensasse a alteração do texto, não poria um fim à polêmica, porque haveria sempre quem a acusasse de contrariar sua letra. Por outro lado, a consagração da pura e simples irresponsabilidade, embora deixasse o Poder Moderador livre para exercer o seu papel arbitral, admitiria um resíduo absolutista no sistema constitucional. Era a razão pela qual os radicais como frei Caneca queriam a abolição do Poder Moderador. Também Ezequiel Corrêa dos Santos o achincalhava como "a chave política do inútil", "miserável invenção", "monstro em política" e "desconhecido no mundo civilizado".[143] Diante dessa barafunda, a maioria liberal preferiu propor a extinção do Poder Moderador e transferir suas atribuições ao Poder Executivo. Os ministros passariam a responder por todos os atos da Coroa, como nas demais monarquias constitucionais. Era o que explicava o senador Vergueiro:

> A Constituição do Brasil deu ao monarca o Poder Moderador, poder que nenhuma outra ainda tem reconhecido, não porque lhes falte, mas por existir confundido com o Poder Executivo e exercitado mediante a responsabilidade dos ministros. No Brasil, porém, quiseram que fosse um poder independente e independente o constituíram. Não obstante, eu também o admitiria, mas desunido, depositado em diferente indivíduo, por ser absurdo admitir dois

em todas as ocasiões em que o Imperador se proponha exercer qualquer das atribuições próprias do Poder Moderador, indicadas no art. 101, à exceção da VI". Já o artigo seguinte determinava a sua responsabilidade: "São responsáveis os Conselheiros de Estado pelos conselhos, que derem, opostos às leis e ao interesse do Estado, manifestamente dolosos".

[143] BASILE. *Ezequiel Corrêa dos Santos, op. cit.*, p. 39.

poderes distintos entre si e reunidos em uma só pessoa. Nessa parte, a nossa Constituição, apesar da ausência da aristocracia [...], é muito mais monárquica do que todas as outras Constituições, onde o chamado Poder Real é exercido unicamente com a responsabilidade dos ministros.[144]

Em defesa do "projeto imperial" (5): a reforma constitucional empaca no Senado. Embora desalojados do governo, os *coimbrãos* ou *luso-brasileiros* que haviam composto o *partido realista* permaneciam senadores e conselheiros de Estado. José Bonifácio dominava o Paço como tutor do pequeno dom Pedro II e, na Câmara, espezinhava os liberais. Ele reclamava que, "tendo-se deitado barro na roda no dia 7 de abril", saíra "um moringue no lugar do rico vaso esperado".[145] Seus irmãos Antônio Carlos e Martim Francisco (1775-1844), também deputados e outrora líderes do *partido luso-brasileiro*, eram apontados pelo governo como chefes de um partido *restaurador*, que aspiraria à volta do antigo imperante. Pelos seus órgãos na imprensa, os Andrada propunham substituir os membros da Regência por senadores que se opunham às reformas, como Cairu, Queluz, Inhambupe, Baependi e Caravelas. Era o velho grupo de discípulos do conde de Linhares que se reconstituíra na defesa do "projeto imperial" brasileiro. Bonifácio alegava que as reformas só podiam ser efetuadas em circunstâncias de "sossego e tranquilidade da Nação", não no meio das turbulências por ela atravessadas.[146] Ele continuava preocupado com a formação do povo e a exploração racional dos recursos naturais. Ao invés de mudar a Constituição, o governo deveria obrigar os senhores de engenho a cultivar suas terras sem fazer queimadas, reduzir o número de escravizados e se empenhar por "chamar os índios à civilização e melhorar sua desgraçada sorte".[147]

Quando o projeto de reforma chegou ao Senado, os antigos desembargadores de dom João VI e conselheiros de dom Pedro I fizeram de tudo para salvar as instituições do "projeto imperial" contra os liberais que queriam destruí-las, em nome da "monarquia democrática". O visconde de Cairu declarou logo à maneira de Burke, na modulação conservadora, seu receio de que as reformas abrissem "o compasso das inovações, dando vasto e ilimitado arbítrio

[144] ANAIS do Senado do Império, sessão de 1832, volume I, p. 159.

[145] ANAIS da Câmara dos Deputados do Império, sessão de 25 de junho de 1831.

[146] Idem, sessão de 9 de setembro de 1831.

[147] Idem, sessão de 6 de setembro de 1831.

aos deputados para tratarem o Brasil como tábua rasa, e autorizar e provocar a convocação de uma convenção nacional".[148] O mais inflamado, todavia, era o marquês de Caravelas. Pai da Constituição atacada, seus discursos foram verdadeiros *shows* de eloquência monarquiana:

> Cumpre que nos armemos com a égide impenetrável da razão contra as vozes de um povo alucinado e conduzido de boa-fé pelos interessados das facções. Em tempos de partidos, na efervescência das paixões, difícil é, para não dizer impossível, conseguir o conhecimento da verdadeira opinião pública. As facções já não dissimulam nem os seus projetos, nem as suas aspirações; elas se têm apresentado com armas na mão, depois de haverem corrompido a mocidade incauta e insciente, procurando arrastá-la à licença, para nos precipitar na anarquia e nos fazer perder a liberdade. Talvez não fosse este o tempo mais próprio para reforma – qualquer que ela seja não acalmará as paixões –, mas cumpre-nos tirar todo o pretexto com que se disfarçam vistas tão impuras e danosas. O nosso dever é procurar o que for mais profícuo à Nação; ela pôs-nos neste lugar para dizermos francamente a nossa opinião sobre os seus interesses. O legislador não deve ser dominado por paixões e por partidos; armemos a nossa consciência com um tríplice couraça contra as opiniões corrompidas e desorganizadoras [...]. A massa geral ainda não está de todo contaminada. Os homens probos ligados a seus verdadeiros interesses, apesar das pérfidas sugestões que os rodeiam, não aspiram senão a gozar em paz os frutos do regime legal. Eles reclamam a manutenção da ordem, sem a qual todos os direitos são comprometidos; eles serão o nosso escudo, para garantirmos a Constituição a essa mesma porção, que, impelida somente por uma inclinação irresistível da natureza humana, imprudente anela mudanças após uma quimera.[149]

Contra o projeto de reforma, o marquês enunciou quatro argumentos. O primeiro dizia respeito ao curto tempo de vida da ordem constitucional. Não era possível que os mesmos liberais que haviam patrocinado o movimento de Sete de Abril, a pretexto de defender a Constituição, viessem agora reclamar sua mutilação:

> Apenas apresentada em projeto a Constituição que nos rege, foi ela recebida com geral entusiasmo e tornou-se desde logo objeto da admiração e do

[148] ANAIS do Senado do Império, sessão de 1832, volume I, p. 139.
[149] Idem, ibidem, p. 140.

respeito de todos os brasileiros. A liberdade que tanto anelávamos – nela, a vimos firmada em bases inabaláveis. A forma de governo que nos dava, a mais congenial com as nossas ideias, a única que se ajustava com a nossa educação, com os nossos usos, hábitos e costumes; a bem equilibrada distribuição dos poderes políticos, todos independentes e limitados a publicidade de seus atos; a censura pública franqueada à imprensa; a responsabilidade dos ministros e mais empregados públicos; finalmente, o juízo dos jurados, tanto no crime como no cível. Tudo preenchia o desiderato das almas livres; tudo conferia os mais seguros penhores de serem efetivamente respeitados e religiosamente guardados os nossos direitos como homem e como cidadão. Com bem justa ufania, podíamos gloriar-nos de possuirmos *uma monarquia sem despotismo e liberdade sem anarquia.*

O segundo argumento de Caravelas era de ordem sociológica: o problema do Brasil não estava nas instituições, mas em sua ineficácia num ambiente de geral incultura, mal que poderia ser remediado com medidas de ordem socioeconômica, sem mexer na Carta.[150] Em terceiro lugar, ele atacava o imaginário americanista dos radicais: as reformas propostas eram incompatíveis com o modelo que inspirara a Constituição, que remetia à Europa monárquica e não aos Estados Unidos. Era mais uma vez Montesquieu que o orientava: os americanistas e "republicanos" tentavam transplantar para o Brasil o federalismo, os mandatos bienais e a eleição direta da Regência, "para aqui como garfo se enxertarem na nossa Constituição, a qual não é aplicável, por não ser da mesma família. Se nós queremos monarquia, não devemos procurar cousas que nela ficam deslocadas".[151] O último argumento mobilizado por Caravelas caracterizava a monarquia constitucional como "o governo do balanço". Seguindo o padrão do governo misto, a Constituição de 1824 teria agenciado os poderes de modo a contemplar seus elementos monárquico (a Coroa), o aristocrático (o Senado vitalício) e o democrático (a Câmara temporária). A vitaliciedade dos senadores era indispensável ao equilíbrio da Constituição, porque lhes permitia arbitrar os conflitos entre a Câmara baixa e o príncipe, como haviam explicado Bolingbroke e Montesquieu. O Poder Moderador, por sua vez, representava a independência da Coroa contra a pressão das facções parlamentares. Da preservação dessas duas instituições dependia a estabi-

[150] Idem, ibidem, p. 144.
[151] Idem, ibidem, p. 326.

lidade do governo misto, que do contrário sucumbiria à corrupção inerente às formas puras de constituição e degeneraria em guerra civil e, depois, ditadura, conforme ensinara Políbio:

> Ora, senhores, se tais princípios [democráticos] passam, quem governa o Brasil? A Câmara dos Deputados. Que elemento é este? O democrático. Que governo teremos? O oligárquico. O que se segue dele? A anarquia; e, atrás da anarquia, o que vem? O despotismo, porque, depois que os povos veem correr rios de sangue, procuram um homem que os livre do estado de desgraça a que têm chegado, e que os dirija, e este, aproveitando-se da ocasião, os governa despoticamente, como fez Napoleão.[152]

Os senadores da elite *brasiliense* refutaram os argumentos mobilizados pelos *luso-brasileiros.* Tomando a nação como o corpo de proprietários de terra das províncias, Vergueiro negava a proposição de Caravelas, segundo a qual o Brasil recebera com júbilo a Constituição: ao contrário, para a Nação, ela havia sido "uma capitulação depois de uma derrota". Neste sentido, o movimento de sete de Abril de 1831 havia sido seu ato de desforra. Os senadores deveriam admitir as reformas no sentido de "democratizar" a monarquia, sob a pena de prolongar o processo revolucionário. Integrante da esquerda moderada, o senador paulista também recusava a concepção do regime monárquico vinculado ao padrão da constituição mista. Na medida em que o Brasil não tivera nobreza feudal, na forma de uma aristocracia rural apartada do povo, Vergueiro argumentava ser inevitável o predomínio do elemento democrático (a Câmara) na organização do país. O senador Inácio Borges também criticou o antipartidarismo subjacente ao discurso de Caravelas, advertindo-o de que dom Pedro I fracassara justamente por tratar as oposições como meras facções, como se a Coroa detivesse o monopólio do bem comum. Também o marquês de Barbacena lembrou a máxima de Burke, em sua modulação liberal, segundo a qual os partidos existiam "não para fazer sedições e conspirações, mas para sustentar princípios". Frente ao argumento de que o atraso cultural não comportava reformas democráticas, o marquês invertia o nexo de causalidade: "A instrução e a virtude de um povo não precedem as boas instituições, são sempre consequência delas". Combatiam assim a lógica "republicana" da argumentação dos realistas, baseada

152 Idem, ibidem, p. 350.

no constitucionalismo britânico de matriz setecentista, para valorizar a opinião pública representada pela Câmara dos Deputados, à maneira mais moderna e dos *whigs*. Contra os riscos da instabilidade própria ao modelo circular de história de Políbio, acenavam com as possibilidades do modelo progressista de história de Constant.

Os senadores debatem o Poder Moderador (1831-1832). Todos os senadores vinculados à administração de dom Pedro I se opuseram à supressão do Poder Moderador recorrendo a duas das representações que dele já se fizera na Constituinte de 1823: o quarto poder era um *lugar privilegiado do governante*, desinteressado e acima da política; e *um poder de exceção a serviço da salvaguarda do sistema constitucional*. Para o marquês de Barbacena, era indispensável um poder discricionário confiado a quem o exercesse com a maior imparcialidade, a fim de salvar a nação nas ocasiões arriscadas. Já o marquês de Caravelas volveu ao argumento de que a nação delegara ao monarca a vigilância sobre os demais poderes para prevenir o despotismo oligárquico da Câmara. O visconde de Cairu declarava que o Poder Moderador era "a mais brilhante joia do diadema imperial", essencial para prevenir excessos e consolidar o projeto nacional brasileiro. Reiterando as expressões empregadas pelos monarquianos na Assembleia francesa de 1789, Cairu qualificava o direito de dissolução da Câmara dos Deputados como "o escudo do trono", "o baluarte do povo" contra a "oligarquia ministerial". O irmão mais velho de Caravelas, o senador Francisco Carneiro de Campos (1765-1842), conseguiu resumir em um único parágrafo todos os argumentos contrários à extinção do Poder Moderador:

> Esta distinção [entre Poder Moderador e Poder Executivo], que se fez desse poder político, não foi para escravizar a Nação. E não se pode supor que os grandes estabelecedores desse poder, que foram Benjamin Constant, Bentham, etc., possam passar por homens amigos do despotismo. Neste sentido é que o primeiro entendeu esta divisão de poder e, portanto, não quis que as atribuições deste irresponsável passassem para nenhum dos poderes responsáveis. Porque, se acaso passassem, não se poderia conceber inteireza, visto que os ministros são tirados das classes dos cidadãos, os quais podem ter desejos de riqueza, de vingança etc. – quando, ao contrário, o primeiro chefe de Nação tem a seu favor a independência a este respeito, porque a Nação lhe dá uma dotação generosíssima. É o primeiro representante da Nação, pelo que ela pode confiar mais nele do que em nenhum dos outros poderes públicos. São estes os motivos por que os publicistas criaram este poder vigilante e se

> lhe deu uma espécie de poder discricionário, no caso único de quando os outros poderes marchassem contra as liberdades [...]. Logo, não podemos, sem ofender este artigo constitucional, passar essas atribuições a outro poder. Por isso que diz que é privativamente do monarca: porque se supõe que é o único representante da Nação, que não tem tantas tentações, como os outros, para abusar. Tem abusado muitas vezes, é verdade. Mas o que não se pode remediar de todo, remedeia-se até onde se pode; e a experiência, a mestra experiência, tem mostrado que, se acaso se não desse uma maneira extraordinária de obstar aos choques e exorbitâncias dos diferentes poderes, as desgraças do gênero humano seriam de muito maior grau. Nós temos disso exemplos próximos; não é preciso recorrer à História antiga.[153]

O debate entrou logo no terreno pantanoso da existência ou não da responsabilidade dos ministros pelos atos do Poder Moderador. Os *realistas* tendiam a negá-la, a fim de manter a autonomia da Coroa como árbitro do sistema. Foi o que fez Cairu, ao argumentar que, se os atos daquele poder dependessem de referenda dos secretários de Estado, "levantar-se-ia uma oligarquia ministerial que submeteria inteiramente [o imperador] ao capricho de cada membro do gabinete"[154]. Já os *liberais* Inácio Borges e Vergueiro entendiam que, desde que exercidos por uma mesma autoridade (a Coroa), a distinção entre os poderes Moderador e Executivo se tornava meramente doutrinária. Sem a referenda, os direitos de veto e de dissolução da Câmara – que, no argumento de Cairu e Caravelas, protegiam o povo do "despotismo oligárquico" – perigavam, para os moderados, resvalar na "ditadura perpétua" da Coroa, na forma de um "despotismo monárquico". Ou se alterava a Constituição para estabelecer a responsabilidade ministerial pelos atos do Poder Moderador, ou era melhor extingui-lo de uma vez. Era o que sustentava Vergueiro: "Eu, senhores, olho para a substância da coisa, e não para a coisa nominal. Vejo que o Poder Moderador, tal qual existe na Constituição, pode destruir as liberdades da Nação, e o modo de remediar isso é fazer passar para o Poder Executivo ou determinar que ele seja executado com a referenda do ministro de Estado".[155]

O marquês de Caravelas tomou então a palavra para, depois de reconhecer que o Poder Moderador viera "de mistura com o poder absoluto", declarar ser

[153] Idem, ibidem, p. 268.

[154] Idem, ibidem, vol. II, p. 230.

[155] Idem, ibidem, vol. I, p. 247.

infundado o receio de que ele se tornasse um instrumento autoritário. Contra essa possibilidade, a Constituição teria previsto duas salvaguardas: a responsabilidade dos conselheiros de Estado e – para a surpresa geral dos presentes – a responsabilidade ministerial. O fato de não ter sido expressamente prevista não significava que a Constituição tivesse dispensado a referenda dos ministros.[156] Caravelas ainda pensava a responsabilidade como jurídica, no interior do paradigma do governo representativo explicado à luz da teoria do *governo misto*, com seus corolários da separação de poderes e de freios e contrapesos – e não na chave da teoria do *governo parlamentar*. Imaginando que se tratasse apenas de resolver quem assumiria a responsabilidade jurídica pelos atos da Coroa, Carneiro dissipava os temores de uma "oligarquia ministerial", lembrando que o imperador sempre encontraria ministros dispostos a referendar seus atos. Não lhe passava pela cabeça um governo parlamentar no qual os ministros de Estado impusessem suas vontades à do imperador. Colocado por um interlocutor diante dessa possibilidade, que ele ainda não aventara, o marquês respondeu perplexo: "Quando se fez a Constituição, não se supôs que os homens seriam tão desarrazoados que quisessem aquilo que não era justo".[157] No afã de salvar o Poder Moderador, chegaria Caravelas a admitir a emenda proposta por Vergueiro no sentido de declarar expressamente a existência da referenda. O marquês não percebia que, desde que mobilizava a responsabilidade ministerial em sentido puramente jurídico, sua estratégia de salvaguardar a independência da Coroa poderia ter consequências opostas, eliminando a livre decisão do imperador em matéria de razão de Estado.

Quem o alertou foi o irmão mais velho, o senador Francisco Carneiro de Campos. Reunir os poderes Executivo e Moderador em um *governo misto*, caracterizado pela *separação de poderes* e pela *responsabilidade jurídica dos ministros*, resultava em uma Coroa poderosa. Mas reunir aqueles poderes no contexto de *um governo parlamentar*, marcado pela *interconexão entre os poderes* e pela *responsabilidade política do gabinete*, não resultaria em uma Coroa poderosa, mas em um ministério poderoso (a "oligarquia ministerial") ou numa câmara poderosa (a "oligarquia parlamentar"). No novo contexto de governo parlamentar, desejar a sobrevivência do Poder Moderador com referenda mi-

[156] Idem, ibidem, vol. II, p. 233.
[157] Idem, ibidem, vol. I, p. 246.

nisterial, como queria seu irmão mais novo, lhe parecia contraditório porque, "a ser este poder dependente de tal assinatura, então se converte perfeitamente e se engloba no Executivo, e a distinção, que ele [Caravelas] em tal caso ainda quereria sustentar, ficaria reduzida ao mero ente de razão e sutil abstração metafísica, que não valeria a pena ser conservado". Francisco Carneiro adaptou então a antiga concepção monarquiana à teoria do governo parlamentar: sustentou que a omissão constitucional relativa à referenda ministerial não poderia ser considerada permissão implícita, nem falta sanável por interpretação. Ao determinar a referenda somente para os atos do Executivo, a Constituição deixara o monarca livre para formar o seu juízo acerca das medidas próprias à salvação do Estado. Por isso, a efetividade dos atos do Poder Moderador dispensava qualquer referenda. A praxe de subscrevê-los, seguida pelos ministros, nada provava do ponto de vista constitucional: eles agiam como meros tabeliães encarregados de reconhecer a autenticidade da firma imperial. E advertia:

> É melhor dar este poder discricionário e limitado a um pequeno número de atos, como de sancionar as leis, dissolver a Câmara dos Deputados, eleger os senadores e perdoar os réus; do que, por falta da sua ação constante e perenemente reparadora, arriscar-nos às grandes e frequentes crises que trazem, então, a necessidade das medonhas ditaduras sem algum limite, do que nos oferece os mais tristes exemplos a história antiga e o que estamos vendo nas nações nos rodeiam.[158]

Os deputados *realistas* da Câmara salvam o Poder Moderador. A oposição dos velhos *luso-brasileiros* no Senado deu certo. Ressalvadas as assembleias provinciais, cuja criação foi aprovada, a maioria dos senadores rejeitou as demais propostas enviadas pela Câmara. Pouco depois, a câmara alta rechaçou também o projeto encaminhado por Feijó, ministro da Justiça e chefe do *movimento*, que destituía José Bonifácio do cargo de tutor de dom Pedro II. As derrotas impostas pelos *realistas* em julho de 1832 foram interpretadas pelos *liberais* como uma reação "monárquica" que, não podendo ser contida por meios legais, exigia meios extraordinários para ser abortada: "À borda de um abismo", argumentava-se, a nação só poderia ser salva pelas "mais enérgicas

[158] Idem, ibidem, vol. II, p. 240.

medidas".[159] Chefiados por Feijó e Alencar, os moderados arquitetaram um golpe de Estado: os três regentes renunciariam, alegando não disporem de meios para enfrentar a crise. Diante da situação de acefalia, em nome da famosa "salvação pública", a Câmara dos Deputados se declararia transformada em Convenção Nacional, detentora exclusiva e extraordinária da soberania. Na sequência, ela decretaria a dissolução do Senado, ordenaria a prisão de José Bonifácio e aprovaria as reformas constitucionais sem a participação das demais instituições. O golpe de Estado, todavia, foi abortado pela defecção de Honório Hermeto Carneiro Leão (1801-1856), deputado mineiro da *resistência* que alertou os colegas para o perigo de romper abertamente com a Constituição, única fonte de legitimidade de que o governo dispunha naquele momento.[160] Sua "cabeça fria" estremeceu as relações entre as duas alas do partido, que só permaneceriam unidas graças à habilidade de Evaristo e pelo receio supremo da restauração do ex-imperador.[161] Cerca de vinte anos depois, Carneiro Leão, já marquês do Paraná, lembraria sua participação naqueles acontecimentos:

> A moderação que me impunha para com os meus adversários não era novidade na minha carreira política; quando encetei esta carreira foi ligando-me a um partido que se impôs esta condição, e desvaneço-me de que quando esse partido, arrebatado pela corrente de sucessos que pareciam chamar uma maior energia, julgou dever separar-se desse princípio para ter meios mais adequados de repressão, eu lhe disse: "Alto, continuo a ser moderado".[162]

As emendas feitas pelo Senado foram defendidas na Câmara pelos deputados Martim Francisco, Miguel Calmon, Francisco Montezuma (1794-1870) e Antônio Rebouças (1798-1880). Era uma minoria numerosa o suficiente para incomodar os moderados. Simpáticos às teses do reformismo ilustrado, eles condenavam o tráfico de escravizados e enfatizavam o papel civilizador do Estado contra o risco da desagregação federalista.[163] No entanto, mais

[159] Idem, ibidem, vol. II, p. 128.
[160] Idem, ibidem, p. 134.
[161] NEEDELL. *The party of order*, op. cit., p. 49.
[162] ANAIS do Senado do Império, sessão de 26 de maio de 1855.
[163] GRIMBERG, Keila. *O fiador dos brasileiros: cidadania, escravidão e direito civil no tempo de Antônio Pereira Rebouças*. Rio de Janeiro: Civilização Brasileira, 2002, p. 107. BASILE, Marcello. "Deputados da Regência: perfil socioprofissional, trajetórias e tendências políticas". *In*: José Murilo

moços, eles não se exprimiam pela linguagem monarquiana setecentista, mas por aquela do liberalismo contemporâneo. Como na Constituinte de 1823, a ambiguidade das matrizes ideológicas do conceito de Poder Moderador (a monarquiana e a liberal oitocentista) contribuiu para o êxito de seus defensores. A exigência de preservar o "equilíbrio dos poderes" (Constant) no lugar da "salvação pública" (Saint-Pierre) substituía a impressão negativa e autoritária que a esquerda moderada imprimia ao instituto por outra, positiva e identificada com a liberdade. Assim, por exemplo, amparando-se na autoridade do "célebre Locke", Montezuma argumentava que "para evitar, de um lado, a ditadura das câmaras, e de outro, a irresponsabilidade e nímio poder da parte do Executivo", era fundamental "um poder neutro que, equilibrando o poder das Câmaras, não destrua a responsabilidade e dependência do Poder Executivo".[164] Também Rebouças afirmava que, "conservador do equilíbrio e da harmonia dos demais poderes sociais", o Poder Moderador era "o mais perfeito fruto necessário dos progressos da perfectibilidade humana". Sua supressão colocaria o país "na ordem retrógrada" à da marcha universal da liberdade.[165] Já não era então a *autoridade* monarquiana, mas o *progresso* liberal que condenava a extinção do quarto poder. Os esforços surtiram efeito: a única emenda senatorial que escapou da guilhotina moderada na Câmara dos Deputados foi a que preservava o Poder Moderador. Em compensação, Feijó conseguiu destituir José Bonifácio da tutoria de dom Pedro II. O velho patriarca da independência afastou-se da cena política e morreu seis anos depois (1838).

O Ato Adicional (1834): a "monarquia democrática" do Regente Feijó. Retirada da pauta das reformas a extinção do Poder Moderador, os liberais aventaram a fusão das câmaras prevista no art. 61 da Constituição para vencer a resistência do Senado. A hipótese malogrou porque deputados e senadores mais uma vez divergiram sobre se a fusão implicava votação conjunta ou separada. Os deputados defendiam a primeira hipótese, por que se imporiam pela maioria numérica, ao passo que os senadores pleiteavam a segunda, para resguardar sua autonomia. Os moderados negociaram então uma solução de compromisso, que permitiu a edição da lei autorizando a reforma. A nova

de Carvalho e Adriana Pereira Campos. *Perspectivas da cidadania no Brasil Império*. Rio de Janeiro: Civilização Brasileira, 2011, p. 110. DOHLNIKOFF. *O pacto imperial*, *op. cit.*, p. 72.

[164] ANAIS da Câmara dos Deputados do Império, sessão de 1832, volume II, p. 223.

[165] Idem, ibidem, p. 235.

Câmara eleita, dotada de poderes constituintes limitados, sentiu-se forte o bastante para impor sua promulgação sem o concurso dos demais poderes do governo misto, que eram o Senado e a Coroa (i.e., a Regência). Mas, quando se tratou de definir o teor das mudanças, as divergências entre a *resistência* e o *movimento* vieram à tona. Na qualidade de relator do Ato Adicional, Bernardo Pereira de Vasconcelos previra um arranjo descentralizador de caráter unionista, que preservava as prerrogativas do governo nacional. Inconformada, a esquerda ofereceu emendas para alargar a autonomia das províncias, acenando com um arranjo federativo mais condizente com o projeto de "monarquia democrática" acalentado por Feijó e seus colegas.

Opondo-se às alterações sugeridas pelo *movimento*, Vasconcelos argumentara que, na América do Norte, as colônias inglesas já eram autônomas muito antes da independência, e que o federalismo instituído pela Constituição de 1787 tivera por objetivo, não as separar, mas estreitar seus vínculos, instituindo uma União Federal que substituísse o antigo papel da Coroa britânica. O Brasil, porém, tivera uma formação diferente, tendo sempre vivido sob um governo unitário e absoluto. Convinha também atender ao nosso estado de civilização, mais retardado do que o norte-americano. Embora reconhecesse a necessidade de dar mais autonomia às províncias, Vasconcelos se opunha ao federalismo, alertando não convir que "de um jato se faça dar um tão grande salto. Todas as vezes que se têm adotado tais saltos, os efeitos têm sido sempre desgraçados". Ele citava o México como exemplo de país onde a adoção do federalismo desmantelara a autoridade central, gerando um estado crônico de guerra civil. As emendas autonomistas do *movimento* fariam do Ato Adicional um "código da anarquia" que logo se converteria no "símbolo da guerra civil" brasileira.[166] Era, como se vê, um argumento semelhante àquele brandido desde 1822 pelos *luso-brasileiros*. Ao seu lado, na Câmara dos Deputados, ficaram alguns dos mais expressivos políticos da direita moderada: Araújo Viana (futuro marquês de Sapucaí), Rodrigues Torres (futuro visconde de Itaboraí), Gonçalves Martins (futuro visconde de São Lourenço), Araújo Lima (futuro marquês de Olinda) e Carneiro Leão (futuro marquês do Paraná).[167]

---

[166] VASCONCELOS. *Bernardo Pereira de Vasconcelos*, *op. cit.*, p. 222-224.

[167] URUGUAI, Paulino José Soares de Sousa, visconde de. *Estudos práticos sobre a administração das províncias do Brasil*. Primeira parte: Ato Adicional. Tomo I. Rio de Janeiro: B. L. Garnier, Livreiro Editor, 1865, p. XVIII.

Mas a direita moderada foi derrotada na Câmara dos Deputados. As emendas desejadas pela esquerda, no espírito de Jefferson e não no de Hamilton, se impuseram ao anteprojeto de Vasconcelos, levando a "revolução oligárquica" brasileira ao seu limite. A descentralização gerada pelo Ato Adicional criou assembleias provinciais dotadas de competência legislativa; substituiu a Regência trina eleita pela Assembleia Geral por outra, una, escolhida pelo eleitorado nacional em eleição indireta; e criou uma primeira instância de juízes eletivos no nível provincial, com competências judiciárias e policiais. O Conselho de Estado foi extinto; em compensação, o Senado continuou vitalício, e os presidentes de província, a serem nomeados pela Coroa.[168] Em síntese, a reforma descentralizou o poder em benefício das províncias, fortaleceu a Câmara dos Deputados e enfraqueceu as instituições não eletivas. Tendo em vista igualmente a necessidade de manter a ordem pública, o Ato Adicional devolveu às autoridades o direito de decretarem a suspensão das garantias constitucionais, atribuindo-o, porém, não ao governo nacional, mas às assembleias provinciais. O governo nacional continuou proibido de fazê-lo pela Lei da Regência. Prevaleceu a tese "provincialista" de que, tendo em vista a distância da Corte, ninguém melhor que os cidadãos locais para conhecer das suas próprias necessidades.[169] Quanto ao poder da burocracia monárquica, ele acabou circunscrito aos poucos tribunais de segunda instância e ao Supremo Tribunal de Justiça. Refletindo as reivindicações do grupo liderado por Feijó, o texto final do Ato Adicional de 1834 criou uma *monarquia semifederal*, cuja descentralização poderia eventualmente se alargar, caso as províncias decidissem interpretar os artigos que regulavam suas competências de forma extensiva, com o assentimento tácito da União.

A promulgação do Ato Adicional foi seguida pela eleição do Regente do Império, feita à maneira do presidente dos Estados Unidos. Chefe do *movimento*, Feijó figurava como candidato favorito. Hostilizado pela esquerda moderada desde que abortara o golpe de 1832, o moderado de direita Carneiro Leão levantou como alternativa o nome do pernambucano Holanda Caval-

[168] CONTINENTINO. *História do controle de constitucionalidade das leis no Brasil*, *op. cit.*, p. 289-397.

[169] COSTA, Vivian Chieregati. *O recurso à suspensão das garantias constitucionais dos cidadãos no Império do Brasil (Primeiro Reinado e Regência)*. Trabalho apresentado no Segundo Encontro da Rede de História do Direito: culturas e práticas constitucionais (1820-1830). São Paulo: Instituto de Estudos Brasileiros, 2018.

canti. Mas a *resistência* sofreu uma nova derrota.[170] Feijó foi eleito Regente com 25% dos votos dos cerca de 10 mil eleitores inscritos.[171] Na qualidade de primeiro "presidente" da "república" brasileira, o padre paulista defendeu a obra da Regência. Acusou o "projeto imperial" dos *coimbrãos* de pregar uma "obediência cega dos súditos, uma representação acanhada e sempre curvada ao monarca, uma Constituição ditada por eles, instituições que formassem uma monarquia forte sobre fórmulas representativas".[172] Feijó atribuía o triunfo do projeto de "monarquia republicana" ao caráter democrático da nação, que criava óbices invencíveis às pretensões dos discípulos de dom Rodrigo: "Não possuímos no Brasil colossos de riquezas permanentes como na Europa, que por sua poderosa influência, além de absorver grande parte da fortuna pública, impõem silêncio à classe média, dispõem da numerosa indigência, e modificam a mesma ação dos governos".[173] A reforma da Constituição fora necessária para "purificar a monarquia", despindo-a "de aparatos supérfluos, pesados e odiosos à Nação", compatibilizando-a com o seu "caráter nobre, livre e independente".[174] Perdido o caráter *temperado* ou *misto* da Constituição, Feijó regozijava-se de que o Ato Adicional transformara o Estado brasileiro em uma *monarquia democrática* de inspiração norte-americana, velho anelo da nobreza da terra:

> Compare-se o nosso governo com o dos Estados Unidos e conhecer-se-á que no essencial são ambos os Estados governados pelo mesmo sistema, e que a maior diferença está no nome e em certas exterioridades de nenhuma importância para a causa pública [...]. Se entre os brasileiros há alguns que sinceramente preferem a república, no estado atual, não se incomodem, pois estamos com ela. Regência de um eleito pela Nação, temporária, sem veto, sem direito de dissolver a Câmara, dos Deputados, sem poder conferir condecorações, sem poder concluir os tratados, fazer guerra sem consentimento da Assembleia; é alguma coisa a menos que o presidente dos Estados Unidos; de monarquia, só temos o nome.[175]

---

[170] CASTRO. *A experiência republicana*, op. cit., p. 40.

[171] PORTO, Walter Costa. *O voto no Brasil: da Colônia à República*. 2ª ed. rev. Rio de Janeiro: Topbooks, 2002.

[172] In: CONTIER. *Imprensa e ideologia em São Paulo*, op. cit., p. 81.

[173] Idem, ibidem, p. 135.

[174] FEIJÓ. *Diogo Antônio Feijó*, op. cit., p. 159.

[175] Idem, ibidem, p. 166.

Tendo suas principais demandas sido atendidas, os radicais se desarticularam, voltando sua ação para o plano provincial. Na Corte, percebendo a "notável mudança que se opera nos espíritos, que parece conduzir a população para os cuidados da paz, da indústria e dos melhoramentos", Evaristo da Veiga julgou concluído seu trabalho de doutrinário liberal como redator-chefe de *A Aurora Fluminense.* Os velhos *luso-brasileiros* que ocupavam o Senado já estavam morrendo e, com eles, o anacrônico projeto imperial do conde de Linhares.

Conclusão

O nono capítulo revelou que seria difícil fazer, no Brasil independente, uma "revolução monárquica", criadora de um novo Estado nacional, no contexto ideológico de uma "revolução oligárquica", orientada pelo valor da liberdade. A dificuldade era agravada pela formação colonial de sua sociedade, que a tornava ainda mais suscetível ao prestígio do liberalismo identificado com a modernidade. Compatibilizar as exigências contrárias de concentrar o poder e ao mesmo tempo limitá-lo dependia da gestação de um constitucionalismo conservador, que permitisse a continuidade da "revolução monárquica", encapuzada, porém, de "oligárquica". A medida exigia uma Constituição que assegurasse a primazia do príncipe sobre a Assembleia, e do centro (a capital) sobre a periferia (as províncias). Sua principal referência era a obra de Montesquieu, com seu ideal normativo da Constituição da Inglaterra, descrita por Bolingbroke como um governo misto, a ser perseguido pelos estadistas esclarecidos, conforme uma "sociologia das circunstâncias". Sua sistematização mais acabada havia sido aquela oferecida pelo constitucionalismo monarquiano, transportada ao Brasil pelos conselheiros da Coroa, com o propósito de acomodar o reformismo ilustrado às formas do liberalismo. Do ponto de vista administrativo, o Estado napoleônico, que combinava elementos revolucionários e autocráticos, era o modelo mais à mão que tinham os realistas para pensar a organização de seu "grande e poderoso império".

Contra o projeto imperial da geração de 1790 levantou-se a nobreza da terra, desejando retomar, por sua vez, a "revolução oligárquica" iniciada pela Revolução de 1821, violentamente interrompida pela dissolução da Constituinte. A elite *brasiliense* ou *nativista*, orientada pelo projeto de uma "monarquia democrática", desejava um arranjo institucional oposto ao dos *luso-brasileiros*; que favorecesse a autonomia de instâncias periféricas de poder, julgadas mais expressivas da soberania da "nação": a Câmara dos Deputados em detrimento do Senado, as províncias sobre a Corte e a magistratura eletiva sobre os desembargadores. O príncipe já não podia ser reputado o representante único do interesse público, como no constitucionalismo setecentista. Os governos deveriam aceitar o papel exercido pela oposição. Através da relativização dos princípios da separação de poderes e do governo misto, próprios da tradição clássica da constituição mista, o *governo representativo* tornava-se sinônimo de *governo parlamentar*. Para escolher seus ministros, o imperador deveria entrar em inteligência com a corrente majoritária da Câmara eletiva, em melhor condição de exprimir os anseios da nação e atender aos reclamos da opinião pública. Em suma, tratava-se de substituir Bolingbroke e os monarquianos pela teoria do governo representativo desenvolvida por Burke em sua modulação liberal.

Entretanto, os *nativistas* somente eram anglófilos quando se tratava de circunscrever os poderes da Coroa. O projeto de "monarquia democrática" se opunha às reformas socioeconômicas relativas à integração do indígena, à extinção da escravatura e à industrialização. A influência do projeto de Código Criminal da Louisiana, escrito por Edward Livingston, sugere a atração dos liberais da época pelo modelo "moderno" de sociedade identificado com os estados agrícolas e escravistas dos Estados Unidos. Orientado pela lógica da "revolução oligárquica", o *partido liberal* rechaçou os argumentos de razão de Estado mobilizados pelos ministros de dom Pedro I e seguiu combatendo a "revolução monárquica" depois da dissolução da Constituinte. Os liberais imaginavam que, acusando formalmente os ministros, convenceriam o imperador a governar com as maiorias, reduzindo o poder da burocracia e suas veleidades ilustradas. O *partido realista* tentou contrapor-se ao avanço liberal, tornando mais vagarosas as mudanças e oferecendo a alternativa do modelo unitário napoleônico de arquitetura institucional.

Depois da abdicação de dom Pedro I, os liberais no poder se viram diante da necessidade de equilibrar-se entre os excessos da direita realista e da esquerda exaltada. Embora dividido entre uma ala mais avançada de inspiração republicana clássica e outra, orleanista, o partido moderado caminhou no sentido da "monarquia democrática" empurrado pela pressão dos radicais. As primeiras reformas deram seguimento à "revolução oligárquica" iniciada em 1821, fortalecendo os senhores de terra no nível local e desconstruindo o "projeto imperial" idealizado pelos discípulos de Linhares. Sua proposta de reforma constitucional liquidava a centralização, o Senado e o Conselho de Estado, onde a burocracia monárquica, principalmente a magistratura, mantinha sua cidadela. Temendo a autocracia oligárquica, os velhos senadores *luso-brasileiros* resistiram. A vitaliciedade do Senado e o Poder Moderador sobreviveram por um triz, tendo o Ato Adicional levado todo o resto, a começar pelo Conselho de Estado e pela unicidade do Judiciário. Ao fim e ao cabo, apenas o Poder Moderador e a vitaliciedade do Senado escaparam da guilhotina moderada. Os liberais também vibraram um golpe mortal nos antigos desembargadores, ao entregar o controle do Judiciário e da polícia aos jurados e aos juízes de paz das municipalidades. Do ponto de vista ideológico, eles obedeciam aqui à orientação do republicanismo de matriz romana, adaptado ao liberalismo americano por Thomas Jefferson e outros estadistas do sul escravista estadunidense. O Ato Adicional legitimou a Constituição perante os liberais, purgando-a, aos seus olhos, do pecado original da outorga imperial. A eleição de Feijó para Regente do Império, à maneira de um presidente dos Estados Unidos, parecia a vitória definitiva da "monarquia democrática" sobre o "projeto imperial" *coimbrão.*

No entanto, a descentralização generalizada do aparato estatal, própria da "revolução oligárquica", em um contexto em que a "revolução monárquica", ficara inacabada, teve o efeito inverso àquele pretendido. Logo ficou claro que a "sociedade nacional" invocada pelos liberais ainda não existia, nem o Estado que deveria tê-la conformado. Ao invés de proporcionar uma entrada no "momento oligárquico" experimentado pelos Estados Unidos, a "monarquia democrática" de Feijó, José Martiniano de Alencar e seus colegas mergulhou o Brasil em um "momento anárquico" semelhante ao das repúblicas hispânicas, marcado pelo estalo da guerra civil em diversas províncias e pela perspectiva da fragmentação do território. Também lá se pretendera prematuramente estabelecer o liberalismo e o federalismo antes de iniciada ou completada a "revolução monárquica". Foi preciso que a ala direita do partido moderado, formada por magistrados sem conexões com o regime joanino, mas conscientes da precipitação da "revolução oligárquica", reatassem com a "revolução monárquica" iniciada sob o reinado de dom João, a fim de restabelecer a ordem e a garantir a unidade do império. Para tanto, Vasconcelos e seus companheiros adaptariam o antigo "projeto imperial" e reformulariam o velho reformismo ilustrado, jogando vinho velho em odres novos. Assim como a abdicação de dom Pedro I assinalara o fracasso da burocracia em seu propósito de construir o Estado sem o concurso da nobreza da terra, a queda de Feijó revelaria a idêntica impossibilidade de se criar o Estado brasileiro de baixo para cima, sem concurso da burocracia. A história se encarregaria de mostrar que a vitória exclusiva de qualquer dos dois "partidos" só poderia ser temporária, e que qualquer regime duradouro dependeria sempre de um arranjo aceitável entre elas, na forma de uma transação.

Capítulo 10

A RECONFIGURAÇÃO DO "PROJETO IMPERIAL": GUERRAS CIVIS, ANARQUIA E RETOMADA DA "REVOLUÇÃO MONÁRQUICA" (1835-1840)

1. Conflito, anarquia e guerra civil no Brasil da "monarquia democrática"

A dialética revolucionária da modernidade: a virada conservadora no mundo europeu. Embora a filosofia do progresso histórico já estivesse consolidada na década de 1830, parte considerável da classe política do mundo ibérico e ibero-americano experimentou por esse tempo uma virada conservadora. Diversos setores acreditavam que a orientação intelectual que prevalecera durante o processo revolucionário não servia para criar uma ordem estável. Sob o pretexto de eliminar o absolutismo, as reformas liberais haviam enfraquecido tanto o governo, que a sociedade passou a sofrer do mal oposto: a anarquia, identificada com a escalada da violência, a impunidade generalizada, rebeliões constantes, quando não a própria guerra civil. Chegara, portanto, o momento de fazer a crítica do liberalismo radical, de índole jusnaturalista, racionalista, universalista e metafísico, para forjar uma ordem que, sem deixar de ser liberal, fornecesse meios de restabelecer a paz. Essa guinada conservadora pôde ser teorizada a partir de dois grandes precedentes, um norte-americano, e o outro, francês. Na década de 1780-1790, os *federalistas* estadunidenses haviam promovido uma campanha destinada a neutralizar os excessos do liberalismo radical que, tendo justificado a independência das antigas treze colônias, haviam, entretanto, engendrado uma situação de desgoverno que ameaçava a confederação. O resultado fora a nova Constituição de 1787, que criara uma União dominada pelos federalistas, que lá faziam, contra os antifederalistas ou estadualistas, o papel de partido moderado, "centralizador" ou "unionista". Assentou-se assim a "revolução monárquica" norte-americana, seguida de seu breve "momento". O segundo precedente era o da França, onde desde 1795 se tentava encerrar o processo revolucionário, equilibrando as necessidades de liberdade com a ordem pública. Depois de diversas tentativas, os franceses pareciam finalmente ter encontrado aquele balanço durante a Monarquia de Julho, justificada pelo liberalismo doutrinário (conservador) de François Guizot. Era a consolidação do seu "momento oligárquico", sempre através de um liberalismo moderado ou governista cujo protótipo David Hume fornecera um século antes na Grã-Bretanha, no tempo de Walpole.

Com os dois precedentes em vista, uma parte significativa dos liberais ibéricos e ibero-americanos passou a priorizar o restabelecimento da ordem perdida na década de 1830. O movimento resultou numa cisão entre as alas esquerda e direita da antiga frente liberal, que havia sido responsável pelo desmantelamento da ordem absolutista. A direita formou uma nova agremiação de orientação conservadora, com o propósito de fortalecer o Poder Executivo. Na Espanha, os *liberais progressistas* abandonaram a ala radical do partido (dita *dozeanista*), que preferia voltar à Constituição de Cádis (a da "república com rei"), e se compuseram com os ditos *moderados* para elaborar uma nova Carta de caráter compromissório (1837).[176] A guinada à direita prosseguiu com a instauração oito anos mais tarde (1845) de um regime constitucional mais conservador, que daria o tom da política espanhola até 1868.[177] Portugal seguiu a esteira da Espanha. A maioria dos liberais portugueses desistiu da restauração da Constituição de 1822, preferindo compor, com os moderados (chamados *cartistas*), a também compromissória Constituição de 1838. A guinada à direita se completou quatro anos depois, quando se restabeleceu de vez a Carta constitucional de 1826, copiada da brasileira, e, com ela, o domínio dos conservadores chefiados por Costa Cabral, conde de Tomar.[178]

A "república monárquica" do Chile como exceção à anarquia hispano-americana. Enquanto isso, na América hispânica, todas as novas repúblicas experimentavam "o movimento anárquico" que costuma proceder a construção dos Estados. Foi o que se viu na Inglaterra da Guerra das Duas Rosas ou na França à época das Guerras Religiosas. Os novos países da América espanhola também precisavam de uma "revolução monárquica" que, tendo em vista sua condição

[176] SUANZES-CARPEGNA. *Política y Constitución en España*, op. cit., p. 85.

[177] Idem, ibidem, p. 94.

[178] SILVA, António Martins da. "A vitória definitiva do liberalismo e a instabilidade constitucional: cartismo, setembrismo e cabralismo". *In*: José Mattoso (dir.). *História de Portugal*. Volume 5: *O liberalismo*. Lisboa: Editorial Estampa, 1998, p. 88 e 89.

periférica, precisava realizar-se sob as vestes do "momento oligárquico" britânico e francês. O primeiro a escapar do torvelinho foi o Chile. Bastaram dez anos de guerras e quatro constituições liberais para convencer suas elites de que a independência não bastava para fruir das delícias do "momento oligárquico". Severamente prejudicados pela acefalia governamental dos governos liberais e descentralizadores (os *pipiolos*), os setores conservadores da oligarquia de Santiago e do comércio estanqueiro (os *pelucones*) liderados por Diego Portales (1793-1837) promoveram em 1831 um movimento armado para instituir um regime autoritário e centralizador. Depois da vitória na batalha de Lircay, Portales reorganizou o país conforme um pragmático republicanismo, que resgatava os ideais do reformismo ilustrado espanhol do tempo de Carlos III. Ele defendia para o Chile um governo "forte, centralizador, cujos homens sejam verdadeiros modelos de virtude e patriotismo, e assim direcionar os cidadãos no caminho da ordem e das virtudes".[179] Esse poder prestigioso, forte e duradouro, superior ao dos caudilhos e das facções, passava pela "república monárquica" que Bolívar fracassara em instaurar na Grã-Colômbia. Enquanto não houvesse condições sociais para a vigência do sistema representativo e federal, o retorno da ordem dependia do restabelecimento dos princípios monárquicos que haviam garantido, no passado colonial, a fidelidade da população e das elites ao poder público.[180]

O marco institucional-legal da nova "república conservadora" foi a Constituição de 1833, que sofreu a influência preponderante do jurista chileno Mariano Egaña (1793-1846).[181] Ao promulgá-la, o presidente José Joaquín Pietro (1786-1854) felicitou os constituintes se valendo de expressões semelhantes àquelas empregadas dez anos antes por José Bonifácio e seus companheiros no Brasil. Para Pietro, os constituintes chilenos, "desprezando teorias tão alucinadoras como impraticáveis, dedicaram sua exclusiva atenção sobre os meios capazes de assegurar para sempre a ordem e a tranquilidade pública".[182] Embora proclamasse que a soberania residia "essencialmente na Nação" (art. 4º),

---

179 In: VILLALOBOS, Sérgio; SILVA G., Osvaldo; SILVA, Fernando. *História do Chile*. 24ª ed. Santiago: Editorial Universitária, 2004, vol. 3, p. 521.

180 EDWARD VIVES, Alberto. *La fronda aristocrática: história política de Chile*. Santiago: Editorial Del Pacífico, 1945, p. 51-52.

181 BRAHM GARCÍA, Enrique. *Mariano Egaña: derecho y política en la fundación de la república conservadora*. Santiago: Centro de Estudios Bicentenario, 2007.

182 In: BARROS ARAÑA, Diego. *Historia general de Chile*. 2ª ed. Santiago: Editorial Universitaria, 2000, t. 16, p. 235 [1ª ed. 1902].

a Carta instaurava uma "república monárquica" caracterizada por um sistema representativo restritivo e pela hegemonia do presidente da República, que governava com extensos poderes por um mandato de cinco anos renovável por idêntico período (na prática, o "reinado" de cada presidente durava uma década). O Legislativo reunia-se quatro meses por ano e não podia decidir sobre a própria prorrogação. A previsão de poderes excepcionais facultava ao chefe do Estado converter a república representativa em absoluta diante de guerras, revoltas ou ameaças. Era a velha razão de Estado que lhe permitia debelar as rebeliões, prevenir as conspirações e enfrentar inimigos externos, suspendendo garantias pelo estado de sítio e legislando por decreto.[183] Quanto ao sistema representativo, o art. 8º da Constituição restringia a participação política aos homens católicos maiores de 25 anos que soubessem ler e escrever e que, por propriedade imóvel, capital aplicado ou rendimentos, possuíssem patrimônio financeiro. A participação eleitoral era baixíssima: nas eleições de 1864, apenas 1,3% da população havia acorrido às urnas.[184]

A grande característica dos quase quarenta anos de "república monárquica" chilena (1833-1870) foi a autonomia dos chefes do Estado frente às veleidades de maior controle manifestadas pela oligarquia: findos seus reinados de dez anos, eles indicavam seus sucessores. No papel de grandes eleitores, os presidentes empregaram a compressão e a fraude para assegurar a própria reeleição e fabricar as maiorias parlamentares com que pretendiam governar – invariavelmente garantidas ao Partido Conservador. Além disso, a inexistência de incompatibilidades eleitorais permitia ao governo introduzir no Congresso funcionários de sua confiança, depois recrutados para os quadros ministeriais e administrativos. A nomeação dos magistrados seguia a mesma linha.[185] Também foi intenso o emprego governamental dos poderes excepcionais, constitucionalmente previstos na forma de estados de sítio e faculdades extraordinárias: 1834-1837, 1840, 1846, 1851, 1857 e 1859-1860.[186] Em

[183] CAMPOS HERRIET, Fernando. *Historia constitucional de Chile.* 3ª ed. Santiago: Editorial Jurídica de Chile, 1963, p. 308.

[184] SAN FRANCISCO, Alejandro. *La guerra civil de 1891: la irrupción política de los militares en Chile.* Santiago: Centro de Estudios Bicentenário, 2007, t. 1, p. 89.

[185] VILLALOBOS R., Sérgio; SILVA G., Osvaldo; SILVA, Fernando; ESTEL É, Patrício M. V. *História do Chile.* 24ª ed. Santiago: Editorial Universitario, 2004, vol. 3, p. 532.

[186] LOVEMAN, Brian. *The constitution of tyranny: regimes of exception in Spanish America.* Pittsburgh: University of Piitsburgh Press, 1993, p. 335-345.

suma, era a "revolução monárquica" que se processava no Chile sob as vestes constitucionais republicanas, com direito a trono do presidente na câmara de senadores. Depois do "momento monárquico" da década de 1850, tornou-se possível à minoria liberal demandar liberdades crescentes em nome da sociedade nacional emergida naquele ínterim e, com elas, a abertura do sistema. Só na década de 1870 o liberalismo se tornaria a ideologia hegemônica, capaz de promover uma segunda e verdadeira "revolução oligárquica". Enquanto isso, a maior parte das demais repúblicas hispânicas – México, Colômbia, Argentina – ainda pelejavam para estabilizar seus Estados, o que só aconteceria no último terço do século graças à ação de presidentes como Porfírio Díaz, Rafael Núñez e Julio Roca, respectivamente.

Descentralização, desinstitucionalização e guerra civil no Brasil da "monarquia democrática". O período regencial lançou o Brasil no mesmo torvelinho de anarquia e guerra civil. O despedaçamento das fidelidades ao governo central, iniciado pela primeira "revolução oligárquica", prosseguiu por obra das assembleias provinciais, que lançaram mão de interpretações extensivas do texto da reforma para engrandecer suas atribuições. Elas passaram a legislar sobre eleições e alteraram cargos previstos e regulados por leis nacionais; instituíram novos impostos; permitiram que o governador nomeasse os comandantes da Guarda Nacional no lugar do regente; suspenderam o pagamento aos eclesiásticos, entre outras irregularidades. A descentralização também deslocou o espaço de disputa do poder provincial, da Corte, para as capitais de província. Desde o começo da Regência, as grandes cidades vinham sendo sacudidas por motins. Também no interior houve revoltas como a dos Cabanos, que pretendia o retorno do absolutismo e contava com grande massa de indígenas e quilombolas, adversários do liberalismo que fortalecia a antiga nobreza da terra.[187] Depois do Ato Adicional, a conflagração alastrou-se para o campo. Em seis províncias os conflitos tomaram a proporção de guerras civis. A mais grave foi a Cabanagem no Grão-Pará, que terminou com 40 mil mortos. No Maranhão, no Piauí e no Ceará grassou a Balaiada, cujos rebeldes protestavam

[187] FREITAS, Décio. *Cabanos: os guerrilheiros do Imperador.* 2ª edição. Rio de Janeiro: Edições Graal, 1982, p. 87. CARVALHO, Marcus J. M. de. "Um exército de índios, quilombolas e senhores de engenho contra os 'jacobinos': a Cabanada, 1832-1835". *In*: Mônica Duarte Dantas, *Revoltas, motins, revoluções: homens livres, pobres e libertos no Brasil do século XIX.* 2ª edição. São Paulo: Alameda, 2018. URUGUAI. *Estudos práticos sobre a administração das províncias do Brasil*, op. cit., vol. I, p. 45-50.

contra o arbítrio dos governos subnacionais. Em pelo menos duas províncias houve proclamação formal de independência. Na Bahia, os rebeldes da Sabinada instauraram uma república interina, acenando com a possibilidade de retornarem como Estado confederado quando cessasse a menoridade do imperador.[188] No Rio Grande do Sul a república foi instaurada sem maiores rodeios. Diante da suposta opressão fiscal do governo nacional, o chefe dos farroupilhas, Bento Gonçalves, declarou que "um só recurso nos restava, um único meio se oferecia à nossa salvação; e este recurso e este meio único era a nossa independência política e o sistema republicano".[189]

O desmoronamento da autoridade central foi acompanhado por revoltas de escravos cada vez mais frequentes e violentas. A mais rumorosa teve lugar no município de Carrancas (1833), na esteira de uma rebelião de *caramurus* na província de Minas. Os "realistas" jogaram com o monarquismo dos escravizados, espalhando o boato de que, embora supostamente libertados pela Coroa, os liberais os mantinham em cativeiro. Os cativos inconformados atacaram a fazenda de um deputado liberal e chacinaram toda a sua família: pai, mãe, genro e filhos, incluindo duas crianças, uma delas ainda bebê. Dois anos depois, teve lugar a Revolta do Malês (1835), durante a qual seiscentos escravizados lutaram durante três horas no centro de Salvador contra as tropas do governo provincial, que os reprimiu recorrendo ao fuzilamento, ao enforcamento, à tortura e à deportação para a África. Na Corte, a Regência adotava medidas autoritárias como a centralização da Guarda Nacional, o aumento das guardas municipais, a censura à imprensa *realista* e punições sumárias aos escravizados. Receoso de um golpe que, apoiado pelos cativos, restabelecesse dom Pedro I, o situacionismo alterou o Código Criminal para estender a pena de morte para todos os que envenenassem, ferissem ou agredissem gravemente seus senhores, feitores e respectivas famílias (lei de 6 de junho de 1835).[190] Rio de Janeiro e da Bahia decretaram o estado de exceção, suspendendo as garan-

[188] DANTAS, Mônica Duarte (org.). (2008). *Revoltas, motins, revoluções: homens livres, pobres e libertos no Brasil do século XIX.* 2ª edição. São Paulo: Alameda, 2018. SOUZA, Paulo César de. *A Sabinada: a revolta separatista da Bahia – 1837.* São Paulo: Companhia das Letras, 2009, p. 175. CARVALHO. *A construção da ordem*, op. cit., p. 231.

[189] In: PESSOA. *A ideia republicana no Brasil através de documentos*, op. cit., p. 31.

[190] PARRON, Tâmis. *A política da escravidão do Império do Brasil, 1826-1865.* Rio de Janeiro: Civilização Brasileira, 2011, p. 94-97. COSTA. *Codificação e formação do Estado Nacional brasileiro*, op. cit., p. 307-309.

tias para enfrentar as insurreições.[191] O quadro de anomia era agravado pela crise econômica decorrente da queda dos preços dos gêneros de exportação e o esgotamento das jazidas de ouro. O açúcar perdeu um terço do valor, e o algodão, um quarto.[192] O déficit obrigou o governo a emitir papel-moeda, gerando inflação e aumento do custo de vida. Com o país à beira do precipício, quase metade da Câmara já julgava digno de consideração, em 1835, um projeto do deputado radical Ferreira França, propondo acabar de vez com o Império do Brasil.[193]

Um general bolivariano em defesa do "projeto imperial": o *Bosquejo histórico, político e literário* de Abreu e Lima (1835). A experiência desastrosa da América hispânica ajudou a gestar um ambiente favorável à reação conservadora. A obra mais notável então redigida em defesa da monarquia foi o *Bosquejo histórico, político e literário do Brasil,* da autoria de José Inácio de Abreu e Lima (1794-1869). Nascido no Recife e educado com esmero no Seminário de Olinda, ele mudou-se para o Rio de Janeiro para estudar na Academia Real Militar, servindo depois em Angola e ensinando matemática na Corte. Mas o estalo da Revolução de 1817 pôs sua vida de cabeça para baixo. Depois do fuzilamento de seu pai, o padre Roma, Abreu e Lima fugiu para os Estados Unidos. Dali passou ao antigo vice-reinado de Nova Granada que, uma vez independente, passara a se chamar Grã-Colômbia. Em Caracas, o jovem foi admitido no exército libertador comandado por Bolívar durante sua fase heroica e radical. Sua primeira tarefa foi servir de redator do jornal *Correio do Orinoco,* empregando uma retórica semelhante à dos *exaltados* brasileiros. Nos anos seguintes, Abreu e Lima acompanhou Bolívar em suas campanhas pela Bolívia, Equador, Venezuela e Colômbia, obtendo sucessivamente as patentes de coronel e general.[194] Integrante da cúpula do poder vitoriosa da Grã-Colômbia, ele assistiu de corpo presente às desinteligências posteriores entre os principais líderes do país. Bolívar já transitava para o conservadorismo, atribuindo a anarquia reinante às reformas radicais. Desejoso de restabelecer o prestígio da autoridade, propunha substituir as constituições copiadas dos

[191] COSTA. *O recurso à suspensão das garantias constitucionais dos cidadãos no Império do Brasil,* op. cit., p. 15

[192] FAORO. *Os donos do poder: formação do patronato político brasileiro.* 11ª edição, op. cit., p. 325.

[193] MARTINS, *História da inteligência brasileira,* vol. II, op. cit., p. 217.

[194] CHACON, Vamireh. *Abreu e Lima: general de Bolívar.* Rio de Janeiro: Paz e Terra, 1983, p. 72-79.

Estados Unidos por "repúblicas monárquicas", inspiradas na Constituição da Inglaterra e daquela que regera a França durante o Consulado.[195]

A morte de Bolívar, seguida pela guerra civil que desintegrou a Grã-Colômbia em três novos países (Colômbia, Venezuela e Equador), fez desaparecer a pátria pela qual Abreu e Lima havia lutado. Depois de um breve período na Europa, o general voltou ao Brasil e tornou-se uma personagem singular na Corte. À exceção do que se passava no Rio da Prata, a ignorância dos brasileiros a respeito do subcontinente era quase total. As poucas informações vinham em periódicos europeus e, além de imprecisas, chegavam com seis meses de atraso. Nesse contexto, Abreu e Lima se destacava por sua aura exótica de militante das guerras de libertação e pela erudição adquirida no ambiente intelectual da América hispânica. Grande foi a surpresa dos radicais quando o general estreou na imprensa brasileira. Ao invés de um aliado, eles se deparavam com um *caramuru* que os atacava sem piedade. Embora republicano na Grã-Colômbia, Abreu e Lima sempre acreditara que o "sistema imperial" convinha aos brasileiros. Era o que relatava em 1823 ao general Santander: "Outra forma de governo os teria confundido e reduzido a uma completa anarquia e dissolução: o Brasil é imenso, povoado somente no litoral e de uma mescla de classes que nunca poderiam ligar-se sob nenhum sistema que se distanciasse demasiado da forma antiga".[196] Escaldado pela fracassada "revolução monárquica" da Grã-Colômbia e coerente com o ideário bolivariano tardio de que apenas "repúblicas monárquicas" poderiam prosperar na América hispânica, Abreu e Lima se identificava plenamente com as posições de José Bonifácio e, depois dele, de conservadores chilenos como Diego Portales, que reatavam com o reformismo ilustrado que havia prosperado antes das revoluções liberais.

O *Bosquejo histórico, político e literário do Brasil* (1835) tinha por objetivo primário condenar a proposta de extinção da monarquia encaminhada pelo deputado radical Ferreira França, e tecia uma série de considerações políticas e sociológicas que o destacaram entre os escritos da época. Partindo do seu "republicanismo ilustrado", Abreu e Lima se confessava crente na perfectibilidade da raça humana: os povos caminhariam de governos monárquicos

[195] BUSHNELL. *Colombia: una nación a pesar de sí misma*, op. cit., p. 101-114.
[196] In: CHACON. *Abreu e Lima: general de Bolívar*, op. cit., p. 97-98.

puros, dominados exclusivamente pelo valor da autoridade, para representativos, garantidores da liberdade individual. Tratava-se de uma consequência do processo de civilização, definido como de "transição do império da força para o da razão, da superioridade física para a superioridade moral".[197] O progresso de cada povo poderia ser aquilatado por seus respectivos graus de moralidade e homogeneidade. A moralidade garantia a efetividade das leis que, por suas vezes, serviam de base à maior ou menor difusão dos direitos políticos. A homogeneidade cultural tornava os cidadãos partícipes iguais da comunidade, capazes de perseguir seus interesses sem prejudicarem o bem comum. Uma vez que todas as formas de governos se ressentiam "das afecções morais, que lhe imprime o gênio do povo", a tarefa principal do estadista consistia em dar a cada um deles um regime proporcional ao seu grau de civilização.[198] A forma que mais correspondia ao ideal de equilíbrio entre autoridade e liberdade naquele "século de transição" era a monarquia constitucional, conforme os experimentos exitosos da Grã-Bretanha e da França. Os Estados Unidos eram considerados pelo autor um ponto fora da curva em matéria de organização política e social, que não podia ser replicado indistintamente em toda a parte.

As antigas colônias ibéricas, em especial, se encontravam em um estado de civilização inferior. A moralidade e a homogeneidade eram incompatíveis com a escravidão disseminada pelo continente, e que era "a pior de todas as tiranias".[199] Embora os Estados Unidos fossem uma república escravista, o nível de moralidade da população livre era elevadíssimo em função da austeridade da colonização britânica. Além disso, seu número de escravizados – cerca de um quarto da população total – reduzia-se cada vez mais. Abreu e Lima não negava que a colonização espanhola difundira a Ilustração por suas antigas colônias. A Nova Espanha (México) possuía uma elite intelectual espalhada por quatro universidades e dez colégios científicos; ademais, tinha um percentual ridiculamente baixo de escravos (1/17). Em Nova Granada (depois Grã-Colômbia), havia ilustres homens de ciência, como Andrés Bello, e apenas a

[197] ABREU E LIMA, José Inácio de. *Bosquejo histórico, político e literário do Brasil; ou Análise crítica do projeto do Dr. A. F. França oferecido na sessão de 16 de maio último à Câmara dos Deputados, reduzindo o sistema monárquico constitucional, que felizmente nos rege, a uma república democrática, seguida de outra análise do projeto do deputado Rafael de Carvalho, sobre a separação da Igreja brasileira da Santa Sede Apostólica.* Niterói: Tipografia Niterói, 1835, p. 103.

[198] Idem, ibidem, p. 103.

[199] Idem, ibidem, p. 60.

nona parte da população era cativa. Nem por isso o experimento republicano deixava de ser desastroso, porque o substrato herdado da colonização não chegava para adotar instituições democráticas: "Não é a bondade absoluta a que se requer em um sistema de legislação particular, mas sim a bondade relativa, que a diversidade de caracteres e gênio dos homens, sua constância e iniquidade exigem; as nações não se parecem, e os governos não têm as mesmas relações, diz Maquiavel".[200] Apenas os povos hispânicos que teriam adotado constituições de caráter quase monárquico, com presidentes vitalícios, teriam escapado da guerra civil.

No que se refere ao Brasil, Abreu e Lima era cruel: tratava-se do país mais atrasado do continente. A colonização portuguesa havia sido mais obscurantista que a espanhola, refletindo o desnível entre as metrópoles. Os portugueses só haviam se notabilizado como conquistadores e sua literatura estacionara na época dos Descobrimentos. Apenas depois de Pombal os portugueses teriam se dado conta da importância das instituições científicas. Ao contrário dos vice-reinos da Nova Espanha, do Rio da Prata, do Peru e de Nova Granada, ou mesmo da capitania geral do Chile, a América portuguesa não contara com academias, nem universidades, nem grêmios científicos, tampouco imprensa ou periódicos: "Era mister ir a Portugal para aprender aquilo mesmo que um americano espanhol teria aprendido em qualquer capitania geral ou província subalterna".[201] Quanto ao caráter nacional, os brasileiros eram portugueses degenerados, cuja incúria os tornava desleixados, apáticos e preguiçosos. De homogênea, a população livre nada tinha. Era composta de quatro classes hostis: negros, mulatos, brancos natos e brancos adotivos (portugueses). Essa composição social heterogênea era repelida como um "monstro, que não pertence a espécie alguma do mundo conhecido". Com metade da população reduzida ao cativeiro – o maior percentual de todos os países do continente –, simplesmente não havia moralidade pública no Brasil, fato que se refletia na ineficácia das leis. Embora o governo regencial declarasse extinto o tráfico, as autoridades não combatiam o contrabando e os mais notórios traficantes de escravizados passeavam pelas ruas com o maior descaramento. Com semelhante base de imoralidade e heterogeneidade, o projeto republicano bra-

[200] Idem, ibidem, p. 125.
[201] Idem, ibidem, p. 66.

sileiro estava fadado a naufragar de modo ainda mais espetacular do que o dos vizinhos. Em defesa do governo misto, Abreu e Lima citava novamente sua referência preferida em matéria de republicanismo: "Segundo Maquiavel, nenhum povo pode conservar-se com segurança, sem cair na tirania, senão por meio da estabilidade das ordens do Estado, que aquele político entende que são as diferentes classes da sociedade, cujos direitos devem ser respeitados reciprocamente".

Ora, uma vez que, no Brasil, não havia afinidade entre os interesses individuais, tampouco haveria interesse pelo bem comum. Em um hipotético regime republicano, cada facção ou família de magnatas disputaria a chefia do Estado, eliminando o "elemento democrático, que consiste na igualdade de direitos para todos os cargos da República" para tornar o governo "oligárquico ou aristocrático; que são duas formas odiosas, em que uma parte da sociedade oprime as outras". Como na Grã-Colômbia, a república acabaria minada "pelos zelos e rivalidades que existem entre aquelas mesmas classes, e por consequência a guerra civil seria inevitável". Por fim, a república desejada pelo deputado França lançaria o Brasil "nos braços de uma autoridade tutelar, que salve a todos da anarquia, cobrindo-os com a palma das ditaduras. Eis aí as causas primárias dos ditadores de Roma, e dos que oferece presentemente a história da América meridional; eis aí com melhores elementos os horrorosos troféus das repúblicas inglesa e francesa sob as ditaduras de Cromwell e de Napoleão".[202] Diante da perspectiva nada promissora, Abreu e Lima preferia a preservação do "sistema imperial" de José Bonifácio. Empregando as mesmas expressões do Andrada, Abreu e Lima apontava a monarquia constitucional como o regime mais adequado para estabelecer o equilíbrio entre as diversas classes da sociedade, porque chamava "a um centro comum os elementos desencontrados de um povo heterogêneo". Ela oferecia "uma concentração [de poder] mais vigorosa" para a autoridade, sem os riscos de "perda da liberdade" próprios das repúblicas. Sobrepondo as referências do rei patriota de Bolingbroke com o poder neutro de Constant, Abreu e Lima frisava a superioridade de um monarca constitucional como chefe do Estado no Brasil independente:

> Em todos os governos é mister que exista um poder absoluto e independente,

[202] Idem, ibidem, p. 74-75.

colocado em alguma pessoa ou corpo destinado a coordenar a marcha dos outros poderes e a impedir a demasiada fricção, que pode produzir um deles em contato com o resto da máquina social. Este poder, que alguns pretendem que seja confiado a um Senado Conservador, outros (e com melhor juízo) o confiam a um só homem, revestido do prestígio da realeza. Tal é a origem do poder real na Inglaterra, onde o príncipe, que quiser ser mau, se achará circunvalado por grossas barreiras, que lhe impedem abusar do depósito sagrado do poder supremo; porém, quando for bom, ele terá à sua disposição um poder imenso, que nunca teve maior nenhum monarca absoluto; poder, que deve ser tanto mais grato àquele que o exerce, quanto é mais real e verdadeiro.[203]

2. Reconfigurando o "projeto imperial": as reformas conservadoras e o "sistema do regresso"

A cisão entre as alas esquerda e direita do partido moderado e a formação do *partido regressista*. Enquanto Abreu e Lima ajudava a criar o ambiente intelectual propício à defesa do "projeto imperial", sem o qual o Brasil não subsistiria, a degringolada generalizada das condições políticas, sociais e econômicas aprofundava as fissuras entre as duas alas do partido moderado. Chefiada por Bernardo de Vasconcelos e Carneiro Leão, a direita liberal insistia em devolver à União parte do poder que lhe havia sido subtraído pelas províncias, a fim de restabelecer a ordem e garantir a unidade do império. O Regente Feijó, por sua vez, se recusava a atender às demandas unionistas, reiterando que a todo custo manteria as províncias "no gozo das vantagens que a reforma lhes outorgou".[204] Ele se comportava de modo coerente com a orientação do liberalismo republicano dos jeffersonianos norte-americanos, que lá defendiam a todo o custo as prerrogativas dos estados contra a União. A interpretação constitucional confederativa, segundo a qual o governo federal deveria ser um mero porta-voz das oligarquias provinciais, visava a preservar a liberdade da minoria proprietária – inclusive a da possuir e comerciar escravizados – de interferências de outras instâncias, conforme a ideologia *crioula* que servira de motor à independência[205]. O grupo da *resistência* combatia Feijó alegando justamente a contradição entre suas crenças e a necessidade de reprimir a guerra civil: era

[203] Idem, ibidem, p. 85.

[204] FEIJÓ. *Diogo Antônio Feijó*, op. cit., p. 172.

[205] HOWE, Daniel Walker. *What hath God wrought: the transformation of America, 1815-1848*. Oxford University Press, 2007, p. 149.

impossível restabelecer a paz sem renunciar à sua interpretação provincialista do Ato Adicional. Por isso o definiam como um político bipolar - "homem de caráter austero e virtudes antigas, que unia em boa-fé instintos de ordem a teorias anárquicas".[206] De fato, chefe dos *nativistas* ou *brasilienses* da velha nobreza da terra, Feijó nunca se convencera de que o Brasil fosse homogêneo o bastante para permanecer íntegro, e acreditava que a independência das províncias do Norte e a do Rio Grande do Sul era questão de tempo.[207] Manter aquela unidade a todo o custo fazia sentido no "projeto imperial", mas não na "monarquia democrática", que reconhecia a soberania primária das províncias. A morte de dom Pedro, duque de Bragança e ex-imperador do Brasil (1834), representou a gota d'água para a ruptura entre as alas do partido. Afastado o risco da restauração, a *resistência* já não precisava ceder ao *movimento*. Por outro lado, os velhos senadores realistas ficaram disponíveis para uma recomposição de forças que derrubasse Feijó.

Na segunda metade da década de 1830, portanto, um movimento similar àquele em curso na França, na Ibéria e no Chile tomou corpo no Brasil. O aprofundamento de conflitos armados criando, não um "momento oligárquico", e sim um "momento anárquico", forneceu à direita moderada argumentos para criticar as mudanças capitaneadas pela ala progressista do partido. Foi com o fito de "parar o carro revolucionário", portanto, que a *resistência* rompeu com os antigos aliados e desfraldou a bandeira do *regresso*, movimento que pregava o retorno ao *princípio da autoridade* abandonado depois da abdicação de dom Pedro I. Os senadores *realistas* vinculados à magistratura apoiaram o *regresso*, na esperança de recuperarem o poder perdido. Na verdade, estes últimos haviam se antecipado. Quando o projeto "regressista" chegou ao Senado, em 1838, descobriu-se que lá já havia outro, velho de três anos, da autoria dos irmãos Carneiro de Campos, defendendo a mesmíssima recentralização do Poder Judicial.[208] Na oportunidade, embora Francisco Carneiro pedisse ao Senado que priorizasse o projeto elaborado pela *resistência*, por ser mais abrangente, ele não deixou de destacar o ponto comum: "Salvar a unidade do

[206] URUGUAI, Paulino José Soares de; visconde de. *Ensaio sobre o direito administrativo.* 2ª edição. Rio de Janeiro: Ministério da Justiça, 1960, p. 493.

[207] JANOTTI, Aldo. *O marquês de Paraná: inícios de uma carreira política num momento crítico da história da nacionalidade.* Belo Horizonte: Itatiaia, 1990, p. 225.

[208] URUGUAI, Paulino José Soares de Sousa, visconde de. *Estudos práticos sobre a administração das províncias do Brasil*, op. cit., p. XXI.

Poder Judiciário, em todo o Império".[209] As eventuais diferenças entre os dois grupos não escondia as evidentes afinidades, decorrentes em parte da mesma formação profissional.[210] O golpe foi acusado pela esquerda moderada, que acusou os antigos companheiros de terem se juntado com "os criados de São Cristóvão"; "os velhos campeões do absolutismo e da recolonização".[211]

Os *regressistas* retomam a bandeira do governo parlamentar e assumem o poder. Repetindo a estratégia empregada contra dom Pedro I, os *regressistas* chefiados por Vasconcelos bateram na tecla do governo parlamentar para esvaziar o poder do Regente. O *governo representativo* era o *governo das maiorias*: "Entendemos o governo representativo, o governo das maiorias; é por isso que temos chamado as maiorias parlamentares a tomarem parte no governo, a exercerem nele a justa e regular influência que lhes cabe, segundo as nossas instituições".[212] Se o governo desejava a colaboração dos deputados, seus ministros deveriam comparecer à Assembleia "para explicar-lhes quais são as necessidades que ele julga urgentes, o que com mais urgência pedem providências". Tratava-se de reduzir o regente, de presidente da República norte-americano, a rei constitucional inglês. Organizado por ministros responsáveis perante a Câmara, o governo formaria "as maiorias conscienciosas, as maiorias compactas e invencíveis" de que necessitava.[213] De sua parte, Feijó considerava o governo parlamentar "absurdo e subversivo de toda a ordem no Brasil, além

[209] ANAIS do Senado do Império, sessão de 1839, volume III, p. 63.

[210] MOSSÉ, Benjamin. *Vida de dom Pedro II.* São Paulo: Edições Cultura Brasileira S/A, s/d, p. 35. NABUCO, Joaquim (1997) [1897]. *Um estadista do Império.* 5ª edição. Prefácio de Raymundo Faoro. Posfácio de Evaldo Cabral de Mello. Rio de Janeiro: Topbooks, p. 65. HARING, C. H. *Empire in Brazil: a New World experiment with monarchy.* New York: W.W. Norton and Company Incorporation, 1958, p. 52. FAORO. *Os donos do poder,* op. cit, 1ª edição, p. 166. CARVALHO, José Murilo de. "O Brasil da independência a meados do século XIX". In: Leslie Bethell (org.). *História da América latina. Da independência a 1870.* Volume III. Tradução de Maria Clara Cescato. São Paulo: EDUSP, 2001, p. 730.

[211] HOMEM DE MELO, Francisco Inácio Marcondes Homem de Melo, Barão de. "A impostura do senhor Bernardo Pereira de Vasconcelos desmascarada". In: Bernardo Pereira de Vasconcelos. *Manifesto político e exposição de princípios.* Brasília: Senado Federal, 1978, p. 234. TORRES HOMEM, Francisco Sales. "O Libelo do Povo". *In*: Raimundo Magalhães Júnior. *Três panfletários do Segundo Reinado: Francisco Sales Torres Homem e o "Libelo do Povo"; Justiniano José da Rocha e "Ação, Reação e Transação"; Antônio Ferreira Viana e a "Conferência dos Divinos".* Edição ilustrada. São Paulo: Companhia Editora Nacional, 1956, p. 94.

[212] ANAIS da Câmara dos Deputados, sessão de 16 de julho de 1838.

[213] VASCONCELOS. *Bernardo Pereira de Vasconcelos,* op. cit., p. 235.

de inconstitucional".[214] Na Assembleia, continuava apoiado pelos principais elementos da esquerda moderada, como Vergueiro, Limpo de Abreu, Teófilo Otoni, Montezuma e Holanda Cavalcanti. Eles haviam constituído um "partido do progresso" na defesa do Ato Adicional. Mas o "progressismo" não conteve o ímpeto "regressista", que paralisou o governo. Depois de queixar-se da falta de cooperação do Parlamento para satisfazer as "urgentíssimas necessidades do Estado",[215] Feijó renunciou e passou a Regência ao ministro da Justiça, o pernambucano Pedro de Araújo Lima. Este, por sua vez, incumbiu Vasconcelos de organizar um novo ministério, conhecido como o "gabinete das capacidades". O próprio Evaristo já havia rompido com Feijó e preparava-se para aderir ao *regresso* quando, de repente, morreu.[216]

Nomeado ministro da Justiça, Vasconcelos começou em setembro de 1837 a corrigir os ditos moderados excessos do reformismo liberal: frear o avanço das províncias sobre as competências da União; retirar deles o controle da polícia e do Judiciário de primeira instância, devolvendo-o à União; e, por fim, unificar a cadeia de comando no plano do governo nacional, subordinando o Judiciário e o Legislativo ao Executivo.[217] No Senado, o debate era particularmente virulento. Lamentava o senador mineiro Felisberto Caldeira Brandt, marquês de Barbacena: "A nação está dividida em partidos e os partidos não admitem razão. Quem difere da sua opinião é estigmatizado. Assim, segundo a cor do partido, o Senado é regressivo e caminha para o absolutismo, ou progressivo e quer a República".[218] Do lado do progresso, o senador maranhense Costa Ferreira, futuro barão de Pindaré, pregava "observar a conduta dos ministros, ver se eles seguem o regresso ou o progresso, para se lhes negar ou conceder confiança".[219] Seu colega de oposição, o senador paulista Nicolau Vergueiro, qualificava os dois lados como representativos de tendências opostas do processo histórico. Se o "sistema do progresso" era o defensor "dos interesses públicos" e "do bem do país", o "sistema de regresso" seria aquele "das transações, cabalas e patronato".[220] Esta não era,

[214] In: FAORO. *Os donos do poder*, 11ª edição, op. cit., p. 318.
[215] JAVARI (org.). *Império brasileiro: falas do trono*, op. cit., p. 130.
[216] CASTRO. *A experiência republicana*, op. cit., p. 50.
[217] CARVALHO. *A construção da ordem*, op. cit., p. 231.
[218] ANAIS do Senado do Império, sessão de 14 de junho de 1839.
[219] Idem, sessão de 1º de agosto de 1839.
[220] Idem, sessão de 2 de setembro de 1839.

todavia, a opinião de Bernardo Pereira de Vasconcelos, ministro da Justiça e do Império, para quem o movimento por ele encabeçado era o portador do verdadeiro progresso. "Se o nome [regresso] é mau, se o nome é odioso, não popular, não duvidaremos abandoná-lo, chamando-o 'progresso'."[221] Para o senador cearense Lopes Gama, essa discussão era de grande inutilidade: "Progresso e regresso designam uma política de nova invenção, política que alguns membros da câmara têm combatido ou defendido, sem que disto resultasse ao povo proveito algum. O que o povo quer é que se ocupem do seu bem, que se restabeleça a ordem e a tranquilidade".[222]

Reconfigurando o projeto imperial (1): o "regressismo" como transação entre o projeto imperial luso-brasileiro e a monarquia democrática nativista. O *regresso* pretendia pôr as instituições políticas a meio caminho do que haviam pretendido os luso-brasileiros ou coimbrãos da geração de 1790, com seu projeto imperial politicamente autocrático e socialmente progressista, e a "monarquia democrática" dos nativistas ou brasilienses, politicamente progressista e socialmente conservadora. Dos liberais, os regressistas como Vasconcelos e Carneiro Leão hauriram principalmente os compromissos com a lavoura e, portanto, com a preservação do tráfico de africanos escravizados. Em matéria de política de mão de obra, este havia sido o ponto em torno do qual se forjara o consenso moderado no início da Regência. Ele não deveria ser questionado, por suscitar a discórdia entre os aristocratas rurais das províncias mais desenvolvidas, cujo apoio era indispensável ao restabelecimento da ordem. Além disso, embora oriundos da magistratura, os principais chefes saquaremas também se tornaram fazendeiros, quando o café despontava como o produto de exportação mais rentável do país.[223] Entendiam que o fim da crise econômica dependia do aproveitamento do *boom* cafeeiro, devendo-se em segundo plano deixar o contencioso relativo à escravidão. Na província do Rio, em 1838, o café já compunha, segundo seu presidente, "o seu principal ramo de exportação, a qual presentemente excede a muito mais de dois milhões e trezentas mil arrobas, quase todas de primeira qualidade".[224]

[221] Idem, sessão de 12 de maio de 1838.
[222] Idem, sessão de 2 de setembro de 1839.
[223] NEEDELL. *The Party of Order*, op. cit., p. 63.
[224] REIS, Artur César Ferreira dos. "A província do Rio de Janeiro e o município neutro". *In*: HOLANDA, Sérgio Buarque (org.). *História geral da civilização brasileira.* Tomo II. 1ª vol. 6ª edição. São Paulo: Difel, 1985, p. 350.

A exigência de mão de obra barata e espontânea, de um lado, e as dificuldades da imigração europeia, de outro, confirmavam a importância da escravidão para dinamizar a economia. Além disso, o Estado precisava se financiar contra os seguidos déficits. Os tratados que favoreciam a Grã-Bretanha e outras potências com tarifas preferenciais, celebrados para garantir o reconhecimento da Independência, venceriam só em 1844. Até lá, o café era o único recurso com que o governo podia contar para gerar receita e arrumar a economia em crise desde a revolução liberal de 1821. Ora, a expansão da economia cafeeira se baseava no contrabando maciço de africanos escravizados, tornado ilegal desde 1831 por imposição britânica. Impotente para combater o tráfico por absoluta falta de meios materiais, o incipiente Estado brasileiro tinha agora uma razão adicional para tolerar o contrabando. Na medida em que a transigência com o tráfico parecia indispensável para estabilizar a economia e garantir assim à sobrevivência do projeto brasileiro, tratava-se de uma razão de Estado, nos termos de Azeredo Coutinho. Não se estranha assim que, naquele momento, Bernardo de Vasconcelos encarasse a escravidão como elemento antes de civilização do que de barbarismo.[225]

Do ponto de vista estratégico, a aliança da burocracia da Corte com a parte da aristocracia rural desencantada com a "monarquia democrática" fornecia ao "projeto imperial brasileiro" a base de sustentação que lhe faltara durante o reinado de dom Pedro I. O Sete de Abril representara o fracasso da Corte em implantar seu projeto imperial do alto, sem incorporar as aspirações da antiga nobreza da terra, agora transmudada em *sociedade civil*. Ela pressupunha que o mundo da ordem dependia da boa sociedade, que deveria governar, e dos escravizados, que deveriam trabalhar, ficando os pobres livres enquadrados como desordeiros.[226] Vasconcelos era o primeiro a enfatizar que, para se enraizarem, as instituições precisavam da "classe conservadora" composta "dos capitalistas, dos negociantes, dos homens industriosos, dos que se dão com afinco às artes e ciências; daqueles que nas mudanças repentinas têm tudo a perder, nada a ganhar".[227] Na imprensa, os regressistas eram secundados por uma equipe de jornalistas, como Justiniano José de Rocha (1811-1862), Jo-

[225] VASCONCELOS. *Bernardo Pereira de Vasconcelos*, op. cit., p. 268.

[226] MATTOS, Ilmar Rohloff de. *O tempo saquarema: a formação do Estado imperial*. Rio de Janeiro: Access, 1994, p. 104.

[227] Idem, ibidem, p. 27.

sino do Nascimento Silva (1811-1886) e Firmino Rodrigues da Silva (1816-1875). Retomando a teoria de Vasconcelos, Justiniano explicava que o futuro da monarquia dependia de uma aliança sólida com a aristocracia rural e o comércio agroexportador. As "classes conservadoras" eram as únicas que teriam algo a perder com o triunfo da desordem. A Coroa deveria desistir de seu compromisso com a reforma social; em retorno, conquistaria a fidelidade da *lavoura*: "Façamos que esses proprietários tenham em seu amor-próprio mais um motivo para quererem a consolidação do trono e a integridade do Império, para mais particularmente se dedicarem ao monarca".[228]

Em síntese, os regressistas propunham uma trégua na guerra herdada do Antigo Regime entre burocracia monárquica e nobreza da terra, na forma de uma conciliação de interesses. O Estado aprenderia a defender os interesses dos grandes proprietários para se consolidar. Em troca, não mexeria nos interesses escravistas. Até a década de 1860 prevaleceria um discurso pragmático que, embora reconhecesse o cativeiro como um regime incompatível com a civilização, atrelava sua extinção à existência de meios para substitui-lo sem grave prejuízo para a economia - ou seja, para a nobreza da terra.

Se por este lado os "regressistas" oriundos da ala direita do antigo partido moderado se assemelhavam à ala esquerda, eles rejeitavam vivamente, por outro, o desprezo de seus antigos companheiros pelos interesses do Estado. O projeto imperial remodelado pressupunha, como o antigo, que o todo e a ordem antecedessem as partes e a liberdade. O resgate da autoridade exigia um Estado nacional autônomo para arbitrar as disputas locais, subjugar os aristocratas insubmissos e alcançar as populações interioranas. Assim, a despeito de suas conexões com o setor produtivo, a visão regressista do Estado transcendia tais interesses, a partir de uma interpretação da sociedade brasileira e de seu futuro como comunidade nacional.[229] Era nesse ponto que os futuros conservadores recorriam à tradição dos ilustrados joaninos. Dos antigos *coimbrãos*, resgataram o princípio de autoridade do Estado, expresso no prestígio do regime monárquico, para criar um centro capaz de assegurar a ordem e a unidade do império. Daí que, numa revisão positiva do reinado de dom Pedro I, o *regresso* bebesse nos argumentos *realistas* relativos à pree-

[228] ROCHA, José Justiniano da. *O Brasil*, edição de 19 de setembro de 1843.
[229] NEEDELL. *The Party of Order*, op. cit., p. 5.

minência do imperador sobre a Assembleia, e do governo nacional sobre o provincial. O símbolo da política *regressista* foi a retomada do costume do beija-mão do imperador pelo novo Regente do Império – escandaloso para o grupo de Feijó, que o abolira em nome da *monarquia democrática.* De fato, para que os "regressistas" chegassem ao *progresso*, recuperando as instituições que prezavam, teriam de *reformar a ordem reformada* para retrogradar à época em que pontificava o "princípio monárquico". A adesão dos magistrados e de outros altos funcionários é sintomática dessa afinidade entre os dois grupos e da continuidade entre as duas gerações.

Reconfigurando o "projeto imperial" (2): a lei de interpretação do Ato Adicional e a reforma do Código de Processo Criminal. O programa regressista foi elaborado durante a vigência do gabinete de 19 de setembro de 1837, sob a batuta de Bernardo Pereira de Vasconcelos, com o auxílio dos regressistas fluminenses (Paulino, Honório, Rodrigues Torres) e os velhos magistrados (Francisco Carneiro, Lopes Gama).[230] O *regresso* propunha a resolução do problema da desordem pela adoção de duas grandes providências. Primeiro, acabando com as usurpações das atribuições do governo geral pelas assembleias provinciais, promovendo-se uma lei de interpretação do Ato Adicional. A lei fixaria o sentido das expressões ambíguas contidas nas emendas ao anteprojeto de Vasconcelos, que vinham servindo de pretexto para o avanço das províncias sobre as competências da União. Ela esclarecia que as assembleias não tinham competência para legislar sobre polícia judiciária, nem podiam alterar a natureza e atribuições de cargos estabelecidos por leis gerais, cujas funções eram de competência do governo nacional, assim como enumerava as hipóteses de suspensão da lei provincial pelo governador.[231] O projeto, de autoria de Paulino de Sousa, Miguel Calmon e Carneiro Leão, pretendia devolver ao Estado nacional os meios de preservar a unidade política e terri-

[230] Vasconcelos declarou na ocasião que "o governo entendeu que as necessidades que o país sentia eram a reforma dos códigos criminal e do processo; a reforma da lei da Guarda Nacional e a reforma ou emenda da lei das eleições. Nomeou comissões para apresentarem estas reformas: uma para rever o código do processo e também o código criminal. Devo declarar que, no projeto que apresentei, teve muita parte o nobre ministro da Justiça, que aqui está presente [i.e., Paulino]. A comissão era composta de dois membros do Supremo Tribunal de Justiça (um deles é o nobre senador, o Sr. Carneiro de Campos), de dois desembargadores, dois juízes de direito, um advogado e o nobre ministro da Justiça, que está presente."

[231] DOHLNIKOFF. *O pacto imperial*, op. cit., p. 135-136.

torial do império. Haja vista que, ao contrário dos Estados Unidos, o Brasil não se formara a partir de uma federação, a interpretação do Ato Adicional deveria ser feita em sentido unionista, conciliando a força do governo central com o elemento federativo. O projeto foi bem-sucedido, convertido na Lei nº 105 de 12 de maio de 1840.

Em segundo lugar, era fundamental para os regressistas reformar o Código de Processo Criminal. Desde que sua composição fora transferida ao eleitorado da localidade, alegava-se que a máquina judiciária (juízes de paz, municipais, de órfãos, jurados, ministério público e polícia) passara a ser empregada pela antiga nobreza da terra para oprimir seus adversários e a população. Na medida em que os próprios fazendeiros elegiam os juízes e jurados locais, eles e seus protegidos saíam absolvidos de todos os crimes, contribuindo para o clima de impunidade generalizada. Ou seja, os "cidadãos senhores" de Feijó agiam sem o sentimento republicano cívico que deles se esperava. Ministro da Justiça, Paulino lembrava que, desde a promulgação do Código, todos os seus antecessores anunciavam à Assembleia "o aparecimento de novos tumultos e comoções em várias de nossas províncias, ou a continuação e desenvolvimento dos que já tinham aparecido".[232] O futuro visconde do Uruguai pintava um quadro tenebroso de segurança pública. As regiões rebeladas estavam convulsionadas por uma "massa enorme de homens ferozes, sem moral, sem religião e sem instrução alguma, eivados de todos os vícios da barbaridade".[233] Em nenhuma província havia "eficazes garantias à vida, à honra e à fazenda de cada um" e, nas conflagradas, assistiam-se a "horrores friamente perpetrados pela barbaridade, pela lascívia, pela vingança". A audácia das facções e a impunidade minavam o organismo nacional.[234] Cumpria esvaziar o poder dos juízes de paz e centralizar o Judiciário e a Polícia, criando cargos de delegados e subdelegados e retirando das províncias a atribuição de nomear autoridades judiciárias e administrativas. Só assim, para Paulino, seria possível "habilitar o poder para resistir aos partidos sempre descontentes, e para cumprir um de seus primeiros deveres,

[232] SOUSA, Paulino José Soares de. *Relatório da repartição dos negócios da Justiça apresentado à Assembleia Geral Legislativa na sessão ordinária de 1841*, op. cit., p. 3.
[233] Idem, ibidem, p. 9.
[234] Idem, ibidem, p. 18.

a manutenção da ordem pública e a proteção à segurança individual".[235] Igualmente exitosa, a reforma do Código foi aprovada com a promulgação da célebre Lei nº 261 de 3 de dezembro de 1840.

O "sistema do regresso" (1): diagnóstico da anarquia e crítica do "espírito de inovação". Conforme se passara com os teóricos europeus do absolutismo e da razão de Estado, o ponto de partida da reflexão de Vasconcelos residia no estado de conflagração do país: "A guerra civil está devorando uma não pequena parte do Império do Brasil".[236] Os conflitos resultavam da incapacidade de sujeitar a população às autoridades constituídas: "A insubordinação é a ordem do dia".[237] A transição para o liberalismo, entendido como sistema em que o Estado deixava de dirigir a sociedade para ser dirigido por ela (o "momento oligárquico"), teria sido brusca demais: "O país que faz uma transição como nós fizemos não pode deixar de estar agitado. E que transição? Do estado de absolutismo para o das instituições as mais liberais que se conhecem. Eis o elemento de desordem; toda a legislação tem ido de acordo com este sistema [do progresso]; não temos caminhado pouco a pouco, como era minha opinião (e este é um dos dogmas do regresso)".[238] Essa crítica ao "progresso" oligárquico dos anos anteriores era acompanhada de uma sensação dupla: a de uma aceleração extraordinária do tempo, desde a Revolução liberal de 1821, e a da incapacidade demonstrada pela sociedade de digerir tanta mudança em tão curto período:

> A história das revoluções e das comoções intestinas, que tantos males têm feito ao Brasil, não datam de 7 de abril de 1831: o Brasil está inquieto desde 1821, desde que se proclamou o sistema constitucional. Desde então apareceu um espírito de agitação, manifestaram-se pretensões exageradas. Até então a obediência era geral e passiva; de então em diante entendeu-se que era até virtude desobedecer, não cumprindo as ordens de seus superiores. Desde 1821, o país tem estado em grande agitação, com a diferença de que em algumas épocas tem sido maior e em outras, menor. O espírito de oposição foi apoderando-se das massas, e se, num governo constitucional representativo, ainda que bem montado e cimentado por longa duração, nem sempre as resistências produzem bons efeitos, como não encontrará o país essa resistência, não tendo ainda nós o prazer de ver consolidadas as nossas instituições? Durante o reinado

[235] Idem, ibidem, p. 20

[236] ANAIS do Senado do Império, sessão de 26 de outubro de 1839.

[237] Idem, sessão de 9 de agosto de 1839.

[238] Idem, sessão de 24 de maio de 1839.

> do Sr. D. Pedro I, houve muitas comoções. Verdade é que em alguns pontos a tranquilidade parecia estar consolidada, mas só o estava aparentemente: a anarquia surda reinava nos espíritos. Eu não falo da anarquia das ruas, das praças, do cacete e do punhal; penso que ano houve em que tal anarquia desapareceu do país. O movimento de 7 de abril de 1831 veio aumentar essa desordem, esse mal moral de que estavam eivados os espíritos. Às comoções sucederam sedições; às sedições, rebeliões; e assim tem caminhado o Brasil até a época em que vivemos.[239]

Este também era o diagnóstico de três senadores que acumulavam funções com aquelas de ministros do Supremo Tribunal: os baianos Francisco Carneiro de Campos e Cassiano Melo Matos, e o cearense Caetano Maria Lopes Gama, futuro visconde de Maranguape. Para o senador Melo Matos, a anarquia datava "talvez em grande parte da revolução de Sete de abril, e tem progredido daí em diante". A fonte dos males residia na "tendência direta para revoluções, da tendência direta para a desobediência da lei e às autoridades constituídas".[240] Para os regressistas, a desordem tinha uma causa intelectual: a tentativa precipitada de se promover o "progresso" – isto é, a liberação dos interesses fragmentários da sociedade em detrimento da ordem pública. Essa promoção se fizera pela adoção, por parte dos liberais, das ideias e instituições de países cêntricos como os Estados Unidos e a Inglaterra, com desdém pelas circunstâncias do Brasil. A mesma "sociologia das circunstâncias", crítica aos excessos do cosmopolitismo liberal, transparecia na declaração do senador Lopes Gama:

> A ordem civil ressente-se dos efeitos das novas leis com que quisemos substituir a antiga legislação, e que em grande parte não estavam em harmonia com as nossas instituições, nem com o estado de civilização e desenvolvimento em que nos achamos, atualmente. Transplantamos para o Brasil legislações exóticas acomodadas a outros costumes e condições sociais, e ficamos em pior estado do que estávamos.[241]

A passagem abaixo, na qual Vasconcelos discorria sobre os problemas do júri no Brasil, ilustra a forma por que ele articulava a sensação de aceleração do tempo político aos efeitos desagregadores da introdução de instituições estrangeiras:

---

[239] Idem, sessão de 9 de agosto de 1839.

[240] Idem, sessão de 28 de setembro de 1839.

[241] Idem. sessão de 18 de maio de 1839.

> Fizemos uma grande obra estabelecendo os jurados. Julgamos que tínhamos felicitado o nosso país só porque ouvíamos que na Inglaterra havia, por exemplo, um bom juízo de jurados; e, sem procurarmos indagar as causas que faziam com que aquele juízo produzisse a força e a prosperidade da Inglaterra, entendemos que devíamos naturalizá-lo no Brasil e por isso todos nós temos queixado das impunidades. [...]. Como se postergou a teoria do regresso, como nos lançamos de um só pulo do juízo inquisitorial para a publicidade do processo do júri, pioramos muito a nossa jurisprudência criminal. Os ânimos não estavam dispostos para tal mudança, e o que tem resultado é que muitos antigos defensores do progresso querem hoje recuar para o estado anterior.[242]

Para Vasconcelos, o ponto alto do desastrado intento de promoção do progresso pelos liberais teria sido a reforma constitucional por que o governo geral abdicara, nas províncias, os poderes de polícia e judiciários na primeira instância. Este era um caso evidente de má cópia das instituições norte-americanas. Ao contrário da sociedade estadunidense, a brasileira não estava preparada para o federalismo, compreendido como um sistema capaz de dispensar a tutela da União. Vastas extensões do país encontravam-se fora do alcance do governo e das leis nacionais, nas mãos de selvagens, criminosos e bárbaros donos de terras. Estender a autoridade civilizadora do Estado sobre o conjunto do território era uma necessidade que precedia a autonomização das províncias. Por isso Vasconcelos insistia em fortalecer o poder central, salientando que a descentralização em larga escala só poderia ser admitida "depois que a civilização tiver chegado a tal ponto que se achem todos os meios de governar em toda a parte".[243] Também Lopes Gama achava que o estado calamitoso do país derivava da cópia defeituosa do federalismo: "Nós não podíamos tomar por modelo as instituições de um país que tem uma composição mui diversa do nosso".[244] É nesse contexto de modulação para o registro conservador que o antigo líder da oposição liberal a dom Pedro I teria proferido a célebre justificativa de sua virada:

> Fui liberal; então a liberdade era nova no país, estava nas aspirações de todos, mas não nas leis; o poder era tudo: fui liberal. Hoje, porém, é diverso o aspecto da sociedade; os princípios democráticos tudo ganharam e muito comprome-

[242] Idem, sessão de 6 de junho de 1839.

[243] Idem, sessão de 29 de maio de 1839.

[244] Idem, sessão de 13 de junho de 1839.

teram; a sociedade, que então corria risco pelo poder, corre agora risco pela desorganização e pela anarquia. Como então quis, quero hoje servi-la, quero salvá-la: e por isso sou regressista.[245]

O "sistema do regresso" (2): o governo das transações e a centralidade da magistratura. Os principais meios por que Vasconcelos buscava apoio público para o programa regressista foram dois. O primeiro era o chamado "governo das transações" ou dos compromissos. Em um mundo em que o princípio hierárquico do Antigo Regime se desvanecera, a governabilidade dependia de uma contínua negociação com os representantes dos interesses sociais e econômicos. Por isso, o regime das transações e dos compromissos era "da essência de todo o governo livre". O governante não deveria ter medo de buscar na sociedade os fundamentos de sua autoridade; para tanto, bastava que "um dê ao outro um pouco, e o outro, outro pouco, a fim de que possa haver unidade de pensamento e unidade no regime".[246] O segundo meio de obtenção de apoio passava pelo emprego da coação contra os recalcitrantes: "Não pode haver boa política sem respeito. Como estou na convicção de que nada se respeita quando nada se teme, por isso julgo que o governo deve ter força, e deve empregar a força, em todos os casos. Em todas as questões morais se vê sempre que o princípio dominante é o respeito e o medo".[247] O temor era "tão necessário à espécie humana como ar à vida do indivíduo; ele regula todas as ações, tanto dos cidadãos, como entre o cidadão e o príncipe; até as nossas relações com a divindade; e, com efeito, muitas vezes deixamos de praticar uma ação pelo receio dos males a ela inerentes".[248] Daí que ele entrasse nos cálculos do estadista como elemento de administração: "Nenhum governo pode existir sem o direito de se impor; ninguém pode justamente pretender os cômodos sociais, sem sofrer os incômodos sociais".[249] Sem temor não se governava, nem se construía Estado nenhum. Era a retomada da "revolução monárquica" no meio dos escombros da malograda "revolução oligárquica" dos liberais,

Do ponto de vista corporativo, a burocracia monárquica era considerada um ponto de apoio tão problemático quanto essencial. Os liberais acusa-

245 VASCONCELOS. *Manifesto político*, op. cit., p. 24.
246 ANAIS do Senado do Império, sessão de 16 de maio de 1839.
247 ANAIS da Câmara dos Deputados, sessão de 2 de maio de 1838.
248 ANAIS do Senado do Império, sessão de 25 de maio de 1839.
249 Idem, sessão de 21 de outubro de 1839.

vam a presença maciça de funcionários no Parlamento – eram metade dos deputados – de desvirtuar o sistema representativo. Além de conferir peso demasiado a uma única corporação em detrimento da lavoura (um dos novos nomes da antiga *nobreza da terra*), ela violaria o princípio da separação de poderes, ao deixar metade da deputação submissa aos ditames do governo. Ao invés de representar os interesses da sociedade, o sistema acabava representando os interesses do Estado. Os regressistas reagiam à acusação de modo variado. Vasconcelos fazia uma interpretação minimalista da independência dos poderes, alegando que ela não era absoluta e se restringia, no caso do Judiciário, a "não poderem seus atos ser revogados por outro poder do Estado".[250] Já Paulino reconhecia que a preponderância dos magistrados era um mal, mas invocava a "sociologia das circunstâncias" para justificá-la. O peso da magistratura era uma herança do Antigo Regime e ela continuava a fornecer as principais capacidades do Brasil. Tratava-se de uma situação transitória, fadada a desaparecer. Conforme o progresso e a civilização do país difundissem as luzes e tornassem mais complexa a sociedade, os magistrados se retirariam das atividades políticas e os proprietários assumiriam o protagonismo que lhes competia. Enquanto as mudanças sociais não acontecessem, porém, era mais sensato aceitar o estado de coisas e contar com a ilustração dos magistrados: "A nossa sociedade, principalmente de nações novas, com o andar dos tempos, insensivelmente se muda e regenera. É, portanto, indispensável esperar do tempo o que somente o tempo pode dar, limitar-se a encaminhar as coisas para o melhor fim, e não querer antecipar efeitos que não está em nosso poder antecipar".[251] A verdade é que, para os regressistas, o peso da burocracia do Estado no Parlamento era antes um bem do que um mal. Ela facilitaria a "governabilidade", ou seja, a formação de maiorias dóceis às decisões do governo, favorecendo o "princípio da autoridade".

3. O MODELO REGRESSISTA DE GOVERNABILIDADE: A HIERARQUIZAÇÃO DOS PODERES POLÍTICOS

Reconfigurando o "projeto imperial" (3): o modelo "regressista" de governabilidade. Resta saber como, do ponto de vista jurídico e doutrinário, a supremacia

[250] Idem, sessão de 20 de junho de 1840.

[251] Idem, ibidem.

da autoridade imperial se conciliava com a doutrina do governo parlamentar. Uma monarquia parlamentar, como qualquer regime, precisava de um *modelo de governabilidade*, isto é, de um *conjunto de convenções e padrões de comportamento institucional capaz de lhe conferir previsibilidade e estabilidade, dentro dos parâmetros oferecidos pela Constituição*. O lento desenvolvimento desses padrões no Brasil se devera à oposição crescente entre a Coroa e a classe política durante o reinado de dom Pedro I, decorrente da luta entre a burocracia e a nobreza da terra e depois, pelo arrastamento dos moderados pelos radicais, que levara ao fracasso da "monarquia democrática" concebida por Feijó. Vasconcelos propunha agora um verdadeiro modelo de governabilidade, que conferisse à União os meios de se impor às parcialidades partidárias nas províncias, e ao governo, à maioria parlamentar. À época ainda não havia regras como a da responsabilidade coletiva do gabinete, a da liderança formal de um primeiro-ministro, ou de escolha de secretários de Estado que gozassem da confiança do Parlamento. Vasconcelos fez a monarquia entrar na sua rotina, porque reafirmou todos aqueles princípios, que dali por diante balizariam o funcionamento do regime. Passou a cooptar chefes políticos indiferentes e mesmo antigos adversários, oferecendo-lhes incentivos como cargos e favores eleitorais, e retaliando com a demissão ou outras formas de perseguição aqueles que se opusessem ao seu programa ou se recusassem a negociar. Era assim que ele acreditava poder submeter as elites provinciais, de um lado, e formar maiorias parlamentares, de outro. Em suma, formar uma coalizão que sustentasse seu governo. As acusações de que lançara mão de *corrupção*, ou seja, de clientelismo para obter maioria parlamentar, parecem menos graves em um tempo em que ainda não havia partidos estruturados, nem disciplina partidária para obter a colaboração dos representantes das províncias mais distantes. Neste sentido, ele não distava do que, em maior escala, fizera Walpole um século antes, na Grã-Bretanha.

Para os regressistas, a prática do governo parlamentar não decorria da necessidade de enfraquecer a Coroa, e sim de fortalecê-la, ampliando a base social e econômica de que ela carecia. Para consolidar-se como nacionalidade, eles alegavam que o Brasil necessitava de "um poder bem constituído e robusto, que tivesse a força necessária para dirigir com mão firme um país novo [...] na larga senda dos grandes melhoramentos sociais que reclama".[252] Um

[252] In: VIANNA, Hélio. *Vultos do Império*. São Paulo: Editora Nacional, 1968, p. 149.

governo solidário, apoiado por maioria parlamentar, cooptada por cargos e acertos de interesses, protegeria a monarquia, reduziria a pressão provincial e evitaria a fragmentação partidária. Porque desejava que o governo soubesse "identificar-se com as maiorias",[253] Vasconcelos propôs em 1837 a criação do cargo de presidente do Conselho de Ministros, que se tornaria uma realidade dez anos depois. A prática de cooptação dos deputados deveria ser seguida por todos os gabinetes, a fim de que, conforme declarava Paulino, o governo exercesse sobre o Parlamento "aquela saudável influência que é indispensável para que haja acordo e as coisas possam marchar".[254] O sucesso do modelo "regressista" de governabilidade se traduziu pela inversão das relações de hierarquia entre a Câmara e o Executivo, que veio a preponderar nos anos seguintes, marcados pela retomada da "revolução monárquica". Já em 1843 se queixava um deputado: "Antigamente as câmaras eram tudo, os governos sujeitavam-se a elas até no que não era de sua competência; mas hoje as câmaras são nada; o governo é tudo... Não ouvimos senão – o governo exige – o governo pede – o governo quer".[255]

Enfatizando a necessidade de uma administração imparcial e proba, apartada da política, os regressistas minimizavam o papel da Câmara. Ela constituía um recinto no qual, respeitadas as formalidades, os representantes das parcialidades se reuniam para entrar em contato com o Estado, assimilar seus valores e, apoiando o ministério, auxiliá-lo na promoção da civilização. A afinidade do conservadorismo "regressista" com o espírito do reformismo ilustrado era clara: a partir da Corte, o Estado unitário representava fictamente a nação a fim de instruir a sociedade incipiente sobre seus verdadeiros interesses e elevá-la pela difusão das luzes e dos exemplos. Invertia-se na prática a natureza jurídica da representação imaginada pelo liberalismo. O Estado percebia a nação em estado de incapacidade e fazia o papel de seu tutor, encarregado de representá-la e cuidar de seu patrimônio até que atingisse a maioridade. Os conservadores compensavam as tendências fragmentárias do governo parlamentar, garantindo o ascendente da Coroa por uma interpretação literal da Carta de 1824. Era o que queriam dizer quando defendiam

[253] ANAIS do Senado do Império, sessão de 28 de maio de 1839.

[254] ANAIS da Câmara dos Deputados do Império, sessão de 23 de janeiro de 1843.

[255] In: PINHO, Wanderley. *Cotegipe e seu tempo. Primeira fase, 1815-1867*. Edição ilustrada. Rio de Janeiro: José Olympio, 1936, p. 90.

a "rigorosa observância dos preceitos da Constituição".[256] Com sua imparcialidade e autoridade, o imperador deveria sempre se mostrar à testa dos negócios públicos: "Vossa Majestade Imperial não é, não pode, não deve ser homem de partidos", lembravam os "regressistas" a dom Pedro II: "A Divina Providência o fez somente o homem do partido da prosperidade e da grandeza do país que o chamou a *governar*".[257] De fato, o governo parlamentar imaginado por Vasconcelos estava longe de ser aquele no qual o rei reinava sem governar: "Nunca esposei a ideia de que os ministros oferecessem a política ao chefe do Estado, nunca foi essa a minha opinião; eu quero que o chefe do Estado tenha a sua política, que ele procura a sustentar enquanto está convencido de que é a política nacional, e que procure, sendo política nacional, nas maiorias nacionais, quem a sustente, quem a desenvolva".[258]

Mas não era só o Poder Legislativo que saía tutelado. O mesmo acontecia com o Judiciário. Quando se discutia o restabelecimento do Conselho de Estado, o senador Francisco Carneiro de Campos avançara sua concepção segundo a qual o Supremo Tribunal de Justiça, de que também era conselheiro (juiz), deveria ser "o primeiro tribunal, o grande vigilante que está no centro de todos os juízes do Império". Nesta qualidade, ele reivindicava-lhe o direito que a Casa de Suplicação tivera no Antigo Regime de uniformizar a jurisprudência por meio de súmulas. Fascinado com o papel exercido pela Suprema Corte dos Estados Unidos, descrito por Tocqueville em *A democracia na América*, Francisco Carneiro reivindicava uma função análoga para o Supremo brasileiro como forma de garantir o ascendente da magistratura na nova moldura do governo constitucional.[259] Mas Vasconcelos se opôs radicalmente a semelhante pretensão. O órgão de cúpula do regime não seria o Supremo, mas o novo Conselho de Estado. Aos olhos daqueles que, como ele, patrocinavam a ressurreição do conselho extinto pelo Ato Adicional, o Supremo não passaria de "um ramo do Poder Executivo destacado da Coroa".[260] De caráter político e administrativo, o novo colegiado aconselharia o Poder Moderador, orientaria o Executivo em matéria de administração e proporia projetos de lei

[256] In: BRASILIENSE, Américo. *Partidos e programas políticos do Império.* Brasília: Senado Federal, 1979, p. 22.
[257] In: VIANNA. *Vultos do Império*, op. cit., p. 151.
[258] ANAIS do Senado do Império, sessão de 6 de julho de 1839.
[259] Idem, sessão de 6 de maio de 1840.
[260] Idem, sessão de 25 de junho de 1841.

e regulamentos.[261] Tratava-se também de criar uma jurisdição administrativa à francesa, que julgaria "os casos em que direitos particulares tivessem sido ofendidos pela administração, ou por violação da lei e regulamentos [...], ou por descumprimento de contrato celebrado por ela mesma".[262] Tendo o Conselho de Estado por cúpula, a nova jurisdição asseguraria o primado do público sobre o privado, que viria sendo perturbado pelo Judiciário independente.

Não era, em síntese, o Supremo Tribunal quem deveria garantir a uniformidade jurisprudencial no império, mas o Executivo, por meio de Conselho de Estado, órgão de cúpula da administração e da política imperial. Uma vez que o Poder Executivo era "a administração posta em movimento", o que se pretendia era esclarecê-lo à maneira do sistema napoleônico admirado pelos *coimbrãos* e, agora, pelos *regressistas*, "com a opinião, com o parecer de homens ilustrados, traquejados nos negócios, e que, pelo grande princípio da vitaliciedade consagrado no projeto, tem toda a independência de suas consciências".[263] A lei que recriava o Conselho de Estado fazia dele uma instância de poder em torno do Poder Moderador, de caráter político e administrativo, mas apartidário e consultivo, orientado pela razão de Estado, capaz de disciplinar os demais poderes. Se já não era possível, como no Antigo Regime, governar através dos magistrados, cumpria circunscrever sua jurisdição ao processamento e julgamento de causas entre particulares e submetê-los, eles também, à tutela do Executivo. A justiça ou contencioso administrativo tomaria o lugar dos magistrados do Antigo Regime a longo prazo e resguardaria a eficiência e o interesse (a "razão") do Estado contra a morosidade, o privatismo e o corporativismo do Judiciário:

> O que convém, pois, é armar o Poder Executivo do grande regulador, do regulador supremo, de decidir sobre os conflitos de autoridades; é declarar, como faz o projeto, que o Poder Executivo poderá dizer ao seu vizinho inquieto, perturbador e turbulento [o Judiciário]: – Detende-vos, não podeis ultrapassar estes limites, isto pertence à Coroa. [...]. Se pois não estabelecermos o Conselho de Estado, ou se entendermos que ele não deve intervir neste negócio, o que fazemos é sujeitar a administração ao descuido, à negligência da autoridade judiciária.[264]

[261] Idem, sessão de 26 de julho de 1841.

[262] HESPANHA, Antônio Manuel. *Hércules confundido: sentidos improváveis e incertos do constitucionalismo oitocentista: o caso português.* Curitiba: Juruá Editora, 2009, p. 237.

[263] ANAIS do Senado do Império, sessão de 26 de julho de 1841.

[264] Idem, sessão de 25 de julho de 1841.

4. As linguagens do regressismo: o conservadorismo britânico, o liberalismo doutrinário e o constitucionalismo monarquiano

As linguagens do "regresso" (1): o conservadorismo britânico e resistência à inovação. Do ponto de vista da linguagem ou do discurso, os futuros conservadores recorriam a três fontes mais ou menos aparentadas. Quando precisavam resistir às inovações propostas pelos liberais, eles recorriam ao conservadorismo britânico. Na década de 1820, os *tories* se convenceram de que seria impossível manter o *status quo* sem concessões que aliviassem a pressão sobre a monarquia. Face à nova conjuntura, o velho partido *tory* passou a se denominar *conservador* a fim de torná-lo – nas palavras de seu líder, Robert Peel – "compatível com reformas cautelosas e bem digeridas em cada instituição que realmente requeira reformas".[265] A parte tardia da obra de Burke, a *conservadora moderada*, foi então incorporada ao imaginário dos *tories* para reforçar a positividade da ideia de "mudanças dentro da ordem".[266] O conservadorismo não se negava a acompanhar a evolução social, mas ressalvava que só deveriam ser admitidas as reformas depois de amadurecidas. Os hábitos, as tradições e os costumes, ao longo de gerações, criavam uma cultura de valores compartilhados, que compensava o potencial conflitivo das paixões individuais. Por amor à abstração, o homem não deveria arriscar instituições que, na prática, garantiam direitos, produziam dirigentes razoáveis e distribuíam justiça. A política era uma ciência experimental, voltada para a resolução de problemas práticos, para a qual a história era um repositório de ensinamentos: "Em todas as questões de Estado há um meio-termo. Não estamos restritos à alternativa de destruir completamente as instituições ou de deixá-las subsistir sem nenhuma reforma", afirmava Burke. Daí que "tentar conservar e procurar aprimorar" eram as duas qualidades mestras do verdadeiro estadista.[267]

O grande precursor do conservadorismo britânico no Brasil havia sido José da Silva Lisboa, visconde de Cairu, que falecera em 1835. O principal

[265] WATTS, Donald. *Tories, unionists and conservatives, 1815-1914. London: Hodder & Stoughton,* 2002a, p. 48.

[266] Idem, ibidem, p. 15.

[267] BURKE, Edmund. *Reflexões sobre a Revolução Francesa.* Tradução de Renato de Assunção Faria e outros. Brasília: Editora da UnB, 1997, p. 157.

agente de sua segunda recepção foi Bernardo Pereira de Vasconcelos, quando entrou em sua "modulação conservadora". Ele reconhecia a influência de Burke haurida pelos escritos de Cairu.

> A rígida virtude de alguns homens de moral, e a lógica que se apoderou de suas cabeças políticas, foram as causas que mais influíram nas grandes catástrofes da França durante o reinado da Convenção. O célebre Burke, de que nos deu larga medida o Sr. visconde de Cairu, e que por isso ninguém tachara de partidista e exaltado, ou de infenso à monarquia, atribuía todos os erros, todos os absurdos, todos os atentados cometidos na França revolucionária ao predomínio que na política obteve a lógica. Robespierre e outros membros da Montanha não eram muito lógicos?[268]

Inspirado em Burke, Vasconcelos consagrava a monarquia constitucional como um regime de equilíbrio entre a ordem, representada pela Coroa, e a liberdade, pelo governo representativo:

> Eu reduzia todas as minhas ideias a três palavras: Deus, trono e liberdade. Eis o fim que eu procuro atingir. Uma das máximas de que eu estou inteiramente convencido é que não pode haver trono e liberdade sem que um não absorva o outro, que o trono não esmague a liberdade, e que a liberdade não esmague o trono. Até porque, de ordinário, ela desaparece sempre com ele.[269]

A perseguição do equilíbrio próprio à monarquia constitucional não estava, porém, isenta de dificuldades. Embora no curso da história houvesse o progresso para a liberdade, essa marcha estava longe de descrever um movimento retilíneo. A estabilidade política era difícil no Estado de direito. As paixões humanas sempre punham em perigo um dos dois elementos de que ele carecia para sobreviver: autoridade demasiada o inclinava para o despotismo, ao passo que liberdade excessiva a predispunha à anarquia. O dever do estadista estava, portanto, em lutar pelo equilíbrio da liberdade com a autoridade, do progresso com a ordem, da democracia com a monarquia. Mas a civilização diversificava ao infinito os sentimentos, as naturezas e as necessidades, já não sendo "fácil achar dois homens com os mesmos sentimentos, ainda sobre as

[268] ANAIS do Senado do Império, sessão de 15 de maio de 1844.
[269] Idem, sessão de 22 de julho de 1839.

coisas mais necessárias".[270] O presente era um tempo de egoísmo, em que os homens nada consideravam além de si próprios ou de suas famílias. Ademais, a existência humana era marcada pelo desconhecido: "Vagamos sempre em um mar de incertezas e flutuações".[271] Diante desse quadro, o estadista não tinha opção senão deixar-se orientar conforme as contingências do meio e do tempo: "Nos governos representativos, bem que sejam os mais perfeitos, não se faz sempre quanto é necessário, mas sim quanto o permitem as circunstâncias", afirmava Vasconcelos.[272] O estadista precisava adaptar e modificar suas ideias, sempre que precisasse desviar de um caminho perigoso: "Os perigos da sociedade variam; o vento das tempestades nem sempre é o mesmo: como há de o político, cego e imutável, servir ao seu país?".[273] Equivocavam-se, portanto, aqueles para quem a política seria tão certa quanto a geometria. Relevando ainda do domínio do experimental, ela era a mais atrasada das ciências: "O espírito que está habituado ao estudo das ciências exatas quer encontrar a verdade absoluta e resultados positivos em toda a parte, mas os fatos e os acontecimentos o desmentem sempre".[274]

Era o registro clássico da razão de Estado que jazia no fundo da concepção prudencial do legislador mineiro. Porque os fatos e acontecimentos da vida a todo o momento desmentiam a verdade absoluta buscada pelos homens, Vasconcelos duvidava que a política algum dia pudesse tornar-se uma ciência: "Se a política tivesse regras certas e de uma aplicação invariável, seria, sem dúvida, uma ciência ao alcance de todos; mas a dificuldade de aplicar as regras, de modificá-las, de acomodá-las ao estado social, é o que torna a ciência política a mais difícil de todas as ciências e que faz com que todos os publicistas de boa-fé reconheçam que é a que está mais na sua infância".[275] Embora reconhecesse a influência da moral sobre o comportamento dos homens, para Vasconcelos, ela não bastava para mantê-los em subordinação. Por isso, ele confessava sua desafeição pela metafísica, duvidava dos fundamentos kantianos evocados por seu principal adversário, Diogo Feijó, e reconhecia o papel social dos preconceitos à maneira de Hume: "Às vezes previno-me a respeito das coisas e

[270] Idem, sessão de 25 de maio de 1839.
[271] Idem, sessão de 28 de maio de 1839.
[272] Idem, sessão de 25 de maio de 1839.
[273] Idem, sessão de 28 de maio de 1839.
[274] Idem, ibidem.
[275] Idem, ibidem.

das pessoas em questão, mas nunca pensei que houvesse pessoas tão felizes no mundo que estivessem isentas das prevenções".[276] Vasconcelos também era avesso a proposições gerais em matéria política e moral. Negava a existência de princípios absolutos, declarando-os falsos e desagradáveis, úteis apenas a quem quisesse fazer oposição. Trinta anos mais tarde, um discípulo seu, Firmino Rodrigues Silva, explicava o que entendia por conservadorismo:

> A ideia conservadora é inseparável de todas as instituições, em todos os tempos e fases da civilização. É a primeira que surge no dia seguinte ao das revoluções para firmar-lhe as conquistas. Sem ela a sociedade giraria desnorteada, como no espaço os corpos privados de centro de gravitação. [...]. Nos domínios da razão e da consciência, este instinto se traduz no desejo de conservar o bem que possuímos; de não abandonarmos irrefletidamente o certo pelo duvidoso; de não caminharmos para o desconhecido senão à luz das experiências dos fatos sucessivos, das ideias encadeadas, como nas ciências exatas chegamos a apreciar o valor da incógnita.[277]

As linguagens do "regresso" (2): **o liberalismo doutrinário e governabilidade.** Quando, porém, os conservadores estavam na situação e precisavam justificar suas iniciativas; ou quando, na oposição, criticavam a gestão liberal a partir de um determinado modelo de governo forte, eles apelavam para o liberalismo doutrinário, cujo principal representante era François Guizot. Os conservadores franceses – que incluíam outros autores e políticos, como Royer-Collard, Duverger de Hauranne, Prosper de Barante e Charles de Rémusat – reconheciam a realidade democrática da política moderna e por isso julgavam o regime da Monarquia de Julho superior ao da própria Inglaterra, essencialmente aristocrática. Entretanto, eles pensavam a democracia antes no registro da igualdade civil do que naquele da participação política. O Estado nacional deveria ser um "governo das capacidades", dirigido por uma elite composta pelo que houvesse de mais notável em matéria de inteligência e luzes na sociedade. O progresso era pensado como um resultado da ação combinada do Estado (autoridade) e da sociedade (liberdade). Na medida em que fomentava o crescimento da produção e uma distribuição mais igualitária

[276] Idem, sessão de 16 de julho de 1839.

[277] In: MASCARENHAS, Nélson Lage. *Um jornalista do Império: Firmino Rodrigues Silva.* São Paulo: Companhia Editora Nacional, 1961, p. 328-329.

dos seus frutos, a autoridade criava as condições do desenvolvimento social. O ambiente de liberdade, por sua vez, permitia a emergência dos mais capazes, cujos méritos os faziam destacarem-se da multidão. Ao recrutar as capacidades para que tomassem parte na administração, o Estado conciliaria o governo representativo, isto é, o número, com o governo dos melhores, ou seja, com a razão. A sociedade seria governada pelo que ela teria de melhor, e guiada pelo seu próprio interesse esclarecido.[278] Do ponto de vista institucional, o *governo das capacidades* se realizava em um regime parlamentar que fornecesse aos gabinetes força e solidez para satisfazer as necessidades públicas:

> O governo representativo é instituído para concentrar e manifestar as necessidades e tendências sociais, e deve ser depositado nas mãos daqueles que saberão reconhecê-las e satisfazê-las. Ele é, pois, o objetivo e o resultado da existência das câmaras. Elas trabalham incessantemente para formar o governo que convém ao país, para que o governo, formado por elas, nelas repouse a sua energia e sua estabilidade. [...]. Contestar às câmaras uma influência decisiva na formação do ministério, ou pedir aos ministros que sejam fortes sem o apoio das câmaras, é recusar o governo representativo.[279]

Depois de 1830, com a elevação do grupo da *resistência* liderado por Guizot ao poder na França, durante o reinado de Luís Felipe de Orléans, o liberalismo doutrinário tornou-se um *liberalismo de governo*, focado nas condições de governabilidade, assumindo as mesmas cores conservadoras do situacionismo *whig* do "momento oligárquico", quando Sir Robert Walpole dava as cartas na Grã-Bretanha. Essa literatura "orleanista" foi difundida e popularizada pelos periódicos que lhe refletiam a ideologia, como o *Diário de Debates* e a *Revista dos Dois Mundos* – especialmente no Brasil, onde as duas revistas tinham seu maior número de assinantes, fora da França.[280] A avidez com que as obras representativas do liberalismo doutrinário eram consumidas na década de 1840 transparece em uma carta do carioca Justiniano José da Rocha (1812-1862). Nela, o jornalista conservador informava

[278] RÉMOND, René. *Les droites en France.* Paris: Aubier, 1982, p. 94. ROSANVALLON, Pierre. *Le moment Guizot.* Paris, Gallimard, 1985, p. 279.
[279] GUIZOT, François. *Du gouvernement de la France depuis la Restauration, et du ministère actuel.* 2ª edição. Paris: Librarie Française de l'Avocat, 1820, p. 283-284.
[280] CALMON, Pedro. *História social do Brasil. Tomo II: espírito da sociedade imperial.* São Paulo: Companhia Editora Nacional, 1937, p. 23.

ter emprestado todas as obras do historiador orleanista Raymond Capefigue (1801-1872) aos próceres do *regresso:*

> Tenho lido as obras do Capefigue, e como as tenho todas, mandar-te-ia de empréstimo, porém desgraçadamente caí em gabá-las ao Paulino. Paulino as leu e passou-as ao Honório [Hermeto], este ao [Rodrigues] Torres, este ao Eusébio [de Queirós], este ao Gonçalves Martins, este ao Francisco Diogo [de Vasconcelos], este ao Barbosa. Todos a querem ler! Sabes que esses livros são raríssimos em nossos livreiros; a demanda deles tem sido extraordinária, e como não há à venda, andam os meus de empréstimo: paciência![281]

A Monarquia de Julho apregoada pelo "liberalismo de governo" dos doutrinários aparecia, aos olhos dos regressistas, um ideal de governo centralizador, ordeiro e moderno. Da tribuna do Senado, Vasconcelos lecionava: "A doutrina na França não vive equívocos, nem de cumprimentos a alguma entidade [metafísica]. A doutrina na França é franca; ela procura o poder, mas procura-o segundo a marcha e a índole do sistema constitucional".[282] Mesmo os liberais moderados comungavam das premissas capacitárias do "momento oligárquico" europeu. Era o caso do deputado Antônio Carlos de Andrada Machado, quando afirmava que a vontade nacional, à qual a Câmara dos Deputados deveria se inclinar, era aquela "da parte ilustrada da Nação, não da força bruta, que nunca pesou na balança política, mas da força intelectual. É ela que nos indica a política que quer seguir".[283] Era igualmente na companhia do "profundo" Guizot que Paulino afirmava ser dever do Estado dar "o impulso geral aos melhoramentos morais e materiais a que convém introduzir nos negócios públicos"; que governar significava "agir sobre as massas e agir pelos indivíduos".[284] Firmino Rodrigues Silva não ficava atrás, quando sustentava que "a missão do poder é uma coisa muito séria e grave; de suas relações com as Câmaras partem a luz e a direção da sociedade, e para esta repousar tranquila sobre seus destinos, necessita acreditar que o poder, além de tudo mais que deve ser, é a franqueza e a lealdade nas alturas; que faz o que diz e diz ao país o que pensa".[285]

---

[281] In: MASCARENHAS. *Um jornalista do Império: Firmino Rodrigues Silva*, op. cit., p. 100.
[282] ANAIS do Senado do Império, sessão de 30 de maio de 1843.
[283] ANAIS da Câmara dos Deputados do Império, sessão de 18 de maio de 1838.
[284] URUGUAI. *Ensaio sobre o direito administrativo*, op. cit., p. 54 e 502.
[285] In: MASCARENHAS. *Um jornalista do Império: Firmino Rodrigues Silva*, op. cit., p. 269.

As linguagens do "regresso" (3): o constitucionalismo monarquiano e a razão de Estado. A geração dos chefes *regressistas* – Vasconcelos, Carneiro Leão, Paulino de Sousa, Eusébio de Queirós, Rodrigues Torres – ocupou a direita do espectro político, depois da morte da geração de 1790: Queluz (1833), Cairu (1835), Caravelas (1836), Inhambupe (1837) e José Bonifácio (1838). Eles foram os verdadeiros sucessores dos *coimbrãos* extintos. O papel exercido por Eusébio de Queirós, como novo chefe da burocracia monárquica, constituía a face mais visível daquela sucessão. Mas os *regressistas* também herdaram dos coimbrãos a técnica de acomodar o reformismo ilustrado ao constitucionalismo monarquiano. Se os luso-brasileiros defendiam a Constituição de 1824, por garantir "uma monarquia sem despotismo e liberdade sem anarquia", os *regressistas* justificavam o retorno aos seus princípios basilares, para "aliar a maior soma de liberdade com a maior e mais perfeita segurança".[286] A persistência de argumentos-chave do discurso monarquiano, adaptados ao contexto do governo parlamentar, conferiu acentos específicos ao conservadorismo brasileiro. Diversamente dos doutrinários, que reivindicavam o legado "burguês" da Revolução de 1830, os *regressistas* deploravam a "Revolução" liberal de 1831. Eles também recorriam à tese cesarista desenvolvida por José Bonifácio para ancorar a legitimidade da monarquia sobre a soberania nacional, colocando-a acima da Constituição e da Assembleia. O argumento napoleônico, que supria a falta de uma tradição monárquica especificamente brasileira, era reiterado pelo senador Carneiro Leão: "O Imperador é tal por unânime aclamação dos povos, antes da Constituição. Não é exato que a autoridade do Imperador só viesse da Constituição; a Constituição reconheceu um fato preexistente no Brasil, que foi a sua unânime aclamação".[287]

O "regressismo" também se diferenciava do conservadorismo britânico, porque era informado pela lógica típica do reformismo ilustrado. A instabilidade decorrente da menoridade de dom Pedro II favorecia a divulgação de discursos de razão de Estado análogos àqueles veiculados durante a regência de Ana da Áustria, quando Luís XIV era menor. A expressão "bula das circunstâncias", por que a razão de Estado se insinuava no vocabulário conservador, tornou-se corrente para designar a crença de que a necessidade obrigava

[286] JAVARI (org.). *Império brasileiro: falas do trono*, op. cit., p. 187.
[287] ANAIS da Câmara dos Deputados do Império, sessão de 9 de julho de 1841.

o estadista a deixar de lado os preceitos da moral e da lei. Honório Hermeto Carneiro Leão narrou da tribuna da Câmara um caso paradigmático. No começo da Regência, às voltas com a repressão à rebelião de 1833 em Ouro Preto, Vasconcelos teria ordenado a remoção de um pároco inamovível pelo direito canônico, invocando uma determinada bula papal que excepcionaria casos como aquele. A verdade é que a bula não existia. Anos depois, o político mineiro justificou a medida alegando ter sido "movido por uma necessidade momentânea, para evitar um mal maior; e quando se lhe lembrou a bula por ele citada, respondeu: 'A bula que me guiou foi a bula das circunstâncias'".[288] Esta expressão traduzia, portanto, a convicção de que, devido à natureza cambiante da política, o estadista precisava se adaptar às contingências: "Tudo muda em torno do homem e por isso não é de estranhar que ele também modifique suas ideias. É exigir muito da humanidade impor-lhe a obrigação de pensar sempre do mesmo modo e não modificar os seus pensamentos". Além disso, para Vasconcelos, o homem variava sob o influxo de diversos fatores ao longo da vida. "Tudo muda nesse vale de lágrimas; muda-se com a idade, com as moléstias, com os estudos, com os trabalhos etc.".[289] Tratava-se de uma orientação típica de "revolução monárquica", que enxergava o mundo como imprevisível e exigia do estadista a habilidade de se adaptar às necessidades conforme exigisse a razão de Estado.

Se Vasconcelos fornecia, por assim dizer, a filosofia política dos *regressistas*, seu principal discípulo, Paulino José Soares de Sousa (1807-1866), lhes fornecia a sociologia política. Nascido em Paris de mãe francesa e neto de um moderado guilhotinado naquela Revolução, o jovem magistrado e deputado fluminense entendia que, em um país periférico e desorganizado como o Brasil, era de se admitir a eventualidade de leis excepcionais. A lógica de sua argumentação, como a de Guizot, seguia de perto aquela desenvolvida pelo absolutismo ilustrado de Voltaire, que recomendava o poder forte e centralizador do príncipe como remédio civilizador contra a anarquia e a proteção dos pequenos contra a opressão dos poderosos. Quando se discutia o projeto de reforma do Código de Processo Criminal, que viria a se transformar na famosa lei regressista de 3 de dezembro de 1841, era com base em argumentos desse

[288] ANAIS da Câmara dos Deputados, sessão de 13 de janeiro de 1845.
[289] Idem, sessão de 22 de julho de 1839.

jaez que Paulino justificava a concessão às autoridades nacionais do exercício do poder discricionário no plano local, reduzindo as liberdades civis conforme critérios administrativos de conveniência e oportunidade:

> Naqueles países que se acham completamente organizados, onde a legislação ordinária subministra a força e os meios necessários para conter e reprimir as facções, onde a máquina social se move regularmente, podem certamente dispensar-se as leis excepcionais. [...]. Mas quando as leis não oferecem meio algum eficaz de repressão, quando a sua fraqueza tem produzido uma impunidade espantosa, e neste estado de coisas a autoridade pública se vê a braços com as rebeliões, são justificáveis por certa maneira, e até certo ponto, as leis excepcionais.[290]

Paulino defendia que a legislação do império, embora unitária, não tivesse por base teorias abstratas, mas as circunstâncias concretas do país. Isso significava que a obra legislativa da Assembleia Geral deveria ser sempre genérica, deixando a regulamentação dos detalhes a cargo da discricionariedade administrativa: "A arte não consiste em governar, estabelecendo a uniformidade onde ela não existe, mas sim em governar, apesar das diferenças".[291] Para governar um país com tanta diversidade, era preciso conferir ao Poder Executivo um poder discricionário geral que lhe permitisse atender a todas as particularidades e eventualidades. Era o que se tornaria possível pela reforma do Código de Processo: "O Poder Executivo acha-se por ele livre, acha nele remédios para aplicar às diferentes localidades, segundo as suas circunstâncias".[292] Vasconcelos concordava com seu discípulo. Ele defendia a introjeção da razão de Estado na legislação criminal, conferindo ao governo certo arbítrio legal para garantir a segurança pública: "É muito difícil em alguns casos conciliar a liberdade individual com a segurança pública, e este é um daqueles em que perigará a segurança pública, se nós quisermos atender muito à liberdade individual". Eis porque a reforma resolveria o problema, pois, "sem desatender ao que exige a liberdade do cidadão, vai firmar a segurança pública do melhor modo possível".[293] Era dessa forma, portanto, que os *regressistas* mobilizavam lingua-

[290] Idem, sessão de 17 de junho de 1840.
[291] Idem, sessão de 16 de maio de 1840.
[292] Idem, sessão de 22 de junho de 1840.
[293] Idem, sessão de 27 de junho de 1840.

gens conservadoras estrangeiras que lhe permitissem introjetar e legitimar o exercício discricionário do poder inerente à razão de Estado, indispensável à construção de um Estado brasileiro dentro da moldura oligárquica da Carta de 1824, conforme as linhas gerais do projeto imperial, renovado pela terceira vez. E superar de vez o "momento anárquico" em que o Brasil se encontrava.

5. Os sentidos do *regresso*: *reação* para os liberais, *progresso* para os conservadores

Ação e reação na literatura liberal. A esta altura cumpre indagar se o *regresso* pode ser considerado uma *reação*. Embora constituam pares conceituais diversos, há inegavelmente uma associação entre *ação e reação*, de um lado, e *progresso e regresso*, de outro. No século XVIII, o ideal clássico de governo moderado ou misto, oriundo da Antiguidade, passou a ser perseguido a partir das categorias mecanicistas de equilíbrio entre diferentes vetores, capazes de balancear movimentos da ação e da reação. Basta recordar a importância que, na descrição da Constituição da Inglaterra operada por Montesquieu, adquiriram as imagens dos poderes separados e equivalentes, equilibrados por freios e contrapesos.[294] A crença na possibilidade de intervir na ordem natural do mundo pelo exercício da vontade ilustrada também estava associada ao equilíbrio por que aquela ação deveria ser conduzida. O desenvolvimento de uma filosofia da história como progresso constante e indefinido ao longo do tempo, por sua vez, introduziu novos requisitos ao bom governo. Representando uma etapa diferente e superior à anterior, graças ao esclarecimento progressivo da opinião pública, cada época exigiria instituições políticas flexíveis e adequadas que acompanhassem a evolução social.[295]

Nessa matéria, a referência intelectual dos liberais era o panfleto *Das reações políticas*, escrito por Benjamin Constant durante o Termidor (1797). Para Constant, a arte finória da política consistiria em erigir um arcabouço institucional ao mesmo tempo sólido e flexível. Ele deveria ser sólido o bastante para garantir o Estado de direito, mas flexível o suficiente para que ele acompanhasse as mudanças sociais. Era este o segredo para conduzir de forma segura

[294] MONTESQUIEU. *Do espírito das leis*, op. cit., vol. II, p. 202.

[295] STAROBINSKI, Jean. *Ação e Reação: vida e aventuras de um casal.* Rio de Janeiro: Civilização Brasileira, 2002, p. 283.

o progresso histórico. A correspondência entre as instituições e o estado social era aferida por sua recíproca congruência no plano intelectual: para que houvesse estabilidade, era preciso que as instituições estivessem "no nível de suas ideias". Desde que se mantivesse a correlação, não haveria revoluções. Quando, ao contrário, "o acordo entre as instituições e as ideias se encontra destruído, as revoluções são inevitáveis". Se as revoluções cumpriam logo o seu objetivo, o de restabelecer a correlação entre instituições e expectativas sociais, elas terminavam bem, como nos Estados Unidos. Quando, no entanto, a revolução estabelecia "instituições que estão além das ideias reinantes, ou destrói as que lhe são conformes", ela produzia as "reações".[296] Ou seja, as reações políticas resultavam dos excessos da revolução. Por isso, cumpria aos liberais "impedir que o movimento retrógrado, que inevitavelmente sucede a uma impulsão excessiva, não se prolongue além dos limites necessários".[297] Com esse referencial em mente, os liberais brasileiros não duvidavam do caráter reator do movimento *regressista*. O deputado paulista Álvares Machado comentava na Câmara: "Eu não sei para onde vamos marchando. Para a liberdade, não; o ministério já o disse, para o regresso".[298] O deputado mineiro Teófilo Otoni repetia que os *regressistas* queriam "regressar de 1824 para trás", ou seja, para o absolutismo.[299] No Senado, o cearense José Martiniano de Alencar descrevia a cena política polarizada da seguinte maneira:

> Hoje, no Brasil, dois pensamentos opostos se combatem: as ideias a favor do progresso da liberdade – que apareceram com a reforma da Constituição e vigoraram de 1831 até 1837 –, e as ideias que parecem mostrar arrependimento desse progresso e desejos de retrogradação, criando uma nova ordem de coisas, talvez ainda menos favoráveis à liberdade do que aquela que existia antes de 1830. Esses dois pensamentos estão em campo no Brasil, bem como outrora na Europa se combatiam os dois princípios da legitimidade dos reis, uns querendo que essa legitimidade fosse emanada do direito divino, e outros da soberania nacional. O ministério de 19 de setembro [*chefiado por Vasconcelos*] pareceu seguir o sistema do arrependimento ou do regresso; seus projetos tendiam todos a este fim, e em consequência reconheceu que não podia reger

[296] CONSTANT. *De la force du gouvernent actuel de la France et de la nécessité de s'y rallier; Des Réactions politiques; Des effets de la Terreur*, op. cit., p. 95.
[297] Idem, ibidem, p. 99.
[298] ANAIS da Câmara dos Deputados, sessão de 20 de julho de 1838.
[299] Idem, sessão de 10 de junho de 1839.

o Império senão com leis excepcionais, com créditos extraordinários, e enfim pela força, pelo arbítrio.[300]

"O regresso é o progresso": a interpretação conservadora. Os *regressistas*, porém, recusaram-se a vestir a carapuça reacionária que os liberais lhes ofereciam, como se fossem os miguelistas portugueses ou os carlistas espanhóis. A crítica *regressista* do "progresso" não refutava a filosofia da história enquanto progresso da liberdade, limitando-se a questionar a velocidade excessiva com que se pretendera favorecê-la num meio adverso como o brasileiro. Os defensores do *regresso* não o apresentavam como a negação do liberalismo, mas como uma correção de rumos destinada a criar, pelo estabelecimento da ordem, as condições necessárias à aclimatação da liberdade. Não era correto, pois, como uma reação, nos termos definidos por Constant: "Regresso não quer dizer voltar aos tempos da antiga monarquia", advertia Vasconcelos.[301] Essa filiação ao liberalismo reaparecia na convicção do deputado Carneiro Leão de que regressistas e progressistas estavam de acordo com o fim pretendido – a consolidação da monarquia constitucional –, divergindo somente quanto aos meios:

> Nós divergimos de meios; queremos todos a integridade do Império, queremos todos a manutenção das instituições; queremos todos banir a guerra civil que existe entre nós. Mas aqueles que, para conseguir aquele grande fim comum, divergem dos meios do nobre orador (*o liberal Alvares Machado*) não podem decerto ser taxados de pretensão de quererem restabelecer o despotismo. Isto é na verdade grande injustiça. Estou convencido de que a experiência feita sobre algumas leis tem apresentado entre nós resultados diferentes do que se desejava, mas não se segue daí que se devam rejeitar as instituições e que se passe de um extremo a outro. Essas leis podem ser emendadas e acomodar-se melhor às circunstâncias e civilização do país.[302]

Assim, os *regressistas* não abdicavam da concepção da história entendida como marcha do progresso para a liberdade. O que se alegava era que o equilíbrio entre as forças da ordem e do progresso se desfizera pelo excesso de ênfase

[300] ANAIS do Senado do Império, sessão de 1º de agosto de 1839.

[301] Idem, sessão de 29 de maio de 1839.

[302] Idem, sessão de 5 de setembro de 1839.

conferida a este último, na forma de uma aceleração que o país se revelara incapaz de assimilar. Eis por que urgia interromper o processo e recuar a fim de retomá-lo de modo prudente. Assim entendido, o *regresso* era um progresso porque, restabelecido o equilíbrio pelo reforço da autoridade, seria possível retomar a marcha da liberdade em condições mais favoráveis. No frigir dos ovos, Vasconcelos operava uma verdadeira mutação conceitual, pela qual o *regresso* se tornava sinônimo de progresso – o *verdadeiro* progresso. Porque, sem um prévio *Estado nacional* consolidado, seria impossível depois desdobrá-lo depois em *Estado de direito*, marcado por um governo constitucional e representativo efetivo, semelhante ao que havia na Grã-Bretanha, na França e nos Estados Unidos:

> Diz o amigo do progresso: quem nos deve governar é o país, o governo de si mesmo é o único governo que convém a homens civilizados. E o que desejo eu? É que, quando se apresente algum boato arreado com o nome de opinião pública, que procuremos examiná-lo, consultemos todos os sentimentos, todas as opiniões, todos os interesses, e depois de termos procurado chegar ao verdadeiro conhecimento dos verdadeiros interesses do país, tanto pela discussão espontânea, como pela discussão oficial, conheçamos então a opinião pública, então obedeçamos aos seus decretos. Perguntarei: quem professa tais ideias [de regresso] é ou não progressista? O que pode desejar o amigo do progresso? Não será o que venho de expender?[303]

Conclusão

Este décimo capítulo demonstrou que o projeto de "monarquia democrática" acalentado por Feijó revelou-se insustentável em um país de imensas proporções, recém-criado e carente de identidade política própria. A substituição da tradicional representação de tipo personificador, encarnado no príncipe ("monárquica"), por uma representação-mandato conferida pelo Parlamento ou por um diminuto eleitorado ("oligarquia"), não podia ainda servir de contraforte simbólico a uma unidade nacional balbuciante. Embora eleito Regente do Império, na prática Feijó representava somente os 0,25% da população que nele tinha votado sob a menoridade de dom Pedro

[303] Idem, sessão de 23 de maio de 1838.

II. A fragilidade do governo regencial em termos de legitimidade era análoga à daquele da Inglaterra quinhentista sob o reinado de Eduardo VI, com o rei menino tutelado pelos ministros, ou da França seiscentista do infante Luís XIV, governada pelo cardeal Mazarino. Todas as repúblicas hispânicas, aliás, experimentavam o "momento anárquico" que precede o movimento pela construção do Estado. A única república que escapava do torvelinho era o Chile, demonstrando que a reação conservadora brasileira não foi um exemplo isolado no subcontinente. Ela não derivou especificamente do regime monárquico, nem foi subproduto exclusivo do escravismo. O *regresso* deve ser compreendido no contexto de um movimento geral de reação aos excessos do radicalismo, que na Europa prejudicava a consolidação do "momento oligárquico" e, na América, a "revolução monárquica" dos novos estados nacionais.

A retomada da "revolução monárquica" no Brasil, começada por dom João VI e interrompida pela Revolução de 1821, se fez pela correção das reformas introduzidas por Feijó, no sentido de transformar o projeto imperial dos ilustrados luso-brasileiros em uma "monarquia democrática", inspirada pelo republicanismo clássico, e adaptado ao liberalismo pelos pais da pátria dos Estados Unidos. Vasconcelos concebeu um modelo de governabilidade que devolvia à União a elaboração das políticas voltadas para as províncias e subordinava os poderes Legislativo e Judiciário ao Executivo. O resultado do *regresso* do ponto de vista institucional foi um governo parlamentar, é certo, mas tutelado pela Coroa. Criava-se uma hierarquia de poderes. No alto estava o Poder Moderador, com sua prerrogativa de dissolução da Câmara e livre nomeação e demissão de ministros, auxiliado pelo Conselho de Estado redivivo. Pouco abaixo, estava o Poder Executivo, tocado pelos ministros de Estado de forma relativamente autônoma, mas supervisionado pela Coroa. Ao lado estava o Senado vitalício, onde os chefes da política nacional tinham assento, identificados com a grande propriedade e a burocracia monárquica. Abaixo estava a Câmara dos Deputados, "vestíbulo do clube" da política imperial, arena de aprendizado, coadjuvação e esclarecimento. Abaixo de todos, administrado pelo ministro da Justiça por meio de avisos, decretos e regulamentos, estava o Poder Judiciário. Era esse o modelo de governabilidade imaginado pelos futuros *saquaremas*. Por efeito das delegações constantes de poderes parlamentares e judiciários, o governo se tornaria o aparelho legislativo do Estado.[304] Foi desse modo que os *regressistas* conciliaram a doutrina do governo parlamentar, vigente na Europa para garantir o primado da opinião pública, com a doutrina da razão de Estado, necessária na América Ibérica para debelar a guerra civil. Tornou-se assim possível dar seguimento à primeira "revolução monárquica" iniciada por dom João VI, sem abrir mão das formas constitucionais do "momento oligárquico" europeu e norte-americano.

Do ponto de vista intelectual, este capítulo sugere também a dificuldade de se interpretar os movimentos conservadores na América a partir da categoria de reação. Isto parece particularmente verdadeiro na sua porção ibérica, onde a percepção do atraso e do caráter negativo do Antigo Regime tornou problemática a defesa do conservadorismo clássico vigente na Europa. O retorno ao absolutismo significaria a restauração do estatuto colonial. A recusa do liberalismo importaria negar o processo de independência. É o que explica por que o movimento regressista não pôde ser apresentado como uma volta ao absolutismo – tal como em Portugal tentavam os miguelistas, e na Espanha, os carlistas. Os conservadores brasileiros, como os chilenos, se achavam no interior do espectro político liberal.[305] Que a América parecia fadada ao liberalismo, eles não duvidavam. E eram os conservadores – e não os autointitulados liberais – que, garantindo a ordem e as instituições, semeariam, segundo eles mesmos, os meios para que a árvore da liberdade medrasse no futuro. No Novo Mundo, o discurso conservador também foi obrigado a mostrar mais comprometimento com o progresso do que nas antigas metrópoles. Uma comparação entre os regressistas brasileiros das décadas de 1830 e 1840 com os moderados espanhóis parece confirmar a hipótese. Em 1833, Alberto Lista enunciara as pedras de toque do partido moderado espanhol: *positivismo ins-*

[304] CARVALHO. *A construção da ordem*, op. cit., p. 113. NABUCO. *Um estadista do Império*, op. cit., p. 267.

[305] "As duas grandes tendências políticas (*chilenas*) do século XIX – liberais e conservadores – alentaram grupos definíveis todos eles como 'liberais' na medida em que postulavam a república como o melhor sistema de governo e a Constituição como instrumento para regular a vida em sociedade. Não houve intentos relevantes surgidos entre políticos chilenos de restaurar a monarquia espanhola nem posições 'conservadoras' no sentido restauracionista que contemplavam os grupos mais tradicionais na Europa". SAN FRANCISCO, Alejandro; MOYANO, Cristina. "El liberalismo em Chile em el siglo XIX: la formación del concepto, su trayectoria y sus dimensiones". *In*: FERNANDEZ SEBASTIAN, Javier. *La aurora de la libertad: los primeros liberalismos em el mundo iberoamericano.* Madrid: Marcial Pons Historia, 2012, p. 148.

titucional, por meio do qual a legitimidade decorria da existência da própria monarquia e não do povo; *historicismo*, por meio do qual era legítimo o governo que se ancorava no passado histórico; *economismo*, segundo o qual não era possível haver progresso político sem prévio avanço econômico; e *justo meio*, entendido como equidistância entre absolutismo e anarquia.[306]

Ora, embora também defendessem a monarquia constitucional, os conservadores brasileiros não renunciavam à soberania nacional. Ao invés do *positivismo institucional*, eles recorriam a uma justificação de estilo napoleônico – a aclamação do imperador depois da independência – para justificar a primazia do Executivo. E isto porque, constitucionalmente, os poderes do monarca também radicavam na soberania nacional; ele também era definido como "representante da nação". Também não valorizavam o recurso ao *historicismo*: considerando o Brasil demasiado jovem e atrasado, preferiram enfatizar o estado semibárbaro do país para adaptar o liberalismo à centralização política. Quanto ao *economismo*, a dimensão civilizadora do Estado foi sempre pensada mais em termos culturais do que econômicos. Também a defesa do *justo meio* não era efetuada da mesma forma, porque no Brasil não havia um partido absolutista como na Espanha. Mais do que com os moderados espanhóis (a direita constitucional), os conservadores brasileiros pareciam ter mais afinidades com os progressistas (o centro-direita) que haviam patrocinado a Constituição espanhola de 1837. Ambos os partidos estavam embebidos do liberalismo doutrinário francês; ambos defendiam a soberania nacional e os direitos fundamentais; mas restringiam sua aplicação pela crítica da metafísica revolucionária, que substituía a razão abstrata pela experiência e por uma visão de mundo estribada em um realismo sociológico, de fundamento cético e utilitário.[307]

Por tudo isso, os *regressistas* brasileiros foram obrigados a afetar mais aderência aos princípios liberais do que os moderados espanhóis. Justificaram sua guinada à direita como um expediente pragmático, destinado a excepcionar temporariamente a plena aplicação do liberalismo. Num continente periférico e atrasado, mas condenado à civilização, não era possível pensar o *regresso* fora da filosofia da história como progresso. O conservadorismo da razão de Estado

[306] AGRA, Juan Olabarría. "Moderado". *In*: Javier Fernández Sebastián e Juan Francisco Fuentes (dir.). *Diccionario político e social del siglo XIX español*. Madrid: Alianza Editorial, 2003, p. 450.
[307] SUANSEZ-CARPEGNA. *Política y Constitución en España*, op. cit., p. 83.

só poderia ser justificado como medida transitória e circunstancial.[308] O próprio Vasconcelos não deixou dúvidas quando alegou que o aparente arbítrio praticado por seu governo era passageiro: "O ilustre deputado disse que não honra a ministério algum emitir uma tal opinião [pretender dinheiro, baionetas e tribunais privativos]; que a honra de um ministério consiste em asseverar que quer estabelecer a liberdade no seu país; que não quer arbítrio, que quer promover os recursos do país para que, participando de todos os aperfeiçoamentos morais, goze de todas as vantagens da civilização. Mas o que quero eu, nas circunstâncias extraordinárias em que se me afigura o país? Se quero baionetas, quero dinheiro, quero tribunais privativos, é para este mesmo fim".[309] De fato, quando os próprios conservadores se encarregaram de revogar uma das mais importantes leis do regresso, em 1871, o senador José Antônio Saraiva recordou que aquela medida havia sido concebida como um expediente transitório, para combater as desordens das guerras civis:

> Não quero condenar nem fazer a menor censura aos autores da lei de 3 de dezembro. Estou convencido de que eles acreditaram muito profundo o mal do país naquela época, para fazer semelhante lei de reação. Mas o certo é que na opinião de muitos dos deputados e senadores que votaram a lei de 3 de dezembro, esta lei era uma lei provisória, uma medida passageira, uma suspensão de garantias mais ou menos aconselhada pelas graves circunstâncias do Brasil. Era uma medida extraordinária; e todos os que votaram a lei o fizeram com o propósito firme de a revogar, logo que as circunstâncias do país fossem outras. [...]. Eu não me admiro, pois, de que o Partido Conservador trate de reformar a lei; o que admiro é que ele próprio não tenha feito isto há mais tempo.[310]

A percepção de um maior atraso social, combinado com a sensação de extrema juventude do país e falta de um passado para legitimar o sistema polí-

[308] Assim, por exemplo, no Chile de 1842, explicava o jovem José Victorino Lastarria a necessidade de se postergar o ideal democrático: "A democracia, que é a liberdade, não se legitima, não é útil nem benfazeja, senão quando o povo chegou em sua idade madura, e nós não somos ainda adultos. A força que devíamos ter empregado para adquirir essa maturidade, que é a ilustração, esteve submetida por três séculos a satisfazer a cobiça de uma metrópole atrasada e mais tarde ocupada em destruir os grilhões e constituir um governo independente. A nós toca voltar atrás para preencher o vazio que deixaram nossos pais e fazer mais consistente a sua obra, para não deixar inimigos por vencer, e seguir com pé firme a senda que nos traga o século". In: SAN FRANCISCO, Alejandro; MOYANO, Cristina. *El liberalismo em Chile em el siglo XIX*, op. cit., p. 168.

[309] ANAIS da Câmara dos Deputados, sessão de 5 de julho de 1838.

[310] ANAIS do Senado do Império, sessão de 3 de julho de 1871.

tico, criava um ambiente que favorecia, de modo mais amplo que na Europa, a ideia de uma fuga para o futuro. O resultado foi assim, não só a impossibilidade de uma reação absolutista, mas o maior comprometimento dos conservadores com perspectivas formalmente mais progressistas. Já que a ausência de feudalismo e a condição colonial impediam a existência, à direita, de uma corrente absolutista tradicionalista, o imaginário político foi impelido mais fortemente para o futuro – ainda que as condições de sua efetivação fossem mais precárias que no Velho Mundo. Neste caso, a adoção formal de instituições ultramodernas que ficariam em larga medida ineficazes no plano da realidade – a conjugação de modernidade formal e conservadorismo prático – se afigurava um fenômeno lógico na periferia ibero-americana.[311]

[311] GUERRA, François-Xavier. *Le Mexique: de l'Ancien Régime à la révolution*. Paris: L'Harmattan, 1985.

Capítulo 11

A "REVOLUÇÃO MONÁRQUICA" BRASILEIRA: DINÂMICA "ABSOLUTISTA" DO GOVERNO REPRESENTATIVO E TRIUNFO DO "PROJETO IMPERIAL" (1840-1852)

1. A FORMAÇÃO DE UM CONSENSO MODERADO E A ESTABILIZAÇÃO DO SISTEMA POLÍTICO-PARTIDÁRIO

A filosofia da história como civilização no Brasil oitocentista. Desde Heródoto, o principal papel político da história era o de "evitar que os vestígios das ações praticadas pelos homens se apaguem com o tempo"[312]. A crença na regularidade dos estilos de vida e na unidade essencial do comportamento dos homens assegurava para os clássicos a semelhança potencial de acontecimentos no tempo e fundava a utilidade pragmática da história na universalidade dos preceitos morais ou na previsibilidade das consequências da ação[313]. Repositório acumulado do saber humano, o conhecimento histórico suplementava politicamente a experiência pessoal do estadista. "Nenhum outro corretivo é mais eficaz para os homens que o conhecimento do passado", explicava Políbio. Já que o único meio de "aprender a suportar altivamente as vicissitudes da sorte" passava por "recordar as calamidades alheias", o estudo da história constituía "a educação e o exercício mais sadios para uma vida política ativa" [314]. A situação mudaria com o ciclo de globalização iniciado na primeira metade do século XVIII, marcado por novas descobertas e pela expansão comercial em nível planetário, interpretados intelectualmente pelo Iluminismo. A mudança estava relacionada às transformações socioeconômicas provocadas pelo *progresso*, definido como o movimento ou impulso responsável pela elevação moral e técnica da huma-

[312] HERÓDOTO, *História*. 1º Volume. Prefácio de Vitor de Azevedo e tradução de J. Brito Broca. Rio de Janeiro, W.M. Jackson Inc., 1964, p. 5.
[313] JASMIN. *Alexis de Tocqueville*, op. cit., p. 2
[314] POLIBIO. *História*, op. cit., p. 41.

nidade. O tempo histórico deixou de ser pensado como cíclico e repetível, para ser concebido como aberto e progressivo. Por conseguinte, cosmopolitas como Montesquieu, Kant e Condorcet deixaram de perceber a natureza humana como estável para considerá-la aperfeiçoável ou perfectível ao longo do tempo: "Assim, o amigo da liberdade e da justiça lega aos séculos futuros a mais preciosa parte de si mesmo", explicava Benjamin Constant no início do século XIX[315]. Surgiu a *filosofia da história*, compreendida como "uma interpretação sistemática da história universal de acordo com um princípio segundo o qual os acontecimentos e sucessões históricos se unificam e dirigem para um sentido final"[316]. Para os liberais, esse sentido remetia a um futuro marcado pela generalização de valores como a liberdade individual e a igualdade perante a lei, garantidos por governos constitucionais representativos, e regulados por uma opinião pública vigilante e esclarecida.

Tais transformações redimensionaram o papel da história como auxiliar da política. O acumulado cultural pelo progresso passou a ser referido pelo conceito de *civilização*. Ele derivava da progressiva historicização das teorias contratualistas que explicavam a modernidade como resultado da passagem de um *estado de natureza*, marcado pela precariedade de regras de convivência social, para outro, *civil ou político*, cuja sociabilidade era assegurada por leis racionais e um governo por consentimento. Refletidas em escala global, as mudanças socioeconômicas ocorridas na Europa e a descoberta das diferenças culturais de um mundo cada vez mais integrado modificaram a apreensão intelectual daquela passagem. A abordagem jusnaturalista, racionalista e abstrata do contratualismo foi sendo substituída desde pelo menos Montesquieu por outra, mais sociológica, historicista e cultural. Ao invés de um pacto social concebido como ato voluntário, a modernidade teria resultado de um processo de *civilização* provocado pelo progresso moral e tecnológico. Do ponto de vista moral, seu impulso inicial teria radicado no *cristianismo*: "Luz quando ela se confunde com as faculdades intelectuais, sentimento quando se associa aos movimentos da alma, a religião cristã cresce com a civilização e a marcha com o tempo", escrevia Chateaubriand[317]. O contratualismo como modo de

[315] CONSTANT. *De la liberté chez les modernes*, op. cit., p. 581.

[316] LÖWITH, Karl. *O sentido da História*. Tradução de Maria Georgina Segurado. Lisboa: Edições 70, 1977, p. 15.

[317] CHATEAUBRIAND. *Chateaubriand politique*, op. cit., p. 307.

explicar o ingresso na modernidade cedeu lugar a uma *história filosófica,* que explicava o progresso da humanidade segmentando o tempo histórico em diversas etapas, nas quais as anteriores e inferiores preparavam as posteriores e superiores. Histórias ditas *da sociedade civil,* como a de Adam Ferguson, começavam pelo nomadismo extrativista dos selvagens para terminar na sociedade comercial, polida e racional[318]. Histórias ditas *da civilização,* como a de François Guizot, começavam pela barbárie feudal para desembocar na sociedade pós-revolucionária, atribuindo ao Estado grande responsabilidade pelo "aperfeiçoamento da vida civil, o desenvolvimento da sociedade propriamente dita, das relações dos homens entre si"[319]. A filosofia espiritualista e eclética de Victor Cousin cuidaria de sistematizar num todo coerente a concepção liberal cristã da História Universal, explicada pelo progresso indefinido da humanidade rumo a níveis crescentes de liberdade e de igualdade:

> A característica do espiritualismo é o de subordinar os sentidos ao espírito, e atender, por todos os meios reconhecidos pela razão, a elevar e engrandecer homem. Ele nos ensina a espiritualidade da alma, da liberdade e a responsabilidade das ações humanas, a obrigação moral, a virtude desinteressada, à dignidade da justiça, a beleza da caridade; e para além dos limites deste mundo ele mostra um Deus, autor e tipo de humanidade que, depois de tê-la criado evidentemente para uma finalidade excelente, não a abandonará no desenvolvimento misterioso de seu destino. Esta filosofia é aliada natural de todas as boas causas. Ela sustenta o sentimento religioso; ela auxilia a arte verdadeira, a poesia digna desse nome, a grande literatura; ela é o apoio do direito; ela repele igualmente a demagogia e a tirania. Ela ensina todos os homens a se respeitarem e se amarem, e conduz pouco a pouco as sociedades humanas à verdadeira república, este sonho de todas as almas generosas, que na Europa de nossos dias somente a monarquia constitucional pode realizar.[320]

Formada pelas nações que, pelo seu elevado grau de cultura, contribuíam para o progresso cultural da humanidade, a *História Universal* só reunia os povos civilizados. Victor Cousin explicava que os objetos centrais de uma histó-

---

[318] BURROW, John. *Uma história das histórias: de Heródoto e Tucídides ao século XX.* Tradução de Nana Vaz de Castro. Rio de Janeiro, Record, 2013, p. 369.

[319] GUIZOT, François. *Historie de la civilisation en Europe.* In: In : Marcel Gauchet (dir). *Philosophie des sciences historiques : le moment romantique.* Paris, Seuil, 2002, p. 171.

[320] COUSIN, Victor. *Du vrai, du beau et du bien.* 2ème édition. Paris, Didier Libraire Éditeur, 1853. pp. IV-V.

ria filosófica eram "as ideias diversas representadas pelos diversos povos", que eram os grandes sujeitos da História [321]. Cada povo tinha um "espírito" que, expresso por seus "grandes homens", o habilitava a contribuir para a civilização e se projetar no plano da história universal[322]. Mas a filosofia da história que explicava a civilização como um processo geral e unificado da humanidade na direção da igualdade e da liberdade precisava explicar por que ela se compunha de povos tão díspares em matéria de raças, idiomas, costumes, leis e religiões. A solução encontrada foi a de explicar que todos se encontravam em diferentes etapas do processo de civilização e escaloná-los do centro para a periferia e do presente para o passado. O marquês de Condorcet já explicava no final do século XVIII que o centro da civilização estava localizado na Europa devido à "superioridade de suas luzes e as vantagens de seu comércio"[323]. Os povos atrasados esperavam "instruções para se civilizar, e encontrar irmãos nos europeus, para tornarem-se seus amigos e seus discípulos"[324]. Sua absorção dos produtos da civilização europeia lhes seria benéfico, permitindo-lhes progredirem mais velozmente do que a própria Europa. Do ponto de vista cultural, reconheciam-se os povos carentes de sociabilidade como *selvagens*; aqueles que já apresentassem seus rudimentos eram *bárbaros*; e aquelas que já a detivessem, *civilizados*. Daí que, no Novo Mundo, caberia aos colonos europeus "civilizar ou fazer desaparecer, mesmo sem conquista, as nações selvagens que ali ainda ocupam vastas regiões"[325]. Na África e na Ásia, os europeus difundiriam "os princípios e o exemplo da liberdade, as luzes e a razão da Europa"[326].

As elites brasileiras do período posterior à independência absorveram as noções eurocêntricas fornecidas pela filosofia da história oitocentista. Acreditavam que uma lei providencial encaminhava o gênero humano para padrões crescentes de moralidade e bem-estar material; que a civilização era obra do cristianismo e haveria de unificar a humanidade por sucessivos cruzamen-

---

[321] Idem. De la philosophie de l'histoire. In: Marcel Gauchet (dir). *Philosophie des sciences historiques: le moment romantique.* Paris, Seuil, 2002, p. 191.

[322] Idem, ibidem, p. 263.

[323] CONDORCET; Jean-Antoine-Nicolas de Caritat, marquês de. *Esboço de um quadro histórico dos progressos do espírito humano.* Tradução de Carlos Alberto Ribeiro de Moura. Campinas: UNICAMP, 1993, p. 179. 314

[324] Idem, ibidem, p. 180.

[325] Idem, ibidem, p. 178.

[326] Idem, ibidem, p. 179.

tos étnicos sob o signo da cruz e da raça branca. As nações europeias que marchavam à frente do processo civilizador estavam no presente da História Universal; as demais, como o Brasil, patinavam na periferia: "Estamos um século atrasados da Europa ocidental, onde a inteligência tem elevado o seu trono sobre as ruínas do feudalismo político e da superstição religiosa", escrevia Abreu e Lima em meados do século[327]. O discurso dos intelectuais brasileiros, como Gonçalves de Magalhães, passou a ser dominado por metáforas de movimentos espaço-temporais como "marchar", "ir adiante", "avançar", alusivos à necessidade de reduzir o atraso do país herdado da colonização: "Toca ao nosso século restaurar as ruínas e reparar os erros dos passados séculos. Cada nação livre reconhece hoje, mais do que nunca, a necessidade de marchar. Marchar para uma nação é engrandecer-se, é desenvolver todos os elementos de civilização"[328]. A compreensão da civilização como processo ou modelo impactou assim diferentemente no centro e na periferia. Enquanto os europeus invocavam-na para defender sua superioridade cultural, os brasileiros o faziam para emular suas instituições e seus padrões de conduta, confirmando sua inferioridade[329]. Seus políticos e jornalistas estudavam com afinco as instituições e as práticas francesas e britânicas e liam seus doutrinadores, historiadores e constitucionalistas. Acompanhavam tudo o que se relacionava com o "progresso" e "a civilização" pelos jornais e revistas chegados da Europa, vista como uma câmara de antevisão do próprio futuro. Afinal, as sucessivas épocas da história recente do Brasil teriam sido sempre "ecos dos grandes fastos modernos da Europa"[330].

Do ponto de vista político-partidário, liberais e conservadores de meados do século se distinguiam sobre qual potência europeia deveria lhe servir de modelo de organização. O conservador visconde de São Lourenço afirmava que à França se devia "mais da metade do bem da civilização a que temos chegado"; que ela era "a grande nação latina que marcha à frente dos povos

[327] ABREU E LIMA, José Inácio de. *O socialismo*. Rio de Janeiro: FAPERJ, 2001, p. 215.
[328] Idem, ibidem, p. 144.
[329] FERES Jr., João. O conceito de civilização: uma análise transversal. In: João Feres Jr (org). *Léxico da história dos conceitos políticos no Brasil*. Belo Horizonte, Editora da UFMG, 2014, p. 438.
[330] MAGALHÃES, Domingos José Gonçalves de. *Ensaio sobre a história da literatura do Brasil: estudo preliminar*. Nitheroy – Revista Brasiliense. Tomo primeiro. Nº 1. Paris, Dauvin et Fontaine Libraires, 1836, p. 150.

desta raça a que nós pertencemos"[331]. Já a Grã-Bretanha era o favorita de liberais como Costa Ferreira, para quem os britânicos haviam "elevado a sua nação ao maior grau possível de felicidade, força e glória, como na terra se não encontra nação alguma"[332]. No fundo dessas preferências, porém, jazia um consenso. Enquanto a França era reconhecida como um modelo universal de cultura, a Grã-Bretanha era percebida como o referencial obrigatório das monarquias desejosas de aprimorarem as práticas de seu governo representativo. Daí por que se multiplicavam no Senado e na Câmara as discussões relativas ao modo por que as instituições britânicas funcionavam e ao comportamento de seus estadistas. Mesmo a monarquia constitucional de Luis Felipe de Orléans na França era admirada e referenciada principalmente como uma tentativa bem-sucedida de adaptar a complexa Constituição britânica, consuetudinária e não escrita, para as especificidades do mundo cultural latino, marcado por um sistema jurídico de raiz romano-germânica, como era o brasileiro. Em uma sociedade onde toda a elite falava francês, mas poucos falavam inglês, o caminho mais curto para Westminster passava por Paris, seja pela emulação direta das práticas da monarquia francesa, seja pelo conhecimento das instituições britânicas através de obras escritas por franceses. A importância de seguir o modelo da Constituição da Grã-Bretanha para superar os males do passado colonial ficava clara em discursos de liberais como o senador Paula Sousa:

> Nós nascemos ontem; passamos do estado de colônia para governo representativo; a nação de que fazíamos parte e de quem éramos colônia [Portugal] não tinha governo representativo; era escrava [i.e. absolutista] e até muito atrasada na escala da civilização. Logo, para marcharmos, havemos de tomar por modelo e por norte essa grande nação [a Inglaterra], que lutou séculos para conseguir o governo representativo, e que desde 1688 o tem estável e glorioso.[333]

O bipartidarismo como expressão da luta entre a autoridade e a liberdade. A monarquia constitucional era considerada pela ciência política a grande conquista da civilização em matéria de governo. A oposição entre os princípios da *ordem* ou da *autoridade*, de um lado, e o do *progresso* ou da *liberdade*

---

[331] ANAIS do Senado do Império, sessão de 22 de julho de 1871.

[332] Idem, sessão de 19 de junho de 1840.

[333] Idem, sessão de 5 de julho de 1843.

havia sido delineada pela primeira vez por David Hume para explicar a estabilidade da política inglesa, dividida entre *tories* e *whigs*: "Em todos os governos existe uma permanente luta intestina, aberta ou silenciosa, entre a Autoridade e a Liberdade, e neste conflito nem uma nem outra pode jamais prevalecer de maneira absoluta. Em todos os governos se tem necessariamente que fazer um grande sacrifício da liberdade e, contudo, também a autoridade, que limita a liberdade, jamais deve, em qualquer constituição, tornar-se completa e incontrolável".[334] Coube a François Guizot difundir na França da Restauração uma versão daquela teoria, compatível com a sua teoria do processo civilizatório: "Duas grandes forças e dois grandes direitos, a autoridade e a liberdade, coexistem e se combatem naturalmente no seio das sociedades humanas [...], sem jamais se reduzirem mutuamente à impotência, sujeitas uma e outra às oscilações, a retornos de fortuna que fizeram, através de uma longa série de séculos, o destino dos governos e dos povos".[335] O sistema representativo só comportava, assim, dois partidos, cada qual correspondente a uma daquelas tendências: o conservador, expressivo das necessidades de autoridade, tradição e ordem; e o liberal, expressivo das exigências de liberdade, inovação e progresso. Os partidos legitimados no quadro intelectual de Hume e Guizot eram encarnações, no plano da imanência, da dinâmica do progresso resultante da tensão entre a autoridade e a liberdade, que se desenrolava no plano transcendente da história universal. Ambos deveriam se alternar no poder, a fim de proporcionar o progresso na ordem.

Mas a filosofia da história, que recomendava um governo representativo baseado em um sistema bipartidário, exigia distinguir entre partido e facção, promovendo uma renovação do pensamento, semelhante àquela estabelecida na Grã-Bretanha por Burke contra o republicanismo clássico de Bolingbroke. Os *partidos* disputavam o poder sobre ideias e princípios, ao passo que as *facções* pretendiam empalmar o poder em benefício próprio. No Brasil, embora a distinção tenha sido introduzida por Vasconcelos à época do *regresso*, na prática, o processo levou alguns anos para se consolidar. Quando das revoluções em Minas e São Paulo (1842), os *regressistas* começaram de-

[334] HUME. *Ensaios morais, políticos e literários*, op. cit., p. 228.
[335] GUIZOT. *Histoire de la civilisation en Europe*, op. cit., p. XIII.

signar a si mesmos como *partido ordeiro* ou *partido da ordem*, mas também *saquaremas*, referência à vila de Itaboraí na qual um de seus chefes tinha sua fazenda e reduto eleitoral. Por suas vezes, seus adversários começaram a ser chamados *santas-luzia* ou simplesmente *luzias*, referência à cidade mineira onde haviam sofrido sua decisiva derrota militar. A referência por apelidos pejorativos indicava que as duas agremiações não percebiam os adversários como partidos, mas como facções.

Somente depois de 1844 os dois grupos começaram a se encarar como partes legítimas de um mesmo sistema que remetia aos dois princípios por que o progresso histórico se regulava: o da autoridade e o da liberdade. Começaram a se reconhecer reciprocamente pelas designações internacionais: *conservadores* e *liberais*. Passaram a perceber a naturalidade – em tese, pelo menos – da alternância da alternância no poder "Os grandes princípios do governo adotado pela nação são geralmente admitidos, ninguém os contesta. A sua aplicação aos fatos e questões secundárias alimentam a luta e a divergência entre os partidos. Daí as repetidas mudanças de que dá notícia a nossa história política".[336] No auge do antagonismo, essas distinções pareciam tão marcantes que o conservador Eusébio de Queirós Matoso Câmara (1812-1868) diria não haver país com agremiações tão bem definidas quanto o Brasil:

> Eu entendo que a monarquia constitucional é o meio por que os políticos modernos nos resolverão o problema da aliança entre a ordem e a liberdade. Daqui resulta necessariamente que em todas as monarquias constitucionais há dois partidos que se combatem; que, possuídos das melhores intenções, não podem, contudo, concordar na aplicação dos seus princípios políticos às questões que vão ocorrendo. Um deles crê que a ordem está suficientemente segura; que o país carece mais de *ampliar a liberdade do que de proteger a ordem*; assim, quando está no Poder Legislativo, tende a exagerar os princípios liberais, e esquece um pouco *que essa exageração é inimiga da ordem*. Outro, pelo contrário, entende que as instituições do país e seu espírito público asseguram que sua liberdade não está em perigo; que a ordem é que carece de mais proteção, não só por amor dela, como por amor da liberdade, que não pode existir senão protegida pela tranquilidade pública. Estas opiniões po-

[336] MELO MATOS, Luiz José de Carvalho e. *Páginas de história constitucional do Brasil (1840-1848)*. Rio de Janeiro: Garnier, 1870, p. 352.

> líticas, estes dois diferentes modos de encarar as necessidades públicas, têm sempre uma parte da população em seu apoio, e isso é que constitui os dois partidos. Sua diferença de vistas e de opiniões se faz sentir nas mais graves, como nas mais pequenas questões.[337]

Essa concepção dicotômica do sistema partidário lançaria profundas raízes na cultura brasileira. Em 1860, Teófilo Otoni chegava a retroprojetar a rivalidade bipartidária para o tempo da independência: "Eram sempre os dois partidos, que estão em luta em toda a parte e em todo o tempo, o partido do progresso e da conservação".[338] No manifesto do Partido Liberal renascido, em 1869, o senador Nabuco de Araújo lembrava que "a iniciativa do movimento político" cabia ao seu partido e não ao Conservador.[339] Em 1870, o deputado Ferreira Vianna verberava da tribuna da Câmara: "Quando se exagera o princípio da autoridade, cai-se na tirania; quando se exagera o princípio da liberdade, cai-se na anarquia [...]. A harmonia só pode vir de um grande fato: o poder limitado pela liberdade".[340] Em 1888, o conselheiro Paulino Soares de Sousa (1834-1901) resumia o papel dos partidos: "A ação promovida pelo Partido Liberal; a resistência, sustentada pelo Partido Conservador".[341] Ainda em 1916, duas décadas depois da queda da monarquia, Rui Barbosa explicava em idênticos termos a dinâmica ideológica da democracia:

> A política [...] não pode ser nem sistematicamente moderada ou conservadora, nem invariavelmente extremada e radical. Os dois princípios têm de se revezar e, até, de se auxiliar um ao outro, porque se completam e se suprem mutuamente. Assim devem considerar-se reciprocamente, pois, os conservadores e os radicais: como colaboradores, sucessivos ou simultâneos, na política nacional. Não hão de, pois, nem de exterminar-se, nem aborrecer uns aos outros; hão de respeitar-se, querer-se e, quando seja necessário, servir-se entre si, como duas partes que se contrabalançam no mecanismo do serviço do país. Porque a perenidade na ação moderadora acabaria arrefecendo e

[337] ANAIS da Câmara dos Deputados, sessão de 15 de maio de 1844.
[338] OTONI, Teófilo Benedito. *Discursos parlamentares.* Seleção e introdução de Paulo Pinheiro Chagas. Brasília: Câmara dos Deputados, 1979, p. 538.
[339] In: BRASILIENSE. *Partidos e Programas Políticos do Império*, op. cit., 46.
[340] VIANNA, Antônio Ferreira. *A reforma judiciária.* Rio de Janeiro: Imprensa Nacional, 1888, p. 59.
[341] ANAIS do Senado do Império, sessão de 13 de maio de 1888.

paralisando a vida, atrasando e tolhendo a evolução, adormecendo a matando a iniciativa; assim como a perpetuidade na impulsão radical anteciparia às reformas a sua oportunidade.[342]

O nacionalismo conservador dos *regressistas*, *saquaremas* ou *conservadores*. Liderados por Bernardo Pereira de Vasconcelos, os conservadores se orientavam por uma ideologia conservadora estatista, que acreditava na necessidade de criar instituições capazes de reconquistar a obediência geral frente à anarquia das guerras civis. A desorganização nacional fora agravada com a tentativa precipitada dos liberais de emanciparem a sociedade da tutela do Estado, através da importação acrítica de instituições dos Estados Unidos e da Grã-Bretanha. A Revolução liberal era aceita como inevitável, mas a transição do absolutismo para o autogoverno havia sido abrupta. Dessa experiência nascera "o sistema do regresso", que nada mais era do que a aplicação do realismo político, imposto pela razão de Estado, à política brasileira. O sistema passava, em primeiro lugar, pela crítica do caráter metafísico e universalista do reformismo. Os liberais se orientavam por um cosmopolitismo exagerado, que não tinham "nem o abono da ciência nem a sanção do século".[343] Vasconcelos criticava os colegas guiados por uma "ideia de perfeição, pela qual julgam que devem ser feitas as instituições, sem nenhuma atenção às circunstâncias do país; querem formar os homens para as instituições e não as instituições para os homens".[344] Como critério de triagem das ideias estrangeiras, os conservadores valorizavam a categoria de *circunstância*: "Convido os nobres deputados a contestar estes princípios, a mostrar que a política, que a ciência do governo, proíbe que se acomodem as leis às necessidades do país, às suas circunstâncias".[345] Era a sociologia de Montesquieu que, aplicada na periferia, justificava o ritmo mais lento de absorção das doutrinas do liberalismo. Eram as concepções e atitudes realistas, empiristas, pragmáticas e nacionalistas que, ao juízo de Vasconcelos, distinguiam os *saquaremas* de seus adversários *luzias*:

342 BARBOSA, Rui. *Embaixada a Buenos Aires*. Rio de Janeiro: Fundação Casa de Rui Barbosa, 1984, p. 138.

343 ANAIS do Senado do Império, sessão de 6 de junho de 1839.

344 Idem, sessão de 9 de agosto de 1839.

345 ANAIS da Câmara dos Deputados, sessão de 17 de agosto de 1838.

> Nós não somos os homens das teorias, os homens dos sistemas, os homens das utopias; somos os homens da prática, do positivo, os amigos das realidades. Nossos adversários [os *luzias*] seguem opinião contrária [...]. Olham para o futuro como isolado, como independente do passado, e é daí que vem a nossa divergência. Os nossos adversários adotam as suas regras, estabelecem a sua linha reta em finanças, são inexoráveis amigos dos princípios absolutos; nós queremos todo o progresso, mas progresso muito regulado, queremos andar para adiante para assegurar a vida presente, a vida real.[346]

A adoção desta concepção da ação política antes prudencial (à Burke e à Montesquieu) do que ideológica (à Locke e à Kant) levava os *saquaremas* a se guiarem por um *espírito de transação.* No plano dos princípios, ele harmonizava as diretrizes abstratas da filosofia "universal" com as circunstâncias concretas da realidade brasileira. O futuro deputado conservador Pereira da Silva já repetia em 1836 que "as formas de governo nada valem, se não são a expressão dos costumes, persuasões e crenças de uma Nação".[347] Vasconcelos transpunha o princípio para o terreno da política ao afirmar que a "legislação de um país não pode ser transportada para outro senão em circunstâncias raríssimas".[348] Os brasileiros não deveriam "imitar ou plagiar os ingleses; devemos estudar o nosso país, as nossas circunstâncias, e aplicarmos o remédio que elas reclamarem".[349] Essas *circunstâncias* diziam respeito às peculiaridades da condição mais atrasada de civilização em que o Brasil se achava: "As instituições são próprias do lugar e do tempo; devem ser acomodadas não só aos povos, como também às épocas. Cada época tem a sua necessidade apropriada", pontificava Vasconcelos.[350] Isso não quer dizer que os conservadores rejeitassem os exemplos dos países centrais, e sim que conferiam mais peso aos fatores decorrentes da nossa formação e da experiência acumulada desde a independência.[351] A consciência daquelas peculiaridades obrigava o estadista a adotar uma posição crítica das importações intelectuais, que conduzia naturalmente a uma postura nacionalista: "Toda a Nação deve ter um ego-

[346] ANAIS do Senado do Império, sessão de 7 de outubro de 1843.

[347] PEREIRA DA SILVA, João. *Estudos sobre a literatura.* Niterói, Revista Brasiliense: ciência, letras e artes; Tomo I, nº 2º Paris: Dauvin et Fontaine, Libraires, 1836, p. 216.

[348] ANAIS do Senado do Império, sessão de 3 de julho de 1840.

[349] Idem, ibidem.

[350] Idem, sessão de 19 de junho de 1840.

[351] Idem, sessão de 22 de janeiro de 1839.

ísmo exaltado, que deve procurar governar-se segundo a sua natureza, e não arremedar os outros países. [...] Nada de estrangeirismo; queremos egoísmo nacional, que é sinônimo de patriotismo".[352]

Em segundo lugar, o *sistema do regresso* relativizava o caráter eurocêntrico por que os liberais interpretavam a filosofia da história. Uma vez que a monarquia constitucional dependia do equilíbrio entre ordem e liberdade, os males podiam provir tanto dos excessos de um quanto de outro. Naquele momento da década de 1840, as *circunstâncias* recomendavam o princípio da ordem e da autoridade a fim de impedir a fragmentação do Brasil: "O primeiro dever de um governo é a conservação do país", declarava Vasconcelos.[353] Essa prioridade conferida ao valor da autoridade sobre o da liberdade era uma das características mais salientes da "revolução monárquica" que, no contexto periférico ibero-americano dos oitocentos, tinha de ser promovida sob as vestes do "momento oligárquico" europeu. Daí o caráter fortemente estatista do conservadorismo regressista. Ele encarregava o Estado não só de restaurar a ordem social, combalida desde a Revolução liberal de 1820-1821, mas também de matriz do progresso nacional, à maneira do reformismo ilustrado. Também Paulino acreditava que a guerra civil só poderia ser dirimida por "uma legislação mais forte e severa, executada por uma política firme, vigorosa e perseverante, ajudada por meios fortes e convenientes".[354] Essa era também a opinião do senador Melo Matos:

> Os meus princípios, no estado atual do Brasil – em que não conheço senão um espírito revolucionário – são sustentar o governo, porque é preciso conservar um elemento de ordem e de força que possa abafar as ideias desregradas e destruidoras do bem-estar da sociedade; e neste elemento de ordem e força eu não o conheço senão na ação do governo, porque governo não quer dizer senão força e ordem, e por consequência tenho trabalhado e trabalharei para a sustentação do governo.[355]

[352] Idem, sessão de 28 de setembro de 1843. Ainda: "Não sei como o nobre senador poderá demonstrar que a política do governo tem sido europeia; não sei mesmo se se refere a opiniões de outros que falam muito em políticas europeias e de políticas americanas; não compreendo bem estes termos; a minha política é brasileira". VASCONCELOS. *Bernardo Pereira de Vasconcelos*, op. cit., p. 260.

[353] ANAIS do Senado do Império, sessão de 11 de setembro de 1838.

[354] SOUSA, Paulino José Soares de. *Relatório da repartição dos negócios da Justiça apresentado à Assembleia Geral Legislativa na 1ª sessão da 5ª legislatura.* Rio de Janeiro: Tipografia Nacional, 1843, p. 2.

[355] ANAIS do Senado do Império, sessão de 26 de setembro de 1839.

O futuro visconde do Uruguai justificava o regressismo aplicando ao Brasil, por analogia, as teorias expendidas por François Guizot na sua *História da civilização europeia* (1828/1830). Ali destacava-se a dimensão civilizadora do processo de centralização promovido no passado pelas monarquias absolutistas, julgado indispensável para a superação do estado de fragmentação e barbárie do período feudal. A realeza criara "interesses gerais, ideais gerais, fazendo desaparecer o espírito de particularismo, de localidade, a reunir, a elevar o conjunto das existências e os espíritos, a criar enfim aquilo que ainda não havia verdadeiramente até então: povos e governo".[356] Paulino se dispunha a investigar o processo civilizador brasileiro a partir de Guizot. Para fazê-lo, cumpria "chamar a atenção sobre os fatos; colhê-los, coordená-los e derramar o seu conhecimento, até mesmo para combater a declamação, o vago e falta de positivo".[357] Haja vista a extensão desmesurada do território, a escassez de povoamento e a precariedade dos meios de comunicação, o Brasil ainda não comportava o governo representativo na mesma extensão em que ele era praticado em países como a Grã-Bretanha, a França e os Estados Unidos. Como Guizot a respeito da Europa medieval, Paulino não detectava, no conjunto do território nacional, uma sociedade nacional. A maioria da população se encontrava isolada nas localidades, principalmente nos sertões, vitimada pelo poder dos grandes proprietários. Sua análise cruzava o privatismo da ordem medieval com uma descrição hobbesiana do estado da população:

> No interior de muitas das nossas províncias vivem os seus habitantes separados uns dos outros e das povoações por grandes distâncias, cobertas de matas e serras em um certo estado de independência e fora do alcance do governo e das autoridades. Essa população que não participa da nossa nascente civilização, falta de qualquer instrução moral e religiosa, porque não há aí quem a subministre, imbuída de perigosas ideias de uma mal-entendida liberdade, desconhece a força das leis e zomba da fraqueza das autoridades, todas as vezes que vão de encontro aos seus caprichos. Constitui ela assim uma parte distinta da sociedade do nosso litoral e de muitas de nossas povoações e distritos, e principalmente por costumes bárbaros, por atos de ferocidade e crimes horríveis se caracteriza. Como que para melhor assemelhar essa sociedade às primitivas, os

[356] GUIZOT. *Histoire de la civilisation en Europe*, op. cit., p. 301.

[357] SOUSA, Paulino José Soares de. *Relatório do presidente da província do Rio de Janeiro na abertura da 2ª sessão da 2ª legislatura da Assembleia Provincial, acompanhado do orçamento da receita e da despesa para o ano de 1839 a 1840.* 2ª edição. Niterói: Tipografia de Amaral e irmão, 1851, p. 2.

> mesmos homens bons que habitam esses lugares veem-se forçados, em defesa própria, a oprimir para não ser oprimidos; constituem-se pequenos centros de força, a que se aglomeram os perseguidos, que depois a vingança torna também perseguidores. [...]. Tal é o estado dos nossos sertões.[358]

Em síntese, não era possível legislar para o Brasil imaginando-o liberal e civilizado como os países cêntricos da Europa ou da América do Norte. No fundo, a sociedade brasileira ainda se encontrava, aos olhos dos chefes saquaremas, em uma posição análoga àquela da França feudal, carecendo de um poder monárquico forte capaz de enfrentar a arrogância aristocrática dos senhores territoriais das províncias. A submissão da aristocracia permitiria à monarquia inserir a população barbarizada no processo de civilização, reprimindo seus instintos insociáveis e incutindo-lhe hábitos de trabalho e subordinação. Só uma educação moral baseada em semelhantes fundamentos elevaria o padrão dos costumes.[359] Nada disso seria possível sem a expansão do Estado através de dados estatísticos e um aparato administrativo organizado. **O cosmopolitismo liberal dos *progressistas, luzias* ou *liberais*.** Porque subordinavam a política aos imperativos de uma moral universal, sendo convictos universalistas ou cosmopolitas, os *luzias* viam as doutrinas europeias com olhos mais generosos. Seu liberalismo de matriz republicana acreditava na possibilidade de uma ciência política orientada por regras imutáveis, universais e eternas de moral, conforme declarava o senador Feijó: "Há princípios *a priori*, anteriores aos fatos que os regem, e são estes o que constituem a ciência".[360] Ele havia sido o principal responsável pela introdução da linguagem metafísica de Kant no Brasil, através de um compêndio denominado *Noções gerais de filosofia*. Ela lhe servia de base filosófica para, através do liberalismo, modernizar as noções hauridas da tradição republicana clássica, por meio do direito romano. Para Feijó, existia uma moral universal, que "não era o resumo das experiências; é antes ela que regula as experiências [...]. Se uma hipótese é fundada em princípios *a priori*, realiza-se e passa a ter valor objetivo; é acompanhada de certeza".[361]

---

358 Idem, ibidem, p. 19.

359 Idem. *Relatório do presidente da província do Rio de Janeiro*, op. cit., p. 2.

360 ANAIS do Senado do Império, sessão de 27 de maio de 1839.

361 FEIJÓ, Diogo Antônio. *Cadernos de filosofia*. Introdução e notas de Miguel Reale. São Paulo: Editorial Grijalbo, 1967, p. 27.

Os liberais acreditavam que a moderna ciência política era um produto da civilização acumulado ao longo de diversas gerações, que podia ser compartilhado pelos homens cultos de todos os quadrantes. A possibilidade de uma ciência política, a respeito da qual Vasconcelos manifestava ceticismo, era reconhecida por Paula Souza, que a definia como um saber que sintetizava a experiência de nações mais adiantadas. Mais atrasado e novato na prática do governo representativo, o Brasil precisava aproveitar "as lições do passado, da experiência dos outros e da própria".[362] O senador Costa Ferreira ia pelo mesmo caminho, valorizando o idealismo alemão de Kant ou Hegel (este, pelo intermédio de Victor Cousin): "Desde que principiei a estudar matérias políticas, tempo em que andava muito em moda Rousseau, tenho ouvido repetir o que ele dizia em uma carta dirigida aos polacos: 'Se quereis ser livres, sede justos'. Desde então, tenho seguido essa máxima".[363] Também o deputado Martim Francisco, que aderira aos liberais, reivindicava a posição idealista em contraposição ao realismo dos *saquaremas*, "porque são os princípios que criam as instituições e é a força desses princípios, quem as firma, quem as consolida".[364] O senador Vergueiro concordava: "Negar os princípios absolutos em política e em moral é negar a estabilidade do temor de Deus, que é o princípio da sabedoria e de todo o bem na ordem moral; posto assim em contingência o princípio da moral, vacilante fica toda a política, que nenhum apoio firme pode ter fora da base da moral".[365] Antônio Carlos, que também renegara o "regresso", veiculava o mesmo discurso: "Há muito tempo vivo no mundo das idealidades. Há muito tempo me nutro de esperanças, pois que o mundo das realidades e das atualidades nada me apresenta que não seja hediondo, horroroso e repulsivo".[366] O comentário de Paula Sousa a respeito do particularismo crítico dos saquaremas era de franca ironia:

> Esses senhores [os *saquaremas*], que têm gênio e capacidade, podem desprezar os exemplos das nações civilizadas; mas eu, que não tenho gênio nem capacidade, gosto muito de apoiar-me nas opiniões dos grandes homens, gosto de seguir o exemplo das grandes nações e dos grandes homens, até porque cuido

[362] ANAIS do Senado do Império, sessão de 28 de setembro de 1843.
[363] Idem, sessão de 3 de julho de 1840.
[364] ANAIS da Câmara dos Deputados, sessão de 25 de abril de 1840.
[365] ANAIS do Senado do Império, sessão de 14 de maio de 1839.
[366] Idem, sessão de 27 de abril de 1840.

> que o saber humano é um grande rio formado dos pequenos regatos das diversas tradições; é a convicção e prática anterior de diversos objetos que forma a soma dos conhecimentos humanos; o saber que não é fundado nisto é fútil e se evapora.[367]

Esse idealismo cosmopolita pesava na sua denúncia do r*egresso*, qualificado como "a imoralidade erigida em sistema".[368] Os remanescentes da esquerda moderada moviam uma oposição encarniçada ao "movimento retrógrado" de seus antigos aliados. Para o senador cearense José Martiniano de Alencar, o *regresso* era um sistema de reação elaborado "contra os homens conscienciosos que não mudaram de opinião" depois de 1836, cujo propósito era o de "levar as cousas todas ao Antigo Regime; ao que dominava antes do 7 de abril [de 1831]".[369] O cônego José Antônio Marinho concordava, acusando os *regressistas* de formarem uma "facção absolutista".[370] O *governo das transações*, criado para favorecer a governabilidade, também era atacado pelos liberais como um imoral sistema de *corrupção*, que pela distribuição de cargos e favores fulminava a independência dos parlamentares para submetê-los aos desígnios do poder central: "O governo tudo quer dar para corromper", queixava-se o deputado Francisco Álvares Machado (1791-1846).[371] O senador mineiro José Bento Ferreira de Melo também acusava o gabinete Vasconcelos de ser movido por "um espírito reator", de "prodigalidade e de patronato o mais escandaloso".[372] Para eles, a legitimidade das instituições repousava exclusivamente na Constituição, nada devendo à tradição dinástica dos Bragança. Para contornar o argumento *coimbrão* ou *luso-brasileiro* encampado pelos *saquaremas*, de que a autoridade do imperador precedia a do Parlamento, por ter sido aclamado pelo povo, o radical Teófilo Otoni redarguia: "Quando a Constituição fala em unânime aclamação dos povos, não menciona um fato, mas dá um título. E nem de outra sorte se podia considerar esse artigo da Constituição, porque o Sr. D. Pedro I não foi aclamado unanimemente".[373] Do ponto de vista programático, os liberais

367 Idem, sessão de 6 de maio de 1843.
368 Idem, sessão de 24 de maio de 1839.
369 Idem, sessão de 28 de maio de 1839.
370 MARINHO, José Antônio. *História da Revolução de 1842*. Brasília: Senado Federal, 1978, p. 73.
371 ANAIS da Câmara dos Deputados, sessão de 21 de julho de 1838.
372 ANAIS do Senado do Império, sessão de 10 de maio de 1839.
373 Idem, sessões de 12 e de 17 de julho de 1840.

reclamavam a organização dos governos de baixo para cima pela Câmara, que era "a representante imediata do povo".[374]

Temas veiculados desde a Revolução liberal de 1821 voltavam à baila. O senador pernambucano Holanda Cavalcanti martelava o mantra da dominação corruptora dos magistrados: "A impunidade, a imoralidade, a desordem há de existir no Brasil, enquanto os juízes forem candidatos aos lugares políticos".[375] A defesa da antiga nobreza da terra das províncias como a verdadeira "nação brasileira" também transparecia, identificada com os "interesses da lavoura". O senador Paula Souza considerava as grandes famílias aristocráticas "naturais, necessárias na sociedade. Não é possível jamais deixar de haver indivíduos em qualquer lugar que tenham influência pelo prestígio da opinião e da consideração". A representação deveria espelhar os interesses das províncias.[376] Para ele, o "artificial" domínio conservador é que era oligárquico: "Há oligarquia agora, porque se acha o poder concentrado em poucos, que não têm esse ascendente, essa influência legítima, e que só pela força arrancam obediência".[377] Também para o senador Vergueiro, o verdadeiro "povo" – entendida como uma sociedade civil industriosa, ativa e empreendedora – era formado pelos senhores de terra, e não pelos bacharéis da capital, sempre à caça de empregos públicos.[378] Em síntese, os liberais oposicionistas resistiam à "revolução monárquica" dos *saquaremas*, a quem o senador mineiro Costa Ferreira acusava de tentar escravizar o país: "Centralizar, centralizar: eis a máxima principal dos senhores reformadores". E explicava: "Os nossos reformadores [os conservadores] entendem que o horizonte do Rio de Janeiro é o horizonte de todo o Brasil".[379]

2. Revolução *versus* razão de Estado: o debate sobre o papel constitucional da Coroa e as revoluções de 1842

A discussão entre conservadores e liberais sobre o papel constitucional da Coroa (1840-1841). Patrocinado por uma aliança entre os liberais e a facção

[374] ANAIS da Câmara dos Deputados, sessão de 1840, livro I, p. 53-55.
[375] Idem, sessão de 1840, livro III, p. 59.
[376] DOHLNIKOFF, Miriam. "Governo representativo e eleições no século XIX". *Revista do Instituto Histórico e Geográfico Brasileiro*, ano 174, número 474, maio/agosto de 2017, p. 25.
[377] ANAIS do Senado do Império, sessão de 1º de agosto de 1843.
[378] Idem, sessão de 1840, livro II, p. 230.
[379] Idem, sessão de 1º de agosto de 1843.

palaciana, o golpe parlamentar que antecipou a maioridade de dom Pedro II emplacou, a 24 de julho de 1840, o gabinete chefiado pelo deputado Antônio Carlos de Andrada Machado. Mas o ministério *progressista* caiu oito meses depois, devido ao emprego desmesurado de violência nas eleições legislativas. Formado a partir de uma combinação de áulicos e conservadores, que incluía Aureliano Coutinho, Miguel Calmon, Clemente Pereira e Paulino de Sousa, o novo ministério de 23 de março de 1841 retomou a agenda *regressista* e anulou o pleito em nome da salvação pública. Em julho o jovem dom Pedro II seria coroado e os *regressistas* desejavam salientar tanto sua legitimidade tradicional, derivada da origem divina, quanto sua legitimidade moderna, ancorada na vontade da nação. A disputa sobre a origem da Coroa indicava o tipo de monarquia que cada partido pretendia edificar: autoritária e centralizadora ("monárquica"), ou parlamentar e federativa ("democrática"). Os conservadores faziam da Coroa um estandarte da autoridade, ao passo que os liberais a queriam esvaziar em nome da "sociedade civil" de cada província.

O primeiro debate sobre o Poder Moderador no reinado de d. Pedro II foi travado quando da discussão, na Câmara, do projeto de restabelecimento do Conselho de Estado. Ele havia sido apresentado no Senado por Vasconcelos, com o objetivo de "aumentar a força moral das decisões do trono imperial, acobertá-lo também com a sua responsabilidade, ilustrá-lo com seus conselhos e discussões".[380] Reivindicando o princípio da autoridade, o deputado Carneiro Leão sustentou que o imperador tinha grande influência como titular do Poder Moderador e era o primeiro fiscal da ação dos ministros, na condição de chefe do Poder Executivo. Daí porque o príncipe, "quer na teoria, quer mesmo pelo nosso direito público constitucional, deve ter uma grande influência sobre os atos administrativos".[381] Os liberais reagiram. Alguns dias depois, o senador Alencar declararia, à moda de Sieyès, que o centro de gravidade do sistema era o Poder Legislativo. O Poder Moderador não passava de um título honorífico:

> O Poder Moderador é uma autoridade que a Nação estabeleceu gozando de todas as prerrogativas de respeito e homenagem, mas também é a única auto-

---

[380] SOUSA, Paulino José Soares de Sousa. *Relatório da repartição dos negócios da Justiça apresentado à Assembleia Geral Legislativa na 1ª sessão da 5ª legislatura.* Rio de Janeiro: Tipografia Nacional, 1843, p. 4.

[381] ANAIS da Câmara dos Deputados, sessão de 25 de maio de 1841.

> ridade que nada governa no sistema representativo. Clama-se pela existência do poder moderador, porque ele é a sentinela de todos os poderes; mas as ideias hoje são outras, depois que se fixou bem a ideia de soberania nacional. A sentinela dos outros poderes é o legislativo, que não só faz as leis conjuntamente com os outros poderes, como vigia incessantemente se a Constituição é guardada, e tem a seu cargo acusar os ministros de Estado e ainda os membros dos outros poderes.[382]

Foi nesse contexto de oposição ao fortalecimento da Coroa que Antônio Carlos emitiu pela primeira vez a expressão celebrizada na França por Adolphe Thiers às vésperas da Revolução de 1830: "O rei reina e não governa". Com isso, ele pretendia dizer que o governo era assunto exclusivo das câmaras, especialmente a dos deputados. Sua posição era controversa. Na Constituinte de 1823, ele havia sido o primeiro a defender a tese de que, na monarquia constitucional, o príncipe exercia um Poder Moderador. Agora, ele polemizava ao declarar: "Isto de Poder Moderador é doutrina de escolas. Em nenhuma nação do mundo existe isso".[383] Escandalizado, Carneiro Leão respondeu que o funcionamento das instituições deveria se pautar pela letra da lei: "Devemos beber as doutrinas constitucionais, não do sistema representativo em geral, mas da nossa Constituição. Ora, no sistema que a nossa Constituição admitiu, o Imperador é chefe do Poder Executivo [...]. É o que se chama governar".[384] A oposição "progressista" insistiu que a legitimidade da monarquia decorria somente da Constituição, revista pelo Ato Adicional. Queria dizer com isso que governos nomeados pelo imperador – como aquele, de orientação regressista – eram ilegítimos, porque contrariavam o suposto "espírito liberal" da Carta e, nessa qualidade, autorizavam a oposição a recorrer ao direito de resistência. Irritado, Carneiro Leão retrucou à maneira de José Bonifácio, declarando que era legítimo todo e qualquer governo que tivesse à frente o Poder Moderador. Na medida em que o imperador havia sido constituído pelo povo seu primeiro representante, sua iniciativa de investidura do gabinete era a única forma de atestar a legitimidade do governo brasileiro. Esta doutrina não só não era absolutista, como era a única comportada pela Constituição. E alertava: "A doutrina contrária tende a excitar os povos à rebelião [...]. Não pode haver

[382] ANAIS do Senado do Império, sessão de 6 de junho de 1841.
[383] ANAIS da Câmara dos Deputados, sessão de 12 de junho de 1841.
[384] Idem, sessão de 12 de junho de 1841.

governo consolidado, ordem e paz públicas, onde semelhante doutrina for admitida".[385] No Senado, Francisco Carneiro de Campos também achou por bem refutar o discurso proferido por Antônio Carlos na Câmara. O irmão de Caravelas apresentou-o como um antigo instituto de exceção, que encapsulava o indispensável emprego da razão de Estado, adaptado para os tempos modernos pelo constitucionalismo por Benjamin Constant. O valor teórico de sua exposição, que expõe com clareza meridiana a lógica e o papel do Poder Moderador durante a "revolução monárquica" brasileira, justifica a longa transcrição:

> Quando se tratou deste objeto no Senado, por ocasião da reforma que se pretendia fazer à Constituição, muitos nobres senadores eram de opinião que todos os atos do Poder Moderador deviam ser referendados pelos ministros – o que, quanto a mim, era o mesmo que se acabasse com o Poder Moderador. Porque, se um dos atos do Poder Moderador é a demissão ou nomeação dos ministros, como se havia de querer que o Imperador estivesse sujeito à assinatura dos ministros? [...]. Nós sabemos que a doutrina do Poder Moderador é nova e moderna; foi desenvolvida por Benjamin Constant. Ainda há pouco disse um ilustre deputado (*Antônio Carlos*), na sua respectiva câmara, que essa doutrina do Poder Moderador era de mera escola. Eu entendo que nós podemos dizer o contrário. É verdade que a nossa Constituição foi a primeira que levou esta doutrina a efeito e à prática, porque criou explicitamente o Poder Moderador e não vejo isto nas outras Constituições. Mas isto é um grande merecimento da nossa Constituição, pois que tem aperfeiçoado assim os princípios dos governos livres. Os nobres senadores que discrepam desta maneira de ver [...] estão imbuídos nas doutrinas antigas [...], que não pode haver governo monárquico representativo, sem que o monarca esteja a coberto pela assinatura de uma pessoa estranha em todos os seus atos. É esta regra antiga, quando não havia Poder Moderador.
>
> Hoje, à face da nossa Constituição, devemos ser de opinião contrária, e assentar que este Poder Moderador veio fazer uma exceção a essa regra nos poucos casos próprios do dito poder – e isto, para remediar as faltas das antigas ditaduras. O Poder Moderador não é senão uma espécie de ditadura, ditadura, porém, restringida a certos e poucos objetos, a certos e determinados atos particulares. A experiência mostrou que os povos que queriam ser livres eram obrigados muitas vezes a recorrer às ditaduras, como os romanos. Estes povos recorreram muitas vezes a um poder sem limite algum. Esses ditadores, que

[385] Idem, sessão de 9 de julho de 1841.

não tinham absolutamente dependência de que alguém assinasse os seus atos, fizeram muito mal, é verdade. Mas por quê? Porque a sua estendia-se a todas as coisas. Eles eram senhores da vida e da morte dos cidadãos; dispunham de sua propriedade; os cidadãos não tinham recurso algum. Como se mostrou que esses ditadores alagaram a terra de sangue, os sábios contemplaram todas estas coisas, e quiseram ver se acaso era possível uma espécie de ditadura plácida, que não fosse tão maléfica como era a daqueles ditadores, mas que fosse sempre uma espécie de ditadura ou autoridade irresponsável absolutamente independente. E o que aconteceu, foi que a nossa Constituição expressamente adotou esse princípio, e assinalou bem determinadamente os atos em que se há de exercer essa ditadura, sem o quê, em algumas ocasiões, virá a anarquia infalivelmente. [...]. Queriam os nobres senadores que houvesse um Sila, um César, um Otávio ou Augusto, que mandasse cortar cabeças, ou que desenvolvesse a anarquia? Pois é o que há de acontecer, uma vez que não haja uma autoridade que, para obrar eficazmente, não dependa de alguém, e que possa prontamente obviar o mal, lançando mão desta medida.

Pode ser que, apesar de tudo isso, não consigamos o fim da instituição do Poder Moderador, porque é da natureza não serem perfeitas as obras dos homens. Mas, tendo nós criado uma autoridade que se acha elevada a uma tão alta posição; que está cercada de tantas honras e regalias; que tem certo o estabelecimento de sua família; que não depende de alguém; que, além disso, tem o socorro de conselheiros que lhe damos, para iluminar a sua razão; podemos desconfiar que esta autoridade tenha essa espécie de arbítrio ou ditadura – e só nos casos marcados, quando sejam urgentes? Decerto que não. Para isto, não depende de alguém; porque, se depender, então não é uma autoridade independente que possa fazer executar os seus atos [...]. Logo, para que a teoria seja exata, se acaso se admite esse poder político, chamado Moderador, é preciso que ele esteja independente da ação de quem quer que seja, para que possa moderar [...] os outros poderes do Estado. Do contrário, é uma verdadeira ilusão, e não poderá evitar crises.[386]

Razão de Estado e salvação pública: as revoluções liberais de 1842. Os liberais estavam apavorados com o projeto regressista de restabelecimento do Conselho de Estado, certos de que os adversários viriam a povoá-lo somente com sua própria gente. Alencar, Feijó, Otoni, Paula Sousa, Vergueiro e Costa Ferreira denunciavam a legislação regressista como inconstitucional, sustentando que as decisões da Assembleia Geral só poderiam se aprovadas

[386] ANAIS do Senado do Império, sessão de 8 de julho de 1841.

pelas assembleias provinciais e que havia o risco de que a população pegasse em armas.. O senador mineiro José Bento Ferreira de Melo afirmava que as províncias poderiam "resistir a tais atos, que são manifestamente revolucionários e atentatórios à Constituição".[387] Vasconcelos resumiu perfeitamente a lógica confederativa dos seus adversários liberais: "As assembleias provinciais representam as províncias, as províncias a nação e, por conseguinte a maioria das assembleias provinciais, a maioria da nação".[388] Era, sem tirar nem pôr, a mesma concepção dos republicanos jeffersonianos norte-americanos, cujo confederalismo pensava a União Federal como mera resultante do compacto de estados quase soberanos, encarregada de traduzir sua vontade.

A aprovação da lei deflagrou as "revoluções liberais" de 1842, chefiadas por Feijó e Vergueiro em São Paulo e por Teófilo Otoni em Minas Gerais.[389] Tratava-se de um "apelo aos céus" no estilo de Locke, estribado na necessidade de resistir à tirania. Cumpria "defender a nossa pátria, para salvar as instituições livres, a nossa Constituição do aniquilamento total de que é ameaçada por uma facção astuciosa que se apoderou do poder".[390] Mais do que com revoluções como a Gloriosa, as duas rebeliões se pareceram com as "frondas" francesas da década de 1640, quando a nobreza se sublevara contra a "revolução monárquica" levada adiante pelo "tirano" Mazarino, em nome do monarca menor (Luís XIV). O arauto dos rebeldes, o cónego José Antônio Marinho, os descrevia como grandes proprietários e comerciantes que compunham a "fina flor" da província. Do lado regressista é que, segundo ele, estava a "gente sem qualificação, assassinos e ladrões", entre os quais "condenados" e "pretos da Costa d'África". Os "mineiros industriosos" haviam se organizado em milícias movidos pela virtude cívica, decididos a enfrentar em campo de batalha um exército profissional composto de "nuvens de (negros) nagôs e minas".[391]

Por suas vezes, ao exemplo, também, da Coroa francesa sob as ordens do cardeal Mazarino, os *regressistas* brasileiros apelaram ao discurso da razão de Estado para justificar a repressão à nobreza da terra insubmissa. O gabinete imperial suspendeu as garantias constitucionais em São Paulo (1842) e Minas

---

387 Idem, sessão de 2 de setembro de 1839.

388 Idem, sessão de 23 de julho de 1839.

389 HÖRNER, Erik. *Até os limites da política: a Revolução Liberal de 1842 em São Paulo e Minas Gerais.* São Paulo: Alameda, 2015.

390 MARINHO. *História da Revolução de 1842,* op. cit., p. 73.

391 Idem, ibidem.

Gerais (1842); deportou Feijó e Vergueiro para províncias remotas e se opôs às propostas de anistia. Chefe do ministério de 23 de janeiro de 1843, o senador Carneiro Leão justificava o emprego das medidas excepcionais: "Quando o Estado corre perigo, não sei onde achar a craveira das medidas de prevenção, para não empregar senão as estritamente necessárias".[392] Em jogo estava, não o domínio *regressista*, mas a causa da monarquia: "É esta que se discute com a espada na mão", ele concluía.[393] Vasconcelos chegava à mesma conclusão: "Obedeço à inexorável lei da necessidade, e conformar-me-ei sempre com ela, mormente quando se trata de salvar a Constituição, a liberdade e a Pátria".[394] Era, porém, nos discursos de Paulino que o argumento da razão de Estado era mais elaborado: "O poder, quando suspende as garantias, exerce uma ditadura".[395] Era justamente porque amava a liberdade que o governo precisava "empregar todos os meios para salvar o país do espírito revolucionário, porque este produz a anarquia e a anarquia destrói, mata a liberdade, a qual somente pode prosperar com a ordem".[396] Para enfrentar a rebelião, o estado de exceção se lhe afigurava o "urgente e indispensável remédio".[397] A razão de Estado indispensável à construção da ordem era, para ele, uma "razão nacional":

> Nada é mais funesto e desmoralizador para um país do que um poder fraco. Habituam-se as facções à posse ou partilha desse poder, e quando, cobradas algumas forças, procura exercer sobre elas ação, desarmá-las ou reprimi-las, encontra aberta e formal resistência. Entre nós ainda o poder não foi organizado devidamente e de modo que ofereça suficientes garantias à ordem pública e à bem-entendida liberdade. Herdamos da Mãe Pátria uma legislação que não estava em harmonia com as instituições representativas, era mister criar tudo, e nessa tarefa fomos guiados por um otimismo exagerado e pela inexperiência. Aconselhados por uma decepção dolorosa, era preciso abandonar a marcha que tínhamos seguido e que muito contribuíra para anarquizar o país e chamar sobre ele as comoções, as desordens e a impunidade que há mais de dez anos o flagelam. Era urgente rever as nossas leis regulamentares, emendá-las

[392] ANAIS do Senado do Império, sessão de 12 de janeiro de 1843.

[393] SOUSA, José Antônio Soares de. *A vida do visconde de Uruguai.* Rio de Janeiro: Companhia Editora Nacional, 1944, p. 151.

[394] ANAIS do Senado do Império, sessão de 18 de fevereiro de 1843.

[395] ANAIS da Câmara dos Deputados, sessão de 7 de fevereiro de 1843.

[396] SOUSA. A *vida do visconde do Uruguai,* op. cit., p. 163.

[397] SOUSA. *Relatório da repartição dos negócios da Justiça apresentado à Assembleia Geral Legislativa na 1ª sessão da 5ª legislatura,* op. cit., p. 26.

> conforme os conselhos da experiência e armar o poder com os meios indispensáveis para emancipar-se da tutela das facções e das desencontradas exigências das influências das localidades. Era preciso adotar uma política larga que, fazendo calar as vozes mesquinhas de influências locais e de interesses particulares, desse lugar a que somente pudesse ser ouvida a da Razão Nacional, única e verdadeira indicadora do pensamento e da necessidade públicas.[398]

Os conservadores aproveitaram a debilidade dos liberais para aprovar as Instruções eleitorais de 1842, que adicionava mais uma peça aos mecanismos centralizadores. Criavam uma junta de qualificação, encarregada de alistar os eleitores, que deveria se reunir um mês antes da eleição para prevenir os tumultos que nela tinham lugar. Um dos integrantes da junta era o subdelegado, articulado à magistratura de carreira e subordinado ao governo nacional. Como o outro membro era o pároco, igualmente funcionário público, o juiz de paz saía enfraquecido.[399] Por outro lado, embora a influência do governo fosse considerável, nem sempre ele conseguia controlar os resultados eleitorais. Cada microrregião possuía sempre facções que pertenciam aos dois partidos, e aquele candidato que falhasse em garantir os interesses locais corria o risco de não ser reeleito. Além disso, o ministério e o Parlamento eram suscetíveis de pressão organizada, principalmente de associações comerciais e agrícolas. Também era comum aos candidatos escreverem cartas e circulares ao eleitorado, publicadas em jornais dos partidos, justificando suas candidaturas e intenções. Por tudo isso, questões referentes ao sistema eleitoral no império eram sempre discutidas intensamente. Nem por isso se deve acreditar que ele fosse democrático: os partidos pertenciam a minorias que agiam em um quadro de apatia, ignorância e pobreza da população. Ademais, a religião católica permanecia uma peça fundamental na legitimação política.

3. O Instituto Histórico e Geográfico Brasileiro como agência cultural do projeto imperial.

O IHGB como agência de conhecimento científico e unificação cultural. Fun-

---

[398] SOUSA, Paulino José Soares de. *Relatório da repartição dos negócios da Justiça apresentado à Assembleia Geral Legislativa na 1ª Sessão da 5ª Legislatura.* Rio de Janeiro: Tipografia Nacional. Idem. *A Vida do Visconde do Uruguai.* Rio de Janeiro: Companhia Editora Nacional, 1843, p.1.

[399] DOHLNIKOFF. *Governo representativo e eleições no século XIX*, op. cit., p. 26-27.

dado em 1833 por Joseph Michaud e Eugène Monglave, o Instituto Histórico de França (IHF) representava a instituição moderna por excelência do saber histórico-geográfico que, orientada pelo espiritualismo de Cousin, explicava e justificava a política de moderação da França de Luís Felipe de Orléans[400]. Esse instituto, de quem eram sócios Gonçalves de Magalhães, Sales Torres Homem e Araújo Porto Alegre, serviu de modelo aos fundadores do Instituto Histórico e Geográfico Brasileiro (IHGB). O gabinete regressista de Bernardo Pereira de Vasconcelos criara instituições culturais como o Colégio Pedro II, voltado para a melhoria e difusão do ensino público secundário, e o Arquivo Nacional, encarregado de conservar a documentação oficial do país. Embora a iniciativa de criar o IHGB partisse de elementos que não pertenciam ao grupo *regressista*, a nova instituição não só incorporou os políticos a ele vinculados como relevou idêntico comprometimento com o projeto imperial. Integravam seu quadro societário políticos de todas as cores e gerações: áulicos como Aureliano Coutinho (futuro visconde de Sepetiba), Januário da Cunha Barbosa (cônego da Capela Imperial e primeiro secretário perpétuo do instituto); Cândido José de Araújo Vianna (futuro marquês de Sapucaí e seu segundo presidente) e Manuel de Araújo Porto Alegre (futuro barão de Santo Ângelo); sobreviventes da geração luso-brasileira de 1790, como os marqueses de Baependi e Maricá, além do visconde de São Leopoldo, este seu primeiro presidente; chefes conservadores como o referido Bernardo de Vasconcelos e Honório Hermeto Carneiro Leão (futuro marquês do Paraná), bem como a geração seguinte de Paulino José Soares de Sousa (futuro visconde do Uruguai), José Joaquim Rodrigues Torres (futuro visconde de Itaboraí) e Eusébio de Queirós Matoso Câmara, além de Justiniano José da Rocha, principal jornalista do partido. Também faziam parte do IHGB liberais como Francisco de Paula Sousa, Teófilo Benedito Otoni, Bernardo de Sousa Franco (futuro visconde de Sousa Franco) e o Cônego José Antônio Marinho. A proteção imediata do imperador - que, como grande mecenas do instituto, levou-o a funcionar nas dependências do Paço – contribuiu para fazer do IHGB a agência central de produção e difusão do conhecimento cultural durante a segunda "revolução monárquica".

O IHGB buscava integrar os avanços da historiografia com o objetivo de conhecer objetivamente a história e a geografia do país e promover sua uni-

[400] GUIMARÃES, Manoel Luiz Salgado. *Historiografia e nação no Brasil (1838-1857).* Tradução de Paulo Knauss e Ina de Mendonça. Rio de Janeiro, EDUERJ, 2011, p. 103. ENDERS, Armelle. *Os vultos da nação: fábrica de heróis e formação dos brasileiros.* Rio de Janeiro, Editora FGV, 2014, p. 90

ficação cultural[401]. Em discurso na presença do imperador (1840), o marquês de Sapucaí declarava que sua principal finalidade era "tirar do pó do esquecimento tantos feitos ilustres de destintos brasileiros, que têm merecido a imortalidade: é corrigir, para um dia servir a história do Brasil, uma infinidade de memórias documentos preciosos que se acham dispersos e pouco apreciados"[402]. A recordação dos beneméritos da pátria fomentava o civismo e cumpria as exigências da filosofia da história, segundo a qual todos os povos civilizados possuíam grandes homens. A legitimidade internacional do IHGB como principal instituição cultural do Império se fazia pela concessão de títulos de sócios correspondentes ou honorários a personalidades da política e da cultura europeia, como o visconde de Chateaubriand. Algumas eram brasilianistas, como Robert Southey, Alexander von Humboldt e Carl Friedrich von Martius. Mas a maior parte da compilação e registro dos conhecimentos, depois divulgados pela revista trimestral do instituto, dependia dos sócios correspondentes nas províncias, que colhiam dados locais para remetê-los à Corte. A submissão das obras científicas ao crivo de comissões de história e geografia, por sua vez, elevava a exigência de rigor na produção nacional, e o instituto, à condição de instância última de sua validação. Informações sobre a história, a localização, a identidade e o estado de civilização dos indígenas, ou de rios, serras e aldeias situadas em regiões remotas, não obedeciam somente à curiosidade intelectual. O material recolhido, criticado e arquivado pelo instituto, bem seus debates, forneciam ao governo subsídios de política pública. Uma vez que muitos ministros e conselheiros de Estado pertenciam aos seus quadros, o IHGB os auxiliava na resolução de problemas geopolíticos típicos de uma "revolução monárquica": questões de fronteiras com os países vizinhos, combate aos vazios demográficos e formação de uma sociedade mais esclarecida, homogênea e distribuída pelo território. Daí as discussões acerca dos meios mais adequados de incorporar os indígenas à civilização, emancipar os escravizados africanos e promover a imigração europeia.

A historiografia do IHGB a serviço da moderação. Na prática, o discurso do IHGB combinava tópicas modernas de história como civilização, típicas dos

[401] PIMENTA, João Paulo Garrido & ARAÚJO, Valdei Lopes de. História. In: Joao Feres Jr. (org.). *Léxico da história dos conceitos políticos no Brasil.* 2ª edição. Belo Horizonte, Editora UFMG, p. 116.

[402] VIANNA, Cândido de Araújo. "Discurso do presidente". *Revista do Instituto Histórico e Geográfico Brasileiro*, Tomo II (1840). Terceira edição. Rio de Janeiro, Imprensa Nacional, 1916, p. 581.

institutos de sábios oitocentistas, com outras, mais antigas, próprias das academias áulicas setecentistas. Tendo em vista a lógica da construção do Estado na periferia, nada mais natural que, sob as formas do Instituto Histórico de França, o IHGB também desenvolvesse discursos e práticas típicas da Academia Francesa (1634); da Real Academia Espanhola (1714); da Academia Real de História Portuguesa (1720) e da Academia Real de Ciências de Lisboa (1779), fundadas ao tempo da "revolução monárquica" de seus países[403]. Para Sapucaí, o desenvolvimento e o progresso do espírito humano eram devidos principalmente ao patrocínio dos governantes: "A idade de ouro de cada nação há sido sempre aquela, em que os seus grandes príncipes mais têm protegido e animado as letras e ciências". A proteção da monarquia era essencial para a difusão da ciência histórica e geográfica, "seja destruindo erros fatais a humanidade, seja diminuindo males que eles são inerentes, e aumentando pela civilização o bem-estar da sociedade"[404]. Era inevitável assim que, do ponto de vista político, o IHGB justificasse a atualização do projeto imperial formulado pelos *luso-brasileiros* da geração de 1790, à cuja sombra fora fundado. Dominado por elementos urbanos vinculados à alta burocracia e ao empresariado (como o visconde de Mauá) e contando com pouquíssimos membros da nobreza territorial, o perfil do quadro societário ajuda a explicar a vocação nacionalista e estatista dos trabalhos produzidos sob sua égide[405]. Seu moderantismo gradualista deveria ser justificado pela experiência da história e às condições geográficas do país. Apenas uma história que se pretendesse pragmática para o povo e filosófica para os sábios contribuiria para a enraizamento das instituições e a promoção do seu progresso. Era o que reconhecia o secretário perpétuo do instituto, Januário da Cunha Barbosa, antigo companheiro de redação de Gonçalves Ledo no *Revérbero Constitucional Fluminense*:

> Até o mesmo homem de gênio necessita do fio da História para ser guiar com segurança no obscuro dédalo da política. [...] A História, tornando-lhe presente a experiência dos séculos passados, ministra-lhe ali conselhos tão seguros como desinteressados, que aclaram os caminhos que deve seguir, os escolhos

[403] WEHLING, Arno. *De formigas, aranhas e abelhas: reflexões sobre o IHGB*. Rio de Janeiro, IHGB, 2010, p. 38.
[404] VIANNA. "Discurso do presidente", op. cit., p. 576.
[405] GUIMARÃES, Lucia Maria Paschoal. *Debaixo da imediata proteção imperial: Instituto Histórico e Geográfico Brasileiro (1838-1889)*. São Paulo, Annablume, 2011, pp. 39-41.

> que deve evitar, e o porto seguro, a que uma sábia manobra pode felizmente fazer chegar a nau do Estado. [...]. A política e a civilização em geral exigem que nos apliquemos a salvar da voracidade dos séculos os fatos que nos conduziram ao estado presente da nossa moralidade, e que sirvam nos tempos futuros de comparação com os nossos progressos, depois de constituídos em nação independente. Testemunha dos tempos, luz da verdade, ela abunda de elementos necessários à nossa civilização e a prosperidade do Estado; mestre da vida, oferece exemplares de heroicos feitos aos que prezam a honra de servir a pátria, e de viver além da sepultura pela recordação de gloriosas ações[406].

Como no caso da breve Academia Brasílica dos Esquecidos, a ambição suprema do IHGB consistia na elaboração de uma história geral do Brasil. A História e a Geografia exerciam funções cruciais para modelar o Estado-Nação no século XIX. Procedendo pelo anacronismo, a história da civilização de uma nação, na qualidade de *história filosófica*, a inscrevia no tempo, recorrendo a uma narrativa das origens que descrevia o surgimento e desenvolvimento da nação desde épocas imemoriais até sua emergência na forma de um Estado soberano consciente de si. A espécie nacionalista e romântica de historicismo conhecida como *historista* apresentava a nação como o resultado de uma evolução prescritiva e orgânica, salientando sua singularidade cultural e recomendando o gradualismo como método de mudanças[407]. Mas uma história geral do Brasil precisava combinar as exigências de uma história filosófica com aquelas de uma *história pragmática*, que permitisse aos estadistas se voltarem para o passado para conhecer as condições do progresso e, aos formadores da opinião pública, sublinhar o caráter exemplar das tradições. Já à Geografia cabia entalhar a pátria no espaço: entendia-se que a geografia física de um país determinaria o tipo de seu povo e seu maior ou menor relevo na História Universal[408]. Idealizando o território nacional, a disciplina geográfica o ancorava "na natureza, cartografando as suas fronteiras, descrevendo as suas paisagens, caracterizando as suas regiões". Ao imaginar o corpo da Pátria e o inculcar nas

[406] BARBOSA, Januário da Cunha. "Relatório do secretário geral". *Revista do Instituto Histórico e Geográfico Brasileiro*, Tomo II (1840). 3ª edição. Rio de Janeiro, Imprensa Nacional, 1916, pp. 586-587.

[407] WEHLING, Arno. *A invenção da história: estudos sobre o historicismo.* 2ª edição. Rio de Janeiro, Editora Gama Filho, 2001, p. 34.

[408] In: VERDIER, Nicolas. *Les relations entre histoire et géographie en France : tensions, controverses et accalmies.* Storica, 2009, 40, pp.65-114.

sucessivas gerações, a geografia erguia o mapa do país à condição de "símbolo tão poderoso quanto a bandeira nacional"[409]. Enquanto não se produzia a almejada história geral do Brasil, três sócios do instituto publicaram obras que refletiam e justificavam a segunda "revolução monárquica": as *Máximas, pensamentos e reflexões* (1843) do marquês de Maricá; a *Memória histórica e documentada da Revolução da Província do Maranhão* (1848) de Domingos José Gonçalves de Magalhães, futuro visconde do Araguaia; e o *Memorial Orgânico* (1849) de Francisco Adolfo de Varnhagen, futuro visconde de Porto Seguro.

O desencantado testamento da geração de 1790: as *Máximas, pensamentos e reflexões* do marquês de Maricá (1843). Nascido em 1773 no Rio de Janeiro, Mariano Pereira de Fonseca colou grau de bacharel em Matemáticas e Filosofia na Universidade de Coimbra. Ao retornar ao ambiente acanhado da colônia, culto, poliglota e cheio de ideias ilustradas, integrou-se ao único grêmio letrado existente, a Sociedade Literária do Rio de Janeiro. Como se soube, a associação acabou dissolvida, e seus membros, presos sob a acusação de discutirem ideias ofensivas à religião e favoráveis à Revolução Francesa. Embora negasse as acusações, o jovem Mariano era de fato um deísta, adepto da religião natural e defensor do regalismo. Sua biblioteca continha livros proibidos como a *História das Duas Índias* do abade Raynal; a obra completa de Voltaire, principal crítico do catolicismo; e o *Emílio* de Rousseau[410]. Depois de dois anos e meio preso, protegido a partir de então por dom Rodrigo de Sousa Coutinho, Mariano começou a galgar os degraus da carreira burocrática, ocupando postos como o de deputado da Real Junta do Comércio, Censor Régio do Desembargo do Paço e diretor da Fábrica de Pólvora. Da administração de dom João, Mariano passou à de dom Pedro. O imperador o incorporou como conselheiro e o cobriu de honrarias. Ministro da Fazenda do gabinete que dissolvera a Constituinte (1823-1825), Mariano foi nomeado senador vitalício (1826) e conselheiro de Estado (1829), recebendo os títulos de visconde (1825) e marquês de Maricá (1829). Integrou o núcleo duro do governo imperial ao lado de outros luso-brasileiros mais velhos, como Caravelas, Queluz, Paranaguá e Baependi, além do decano, Cairu[411].

[409] MAGNOLI, Demétrio. *O Corpo da Pátria: imaginação geográfica e política externa no Brasil (1808-1912).* São Paulo, UNESP, p. 8.

[410] SILVA. *Cultura letrada e cultura oral no Rio de Janeiro dos vice-reis,* op. cit., p. 164-165.

[411] LYNCH, Christian Edward Cyril. *As máximas, pensamentos e reflexões do marquês de Maricá.* Insight Inteligência nº 93, abril/maio/junho de 2021.

Ao contrário deles, porém, escaldado pelos traumas da juventude, Maricá cumpriu seus deveres fugindo dos discursos e disputas oratórias: "Nos salões parlamentares, rixam os doutores para entreterem os néscios"[412]. Dizia não ter entrado em clube nenhum, nem na maçonaria, sendo fiel somente à sua família e à sua biblioteca[413]. No seu entender, o ofício de conselheiro de príncipe exigia "ciência, prudência e sabedoria e consciência"[414]. Mas tratava-se de uma posição difícil. Ao invés de ouvir a palavra leal, mas às vezes desagradável de seus estadistas esclarecidos, o imperador preferia as mentiras agradáveis dos áulicos, que eram como serpentes: flexíveis, mas venenosas. Na outra ponta, o ilustrado era malvisto pelos demagogos que bajulavam o povo. Ao escrever uma de suas máximas, Maricá talvez pensasse no triste fim de José Bonifácio: "São muito raros os homens privilegiados a quem circunstâncias pessoais elevaram a um grau de saber insólito e extraordinário; eles deveriam ser os diretores dos povos, mas infelizmente estes não os sabem compreender e apreciar; nem eles a tolerar os seus caprichos e desatinos"[415]. Desiludido, o marquês concluía estoicamente que ocupar altos postos do Estado só servia para desenganar os homens da inanidade de sua vanglória: "O sábio em um povo sem ilustração é como uma rosa no deserto, onde os insetos a pungem e maltratam não sabendo prezar os seus perfumes, nem admirar a sua beleza majestosa"[416].

Desejoso de perenizar suas observações dos homens e das coisas, colhidas ao longo da vida pública e privada, Maricá escolheu como gênero literário aquele de moralista à maneira de La Rochefoucauld, outro conselheiro de príncipe cuja obra admirava desde a mocidade. Suas máximas se aproximavam de Montaigne que, no contexto das guerras civis que dilaceravam a França no século XVI, salientava a superioridade esmagadora da Fortuna sobre a habilidade humana e recomendava constância e resignação. O ambiente de anarquia desde a Revolução de 1821, agravado dez anos depois, contribuía para a percepção de Maricá de que as circunstâncias políticas eram, de fato, arbitrárias, imprevisíveis e irracionais. Foi então que, na condição de último

412 MARICÁ, Mariano José Pereira da Fonseca, Marquês de. *Máximas, pensamentos e reflexões do Marquês de Maricá.* Edição dirigida e anotada por Sousa da Silveira. Rio de Janeiro: Edições de Ouro/Casa de Rui Barbosa, 1967, p. 211.

413 SISSON. *Galeria dos brasileiros ilustres,* op. cit, vol. II, p. 215.

414 MARICÁ. *Máximas, pensamentos e reflexões,* op. cit., p. 173.

415 Idem, ibidem, p. 166.

416 Idem, ibidem, p. 114.

sobrevivente da geração de 1790, o marquês começou a publicar as suas máximas, primeiro em periódicos, depois em livretos. Era sua forma de apoiar o esforço conservador para restabelecer o princípio da autoridade, valorizando a subordinação e a moralidade. A recepção favorável chamou a atenção dos irmãos Laemmert que, na esteira das malogradas revoluções liberais (1843), lançaram um volume reunindo todas as reflexões. O livro tornou-se um *best-seller* instantâneo, recebendo novas edições aumentadas em 1844 e 1848. A luxuosa edição póstuma e definitiva, publicada em 1850, continha nada menos que 4.188 máximas. A obra era lida e admirada como o canto do cisne da geração de 1790, de que Maricá era o último representante; espécie de "testamento de sabedoria" deixado por um venerável ancião que devotara a vida à causa do Brasil. Na edição de 1850, os editores já julgavam desnecessário apresentar o autor:

> Todas as extensas críticas e artigos publicados nos periódicos mais acreditados do Império, as traduções de extratos inseridos nos melhores periódicos da Europa onde foram recebidos com grande aplauso e sobretudo a concorrência sempre crescente de numerosas pessoas, que debalde procuram obter exemplares, não obstante milhares de folhinhas haverem reproduzido os sublimes pensamentos muitas vezes em correlação com a História do Brasil de um gênio nacional, levando-os às mais remotas Províncias do Império, nos dispensam de todo o elogio e recomendação[417].

O fabuloso êxito das *Máximas* de Maricá indica a importância de examinar o pensamento político nelas contido, independentemente do desprezo dos críticos posteriores[418]. O fato de o livro ter se tornado uma "filosofia do senso comum", na expressão negativa de um deles, involuntariamente indica seu impacto na consolidação da ideologia conservadora na década de 1840. Escrita em um tom estoico cuja visão política remetia antes ao absolutismo de Pombal do que ao conservadorismo liberal, a obra calou fundo em um meio

[417] MARICÁ; Mariano José Pereira da Fonseca, Marquês de. *Coleção completa das máximas do Marquês de Maricá, natural do Rio de Janeiro, Grã-Cruz da Ordem Imperial do Cruzeiro, Cavaleiro da de Cristo, Conselheiro d'Estado e Senador do Império do Brasil.* Edição revista e aumentada pelo autor com as máximas, pensamentos e reflexões publicadas em 1844, 1846 e as últimas máximas, pensamentos e reflexões do autor. Rio de Janeiro: Tipografia dos Irmãos Laemmert, 1850, p. VI.

[418] VERÍSSIMO, José. *História da literatura brasileira.* 4a edição. Brasília: UnB, 1963, p. 134. MARTINS. *História da inteligência brasileira*, volume II, op. cit., p. 278.

cujos valores ainda eram aqueles do Antigo Regime, nostálgico da ordem perdida[419]. Era nesse tom que Maricá se referia ao contexto brasileiro: "Os anarquistas modernos se servem com vantagem das doutrinas do federalismo para desunir e soberanizar as províncias, desconjuntar os estados e acabar com as monarquias"[420]. O marquês não perdoava os moderados de esquerda: "Os jacobinos federalistas se transfiguram de mil modos, até mesmo em monarquistas"[421]. Nesse quadro, a reação monárquica capitaneada pelos regressistas era bem-vinda.

As *Máximas* de Maricá (1): religião natural, prudência e sabedoria. Fiel às suas convicções de juventude, Maricá continuava um deísta: o universo correspondia a uma ordem cósmica, racional e harmônica que pairava sobre o confuso mundo dos homens. Suas proposições ecoavam as de Montaigne. Uma vez que a filosofia era impotente para nos consolar dos males da vida e suportá-los com paciência e resignação, a religião nos servia de razão, fixando as opiniões dos homens e purificando seus pensamentos. Ela esperançava os bons e ameaçava os maus; amansava os bravos e alentava os fracos. A vida sem religião era como uma viagem sem roteiro, que deixava a felicidade inane ou incompleta. Corretivo para a liberdade mal-entendida, a religião se tornava um sustentáculo da moralidade. A grande fermentação dos povos desde o final do século XVIII provinha da secularização e consequente democratização da política: "A ordem pública padece quando se abrem clubes e se fecham igrejas"[422]. Suas concepções sobre a civilização se ligavam à visão deísta do universo. O gênero humano progrediria em inteligência como um homem que vivesse, estudasse e aprendesse por muitos séculos e milênios. Por esse ângulo, a civilização era boa. Quanto à civilização como pura polidez ou mero progresso técnico, porém, Maricá torcia o nariz. Ela se devia antes à derrubada de antigos erros acumulados do que à descoberta de verdades novas, e o luxo que ela produzia só enfraquecia a probidade pessoal. A civilidade não passava de uma convenção tácita que permitia aos homens dissimular, a ponto de os destituir de caráter, firmeza ou solidez. A Ilustração produzira resultados ambíguos: se o número dos tolos se reduzira, o dos velhacos aumentara. Era uma

419 NEVES. *História, teoria & variações*, op. cit., p. 246.

420 MARICÁ. *Máximas, pensamentos e reflexões do Marquês de Maricá*, op. cit., p. 217.

421 Idem, ibidem, p.172.

422 Idem, ibidem, p. 233.

posição sem dúvida mais refratária às novas teorias do que a de seus falecidos companheiros e a grande maioria dos sócios do IHGB, que não ousavam questionar o progresso das Luzes.

Para viver nesse mundo, conforme preconizavam os clássicos, cumpria agir de modo prudente: "A prudência é o resultado da consciência da nossa fraqueza; um receio reflexionado dos males futuros pela experiência dos males pretéritos"[423]. Talvez porque elaborada em tempos de grande instabilidade, a filosofia política de Maricá conferia à Fortuna um peso consideravelmente maior no destino dos homens. Não havia império mais fatal que o das circunstâncias. A roda da fortuna, identificada com a mudança dos contextos e a variedade dos eventos, era movida pela "ação permanente de uma Providência misteriosa que nos assistiu com seu favor onipotente"[424]. Os homens não eram o que desejavam, e sim o que as circunstâncias lhes permitiam. O hábil sabia criar, coordenar, aproveitar e dirigir os acontecimentos, sem prejudicar os demais. O conhecimento histórico acrescentava à experiência individual aquela de muitos séculos e milênios e aumentava a capacidade de ler o futuro. A história era "a biografia da espécie humana"[425]. A prudência dependia também da sabedoria, que significava virtude e não mero conhecimento científico racional. Uma vez que a razão era pequena e irregular, turvando como a água quando agitada pelas paixões, a vaidade de muita ciência provava pedantismo e não sabedoria. A liberdade tão prezada pelos liberais era uma ilusão: "O homem em sociedade é um escravo que se imagina livre"[426]. Haveria uma relação de soma zero entre liberdade, sinônima de direitos para si, e virtude, sinônimo de deveres com a sociedade. A virtude era uma escravidão voluntária e racional que, se encurtava a liberdade, alongava a felicidade. Premido entre a liberdade e a virtude, o homem prudente deveria guiar-se pelo justo meio, garantia e penhor de segurança e tranquilidade.

As *Máximas* de Maricá (2): monarquia e demofobia. Para o marquês de Maricá, as bases da sociedade eram a riqueza, a ciência e a autoridade. A desigualdade fazia parte do mundo e por isso os homens se empenhavam em distinguir-se ou desigualar-se. Também era natural que a maioria sustentasse

---

[423] Idem, ibidem, p. 83.
[424] Idem, ibidem, p.151.
[425] Idem, ibidem, p. 234.
[426] Idem, ibidem, p. 210-211.

a minoria, encarregada de pensar por eles, instruí-los e governá-los. Governar era tarefa árdua que exigia o concurso de inteligências superiores, parecendo fácil somente aos charlatães, pedantes, loucos ou néscios. Quanto aos regimes de governo, à monarquia tendiam todos os demais por gravitação. Acumulando e engrandecendo, tranquilizando os homens bons e leais, ela simbolizava na terra a harmoniosa unidade cósmica do mundo e o triunfo da moralidade e da inteligência. O príncipe era para os seus povos como um sol, comunicando luz, calor, ação e movimento. Um trono bem constituído e ocupado era "a melhor árvore que se conhecia para dar abrigo e sombra aos povos e nações"[427]. Os súditos seriam sempre leais aos príncipes fortes, justos e liberais. Por isso mesmo, o bom governo exigia atenção a certas regras. Era preciso manter a paz, a justiça e as hierarquias, classificando e distinguindo, sem misturar e confundir. O príncipe deveria evitar a tirania, conciliando os caracteres diversos e contrários. A ignorância, a injustiça e o despotismo alienavam, encorajando os ambiciosos e enfraquecendo o governo. O poder corrompia e, quanto menor o juízo dos povos, maior deveria ser o dos governantes. A defesa da religião contribuía para o respeito às autoridades do Estado. Faltando bons costumes, as leis se multiplicavam e, com elas, as transgressões. As maiores desordens provinham das divergências em matéria política e religiosa. Como outros realistas de seu tempo, como Cairu, Bonifácio, Caravelas e Queluz, com seu misto de autoritarismo político e progressismo social, Maricá condenava o cativeiro: "A escravidão avilta o escravo e barbariza o senhor"[428]. Seu particularismo crítico também se fazia presente: "A nacionalidade se perde pela imitação e admiração servil das instituições, usos e costumes dos povos estrangeiros"[429]. Maricá continuava assim um perfeito representante da geração de 1790, com a diferença de manifestar com clareza as desilusões trazidas pela experiência e pela velhice.

A apologia da monarquia absoluta e ilustrada vinha acompanhada pela demofobia típica dos defensores da razão de Estado, como Gabriel Naudé e Robert Filmer. Os povos deviam ser ajuizados, leais e religiosos, virtuosos e obedientes, porque suas inteligências eram curtas, e seus entusiasmos, fogo de palha. Variando de opiniões e gostos, eles passavam de um extremo a outro

[427] Idem, ibidem, p. 175
[428] Idem, ibidem, p. 214.
[429] Idem, ibidem, p. 117.

na sua inconstância. Gostavam de mudar de governo como os escravos de senhores. Tempos havia em que não toleravam autoridade nenhuma, e outros, em que adoravam a tirania. Sua retribuição ordinária pelos maiores benefícios era invariavelmente a ingratidão. Esses males eram agravados em nações menos ilustradas, como a brasileira, que não eram originais em coisa nenhuma. Agiam como copistas servis, ridículas caricaturas das estrangeiras. Aquela era uma época dificílima para governar povos que, ainda não sabendo ser livres, já não podiam ser escravos. Ninguém mais queria ser governado, porque, ignorantes, todos se achavam aptos para governar. A maior parte das misérias humanas provinha do excesso e abuso da liberdade: "Os princípios liberais lavram e operam em certas circunstâncias e nações, como o fogo, devorando e consumindo"[430]. Quem mais reclamava liberdade eram os que menos a toleravam; os maus a queriam, não para se fazerem bons, mas para serem piores. Nenhum governo prestava para homens perversos: "A paixão da liberdade em muita gente não é mais do que desejo de licença e impunidade"[431]. Os povos tinham o governo que mereciam. Constituía disparate querer governos perfeitos com homens tão imperfeitos: liberdade sem juízo era como pólvora nas mãos de meninos. Nunca sofriam tanto, como quando deixavam de lado a virtude e a obediência para tê-la em maior quantidade. A maior loucura que um governante podia fazer era dar liberdade a quem não tinha capacidade. Esse era o caso do Brasil.

As *Máximas* de Maricá (3): os perigos da anarquia e da revolução. Nesse quadro pouco promissor, a prática do governo constitucional exigia cautela: "As constituições mais liberais, nos povos menos ilustrados, servem frequentes vezes para oprimir os bons, anistiar ou absolver os maus"[432]. Era ao excesso de liberalismo que Maricá atribuía a anarquia dos povos, especialmente quando embalado em cartas constitucionais copiadas de países mais ilustrados: "Fazem-se modernamente constituições para os povos como se fariam vestidos para as pessoas sem lhes tomar a medida"[433]. Refletindo a estupidez e volubilidade do povo, a opinião pública exprimia a ignorância geral, impondo-se pela agressividade e apresentando a mesma consistência e duração das modas

[430] Idem, ibidem, p. 75.
[431] Idem, ibidem, p. 124.
[432] Idem, ibidem, p. 99.
[433] Idem, ibidem, p. 161.

femininas. A imprensa, por sua vez, abusava e só era livre para o partido dominante. A monarquia constitucional carecia, acima de tudo, se precaver contra os anarquistas que, disfarçados de patriotas, pretendiam corrompê-la: "Os utopistas modernos parecem persuadidos de que a natureza humana é de arbítrio pessoal e não de necessidade irresistível e impessoal"[434]. Os anarquistas se erigiam em intérpretes dos povos, como os falsos sacerdotes se inculcavam órgãos da divindade. Revelavam-se pelos discursos inflamados, como as cascavéis pelo tinido. Adulavam os povos como os cavaleiros que afagavam seus cavalos, a fim de montá-los sem resistência. Embora dissessem que era doce morrer pela pátria, tudo o que queriam era viver à custa dela.

O regime democrático ou republicano era péssimo. Ele não nascia da virtude, mas do ciúme ou da inveja. Desejando cada um ser príncipe, todos se opunham e o regime se tornava impossível. Se os governos escolhiam mal, os povos escolhiam pior. Enquanto na monarquia a cabeça governava os membros, na democracia os membros governavam a cabeça, para a alegria dos traidores e desordeiros. Como o poder repartido era incapaz de ser eficiente, a democracia era o governo dos medíocres e dos imprudentes: "Fazei o povo falar, os sábios se calarão"[435]. A democracia logo se transmudava em anarquia, estado de tirania generalizada, resultando em revoluções que, como os tufões, levantavam poeira que cegava e desatinava a toda a gente. Os homens de juízo saíam de cena, deixando o palco para os néscios, intrigantes e aventureiros. As reputações se faziam sempre em torno dos audaciosos, impudentes e velhacos, que cometiam crimes e desatinos atrozes. Depois de muito destruir sem nada edificar, como os terremotos, as revoluções produziam mera substituição do pessoal governante. Seus resultados se assemelhavam ao das loterias: muitos perdiam, poucos ganhavam, e quase sempre, os mais indignos. Os povos mudavam de senhores sem mudar de condição. A anarquia era um flagelo tão grande, que encontrava seu castigo e corretivo na tirania. Por isso, era legítimo dizer, como Políbio, que as democracias tendiam à monarquia. Então, os anarquistas se esvaeciam, como as lagartas com a mudança das estações.

As *Máximas* de Maricá (4): a nostalgia do Antigo Regime. A filosofia política de Maricá retomava a lógica absolutista do princípio monárquico do Antigo

[434] Idem, ibidem, p. 122.
[435] Idem, ibidem, p. 198.

Regime, na chave do reformismo ilustrado luso-brasileiro. A diferença residia no fato de que, magoado pela ingrata experiência do reinado de dom Pedro I e os estragos subsequentes feitos pelos liberais, ele perdera a fé no sistema representativo. O marquês já não acreditava que a Ilustração pudesse emancipar a generalidade dos homens e recusava o conceito moderno de povo, entendido como conjunto de cidadãos e racionais, que dispunham de direitos civis e políticos. Ao contrário, Maricá insistia em perceber o povo à maneira do *Tratado de direito natural* de Tomás Antônio Gonzaga e, por que não dizer, dos vice-reis que o haviam encarcerado por suas "francesias" na mocidade. O povo não passava de um conjunto desigual de vassalos, cujo estado de ignorância e imoralidade exigia enquadramento e tutela por uma monarquia poderosa. Auxiliada por conselheiros esclarecidos, a Coroa ficaria encarregada de manter a paz social contra os demagogos ambiciosos e seus sinistros planos de subversão. Apenas os súditos mais leais e ilustrados receberiam uma liberdade limitada, a fim de empregá-la em benefício do Estado. O sucesso das *Máximas* sugere que, ainda mal arranhada pelo liberalismo e cansada de instabilidade, boa parte da sociedade brasileira preferia voltar aos tempos em que a autoridade paternal d'El-Rei mantinha a ordem natural do mundo. Predisposição que somente deitava mais água no moinho dos *saquaremas*. Por outro lado, embora respeitáveis, os princípios do venerável Maricá eram percebidos como anacrônicos pela maioria dos sócios do IHGB. O "projeto imperial" da geração de 1790 precisava ser relido à luz da filosofia da história e do liberalismo moderado. A ciência política de Montesquieu, Burke, Constant e Tocqueville articulava saberes antigos, como a filosofia moral e a história pragmática, mas também novos, como a filosofia da história, o direito constitucional comparado e a economia política.

O "projeto imperial" como processo civilizador (1): a *Memória histórica* de Gonçalves de Magalhães (1848). Mais característica da orientação afrancesada e romântica do instituto foi a obra do filósofo, historiador e poeta fluminense Domingos José Gonçalves de Magalhães (1811-1882), futuro visconde do Araguaia. Nascido em Niterói, Magalhães se formara em medicina e viajara para a Europa, onde tomou contato com a filosofia espiritualista e eclética de Cousin. Fundou então (1836) a revista *Niterói* com Araújo Porto Alegre, Sales Torres Homem e João Manuel Pereira da Silva, seus futuros confrades no IHGB[436]. O grupo ambicionava modernizar a cultura brasileira de modo a justificar seu pleito por um lugar na História Universal, apreendida pelos parâmetros do liberalismo moderado e da cultura romântica[437]. Para Magalhães, a *filosofia da história* partia "do ideal da humanidade inteligente e livre, destinada a desenvolver-se progressivamente no tempo e no espaço; ciência filosófica tão necessária ao historiador dos anais dos povos, como aos que dirigem a sorte das nações"[438]. Dela dependeriam "todas as ciências, principalmente as morais e políticas, das quais tanto precisa um povo livre, que aspira a tomar um lugar distinto entre as nações civilizadas"[439]. Do ponto de vista formal, esse projeto se viabilizaria por uma *história filosófica* que descrevesse o surgimento, o desenvolvimento e a maturação da cultura brasileira pela ação benemérita de seus *gênios* ou *grandes homens*: "Tudo o que pode concorrer para o esclarecimento da história geral dos progressos da humanidade merecer deve a nossa consideração. Jamais uma nação poderá prever o seu futuro, quando ela não conhece o que ela é, comparativamente com o que foi. Estudar o passado, é ver melhor o presente, é saber como se deve marchar"[440].

Do ponto de vista substantivo, a inserção da cultura brasileira na História Universal dependia de comprovação de sua singularidade no conjunto da civilização, justificando seu atraso e indicando os meios de sua superação. Magalhães respondeu ao desafio da originalidade cultural destacando a contribuição dos indígenas, por eles alçados à condição de primeiros brasileiros no lugar dos lusos: "A terra é quem dá a nacionalidade a seus filhos, e não as raças adventícias que a povoam, e dessa nacionalidade não são excluídos os primeiros que aqui nasceram antes dos filhos dos seus conquistadores"[441]. Já o atraso civilizacional era previsivelmente atribuído à colonização, criticada como estúpida e retrógrada: "O Brasil descoberto em 1500 jazeu três séculos

436 RICUPERO, Bernardo. *O romantismo e a ideia de nação no Brasil (1830-1870).* São Paulo, Martins Fontes, 2004, p. 92.

437 BARROS, Roque Spencer Maciel de. O nacional e o universal na cultura brasileira: o projeto brasileiro de Gonçalves de Magalhães e suas bases filosóficas. In: Instituto de Filosofia Luso-Brasileira. *O pensamento de Domingos Gonçalves de Magalhães.* Actas do II Colóquio Tobias Barreto. Lisboa, Fundação Lusíada, 1994, 54-55.

438 MAGALHÃES, Domingos José Gonçalves de. *Factos do espírito humano.* Prefácio de L. A. Cerqueira. 3ª. Edição. Lisboa, Imprensa Nacional – Casa da Moeda, 2001, p. 65.

439 Idem, ibidem, p. 46.

440 Idem. *Opúsculos históricos e literários.* Rio de Janeiro, Garnier, 1865, p. 255.

441 Idem, ibidem, p. 233.

esmagado debaixo da cadeira de ferro, em que se recostava um governador colonial com todo o peso de sua insuficiência e de sua imbecilidade"[442]. Em um sistema no qual o exclusivo interesse metropolitano ditava leis absurdas e iníquas, privando os colonos de instrução e imprensa, era natural que os homens de gênio definhassem em conventos e mosteiros. Encarregado por fim de indicar, à luz da filosofia da história, os possíveis meios de superação da condição atrasada e periférica da cultura brasileira, Magalhães destacava a substituição de Portugal pela França como modelo de civilização. Com a independência, os brasileiros teriam se livrado do obscurantismo luso para entrar na órbita da História Universal: "Hoje o Brasil é filho da civilização francesa"[443]. Seu progresso dependeria da combinação de medidas de modernização cultural com outras políticas, adotadas a partir da experiência passada dos países europeus:

> O Brasil colocado noutro hemisfério, noutro continente por muito tempo fora do contato da civilização europeia, tendo de trilhar a estrada que a nova civilização lhe marca, de nenhum modo pode ter por presente, o presente da Europa, centro hoje da civilização. Impelido mais tarde ao movimento, falto de molas, que o ativassem, lentamente devia tocar os diferentes graus, que a civilização europeia, em sua marcha, após si deixara; seu presente é, pois, o passado do centro ilustrado da Europa[444].

Era essa a mensagem política da sua *Memória histórica e documentada da Revolução da Província do Maranhão* (1848), obra premiada pelo IHGB. Magalhães servira entre 1838 e 1841 como secretário de Luís Alves de Lima e Silva, futuro duque de Caxias, na campanha militar de repressão às rebeliões no Maranhão (a Balaiada) e, depois, entre 1842 e 1846, no Rio Grande do Sul (a Farroupilha). A *Memória* sintetizava suas observações de campo, atribuindo a guerra civil à barbárie da população no interior do Brasil. Para o futuro visconde do Araguaia, depois da independência, a nação passara muito tempo deslumbrada com sonhos utópicos de liberdade incutidas pelos demagogos: "Estrangeiras são nossas instituições, mal e intempestivamente enxertadas,

[442] Idem. *Ensaio para a história da literatura no Brasil*, op. cit., p. 138.
[443] Idem. *Opúsculos históricos e literários*, op. cit., p. 260.
[444] Idem. *Da religião.* Niterói – Revista Brasiliense. Volume 1. Tomo 2. Paris: Dauvin et Fontaine, Libraires, 1836, pp. 30-31.

avessas aos nossos costumes e naturais tendências"[445]. Os partidos não tinham ideias fixas, não passando de agremiações voltadas para o poder. A população do interior vivia ainda no estado de barbarismo, de forma precária, sem instrução nem religião, sendo facilmente aliciada por desordeiros. A experiência da guerra civil, porém, permitira compreender que uma nação nova e atrasada como a brasileira não comportava a aplicação de princípios radicais. Ela era ainda dominada por "senhores fazendeiros [que], à imitação dos antigos barões, vivem sem respeito algum às autoridades, vingando-se por suas mãos de particulares insultos, e acoutam em suas terras os facinorosos que buscam o seu abrigo, e que em tudo se prestam à suas vinditas"[446]. Esses proprietários mantinham exércitos privados, tratavam seus escravos com bárbaro rigor e não respeitavam preceitos morais. Diante desse quadro, cabia à Coroa promover a civilização do Brasil, recorrendo à esclarecida centralização política para enfrentar a bronca e arrogante aristocracia rural. Em outras palavras, cabia ao príncipe promover a mesma "revolução monárquica" que a França e a Inglaterra haviam promovido séculos antes para dar cabo da anarquia feudal. A lição histórica da guerra civil era clara: no Brasil, federalismo era *feudalismo*, e centralização, *civilização*. Cumpria assim que o espírito de moderação dos estadistas sempre prevalecesse na orientação da nacionalidade:

> Devem nossos filhos instruir-se com a lição do passado, e saber por que alternativas passamos, que lutas tivemos, que tropeços encontramos, a fim de que se possível for, evitem os males que sofremos, e prezem o legado que, à custa de fadigas nossas, lhes transmitimos. E, como no meio mesmo da geral corrupção, nunca deixa de aparecer algum coração nobre e generoso, convém que não pereçam no abismo do esquecimento estas virtudes peregrinas que tanto edificam e que são os mais preciosos dons que a Providência outorga aos homens[447].

O "projeto imperial" como processo civilizador (2): o *Memorial Orgânico* de Francisco Adolfo de Varnhagen (1849). Diplomata, engenheiro e historiador

[445] Idem. *Memória histórica e documentada da Revolução da Província do Maranhão.* São Paulo: Siciliano, 2001, p. 15.
[446] Idem, ibidem, p. 20.
[447] Idem. *Memória histórica e documentada da Revolução da Província do Maranhão.* São Paulo: Siciliano, 2001 p. 17.

de ascendência alemã, nascido em Sorocaba, mas criado e formado em Portugal, sócio efetivo do IHGB, Francisco Adolfo de Varnhagen (1816-1878) publicara seu *Memorial Orgânico* orientado, não pelo liberalismo de Magalhães, mas pelo ideal autoritário do "Estado forte, maior do que a sociedade, criador da Nação e aperfeiçoador pedagógico e étnico do povo"[448]. Atravessado pelo espírito do absolutismo ilustrado, o *Memorial* propunha reformas geopolíticas para firmar de modo definitivo o projeto brasileiro, ameaçado pelo "espírito de imitação e de rotina ou a falta de coragem política" decorrente dos excessos do liberalismo e das facções[449]. Como Magalhães, Varnhagen também acreditava que, em vista do estado bárbaro da maior parte do país, parecia menos útil imitar o que faziam Inglaterra, França e Espanha no presente, do que aquilo que teriam feito no passado, quando em análogo estádio de civilização. Ocorre que sua proposta civilizatória era radicalmente mais autoritária e conservadora que a de seu colega. Ele pregava que se adaptassem para o Brasil as políticas adotadas no presente por outro império, igualmente vasto e atrasado: a Rússia dos czares, abominada por todos os liberais. Como Azeredo Coutinho e o marquês de Queluz, Varnhagen não acreditava que o Brasil já não possuísse uma sociedade civil para comportar um governo representativo maduro. O que lhe convinha realmente era um regime monárquico esclarecido, ou seja, autoritário sem ser despótico: "Nem os indivíduos, nem os povos, se prestam espontaneamente aos encargos públicos e às privações inerentes à existência civil, nem aos esforços aconselhados por seu próprio interesse, que as mais das vezes desconhecem"[450]. As instituições representativas se limitariam a veicular as demandas da opinião pública, preservar a liberdade de expressão e conter as demasias do poder.

Orientado exclusivamente pela razão de Estado, o *Memorial* de Varnhagen prescrevia a dom Pedro II um vasto conjunto de medidas inspiradas pelo absolutismo ilustrado de Pedro o Grande ou Catarina da Rússia,

[448] WEHLING, Arno. "O conservadorismo reformador de um liberal: Varnhagen, publicista e pensador político". *In*: Lúcia Maria Paschoal Guimarães e Raquel Glazer (org.). *Varnhagen no caleidoscópio*. Rio de Janeiro: Fundação Miguel de Cervantes, 2013, p. 188. Idem. *Estado, História e Memória: Varnhagen e a construção da identidade nacional*. Rio de Janeiro: Nova Fronteira, 1999, p. 91.
[449] VARNHAGEN, Francisco Adolfo de. "Memorial Orgânico". *In*: Lúcia Maria Paschoal Guimarães e Raquel Glazer (org). *Varnhagen no caleidoscópio*. Rio de Janeiro: Fundação Miguel de Cervantes, 2013, p. 204.
[450] Idem, ibidem, p. 277.

consideradas essenciais para "organizar fundamentalmente e assegurar para sempre o seu vasto Império"[451]. Em primeiro lugar, a transferência da capital para o centro geográfico do Império, onde o governo estaria a salvo de ataques marítimos e em melhores condições de controlar o território e vigiar suas fronteiras. Em segundo lugar, a redivisão das províncias, de modo a aproximá-las em como tamanho e população e, ao mesmo tempo, liquidar o patriotismo local. Em terceiro lugar, Varnhagen propunha integrar o território em torno da nova capital por uma rede de estradas de rodagem, de ferrovias e rios tornados navegáveis. Os vazios do território redesenhado em torno da nova capital seriam ocupados por núcleos de povoamento de população relativamente homogênea e de elevado índice de natalidade. Tais núcleos seriam compostos de duas maneiras. Por um lado, pela imigração europeia espontânea atraída por leis que facilitassem a aquisição da nacionalidade e de lotes de terras. Por outro, incorporando a população indígena, deixando de lado métodos morosos como o aldeamento e a catequese. Os indígenas deveriam ser apresados e convertidos em servos. Os africanos também transitariam da escravidão para a servidão rural, encarada como um estádio intermediário para a civilização. A unidade étnica do povo se processaria pelo embranquecimento, resultando numa população semelhante às ibéricas. Por fim, o progresso cultural do Brasil seria assegurado por rede de institutos de caráter técnico-científico em torno de uma universidade central. Exagerado para os padrões do IHGB e da política saquarema, o autoritarismo demiúrgico do *Memorial Orgânico* permite averiguar, em todo o caso, a que alturas chegara o prestígio do princípio monárquico, no final da década de 1840.

4. O QUINQUÊNIO LIBERAL: A EMERGÊNCIA DO PODER MODERADOR E O ARRASTAMENTO DOS *LUZIAS* PELA "REVOLUÇÃO MONÁRQUICA"

O Poder Moderador como árbitro das contendas partidárias. A falta de um árbitro capaz de resolver os conflitos partidários era um problema que se arrastava desde a fratura do antigo partido moderado. A sessão parlamentar de 1843 foi quase toda consumida pelo processo instaurado pelo governo contra

---

[451] Idem, ibidem, p. 206.

os líderes das rebeliões do ano anterior. Foi durante aqueles violentos debates na Câmara e no Senado que emergiram os epítetos de *luzias* e *saquaremas*, que serviriam para designar os dois partidos ou, pelo menos, os seus núcleos mais característicos. Em defesa dos derrotados, a oposição defendia o direito de resistência. O senador Paula Sousa afirmava que ele existiria "como um mistério. Todo o povo, quando chega a sua época, usa dela, em certas épocas muito raras, quando outro meio não existe". Também o senador Costa Ferreira achava que o direito à revolução estava "infundido pela mão da natureza no coração do homem".[452] Já a situação contestava, alegando que as instituições nunca se consolidariam se a minoria se achasse no direito de recorrer às armas, sempre que derrotada no jogo institucional. Ademais, considerando que as rebeliões tendiam "a dilacerar o país, a reduzir-nos ao estado em que gemem as ex-colônias espanholas", Vasconcelos estava convicto de que "debelar e escarmentar a rebelião é um dever de todos os brasileiros, é o interesse vital da verdadeira liberdade, essencialmente ligada à união e integridade do Brasil".[453] Essa dificuldade de resolver o antagonismo dentro dos limites institucionais foi apontada pelo senador José Clemente Pereira como o grande desafio à consolidação nacional brasileira. A conciliação entre o princípio democrático e o monárquico, desejado pela Constituição do Império, tornava-se impossível porque os liberais não aceitavam a legitimidade dos governos conservadores ou das maiorias legislativas que os apoiavam. A falta de um árbitro reconhecido pelas partes, capaz de restabelecer a harmonia entre as partes contendoras, configurava um drama semelhante àquele experimentado no começo da Revolução Francesa:

> Quem será o juiz que deve julgar a assembleia geral? Esta é que é a questão. Falemos claro, senhores, porque é preciso que nos entendamos. Se a assembleia geral, o que não é de supor, fizer uma lei contra a constituição, quem há de ser o juiz dessa violação? [...]. Há de ser a minoria da nação, ou mesmo a minoria do corpo legislativo, que for vencida em votos? Eis, senhores, princípios que realmente me parecem muito pouco constitucionais. Conciliar-nos-emos, pois, em tudo, menos no direito de resistência armada.[454]

[452] ANAIS do Senado do Império, sessão de 13 de janeiro de 1843.

[453] Idem, sessão de 12 de janeiro de 1843. VASCONCELOS. *Bernardo Pereira de Vasconcelos*, op. cit., p. 243.

[454] ANAIS do Senado do Império, sessão de 21 de maio de 1844.

A questão remetia ao reconhecimento recíproco dos partidos como atores legítimos, fato que dependia, por seu turno, da capacidade demonstrada pelo sistema de produzir alternância no poder. Os conservadores sustentavam que a Coroa era a origem de todo e qualquer poder legítimo, ao passo que os liberais insistiam na tese de que a soberania primária do povo residia nas províncias. A legitimidade última só poderia ser produzida, ou naturalmente, de baixo para cima, através de um sistema honesto de eleições, ou artificialmente, de cima para baixo, através da intervenção pessoal do imperador. A última hipótese prevaleceu quando dom Pedro II interveio no processo político, não para favorecer os conservadores, mas os liberais. Foi quando que a facção áulica liderada pelo senador Aureliano Coutinho, simpática à oposição, venceu a queda de braço com o gabinete conservador.[455] Chefiado pelo senador José Carlos Pereira de Almeida Torres, futuro visconde de Macaé (1799-1850), o novo ministério vinha disposto a anistiar os vencidos e reincorporá-los ao jogo político, reduzindo a antiga maioria conservadora a um punhado de deputados (a "*patrulha*"). Segundo José Murilo de Carvalho, a inversão partidária "ajudou no convencimento a atuação da Coroa ao mostrar, logo em 1844, que os revoltosos da véspera podiam chegar ao governo e que havia, portanto, lugar para a divergência oligárquica dentro do sistema. Estes foram os dois pontos cruciais: a demonstração de que "a monarquia era capaz de manter a ordem no campo e na cidade e de que poderia ser árbitro confiável para as divergências entre os grupos dominantes".[456] A percepção de que o modelo regressista de governabilidade não impedia a alternância de poder no nível nacional reduziu a resistência dos liberais à "revolução monárquica" e ao "projeto imperial". Foi o que reconheceu o senador baiano Manuel Alves Branco (1797-1855), chefe liberal cujo discurso aderia à retórica da monarquia como salvaguarda do país:

> A monarquia, ou antes, a realeza, é o resultado da luta dos partidos, é o pensamento da ordem, que nasce destas lutas [...]. Desde que os partidos se põem em luta, desde que principiam seus combates de morte, este grande pensa-

---

[455] "A roda que se reunia na casa do Mordomo do Paço, Paulo Barbosa, era toda liberal: Aureliano Coutinho, seu irmão Saturnino de Sousa e Oliveira, Araújo Porto Alegre, Odorico Mendes e até Teófilo Otoni". LACOMBE, Américo Jacobina. *O mordomo do imperador*. Rio de Janeiro: Biblioteca do Exército, 1994, p. 103 e 119.

[456] CARVALHO, José Murilo. *Teatro de sombras: a política imperial*, 2ª edição, revista. Rio de Janeiro: UFRJ/Relume Dumará, 1996, p. 235.

> mento principia a nascer, principia a ressurgir dentro mesmo do seu seio [...]. Este pensamento abona a necessidade urgente de criar uma barreira poderosa, inacessível às paixões do momento, e sempre interessada em defender os princípios, sem os quais ela não pode existir nem em nenhuma época. É o abrigo contra a tempestade, que ora a esmaga de um lado; ora, do outro lado [...]. A luta dos partidos é a maneira por que Deus faz conhecer ao homem o que lhe convém: os partidos, depois de retalhados, procuram um elemento de estabilidade, de segurança e de ordem.[457]

As contradições do liberalismo cosmopolita à frente da "revolução monárquica" (1844-1848). Os liberais precisaram demostrar ao Paço seu compromisso com as instituições. Eles haviam combatido o *regresso*, pelo receio de que a centralização os varresse de todas as posições conquistadas ao longo da Regência. Mas, no poder, fruindo da estabilidade do modelo regressista de governabilidade, os liberais – os moderados ao menos – não tinham mais por que desejar sua desmontagem pura e simples, revogando as leis de interpretação do Ato Adicional, de reforma do Código de Processo e de recriação do Conselho de Estado. O ministro da Guerra do primeiro gabinete Macaé, o deputado liberal Jerônimo Francisco Coelho (1806-1860), confessaria na Câmara que "a política de todos nós, é a política da inércia".[458] Enfurecido, um *luzia* da velha guarda a denunciou como "inábil, imbecil, incapaz de governar uma nação ilustrada, uma nação livre".[459] Logo a situação liberal abandonaria a inércia, mas em sentido oposto ao esperado, do ponto de vista doutrinário. Arrastados pelo processo de expansão da estatalidade imposto pelas circunstâncias, seus gabinetes golpearam a autonomia das assembleias provinciais, fortaleceram o direito de veto dos governadores nomeados e ampliaram a fraude eleitoral.[460] Um contemporâneo registrou o fato: "Dir-se-ia que uma irrisão do destino condenava os liberais a fazerem tudo quanto an-

[457] ANAIS do Senado do Império, sessão de 6 de julho de 1841.

[458] ANAIS da Câmara dos Deputados do Império, sessão de 20 de maio de 1845.

[459] Idem, sessão de 23 de maio de 1845. Daí o acerto de Ilmar Rohloff de Mattos quando pondera que, "ao insistir na presença dos liberais no governo do Império, quando se completa a construção do Estado, ao enfatizar o rodízio dos gabinetes e assim sustentar a participação dos liberais, aquelas obras produzem uma ocultação, camuflando não só a derrota dos liberais nos movimentos de 1842 e 1848, e sim o fracasso de um projeto de direção [política]". MATTOS. *O tempo saquarema*, op. cit., p. 147.

[460] MELO MATOS. *Páginas de história constitucional*, op. cit., p. 371-372. NEEDELL. *The party of order*, op. cit., p. 120.

tes e depois censuraram aos seus adversários".[461] É verdade que, quando na presidência do Conselho, o senador Alves Branco propôs separar a polícia do judiciário; instituir a eleição direta e reformar o Conselho de Estado. Mas ele só conseguiu alterar a composição das juntas eleitorais, para dar mais representatividade às autoridades das localidades.[462] Em compensação, o ministro ameaçou de demissão os funcionários que não votassem na chapa do governo, adotando o sistema de espólios inaugurado nos Estados Unidos dez anos antes, durante a presidência de Andrew Jackson. Uma circular distribuída aos funcionários públicos pelo futuro visconde de Caravelas[463] foi clara a este respeito:

> Assegurando justiça a todos os partidos e respeitando a liberdade de todas as opiniões, importa, ao mesmo tempo, que os direitos próprios da administração pública sejam defendidos sem hesitação e com firmeza, e que seus interesses não sejam sacrificados a uma tolerância mal-entendida, e que seus adversários políticos não tenham mais garantias do que o governo, nem possam abusar da liberdade que se lhes garante [...]. Os empregos [públicos] são instituídos para o fim exclusivo do serviço do Estado e esse serviço necessita do concurso e convergência uníssona de todos os esforços para o seu bom desempenho; exige como condição indeclinável, naqueles que são chamados a prestá-lo, uma sincera adesão ao plano, segundo o qual tem de ser dirigido. Pela mesma razão, o funcionário público que, esquecido dos deveres de sua posição, ligar-se com os adversários do governo e maquinar contra sua causa, constitui-se na impossibilidade de continuar a servir.[464]

Três anos antes, como ministro da Fazenda, Alves Branco já ampliara a política de fomento aos estabelecimentos industriais, elevando as tarifas de importação para 30% *ad valorem*. A medida contrariava o livre cambismo e se encaixava perfeitamente no tipo de política econômica pregada pelos *saqua-*

[461] MELO MATOS. *Páginas de história constitucional*, op. cit., p. 118 e 265.

[462] DOHLNIKOFF. *Governo representativo e eleições no século XIX*, op. cit., p. 28.

[463] Houve no Império três viscondes de Caravelas, todos baianos, senadores e conselheiros de Estado. O primeiro detentor do título foi José Joaquim Carneiro de Campos, que dele gozou por pouco tempo (1825-1826) porque logo foi elevado a marquês. O segundo visconde de Caravelas foi Manuel Alves Branco, casado com Joana Carneiro de Campos, sobrinha do primeiro Caravelas. Ele também gozou por pouco tempo do título, porque morreu no ano seguinte (1854-1855). O terceiro visconde de Caravelas foi Carlos Carneiro de Campos, sobrinho de José Joaquim, que dele gozou durante seus seis últimos anos de vida (1872-1878).

[464] In: MELO MATOS. *Páginas de história constitucional*, op. cit., p. 323-324.

remas. A segunda "revolução monárquica" exigia desesperadamente aumentar a base da arrecadação tributária para financiar as despesas decorrentes das incumbências crescentes que o Estado assumia, à medida que alargava sua esfera de influência. Da mesma forma, ela criava o ambiente econômico propício ao surgimento de uma indústria nacional, orientada e favorecida pelo Estado, à maneira do reformismo ilustrado joanino. Nesse contexto, não era possível renunciar à oportunidade de deixar caducarem os prejudiciais acordos comerciais com a Grã-Bretanha, vigentes desde a chegada de dom João VI, a fim de encher os cofres vazios com a majoração das tarifas aduaneiras.[465] Daí o elogio que Paulino dirigiu a Alves Branco, qualificando-o como "uma das cabeças mais profundamente conservadoras que tenho conhecido".[466] Foi nesse contexto de ambiguidade, que o senador liberal Francisco de Holanda Cavalcanti pronunciou a célebre frase, segundo a qual nada era mais parecido com um *saquarema* do que um *luzia* no poder. Os conservadores tiraram proveito da situação, acusando os liberais de só o serem quando estavam na oposição.

Mas a situação liberal também sofria do ponto de vista organizacional. O partido era uma frente de heterogêneos interesses, que não conseguia se articular em torno de uma agenda positiva. O combate à burocracia monárquica, através da criação de incompatibilidades entre os cargos de magistrado e parlamentar, por exemplo, fracassou porque muitos liberais do Nordeste eram juízes.[467] A facção áulica – o chamado "Clube da Joana" – também contribuía para que a formação e a queda dos gabinetes seguissem uma dinâmica extraparlamentar.[468] Sua interferência foi denunciada em um panfleto publicado em junho de 1847, da autoria do jornalista conservador Firmino Rodrigues da Silva (1815-1879), intitulado *A dissolução do gabinete de 5 de maio ou A facção áulica.* Nele, o autor instava a Coroa a observar os cânones parlamentares do

---

[465] SOARES. *A indústria na sociedade escravista*, op. cit., p. 296.

[466] URUGUAI. *Ensaio sobre o direito administrativo*, op. cit., p. 493.

[467] CASTRO, Paulo Pereira de. "Política e administração de 1840 a 1848". *In*: Sérgio Buarque de Holanda. *História geral da civilização brasileira.* Tomo II: o Brasil monárquico. 2º volume: dispersão e unidade. 5ª edição. São Paulo: DIFEL, 1985, p. 526.

[468] "A presença dos áulicos em meados do período regencial revela que não foram partidos políticos que conduziram a política brasileira de 1822 a meados de 1842, mas forças políticas que, em determinados momentos se coligaram, a partir de algumas causas comuns". BENTIVOGLIO, Júlio. "Palacianos e aulicismo no Segundo Reinado – a facção áulica de Aureliano Coutinho e os bastidores da corte de D. Pedro II". Revista *Esboços*, UFSC, volume 17, nº 23, p. 187-221.

governo representativo. Tratava-se de reproduzir, no contexto brasileiro, os mesmos argumentos expostos por Burke nos seus *Pensamentos sobre as causas dos descontentamentos atuais*:

> Desde 1840, parece-nos, se tem querido inculcar que a Coroa perde de sua força e dignidade sempre que se conforma com a opinião das Câmaras, assim na organização como na dissolução dos Ministérios. Esta doutrina radicalmente errônea a nada menos tende que a desnaturar sistema representativo, cujo regular andamento exige essencialmente homogeneidade de ação nos poderes que o compõem. O direito de nomear e demitir ministros, conferido pela Constituição ao Poder Moderador, não é absoluto, como nenhum outro; está subordinado na sua aplicação a circunstâncias muito imperiosas, a essa necessidade de harmonia sem a qual não há sistema, mas um jogo disparatado de potências que se cruzam; se abalroam; se danificam mutuamente. Se cada um dos poderes que concorrem na direção do Estado é perfeito quanto ao seu fim especial, limitado, não o é quanto ao fim do sistema, que só pode ser conseguido pela reunião da ação combinada de todos eles. [...]. O governo monárquico representativo não é o governo de uma só vontade, mas o governo da opinião legitimamente verificada; contida nos seus excessos pela monarquia que, por via da dissolução e do veto, a refreia e lhe dá tempo preciso de se ilustrar e tornar-se justa. [...]. A conformidade, portanto, da Coroa com as maiorias parlamentares é uma regra, e a divergência só pode ser admitida como exceção instantânea que deve para logo desaparecer por via da demissão do Ministério ou dissolução da Câmara temporária.[469]

A notícia da revolução de 1848, que derrubou na França a monarquia e instaurou a República, foi o fator decisivo para mudar a política de acomodação seguida até então pelos liberais. A Coroa entendeu que, prevenir o contágio revolucionário, era necessário restabelecer a confiança no sistema político por meio de reformas a serem conduzidas por uma liderança julgada confiável, inclusive pela oposição conservadora. Foi nessas condições que o senador Paula Sousa, chefe da ala "autêntica" dos liberais, assumiu a presidência do conselho a 31 de maio de 1848. Clamando por uma união nacional, o novo primeiro-ministro se comprometeu com a introdução de um novo sistema eleitoral, de tipo distrital; com a decretação da incompatibilidade entre o exercício de funções

[469] SILVA. Firmino Rodrigues da. *A dissolução do gabinete de 5 de maio ou A facção áulica*. Rio de Janeiro: Tipografia de Francisco de Paula Brito, 1847, p. 22-23.

políticas e judiciais; além de mudanças na organização do conselho de Estado, da guarda nacional e do recrutamento militar[470470]. Ocorre que as divergências entre moderados e radicais continuavam a fragmentar a base governista. Os radicais resistiam a qualquer arranjo que comprometesse suas posições nas províncias. Pernambucanos como Nunes Machado apostaram em uma agenda "patriótica" de corte populista, marcada por ataques à vitaliciedade do Senado e à hegemonia portuguesa no comércio a retalho das capitais marítimas.[471]

Percebendo a crescente fragilidade política do desanimado Paula Sousa e temendo que suas reformas enfraquecessem as posições conservadoras no conselho de Estado e no Senado, caso a presidência do conselho caísse em mãos menos confiáveis, Vasconcelos passou a criar todo tipo de dificuldade para forçar a queda do gabinete e a inversão da situação política. Logo todos os conservadores passaram a atacar a suposta imprudência do reformismo liberal e a falta de energia do primeiro-ministro. De olho no apoio dos magistrados, apoiaram também a tese de que a decretação de incompatibilidades eleitorais era inconstitucional. Embora as propostas de reforma eleitoral e de incompatibilidades eleitorais da magistratura tenham sido aprovadas na Câmara, elas encontraram uma resistência invencível dos senadores, que arquivaram a primeira e rejeitaram a segunda[472]. Foi a gota d'água. Desanimado e doente, Paula Sousa pediu demissão ao imperador e deixou o ministério acéfalo, enquanto os ânimos partidários se tornavam cada vez mais acirrados. A inversão da situação política se tornou irreversível. Falhada a política de enfrentar o medo do contágio revolucionário por concessões liberais à oposição de direita, restava a alternativa oposta, de resistência conservadora às ameaças da esquerda.

O anúncio de formação de um novo gabinete pelos saquaremas foi o que bastou para que o radical Teófilo Otoni, calado durante toda a situação liberal, tomasse afinal a palavra da tribuna da Câmara para advertir que a provável dissolução da Câmara pelo novo governo legitimaria novo apelo às armas, semelhante ao de 1842. Do ponto de vista intelectual, todavia, o inconformismo com a queda da situação liberal encontrou sua expressão mais eloquente no panfleto *O libelo do povo*, publicado por *Timandro*, pseudônimo adotado pelo deputado Francisco Sales Torres Homem (1812-1876). No ano anterior,

[470] JAVARI (org.). *Império brasileiro: falas do trono*, op. cit., p. 263.
[471] MATTOS. *O tempo saquarema*, op. cit., p. 99.
[472] DOHLNIKOFF. *Governo representativo e eleições no século XIX*, op. cit., p. 37.

ele defendera contra Firmino Rodrigues a regularidade dos procedimentos do Poder Moderador, em um opúsculo chamado *A oposição e a Coroa*. Diante da ascensão de seus adversários, ele dava uma volta de cento e oitenta graus, atacando violentamente a família imperial e o modelo regressista, que faziam "da monarquia representativa no Brasil uma comédia de mau gosto, quando não é um drama sanguinolento":

> Guardar a Constituição não é observar sua letra e violar o seu espírito. Nela, como em toda a letra, alguma coisa há sempre de indefinido e discricionário, que o legislador confiou ao bom senso e à lealdade de quem as executa. As atribuições de Sua Majestade estão marcadas na Constituição, onde se deixou ao seu exercício uma liberdade bem entendida. Mas quer isto dizer que pode prescindir do voto da Nação, das indicações do pensamento público, e ter unicamente em linha de conta os seus sentimentos pessoais, ou os interesses e preconceitos de sua Corte? [...]. Sua Majestade não pode, em circunstância alguma, sem arrogar-se um direito que não é o seu, escolher e impor a política, que deve dirigir o Estado, nem levantar e fazer cair alternativamente os partidos ao seu alvedrio. Lá isso é da privativa competência da Nação, a qual, delegando à Coroa certos poderes, guardou para si o de indicar periodicamente por meio da eleição qual o sistema porque entende dever ser regida, qual o partido mais capaz de realizá-lo. Sua opinião simbolizada nos nomes próprios, que saem das urnas, eis a lei suprema, a que nenhum pretexto pode dispensar a realeza, poder neutro e imparcial, de cingir-se pontualmente. O governo do país pelo país está escrito em cada artigo, em cada linha da Constituição; o que significa, em outros termos, que ele não tem tutor.[473]

Mas *O libelo do povo* foi o ruidoso grito de agonia do radicalismo *luzia*. Desde a Revolução liberal de 1820, não havia época mais fértil para a reafirmação do princípio da autoridade. Não era apenas o receio da onda revolucionário, mas a crença disseminada de que, sem ordem pública imposta do alto pelo Estado nacional, o Brasil não sairia do redemoinho em que se metera.

---

[473] INHOMORIM, Francisco Sales Torres Homem, Visconde de. "O Libelo do Povo". *In*: MAGALHÃES JR., Raimundo. *Três Panfletários do Segundo Reinado: Francisco Sales Torres Homem e o "Libelo do Povo"; Justiniano José da Rocha e "Ação, Reação e Transação"; Antônio Ferreira Viana e a "Conferência dos Divinos"*. Edição ilustrada. São Paulo: Companhia Editora Nacional, 1956, p. 163. *O Libelo do Povo*, op. cit., p. 108-109.

5. As reformas do gabinete saquarema de 29 de setembro de 1848: o apogeu da "revolução monárquica"

O gabinete saquarema de 29 de setembro de 1848 (1): composição e contexto político. O novo ministério era chefiado pelo senador Pedro de Araújo Lima, visconde de Olinda, depois substituído por José da Costa Carvalho, visconde de Monte Alegre. Mas os rumos da política eram impressos pelos deputados fluminenses Paulino José Soares de Sousa, José Joaquim Rodrigues Torres e Eusébio de Queirós Matoso Câmara – à frente, respectivamente, das pastas dos Negócios Estrangeiros, da Fazenda e da Justiça. Eles compunham, na definição de Ilmar Rohloff de Mattos, "o núcleo do grupo que deu forma e expressão à forma que, entre os últimos anos do período regencial e o renascer liberal dos anos sessenta, não só alterou os rumos da 'ação' [liberal], mas sobretudo imprimiu o tom e definiu o conteúdo do Estado imperial".[474] Os novos ministros pretendiam, em suas próprias palavras, proporcionar ao Brasil "um poder bem constituído e robusto, que tivesse a força necessária para dirigir com mão firme um país novo, inexperiente das formas representativas, na larga senda dos grandes melhoramentos sociais que reclama".[475] Ou seja, arrematar o arcabouço de um Estado tutelar e centralizado, indispensável à consagração de um "projeto imperial" civilizador que se contrapusesse à instabilidade das repúblicas hispânicas.[476]

O novo gabinete assumia o governo brasileiro em um contexto muito favorável. A facção áulica havia sido neutralizada, com a derrota de Aureliano Coutinho e a partida do mordomo da Casa Imperial, Paulo Barbosa, para uma missão diplomática na Rússia.[477] O liberalismo radical, por sua vez, estava desmoralizado pela epidemia de revoluções que abalava a Europa continental. Por toda a parte os governos e a imprensa conservadora recomendavam a defesa do princípio da autoridade. A eclosão da Revolta da Praieira, em Pernambuco, facilitou o processo, confirmando os receios de que a onda revolucionária europeia chegaria ao Brasil. Ela levou os liberais moderados a

[474] MATTOS. *O tempo saquarema*, op. cit., p. 102.

[475] In: VIANNA. *Vultos do Império*, op. cit., p. 149.

[476] SALLES, Ricardo. *Nostalgia imperial a formação da identidade nacional no Brasil do Segundo Reinado.* Rio de Janeiro: Topbooks, 1996, p. 68.

[477] LACOMBE. *O mordomo do Imperador*, op. cit., p. 208.

se afastarem dos radicais e deu justificativas adicionais para a dissolução da Câmara.[478] A antiga situação foi triturada nas eleições legislativas, depois que o governo conservador encampou a doutrina Alves Branco.[479] Os conservadores saíram da condição de "patrulha" para dominarem a Câmara, ao passo que a bancada liberal se reduziu a um único deputado. Resistiram apenas chefes como Paula Sousa, Vergueiro e Alencar, protegidos pela vitaliciedade dos mandatos de senador. Ainda assim, diante da maré adversa, a maioria se afastou da política para cuidar de seus negócios particulares: fazendas, engenhos, comércio atacadista.[480]

O gabinete saquarema de 29 de setembro de 1848 (2): a extinção do tráfico de escravizados e a intervenção no Rio da Prata. As relações internacionais ficaram nas mãos de Paulino José Soares de Sousa, que já servira como ministro da Justiça e dos Negócios Estrangeiros nos gabinetes anteriores à situação liberal. Sua longa permanência à frente da pasta lhe permitiria organizar o ministério, tanto do ponto de vista administrativo, quanto da formulação das diretrizes gerais de política externa, entendida pela primeira vez como política de Estado. O discípulo favorito de Vasconcelos se revelou no cargo tão realista em matéria de política externa quanto na interna: "O essencial, nos tempos em que vivemos, é ter força. O direito é o menos. Dou pouca importância às boas razões, quando em último caso não há força para fazê-las valer, e para repelir uma agressão".[481] Sua prioridade era manter a ordem nacional conforme o modelo regressista de governabilidade. A importância simbólica do vasto território brasileiro ("o império") na construção do imaginário de grandeza nacional, atual ou potencial, justificava a centralidade conferida à preservação

---

[478] PEREIRA DA SILVA, João Manuel. *Memórias do meu tempo*. Introdução de Célio Ricardo Tasinafo. Brasília: Senado, 2003, p. 47.

[479] Era o que defendia o deputado conservador por Pernambuco, José Tomás Nabuco de Araújo (1813-1878): "Se o governo no sistema representativo simboliza uma opinião política, é absurda essa neutralidade do governo na eleição [...]; é absurdo que o governo seja estranho e indiferente ao triunfo da opinião pública de que depende a sua existência. Essa neutralidade fora um dever de reciprocidade, se a oposição também a guardasse, mas se a oposição luta para vencer e derrotar o governo, como pode ser o governo ser impassível sem suicidar-se, sem obliterar o instinto de sua própria conservação [...]. O princípio da interferência do governo na eleição [...] tem sido geralmente seguido por todos os partidos que têm estado no poder, tem por si a autoridade e apoio dos homens mais eminentes do país não só de uma como de outra opinião política". NABUCO. *Um estadista do Império*, op. cit., p. 140.

[480] PEREIRA DA SILVA, *Memórias do meu tempo*, op. cit., p. 77-78. MELO MATOS. *Páginas de história constitucional*, op. cit. p. 238.

[481] In: SOUSA. *A vida do visconde de Uruguai*, op. cit., p. 562.

das fronteiras e tratar a política externa como questão de Estado e não de governo: "A política, no que diz respeito às relações exteriores, deve ser solidária, passando de uns para outros ministérios, salvo aquelas alterações que os interesses do Estado, a sua mudança de posição e as circunstâncias reclamam".[482] Voltada para a manutenção da unidade e a honra nacional, a política conservadora desenvolvia diferentes estratégias para dois eixos diplomáticos: aquele que dizia respeito aos vizinhos de continente, como Argentina, Uruguai e Paraguai; e aquele que concernia a grandes potências, como a Grã-Bretanha, a França e os Estados Unidos. Na bacia do Rio da Prata, havia o contencioso permanente com o ditador de Buenos Aires, Juan Manuel Rosas, suspeito de pretender anexar os dois pequenos vizinhos – Uruguai e Paraguai – para restabelecer o antigo Vice-Reino da Prata. No Atlântico, havia o problema da pressão britânica pela abolição do tráfico negreiro.

Hierarquizando as prioridades de ação, Paulino buscava a neutralidade das grandes potências para preservar o equilíbrio de poderes na América do Sul, que era favorável ao Brasil. Embora julgasse indispensável uma intervenção no Rio da Prata para eliminar a ameaça representada por Rosas, ela não poderia ter lugar sem a prévia resolução do litígio com a Grã-Bretanha, que passava pela abolição do tráfico de africanos: "As complicações acumuladas pelo espaço de 7 anos, quanto às nossas relações com os generais Rosas e Oribe, estavam a fazer explosão, e o pobre Brasil, tendo em si tantos elementos de dissolução, talvez não pudesse resistir a uma guerra no Rio da Prata e à irritação e ao abalo que produzem as hostilidades dos cruzeiros ingleses. *Nec Hercules contra duo*. Não podemos arder em dois fogos".[483] Exímio observador da cena internacional, e preocupado tanto com o imperialismo britânico quanto o norte-americano, o futuro visconde do Uruguai estava consciente da posição de fraqueza do Brasil perante as grandes potências e do uso instrumental que elas faziam do direito internacional: "Essas nações fortes entendem e interpretam como lhes parece e convêm os direitos que derivam dos tratados e firmando-se nestes exigem depois e exigem pela força".[484] Neste contexto, os

[482] ANAIS do Senado do Império, sessão de 23 de abril de 1850.

[483] In: SOUSA, José Antônio Soares de. *Honório Hermeto no Rio da Prata*. São Paulo: Companhia Editora Nacional, c. 1955, p. 24.

[484] In: TORRES, Miguel Gustavo de Paiva. *O visconde do Uruguai e a sua atuação diplomática para a consolidação da política externa do Império*. Brasília: FUNDAG, 2011, p. 142.

estadistas brasileiros deveriam se orientar conforme a prudência, não seguindo "aquela política que é a melhor abstratamente, mas sim aquela que é a melhor entre as possíveis".[485]Acontecimentos como a guerra imperialista movida pelos Estados Unidos contra o México, com o objetivo de lhe anexar metade do território, deviam servir de lição ao Brasil. Quando o conflito com as grandes potências se aproximasse de um ponto crítico, o governo imperial deveria saber se antecipar, cedendo-lhes na verdade, mas parecendo agir por vontade própria, a fim de salvar sua dignidade e preservar liberdade de ação na adoção das medidas complementares: "Se nos opusermos aberta e completamente [...], teremos todos contra nós, e ninguém por nós. Seremos, malgrado nosso, arrastados, e quem é assim arrastado não pode dominar e dirigir o movimento que o arrasta, para dele tomar partido".[486]

Com suas fronteiras em risco, era indispensável ao império pôr um fim no contencioso com a Grã-Bretanha. Foi a razão de Estado que justificou a decisão de acabar com o comércio atlântico de escravizados, contrariando dos liberais, que propunham negociar com os britânicos uma cota fixa de importação de africanos, ou adiar a decisão.[487] Paula Sousa reiterou então argumentos extraídos do republicanismo escravista norte-americano: "É questão que deve ser tratada com a mais alta sabedoria, e não só com sentimentos filantrópicos. Disso nos têm dado, e estão dando, exemplos os grandes homens dos Estados Unidos da América: procuremos, pois, imitá-los"[488]. O gabinete preferiu tratar as medidas tendentes a combater o tráfico pelo ângulo da *razão de Estado*. Ao justificar a transferência dos julgamentos dos casos relativos às presas, do Judiciário para o Conselho de Estado, Paulino deu nome aos bois: "Razão de Estado. Era preciso atacar vigorosamente o tráfico. A morosidade e o rigor das formas judiciárias tornavam os tribunais judiciários menos próprios, para conseguir esse fim com vigor e presteza que convinham".[489] Também foi a *razão de Estado* que desencadeou a coação exercida sobre o Judiciário pelo ministro da Justiça, Eusébio de Queirós. Contra a intenção de perdoar

[485] Idem, ibidem, p. 180.

[486] Idem, ibidem, p. 179.

[487] ANAIS do Senado do Império, sessões de 1ª e 2 de julho de 1850. PARRON. *A política da escravidão no Império do Brasil*, op. cit., p. 230.

[488] In: BRASIL, *A abolição no Parlamento: 65 anos de luta*. Volume I. 3ª edição. Brasília, Senado Federal, 2020, p. 162.

[489] URUGUAI. *Ensaio sobre o Direito Administrativo*, op. cit., p. 72.

os traficantes de Pernambuco, o gabinete pressionou os desembargadores do tribunal da província com aposentadorias, remoções e outras sanções[490] Semelhanças e diferenças entre os partidos ficaram claras em discurso de Paulino na Câmara: "É verdade que nos nobres deputados, quando estavam na oposição (note-se, quando estavam na oposição), levantaram-se algumas vozes contra o tráfico. Foram palavras. Talvez nós não tenhamos proferido tão belas palavras. Fizemos, porém, mais: fizemos obra".[491]

Concluído o processo de extinção do tráfico e garantida a neutralidade britânica, os *saquaremas* se voltaram para os vizinhos do Cone Sul. Paulino entendia que a tranquilidade dependia de um equilíbrio de poder entre o Brasil e a Argentina, com o Uruguai e o Paraguai servindo-lhes de tampões. Ocorre que, naqueles três países, esse equilíbrio estava ameaçado pelo predomínio de um tipo de política personalista e desinstitucionalizada, que oscilava entre a tirania, quando em repouso, e a anarquia, quando em movimento. Era com essa cultura anárquica que Paulino se via às voltas e na qual não podia se fiar: "Tratamos com gente de má-fé e traiçoeira, e convém dar-lhe, o menos possível, armas que depois possam voltar contra nós".[492] Ele tendia a ver a endêmica instabilidade dos vizinhos como resultado da vitória dos *luzias* locais; ou seja, caudilhos que oprimiam o povo em nome da liberdade à moda americana. Para Paulino, não havia diferença entre Feijó, Teófilo Otoni e Bento Gonçalves, no Brasil, e Oribe, Rosas ou López, no Rio da Prata: todos falavam em liberdade para oprimir a população como senhores feudais e, deste modo, produziam países "anormais".[493] A mesma política desenvolvida pelos saquaremas para a garantia da ordem no âmbito interno valia no externo.[494] Devido às circunstâncias extraordinárias e aos perigos prementes à segurança nacional, a razão de Estado justificava a substituição da política de neutralidade por outra, francamente intervencionista: "Rosas é o principal obstáculo à paz e à tranquilidade das fronteiras do Brasil na Província do Rio Grande do Sul; é o principal obstáculo à independência, paz e prosperidade das repúblicas do Paraguai e do Uruguai. En-

[490] PINHO. *Cotegipe e seu tempo*, op. cit., p. 213-214.

[491] ANAIS da Câmara dos Deputados, sessão de 4 de junho de 1852.

[492] In: TORRES. *O visconde do Uruguai e a sua atuação diplomática*, op. cit., p.122.

[493] Idem, ibidem, p. 119.

[494] FERREIRA, Gabriela Nunes. *Centralização e descentralização no Império: o debate entre Tavares Bastos e o Visconde de Uruguai.* São Paulo: Editora 34, 1999, p. 148.

quanto Rosas tiver o poder que tem, viveremos sempre inquietos e de arma no ombro".[495] A estratégia de Paulino revelou-se bem-sucedida. Derrubou os dois ditadores, o uruguaio e o bonaerense.

O gabinete saquarema de 29 de setembro de 1848 (3): a reforma fundiária. O projeto da reforma agrária havia sido elaborado originalmente pelo gabinete saquarema chefiado por Carneiro Leão em 1843, e visava ao fomento da imigração europeia e transporte de africanos livres para o Brasil.[496] Posto que abandonasse a proposta coimbrã de atrair imigrantes pela oferta de terras, o projeto de lei agrária propunha colocá-las ao alcance de um maior número pela venda. Pretendia também regularizar o seu registro, obrigando os posseiros a pagarem impostos e a arcarem com as despesas decorrentes da medição, como requisito indispensável à aquisição da propriedade. Essas providências deveriam ser tomadas no prazo de seis anos a partir da promulgação da lei, sob a pena de reversão das terras ao domínio da Coroa. Tratava-se, conforme a expressão de José Murilo de Carvalho, de uma tentativa de modernização conservadora que, reconhecendo a hegemonia do mundo do campo, o submetia à regulação do Estado.[497] Não por acaso, os fazendeiros das outras províncias, especialmente aqueles situados em zonas de expansão agrícola, consideraram o projeto lesivo aos seus interesses.[498] Depois de promulgada a lei, Eusébio adotou medidas em prol da imigração europeia e recomendou o deslocamento da escravatura para o trabalho da lavoura no interior. Admitia-se assim a dificuldade de conciliar trabalho livre e trabalho escravo no meio urbano, e a necessidade de evitar carência de mão-de-obra na agricultura, depois de extinto o tráfico. O objetivo de aproveitar a emigração estrangeira, que começara havia vinte anos a afluir em massa para os Estados Unidos, seria alcançada nas décadas seguintes, com um aumento expressivo da entrada de portugueses, alemães e italianos.[499]

---

[495] In: SOUSA, José Antônio Soares de. A *Missão Bellegarde ao Paraguai (1849-1852)*. Volume II. Ministério das Relações Exteriores, Seção de Publicações, 1968, p. 207.

[496] PARRON. *A política da escravidão no Império do Brasil*, op. cit., p. 211.

[497] CARVALHO. *Teatro de Sombras*, op. cit., p. 310.

[498] FRAGOSO, João. "O Império escravista e a República dos plantadores: economia brasileira no século XIX – mais do que uma *plantation* escravista-exportadora". *In*: Maria Yeda Linhares (org.). *História Geral do Brasil*. 9ª edição. 14ª reimpressão. Rio de Janeiro: Elsevier, 2000, p. 151.

[499] CÂMARA, Eusébio de Queirós Matoso. *Relatório da repartição dos negócios da Justiça apresentado à Assembleia Geral Legislativa na 1ª sessão da 8ª legislatura em 1850*. Rio de Janeiro: Tipografia do Diário, 1850.

A crença de que a escravidão fosse um sistema de trabalho incompatível com a civilização era generalizada no meio político e social brasileiro. Quando os conservadores puseram fim ao tráfico em 1850, os Estados Unidos já o haviam proibido em 1807; a Grã-Bretanha, em 1810; Portugal, em 1836; a Espanha, em 1845. Paulino sustentava que o Brasil não só não deveria, como não poderia ficar alheio à tendência geral – mesmo porque a escravidão ameaçava o futuro do país[500]. Nem por isso se propuseram novas medidas nos anos seguintes à da supressão efetiva do tráfico[501]. Em 1850, a escravidão continuava disseminada mundo afora. Apenas os governos britânico e francês haviam abolido a escravidão em suas colônias – em 1833 e 1848, respectivamente. Ela continuava de pé nas espanholas, portuguesas e holandesas, e ainda estrebuchava em repúblicas hispânicas como o Equador, a Colômbia, a Argentina, a Venezuela e o Peru. Mas o grande exemplo de república cujo governo nacional não só não coibia, como defendia e protegia a escravidão, eram os Estados Unidos. Desde a década de 1820, os estados sulistas adotavam políticas cada vez mais agressivas na defesa do escravismo, conseguindo expandi-lo para vários dos novos estados incorporados ao país na marcha para o Oeste. Desde 1829, não houve um único presidente descomprometido com a manutenção da escravidão e a supremacia branca: Andrew Jackson (1829-1837), Martin Van Buren (1837-1841), John Tyler (1841-1845) e James Polk (1845-1849)[502]. Assim, a despeito do reconhecimento de que a escravidão estava condenada, sua sobrevivência nos Estados Unidos e diversas colônias europeias – sem falar na servidão que persistia na Rússia – legitimava sua continuidade no Brasil e desestimulava seu término. Ao protestar contra o Bill Aberdeen (1845), o gabinete liberal do visconde de Macaé lembrara: "Escravos índios conserva presentemente a Grã-Bretanha. Rússia, França, Espanha, Portugal, Estados Unidos da América do Norte, Brasil, e outras potências ainda não aboliram a escravidão"[503]. Enquanto houvesse escravizados alhures, o problema de sua emancipação seria empurrada com a bar-

[500] ANAIS da Câmara dos Deputados, sessão de 15 de julho de 1850.

[501] Houve um único projeto de lei apresentado neste sentido, voltado para a liberdade do ventre escravo. Apresentado em 1852 pelo deputado Silva Guimarães, a proposta não foi considerada digna de deliberação (ANAIS da Câmara dos Deputados, sessão de 4 de junho de 1852).

[502] HOWE, *The transformation of America*, op. cit., pp. 328-366.

[503] In: BRASIL. *Abolição no Parlamento*, op. cit., p. 146.

riga. Não caberia aos brasileiros, mais atrasados que os norte-americanos, dar satisfação antes deles à civilização.

O gabinete saquarema de 29 de setembro de 1848 (4): a difícil passagem da magistratura para o paradigma administrativo. Era indispensável viabilizar a mudança de perfil da burocracia monárquica, levando-a a transitar do paradigma absolutista do Antigo Regime, que mesclava funções judiciárias com governativas, para o moderno paradigma administrativo do liberalismo. O advento do governo constitucional e representativo, por si só, representava um golpe na pretensão da magistratura de seguir como núcleo duro do governo monárquico. O princípio da separação de poderes a obrigaria a concentrar-se em suas funções especificamente judiciárias, na qualidade de ramo especializado de atividade estatal. De acordo com o positivismo da Escola da Exegese, o Judiciário era um poder encarregado tão somente de aplicar as leis produzidas pelo Legislativo com a sanção do Executivo.[504] Era impossível à magistratura continuar a gozar indefinidamente de seu antigo poder. Mas ela tentava. Senadores que também eram magistrados, como Francisco Carneiro de Campos e Caetano Lopes Gama, ensaiaram recuperar para Supremo Tribunal de Justiça o antigo prestígio da Casa de Suplicação. Propunham conceder à nova corte os mesmos poderes de uniformização da jurisprudência, detidos pelo Tribunal de Cassação na França. Apontaram até para o exemplo da Suprema Corte dos Estados Unidos, que exercia poderes da jurisdição constitucional. Mas os planos de Vasconcelos, Carneiro Leão e Paulino para o Judiciário eram outros. Queriam a centralização para submeter os poderes locais em proveito do Executivo, não do Judiciário. Embora desejassem, como os *coimbrãos*, uma poderosa e eficiente burocracia, os *saquaremas* sabiam que ela não poderia mais ter a magistratura como base. Da mesma forma, acreditavam que a corporação deveria deixar de se intrometer nos negócios governamentais. Por aí se justificava a criação, na lei que restabelecera o Conselho de Estado, de um embrião de justiça administrativa, autônoma para o julgamento de ações que envolvessem o interesse público.

O Estado administrativo havia sido inventado por Napoleão na França e replicado em todas as monarquias constitucionais da Europa continental. Her-

[504] BOBBIO, Norberto. *O positivismo jurídico: lições de filosofia do direito.* São Paulo: Ícone, 1995, p. 79.

deiros da tradição da razão de Estado, os administrativistas franceses desejavam salvaguardar as prerrogativas estatais contra a ideia revolucionária de direitos fundamentais.[505] Combinavam assim as exigências liberais de um governo representativo limitado pelas leis com a preservação do espaço de discricionariedade decisória pelos agentes do Estado. Orientados pelo modelo monárquico francês, forte e centralizado, os saquaremas encantaram-se com sua agenda administrativista. O novo Conselho de Estado não apenas voltaria a exercer suas antigas funções de cérebro político da monarquia, como acumularia uma nova, a de cérebro jurídico-administrativo. Eram suas diferentes seções – Justiça e Estrangeiros, Império, Fazenda e Marinha e Guerra – que haveriam de uniformizar a jurisprudência do país, orientadas por razões de Estado – e não um Supremo Tribunal composto de juízes de carreira, encarregado de aplicar a lei para decidir conflitos particulares. O ideário administrativista se manifestava na aspiração a uma burocracia moderna e eficiente, orientada por regras claras. O visconde de Monte Alegre, presidente do Conselho e ministro do Império, chamava a atenção da Assembleia Geral para a barafunda de leis gerais e provinciais, cuja resolução exigia mais uma lei de interpretação do Ato Adicional.[506] As insuficiências da administração municipal e provincial exigiam estender a capilaridade do Estado rumo às suas extremidades e localidades. Por isso, seu relatório ministerial frisava a necessidade de...

> ... restringir os casos de incompatibilidade, melhorar a organização das câmaras municipais, criar novos agentes administrativos, por meio dos quais se transmita a toda a parte a ação do governo, e cercar de vantagens e garantias os altos cargos da administração das províncias, marcando-lhes vencimentos que correspondam ao tratamento que exige sua elevada posição e os gastos extraordinários que são a ela inerentes.[507]

Isso não quer dizer que os *saquaremas* já pudessem dispensar os magistrados como força política. A despeito do constitucionalismo, a magistratura

[505] HESPANHA, Antônio Manuel. "O direito administrativo como emergência de um governo ativo (c. 1800-c.1910)". *Revista de História das Ideias*, volume 26, Lisboa, 2005, p. 216.

[506] Idem, ibidem, p. 7.

[507] MONTE ALEGRE, José da Costa Carvalho, visconde de. *Relatório da repartição dos negócios do Império apresentado à Assembleia Geral Legislativa na 1ª Sessão da 8ª Legislatura em 1850*. Rio de Janeiro: Tipografia do Diário, 1851, p. 4.

resguardava seu poder graças à inexistência de incompatibilidades entre o exercício da judicatura e a de mandato parlamentar. O ministro da Justiça, Eusébio de Queirós, se tornara o principal porta-voz da corporação, recusando projetos liberais que incompatibilizassem as duas funções, preferindo meios brandos ou indiretos, como a contagem de tempo efetivo no exercício da judicatura para efeito de promoção. O ministro descendia de uma família da nobreza burocrática luso-brasileira, que servia em Angola, mudara para o Brasil depois da chegada de dom João VI e aderira à independência, servindo no Supremo Tribunal de Justiça. Ele reconhecia a magistratura como uma base ilustrada sobre a qual o governo precisava se apoiar no Parlamento. Com seu instinto conservador e governista, os juízes constituíam também excelente fonte de recrutamento para o Partido Conservador e, por isso, destacando o caráter ilustrado e patriótico dos juízes, Eusébio lhes prometia vencimentos melhores, além de foro privilegiado de julgamento na segunda instância.[508] O ministro da Justiça também resistia às demandas pela reforma da lei regressista de 3 de dezembro de 1841, que centralizara o Judiciário.[509] Não só seu sistema ainda não revelara todas as potencialidades, como os males que lhe eram imputados radicariam, na verdade, nas condições do país. Não era possível esperar que a Justiça de um país atrasado e periférico apresentasse o desempenho de outro, culto e povoado. O problema estava menos na legislação do que nos costumes. A "sociologia das circunstâncias" dos *saquaremas* recomendava assim postergar a questão para tempos mais bonançosos:

[508] MASCARENHAS. *Um jornalista do Império*, op. cit., p. 177.

[509] "Entre 1822 e 1832 houve a instituição de uma justiça separada do governo em termos institucionais: isolaram-se os juízes das tarefas administrativas o quanto se pôde. Mas não se pôde muito nem tudo. Os próprios juízes – representados no Parlamento pela sua 'casa de marimbondos' – recusavam-se muitas vezes a perder funções do velho 'ofício nobre'. De outro lado, a falta de outros órgãos locais de poder civil fez dos juízes da nova magistratura participantes necessários de embates políticos: organizavam listas de eleitores, examinavam impugnações a resultados eleitorais, eram uma espécie de presença local dos poderes centrais, já que estavam, por sua nomeação e futura carreira, ligados ao Ministério da Justiça. Os outros nomeados pelo poder central ficavam nas capitais, pois eram os presidentes de província. Assim, embora pensados como agentes autônomos e independentes da lei, viram-se imersos em uma situação social em que, ao lado dos párocos e dos oficiais da Guarda Nacional, compunham um trio de autoridade. À diferença dos outros dois, ligados ao governo por intermediações mais longas e menos diretas, os juízes eram mais propriamente as últimas e mais avançadas hostes de um Estado imperial que se urdia na Corte". LOPES. *Governo misto e abolição dos privilégios*, op. cit., p. 182.

> Há dificuldades por ora insuperáveis no Brasil e que por muito tempo hão de impedir uma administração de justiça escoimada de todos os defeitos da anarquia ou do arbítrio: o tempo e a civilização hão de minorar essas dificuldades, mas quem esperar de uma lei remédio que cure pronta e radicalmente os males de que nos queixamos, terá de viver sempre descontente.[510]

O gabinete saquarema de 29 de setembro de 1848 (5): codificação comercial, fomento à indústria e criação do sistema bancário. O ministro da Fazenda, José Joaquim Rodrigues Torres, deu sequência à política de fomento industrial praticada pelos *coimbrãos*, que enfrentava desde a independência a resistência da antiga nobreza da terra.[511] Ela orientava-se como "um processo lento, articulado, refletido e bastante pontual, visando ao desenvolvimento da economia brasileira, à superação dos déficits, à organização do mercado e a confecção de uma infraestrutura adequada".[512] Preocupava-se, em especial, em amparar os empresários nacionais, vendo no protecionismo um meio de aumentar a arrecadação e defender o mercado interno da concorrência. Aplicando à economia o raciocínio particularista dos *saquaremas*, o futuro visconde de Itaboraí se opunha aos "princípios de liberdade ilimitada de comércio e indústria aplicados ao nosso país". Em primeiro lugar, ele entendia que "nenhuma nação pode ser verdadeiramente independente, e fazer grandes progressos, quando se limita, como nós, quase exclusivamente, a produzir matérias brutas ou gêneros, que não acham consumo senão nos mercados estrangeiros". Em segundo lugar, "a acumulação de riquezas é muito mais lenta nos países puramente agrícolas, do que nos manufatureiros e comerciais. Cumpre, pois, excitar novas forças produtivas, procurando conseguir que parte da nossa população se aplique em fabricar alguns dos artigos de consumo, que recebemos dos estrangeiros". Uma vez que nenhuma nação havia conseguido se industrializar, senão recorrendo ao protecionismo, dele só era possível abrir mão, quando o desenvolvimento manufatureiro ou fabril afastasse o risco da concorrência estrangeira. É verdade que a agricultura

---

[510] CÂMARA, Eusébio de Queirós Matoso. *Relatório da repartição dos negócios da Justiça apresentado à Assembleia Geral Legislativa na 1ª Sessão da 8ª Legislatura em 1849.* Rio de Janeiro: Tipografia do Diário, 1850, p. 23.

[511] SOARES. *A indústria na sociedade escravista*, op. cit., p. 288-289.

[512] BENTIVOGLIO, Júlio. *Os negócios do Império: a política econômica no início do Segundo Reinado – 1840-1860.* Catalão: São João/UFG, 2007, p. 19.

não deveria ser sacrificada com altas taxas de importação e que, por isso, o governo deveria privilegiar o auxílio às indústrias "naturais", cujas matérias-primas pudessem ser produzidas no Brasil. Mas, quando o interesse do Estado parecia sair por uma porta, ela retornava por outra: "Excetuaria desta regra unicamente as indústrias indispensáveis à segurança e defesa do Estado. As leis proibitivas ou protetoras, de duração ilimitada, só neste caso podem ser justificadas, não pelos motivos econômicos, mas por motivos políticos, que devem prevalecer sobre interesses de menos elevada categoria".[513]

Como se vê, a atenção conferida pelos conservadores à industrialização não decorria de doutrinas determinadas pelo mercado, mas de um imperativo de razão de Estado, que subordinava as atividades privadas àquelas concernentes à defesa e ao fortalecimento da soberania nacional. A mesma situação se passava a respeito das diretrizes financeiras que presidiram a fundação do atual Banco do Brasil. Torres acreditava que a estabilidade monetária e cambial era uma precondição para o aumento da riqueza pública. Ela só poderia ser mantida por um banco nacional que, sediado na Corte e com filiais nas províncias, detivesse o monopólio da emissão de moeda. O monopólio disciplinaria as instituições financeiras provinciais, impondo-lhes uma política comum.[514] Era uma orientação ortodoxa peculiar, porque submissa à "sociologia das circunstâncias" dos saquaremas. Perseguia o padrão-ouro, conforme determinado pelas doutrinas inglesas, acomodando-se, porém, às condições particulares da economia brasileira, podendo-se, por exemplo, lastrear as notas do Banco do Brasil em notas sem lastro emitidas pelo Tesouro.[515] Pensado como uma instituição privada, mas de caráter público, o banco controlaria a oferta de crédito e de moeda. Ele patrocinaria o crescimento econômico dentro da ordem, sem os solavancos da concorrência privada. Ficaria assim assegurada a supremacia do interesse público, identificado com o governo nacional, contra os interesses privados que, associados ao individualismo e ao provincialismo, prejudicavam o bem comum:

[513] TORRES, José Joaquim Rodrigues. *Proposta e relatório da repartição dos negócios da Fazenda apresentado à Assembleia Geral Legislativa na 1ª sessão da 8ª legislatura em 1849*. Rio de Janeiro: Tipografia do Diário, 1850, p. 32-33.

[514] GAMBI, Thiago Fontellas Rosado. *O banco da Ordem: política e finanças no Império brasileiro (1853-1866)*. São Paulo: Alameda, 2015, p. 251.

[515] Idem, ibidem, p. 252.

> A concorrência dos bancos tem sido a principal causa de quase todas as crises comerciais. É a porfia em que cada um luta para fazer mais negócios, por aliciar mais fregueses, por dar maiores dividendos a seus acionistas; que faz baixar excessivamente os juros; que excita empresas aleatórias; que faz desaparecer do mercado os capitais disponíveis para os substituir por capitais fictícios e de imaginação; é a rivalidade dos bancos que concorre poderosamente para produzir as quebras, a ruína, o desespero de milhares de famílias, quando chega o dia em que essa fantasmagoria desaparece.[516]

Os *saquaremas* acenaram também para os grandes negociantes, através de uma regulamentação das atividades comerciais. A elaboração de um Código Comercial se arrastava desde que começara a ser discutido pelo visconde de Cairu, havia já um quarto de século. O ministro da Justiça, Eusébio de Queirós, manifestava o desejo de acabar com o "grande vago e arbítrio no modo de regular e decidir as questões mercantis, que assim ficam à mercê da inteligência ou vontade dos julgadores".[517] O presidente da comissão encarregada do anteprojeto, José Clemente Pereira, buscou a ajuda dos empresários e convidou para integrá-la sua estrela ascendente: Irineu Evangelista de Sousa, futuro visconde de Mauá. A pronta aprovação do projeto legitimou uma aliança entre os *saquaremas* e o grande comércio da Corte.[518] O novo Código criava as condições jurídicas para impulsionar os negócios, ao regular a organização dos bancos, a hipoteca e o penhor mercantil; e das companhias e sociedades comerciais, anônimas e por comanditas, além de criar os Tribunais do Comércio.[519] A submissão de Mauá à razão de Estado dos conservadores o levaria a financiar a intervenção militar brasileira no Rio da Prata e a criar uma companhia de navegação do Amazonas, a fim de salvaguardar os interesses nacionais contra o imperialismo norte-americano. Em troca, o futuro visconde ganharia influência política, empréstimos do Tesouro e concessões rendosas, como a de iluminação

[516] ANAIS da Câmara dos Deputados, sessão de 20 de junho de 1853.

[517] CÂMARA, Eusébio de Queirós Matoso. *Relatório da repartição dos negócios da Justiça apresentado à Assembleia Geral Legislativa na 1ª sessão da 8ª legislatura em 1850.* Rio de Janeiro: Tipografia do Diário, 1850, p. 33.

[518] NEVES, Edson Alvisi. *Magistrados e negociantes na Corte do Império do Brasil: o Tribunal do Comércio.* Rio de Janeiro: Jurídica do Rio de Janeiro/FAPERJ, 2008, p. 223-224.

[519] GUIMARÃES, Carlos Gabriel. "O Código Comercial, o Tribunal do Comércio e a atividade bancária no Império brasileiro na segunda metade do século XIX". *In*: Gladys Sabina Ribeiro; Edson Alvisi Neves e Maria de Fátima Cunha Moura Ferreira (organizadores). *Diálogos entre Direito e História: cidadania e justiça.* Niterói: EDUFF, 2009, p. 39.

a gás da Corte e encomendas estatais para sua Fábrica da Ponta da Areia, em Niterói. Um quarto de século depois, saudoso do capitalismo de Estado dos *saquaremas*, Mauá se jactaria da "distinção e apreço com que me honravam os Honórios, Monte Alegres, Paulinos de Sousa, Rodrigues Torres e Eusébios".[520] Ele reservava um lugar especial para Paulino, "cabeça política como não temos tudo meia dúzia desde a separação da mãe-pátria".[521]

Conclusão

A monarquia constitucional era considerada pela ciência política liberal a grande conquista da civilização em matéria de governo. Ela resultava da oposição alternada entre os princípios da *autoridade* ou da *liberdade*. O sistema representativo comportava dois partidos, cada qual defensor de uma daquelas tendências: o conservador e o liberal. O realismo conservador apostava na retomada da revolução monárquica iniciada sob dom João VI e na recuperação do projeto imperial brasileiro, adaptado ao contexto do liberalismo e da independência. Aquilo de que o Brasil de 1840 precisava não era de um Rousseau ou um Jefferson, mas de um Richelieu ou um Pombal. Cumpria, pelo manuseio adequado do liberalismo doutrinário, justificar medidas autoritárias que excepcionavam temporariamente o Brasil da corrente liberal cosmopolita, com o objetivo de reconstruir a autoridade do Estado. A *História da civilização europeia* escrita por François Guizot, atualizando as conclusões de Voltaire em *O século de Luís XIV*, caía como uma luva para demonstrar que a centralização (a "revolução monárquica") era elemento indispensável de civilização. A representação deveria ser composta por homens ilustrados e nacionalistas, que deixassem de lado seus pendores provincialistas para se identificar com a "razão nacional".[522] Já os liberais se rebelavam contra a centralização, repetindo a oposição a Walpole na Grã-Bretanha do século XVIII. Protestavam contra um modelo de governabilidade que, dando maioria parlamentar ao governo, se afastava dos princípios de probidade do civismo aristocrático. A retórica liberal permanecia impregnada da concepção clássica, para quem a política

[520] MAUÁ. *Autobiografia,* op. cit., p. 193.
[521] Idem, ibidem, p. 123.
[522] DOHLNIKOFF. *Governo representativo e eleições no século XIX*, op. cit., p. 25.

deveria ser apanágio de proprietários independentes e virtuosos, capazes de autogoverno e de defesa, à maneira dos democratas do sul escravista dos Estados Unidos.

A conciliação entre o princípio democrático e o monárquico, desejado pela Constituição do Império, tornava-se impossível porque os liberais não aceitavam a legitimidade dos governos conservadores ou das maiorias legislativas que os apoiavam. O reconhecimento recíproco dos partidos dependia da capacidade demonstrada pelas instituições de produzirem alternância no poder. Os conservadores achavam que a Coroa decidiria em prol deles e a sustentavam como origem da legitimidade última, ao passo que os liberais insistiam na tese de que era nas províncias que ela residia. Quando prevaleceu uma terceira opção, intervindo a Coroa para favorecer, não os conservadores, mas os liberais, estes deixaram de resistir à "revolução monárquica". Arrastados pelo processo de expansão da estatalidade, seus gabinetes golpearam a autonomia das assembleias provinciais, fortaleceram o direito de veto dos governadores nomeados e ampliaram a fraude eleitoral. Promoveram também, pela elevação das taxas alfandegárias, a política *coimbrã* de fomento industrial, contrária aos princípios do liberalismo econômico. A segunda "revolução monárquica" exigia aumentar as fontes de renda para financiar as incumbências crescentes do Estado. Nesse contexto, não era possível ao governo liberal renunciar à oportunidade oferecida pela não renovação das tarifas preferenciais concedidas à Grã-Bretanha. A majoração das tarifas alfandegárias ajudaria a encher os cofres públicos.

O retorno dos conservadores completou o processo de retomada da "revolução monárquica", iniciada durante o reinado americano de dom João VI e interrompida pela Revolução liberal de 1821. Mas tiveram de adaptar o projeto imperial original para obter o apoio da aristocracia rural, pondo em segundo plano o problema da formação do povo. Adaptaram também as fórmulas do constitucionalismo às exigências da razão de Estado. A intervenção militar no Rio da Prata, a decretação da suspensão das garantias, a possibilidade de prisão preventiva conforme a discrição da autoridade policial, a presença dos magistrados com mandatos parlamentares de deputados – nada disso foi reconhecido pelos *saquaremas* como um estado normal de coisas. Justificaram tais medidas como expedientes transitórios impostos pelas circunstâncias. Não eram um fim em si mesmas. Foram adotadas com o objetivo de remover os obstáculos que impediriam o advento, no futuro próximo, de um regime de normalidade. Assim, por exemplo, Paulino afirmava que o princípio geral da política externa era o de não intervenção; que os brasileiros não deveriam "lançar mão de meios extremos senão depois de havermos convencido, por meio de todas as tentativas, de que não se pode obter uma solução por outros meios".[523] A intervenção do Cone Sul teria sido imposta pela necessidade: "Queremos acabar com essas questões para viver tranquilos e aplicarmos, ao melhoramento das nossas finanças e do nosso país, as somas que o estado de guerra devora".[524] A suspensão das garantias constitucionais também não constituía expediente ordinário de governo. Para Eusébio de Queirós, era dever do Poder Legislativo evitar que o estado de exceção se tornasse instrumento de opressão:

> Para os homens sempre dispostos a temer os abusos do poder, é preciso confessar que muito mais perigoso é o governo desde o momento em que ele pode dizer ao país: – *As leis não são suficientes, a Constituição não basta, trata-se da salvação pública, eu tomo sobre mim a responsabilidade* –, do que, quando, chegadas essas circunstâncias extraordinárias, o governo, declarando o estado de guerra, vê ampliados os seus poderes pelas leis, mas encontra nelas também limites que não pode transpor.[525]

Em síntese, os *saquaremas* de 1848-1853 estavam empenhados na erradicação das causas da instabilidade política e social, que grassavam desde a Revolução liberal. Na perspectiva *regressista* do gabinete, a construção do Estado exigia uma política ilustrada e reformista que, reconhecendo o atraso do país, perseguisse os valores da civilização, sem emancipar completamente o mercado e a sociedade civil. Só um governo análogo ao napoleônico permitiria no Brasil o triunfo da razão pública, nacional, sobre as razões privadas, provinciais ou locais. O conservadorismo estatista dos saquaremas, tributário do absolutismo ilustrado dos coimbrãos, se aproximava de um *autoritarismo instrumental*, consagrado conceito de Wanderley Guilherme dos Santos. Eles acreditavam que caberia ao Estado "fixar as metas pelas quais a sociedade deveria lutar, porque a própria sociedade não seria capaz de fixá-las, tendo em

[523] ANAIS do Senado do Império, sessão de 27 de julho de 1850.

[524] In: SOUSA, José Antônio Soares de. A *Missão Bellegarde ao Paraguai (1849-1852)*. Volume II. Ministério das Relações Exteriores, Seção de Publicações, 1968, p. 206.

[525] In: NABUCO. *Um estadista do Império*, op. cit., p. 129.

vista a maximização do progresso nacional".[526] Entendiam que "o exercício autoritário do poder, pelo seu maior potencial reformista, seria o meio mais veloz de se edificar a sociedade liberal".[527] Os meios autoritários do presente viabilizaram o regime liberal do futuro. Aquilo que se realizara sucessivamente na Europa – a construção da ordem estatal e sua posterior abertura ao pluralismo socioeconômico –, na atrasada América Ibérica, teria de ser realizado simultaneamente. Para tanto, era preciso admitir as formas "liberais" do governo constitucional e representativo, flexibilizando-as para realizar, dentro de seus limites, a agenda "absolutista" exigida pela razão de Estado. Era o que sugeria o decano dos jornalistas conservadores, Justiniano José da Rocha:

> Eu faço de dia em dia profissão de fé monárquica e absolutista (salvo sempre o predomínio da inteligência por meio do Parlamento e da imprensa bem regulados) e vou proclamando a unidade monárquica, a autoridade e a hierarquia [...]. Estou persuadido que se alguma coisa pode salvar nossa terra é a unidade monárquica como a entendiam Richelieu e Luís XIV, e como a deve entender o imperador.[528]

[526] SANTOS, Wanderley Guilherme dos. *Ordem burguesa e liberalismo político.* São Paulo: Duas Cidades, 1978, p. 106.

[527] Idem, ibidem, p. 103.

[528] In: MASCARENHAS. *Um jornalista do Império*, op. cit., p. 95-96.

Capítulo 12

O "MOMENTO MONÁRQUICO" BRASILEIRO: AMPLIAÇÃO DO CONSENSO ESTATAL E CONSERVADORISMO BEM TEMPERADO (1852-1860)

1. A CONCILIAÇÃO: O PROGRESSO MATERIAL, O REFLUXO DO LIBERALISMO E O DISTENSÃO POLÍTICO-PARTIDÁRIA

O fracasso da Revolução de 1848 e a "era do Progresso". Com o fracasso da "Primavera dos Povos", chegara ao fim a *era das Revoluções*, que desde 1789 amedrontava a Europa com o fantasma de uma subversão republicana e jacobina. A Grande Exposição de Londres de 1851, no Palácio de Cristal, inaugurara a "era do Capital", identificada com as estradas de ferro, símbolo de modernidade que encurtava distâncias e favorecia a circulação de pessoas e mercadorias.[529] Graças à combinação de capital barato e rápido aumento dos preços, as exportações cresciam em proporção exponencial na Europa. Bancos e ferrovias multiplicavam-se em meio a uma euforia generalizada. Pressionada pelo discurso do progresso científico e pela sensação de bem-estar, a agenda política perdeu a radicalidade. O consenso centrista ou moderado exprimiu-se em diversos países na forma de governos de coalizão. Em Portugal, a paz viria com a chamada "Regeneração" (1851), que concluiu a "revolução oligárquica" portuguesa sob a inspiração de Fontes Pereira de Melo. O reino entrava afinal no seu "momento oligárquico" com governos moderados e voltados para a promoção do "progresso material".[530] Na Grã-Bretanha se compusera o gabinete Aberdeen (1852-1855), formado por moderados dos dois partidos. No

[529] BRIGGS, *The age of improvement*, op. cit., p. 394-405.

[530] "Depois de 1851, ex-revolucionários e ex-conservadores descobriram a irrelevância das questões constitucionais e reconheceram a suprema importância das questões materiais. Eram todos 'chapados progressistas'. E, durante algum tempo, a retórica do progresso, simbólica e materialmente representado pelos caminhos de ferro, iludiu a verdadeira situação política. À superfície dominava-a um centro amplo [...]. O radicalismo foi praticamente varrido do novo Parlamento". BONIFÁCIO, Maria de Fátima. *O século XIX português*. 2ª edição. Lisboa, ICS/Imprensa de Ciências Sociais, 2005, p. 62-63.

Chile, nasceria o "partido nacional" do presidente Manuel Montt, que manteria distância tanto dos ultramontanos quanto dos radicais (1857-1861).[531] Sossegado pelo triunfo "monárquico", parecia um bom momento para fomentar a modernização também no Brasil. A paz estava consolidada; o tráfico de escravizados, extinto; e a ameaça platina, debelada. A produção cafeeira no Vale do Paraíba garantia recursos para a expansão do Estado. A abolição do tráfico liberara capitais para novos setores da economia. Diante da hibernação política, parecia mais produtivo investir no progresso do que perder tempo com discussões partidárias. Era o que dizia em 1852 um dos mais importantes intelectuais pernambucanos, José Inácio de Abreu e Lima:

> Eu só encaro as instituições pelo lado da influência que possam exercer nas funções econômicas do país para que foram feitas. O nosso século é todo positivo; no século passado reinaram as ideias, porque era necessário destruir a sociedade que existia. Neste século reina o desejo do bem-estar, isto é, a tendência manifesta para o progresso moral e material, porque o problema está resolvido [...]. Unir os povos por caminhos de ferro, barcos a vapor ou de calórico, telégrafos elétricos, balões aerostáticos, se for isso possível, eis aí tudo: multiplicar os interesses por toda a parte, tornar o homem cidadão do mundo, prover as suas mais urgentes necessidades, eis aí o fim a que se dirigem as sociedades modernas: estreitar as distâncias, fazer do gênero humano uma só família.[532]

Na Corte, os liberais moderados desejavam aproveitar o apaziguamento dos antagonismos. Em suas *Cartas ao amigo ausente* (1851), o ex-deputado liberal e jornalista baiano José Maria da Silva Paranhos (1819-1880), futuro visconde do Rio Branco, salientava a urgência de "abandonar as questões de metafísica social pelas das necessidades urgentes de nossa lavoura e indústria".[533] Paranhos era um antigo deputado liberal que agora se reposicionava partidariamente, apoiando pela imprensa a política do gabinete *saquarema* no Rio da Prata. Enquanto a polarização política desperdiçava as energias do país, escrevia ele, a promoção do progresso material constituía um terreno

[531] EYZAGUIRE, Jaime. *Historia de las instituciones políticas y sociales de Chile.* 17ª edição. Santiago: Editorial Universitária, 2007, p. 110.
[532] ABREU E LIMA. *O socialismo*, op. cit., p. 48-49.
[533] PARANHOS, José Maria da Silva. *Cartas ao amigo ausente.* Rio de Janeiro: Ministério das Relações Exteriores/Instituto Rio Branco, 1953, p. 151.

suprapartidário, para o qual todos os homens de talento (como ele mesmo, aliás) poderiam colaborar.

> O povo vai compreendendo que o país não pode prosperar, nem mesmo gozar de paz, se os brasileiros, divididos em dois campos irreconciliáveis, se tragarem uns aos outros como os homens que nasciam dos dentes que semeara Cadmo. É necessário civilizar os partidos, ou acabar com eles, se por acaso, como me parece, só os ódios e os mesquinhos interesses individuais os alimentarem. [...]. A reação que aparece harmoniza-se com o estado da Europa e leva a direção que me parece a mais conveniente. As tendências são todas para os progressos materiais do país.[534]

O refluxo do radicalismo (1): o republicanismo clássico de João Francisco Lisboa e a apologia do "imperador patriota". Em agosto de 1849, quase todos os governos europeus haviam se recuperado do ciclo revolucionário começado em fevereiro do ano anterior. A república na França cairia em 1852, quando um golpe de Estado restabeleceria o regime imperial na pessoa de Napoleão III, sobrinho do primeiro.[535] O refluxo do radicalismo se refletiu no Brasil. Os *luzias* estavam desmoralizados. A Revolta da Praieira, em Pernambuco, confirmava sua pecha de desordeiros crônicos. Chefes como Feijó e José Bento estavam mortos, ao passo que Paula Sousa, Vergueiro e Otoni se retiraram da vida pública para, aproveitando a bonança econômica e má sorte política, se dedicarem aos seus negócios particulares. Antigos liberais como José Antônio Pimenta Bueno (1803-1878), Francisco Sales Torres Homem – autor do *Libelo do Povo* (1848) – e José Maria da Silva Paranhos – autor das *Cartas ao amigo ausente* (1851) – se aproximaram dos conservadores, preparando sua adesão definitiva. Duas obras foram particularmente ilustrativas da vazante liberal.

A primeira foi composta pela série de escritos intitulada *Partidos e eleições no Maranhão*, publicada em 1852 pelo jornalista e historiador João Francisco Lisboa (1812-1863). Ele escrevia sob o pseudônimo de *Timão de Atenas*, famoso misantropo da peça homônima de Shakespeare. Mas Lisboa também estava sugestionado pelo visconde de Cormenin (1788-1868), po-

[534] Idem, ibidem, p. 49.

[535] HOBSBAWM, Eric. *La era del capital: 1848-1875.* 5ª edição. Buenos Aires: Crítica, 2006, p. 26.

lítico e administrativista francês cujos *Colóquios aldeões de Timon* (1843) haviam sido traduzidos para o português.[536] Lisboa procedia a partir do Maranhão a um verdadeiro desmentido dos pressupostos "republicanos" dos *luzias*, segundo a qual haveria, nas províncias do Brasil, sociedades civis cuja autonomia deveria ser respeitada pela Corte. Era baseada neles que liberais defendiam, à moda dos democratas do sul escravista dos Estados Unidos, teses relativas à intangibilidade dos direitos das províncias. A "monarquia democrática", porém, era para Lisboa uma ilusão: na província, nada havia, senão lutas entre facções destituídas de qualquer noção do bem comum. Um dos temas prediletos desse liberal desiludido era o desnível entre as teorias políticas da Europa e a periférica realidade brasileira. Quanto mais longe das sociedades "cêntricas", mais as ideias se tornavam "cópia servil e ridícula de formas políticas, inventadas para outros debates e outras arenas".[537] Mobilizadas por partidos "intolerantes e insaciáveis", cujos atos traziam sempre "o cunho do egoísmo e do personalismo", as ideias políticas se tornavam "simples e cediço manejo com que procuram assegurar no presente, ou captar para o futuro, a proteção do mais forte".[538]

Nessa obra de sabor republicano clássico setecentista, próxima dos textos tardios de Bolingbroke, João Francisco Lisboa apresentava a política do Maranhão como o negativo do modelo romano das virtudes cívicas. Não era a vontade da nação, mas a das facções que determinava "a mudança aparente da sombra de opinião que na realidade ou não existe, ou é muito fraca para que entre em linha de conta no exercício das faculdades e veleidades, que dão em resultado as mutações de cenas".[539] O emprego público era a única saída para quem não queriam se submeter aos senhores de terra que, ao invés de justos e virtuosos, como queriam os *luzias*, eram broncos e mandões.[540] Os funcionários subordinavam, ao cálculo político, a justiça, a neutralidade e a eficiência da administração. As elites incentivavam as fraudes eleitorais,

[536] CORMENIN, Louis Marie de la Haye, visconde de. *Entretiens de village*. 3ª edição. Paris: Pagnerre Éditeur, 1843. CASTILHO, Antonio Feliciano. *Os colóquios aldeões de Timon: vertidos em vulgar*. Ponta Delgada: Typ. Castilho, 1850.

[537] LISBOA, João Francisco. *Jornal de Timon: partidos e eleições no Maranhão*. Introdução e notas de José Murilo de Carvalho. São Paulo: Companhia das Letras, 1995, p. 85.

[538] Idem, ibidem, p. 287-289.

[539] Idem, ibidem, p. 291.

[540] Idem, ibidem, p. 261.

empregando homens livres, mas sem inserção na estrutura socioeconômica, como capangas, capoeiras, pistoleiros ou *fósforos*. Eles se vendiam em troca de trocados, comida e outros *bicos*. Ao invés do espetáculo do civismo, a luta na província degenerava em violência, pancadaria e assassinato. As facções se coligavam ou se desfaziam por *ligas*, *fusões* e *conciliações*, conforme as conveniências pessoais. A imprensa não passava de "um respiradouro por onde os partidos exalam e vertem seus maus humores".[541] A efetividade dos direitos constitucionais flutuava de acordo com a adesão ou oposição aos clãs no poder. Numa sociedade corrompida até a medula, mesmo a "verdade eleitoral" era inútil: na ausência de espírito público, o fim do clientelismo removeria o único incentivo da população para as coisas da vida cívica.

> Em um país novo, e ainda renovado pelas instituições recentes, onde não há vícios nem virtudes, nem costumes de qualidade alguma profundamente arraigados, uma iniciativa vigorosa e franca se faz sobretudo sentir; o impulso partido do alto achará por toda a parte matéria flexível e branda como cera, pronta e disposta a amoldar-se em todos os sentidos, e ainda os mais opostos, assim para o bem como para o mal. Ora, o nosso primeiro mal, são os partidos, aliás, meia dúzia de indivíduos que sob o nome de partidos se agitam na superfície da sociedade, e desviam toda a sua atenção e atividade para contendas estéreis da política [...]. A estes partidos, pois, fonte e origem de todo o mal, se não única, a principal, cumpre declarar e fazer guerra incessante e a todo transe, até sua completa extirpação do solo que esterilizam e desdouram.[542]

Não havia outra saída, senão apelar para o rei patriota de Bolingbroke, isto é, para o governo pessoal do imperador.

Ainda que, de acordo com os cânones da monarquia constitucional, o príncipe devesse se manter longe da ação abastardante das facções, Lisboa entendia que, num país atrasado e periférico como o Brasil, o imperador era uma figura preciosa demais para permanecer passiva. Só o chefe do Estado era desprendido da baixeza e da ambição que, presentes na sociedade corrompida, se projetavam na vida política do país. O monarca era o único ator capaz de esmagar as facções e reordenar a administração do império. É verdade que Bolingbroke imaginava um passado idílico de civismo encarnado em "um partido do campo", que, para

[541] Idem, ibidem, p. 273.

[542] Idem, ibidem, p. 325-326.

o historiador maranhense, não existia em uma província periférica e atrasada como o Maranhão. Neste sentido, Lisboa estava mais perto de Cormenin. No fim das contas, porém, ambos desejavam a mesma coisa: o governo pessoal do príncipe. Só a substituição das paixões oligárquicas pela virtude do imperador poderia incutir civismo na política brasileira. Pelo cruzamento do rei patriota de Bolingbroke com a centralização napoleônica de Cormenin, Timon retornava ao reformismo ilustrado "republicano" de José Bonifácio. O rei patriota nos atrasados trópicos era o agente por excelência do desenvolvimento e consequente superação do atraso nacional:

> Haja embora províncias em que o governo se ostente e seja efetivamente político, mas em outras o seu dever é mostrar-se exclusivamente administrativo, promovendo a agricultura e a indústria, e por elas o bem-estar e a moralidade da população. [...]. Mas, para que se arranque e extinga um mal tão inveterado [...], é mister que o impulso parta não já de gabinetes efêmeros, contraditórios e oscilantes, senão do próprio chefe do Estado, que, sendo possível, deve não só reinar e governar, como administrar, e descer aos mais minuciosos pormenores do governo destas pequenas províncias. Se nos faltar esse impulso superior, permanente e desinteressado, mal de nós e delas que irão de dia para dia piorando de situação.[543]

O refluxo do radicalismo (2): o constitucionalismo setecentista de Almeida e Albuquerque. Outra obra expressiva do refluxo do liberalismo foram as *Breves reflexões retrospectivas, políticas, morais e sociais sobre o Império do Brasil e suas relações com as outras nações* (1854), publicadas por um antigo ministro da Justiça de Feijó, o senador pernambucano Francisco de Paula de Almeida e Albuquerque (1792-1869). Nessa brochura crítica do domínio *saquarema*, o liberal Albuquerque negava o "imaginário americano" que sustentara o radicalismo ibérico em geral, e depois, aquele dos *luzias* em particular. Embora situado na América, devido à sua "origem de nacionalidade, governo, religião, língua e costumes e, sobretudo, pela forma monárquica", o Brasil seria uma po-

[543] Idem, ibidem, p. 326 e 329. Essa prevalência dos argumentos republicanos clássicos sobre os liberais foi sintetizada por José Murilo de Carvalho da seguinte forma: "O liberalismo de João Francisco Lisboa naufraga no moralismo de Timon". CARVALHO, José Murilo de. "Lisboa e Timon: o drama dos liberais do Império". *In*: João Francisco Lisboa. *Jornal de Timon: partidos e eleições no Maranhão.* Introdução e notas de José Murilo de Carvalho. São Paulo: Companhia das Letras, 1995, p. 26.

tência tão europeia quanto Portugal e Espanha.[544] O regime político brasileiro era descrito à maneira do Maquiavel republicano como um governo misto cujo "principal motor da propensão e da índole dos governados" residiria na tensão produtiva entre povo e nobreza.[545] Essa tensão afastava a possibilidade de um governo democrático onde triunfassem os "demagogos ou satélites da populaça, embriagados com as ideias de liberdade absoluta; e ambiciosos de se constituírem os melhores, ainda que à custa da anarquia".[546] Como no esquema clássico de Políbio e Cícero, e depois, Bolingbroke, era a aristocracia que, à maneira da Grã-Bretanha, preservava o equilíbrio entre a demagogia "da multidão ignara e apaixonada, que acomete ou desacata estúpida e grosseiramente a santidade da estação pública" e o despotismo dos "funcionários confiados na força de sua autoridade, mais do que compenetrados dos seus deveres".[547] No Brasil, era a classe senatorial vitalícia que fazia as vezes da aristocracia. Os senadores seriam, por "delegação nacional adquirida por serviços, talentos e virtudes, os verdadeiros lordes, ou pares do Império".[548] Partidário do padrão misto de constituição, Albuquerque condenava as doutrinas do governo parlamentar como "invenções ministeriais para se sustentarem no posto e assim esmagarem seus competidores e dominarem sucessivamente as eleições, tornando-se permanentes diretores do governo, sem que jamais apareça a verdadeira fisionomia da representação nacional".[549] A ascendência do ministério resultava num "despotismo ministerial"; uma "oligarquia" facciosa que embaraçava "a ação benéfica da Coroa" em prol do interesse público.[550] A velha equiparação bolingbrokeana dos partidos a facções fazia aqui sua reentrada *contra os conservadores*, colocados na posição da oligarquia *whig* de Walpole, um século antes:

> A palavra partido, no meu sentir, implica com patriotismo; por isso que este requer união de sentimentos a favor do país, e por consequência, em apoio das suas instituições e do fim a que todos tendem, o bem da Pátria ou o inte-

[544] ALBUQUERQUE, Francisco de Paula de Almeida e. *Breves reflexões retrospectivas, políticas, morais e sociais sobre o Império do Brasil e suas relações com outras Nações.* Paris: Tipografia de W. Remquet & Cia, 1854, p. 136.

[545] Idem, ibidem, p. 136.

[546] Idem, ibidem, p. 126.

[547] Idem, ibidem, p. 72.

[548] Idem, ibidem, p. 124.

[549] Idem, ibidem, p. 14.

[550] Idem, ibidem, p. 34.

> resse proporcional de todos; e o partido exige dedicação pessoal e submissão particular àquele que reparte o que os partidistas partem, e por consequência consiste em dividir e separar os interesses, que aliás devem ser comuns, para o tornarem exclusivos. Assim, chefes de partido, em meu entender, não são senão aqueles que mais atrevidos ou mais ambiciosos sabem angariar clientela, ou são prepostos como diretores e distribuidores desses interesses exclusivos; e partidistas aqueles que por diversas razões dão a sua adesão antecipada e cega a esses chefes de quem esperam graças e favores em recompensa do seu zelo e cooperação. Daqui se vê que uma tal associação é uma verdadeira conspiração contra o Estado, que devendo ser superior a tudo, vê-se embaraçado nesse conflito [...] ou é forçado a conformar-se com as suas paixões, ficando os interesses da razão e da justiça esquecidos e sacrificados [...], de sorte que a sociedade se acha governada por uma verdadeira oligarquia.[551]

A conversão dos partidos em facções vinha acompanhada, naturalmente, pela apologia do rei patriota: "Poder exclusivo e excepcional do imperador", o Poder Moderador consistia "no resumo das prerrogativas pessoais do monarca, e direitos essenciais não só para criar todos os instrumentos de governo, mas também para pôr em movimento todas as molas, digamos assim, preparadas pelos colégios eleitorais, e que organizam o corpo político".[552] Esse poder deveria ser encarado por um triplo ponto de vista: "único e indivisível" depositário do Poder Executivo; parte integrante do Poder Legislativo, por conta do direito de veto; e, por fim, "o moderador de todos os ramos do governo".[553] Mas o senador também defendia a Coroa forte para garantir a efetividade dos direitos, porque o povo brasileiro era "de cera", ou seja, "maneável e propenso às instituições". Cumpria que fosse o imperador "o seu principal e essencial protetor e guarda dos seus direitos individuais, e os seus representantes, os imediatos intérpretes de suas necessidades, e com os quais o mesmo imperante se deve ajustar para o grande fim da prosperidade pública".[554] O progresso social passava pela melhoria dos costumes públicos, pelo governo pessoal da Coroa e pelo aperfeiçoamento das instituições a partir do direito constitucional britânico e do direito administrativo francês. O federalismo estadunidense merecia repúdio por ser "elemento de fraqueza, e não de

[551] Idem, ibidem, p. 111.
[552] Idem, ibidem, p. 26.
[553] Idem, ibidem, p. 39.
[554] Idem, ibidem, p. 41.

força nos Estados".[555] Como Albuquerque recuara do liberalismo *luzia* de um Feijó para posições próximas do republicanismo desiludido de Bolingbroke. Só o imperador patriota, intervindo no processo político, interromperia o corrompido governo "oligárquico" dos *saquaremas*, para restaurar a verdade do sistema representativo. E aqui emergia a palavra que catalisava o anseio generalizado dos que se achavam dispostos a aderir ao modelo regressista de governabilidade para retornar ao poder: "conciliação".

A dissidência conservadora: a insatisfação dos moderados das províncias com o domínio "puritano" dos fluminenses. Não eram só o refluxo do radicalismo, o apelo dos moderados e a ênfase no progresso material que favoreciam o ideário "conciliador". Diante do êxito da "revolução monárquica", aos olhos de muitos conservadores da nova geração, já parecia desnecessária tanta concentração de poder nas mãos da cúpula do partido, composta por Eusébio de Queirós e os viscondes de Uruguai e Itaboraí. Pernambuco e Bahia estavam descontentes com o férreo controle das eleições provinciais. Uma vez que o sistema eleitoral tomava cada província como distrito único e concentrava a apuração de votos na sua capital, o governador elegia a chapa escolhida no Rio, sem demasiadas consultas aos diretórios provinciais. O controle dos resultados eleitorais pelo governo era considerável. A reforma da Guarda Nacional em 1850 a deslocara para a órbita do gabinete imperial, que a empregava também como mecanismo de pressão eleitoral. Por fim, a ausência de uma legislação que incompatibilizasse o funcionalismo com o exercício do mandato parlamentar permitia a formação de obedientes bancadas de deputados. Basta dizer que, em 1850, 46% da Câmara era composta de funcionários, sendo 39% de magistrados.[556] Para pacificar o país, os *regressistas* haviam organizado um sistema que facultava o exercício semiautocrático do poder a qualquer partido que o ocupasse. Era o que reconhecia o ministro dos Negócios Estrangeiros, Paulino José Soares de Sousa, em carta ao colega Firmino Rodrigues Silva, em 1852: "A oposição disputou aqui a eleição com grande fúria, e com grandes meios. Batemo-la completamente porque estamos no governo. Se ela estivesse no governo teria vencido completamente. Assim está o país, e assim é o sistema".[557]

---

[555] Idem, ibidem, p. 111.

[556] CARVALHO. *A construção da ordem*, op. cit., p. 151.

[557] In: MASCARENHAS. *Um Jornalista do Império*, op. cit., p. 172.

Esse arranjo, que favorecia o predomínio dos conservadores fluminenses, passou ser questionado por gerações mais moças de províncias do Nordeste, como o alagoano João Lins Cansanção de Sinimbu (1810-1906), o pernambucano José Tomás Nabuco de Araújo Filho (1813-1878) e o baiano José Antônio Saraiva (1823-1895).[558] Formaram uma dissidência dentro do partido conservador, que pretendia reduzir sua dependência da "trindade saquarema" e legitimar os interesses de suas províncias. Em um contexto de consolidação do Estado que afastava o risco da desordem, os dissidentes queixavam-se da "preferência dada à Corte, ao município neutro, na distribuição dos favores e serviços custeados pelos cofres gerais".[559] A necessidade de dar voz às oligarquias comprimidas pelas demasias da "revolução monárquica" transparecia nas manifestações de Nabuco de Araújo, quando presidente de São Paulo. Diante das determinações de Eusébio de Queirós, para que agisse de forma a assegurar a vitória, na província, da chapa governista enviada da Corte, ele ponderou: "O princípio da autoridade vale tudo no Brasil, pode muito aqui, mas V. Exa. há de concordar comigo que não é tão absoluto esse pressuposto que chegue à imposição e ao exclusivismo, até o ponto de alienar-se o governo de todos, de prescindir de todos".[560] Posteriormente, Nabuco deu publicidade a esse ponto de vista em um discurso conhecido como *A ponte de ouro*, no qual ele adaptava o "governo dos espíritos" de Guizot ao contexto brasileiro, substituindo a burguesia citadina francesa, na qual os doutrinários iam buscar as capacidades para governar, pela nobreza rural das províncias:

> Senhor Presidente, queixamo-nos, e entendo que com razão, dessa política de desconfiança e prevenções contra todas as influências do partido da Ordem em Pernambuco [...]. Quais são as influências que se têm como exageradas, intolerantes e perniciosas? Essas influências, senhores, são os homens que, pela sua riqueza, pela sua posição, pela sua propriedade, são interessados na ordem pública e estão identificados com a monarquia e com as instituições do país; são os homens que por seus serviços e tradições deviam merecer do governo imperial toda a consideração. Senhores, essas influências são exageradas? Pois bem, corrigi, neutralizai, refreai suas tendências, incompatíveis com as

[558] Embora nascido na Bahia, a base eleitoral de Nabuco de Araújo era Pernambuco.

[559] PINHO. *Cotegipe e seu tempo*, op. cit., p. 337 e 389.

[560] NABUCO. *Um Estadista do Império*, op. cit., p. 137.

condições da sociedade civil, mas vede bem [...], a missão do governo, e principalmente do governo que representa o princípio conservador, não é guerrear e exterminar famílias, antipatizar com nomes, destruir influências que se fundam na grande propriedade, na riqueza, nas importâncias sociais; a missão de um governo conservador deve ser aproveitar essas influências no interesse público, dando-lhes prova de confiança para que possa dominá-las, dirigi-las e neutralizar as suas exagerações. Se representais o princípio conservador, como quereis destruir a influência que se funda na grande propriedade?[561]

2. Os sentidos da Conciliação: ampliação do consenso monárquico, síntese entre autoridade e liberdade e poder pessoal do "imperador patriota"

Os sentidos da Conciliação (1): a ampliação do consenso monárquico pela representação das minorias. A dissidência liderada por Nabuco de Araújo, Sinimbu e Saraiva desejava autonomia em relação à cúpula fluminense do partido, senhora de vida e morte do futuro dos colegas. Mas desejava também ampliar a representação dos moderados. As eleições de 1853 tinham elegido um único liberal. A "oposição parlamentar" (nome oficial da dissidência) advertia que a unanimidade desacreditava o sistema representativo. Ela também induzia o surgimento de divisões dentro do partido vencedor.[562] Para Nabuco de Araújo, era urgente aproximar o país das "verdadeiras condições do sistema representativo, que não pode deixar de morrer, de ficar falseado pela unanimidade".[563] Para tanto, se tornava indispensável deixar para trás discussões doutrinárias que haviam perdido a razão de ser. Não era mais possível se contentar com a "sociologia das circunstâncias", que invocava o estado de atraso ou incapacidade da sociedade para justificar a intangibilidade do modelo político do *regresso*. Era a partir desse ponto de vista que a "conciliação entre os partidos" adquiria o significado que Saraiva lhe conferia: ela era "a política que respeita todos os direitos, acata todos os interesses legítimos, e que dá ao mérito daqueles que têm opiniões diversas o apreço que deve sempre merecer".[564] O governo deveria reduzir as distâncias entre as práticas regressistas e o sistema representativo consagrado pela Constituição:

[561] Idem, ibidem, p. 154.
[562] Idem, ibidem, p. 153 e seguintes. PINHO. *Cotegipe e seu tempo*, op. cit., p. 385 e seguintes.
[563] ANAIS da Câmara dos Deputados, sessão de 2 de maio de 1853.
[564] Idem, sessão de 27 de junho de 1853.

> Os nobres deputados que receiam hoje tanto do princípio de autoridade, do poder ilimitado do Executivo, devem iniciar medidas que tendam a restringir esse poder. E se o poder ministerial se amplia por causa dos nossos hábitos, de nossos defeitos, os nobres deputados compreenderão bem que a reforma do nosso clero, de nossos juízes, da instrução pública, e outras, são indispensáveis para colocar o país em uma situação regular, em tal posição que o governo seja contido em seus justos limites pela força de uma opinião pública ilustrada e severa.[565]

Os sentidos da Conciliação (2): a compatibilidade entre o princípio da autoridade com o progresso. Intelectualmente, o arranjo proposto pelos moderados impunha conciliar o princípio da autoridade ou da ordem, representado pelo Partido Conservador, e aquele da liberdade ou do progresso, representado pelo Partido Liberal. Essa síntese, capaz de neutralizar os efeitos deletérios da polarização e abrir espaço para uma agenda de progressos materiais, se daria pela formação de um governo conservador moderado, que ampliasse a base política da monarquia, admitindo a colaboração de liberais arrependidos. A Grã-Bretanha oferecia desde dezembro de 1852 o precedente de que os *conciliadores* brasileiros precisavam para legitimar-se. O governo de coalizão chefiado por lorde Aberdeen promovia, em suas próprias palavras, um "progresso conservador" que isolava os radicais e os *tories* nos extremos do espectro político. Também os moderados brasileiros, representados por Nabuco de Araújo, desejavam "a conciliação do princípio conservador com o progresso refletido e justificado pela experiência; o princípio conservador como base; o progresso que não é incompatível com o princípio conservador, porque o princípio conservador não é a inércia, o abandono; não conserva quem não melhora".[566] Das páginas da imprensa pernambucana, Abreu e Lima também acreditava chegada a hora da transação "O duelo secular entre o progresso e a repressão devia afinal trazer o equilíbrio entre as forças dos povos e dos governos, e chamá-lo a um campo de reconciliação".[567]

Essa aspiração encontrou sua expressão intelectual mais elevada no opúsculo *Ação, reação e transação: duas palavras sobre a atualidade política* (1855),

---

[565] Idem, ibidem.

[566] In: CARDIM, Elmano. *Justiniano José da Rocha*. Edição ilustrada. São Paulo: Companhia Editora Nacional, 1962, p. 67 e 72.

[567] ABREU E LIMA. *O Socialismo*, op. cit., p. 295.

de Justiniano José da Rocha, decano dos jornalistas conservadores. Como Sales Torres Homem, Justiniano nascera pardo, tendo estudado em Paris e participado do círculo da jovem intelectualidade em torno das revistas Niterói e Guanabara. Formado por textos políticos escritos ao longo de vários anos, o panfleto repetia o esquema explicativo do processo histórico, de inspiração eclética, desenvolvida pelo historiador francês Raymond Capefigue na sua *História da Reforma, da Liga e do reinado de Henrique IV* (1836).[568] Quando os adversários tocaram no assunto depois de derrubarem os conservadores do (1844), Justiniano escrevera que "a conciliação em política nunca pode ser obra dos homens, é o tempo o único que a pode realizar". Enquanto houvesse antagonismo, não seria possível "o esquecimento dos ódios, a renúncia às esperanças, a apostasia dos princípios".[569] Depois de quatro anos de situação liberal, todavia, Justiniano já vislumbrava a pacificação dos espíritos. No artigo *Ação e reação* (1848), ele se valia do conceito de *progresso* para interpretar a história brasileira como resultado da luta do elemento monárquico, associado aos princípios da *unidade*, do *governo*, da *ordem* ou da *autoridade*, com o elemento democrático, associado aos da *pluralidade*, do *progresso* ou da *liberdade*, ou da *sociedade*. O predomínio do grupo "progressista" de Feijó durante a Regência exprimira o triunfo da *ação*, isto é, da democracia sobre a monarquia. Orientado pelo ideal da "monarquia democrática", esse empuxo ameaçara a ordem pública de desagregação social e territorial. Diante de tais excessos,

[568] Eis como Capefigue aplicava o esquema tripartite à história das guerras religiosas francesas, esquema repetido por Justiniano em seu opúsculo: "Defini as três partes de meu trabalho, isto é, a Reforma, a Liga e o Reinado de Henrique IV, por essas três expressões que deixam perfeitamente clara a ideia fundamental do livro: ação, reação e transação. A reforma, é o movimento de uma civilização nova que quer se impor aos hábitos velhos; é uma revolução intelectual há muito preparada, mas que se apresenta sob formas demasiado violentas, como uma novidade, demasiado hostis aos fatos existentes, para que ela não encontre nesses fatos uma oposição tão perseverante quanto viva e impetuosa. Uma ideia avançada é sempre uma ideia proscrita; os interesses, os costumes estabelecidos são intolerantes e implacáveis. Quando se oferece a reforma à sociedade do século dezesseis, por toda a parte onde ela não foi admitida, ela excitou uma longa e sangrenta perseguição; os príncipes católicos se associaram; eles se organizaram para a resistência, e eis o que me leva a considerar a Liga, com suas forças e sua constituição material, como uma verdadeira reação ao sistema anunciado por Lutero. Pois, quando essa luta entre a velha e a jovem sociedade faz derramar torrentes de sangue, quando há o esgotamento dos dois partidos, chega um rei indiferente que busca conciliar as opiniões hostis, e é este terceiro período que toma o caráter de transação". CAPEFIGUE, Jean Baptiste Honoré Raymond de. *Histoire de la Réforme, de la Ligue et du Règne de Henri IV*, volumes 7-8. Paris: Dufey, 1835, p. 379-380.

[569] CARDIM, Elmano. *Justiniano José da Rocha*, op. cit., p. 69.

o *regresso* ficava justificado como *reação* do princípio da autoridade contra a anarquia desencadeada pelo progresso mal calculado dos liberais.[570] Seis anos depois (1854), Justiniano acrescentava um último artigo àquela série de reflexões, denominado *Transação*, no qual se dizia crente na síntese promovida por um governo disposto a revivificar a sociedade e as províncias:

> O estudo refletido da história nos patenteia uma verdade, igualmente demonstrada pela razão e pela ciência do político demonstrada. Na luta eterna da autoridade com a liberdade há períodos de ação; períodos de reação, por fim, períodos de transação em que se realiza o progresso do espírito humano, e se firma a conquista da civilização. As constituições modernas mesmas não são senão o trabalho definitivo dos períodos de transação. Chegados os povos à fase em que a reação não pode progredir, em que a ação esmorece, cumpre que a sabedoria dos seus governantes a reconheça, aí pare, e pelo estudo da sociedade descubra os meios de trazer a um justo equilíbrio os princípios e elementos que haviam lutado.[571]

Os sentidos da Conciliação (3): o apelo dos moderados à intervenção do "imperador patriota". Muitos eram os argumentos no sentido de convencer o imperador, até então discreto a intervir no processo político. O maranhense João Francisco Lisboa entendia que o bipartidarismo fazia sentido na Europa, mas não na atrasada e periférica realidade brasileira. O carioca Justiniano José da Rocha afirmava ser possível inaugurar um "momento monárquico", que cooptasse a nobreza asfixiada pelo excesso de centralização. O pernambucano Almeida e Albuquerque achava que o sistema representativo não podia ficar prisioneiro de uma única facção. Os baianos Nabuco de Araújo e José Antônio Saraiva desejavam aperfeiçoar os mecanismos de representação para admitir a expressão parlamentar do pluralismo político. O também baiano José da Silva Paranhos advogava uma política pragmática voltada para o desenvolvimento da economia. Embora as razões variassem, todos os proponentes da Conciliação reconheciam que as diferenças partidárias já não deveriam ser levadas tão a sério. Sua Majestade deveria convidar algum prócer conservador, para que tomasse a

---

570 Idem, ibidem, p. 78.

571 ROCHA, José Justiniano da. "Ação, reação e transação: duas palavras acerca da atualidade". *In*: MAGALHÃES JR., Raimundo. *Três Panfletários do Segundo Reinado: Francisco Sales Torres Homem e o "Libelo do Povo"; Justiniano José da Rocha e "Ação, Reação e Transação"; Antônio Ferreira Viana e a "Conferência dos Divinos"*. Edição ilustrada. São Paulo: Companhia Editora Nacional, 1956, p. 163.

peito a tarefa de tornar o sistema mais maleável, franqueando a administração a todas as capacidades, independentemente das antigas filiações. Em um país como o Brasil, cujo sistema representativo ainda era precário, a doutrina de que o rei reinava e não governava não fazia sentido. O imperador deveria agir como o rei patriota de Bolingbroke e governar pessoalmente. Era o raciocínio que movia Francisco Torres Homem, futuro visconde de Inhomirim, em seus famosos *Pensamentos acerca da conciliação dos partidos* (1853): "Nas circunstâncias anormais em que nós nos achamos, não seria antes preferível que governasse aquele que ao menos é representante tanto perpétuo e imparcial da sociedade, e o diretor supremo e desinteressado da máquina do Estado?".[572]

Esta orientação política, que minimizava a diferença entre os partidos e requeria a intervenção pessoal do imperador, vinha ao encontro da sensibilidade de dom Pedro II. Aproximando-se dos trinta anos de idade e livre das tutelas palacianas, criado como órfão sem contato com qualquer Corte europeia, o jovem príncipe levava muito a sério o seu papel de governante justo e imparcial. A leitura de seu diário íntimo revela tratar-se de uma verdadeira obsessão: "Tenho espírito justiceiro", "Não posso admitir favor diferente de justiça"; "Cumpre fazer quando possível justiça ao merecimento de todos os que o tiverem".[573] Na origem estava a educação ministrada por seus tutores, baseada na leitura de "espelhos de príncipes" de sabor ilustrado. Obras como o *Telêmaco* de François Fénelon e *O Anti-Maquiavel* de Frederico da Prússia condenavam o maquiavelismo e elogiavam filantropos como Marco Aurélio. Conforme notado por José Murilo de Carvalho, "as orientações do tutor e a ação dos mestres marcaram para sempre a personalidade e os hábitos de D. Pedro. A observação vale, sobretudo, para a concepção de igualdade básica dos seres humanos, para a necessidade de buscar ser imparcial e justo, de não depender de áulicos, de fiscalizar os atos dos funcionários públicos, até mesmo dos ministros, de preocupar-se com o bem público. Vale igualmente para a importância do estudo das ciências e das artes, inclusive as mecânicas".[574] A literatura setecentista de espelhos de príncipes apresentava o governo como o

[572] HOMEM, Francisco Sales Torres. *Pensamentos acerca da conciliação dos partidos.* Rio de Janeiro: Correio Mercantil, 1853, p. 10.

[573] PEDRO II, Dom. *Diário de 1862.* In: *Anuário do Museu Imperial*, volume XVII. Petrópolis, Ministério da Educação e Cultura, 1956, p. 15, 16 e 29.

[574] CARVALHO, José Murilo de. *D. Pedro II: ser ou não ser.* São Paulo: Companhia das Letras, 2007, p. 29.

fardo mais nobre e pesado de todas as responsabilidades terrenas. O príncipe deveria ser disciplinado, dedicado, conhecendo tudo o que se passava em seu reino, supervisionando todos os ramos da administração, de preferência com os próprios olhos.[575] Os reis não eram conquistadores, mas juízes; e, na qualidade de primeiros servidores e instrumentos da felicidade dos povos, engrandeciam seus nomes pela prática da justiça, governando com circunspecção, prudência e sabedoria:

> O primeiro sentimento que um príncipe deve ter é o amor da pátria, e a única vontade que lhe convém é a de operar alguma coisa de útil e de grande para o bem do Estado. A isso deve sacrificar o amor-próprio e quaisquer paixões, e aproveitar de todos os avisos, de todos os socorros e de todos os grandes homens que encontre, numa palavra, de tudo o que seja capaz de contribuir para a execução das boas intenções que alimenta para a felicidade dos súditos.[576]

Claro está, portanto, que dom Pedro II acreditava ser seu dever como príncipe defender a coisa pública contra a corrupção da política profissional. Ele se via como um verdadeiro "rei patriota" de espírito republicano e imparcial, identificado com a Constituição. Na condição de titular do Poder Moderador, o imperador acreditava estar na "posição de ser naturalmente o mais interessado no leal cumprimento da lei fundamental do Estado, origem de suas atribuições".[577] Esta era a missão do regime monárquico que, de outra forma, nem mereceria ser defendido: "Se a monarquia é a injustiça, então eu sou republicano".[578] Em um país periférico, de educação deficiente, o príncipe se percebia uma ilha de republicanismo cercada por um mar de patrimonialismo. A política no Brasil parecia ser "quase a arte de achar meios de coonestar injustiças e tudo o que abrange tal expressão".[579] Acreditava que a falta de zelo e a falta do sentimento do dever era nosso primeiro defeito moral; que poucos atendiam somente ao interesse público; que, embora devessem ter por norte o bem comum, os políticos só lutavam por seus

[575] GOOCH, G. P. "Three Enlightened Despots: Frederick II, Joseph II, Catherine II". *In*: Roger Wines (ed.). *Enlightened despotism: reform or reaction?* Boston: D.C. Heath and Company, 1967, p. 32.
[576] FREDERICO. *O Anti-Maquiavel*. Tradução e proêmio de Carlos de Soveral. Lisboa: Guimarães Editores, 1955, p. 202.
[577] PEDRO II. *Diário de 1862*, op. cit., p. 153-155.
[578] Idem, ibidem, p. 288.
[579] Idem, ibidem, p. 27.

interesses individuais. Por isso, o imperador fazia questão de demarcar suas diferenças em relação à classe política: "A minha política – justiça – não é a dos partidos".[580] Em síntese, dom Pedro II se punha em situação análoga à de Jorge III da Grã-Bretanha, quando de sua ascensão ao trono, um século antes, diante da longeva oligarquia *whig*, e sugestionado pelas teorias de Bolingbroke relativas ao papel de um chefe de Estado virtuoso. O ambiente palaciano também encarava o sistema representativo como um pântano de corrupção e incentivava o príncipe a dar-lhe sentido e orientação. Para áulicos como Araújo Porto Alegre, ele era a única esperança do Brasil:

> Aquele príncipe [...] tem uma grande massa de virtudes reais e que é um dos brasileiros completos que eu conheço, e de quem vou me tornando mais amigo cada vez, pois cada vez mais o vejo com a salvação do país, a garantia do futuro e o símbolo do progresso. Que pode ele fazer no meio de uma gente, que não é nação e que está corrompida até a medula dos ossos?[581]

Dom Pedro II não tinha como ficar indiferente ao clamor generalizado por uma política de conciliação. Príncipe ilustrado em tempos constitucionais, o imperador sentia-se propenso, por educação e temperamento, a contribuir para uma política "da justiça em toda a latitude da palavra, isto é, da razão livre de paixões, tanto quanto os homens a podem alcançar".[582] Ele partilhava da opinião de que, com o refluxo do radicalismo, "as ideias dos partidos estavam muito pouco discriminadas e os nomes é que quase somente os diferenciavam".[583] Ele também acreditava que, sem liberdade eleitoral, a monarquia ficava sujeita a frondas periódicas dos partidos inconformados por estarem fora do poder: "O que eu desejo é saber, por meio duma eleição tão livre, como o permitam nossas circunstâncias, qual a política que a Nação apoia, para confiar sua execução aos ministros, sejam quais forem os indivíduos que melhor a possam realizar".[584] O arrefecimento da polarização e a prosperidade comercial e industrial da era Mauá, que pareciam colocar o Brasil enfim no

[580] Idem, ibidem, p. 225.
[581] PORTO ALEGRE, Araújo. *Correspondência com Paulo Barbosa da Silva.* Introdução e notas de Américo Jacobina Lacombe. Rio de Janeiro: Livraria Francisco Alves, 1995, p. 87.
[582] PEDRO II. *Diário de 1862*, op. cit., p. 17.
[583] Idem, ibidem, p. 52.
[584] Idem, ibidem, p. 288.

caminho do progresso com estabilidade, favoreciam a intervenção do imperante no sentido de promover, sempre em suas próprias palavras, "uma reorganização dos partidos conforme exige o nosso sistema político, que quer o progresso, mas seguro".[585]

Para substituir José Joaquim Rodrigues Torres, futuro visconde de Itaboraí, o imperador desejou chamar outro chefe *saquarema*, comprometido com o programa conciliador. Na falta de Bernardo Pereira de Vasconcelos, vitimado pela primeira epidemia de febre amarela (1850), dom Pedro II convocou o novo decano do Partido Conservador, Honório Hermeto Carneiro Leão, senador e conselheiro de Estado que recebera o título de visconde, depois marquês, do Paraná. Embora os *saquaremas* fluminenses (Eusébio, Paulino e Torres) torcessem o nariz para a Conciliação, Carneiro Leão não recusou a incumbência. Ele se valia do "imenso prestígio que cercava seu nome, que [...] o tornavam o homem mais próprio, senão o único habilitado a assumir o poder nesta ocasião".[586] Ao mesmo tempo, o imperador passou a influenciar a composição dos ministérios e a formulação das políticas públicas. Adotando a noção de governo pessoal embutida na doutrina do "rei patriota", dom Pedro II escreveu: "Julgo que o Chefe do Poder Executivo, para dirigir o exercício desse Poder, tem direito de velar ativamente sobre a marcha do Ministério [...], lembrando a estes as medidas que reputar úteis, ou procurando impedir as que os Ministros propuserem e parecerem prejudiciais".[587] A concepção *ativa* que o imperador adotou, como chefe do Poder Executivo, transpareceu logo na primeira reunião do gabinete. Ele entregou aos novos ministros um programa mínimo de governo e também um código de conduta, contendo regras como: "O ministro que se desculpar com meu nome será demitido"; "Nada se revelará do que se passar em despacho"; "Nem se lavrarão decretos antes da decisão do Conselho"; "Todas as decisões que não forem d'expediente serão tomadas em despacho; contudo o Presidente do Conselho ou os ministros respectivos poderão tratar comigo individualmente de qualquer negócio".[588] Era o príncipe que tomava as rédeas do carro governamental.

---

[585] Idem, ibidem, p. 95 e 20.

[586] ALENCAR, José de. "O marquês do Paraná: traços biográficos". *Revista trimestral do Instituto Histórico e Geográfico Brasileiro*, vol. 236. Rio de Janeiro: Imprensa Nacional, 1956, p. 262.

[587] In: VIANNA, Hélio. *D. Pedro I e D. Pedro II: acréscimos às suas biografias*. São Paulo: Companhia Editora Nacional, 1966, p. 155.

[588] Idem, ibidem, p. 141-142.

3. Os programas da Conciliação: retificação e consolidação do modelo regressista de governabilidade

O programa de Conciliação do gabinete Paraná (1853-1857). No novo ministério composto por Paraná destacavam-se conservadores de tendência moderada da nova geração, como José Tomás Nabuco de Araújo (Justiça) e José Maria da Silva Paranhos (Negócios Estrangeiros), além de íntimos do Paço, como Luís Pedreira do Couto Ferraz (Império). O marquês do Paraná, que dez anos antes reprimira as revoltas liberais e se recusara a anistiar os implicados, apresentou-se às câmaras como um homem mudado: "O gabinete nada tem com o tempo passado, os seus membros não se consideram nem como *luzias*, nem como *saquaremas*. Portanto, aqueles que se apoiam e compartilham o pensamento do ministério são ministerialistas, qualquer que tenha sido, ou seja, o seu partido".[589] O programa mínimo do gabinete, rabiscado por dom Pedro II, reduzia o grau de interferência do governo nacional nas eleições, descentralizava a administração, transferia mais rendas para as províncias e reformava o Judiciário, para garantir de modo mais efetivo os direitos fundamentais.[590] Embora reconhecesse que no passado não apresentaria semelhante programa, Paraná declarava que agora o fazia porque "as suas opiniões de então já estão modificadas pela experiência, e porque as necessidades do país são diversas, as paixões estão mais acalmadas, o país parece achar-se em um estado de quietação".[591] Vitoriosa a "revolução monárquica", chegara a hora de sintetizar os princípios que guiavam o processo histórico: "Não há boa conservação sem que haja também progresso".[592] No fundo, o programa da Conciliação passava por flexibilizar o modelo regressista de governabilidade, que hierarquizava o Legislativo e o Judiciário do Executivo e da União, dando alguma autonomia para os demais poderes e as províncias.

As principais propostas eram a reforma judiciária e a reforma eleitoral, ambas de responsabilidade do novo ministro da Justiça, Nabuco de Araújo. A primeira fortaleceria o Poder Judiciário como ramo autônomo e especia-

[589] In: PINHO, Wanderley. "O marquês do Paraná e a Conciliação". *Revista trimestral do Instituto Histórico e Geográfico Brasileiro*, vol. 236. Rio de Janeiro: Imprensa Nacional, 1956, p. 357.
[590] PEDRO II. *Diário de 1862*, op. cit., p. 17. VIANNA. *D. Pedro I e D. Pedro II*, op. cit. p. 136.
[591] ANAIS da Câmara dos Deputados, sessão de 13 de setembro de 1853.
[592] Idem, sessão de 9 de setembro de 1853.

lizado, tanto em relação ao governo nacional quanto à antiga nobreza da terra. Esse propósito seria atingido por dois meios. O primeiro passava por reconhecer ao Supremo Tribunal de Justiça o direito de uniformizar a jurisprudência civil por meio de súmulas. Desde o *regresso*, aquela uniformização vinha sendo feita pelo próprio ministro com o aval do Conselho de Estado, tal como quisera Bernardo Pereira de Vasconcelos. Este era um procedimento que Nabuco considerava inconstitucional. Com a reforma, o Supremo Tribunal deixaria de ser uma chancelaria do Ministério da Justiça para se transformar em "um centro da jurisprudência e maior categoria na hierarquia judiciária".[593] O ministro também chamava a atenção para a "anomalia que os tribunais inferiores possam julgar em matéria de direito o contrário do que decidiu o primeiro tribunal do Império", fato que subvertia a hierarquia judiciária e anarquizava a jurisprudência civil.[594] Nabuco também desejava esvaziar o júri em benefício do juiz de direito, restringindo-o às grandes cidades e aos casos de crimes inafiançáveis. Mas queria também oferecer mais garantias contra o arbítrio do governo, separando no plano local a justiça da polícia. Este último ponto tocava no pilar da ordem monárquica, que era a lei regressista de 3 de dezembro de 1841. Os vetos da magistratura criaram problemas para a reforma judiciária. Mas a nobreza da terra não fez por menos. Os fazendeiros do Vale do Paraíba, em especial, não queriam a renunciar ao controle sobre os jurados locais.[595] Aprovada na Câmara, a reforma acabou engavetada no Senado.

A segunda reforma, a eleitoral, desengavetava a proposta que, quando presidente do conselho, o liberal Paula Sousa não lograra aprovar em 1848. Ela tinha por objetivo enfraquecer o sistema eleitoral (a "máquina") que permitia ao governo formar câmaras unânimes, ou quase, e o consequente exercício de uma semiautocracia. Não se tratava de mudar o sistema a ponto de impedir o governo de formar maiorias, mas de reduzir a grita dos excluídos. O gabinete entendia que a representação da oposição poderia ser assegurada caso, ao invés de concorrerem por toda a província, os candidatos a deputado disputassem a

[593] NABUCO DE ARAÚJO, José Tomás. *Relatório da Repartição dos Negócios da Justiça apresentado à Assembleia Geral Legislativa na 2ª Sessão da 9ª Legislatura.* Rio de Janeiro: Tipografia Paula Brito, 1854, p. 8.
[594] Idem, ibidem, p. 9.
[595] Idem, ibidem, p. 191 e 197.

eleição por distritos menores, os chamados *círculos*. Decidida a apuração nas próprias localidades, longe da capital provincial, seria mais difícil ao governo impor sua própria chapa. Aumentava assim a probabilidade de que a aristocracia rural elegesse os postulantes de sua predileção.[596] A negociação entre centro e periferia era uma característica de todo o processo de construção nacional, que nem sempre se resumia em pura e simples repressão. Por isso, o limitado alcance da reforma era compatível com o "momento monárquico". Além disso, na América Ibérica oitocentista, até o processo de construção do Estado carecia de credenciais liberais. Era o que sugeria o senador paulista José Antônio Pimenta Bueno, futuro visconde e marquês de São Vicente – um jurista que, das hostes liberais, aderira à Conciliação:

> É sem dúvida de primeira necessidade que as eleições sejam independentes, que sejam genuína e sincera expressão das opiniões e consciência dos votantes, que não sejam corrompidas pela influência indevida das autoridades que exercem poder ou jurisdição nos respectivos distritos que estão em contato com as influências legais, que podem com elas transigir, e por isso mesmo sacrificar também a administração da Justiça ou de qualquer serviço público. É além disso de mister que a Câmara dos Deputados, principal órgão do povo, seja independente, para ser fiel aos grandes interesses nacionais, e consequentemente, que não seja pela maior parte composta de empregados públicos, que por esse mesmo título são subordinados ao ministro, sujeitos a favores ou injustiças deste. É enfim conveniente que as eleições se harmonizem com os outros serviços públicos, que não prejudiquem o bom andamento deles, retirando os serventuários dos empregos que demandam muito a sua presença, e que não têm perfeita substituição. O bem-estar social não depende só de um ramo dos poderes públicos; se depende de boas leis, depende também de boa aplicação delas, da boa administração da justiça. A Câmara dos Deputados lucra com o concurso de todos os talentos notáveis, com as luzes proeminentes nas diversas classes das instituições sociais, das variadas leis do Estado, de seus princípios econômicos e administrativos, de suas diferentes necessidades e serviços.[597]

[596] Esta não era pessoalmente a opção de Nabuco de Araújo, ministro da Justiça, que preferia um meio-termo entre influência governamental e local, na forma de círculos de três deputados – era Paraná quem, inspirado pelo imperador, queria "a fisionomia fiel e exata do país no Parlamento". NABUCO. *Um Estadista do Império*, op. cit., p. 207.

[597] In: PINTO, Antônio Pereira (org.). *Reforma Eleitoral: Projetos oferecidos à consideração do corpo legislativo desde o ano de 1826 até o ano de 1874*. Brasília: Editora Universidade de Brasília, 1983, p. 221-222.

A mudança do sistema eleitoral mexia em um vespeiro, porque incluía o estabelecimento de incompatibilidades entre o exercício da magistratura e o do mandato parlamentar. A medida era originalmente liberal, e tendia a realizar o velho desejo da nobreza da terra de livrar-se dos desembargadores de que ela se queixava havia um século. Por parte dos conservadores, também havia o propósito de substituir o governo de magistrados do Antigo Regime por um governo de administradores à maneira napoleônica. Ocorre que a agenda de separação entre o Judiciário e o Executivo era atravancada pelos próprios juízes, que reclamavam dos baixos salários e defendiam acumulá-los com os de parlamentares para terem "subsistência decente". Lembrando da falta de energia do malogrado Paula Sousa, Paraná empenhou na aprovação do projeto todas as suas forças e chegou a ameaçar os recalcitrantes. Sua súbita morte, entretanto, o impediu de presidir às eleições sob nova lei. A tarefa recaiu sobre seu sucessor, o senador Luís Alves de Lima e Silva, marquês de Caxias (1803-1880), dócil às instruções do imperador no sentido de que, embora pudesse *influir*, o governo não deveria *interferir* nas eleições.[598] O resultado foi surpreendente: rompendo o círculo de ferro das chapas de candidatos pré-fabricados na Corte, as eleições de 1856 trouxeram para a Câmara vários desconhecidos, que compuseram um quinto da nova deputação. Alguns dos estreantes se destacariam nos anos vindouros como estrelas do Partido Liberal, como Tito Franco de Almeida, Francisco Otaviano de Almeida Rosa e Martinho Álvares da Silva Campos. A proporção de magistrados também foi reduzida de 39% para 26%.[599] Francisco Sales Torres Homem, autor do infame *Libelo do Povo*, foi eleito. Já tendo passado de radical a moderado, o futuro visconde de Inhomirim rejubilava-se com os resultados eleitorais. Tratava-se da era de ouro da monarquia, marcada pelo consenso político e progresso econômico:

> Os grandes princípios que nos dividiam, o princípio da ordem e o princípio da liberdade, cessaram suas lutas e descansam em mole paz [...]. Desde o momento em que uma Câmara dos Deputados conservadora alterou seus pontos fundamentais o sistema da lei de 3 de dezembro e operou a reforma eleitoral e parlamentar, desde esse momento apagaram-se as cores exclusivas e rivais das bandeiras dos partidos! As condições morais de sua existência como par-

[598] VIANNA. *D. Pedro I e D. Pedro II: acréscimos às suas biografias*, op. cit., p. 144-148.
[599] CARVALHO. *A construção da ordem*, op. cit., p. 96.

tidos desapareceram; o progressista ficou sem programa, e o conservador, que realizara essas reformas em nome do progresso, perdeu não só seu programa, como até seu nome, sem harmonia com o caráter da missão que acabara de desempenhar.[600]

4. A obra ideológica da conciliação (1): a redefinição dos contornos da sociedade e da administração

Redefinindo os contornos da sociedade embrionária: a *Consolidação das leis civis* de Teixeira de Freitas (1858). A Constituição do Império previra a elaboração, pela Assembleia Geral, de códigos legislativos, indispensáveis à criação, no plano jurídico, de uma sociedade nacional conforme os cânones da modernidade europeia. Os primeiros haviam sido o Código Criminal (1830) e o Código de Processo Criminal (1832). A lógica que orientara sua confecção havia sido aquela da "revolução oligárquica" iniciada pela Revolução de 1821, guiada pelo projeto de "monarquia democrática" inspirada no sul escravista dos Estados Unidos. Ela exigia uma operação dupla: primeiro, fortalecer a sociedade civil, composta pelos "cidadãos senhores" que pertenciam à antiga nobreza da terra, contra as veleidades autoritárias do Estado monárquico; em segundo lugar, reprimir, o tanto quanto possível, a insubordinação dos escravizados. O fracasso da primeira "revolução oligárquica", contudo, levou à reforma do Código de Processo Criminal. A Lei de 3 de dezembro de 1841, conforme a lógica da segunda "revolução monárquica", devolveu ao governo nacional os meios de reprimir não apenas as rebeliões escravas, mas as frondas produzidas pela nobreza da terra em seus pruridos de independência. Tanto no primeiro como no segundo caso, os legisladores brasileiros priorizaram a modernização jurídica dos meios repressivos, fosse dos excessos dos governantes contra os cidadãos ("revolução oligárquica"), fosse dos grandes senhores contra o príncipe ("revolução monárquica"). Quanto ao Código Civil, a situação era diferente. Se o Código Criminal visava a produzir ordem pública e era compatível com as exigências da "revolução monárquica", o Código Civil visava a regular uma sociedade nacional integrada por indivíduos que fossem cidadãos e produtores econômicos. Ela pressu-

[600] ANAIS da Câmara dos Deputados, sessão de 12 de junho de 1857.

punha, portanto, uma "revolução oligárquica" como aquela que, na França, antecedera a elaboração do Código napoleônico[601].

Por outro lado, embora o desenvolvimento político na América Ibérica independente exigisse que o seu "momento monárquico" (autoritário) viesse travestido de "oligárquico" (constitucional), isso não significava que as fórmulas liberais fossem puramente ornamentais. Elas legitimavam os governos do dia, e seu desfuncionamento costumava ser lamentado como vergonhosa demonstração do atraso nacional. Uma vez que o Estado não podia se construir como um fim em si, como na Europa setecentista, não era possível pensar em termos de rompimento com o liberalismo, mas somente de suspensão temporária ou adaptação. Já que o particularismo jamais chegava ao ponto de ruptura com o ideal civilizatório europeu, a "revolução monárquica" acabava pensada como um meio de alcançar de modo mais pronto o Estado de direito. Neste quadro, a transplantação para a periferia de instituições políticas e institutos jurídicos de países estrangeiros julgados modelares era um modo de obrigar a sociedade a se organizar conforme padrões de comportamento modernos.[602] Isso significa que, embora a primeira "revolução oligárquica" brasileira fosse largamente epidérmica frente à realidade da segunda "revolução monárquica" nas décadas de 1840 e 1850, os primeiros esforços de criação de um Código Civil não precisariam aguardar que a sociedade brasileira amadurecesse ao mesmo nível da francesa. Bastava a sensação difusa de que a sociedade nacional dava seus primeiros passos e que um Código Civil a faria andar mais rápido. Se um Código Criminal respondia à necessidade de construção de um Estado moderno, um Código Civil correspondia, por sua vez, à exigência de fabricação de uma sociedade moderna. Como sempre, a modernização jurídica recebeu empuxo externo. A expansão internacional do capitalismo britânico, francês e estadunidense, a partir da década de 1850, requeria em toda parte a existência de regras de organização jurídica semelhantes para se efetivar com segurança. E isso era particularmente verdadeiro em matérias referentes a obrigações, contratos, direitos reais e sucessões.

---

[601] Esta foi aliás uma das razões pelas quais o Código Civil brasileiro só veio a lume em 1916, no apogeu do seu "momento oligárquico".

[602] RAMOS, Alberto Guerreiro. *Administração Pública e Estratégia do Desenvolvimento.* Rio de Janeiro: FGV, 1966, p. 389-390.

As condições que poderiam viabilizar a confecção de um Código Civil no Brasil não haviam se reunido durante a primeira "revolução oligárquica". A Revolução liberal que pusera fim ao Antigo Regime e a independência oficial haviam gerado uma situação crônica de conflitos armados que contribuíra para a longa crise econômica das décadas de 1820 e 1830. A sociedade nacional ainda não passava, em sua maior parte, de um condomínio oligárquico formado pela nobreza da terra de cada província. À época da Conciliação, todavia, já havia um princípio de transformação das estruturas socioeconômicas para além do ponto em que elas se encontravam no final do reinado de dom João VI. Processo que apontava, em um futuro não muito distante, para a emergência de uma "nova sociedade". Para tanto, contribuíram quatro fatores: primeiro, o *boom* cafeeiro na província do Rio de Janeiro, que criou condições materiais de superação da crise econômica; segundo, a repressão definitiva às frondas da nobreza da terra contra a segunda "revolução monárquica"; terceiro, a capacidade de financiamento tributário e fiscal do Estado, depois que cessou o sistema de tarifas preferenciais gozado pela Grã-Bretanha; por fim, as reformas estruturais promovidas pelo gabinete Monte Alegre, que extinguiram o tráfico de escravizados, modernizaram as relações de mercado pelo Código Comercial e pela lei de terras, e lançaram as bases do sistema bancário nacional. O arremate da segunda "revolução monárquica", seguida do fim da polarização partidária, o início da industrialização e a afluência de capitais estrangeiros, favorecia um embrião de nova sociedade, composta de indivíduos mais orientados conforme o figurino burguês ou capitalista, do que pelo ideal aristocrático do passado. Esse princípio de transformação socioeconômica exigia um redesenho jurídico no campo civil, administrativo e constitucional. Esse embrião de "nova sociedade" podia não render ainda um Código Civil, mas já comportava uma consolidação das leis civis.

Em 1855, o jurista baiano Augusto Teixeira de Freitas (1816-1883) recebeu do ministro da Justiça de Paraná, Nabuco de Araújo, a incumbência de consolidar as leis civis como passo preliminar à elaboração do Código. Em sua longa introdução à *Consolidação das leis civis* (1858), Teixeira argumentava que as antigas Ordenações já haviam se tornado insuficientes para o regramento das relações sociais desde a época da "revolução monárquica" pombalina. Mesmo os instrumentos criados para redimir aqueles males, como a Lei da Boa Razão (1769), haviam se tornado inconvenientes em uma época na qual o direito, cada vez mais positivo e nacional, já dispensava princípios universais de vocação jusnaturalista ou o recurso ao direito comparado das "nações cultas" para se legitimar. Teixeira de Freitas também lembrava que o problema não era só jurídico: "A legislação civil é sempre dominada pela organização política. Uma legislação moldada para uma monarquia absoluta, sob o predomínio de outras ideias, deve em muitos casos repugnar às condições do sistema representativo".[603] Cumpria assim ao civilista baiano fazer o levantamento e a classificação de toda a legislação civil em vigor e consolidá-la de forma clara e sistemática, redigindo notas, citando as leis e declarando os costumes estabelecidos. A deliberada omissão da legislação referente aos escravizados revelava seu compromisso com o ideal de uma sociedade pautada apenas pelo trabalho livre. O horizonte de expectativas cada vez mais dilatado, conforme marchava o século XIX, tornava menos admissível negociar com aquilo que, embora ainda presente no mundo social, estava identificado com uma herança maldita, cujo desaparecimento se esperava para breve. Não valia a pena, argumentava o jurista baiano, comprometer seu trabalho com "disposições vergonhosas, que não podem servir para a posteridade".[604]

Segundo Teixeira, o propósito principal da Consolidação era o de assegurar definitivamente o direito de propriedade pela distinção entre direitos pessoais e reais. Fundamental lhe parecia resolver o problema da falta de crédito, mal de que não podia padecer uma sociedade atrasada como a brasileira, que carecia do máximo impulso econômico. Era aqui que Teixeira de Freitas se revelava mais afinado com o espírito da Conciliação instilado por seu padrinho político, Nabuco de Araújo, que se comprometera com um projeto de reforma hipotecária. Uma vez resolvido o problema do registro da propriedade rural pela lei de terras (1850), Nabuco pretendia que os capitais fixos dos proprietários pudessem se transformar em garantias formais de crédito, o que lhes permitiria levantar empréstimos bancários e reinvestir em suas atividades produtivas:

[603] FREITAS, Augusto Teixeira. "Introdução". In: *Legislação do Brasil. Consolidação das leis civis. Publicação autorizada pelo governo.* 3ª edição mais aumentada. Rio de Janeiro: B. L. Garnier, Livreiro-editor do Instituto Histórico, 1876, p. XXXIII.
[604] Idem, ibidem, p. XXXVII.

> A civilização moderna, que tanto se distingue por seus progressos na carreira dos melhoramentos materiais, alimenta-se com a livre circulação dos capitais, reclama o movimento constante de toda a sorte de valores. E quais os fenômenos, que se manifestam na realização desse destino providencial? As transações distribuem os instrumentos da produção por todos os ramos de atividade, os capitais aproximam-se a todas as necessidades, para que tenham uma direção mais fecunda; e o poderoso motor dessa rotação contínua é o *crédito*. Com seu impulso, os capitais fixos transformam-se em capitais rolantes, e o comércio e a indústria, reproduzem cotidianamente suas forças.[605]

Depois de pronta e aprovada, a *Consolidação* passou a funcionar, na prática, como o Código Civil provisório do Brasil. Nem por concluir seu monumento jurídico "oligárquico", Teixeira de Freitas deixou, todavia, de saudar a iniciativa do imperador, empregando expressões laudatórias típicas do absolutismo esclarecido: "Que maior bem se pode fazer a um povo, quando se lhe dá leis perfeitas e justas? Também não há fato mais glorioso, que possa imortalizar a memória de um *monarca ilustrado*".[606]

Redefinindo os contornos da administração pública: as *Bases para a melhor organização das províncias* do visconde do Uruguai (1857). O segundo gabinete da Conciliação, chefiado pelo marquês de Olinda, incumbira Paulino José Soares de Sousa, agora visconde do Uruguai, de elaborar uma reforma das instituições provinciais que aperfeiçoasse o "projeto imperial" baseado no sistema napoleônico. O assunto era de interesse de Uruguai na medida em que, desde a lei que restabelecera o Conselho de Estado (1841), ele e Vasconcelos haviam-no vislumbrado também como instância suprema de Justiça Administrativa a ser adequadamente desenvolvida, do ponto de vista de sua organização. Não fora, porém, o que acontecera: o sistema brasileiro permanecera "abstruso e deficiente".[607] Uruguai lamentava que no Brasil "todo o administrativo é subordinado ao político, e que cada mudança de ministérios e presidentes opera uma completa transformação não só no que é de pura

[605] Idem, ibidem, p. CLXXIII.

[606] Idem, ibidem, p. CCXXI.

[607] URUGUAI; Paulino José Soares de Sousa, visconde do. "Bases para melhor organização das administrações provinciais". *In*: Marquês de Olinda. *Relatório apresentado à Assembleia Geral Legislativa da 2ª sessão da 10ª legislatura pelo ministro e secretário d'Estado dos negócios do Império*. Rio de Janeiro: Tipografia Universal de Laemmert, 1858, p. 2.

administração, mas ainda na justiça administrativa".[608] Também lhe parecia absurda a uniformidade em províncias tão desproporcionais e discrepantes em território, população e renda. Ao invés de se criar um sistema administrativo novo, como fizera Napoleão, a classe política brasileira se contentara com as velhas divisões das capitanias do período colonial. Eram essas dificuldades a ser enfrentadas, quando se tratava de pensar o aperfeiçoamento da administração provincial. As províncias careciam de conselhos próprios que, à imagem do Conselho de Estado, reduzissem o arbítrio do governador nomeado, pela criação de uma carreira específica de agente administrativo. O poder público poderia assim se ramificar para os pontos mais distantes do território, garantindo a liberdade dos pequenos contra a opressão dos grandes.

No relatório apresentado ao marquês de Olinda, Uruguai defendia sua proposta de introdução de um sistema administrativo marcado pelo unitarismo e por uma justiça especial destinada a julgar as causas entre os particulares e o Estado, contra as objeções dos liberais que, tendo por referência o ideal de "monarquia democrática", acusavam o projeto de inconstitucional. Como os republicanos do sul dos Estados Unidos, os opositores faziam uma interpretação "provincialista" da Carta de 1824, alegando que, tendo ela se restringido a prever governadores nomeados, câmaras municipais e assembleias legislativas, nada mais poderia ser criado pelo governo nacional. Já Uruguai adotava o ponto de vista do projeto imperial e uma interpretação "unionista" da Constituição. Ela estava baseada na hermenêutica positivista dos administrativistas, segundo a qual cumpria ao governo regulamentar as disposições constitucionais por meio de decretos e leis complementares. Ele alegava que, ao limitar-se a fornecer os lineamentos gerais do governo provincial, a Carta não proibira "a criação de outras autoridades administrativas, e a sua organização, nem outras divisões administrativas".[609] O mesmo acontecia nas monarquias latinas, cujas constituições também não falavam em administração e nem por isso deixaram de desenvolvê-la. À imagem da francesa, elas haviam criado um sistema que permitia ao governo nacional agir através de técnicas pautadas pela eficiência e pelo mérito, em todo o território do país. Portugal era um caso emblemático, porque sua Constituição era idêntica à brasileira e desde 1834, por obra de

[608] Idem, ibidem, p. 2.
[609] Idem, ibidem, p. 3.

Mouzinho da Silveira, se organizara um sistema administrativo razoavelmente aperfeiçoado. Enquanto isso, ele não passava, no Brasil, de "um corpo cuja circulação não chega às suas extremidades".[610] Na Corte, a administração pura ainda estava misturada com a justiça comum e a administrativa, ao passo que, nas províncias e nos municípios, ela ainda não existia. A completa centralização das tarefas administrativas provinciais nas mãos do governador fazia com que "tudo quanto é administrativo seja entre nós arbitrário, moroso e precário".[611]

A alternativa federalista como forma de Estado, sugerida pelo imaginário americanista dos liberais, parecia a Uruguai inteiramente descabida no Brasil. Como Caravelas, o visconde acreditava que ela era subproduto de uma matriz civilizatória estranha. A descentralização política só funcionava em países anglo-saxões cuja cultura política havia sido modelada de baixo para cima pelo direito costumeiro germânico, e não de cima para baixo pelo direito imperial romano, como havia sido o caso dos países latinos. Nestes, *federalismo* era sinônimo de *feudalismo,* e a liberdade da população local só poderia ser obtida, se arrancada por meio de uma centralização dos barões que a oprimiam. Nos países latinos, como Portugal, Espanha, Itália e Bélgica, o problema da liberdade civil precedia o da liberdade política: "Preocupamo-nos com novas garantias políticas, com liberdades vagas, e que somente se podem tornar reais pelo jogo e resultado de uma administração bem regulada e protetora de cada um, e raras são as vozes que se levantam para reclamar garantias e melhoramentos na nossa organização meramente administrativa".[612] Era por isso que, em todas aquelas monarquias, o sistema se impusera. Daí sua crítica culturalista ao imaginário anglo-saxão: "O *self-government* não é um talismã de quem possa usar assim quem queira. O *self-government* é o hábito, a educação, o costume. Está na tradição, na raça, e quando faltam essas condições, não pode ser estabelecido por leis".[613] Uruguai aconselhava a redivisão das províncias como meio de reduzir as disparidades de população, território e renda; a criação de conselhos administrativos que auxiliassem os governadores nomeados, facilitando a gestão pública; e, por fim, a carreira de agentes

[610] Idem, ibidem, p. 6.
[611] Idem, ibidem, p. 5.
[612] Idem, ibidem, p. 10.
[613] Idem, ibidem, p. 6.

administrativos, para atuação nos municípios. Só eles poderiam garantir, pela expansão da capilaridade do Estado, os direitos constitucionais da população contra a sanha feudal dos grandes mandões do interior. Como se percebe, se Teixeira de Freitas começava "oligárquico" para terminar "monárquico", Uruguai percorria o caminho inverso: começava "monárquico" para terminar "oligárquico". Eram as ambiguidades da Conciliação.

5. A obra ideológica da Conciliação (2): conservadorismo bem temperado e apologia do poder pessoal do imperador

O constitucionalismo da Conciliação: *Direito público e análise da Constituição do Império* de José Antônio Pimenta Bueno (1857). A mais elevada expressão do ideário da Conciliação foi *Direito público brasileiro e análise da Constituição do Império* (1857), do referido jurista e senador paulista José Antônio Pimenta Bueno, futuro visconde e marquês de São Vicente. Liberal quando ministro da Justiça do gabinete Alves Branco, Pimenta Bueno se aproximara dos conservadores e, caindo nas boas graças do imperador, de quem se tornara uma espécie de jurista favorito, foi nomeado senador. Em *Direito público*, Pimenta interpretava a Constituição conforme o conservadorismo moderado da Conciliação: "Fomos sempre fiéis aos dois princípios que nos dominam, ordem e liberdade".[614]

Do ponto de vista da organização política, Pimenta era um verdadeiro *saquarema*. Ele encampava, como os *regressistas*, o projeto do grande e poderoso império herdado dos *luso-brasileiros* e, com ele, a crença da futura grandeza do Brasil. Ele reconhecia a soberania da nação, mas exercida apenas através de seus delegados reconhecidos: a Coroa e o Parlamento. A nação escolhera o regime monárquico, símbolo da unidade e da força nacional, como garantia da estabilidade e da ordem. Em matéria eclesiástica, ele era um regalista, para quem a Igreja era um braço auxiliar da administração, destinado a manter a população disciplinada e servir de cartório para os atos da vida civil. Do ponto de vista do modelo de civilização, Pimenta era um francófilo completo: admirava a monarquia constitucional de Guizot e o sistema administrativo criado pelo "gênio de

[614] SÃO VICENTE, José Antônio Pimenta Bueno, Marquês de. *José Antônio Pimenta Bueno, Marquês de São Vicente*. Organização e introdução de Eduardo Kugelmas. São Paulo: Editora 34, 2002, p. 59.

Napoleão, que via tudo em grande, e em toda a extensão".[615] Era um apaixonado pela simetria e uniformidade em matéria de Estado, defendendo sempre replicar as instituições nacionais, em miniatura, nas províncias. Suas posições em questões administrativas e internacionais coincidiam frequentemente com as do visconde de Uruguai, chefe intelectual do Partido Conservador. Advogava a maior autonomia administrativa, mas não admitia a descentralização política. As províncias não eram quase-estados, como pretendiam os liberais, mas unidades administrativas criadas para facilitar a ação do governo nacional. Pimenta desejava retalhá-las em departamentos de idêntico tamanho, a fim de acabar com os regionalismos. Ele também desejava uma Justiça Administrativa, que garantisse os cidadãos contra o arbítrio da administração, sem prejuízo do interesse público. Em tudo isso, o futuro marquês de São Vicente era um perfeito defensor da ordem e da autoridade.

Mas, comprometido com o ideal conciliador, Pimenta Bueno também queria ser um homem do progresso e da liberdade. Tais aspirações transpareciam nas objeções aos excessos "absolutistas" do modelo regressista de governabilidade criado por Vasconcelos – especialmente na hipertrofia do Executivo que, em detrimento do Legislativo e do Judiciário, violava o princípio da independência e igualdade dos poderes. O futuro marquês criticava as delegações de poderes feitas pela Assembleia Geral, autorizando os ministros a legislarem e julgarem sob a supervisão do Conselho de Estado. Ele se queixava das violências do recrutamento forçado; da ineficiência do controle de constitucionalidade das leis provinciais; e, como já se viu, das bancadas de deputados funcionários que, ao invés de representarem o país, representavam a vontade do governo. Pimenta Bueno enfatizava a necessidade de preparar o fim da escravidão, promovendo a imigração estrangeira e o assentamento dos colonos em terras públicas; a difusão da educação primária como meio de incutir na mocidade os valores cívicos sem os quais a nação não poderia prosperar; defendia a moralização dos processos eleitorais e a independência dos juízes face à política. Para ser efetiva, a ordem pública deveria ser compatível com o princípio da separação de poderes: "A Constituição por si só é pouco mais do que um símbolo de esperanças lisonjeiras. É o frontispício

[615] Idem. *Direito público brasileiro e análise da Constituição do Império.* Rio de Janeiro: Ministério da Justiça, 1958, p. 284 e 296.

grandioso do edifício representativo, que para não ficar só em simples decoração isolada demanda suas colunas de segurança, seus espaços interiores, que resguardem os direitos públicos e individuais, que sirvam de oficinas à prosperidade social".[616] O governo precisava dar o exemplo, reformando-se para observar mais fielmente os princípios constitucionais e, desse modo, tornar o sistema representativo mais verdadeiro. Era a mitigação do discurso autoritário típico das "revoluções monárquicas", na forma de um conservadorismo bem temperado:

> A demanda atual das sociedades civilizadas não é imaginária ou ilusória, é real, é a segurança do bem-estar que gozam e o progresso para uma maior prosperidade, é a ordem e o melhoramento; não pode, pois, ser substituída por uma idealidade. Essa ordem só se mantém pelo respeito à lei, não só por parte dos cidadãos, como também pelo exemplo dos poderes públicos. O progresso, os melhoramentos, não podem vigorar sem leis regulamentares, sem instituições que secundem o desenvolvimento e exercício livre da inteligência, dos capitais e do trabalho do homem.[617]

Paradoxos da modernização periférica: o reformismo ilustrado a serviço da "revolução oligárquica". Nesse ponto, porém, emergia um paradoxo: Pimenta desejava uma sociedade civil fortalecida para melhorar a qualidade de seu governo representativo e atender, destarte, aos cânones do Estado de direito europeu. Mas como isso seria possível, se essa sociedade ainda era incipiente e desorganizada, e os partidos se comportavam como facções? Em um quadro como esse, parecia ao futuro marquês natural socorrer-se do próprio Estado que, sendo o que havia de menos desorganizado no país, era sua única fonte de impulsão. Ele recuperava a lógica do reformismo ilustrado para defender que o Estado fosse o primeiro a fomentar, pelo progresso econômico e pela difusão das Luzes, o ambiente necessário para que a sociedade brasileira pudesse no futuro ingressar em um "momento oligárquico":

> A primeira das garantias de um povo é a sua civilização elevada, a consciência de seus direitos, a energia de sua inteligência; enquanto, porém, ela não

[616] Idem. *José Antônio Pimenta Bueno, Marquês de São Vicente.* Organização e introdução de Eduardo Kugelmas. São Paulo: Editora 34, 2002, p. 105.
[617] Idem, ibidem, p. 105.

> se eleva à altura precisa, quase tudo depende do governo; e força é também confessar que nenhum governo pode marchar, e desempenhar bem o seu fim, enquanto não se achar convenientemente organizado para sua missão. Se ele, que tem à sua disposição a iniciativa, não tiver energia e interesse para se aperfeiçoar a si mesmo, a sua própria organização, o seu próprio poder, o que se poderá esperar quanto ao mais?[618]

O paradoxo da modernização periférica exigia assim que, para criar uma sociedade moderna, fosse preciso fortalecer o Estado, a fim de dispor de meios para constituí-la. Mas aqui emergia um segundo problema: quem poderia garantir que o Estado fortalecido agisse dentro dos justos limites? O dilema era transposto do cenário absolutista da França de Voltaire para aquele do constitucionalismo britânico de Bolingbroke: como sustentar uma república na qual não havia suficientes cidadãos virtuosos? A solução só podia ser a mesma do autor de *A ideia de um rei patriota*: apostar nas virtualidades do príncipe, único repúblico de uma comunidade política carente de cidadania:

> Colocada a Coroa sem rivais acima de todos os interesses do momento, animada de seu princípio de perpetuidade, superior a todos os partidos e paixões, não podendo ter verdadeira glória e força senão na felicidade e vigor da sociedade, senão na estabilidade de suas instituições, na prosperidade nacional, quem deverá temer e desviar mais do que ela qualquer tentativa ou lei perigosa? Os partidos se sucedem, têm épocas de predomínio, de injustiças, de intolerâncias, falseiam as liberdades de seus rivais, tentam excluí-los de seus direitos constitucionais, e desde então é necessário que a onipotência legislativa tenha um corretivo dentro em si mesma.[619]

Era o paradoxo da modernização periférica em seu limite: justamente porque se percebia comprometido com a conciliação entre a "autoridade" e o "progresso", o futuro São Vicente justificava a centralidade do príncipe de um modo mais absoluto que qualquer *saquarema*, justapondo em sua pessoa as funções de titular do Poder Moderador e de chefe do Poder Executivo. Naquela primeira qualidade, a Coroa exercia, por delegação suprema da nação, o papel de guardiã da Constituição, sendo "superior a todas as paixões, a todos os interesses, a toda rivalidade". O Poder Moderador era definido como "a

[618] Idem, ibidem, p. 105.
[619] Idem, ibidem, p. 206.

suprema inspeção da nação, o alto direito que ela tem, e que não pode exercer por si mesma, de examinar como os diversos poderes políticos, que ela criou e confiou aos seus mandatários, são exercidos". Invertendo a noção original do poder régio como essencialmente passivo, Pimenta o consagrava como "o órgão político mais ativo, mais influente de todas as instituições fundamentais da nação".[620] Ele contrariava todos os "progressistas" que, interpretando o sistema representativo como sinônimo de parlamentar, defendiam que o príncipe reinasse sem governar. Ao descrever o papel do príncipe no sistema político, Pimenta não tinha diante de si o rei constitucional de Benjamin Constant, mas o Imperador Napoleão Bonaparte que, através do direito administrativo, compatibilizara o absolutismo ilustrado com o constitucionalismo. Para ele, a Coroa era "o centro diretor; a alta inspeção do poder Executivo", cujo papel era o de tutelar os ministros para manter o primado "republicano" da Constituição:

> O poder imperial tem a missão de influir muito sobre todos os grandes interesses do Estado, como chefe que é do Executivo. Na dependência de sua vigilância permanente estão as instituições, os progressos da civilização, as necessidades sociais, o bem-estar geral. É a alta direção, o espírito elevado, a apreciação da política e da administração superior, enfim o pensamento de impulsão que prefixa a harmonia, que tudo antevê, que previne a vigilância nacional. É o pensamento com que Napoleão I organizava fortemente a França.[621]

Essa necessidade de preservar a plena liberdade do príncipe na condução dos negócios públicos levou Pimenta Bueno a reduzir a praticamente nada o papel do Presidente do Conselho de Ministros, criado formalmente em 1847. Segundo ele, ao primeiro-ministro caberia tão somente organizar o gabinete, zelar por sua unidade, dirigir seus trabalhos e discussões e desempatar as votações. O chefe do Poder Executivo não era ele, mas o monarca. Os ministros nem deveriam, por isso, obedecer ao presidente do conselho, ficando livres para manifestar suas divergências com o imperador, a fim de não o privar "de meios de ilustração, e o país, do valor de diversas inteligências, subordinando os seus interesses porventura a uma só, e reduzindo os outros ministros a meros subsecretários de Estado".[622] Em outras palavras, o papel do primeiro-

[620] Idem, ibidem, p. 280.

[621] Idem, ibidem, p. 288.

[622] Idem. *Direito público brasileiro e análise da Constituição do Império.* Rio de Janeiro: Ministério da

-ministro não era o de substituir o imperador no exercício do governo, como supunham os parlamentaristas, mas – conforme a lógica do modelo regressista de governabilidade –, simplesmente servir de representante do poder imperial junto ao Parlamento. O poder do príncipe deveria ser fortalecido, e não enfraquecido; ele precisava dispor de autoridade para garantir a funcionalidade do governo constitucional e representativo no contexto de uma sociedade fraca e desarticulada, dominada por facções. A esse respeito, Pimenta Bueno não lançava mão de eufemismo: "A Coroa deve possuir todo o poder que é compatível com as liberdades públicas: monarquia fraca não é monarquia".[623] Sua obra era a perfeita expressão intelectual do periférico "momento monárquico" brasileiro que, a pretexto de aperfeiçoar o sistema representativo, elevava o poder do príncipe ao nível de uma verdadeira apoteose.

A historiografia política da Conciliação (1): a *Galeria dos Brasileiros Ilustres* de Sébastien Auguste Sisson (1858). Aos olhos de todos, o Estado brasileiro se consolidara e progredia graças à estabilidade dos governos de coalizão avalizados pelo imperador. Nada mais natural que, a par dos primeiros clássicos da cultura nacional – como *O Guarani* (1857) de José de Alencar, na literatura, e dos *Fatos do Espírito Humano* (1858) de Gonçalves de Magalhães, na filosofia – surgissem outros de caráter histórico, voltados para conferir um "passado" à nacionalidade. Devido à dispersão de documentos e o pouco desenvolvimento do ofício historiográfico, todavia, a empreitada não era fácil. Justiniano da Rocha notava o desinteresse do brasileiro pela história e a falta de tradições fortes, que dificultavam a tarefa de cimentar uma memória nacional. Atribuía parte do problema ao fato de serem as culturas das novas nações americanas transplantes das metropolitanas. Predominava também no Novo Mundo a maior valorização do futuro que do passado: "O ontem da sociedade brasileira está tão longe do hoje dela que já, dos que ainda se lembram dos grandes cidadãos que presidiram ao nosso nascimento político, aos primeiros esforços de nossa organização, desses mesmos que ainda disso se lembram, poucos o apreciam devidamente, poucos se colocam nas circunstâncias em que se eles acharam, poucos refletem as dificuldades com que lutaram"[624]. Daí a urgência

Justiça, 1958, p. 260.

[623] Idem, ibidem, p. 206.

[624] ROCHA, Justiniano José. "Marquês de Baependi". *In*: Sébastian Auguste Sisson. *Galeria dos Brasileiros Ilustres*. Brasília, Senado Federal, 1999, p. 233.

na produção de uma memória coletiva capaz de consolidar o projeto brasileiro materializado na Constituição de 1824. Ela pressupunha selecionar os "brasileiros ilustres" para a confecção de um panteão cívico e a de uma *história da civilização* que concedesse à nacionalidade um lugar na História Universal. O IHGB dedicava-se a ambas as missões. Conforme lembrado por um dos membros da diretoria, Joaquim Manuel de Macedo, cabia à instituição pagar "o generoso tributo devido aos varões ilustres que a morte vai roubando ao país. Coligindo e publicando as biografias de cada um deles, vai recomendando os nomes e feitos dos beneméritos ao tribunal da posteridade, que os deve julgar em última instância, marcando o lugar que lhes compete na galeria da história"[625]. Entre os brasileiros ilustres selecionados destacavam-se Azeredo Coutinho, Hipólito da Costa e o visconde de Cairu, irmanados por sua cultura e fidelidade a um projeto de Brasil unido sob a monarquia.

Embora Pereira da Silva produzisse biografias mais dilatadas que as da revista do IHGB em seu *Plutarco brasileiro* (1847), o exemplar supremo do gênero historiográfico só viria a lume sob a Conciliação. Organizada pelo desenhista francês Sébastien Auguste Sisson, a *Galeria dos brasileiros ilustres* (1859) trazia quatro inovações. Em primeiro lugar, cerca de cem biografias redigidas por autores como Justiniano, Porto Alegre e José de Alencar. Segundo, uma litografia de cada personagem, novidade tecnológica que permitia ao leitor experimentar mais intensamente a sensação de reviver o passado[626]. Terceiro, um critério político de seleção dos biografados, baseado na relevância de sua atuação desde a independência, que dispensava mergulhos nos tempos coloniais. Como última novidade, relacionada ao "modernismo" da anterior, a *Galeria* mostrava não só que o presente estava repleto de grandes homens, mas que eles provavelmente nunca teriam sido tão numerosos. Assim, ao lado dos celebrados falecidos da geração de 1790, como Cairu, Bonifácio, Caravelas, Queluz e Maricá, surgiam nos dois volumes as biografias dos próprios protagonistas da Conciliação acompanhadas das respectivas litogravuras: o imperador dom Pedro II, os marqueses do Paraná, Olinda e Caxias; o visconde de Abaeté, o conselheiro Paranhos e, claro, o visconde de

[625] MACEDO, Joaquim Manuel de. "Discurso do orador". *Revista do Instituto Histórico e Geográfico Brasileiro*. Tomo XXII. Rio de Janeiro, 1859, p. 706.

[626] ENDERS, Armelle. *Os vultos da Nação: Fábrica de heróis e formação dos brasileiros*. Rio de Janeiro, FGV, 2014, p. 177.

Mauá. Recebiam idêntico destaque os responsáveis pela segunda "revolução monárquica": Bernardo de Vasconcelos, Eusébio de Queirós e os viscondes de Monte Alegre, Uruguai e Itaboraí. Eram, todos eles, "os contemporâneos". A *Galeria dos brasileiros ilustres* refletia a convicção então generalizada de que a Conciliação fosse uma espécie de "fim da história" ou apoteose da civilização brasileira que, depois de vencer todos os desafios de construção nacional, se abria agora para a indústria, a navegação a vapor, a iluminação a gás, o telégrafo, o bonde e a estrada de ferro. A geração de estadistas brasileiros posterior ao Regresso representava assim, segundo a *Galeria*, "o laço, o anel, a cadeia que prende duas épocas da história do Brasil, o passado, época de lutas tremendas, e de organização após a vitória; e a atualidade, período de progresso e civilização"[627].

A historiografia política da Conciliação (2): a *História Geral do Brasil* de Varnhagen (1857). Mas o Brasil não poderia gozar dos foros de nacionalidade civilizada enquanto não contasse com uma história escrita por brasileiros, que a permitisse figurar na História Universal. Para justificar a independência sob o signo da monarquia, em 1826 dom Pedro I incumbira Cairu de escrever uma história do Império. O visconde logo planejou uma história geral de dez volumes, declarando que "a importância de uma História Geral de qualquer Estado independente é reconhecida em todo o país culto"[628]. Do ponto de vista ideológico, a interpretação da Independência contida na *História dos principais sucessos políticos do Império do Brasil* (1830) refletia o prisma dos realistas: a história brasileira seria uma continuidade da portuguesa; a independência se devia à serenidade paternal de dom João e ao heroísmo de dom Pedro; e o constitucionalismo moderado assegurara o caráter modelar da transição para o governo representativo: "A grande obra do estabelecimento do primeiro Império constitucional na América austral será o exemplar padrão de semelhantes estabelecimentos políticos no Novo Mundo"[629]. Mas o intento de uma história geral fracassou. Não só o visconde não conseguiu lidar com as dificuldades da nova concepção filosófica de história, como ele sofreu no

[627] SISSON. *Galeria dos brasileiros ilustres*, op. cit. Vol. 1, p. 15.

[628] CAIRU, José da Silva Lisboa, visconde de. *História dos principais sucessos políticos do Império do Brasil.* Parte I. Rio de Janeiro, Tipografia Imperial e Nacional, 1826, p. 4.

[629] Idem. *História dos principais sucessos políticos do Império do Brasil.* Parte X, seção III. Rio de Janeiro, Tipografia Imperial e Nacional, 1830, p. 58.

Senado a oposição liberal chefiada por Vergueiro, que lhe negava imparcialidade para redigir uma história do Brasil sob o mecenato da Coroa[630]. Com a fundação do IHGB (1838), a necessidade de uma história geral voltou à agenda em melhores condições: o instituto tinha composição suprapartidária e não pertencia à máquina do Estado. Tentava se distanciar da luta política para produzir uma história mais disciplinar que, validada por rigoroso método historiográfico, provasse o padrão de civilização da jovem nacionalidade e legitimasse sua independência[631]. Não faltaram tentativas. Em 1843, Abreu e Lima publicou um *Compêndio da História do Brasil*, compilação de obras estrangeiras desancada como plágio pela comissão designada pelo IHGB[632]. No ano seguinte, von Martius publicou uma memória sobre como se deveria escrever a história do Brasil. Embora premiado pelo instituto, o brasilianista declinou do convite para escrevê-la[633]. Foi preciso esperar o "momento monárquico" para o desejado monumento historiográfico, que veio afinal com a *História Geral do Brasil* (1854-1857) de Francisco Adolfo de Varnhagen.

Pesquisador de arquivos da América e da Europa, o autor do *Memorial orgânico* possuía um rigor e uma erudição sem precedentes no Brasil. Seu historismo – espécie de historicismo romântico e erudito, inspirado nas regras de Leopold von Ranke – privilegiava a "hermenêutica em vez da busca de leis naturais, investigação empírica em lugar de generalizações filosóficas, domínio de técnicas de análise documental e não observação ou experimentação inspiradas na física ou na biologia"[634]. Na esteira de Cairu, Varnhagen considerava a história de uma nação o padrão de sua cultura que lhe dava lugar na História Universal. Ela deveria orientar o estadista que desejasse "governar com prudência e empreender reformas de boa fé"[635]. Do ponto de vista ideológico, a *História* era atravessada pelo mesmo conservadorismo geopolítico

[630] ARAUJO, Valdei Lopes de. "Historiografia, nação e os regimes de autonomia da vida letrada no Império do Brasil". Varia História, Belo Horizonte, vol. 31, nº 56, pp. 377-378.

[631] Idem, ibidem, p. 393. GUIMARÃES. *Debaixo da imediata proteção imperial*, op. cit., p. 83.

[632] CHACON. *Abreu e Lima: general de Bolívar*, op. cit., pp. 160-163.

[633] DIEHL, Astor Antônio. *A cultura historiográfica brasileira: do IHGB aos anos 1930*. Universidade de Paso Fundo, 1998, p. 34.
GUIMARAES. *Debaixo da imediata proteção imperial*, op. cit., pp. 132-134.

[634] WEHLING. *Estado, História e Memória*, op. cit., p. 45.

[635] VARNHAGEN, Francisco Adolfo de. *História geral do Brasil*. Tomo II. Rio de Janeiro, Irmãos Laemmert, 1857, pp. 315-316.

do *Memorial*, tributário do absolutismo lusófilo de Azeredo Coutinho[636]. O fim da política era elevar o nível de civilização do povo. Sua pedra angular era a religião, criadora do embrião de sociabilidade pela hierarquia e pelos bons costumes: "A observância da religião e o poder das boas leis podem melhorar os homens e as gerações; e são efetivamente quem os melhora para Deus e para a sociedade"[637]. Embora progressos do trabalho e da indústria proporcionassem ao homem "os maiores cômodos da vida", jamais se deveria descuidar da "observância da religião que o beneficia moralmente"[638]. Mas o conceito de civilização de Varnhagen não era tributária dos ícones do Iluminismo francês, por ele criticados por falácias como o mito do bom selvagem (Rousseau) e pela promoção da subversão da autoridade religiosa (Voltaire) e do enfraquecimento da monarquia (Montesquieu). Para descrever a passagem do estádio de selvageria à civilização, Varnhagen se inspirava no estado de natureza descrito por Hobbes, de guerra de todos contra todos. Guiado pela razão de Estado, concluía pela inevitabilidade da violência para subordinar os recalcitrantes e soldar a solidariedade nacional pela experiência da injustiça e da dor:

> O estudo profundo da barbárie humana, em todos os países, prova que, sem os vínculos das leis e da religião, o triste mortal propende tanto à ferocidade, que quase se metamorfoseia em fera. As leis a que o homem quis voluntariamente sujeitar-se, depois de mui tristes sofrimentos [...], não têm outro fim senão fazê-lo mais livre e mais feliz.[639]

A historicização do esquema de Hobbes relativo à passagem do estado de natureza para o civil justificava a imposição da cultura europeia e cristã aos indígenas. Extensão da europeia, a história da civilização brasileira só poderia ser aquela da ocupação do território pelo português e seus progressos: "Se o elemento europeu é o que constitui a nacionalidade atual, e com mais razão

[636] Varnhagen invocava a autoridade de Azeredo Coutinho, o mais conservador dos reformistas ilustrados, para defender a tese de que "a escravidão e a subordinação são o primeiro passo para a civilização das nações". (Idem, ibidem, p. XXI). O clérigo lhe parecia superior inclusive a Cairu "em talentos e na variedade dos conhecimentos; pois o bispo ostenta em suas obras profundas noções, não só de direito de governo e de economia política, como de várias ciências, incluindo as mecânicas. [...]. Pugnou o bispo em seus vários escritos pela [...] conservação da escravatura, como um mal indispensável para evitar males" (Idem, ibidem, p. 285).

[637] Idem. *História geral do Brasil.* Tomo I. Rio de Janeiro, Irmãos Laemmert, 1854, p. 358.

[638] Idem. *História geral do Brasil.* Tomo II, op. cit., p. 249.

[639] Idem. *História geral do Brasil*, Tomo I, op. cit., p. 133.

(pela vinda de novos colonos da Europa) constituirá a futura, é com esse elemento cristão e civilizador que principalmente devem andar abraçadas as antigas glórias da Pátria e, por conseguinte, a história nacional"[640]. Os indígenas eram um exemplo vivo de sociedade que não chegara a se estruturar pela ausência de um algum agente de tipo estatal, que só poderia surgir por diferenciação social[641]. Porque viveriam em guerras permanentes, praticando sacrifícios e canibalismo, destituídos de noções básicas de civilidade, aos aborígenes se aplicava o famoso aforisma de Hegel: "De tais povos na infância não há história; há somente etnografia"[642]. Por conseguinte, o juízo histórico de Varnhagen concluía pela justiça da guerra contra os indígenas, seguidas pela expropriação de suas terras e o apresamento dos sobreviventes. A escravização lhes teria sido benéfica, obrigando-os a assimilar virtudes cristãs como a submissão, a caridade e a resignação. "Longe de condenarmos que se fizesse uso da coação pela força para civilizar os nossos índios, estamos persuadidos que não era possível haver empregado outro meio; e que devemos ter que lançar mão nós mesmos, em proveito do país"[643]. Na querela entre jesuítas e bandeirantes, Varnhagen tomava partido destes últimos: vanguarda militar da nobreza da terra, os bandeirantes punham os indígenas para trabalhar a terra, penetrar e povoar os sertões, ampliando as fronteiras. Era deles que uma história como a sua deveria cuidar: "Uma história geral da civilização do Brasil deixaria de ser lógica com o seu próprio título, desde que aberrasse de simpatizar mais com o elemento principalmente civilizador"[644].

Como em toda a filosofia da história, o fim estava no começo. Daí que sua narrativa da descoberta, colonização e civilização do futuro território brasileiro pelos portugueses fosse atravessada pelo sentimento da predestinação. Tudo se passava como se o destino do Brasil já estivesse traçado; como se ele já existisse em potência desde o descobrimento e sua história ou território não pudessem ter sido diferentes. O germe da nacionalidade brasileira estava contido na portuguesa e se desenvolveria no casulo de seu território ameri-

[640] VARNHAGEN. *História geral do Brasil.* Tomo II, op. cit., p. XXV

[641] ODALIA, Nilo. *As formas do mesmo: ensaios sobre o pensamento historiográfico de Varnhagen e Oliveira Vianna.* São Paulo, UNESP, 1997, pp. 76-77.

[642] VARNHAGEN. *História geral do Brasil.* Tomo I, op. cit., p. 108.

[643] Idem. *História geral do Brasil.* Tomo II, op. cit., p. XXI.

[644] Idem, ibidem, p. XXV.

cano. Os atores cumpririam consciente ou inconscientemente os desígnios a eles estabelecidos pela Providência, encaminhando os acontecimentos de modo orgânico e progressivo ao seu natural desaguadouro: o Estado monárquico brasileiro. De fato, Varnhagen acreditava "sem cessar, para os grandes sucessos, na Providência Divina, em harmonia com o provérbio que diz: 'O homem põe, mas Deus dispõe'"[645]. Portando semelhantes pressupostos ideológicos, tornava-se inevitável que sua narrativa fosse bastante condescendência com a escravidão indígena e africana, a ausência de justiça equitativa e suficiente liberdade civil, a falta de punição aos magistrados corruptos, os vexames dos recrutamentos forçados, a reclusão das mulheres da vida social etc. Essa complacência também era necessária do ponto de vista pragmático, porque uma história que não passasse de um rosário de injustiças e violências jamais serviria de inspiração para o fortalecimento da cultura cívica da nacionalidade. Daí que Varnhagen afirmasse que, dadas as condições e a época em que teve lugar, a colonização portuguesa não teria sido pior que a espanhola, a francesa ou a britânica. Sua narrativa também matizava as diferenças qualitativas entre metrópole e colônia e, principalmente, entre a Coroa e a sociedade brasileira em gestação. A história do Brasil quase se resumia ao que se passava no território americano, de um lado, e suas relações com o governo português – referido quase sempre como "a Corte" – de outro, com escassas referências ao que se passava na Europa ou no restante do império. O intuito era o de transmitir a impressão de que desde sempre houvera um Brasil governado por sua "Corte", ainda que localizada no Velho Mundo. Seria mera questão de tempo até que ela cumprisse seu destino providencial, tantas vezes anunciado, de se transportar para a América:

> Não cremos razoável, nem generoso, nem nobre, nem animador da colonização europeia, de que tanto carecemos, lembrar de parte a parte só o que há de queixa, sem impor ao lado o muito que pede louvor e gratidão. Da parte da metrópole e mais ainda dos agentes dela, sabemos que houve muitas vezes despotismo, injustiças, incoerências, ignorância e, por conseguinte, mau governo. Porém, não é menos verdade que a Corte mostrava sempre desejos de caminhar com o possível acerto.[646]

[645] VARNHAGEN. *História geral do Brasil.* Tomo II, op. cit., p. X.

[646] Idem, ibidem, p. 247.

A Coroa era mesmo a grande protagonista da civilização brasileira. O melhor governo era aquele de um príncipe carismático orientado pela virtude, pela ilustração, pela abnegação e pela imparcialidade, cercado por uma aristocracia ilustrada, "com a responsabilidade direta para Deus, a própria consciência, os povos, as nações contemporâneas e a história".[647] Daí que a história do Brasil fosse atravessada por grandes riscos e atribulações, antes que o absolutismo firmasse sua autoridade pela centralização. A existência de poderes concorrentes e fragmentários, resquícios do período medieval transplantados para o Novo Mundo, reproduzia uma anarquia equivalente à feudal. A *História* lamentava a introdução do sistema de capitanias hereditárias, atenuado pela criação do governo geral; criticava os jesuítas por pretenderem formar um estado à parte; condenava as câmaras de vereadores, que só olhavam para o próprio umbigo. A história dos primeiros séculos revelaria uma instabilidade crônica, decorrente dos constantes conflitos entre magistrados e câmaras, e mesmo entre os bispos as ordens religiosas. Em compensação, Varnhagen destacava a crescente solidariedade entre a Coroa e os colonos desde pelo menos a invasão holandesa. Essa aliança tácita seria selada com a entronização da dinastia de Bragança, que elevou o Brasil à dignidade de principado (1645). Mas apenas no reinado de dom José I o absolutismo se firmaria e, com ele, as condições de efetiva civilização no Brasil. A Coroa guiada pela razão de Estado enfraqueceu os potentados, expulsou os jesuítas, organizou o exército, reformou a justiça e incentivou o progresso material e intelectual. O autoritarismo burocrático de Pombal era para Varnhagen um grande modelo de administração, que merecia ser resgatado e atualizado: "Todos os homens que se ocupam de governo, quanto mais estudam a administração de Pombal, sinceramente a admiram"[648]. A elevação do Brasil à condição de vice-reino (1763), a celebração dos tratados que redesenhavam as fronteiras, a difusão da cultura e a multiplicação de homens notáveis, revelavam passo a passo o sentido providencial da História, que afinal desaguaria na independência, consequência natural do processo de civilização.

As tentativas de emancipação da colônia são avaliadas por Varnhagen à luz do valor supremo do projeto imperial, que era a preservação de sua unidade territorial. Todos os movimentos republicanos eram malvistos devido

[647] Idem, ibidem, p. 38.

[648] Idem, ibidem, p. 246.

ao inconveniente do separatismo. Embora a Inconfidência Mineira fosse concebida por homens de reconhecida qualidade – com a exceção de Tiradentes[649] –, nem por isso Varnhagen deixava de agradecer à Providência por seu fracasso. Já a Conjuração Baiana (1798) e a Revolução Pernambucana (1817) eram desprezadas: a primeira por ser encabeçada por desqualificados, e a segunda, por seu acentuado provincialismo[650]. É que, com a transferência da Corte (1808), o Brasil já teria conquistado sua independência da forma a mais feliz: preservando o território conquistado pelos bandeirantes e pelos diplomatas luso-brasileiros do século XVIII. O milagre da mudança da capital do império para o Rio de Janeiro, cumprindo a profecia do Brasil como a terra prometida de um grande império, era mais uma evidência da proteção que lhe dispensava a Providência. Ela o preservara em ordem e íntegro, enquanto afundava a América hispânica no caos da guerra e da fragmentação. A posterior elevação do Brasil à condição de reino formalizara um estado de coisas preexistente (1815): "O senhor dom João foi, senão o primeiro imperador, pelo menos o verdadeiro fundador do Império"[651]. Na condição de principal auxiliar do príncipe, havia sido dom Rodrigo de Sousa Coutinho quem, "inspirado pelo anjo tutelar do Brasil, abriu ao império um futuro de mais imediato esplendores e civilização, com menos penas e sofrimentos que, dadas outras circunstâncias, houvera talvez passado"[652]. Tratava-se de um "patriota cheio de fé e entusiasmo, de muita energia, desinteresse, atividade e imaginação: era um grande projetista político"[653]. Do expressivo saldo intelectual do reinado destacavam-se as personalidades da geração de 1790, como Silva Lisboa, Azeredo Coutinho e Hipólito da Costa – mas também Maciel da Costa, referido como "o ilustrado João Severiano"; "o insigne brasileiro".[654]

[649] "O martírio do patíbulo conferiu Alferes Silva Xavier méritos que ele não tinha, atribuindo-se-lhe, apesar de 'pobre, sem respeito e louco', como dele diz Gonzaga, a glória da primeira tentativa de independência do Brasil, que aliás foi obra de muitos patrícios ilustres, e de vários individuos de letras e de ciências" (Idem, ibidem, p. 280).

[650] "Ao provincialismo associam-se apenas ideias de interesses provinciais, quando principalmente as de glória andam anexas ao patriotismo, sentimento tão sublime que faz até desaparecer no homem o egoísmo, levando-o a expor a própria vida pela pátria, ou pelo soberano que personifica o seu lustre e glória" (Idem, ibidem, p. 392).

[651] Idem, ibidem, p. 313.

[652] Idem, ibidem, p. 282.

[653] Idem, ibidem, p. 282.

[654] Idem, ibidem, p. 330.

O conservadorismo de Varnhagen não se interessava pelo que a revolução de 1821 poderia trazer em matéria de liberdades individuais. Sua preocupação hobbesiana estava voltada exclusivamente para os riscos que uma "mal-entendida liberdade" marcada pelo radicalismo poderia acarretar aos vínculos de obediência entre os súditos: "Em toda a parte, a tranquilidade e calma que se viam até ali, cediam o passo ao bulício e à inquietação que formam a vida dos povos, sempre que são acompanhados das competentes leis restritivas, para que a mesma vida, levado a excesso, não produza a própria morte; como tantas vezes sucede aos que, saindo dos hábitos do despotismo, passam repentinamente ouvir dizer que são livres e pensam que já não tem leis que os sujeitem"[655]. Nesse sentido, a presença do príncipe herdeiro Dom Pedro na ausência do pai, obrigado a retornar a Lisboa, constituiu outro fato providencial da História: "Toda a filosofia se abisma e cala ante fatos tão contraditórios e como sobrenaturais, e o historiador, confuso ao buscar a explicação das causas e dos efeitos, se prosterna ante a sábia Providência que nos havia destinado o Príncipe Dom Pedro para personificar no ato da separação a integridade do Brasil"[656]. A tentativa das Cortes de recolonizarem o reino americano pela supressão de seu governo teria sido a causa eficiente da separação: "Os brasileiros sensatos viram logo a sua ruína se ficassem sem o centro de autoridade, sepultados na anarquia em que estavam os estados republicanos vizinhos"[657]. Na medida em que a habilidade de dom Pedro catalisara o movimento de resistência em defesa do reino criado por seu pai, a Coroa mais uma vez salvava o Brasil. Fruto imediato de uma reação, não de insubordinação, mas de legítima defesa contra um congresso demagógico e turbulento, a independência era considerada o natural desfecho de um longo processo da civilização dirigido pela Providência, que escolhera como seu principal instrumento a dinastia de Bragança: "Nesse dia nasceu a nação, renascendo são e salvo o reino que emancipara El-Rei D. João VI, o principiado que criara D. João IV, o Estado que fundara D. João III"[658]. O futuro visconde de Porto Seguro concluía sua obra, enunciando a maior lição que os estadistas poderiam extrair da história do Brasil:

[655] Idem, ibidem, p. 403.
[656] Idem, ibidem, p. 427.
[657] Idem, ibidem, p. 418.
[658] Idem, ibidem, p. 439.

> Curvemos a cabeça ao decreto da Providência que, à custa do próprio sangue dos mártires do patriotismo, veio a conduzir-nos à única situação em que podemos, sem novos ensaios, procurar ser felizes e fazer-nos respeitar, como nação um pouco mais forte que todas essas que, pelo engodo de se chamar em repúblicas em vez de províncias, tem com isso, por pequenas, menos consideração entre os estranhos, e por fim menos liberdade, governadas de ordinário por ditadores ou nulidade, as vezes sem educação.[659]

A recepção pelo IHGB da *História Geral* não encontrou a unanimidade desejada por Varnhagen. A comissão encarregada de a examinar recusou-se a validá-la como uma espécie de "história oficial"[660], desgostosa com seu autoritário e anacrônico conceito de civilização a respeito dos indígenas. Ele trombava com aquele, mais moderno, da média dos sócios do instituto, que reconhecia a singularidade das diferentes nações dentro de uma moldura mais ampla da civilização como um processo universal[661].

No espírito de correção dos excessos da "revolução monárquica", típico da Conciliação, Gonçalves de Magalhães e João Francisco Lisboa se encarregaram de criticar os aspectos mais conservadores e lusófilos da *História Geral*. O ponto central da discórdia residia no horror de Varnhagen ao indígena. Parecia-lhes uma contradição, pretender dar um lugar ao Brasil na História Universal, eliminando justamente o elemento histórico-cultural que lhe conferia originalidade. Por crer que a natureza humana era geralmente movida pelo interesse e pela cobiça, Magalhães acusou o futuro visconde de Porto Seguro de ser literalmente um "sectário de Thomas Hobbes"[662]. Além de relativizar os progressos da civilização que sugeriam brandura com outros povos, a aversão aos indígenas rebaixava a cultura brasileira à condição de mera dependência da portuguesa. Amparado em Rousseau, o futuro visconde do Araguaia defendia uma concepção contrária da natureza humana, suscetível de aperfeiçoamento porque universalmente dotada de sentimentos morais: "A selvageria completa é uma ficção"[663]. A civilização dos indígenas e sua assimilação pela nacionalidade só dependiam de sua cristianização pelos métodos huma-

[659] Idem, ibidem, p. 281.
[660] GUIMARÃES. *Debaixo da imediata proteção imperial*, op. cit., pp. 117-119.
[661] FERES Jr., João. *O conceito de civilização*, op. cit., pp. 434-446.
[662] MAGALHÃES. *Opúsculos históricos e literários*, op. cit., p. 195.
[663] Idem, ibidem, p. 200.

nitários da catequese religiosa. Também Lisboa repelia como incompatível com o cristianismo a "apologia da civilização propagada pelo alfange e pelo azorrague" de Varnhagen, apoiado em Hobbes e Azeredo Coutinho[664]. Ela não só naturalizava as guerras, apresamentos e escravidão no passado como os legitimava no presente. Afinado com o espírito da Conciliação, Lisboa lembrava que por toda a parte já se compreendera serem "das artes da paz que dependem os progressos da civilização; e que o ferro e o fumo são mais proveitosos nos carris e como motor de vagões e navios, do que nas espadas, mosquetes e canhões".[665]

No mais, Magalhães e Lisboa estavam de acordo com Varnhagen. Especialmente sobre o papel civilizador da monarquia, que era consensual. Depurada de seus anacrônicos excessos conservadores e autoritários, o "momento monárquico" ganhava com a *História geral do Brasil* seu monumento historiográfico. A jovem nacionalidade passava a ter um passado à sua altura e um lugar na História Universal:

> Na *História Geral do Brasil* renovaram-se e purificaram-se as fontes e dilataram-se os horizontes. Plano vasto e bem-disposto, feliz distribuição das matérias; investigação imensa, laboriosa e conscienciosa, tudo isto está muito acima da simples resenha e indicação. Pode-se criticar este trabalho, discrepar aqui e acolá dos juízos e apreciações que ele contém, desejá-lo retocado e ampliado num ou noutro ponto, expurgado finalmente de umas tantas imperfeições ou incorreções de forma [...]. Mas empreender outra igual, completamente renovado, e sobretudo levá-lo a cabo, é o que provavelmente se não há de ver outra vez em nossos dias[666].

[664] LISBOA, João Francisco. *Obras de João Francisco Lisboa.* Volume III. São Luis do Maranhão, 1865, p. 473. Ao contrário de Varnhagen, o liberal Lisboa desancava Azeredo Coutinho como reacionário e antibrasileiro: "Esse prelado católico, que deveria dar o exemplo de caridade, e a quem em tal época já os antigos prejuízos não podiam servir de escusa, ou por deliberação própria, ou mais provavelmente porque o seu zelo fosse excitado pelo governo a quem servia, publicou não só a favor do princípio da escravidão, como da efetiva continuação do tráfico africano [...]. Parecia um destes publicistas em disponibilidade, que escrevem ao sabor das cortes, e seria quando muito grande patriota português, brasileiro certamente não" (Idem, ibidem, p. 493).

[665] Idem, ibidem, p. 490.

[666] Idem, ibidem, p 515.

Conclusão

Este décimo segundo capítulo apontou o quanto o fracasso da "Primavera dos povos" em 1848 levou a um refluxo generalizado do radicalismo que, por sua vez, favoreceu a hegemonia de ideologias de caráter moderado. O retorno do regime bonapartista à França, baseado em uma espécie de absolutismo democrático, e a emergência de governos de coalizão, na maior parte dos países parlamentares, exprimiam o esfriamento da política e o desejo de promoção do progresso material. Ao mesmo tempo, os capitais britânicos e franceses se expandiam para além de seus respectivos países e os preços internacionais subiam numa espiral que dava ensejo a um grande ciclo de globalização econômica. O eixo das atenções foi deslocado da política para a economia graças ao entusiasmo provocado pela Segunda Revolução Industrial. No Brasil, o resfriamento ideológico e o entusiasmo pelo desenvolvimento chegaram justamente depois do arremate da "revolução monárquica" pelos *saquaremas*. O ambiente era propício para reformas que viabilizassem a emergência de uma sociedade nacional e de um mercado autônomo, reduzindo o atraso material do país com a ajuda dos capitais internacionais. Consolidada a ordem e a autoridade, era hora de dar livre curso ao progresso social e econômico. Foi nesse contexto que, acompanhando a onda de governos de coalizão inaugurada pela Grã-Bretanha, os gabinetes da chamada Conciliação (1853-1860) levaram o Brasil a transitar para o seu "momento monárquico".

No quadro próprio da modernização periférica da América Ibérica, esse "momento monárquico" revelaria suas ambiguidades e aparentes paradoxos. Para se consolidar, o Estado carecera suspender ou adaptar, por meio do conservadorismo estatista dos *saquaremas*, o ideal "oligárquico" de Estado de direito, criando um modelo de governabilidade que, na prática, hierarquizava os poderes políticos, submetendo-os ao Executivo, e as províncias, ao governo nacional. O apelo por menos autoritarismo e representação das minorias, formulado pelos conservadores moderados e antigos radicais, exprimia o desejo de evoluir em sentido "oligárquico", ou seja, de aperfeiçoar o governo representativo "deturpado" pelos *saquaremas*, tornando-o mais parecido com o britânico. Essa pretensão também transparecia no pleito dos moderados por menor concentração de poderes administrativos na Corte em benefício das nobiliarquias provinciais. O desnível entre a aparência "oligárquica" das instituições e seu efetivo funcionamento "monárquico" era apresentado pelos proponentes da Conciliação como expressão do atraso político do país. Paradoxalmente, contudo, incapazes de procederem eles mesmos, pela mobilização da sociedade civil, a um movimento naquele sentido, os conciliadores apelaram para o imperador, que até então exercera um papel secundário na política. Desejavam que ele interrompesse o domínio conservador puritano à maneira do rei patriota de Bolingbroke. Atraído pela concepção da realeza como um poder influente e "republicano", principalmente em uma terra privada de estadistas virtuosos, dom Pedro II aproveitou para assumir, à maneira de Jorge III, a condição de protagonista do sistema político. Daí o paradoxo da Conciliação, cujo programa "oligárquico" de regeneração do governo representativo se realizava através do engrandecimento do poder do príncipe. O clima de moderação geral e progresso econômico ampliou as bases de apoio da monarquia, enquanto as reformas "oligárquicas", na prática, apenas arranharam o modelo regressista de governabilidade.

O programa da Conciliação passava por corrigir ou retificar esse modelo, que hierarquizava os poderes em benefício do Executivo e da União por meio de uma reforma judiciária e outra, eleitoral. A judiciária, que procurava libertar os juízes da tutela do governo e dos potentados rurais, fracassou. Já a eleitoral, pela qual Paraná se empenhou duramente, foi bem-sucedida. Mas sua finalidade era menos a de pôr fim ao modelo do que conferir ares de normalidade ao governo representativo e ampliar as bases de apoio da monarquia. Tratava-se de um "momento monárquico" que, tendo lugar na periferia ibero-americana, esforçava-se por oferecer credenciais liberais ao resto do mundo com toda a segurança que a autoridade exigia. A dinâmica do progresso com a autoridade, patrocinada pela Conciliação, estava longe de romper com a lógica do reformismo ilustrado, recauchutado pelo conservadorismo estatista dos *saquaremas*. Na prática, portanto, o que os gabinetes conciliadores patrocinaram, não foi a "revolução oligárquica", mas um "momento monárquico", que ampliou as bases do regime e elevou o imperador à condição de ator central da política. A euforia gerada pelo desenvolvimento do sistema bancário, pela modernização da infraestrutura das capitais e pela construção das primeiras estradas de ferro, ajudou a manter o clima de "esfriamento político". Com o prestígio do Poder Moderador, abriam-se novos horizontes e, com eles, a possibilidade de uma nova agenda, voltada para os problemas econômicos e sociais do país.

Os paradoxos aparentes da época da Conciliação – que, em nome do aperfeiçoamento do governo representativo, elevou o príncipe à condição de tutor do sistema político e o submeteu na prática ao seu governo pessoal – encontraram expressão ideológica em três importantes obras. A primeira delas foi a *Consolidação das leis civis* (1858) de Teixeira de Freitas, que buscava melhor assentar juridicamente as bases da sociedade e do mercado no Brasil. No imaginário da época, a existência de um Código Civil nacional era considerada um dos indícios mais relevantes do adiantamento de um povo; padrão supremo de sua cultura jurídica. Sua elaboração correspondia a uma aspiração "oligárquica" – isto é, liberal e moderna – de exorcizar do direito pátrio a lembrança do Antigo Regime. No entanto, o que havia no Brasil, ainda mal integrado e escravista da década de 1850, era apenas um embrião de sociedade nacional. Se o ambiente já comportava uma consolidação das leis civis, ainda não havia, todavia, maturidade socioeconômica para um Código, que ainda levaria meio século. Se a *Consolidação* de Teixeira de Freitas favorecia o vetor "oligárquico" da Conciliação, as *Bases para melhor organização das administrações provinciais* do visconde do Uruguai representavam o seu vetor "monárquico". Era preciso seguir adiante com o projeto imperial brasileiro, substituindo a antiga magistratura política do Antigo Regime por uma burocracia de técnicos ramificada por todo o território nacional. A organização administrativa francesa lhe parecia exemplar em sua autonomia, revelando capacidade de resistir às turbulências políticas e salvaguardar os direitos dos particulares sem prejuízo do público. As duas obras – a *Consolidação* e as *Bases* – não eram contraditórias, mas complementares. Se o monumento "oligárquico" de Teixeira reconhecia o caráter "ilustrado" do reformismo imperial, o monumento "monárquico" de Uruguai se preocupava com a garantia dos direitos civis. Cada uma refletia a seu modo a ambiguidade do periférico "momento monárquico" brasileiro, sob o espírito eclético da Conciliação.

A expressão ideológica suprema da Conciliação foi a interpretação conservadora moderada da Carta de 1824 deixada por José Antônio Pimenta Bueno em *Direito público brasileiro e análise da Constituição do Império*. Tratava-se de um conservadorismo que, sem comprometer o modelo regressista de governabilidade, admitia a sua correção para aproximá-lo da "verdade do sistema representativo". A estabilidade exigida pela civilização brasileira para progredir dependia de sua conformidade com os princípios de separação de poderes estabelecidos pela Constituição. Mas, em um contexto socioeconômico atrasado, em que predominava uma classe política pouco virtuosa, apenas o Estado poderia garantir, por sua ação pessoal, o primado daqueles princípios. Se a sociedade brasileira ainda não sabia se proteger das facções, apenas o *imperador patriota* poderia obrigá-las a observar a Constituição. O resultado foi que, mais do que os próprios *saquaremas*, foram os conciliadores os verdadeiros promotores do poder pessoal do príncipe. É verdade que Eusébio, Uruguai e Itaboraí também levantavam alto o estandarte da Coroa. Mas eles a viam como o símbolo supremo de um princípio de ordem e autoridade de que eram eles próprios os portadores. Já conciliadores como Paranhos, Pimenta Bueno e Torres Homem elevavam o poder do príncipe por considerá-lo o único capaz de assegurar o equilíbrio do jogo político contra os extremos do espectro partidário, aí incluindo os próprios *saquaremas*. Daí que a adesão de dom Pedro II à Conciliação, levado por sua sensibilidade ao discurso republicano de imparcialidade e moralidade administrativa, tenha gerado em torno de sua pessoa a quase unanimidade que fez dele então "o grande imperador", nas palavras de Lilia Moritz Schwarcz: "A década de 50 seria sobretudo associada à estabilidade financeira e ao momento de paz vigente no país e com eles a popularidade do imperador cresceria. Nas viagens que passa a empreender pelo Brasil, o monarca é recebido de forma calorosa".[667]

A euforia da Conciliação e a sensação generalizada de "fim da história", decorrente da superação da crise estrutural inaugurada pela Revolução da independência, também se refletiu no campo historiográfico. Ela se materializou na forma de uma história de contornos geopolíticos, apaixonada pela história militar e pela expansão territorial. Cabia ao historiador apresentar os homens e os acontecimentos que haviam concorrido para que o Brasil cumprisse o destino imperial que lhe designara a Providência. O principal historiador do período, Varnhagen, naturalizava a unidade política assegurada pela monarquia, inscrevendo-a no passado colonial. A colonização era descrita como um processo de constituição e povoamento do território. A formação da sociedade brasileira no contexto do império português era atribuída a um longo proces-

[667] SCHWARCZ, Lilia Moritz. *As barbas do Imperador*. São Paulo: Companhia das Letras, 1998, p. 104.

so de diferenciação orgânica, apressado pela transferência da capital para o Rio de Janeiro e precipitado pela tentativa de recolonização. A independência era explicada como um episódio de secessão dentro da comunidade imperial luso-brasileira, de que o Brasil – e não Portugal – era o verdadeiro herdeiro e continuador. A fórmula de mudança dentro da continuidade lhe permitira escapar do torvelinho anárquico e desagregador das antigas colônias espanholas, que ao se emanciparem haviam optado pelo republicanismo e pelo federalismo. "Continuidade – do passado – e perpetuidade – no futuro – entrelaçavam-se através da dinastia, que materializava um fluir sem ruptura, atualizando a obra colonial no Brasil independente"[668].

Era o apogeu do "momento monárquico" brasileiro. Testemunha privilegiada desse instante foi o emigrado liberal francês Charles Ribeyrolles, autor de uma obra de grande influência na formação política de jovens como Machado de Assis: *O Brasil pitoresco* (1859). Nela, o autor fazia um retrato lisonjeiro do país, vendo por toda a parte a liberdade ordeira da Conciliação sustentada do alto pelo "imperador patriota". Ele destacava a juventude da nação, já dotada de uma história heróica, e a pujança de seus recursos naturais. As instituições estavam assentadas em bases liberais. A religião oficial era mitigada pela tolerância. As tribunas e a imprensa eram livres. O Senado não era um corpo de privilegiados, mas uma câmara vitalícia de ilustrações e capacidades. O Poder Moderador era "uma espécie de magistratura suprema instituída para salvaguardar as forças, prevenir os conflitos e solver as crises".[669] O imperador era apontado como o responsável pelo clima de concórdia no país, porque colocava a majestade "não nos privilégios, não na sua pessoa, e sim no caráter e nas ações. Porque o espírito geral do país é a tolerância, a conciliação, a sociabilidade".[670] Ribeyrolles acreditava no benevolente projeto imperial brasileiro: "Há, sobretudo, um destino, uma fortuna maravilhosa que vos atrai e vos oferece. Pode ser o mais rico celeiro e o maior estaleiro do mundo".[671] Faltava desenvolver a ciência, a indústria e o trabalho, que eram as grandes forças do espírito moderno, ampliando investimentos em

---

[668] MAGNOLI, Demétrio. *O Corpo da Pátria: imaginação geográfica e política externa no Brasil (1808-1912)*. São Paulo, UNESP, 1997, p. 93.

[669] RIBEYROLLES, *O Brasil pitoresco*. Volume II. Tradução e notas de Gastão Penalva. Belo Horizonte: Itatiaia, 1980, p. 110.

[670] Idem, ibidem, vol. I, p. 148.

[671] Idem, ibidem, vol. I, p. 24.

universidades, apostando na melhoria das técnicas de cultivo e na industrialização, e preparando o advento do trabalho livre, pela emancipação da escravatura. Semelhante otimismo parece confirmar o juízo histórico de Euclides da Cunha, para quem a Conciliação "demarca um trecho decisivo da nossa história constitucional e centraliza-a. Enfeixa as energias do passado e desencadeia as do futuro. Separa as duas épocas. Foi o ponto culminante do Império".[672] Era o Estado brasileiro, depois de uma longa jornada, enfim consolidado.

[672] CUNHA, Euclides da. *À Margem da História.* São Paulo: Martins Fontes, 1999, p. 178.

REFERÊNCIAS BIBIOGRÁFICAS

1. Obras gerais

ARON, Raymond. *Introduction à la philosophie politique: démocratie et révolution.* Paris: Éditions des Fallois, 1997.

BADIE, Bertrand. *Le développement politique.* Prefácio de Georges Lavau. 5ª edição. Revista/aumentada. Paris: Economica, 1994.

BEAUD, Olivier. *La puissance de l'Etat.* Paris: Presses Universitaires de France, 1994.

BENDIX, Reinhard. *Construção nacional e cidadania: estudos da nossa ordem social em mudança.* Tradução de Mary Amazonas Leite de Barros. São Paulo: Edusp, 1996.

BERCOVICI, Gilberto. *Soberania e Constituição: para uma crítica do constitucionalismo.* São Paulo: Quartier Latin, 2008.

BOBBIO, Norberto. O *positivismo jurídico: lições de filosofia do direito.* São Paulo: Ícone, 1995.

BURROW, John. *Uma história das histórias: de Heródoto e Tucídides ao século XX.* Tradução de Nana Vaz de Castro. Rio de Janeiro, Record, 2013.

CAPPELLETTI, Mauro. *O controle judicial de constitucionalidade das Leis no Direito Comparado.* Tradução de Aroldo Plínio Gonçalves. Porto Alegre: Sérgio Antônio Fabris Editor, 1984.

CHIARAMONTE, José Carlos. *Usos políticos de la história: lenguaje de clases y revisionismo histórico.* 2ª edição. Buenos Aires: Sud Americana, 2013.

CHENGDAN, Qian. Transformation of European States: from feudal to modern. In: Yan Jun (ed.). *The harmony of civilization and prosperity for all*: selected papers of Beijing Forum (2004-2008). Volume 2, Issue 5.

DAHL, Robert. *Poliarquia.* Prefácio de Fernando Limongi. Tradução de Celso Mauro Paciornick. São Paulo: EDUSP, 2012.

DUTCHER, George. The importance of enlightened despotism. In: Roger Wines (ed.). *Enlightened despotism: reform or reaction?* Boston: D.C. Heath and Company, 1967.

FREDERICO. *O Anti-Maquiavel.* Tradução e proêmio de Carlos de Soveral. Lisboa: Guimarães Editores, 1955.

FREEDEN, Michael. *Ideology: a very short introduction.* Oxford: Oxford University Press, 2003.

GAUCHET. Marcel. *L'avènement de la démocratie. Tome I: La révolution moderne.* Paris: Gallimard, 2007.

GERSHOY, Leo. Theorists of Enlightened Despotism. In: Roger Wines (ed.). *Enlightened despotism: reform or reaction?* Boston, D.C. Heath and Company, 1967.

GOOCH, G. P. Three Enlightened Despots: Frederick II, Joseph II, Catherine II. In: Roger Wines (ed.). *Enlightened despotism: reform or reaction?* Boston: D.C. Heath and Company, 1967, p. 32.

HABERMAS, Juergen. *Mudança estrutural na esfera pública: investigações quanto a uma categoria da sociedade burguesa.* Tradução de Flávio Kothe. Rio de Janeiro: Tempo Brasileiro, 2003.

HARTOG, François. *A história do homem a Santo Agostinho.* Tradução de Jacyntho Lins Brandão. Belo Horizonte: UFMG, 2001.

HARTUNG, Fritz. A definition of Enlightened Despotism. In: Roger Wines (ed.). *Enlightened despotism: reform or reaction?* Boston: D.C. Heath and Company, 1967.

HIRSCHMAN, Albert. *Les passions et les intérêts: justifications politiques du capitalisme avant son apogée.* Tradução de Pierre Andler. Paris: PUF, 2001.

HOBSBAWN, Eric. *La era del capital: 1848-1875.* 5ª edição. Buenos Aires: Crítica, 2006.

HUNTINGTON, Samuel. *A ordem política nas sociedades em mudança.* Tradução de Pinheiro Lemos. Revisão técnica de Renato Boschi. Rio de Janeiro: Forense Universitária, 1975.

JASMIN, Marcelo Gantus. *Racionalidade e História na Teoria Política.* Belo Horizonte: Editora da Universidade Federal de Minas Gerais, 1998.

JASMIN, Marcelo Gantus. *História dos conceitos e teoria política e social: referências preliminares.* Revista Brasileira de Ciências Sociais, volume 20, nª 57, 2005.

JASMIN, Marcelo Gantus, & FERES JR. João. História dos conceitos: dois momentos de um encontro intelectual. In: Idem (org.). *História dos conceitos: debates e perspectivas.* Rio de Janeiro: Editora PUC-Rio: Edições Loyola: IUPERJ, 2006.

KALYVSAS, Andreas; KATZNELSON, Ira. *Liberal beginnings: Making a republic for the moderns.* Cambridge University Press, 2008.

KOSELLECK, Reinhart. *Historia y hermenéutica*. Introdução de José Luis Villacañas e Faustino Oncina. Ediciones Paidós, I.C.E. De la Universidad Autónoma de Barcelona, 1997.

KOSELLECK, Reinhart. *Crítica e crise: uma contribuição à patogênese do mundo burguês*. Tradução de Luciana Villas-Boas Castelo Branco. Rio de Janeiro: Contraponto, 1999.

KOSELLECK, Reinhart. *Futuro passado: contribuição à semântica dos tempos históricos*. Tradução do original alemão: Wilma Patricia Maas e Carlos Almeida Pereira. Rio de Janeiro: Contraponto/Editora PUC-Rio, 2006.

KOSELLECK, Reinhart. *Introduction and prefaces to the Geschichtliche Grundbegriffe*. Traduzido por Michaela Richter. Contributions to the History of Concepts. Volume 6, Issue 1, Summer 2011.

LEFORT, Claude. *Le temps présent: écrits 1945-2005*. Paris: Belin, 2007.

LÖWITH, Karl. *O sentido da História*. Tradução de Maria Georgina Segurado. Lisboa: Edições 70, 1977.

LYNCH, Christian Edward Cyril. *A democracia como problema: Pierre Rosanvallon e a Escola Francesa do Político*. In: Pierre Rosanvallon. Por uma história do político. Tradução de Christian Edward Cyril Lynch. São Paulo: Alameda, 2010.

MANENT, Pierre. *Histoire intellectuelle du libéralisme*. Paris: Hachette, 1987.

MEINECKE, Friedrich. *L'idée de raison d'État dans l'histoire des temps modernes*. Tradução de Maurice Chevalier. Genève: Librairie Droz, 1973.

NAY, Olivier. *História das ideias políticas*. Tradução de Jaime A. Clasen. Petrópolis: Editora Vozes, 2007.

PISTONE, Sergio. Razão de Estado. In: Norberto Bobbio; Nicola Matteucci e Gianfranco Pasquino (ed.). *Dicionário de Política*. 11ª edição. Tradução de Carmen C. Variale e outos. Brasília: Editora da UnB, 1998.

POCOCK, John. *The Machiavellian moment: Florentine political thought and the Atlantic Republican tradition*. Princeton: Princeton University Press, 1975.

POCOCK, J. G. A. *Politics, language and time: essays on political thought and history*. The University of Chicago Press, 1989.

POCOCK. John. *Le moment machiavélien: la pensée politique florentine et la tradition républicaine atlantique*. Tradução do inglês por Luc Borot. Paris: Presses Universitaires de France, 1997.

POOLE, Thomas. *Reason of State: law, prerogative and empire*. Cambridge University Press, 2015.

QUINTANA, Fernando. *Ética e política: da Antiguidade clássica à contemporaneidade*. São Paulo: Editora Atlas, 2014.

RAMOS, Alberto Guerreiro. *Administração pública e estratégia do desenvolvimento.* Rio de Janeiro: FGV, 1966.

RAMOS, Alberto Guerreiro. *A modernização em nova perspectiva: em busca de um modelo da possibilidade.* Revista de Administração Pública, nº 2, 1967.

RÉMOND, René (dir.). *Pour une historie politique.* 2ª edição. Paris, Seuil, 1996.

ROSANVALLON, Pierre. *O liberalismo econômico: história da ideia de mercado.* Tradução de Antonio Penalves Rocha. Bauru: EDUSC, 2002.

ROSANVALLON, Pierre. *Itinéraire et rôle de l'intellectuel.* In: http://www.college-de-france.fr/media/his_pol/UPL57421_Itineraire_et_r_le_de_l_intellectuel.pdf. Acesso a 8 de maio de 2005.

SAINT-BONNET, François. *L'État d'exception.* Paris: Presses Universitaires de France, 2001.

SANTOS, Wanderley Guilherme dos. *Poliarquia em 3D.* Revista Dados, vol. 41, nº 2, Rio de Janeiro, 1998.

SEELAENDER, Airton Cerqueira Leite. *Notas sobre a constituição do direito público na idade moderna: a doutrina das leis fundamentais.* Revista Sequência, nª 53, p. 197-232, dez. 2006.

SEELAENDER, Airton Cerqueira Leite. *A "polícia" e as funções do Estado: notas sobre a "polícia" do Antigo Regime.* Revista da Faculdade de Direito – UFPR, Curitiba, nª 49, 2009, p. 75-76.

SHILS, Edward. *Center and periphery.* Chicago: Chicago University Press, 1975.

SIRINELLI, François. Ideologia, tempo e história. In: Agnès Chauveau e Philippe Tétard (org.). *Questões para a história do presente.* Tradução de Ilka Stern Cohen. Bauru: EDUSC, 1999.

SILVA, Ricardo. *O contextualismo linguístico na história do pensamento político: Quentin Skinner e o debate metodológico contemporâneo.* Dados – Revista de Ciências Sociais, vol. 53, nº 2, 2010.

STAROBINSKI, Jean. *Ação e Reação: vida e aventuras de um casal.* Rio de Janeiro: Civilização Brasileira, 2002.

VOEGELIN, Eric. *A nova ciência da política.* 2ª edição. Tradução de José Viegas Filho. Brasília: Editora da UnB, 1982.

WEHLING, Arno. *A invenção da história: estudos sobre o historicismo.* 2ª. Edição. Rio de Janeiro, Editora Gama Filho, 2001.

WOLIN, Sheldon. *Politics and vision: continuity and innovation in Western political thought.* Princeton: Princeton University Press, 2004.

ZARKA, Yves Charles. Raison d'Etat. In: Philippe Raynaud e Stéphane Rials (dir.). *Dictionnaire de philosophie politique.* Paris: Presses Universitaires de France, 2003

2. Obras sobre o pensamento político europeu da Antiguidade ao Renascimento

2.1. Fontes primárias

AGOSTINHO. *Cidade de Deus.* 5ª edição. Lisboa, Calouste Gulbenkian, 2016.

AQUINO, Tomás de. *Escritos políticos.* Tradução de Francisco Benjamin de Souza Neto. Petrópolis: Vozes, 1995.

ARISTÓTELES, *Ética a Nicômaco.* Rio de Janeiro: Editora Atlas, 2009.

ARISTÓTELES. *Política.* Tradução de Adriano da Gama Kury. Brasília: Editora da UnB, 1997.

BOTERO, João. *Da razão de Estado.* Tradução de Raffaela Longobardi Ralha. Coordenação e introdução de Luís Reis Torgal. Lisboa: Instituto Nacional de Investigação Científica, 1992.

CÍCERO, Marco Túlio. *Da república.* Tradução de Amador Cisneiros. São Paulo: Atena Editora, 1957.

HERÓDOTO, *História.* 1º. Volume. Prefácio de Vitor de Azevedo e tradução de J. Brito Broca. Rio de Janeiro, W.M. Jackson Inc., 1964

MAQUIAVEL, Nicolau. *Comentários sobre a primeira década de Tito Lívio.* Tradução de Sérgio Bath. Brasília: Editora da UNB, 1994.

MAQUIAVEL, Nicolau. *O príncipe.* Tradução de M. J. Goldwasser. São Paulo: Martins Fontes, 2001.

PLATÃO. *A República*Tradução de Enrico Corvisieri. São Paulo, Editor Abril, 2000.

PLUTARCO. *Vidas paralelas.* Tradução de Gilson Cesar Cardoso. São Paulo, Paumape, 1995.

POLÍBIO. *História.* Tradução de Mario da Gama Kury. Brasília; Editora da UnB, 1996.

SUETÔNIO. *A vida dos doze Césares.* Tradução Pietro Nassetti. São Paulo, Ediouro, 2012.

TÁCITO. *Anais.* Tradução de J. L. Freire de Carvalho. Rio de Janeiro: Jackson Inc., 1957.

TITO LÍVIO. *História de Roma.* Tradução de Paulo Matos Peixoto. São Paulo, Paumape, 1989.

TUCÍDIDES. *História da guerra do Peloponeso.* Tradução de Mário Gama Cury. 3ª. Edição. Brasília, UnB, 1999.

2.2. Fontes secundárias

AUBENQUE, Pierre. *A prudência em Aristóteles.* Tradução de Marisa Lopes. 2ª edição. São Paulo: Paulus, 2008.

ATKINS, E. M. Cicero. In: Christopher Rowe e Malcolm Schofield (ed.). *The Cambridge History of Greek and Roman Political Thought.* 3ª edição. Cambridge University Press, 2007.

BAILLY, Auguste. *Jules César.* Paris : Arthème Fayard, 1932.

DAVID, Jean-Michel. *La république romaine de la deuxième guerre punique à la bataille d'Actium 218-31. Crise d'une aristocratie.* Paris: Seuil, 2000.

BIGNOTTO, Newton. *Origens do republicanismo moderno.* Belo Horizonte: Editora da UFMG, 2001.

BIGNOTTO, Newton. *Republicanismo e Realismo: um perfil de Francesco Guicciardini.* Belo Horizonte: UFMG, 2006.

BURKE, Peter. Tacitism, scepticism, and reason of State. In: J. H. Burns & Mark Goldie (ed.). *The Cambridge History of Political Thought* (1450-1700). Cambridge University Press, 2008.

CATTEEUW, L. *Réalisme et mythologie de la raison d'État.* Revue de Synthèse : tomo 130, 6ª série, nº 2, 2009.

GALLET, Jean. "Servitude". In : Lucien Bély (dir.). *Dictionnaire de l'Ancien Régime.* Paris : PUF, 1996.

GANSHOF, Fr. *Qu'est-ce que la féodalité?* 5ª edição. Paris: Librairie Jules Tallandier, 1982.

HAYES, Carlton J. H. & CLARK, Frederick F. *Medieval and early modern times.* New York and London: 1966.

JERPHAGNON, Lucien. *Histoire de la Rome antique: les armes et les mots.* 4ª edição. Paris: Fayard/Pluriel, 2010.

JERPHAGNON, Lucien. *Les divins Césars: idéologie et pouvoir dans la Rome impériale.* Paris: Fayard/Pluriel, 2010.

KANTOROWICZ, Ernst H. *Os dois corpos do rei. Um estado sobre teologia política medieval.* São Paulo: Companhia das Letras, 1998.

MARAVALL, José Antonio. *A cultura do barroco.* Prefácio de Guilherme Simões Gomes Jr. Tradução de Silvana Garcia. Revisão Técnica de João Adolfo Hansen. São Paulo: EDUSP, 2009.

MARQUES, Juliana Bastos. *Tradição e renovações da identidade romana em Tito Lívio e Tácito.* Rio de Janeiro: Apicuri, 2013.

MOREL, Henri. Absolutisme. In: Philippe Raynaud & Stéphane Rials (dir.). *Dictionnaire de philosophie politique.* Paris: Presses Universitaires de France, 2003.

MORRALL, John. *Aristóteles*. Tradução de Sérgio Duarte. Brasília : UnB, 2000.

PRÉLOT, Marcel. *Histoire des idées politiques*. Paris, Dalloz, 1959.

ROUX, Patrick. *Le Haut-Empire romain en Occident : d'Auguste aux Sévères*. Seuil: 1998.

SENELLART, Michel. *Machiavélisme et raison d'Etat – XIIe-XVIIIe siècle*. Paris: Presses Universitaires de France, 1989.

SENELLART, Michel. *As artes de governar: do* regimen *medieval ao conceito de governo*. Tradução de Paulo Neves. São Paulo : Editora 34, 2006.

SENELLART, Michel. *Machiavélisme et Staats-raison au XVIIIe. Siècle*. Revue de Synthèse: tomo 130, 6ª série, nº 2, 2009.

SKINNER, Quentin. *As fundações do pensamento político moderno*. Tradução de Renato Janine Ribeiro. São Paulo: Companhia das Letras, 1996.

SKINNER, Quentin. *Liberdade antes do liberalismo*. Tradução de Raul Fiker. São Paulo: UNESP, 1999.

TEIXEIRA, Felipe Charbel. *Timoneiros: retórica, prudência e história em Maquiavel e Guicciardini*. Belo Horizonte: UFMG, 2010.

TUCK, Richard. *Philosophy and government (1572-1651)*. Cambridge University Press, 1993.

WIEDEMANN, Thomas. Reflections of Roman political thought in Latin historical writing. In: Christopher Rowe e Malcolm Schofield (ed.). *The Cambridge History of Greek and Roman Political Thought*. 3ª edição. Cambridge University Press, 2007.

WOLFF, Francis. *Aristóteles e a política*. Tradução de Thereza Christina Ferreira Stummer e Lygia Araújo Watanabe. São Paulo: Discurso Editorial, 1999.

3. Obras sobre a história da Grã-Bretanha e do pensamento político britânico

3.1. Fontes primárias

BLACKSTONE, Sir William. *Commentaries on the Laws of England in Four Books*. Philadelphia: J.B. Lippincott Co, 1893.

BOLINGBROKE, Henry St. John, Visconde. *Political writings*. Editado por David Armitage. Cambridge University Press, 1997.

BURKE, Edmund. *Thoughts on the cause of the present discontents*. 1770.

BURKE, Edmund. *The works of the right honorable Edmund Burke*. Volume III. Oxford and London: Oxford University Press, 1906

BURKE, Edmund. *Further reflections on the Revolution in France.* Editado por Daniel Ritchie. Indianapolis, Liberty Fund, 1992.

BURKE, Edmund. *Pre-revolutionary writings.* Editado por Ian Haris. Cambridge University Press, 1993.

BURKE, Edmund. *Reflexões sobre a Revolução Francesa.* Tradução de Renato de Assunção Faria e outros. Brasília: UnB, 1997.

FILMER, Sir Robert. *Patriarcha and other writings.* Editado por Johann Sommerville. Cambridge: Cambridge University Press, 1991.

FILMER, Sir Robert. *Patriarcha, or the natural power of Kings.* Indianapolis, Liberty Fund Inc., 2004.

HARRINGTON, James. *The commonwealth of Oceana and A system of politics.* Cambridge University Press, 1992.

HOBBES, Thomas. *Leviathan.* Editado por Richard Tuck. Cambridge University Press, 1994.

HOBBES, Thomas. *Do cidadão ou Rudimentos de filosofia concernentes ao governo e à sociedade.* Tradução e apresentação de Renato Janine Ribeiro. São Paulo: Martins Fontes, 1998.

HOBBES, Thomas. *Behemoth ou O longo Parlamento.* Tradução de Eunice Ostrensky. Belo Horizonte: UFMG, 2014.

HUME, David. Investigação sobre o entendimento humano. In: George Berkeley & David Hume. *Tratado sobre os princípios do conhecimento humano; Três diálogos entre Hilas e Filonous em oposição aos céticos e ateus; Investigação sobre o entendimento humano; Ensaios morais, políticos e literários.* Traduções de Antônio Sérgio, Leonel Vallandro, João Paulo Gomes Monteiro e Armando Mora d'Oliveira. São Paulo: Editora Abril, 1984.

HUME, David. *Tratado da natureza humana: uma tentativa de introduzir o método experimental de raciocínio nos assuntos morais.* Tradução de Deborah Danowski. São Paulo: UNESP, 2002.

HUME, David. *Ensaios políticos.* Edição de Knud Haakonssen. Tradução de Pedro Pimenta. São Paulo: Martins Fontes, 2003.

KING JAMES VI and I. *Political writings.* Cambridge: Cambridge University Press, 1996.

LOCKE, John. *Dois tratados sobre o governo.* Tradução de Julio Fischer. São Paulo, Martins Fontes, 1998.

PRICE, Richard. *A discourse on the love of our country.* 2ª edição. London: T. Cadell, 1789.

PYM, John. On grievances in the reign of Charles I. In: William Jennings Bryan. *The World's Famous Orations.* Volume III. Funk and Wagnalls, 1906.

SIDNEY, Algernon. *Court maxims.* Cambridge University Press, 1996.

SIDNEY, Algernon. *Discourses concerning Government.* Indianapolis, Liberty Fund, 1996.

3.2. Fontes secundárias

ATHERTON, Ian. The press and popular political opinion. In: Barry Coward (ed.). *A companion to Stuart Britain.* London: Blackwell Publishing, 2003.

ARIENZO, Alessandro & PETRINA, Alessandra. eds. Machiavellian Encounters in: Tudor and Stuart England: literary and political influences from the Reformation to the Restoration. London: Routledge, 2012.

ARMITAGE, David. Introduction. In: Henry St. John, Viscount Bolingbroke. *Political writings.* Cambridge University Pres, 1997.

BAILYN, Bernard. *As origens ideológicas da Revolução americana.* Edição ampliada. Tradução de Cleide Rapucci. Bauru: EDUSC, 2003

BECKETT, J. V. & JONES, Clyve. The peerage and the House of Lords in the seventeenth and eighteenth centuries. In: Clyve Jones (edição). *A pillar of the Constitution: the house of lords in British politics.* London and Ronceverte: The Hambledon Press, 1989.

BEZIO, Kristin. *Staging power in Tudor and Stuart English History plays: History, political thought and the redefinition of sovereignty.* Burlington, VT: Ashgate, 2015.

BLACK, Jeremy. *Walpole in power.* Gloucestershire, Sutton Publishing, 2001.

BLACK, Jeremy. *George III: America's last king.* New Haven and London: Yale University Press, 2008.

BLOCK, Joseph S. The rise of the Tudor State. In: Robert Tittler & Norman Jones. *A companion to Tudor Britain.* London: Blackwell Publishing, 2004.

BORD, Joe. *Science and whig manners: science and political style in Britain, c. 1790-1850.* Palgrave MacMillan, 2009.

BOURDIN, Bernard. Le traité des libres monarchies de Jacques VI d'Écosse: la monarchie au service de la république. In: Yves Charles Zarka (dir.). *Monarchie et république au XVIIe siècle.* Paris, Presses Universitaires de France, 2007.

BRADDICK, Michael J. The rise of the fiscal State. In: Barry Coward (ed.). *A companion to Stuart Britain.* London: Blackwell Publishing, 2003.

BRIGGS, Asa. *A social history of England.* London: Penguin Books, 1985.

BURGESS, Glenn. Tyrants, absolute kings, arbitrary rulers and the commonwealth of England: some reflections on seventeenth-century English political vocabulary. In: Cesare Cuttica & Glenn Burgess (org.). *Monarchism and absolutism in early modern Europe.* London and New York: Routledge, 2012.

CHAVURA, Stephen A. *Tudor protestant political thought, 1547-1603*. Leiden/Boston: Brill, 2011.

COLLINS, Jeffrey. *The allegiance of Thomas Hobbes*. Oxford University Press, 2005.

CRAIG, David. Burke and the Constitution. In: David Dwan & Christopher J. Insole. *The Cambridge Companion to Edmund Burke*. Cambridge University Press, 2012.

CUTTICA, Cesare. An absolutist trio in the early 1630s: Sir Robert Filmer, Jean--Louis Guez de Balzac, Cardin Le Bret and theirs models of monarchical power. In: Cesare Cuttica & Glenn Burgess (org.). *Monarchism and absolutism in early modern Europe*. London and New York: Routledge, 2012.

DEAN, David. Elizabeth government and politics. In: Robert Tittler & Norman Jones. *A companion to Tudor Britain*. London: Blackwell Publishing, 2004.

DICKINSON, H. T. The British Constitution. In: H. T. Dickinson (org.). *A Companion to Eighteenth Century England*. London: Blackwell Publishers, 2002.

DOYLE, W. Absolute monarchy. In: Peter R. Campbell. *The Oxford Dictionary of the Ancién Régime*. Oxford, Oxford University Press, 2012.

DYER, Alan. Urban economy. In: Robert Titler & Norman Jones. *A companion to Tudor England*. London: Blackwell Publishing, 2004.

ECCLESHALL, R. *Order and reason in politics: theories of absolute and limited Monarchy in early modern England*. Oxford: 1978.

ELOFSON, W. M. *The Rockingham connection and the second founding of the Whig Party, 1768-1773*. McGill-Queen's University Press, 1996.

ELTON, Sir Geoffrey Rudolph Elton. *The Tudor Revolution in government: administrative changes in the reign of Henry VIII*. Cambridge University Press, 1953.

FALCÃO, Luís. *Algernon Sidney: um pensador republicano do século XVIII*. Niterói, EDUFF, 2019.

FALCÃO, Luís. *O pensamento político de James Harrington: maquiavelismo, republicanismo e inovação*. São Paulo, Editora UFABC, 2021.

GOLDIE, Mark. The English system of liberty. In: Mark Goldie & Robert Wokler (editores). *The Cambridge History of Eighteenth-Century Political Thought*. Cambridge University Press, 2008.

GOLDIE, Mark. English republicanism. In: J. H. Burns & Mark Goldie (ed.). *The Cambridge History of Political Thought (1450-1700)*. Cambridge University Press, 2008.

GRUMMITT, David. The establishment of the Tudor dynasty. In: Robert Tittler & Norman Jones. *A companion to Tudor Britain*. London: Blackwell Publishing, 2004

HAAKONSSEN, Knud. Hume's political theory. In: David Fate Norton & Jacqueline Taylor (editores). *The Cambridge Companion to Hume.* 2ª edição. Cambridge University Press, 2009.

HAMPSHER-MONK, Ian. From virtue to politeness. In: Quentin Skinner & Martin van Gelderen (ed.). *Republicanism: a shared European heritage. Volume I: Republicanism and constitutionalism in early modern Europe.* Cambridge University Press, 2002.

HAMPSHER-MONK, Iain. British radicalism and the anti-jacobines. In: Mark Goldie & Robert Wokler (editores). *The Cambridge History of Eighteenth-Century Political Thought.* Cambridge University Press, 2008.

HELLMUTH, Eckhart. The British State. In: H. T. Dickinson (org.). *A Companion to Eighteenth Century England.* London: Blackwell Publishers, 2002.

HILL, Brian. Parliament, parties and elections (1688-1760). In: H. T. Dickinson (org.). *A Companion to Eighteenth Century England.* London: Blackwell Publishers, 2002.

HILL, Christopher. *Origens intelectuais da Revolução inglesa.* Tradução de Jefferson Luís Camargo. São Paulo: Martins Fontes, 1992.

HOYLE, R. W. Rural economy and society. In: Robert Titler & Norman Jones. *A companion to Tudor England.* London: Blackwell Publishing, 2004.

HOWE, Daniel Walker. *What hath God wrought: the transformation of America, 1815-1848.* Oxford University Press, 2007

INSOLE. Christopher J. Burke and the natural law. In: David Dwan & Christopher J. Insole. *The Cambridge Companion to Edmund Burke.* Cambridge University Press: 2012.

JOHNSTON, Alexandra F. Tudor drama, theatre and society. In: Robert Titler & Norman Jones. *A companion to Tudor England.* London: Blackwell Publishing, 2004.

JONES, Clyve. 'Venice preserved; or A Plot discovered': the political and social context of the Peerage Bill of 1719. Mark Goldie & Robert Wokler (editores). *The Cambridge History of Eighteenth-Century Political Thought.* Cambridge University Press, 2008.

KRAMNICK, Isaac. *Bolingbroke and his circle: the politics of nostalgia in the age of Walpole.* Cambridge, Massachusetts: Harvard University Press, 1968.

LASLETT, Peter. Introdução. In: John Locke, *Dois tratados sobre o governo.* Tradução de Julio Fischer. São Paulo: Martins Fontes, 1998.

LEE, Stephen M. *Parliament, parties and elections (1760-1815).* In: H. T. Dickinson (org.). *A Companion to Eighteenth Century England.* London, Blackwell Publishers, 2002.

LESSAY, Franck. Hobbes et l'idée de république. In: Yves Charles Zarka (dir). *Monarchie et république au XVIIe siècle*. Paris: Presses Universitaires de France, 2007.

LEVINE, Joseph M. *The battle of the books: history and literature in the Augustan age*. Ihatca and London: Cornell University Press, 1999.

LURBE, Pierre. La conception de la république dans *Oceana* de James Harrington. In: Yves Charles Zarka (dir.). *Monarchie et république au XVIIe siècle*. Paris: Presses Universitaires de France, 2007.

MADDOX, Graham. Constitution. In: Terence Ball; James Farr e Russell Hanson (ed.). *Political innovation and conceptual change*. Cambridge: Cambridge University Press, 1989.

MANSFIELD, Harvey C. *Statesmanship and party government: a study of Burke and Bolingbroke*. Chicago and London: The University of Chicago Press, 2013 .

McCAHILL, Michael W. The House of Lords in the 1760s. In: Clyve Jones (edição). *A Pillar of the Constitution: the house of lords in British politics*. London and Ronceverte: The Hambledon Press, 1989.

MC CULLOCH, *Diarmaid. The consolidation of England 1485–1603. In: The Oxford illustrated History of Tudor and Stuart Britain. Oxford,* Oxford University Press, 1996.

MORLEY, John. *Burke*. London: Macmillan, 1888.

O'BRIEN, Conor Cruise. Introduction. In: Edmund Burke. *Reflections on the Revolution in Frances and on the proceedings in certain societies in London relative to that event*. Penguin Books, 1968.

O'BRIEN, Patrick Karl. Finance and taxation. In: H. T. Dickinson (org.). *A Companion to Eighteenth Century England*. London: Blackwell Publishers, 2002.

O'GORMAN, Frank. *The long eighteenth century: British political and social history*. London: Hodder Arnold, 1997.

OSTRENSKY, Eunice. *As revoluções do poder*. São Paulo: Alameda, 2005.

POCOCK, John. *The ancient constitution and the feudal law*. 2ª edição. Cambridge University Press, 1987.

POCOCK, John. *Virtue, commerce and history: essays on political thought and history, chiefly in the eighteenth century*. Cambridge University Press, 1985.

POCOCK, John. *Barbarism and religion. Volume 1: The Enlightenments of Edward Gibbon (1737-1764)*. New York: Cambridge University Press, 2003 [1999].

SCHWARTZ, Bernard. *O federalismo norte-americano*. Rio de Janeiro: Forense, 1984.

SHARP, Andrew (ed.). *The English levellers*. Cambridge University Press, 2004.

SKINNER, Quentin. Classical liberty and the coming of the English civil war. In: Quentin Skinner & Martin van Gelderen (ed.). *Republicanism: a shared European heritage. Volume I: Republicanism and constitutionalism in early modern Europe.* Cambridge University Press, 2002.

SMITH, David L. Politics in early Stuart Britain. In: Barry Coward (ed.). *A companion to Stuart Britain.* London: Blackwell Publishing, 2003.

SMITH, Nigel. *Literature and Revolution in England, 1640-1660.* New Haven:1994

SMUTS, Malcolm. Political thought in early Stuart Britain. In: Barry Coward (ed.). *A companion to Stuart Britain.* London: Blackwell Publishing, 2003.

SOMMERVILLE, Johann P. *Thomas Hobbes: political ideas in historical context.* The MacMillan Press, 1992.

SOMMERVILLE, Johann P. *Royalists and patriots: politics and ideology in England (1603-1640).* 2ª edição. London and New York: Routledge, 1999.

SOMMERVILLE, Johann P. Early modern absolutism in practice and theory. In: Cesare Cuttica & Glenn Burgess (org.). *Monarchism and absolutism in early modern Europe.* London and New York: Routledge, 2012.

STORING, Herbert. William Blackstone (1723-1780). In: Leo Strauss & Joseph Cropsey. *Historia de la filosofia política.* México: Fondo de Cultura Económica, 1996.

TULLY, James. Locke. In: J. H. Burns & Mark Goldie (ed). *The Cambridge History of political thought (1450-1700).* Cambridge University Press, 2008.

TULLY, James. Placing the "Two treatises". In: Nicholas Phillipson e Quentin Skinner (ed.). *Political discourses in early modern Britain.* Cambridge University Press, 1993.

WATTS, Donald. *Tories, unionists and conservatives, 1815-1914.* London: Hodder & Stoughton, 2002.

WILEY, James. *Theory and pratice in the philosophy of David Hume.* Palgrave MacMillan, 2012.

WOOD, Gordon. *The creation of the American Republic.* University of North Carolina Press, 1998.

WOORDEN, Blair. Republicanism, regicide and republic: the English experience. In: Quentin Skinner & Martin van Gelderen (ed.). *Republicanism: a shared European heritage. Volume I: Republicanism and constitutionalism in early modern Europe.* Cambridge University Press, 2002, p. 310-312.

WOOTTON, David. Leveller democracy and the Puritan Revolution. In: J. H. Burns & Mark Goldie (ed.). *The Cambridge History of Political Thought (1450-1700).* Cambridge University Press, 2008.

WOOTTON, David. Hume: "The historian". In: David Fate Norton & Jacqueline Taylor (editores). *The Cambridge Companion to Hume.* 2ª edição. Cambridge University Press, 2009.

ZARET, David. *Origins of democratic culture: printing, petitions and the public sphere in early modern England.* Princeton: 2000.

ZARKA, Yves Charles. John Milton: la république contre la monarchie. In: Yves Charles Zarka (dir.). *Monarchie et république au XVIIe siècle.* Paris: Presses Universitaires de France, 2007

4. Obras sobre a história da França e do pensamento político francês

4.1. Fontes primárias

BERGASSE, Nicolas. Rapport sur l'organisation du pouvoir judiciaire. In: François Furet & Ran Halévi (org.). *Orateurs de la Révolution française.* I – *Les constituants.* Paris: Gallimard, 1989 .

BODIN, Jean. *Les six livres de la République.* Edição e apresentação de Gérard Mairet. Paris: Le livre de poche, 1993.

BOSSUET, Jacques-Bénigne. *Politique tirée des propres paroles de l'Écriture sainte.* Edição crítica com introdução e notas por Jacques Le Brun. Genève: Librairie Droz, 1967.

CAPEFIGUE, Jean Baptiste Honoré Raymond de. *Histoire de la Réforme, de la Ligue et du Règne de Henri IV*, volumes 7-8. Paris: Dufey, 1835.

CHARRON, Pierre. *De la sagesse.* Tomo II. Paris: Rapilly, 1827 [1601].

CHATEAUBRIAND; François-René, visconde de. *Chateaubriand politique.* Textos escolhidos, apresentados e anotados por Jean-Paul Clément. Paris: Hachette, 1987

CLERMONT-TONNERRE, Stanislas Marie Adélaïde, Conde de. *Analyse raisonnée de la Constitution française décrétée par l'Assemblée nationale des années 1789, 1790 e 1791.* Paris: 1791.

CONDORCET; Jean-Antoine-Nicolas de Caritat, marquês de. *Esboço de um quadro histórico dos progressos do espírito humano.* Tradução de Carlos Alberto Ribeiro de Moura. Campinas: UNICAMP, 1993.

CONSTANT, Benjamin. *Cours de politique constitutionnelle.* 2ª edição. Prefácio de Édouard Laboulaye. Paris: 1861.

CONSTANT, Benjamin. *Das reações políticas.* In: Revista de História da Universidade de São Paulo (USP), nº 146, 2002.

CONSTANT, Benjamin. *De la force du gouvernement actuel de la France e de la nécessité de s'y rallier; Des réactions politiques; Des effets de la Terreur.* Préface et notes de Philippe Raynaud. Paris: Flammarion, 1988.

CONSTANT, Benjamin. *Escritos de política*. Tradução de Eduardo Brandão. Edição, introdução e notas de Célia Galvão Quirino. São Paulo: Martins Fontes, 2005

CONSTANT, Benjamin. *Œuvres politiques*. Introdução, notas e índice por Charles Louandre. Paris: Charpentier e& Cie., Libraires-Éditeurs, 1874.

CONSTANT, Benjamin. *De la liberté chez les modernes*. Paris: Librairie Générale Française, Pluriel, 1980.

CONSTANT, Benjamin. *Fragments d'un ouvrage abandonné sur la possibilité d'une Constitution républicaine dans un grand pays*. Edição estabelecida por Henri Grange. Paris: Aubier, 1991.

CONSTANT, Benjamin. *Da liberdade dos antigos: comparada à dos modernos*. Tradução de Loura Silveira. São Paulo: Revista de Filosofia Política 2, 1985.

CORMENIN, Louis Marie de la Haye, visconde de. *Entretiens de village*. 3ª edição. Paris: Pagnerre Éditeur, 1843.

COUSIN, Victor. *Du vrai, du beau et du bien*. 2ème édition. Paris, Didier Libraire Éditeur, 1853.

COUSIN, Victor. De la philosophie de l'histoire. In : Marcel Gauchet (dir). *Philosophie des sciences historiques : le moment romantique*. Paris, Seuil, 2002.

D'ANTRAIGUES, Emmanuel-Henri-Louis-Alexandre de Launay, Conde. Discours du Comte d'Antraigues à la Chambre de la Noblesse sur le caractère constitutif de la division des ordres. In: François Furet e Ran Halévi. *La monarchie républicaine: la Constitution de 1791*. Paris: Fayard, 1996.

D'ANTRAIGUES, Emmanuel-Henri-Louis-Alexandre de Launay, Conde. Sur la sanction royale. In: François Furet & Ran Halévi (org.). *Orateurs de la Révolution française. I – Les constituants*. Paris: Gallimard, 1989.

DELOLME, Jean-Louis. *The Constitution of England*. London: Revived Apollo Press, 1814.

DIDEROT, Denis (org.). *Encyclopédie ou Dictionnaire raisonné des sciences, des arts et des métiers*. Volume IX. Paris. Durand, 1762.

GUIZOT, François. *Du gouvernement de la France depuis la Restauration, et du ministère actuel*. 2ª edição. Paris: Librarie Française de l'Avocat, 1820.

GUIZOT, François. *Histoire de la civilisation en Europe: depuis la chute de l'Empire romain jusqu'à la Révolution française*. 6ª edição. Perrin et Cie, Libraires-Éditeurs, 1855.

GUIZOT, François. *Histoire de la Révolution en Angleterre (1625-1660)*. Paris: Éditions Robert Laffont, 1997.

GUIZOT, François. *Historie de la civilisation en Europe*. In: Marcel Gauchet (dir). *Philosophie des sciences historiques : le moment romantique*. Paris, Seuil, 2002.

HELVÉTIUS, Claude-Adrien. Do espírito. Tradução de Mary Amazonas Leite de Barros e Hélio Leite de Barros. In: Étienne Bonnot Condillac; Claude-Adrien Helvétius & Marie-Joseph Degerando. *Textos escolhidos: Tratado dos sistemas; Resumo selecionado do Tratado das sensações; Lógica; A língua os cálculos; Cartas de Helvétius sobre O espírito das leis; Do espírito; e Dos signos e da arte de pensar.* Diversos tradutores. 1ª edição. São Paulo: Editora Abril, 1973.

LALLY-TOLLENDAL, Trophime Gérard, Conde de. Premier discours sur la déclaration des droits de l'Homme. In: François Furet & Ran Halévi (org.). *Orateurs de la Révolution française.* I – *Les constituants.* Paris: Gallimard, 1989.

LALLY-TOLLENDAL, Trophime Gérard, Conde de. Premier discours sur l'organisation du pouvoir législatif et la sanction royale. In: François Furet & Ran Halévi (org.). *Orateurs de la Révolution française. I – Les constituants.* Paris: Gallimard, 1989.

LANJUINAIS; Jean-Denis, Conde de. Constitutions de la Nation française. In: *Œuvres de J.-D. Lanjuinais, pair de France, membre de l'Institute, etc., avec une notice biographique, par Victor Lanjuinais.* Tome deuxième. Paris: Dondey-Dupré Père et Fils, Imprim. Libraires, 1832.

LOUIS XIV. *Mémoires pour l'instruction du Dauphin.* Apresentação de Pierre Goubert. Paris: Imprimerie Nationale, 1992.

MABLY, Gabriel Bonnot, Abbé de. *Des droits et devoirs du citoyen.* Paris: 1789.

MALLET DU PAN, Jacques. *Sur l'ouvrage de J. L. Delolme sur la Constitution de l'Angleterre.* Paris: 1789.

MALOUET, Pierre-Victor. Discours de Malouet sur la sanction royale. In: François Furet & Ran Halévi. *La monarchie républicaine – la Constitution de 1791.* Paris: Fayard, 1994.

MALOUET, Pierre-Victor. Sur la déclaration des droits de l'Homme. In: François Furet & Ran Halévi (org.). *Orateurs de la Révolution française.* I – *Les constituants.* Paris: Gallimard, 1989.

MILTON, John. *Political writings.* Cambridge University Press, 1991.

MIRABEAU, Honoré Gabriel Riqueti, Conde de. Discours de Mirabeau sur le droit de veto. In: François Furet & Ran Halévi. *La monarchie républicaine: la Constitution de 1791.* Paris: Fayard, 1996, p. 368. Idem. Sur Le droit de veto. In: François Furet & Ran Halévi (org.). *Orateurs de la Révolution française. I – Les constituants.* Paris: Gallimard, 1989.

MIRABEAU, Honoré Gabriel Riqueti, Conde de. Discours sur la sanction royale aux décrets des 4 et 11 août. In: François Furet & Ran Halévi (org.). *Orateurs de la Révolution française. I – Les constituants.* Paris: Gallimard, 1989.

MIRABEAU, Honoré Gabriel Riqueti, Conde de. Second discours sur la dénomination de l'Assemblée. In: François Furet & Ran Halévi (org.). *Orateurs de la Révolution française. I – Les constituants.* Paris: Gallimard, 1989.

MIRABEAU, Honoré Gabriel Riqueti, Conde de (1989). Sur la déclaration des droits de l'Homme, I. In: François Furet & Ran Halévi (org). *Orateurs de la Révolution française.* I – *Les constituants.* Paris: Gallimard, 1989.

MIRABEAU, Honoré Gabriel Riqueti, Conde de. Sur la dénomination de l'assemblée, I. In: François Furet & Ran Halévi (org.). *Orateurs de la Révolution française. I – Les constituants.* Paris: Gallimard, 1989.

MONTAIGNE, Michel de. *Ensaios.* Tradução de Sérgio Milliet. Volume I. São Paulo: Nova Cultural, 1987.

MONTESQUIEU, Charles-Louis de Secondat, Barão de la Brède et de. *Do espírito das leis.* Introdução e Notas de Gonzague Truc. Tradução de Fernando Henrique Cardoso e Leôncio Martins Rodrigues. São Paulo: Abril Cultural, 1979.

MOUNIER, Jean-Joseph. Sur la Constitution. In: François Furet & Ran Halévi (org.). *Orateurs de la Révolution française. I – Les constituants.* Paris: Gallimard, 1989.

MOUNIER, Jean-Joseph. Sur la sanction royale. In: François Furet & Ran HALÉVI (org.). *Orateurs de la Révolution française. I – Les Constituants.* Paris: Gallimard, 1989.

NAPOLEÃO. *Opiniões políticas.* Tradução de Osório Borba. Rio de Janeiro: América Editora, 1957.

NAUDÉ, Gabriel. *Considérations politiques sur les coups d'État.* Paris: 1667.

QUESNAY, François. *Economia.* Organização e introdução de Rolf Kuntz. Tradução de Mary M. De C. Neves e outros. São Paulo: Editora Ática, 1984.

RAYNAL; Guillaume-Thomas François. *A revolução da América.* Tradução de Regina Clara Simões Lopes. Rio de Janeiro: Arquivo Nacional, 1993.

RAYNAL, Guillaume-Thomas François. *O estabelecimento dos portugueses na América.* Prefácio de Berenice Cavalcanti. Rio de Janeiro: Arquivo Nacional, 1998.

RICHELIEU, Armand-Jean du Plessis, cardeal e duque de. *Testamento Político.* São Paulo: Atena Editora, 1959.

ROBESPIERRE, Maximilian de. *Discursos e relatórios da Convenção.* Tradução de Maria Helena Franco Martins. Rio de Janeiro: Contraponto, 1999.

ROUSSEAU. *Do contrato social*, op. cit., p. 226. Idem. *Considerações sobre o governo da Polônia e sua reforma projetada.* Tradução de Luiz Roberto Salinas Fortes. São Paulo: Brasiliense, 1982.

ROUSSEAU, Jean-Jacques. *Do contrato social.* Tradução de Lourdes Santos Machado. São Paulo: Nova Cultural, 1997.

SAINT-PIERRE, Jacques-Henri Bernardin de. *Œuvres complètes*. Nova edição revista, corrigida e aumentada. Paris: P. Dupont Libraire, tome 11, 1819.

SIEYÈS, Emmanuel-Joseph. *A constituinte burguesa*. 4ª edição. Organização e introdução de Aurélio Wander Bastos. Prefacio de José Ribas Vieira. Tradução de Norma Azevedo. Rio de Janeiro: Lumen Juris, 2001.

SIEYÈS, Emmanuel-Joseph. Dire de l'abbé Sieyès sur la question du veto royal. In: François Furet & Ran Halévi. *La monarchie républicaine: la Constitution de 1791*. Paris: Fayard, 1996.

SIEYÈS, Emmanuel-Joseph. *Escritos y discursos de la Révolution*. Edição, tradução e notas de Ramón Maiz. Madrid: Centro de Estudios Constitucionales, 1990.

STÄEL, Germaine de. *Considérations sur la Révolution française*. Paris, Tallandier, 1983.

THOURET, Jacques Guillaume. Discours de Thouret sur la réorganisation du pouvoir judiciaire. In: François Furet & Ran Halévi. *La monarchie républicaine: la Constitution de 1791*. Paris: Fayard, 1996.

VOLTAIRE, François-Marie Arouet. *Political writings*. Cambridge University Press, 1994.

VOLTAIRE, François-Marie Arouet. *Comentários políticos*. Tradução de Antônio de Pádua Danesi. São Paulo: Martins Fontes, 2001.

VOLTAIRE, François-Marie Arouet. *Le siècle de Louis XIV*. Paris: Gallimard, 2016.

4.2. Fontes secundárias:

ASSOUN, Paul-Laurent. Boulainvilliers, Henri de, 1658-1711. Cartas sobre os parlamentos. In: François Châtelet, Olivier Duhamel & Evelyne Pysier (ed.). *Dicionário de obras políticas*. Traduzido por Glória de C. Lins e Manoel Ferreira Paulino. Rio de Janeiro: Civilização Brasileira, 1993.

BAKER, Keith Michael. Constituição. In: François Furet e Mona Ozouf. *Dicionário crítico da Revolução Francesa*. Tradução de Henrique de Araújo Mesquita. 1ª Edição. Rio de Janeiro: Nova Fronteira, 1989.

BAKER, Keith Michael. *Inventing the French revolution: essays on the French political culture in the eighteenth century*. Cambridge University Press, 1990.

BARBERIS, Mauro. Os limites do poder: a contribuição francesa. In: DUSO, Giuseppe (org.). *História da filosofia política moderna*. Tradução de Andrea Ciacchi, Lissia da Cruz e Silva e Giuseppe Tosi. Petrópolis: Vozes, 2005.

BREDIN, Jean-Denis. *Sieyès: la clé de la Révolution française*. Paris: Éditions de Fallois, 1988.

CARCASSONNE, Ély. *Montesquieu et le problème de la Constitution Française au XVIIIe siècle.* Genève: Slatkine Repronts, 1978.

CASSIMIRO, Paulo Henrique Paschoeto. *A liberdade na república dos modernos: teoria e história do liberalismo político francês (1789-1848).* Rio de Janeiro, EDUERJ, 2020.

DUPUY, Roger & MORABITO, Marcel. *1795: Pour une république sans révolution.* Rennes: Presses Universitaires de Rennes, 1996.

FRELLER, Felipe. *Quando é preciso decidir: Benjamin Constant e o problema do arbítrio.* Curitiba, Appris, 2021.

FURET, François. *La Révolution française: de Turgot à Napoléon (1770-1815).* Paris: Hachette, 1988.

FURET, François. Feudalidade. In: François Furet e Mona Ozouf. *Dicionário crítico da Revolução Francesa.* Tradução de Henrique de Araújo Mesquita. 1ª Edição. Rio de janeiro: Nova Fronteira, 1989.

FURET, François. Noite de 4 de agosto. In: François Furet e Mona Ozouf. *Dicionário crítico da Revolução Francesa.* Tradução de Henrique de Araújo Mesquita. 1ª Edição. Rio de janeiro: Nova Fronteira, 1989.

FURET, François. Terror. In: François Furet e Mona Ozouf. *Dicionário crítico da Revolução Francesa.* Tradução de Henrique de Araújo Mesquita. 1ª Edição. Rio de Janeiro: Nova Fronteira, 1989.

FURET, François. *Oficina da história.* Lisboa: Editora Gradiva, 1990.

GAUCHET, Marcel. L'illusion lucide du libéralisme. In: Benjamin Constant. *De la liberté chez les modernes.* Paris: Librairie Générale Française, Pluriel, 1980.

GAUCHET. *La révolution des pouvoirs: la souveraineté, le peuple et la représentation 1789-1799.* Paris: Gallimard, 1995.

GAUCHET, Marcel. Notes. In: *Benjamin Constant. Écrits politiques.* Paris: Librairie Générale Française, Pluriel, 1997.

GIRARD, Louis. *Les libéraux français 1814-1875.* Paris: Aubier, 1985.

GOULART, Alexandre Beraldo. *História e resistência: o pensamento político de François Hotman e Théodore de Bèze.* Dissertação de mestrado defendida no Programa de Pós-Graduação em Ciência Política do Instituto de Estudos Sociais e Políticos da Universidade do Estado do Rio de Janeiro (IESP-UERJ). Rio de Janeiro: IESP-UERJ, 2017.

GRIFFITHS, Robert. *Le centre perdu: Malouet et les monarchiens dans la Révolution française.* Grenoble, Presses Universitaires de Grenoble, 1988.

GUENIFFEY, Patrice. *Le nombre et la raison: la Révolution française et les élections.* Prefácio de François Furet. Paris: École des Hautes Études en Sciences Sociales, 1993.

GUENIFFEY, Patrice. *La politique de la Terreur: essai sur la violence révolutionnaire – 1789-1794*. Paris: Fayard, 2000.

LENTZ, Thierry (Int.). *La proclamation du Premier Empire ou Recueil des pièces et actes relatifs à l'établissement du gouvernement impérial héréditaire, imprimé par ordre du Sénat conservateur*. Paris: Nouveau Monde Éditions, 2002.

MORABITO, Marcel. Les nouveautés constitutionnelles de l'an III. In: Roger Dupuy e Marcel Morabito (dir.) *1795: pour une République sans révolution*. Rennes, Presses Universitaires de Rennes, 1996.

MORILHAT, Claude. *Montesquieu: politique et richesses*. Paris: PUF, 1996.

NORA, Pierre. República. In: François Furet e Mona Ozouf. *Dicionário crítico da Revolução Francesa*. Tradução de Henrique de Araújo Mesquita, 1ª edição. Rio de Janeiro: Nova Fronteira, 1989.

JARDIN, André. *Historia del liberalismo político: de la crisis del absolutismo a la Constitución de 1875*. 2ª ed. México: Fondo de Cultura Económica, 1998.

JASMIN, Marcelo Gantus. *Alexis de Tocqueville: a historiografia como ciência da política*. Rio de Janeiro: Access, 1997.

JAUME, Lucien. *L'individu effacé ou le paradoxe du libéralisme français*. Paris: Fayard, 1997.

JAUME, Lucien. *Tocqueville: les sources aristocratiques de la liberté*. Paris: Fayard, 2008.

LADURIE, Emmanuel Le Roy. *L'État Royal. De Louis XI à Henri IV. La monarchie de la Renaissance (1460-1610)*. Paris: Hachette, 1987.

LADURIE, Emmanuel Le Roy. *L'Ancién Régime: l'absolutisme en vraie grandeur (1610-1715)*. Tomo I. Paris: Hachette, 1991.

LADURIE, Emmanuel Le Roy. *L'Ancién Régime: de Louis XIII à Louis XV (1610-1770). Volume II: l'absolutisme bien temperé (1715-1770)*. Paris: Hachette, 2002.

LAQUIÈZE, Alain. *Les origines du régime parlementaire en France (1814-1848)*. Paris: PUF, 2002.

LOPES, Marcos Antonio. *Voltaire político: espelhos de príncipes de um novo tempo*. São Paulo: UNESP, 2004.

PHILONEIKO, Alexis. Bossuet, Jacques-Bénigne, 1627-1704. Política tirada da Sagrada Escritura. In: François Châtelet, Olivier Duhamel & Evelyne Pysier (ed.). *Dicionário de obras políticas*. Traduzido por Glória de C. Lins e Manoel Ferreira Paulino. Rio de Janeiro: Civilização Brasileira, 1993.

PHILONENKO, Alexis. Fénelon, François de Salignac de la Mothe, 1651-1715. Telêmaco. In: François Châtelet, Olivier Duhamel & Evelyne Pysier (ed.). *Dicionário de obras políticas*. Traduzido por Glória de C. Lins e Manoel Ferreira Paulino. Rio de Janeiro: Civilização Brasileira, 1993.

RÉMOND, René. *Les droites en France*. Paris: Aubier, 1982.

RIALS, Stéphane. *Textes constitutionnels français.* 17ª edição. Paris: Presses Universitaires de France, 2002.

ROSANVALLON, Pierre. *Le moment Guizot.* Paris, Gallimard, 1985.

ROSANVALLON, Pierre. *La monarchie impossible: les Chartes de 1814 et 1830.* Paris: Librarie Arthème Fayard, 1994.

ROSANVALLON, Pierre. *La démocratie inachevée: histoire de la souveraineté du peuple en France.* Paris: Gallimard, 2000.

SONENSCHER, Michael. Republicanism, State finances and the emergence of commercial society in Eighteenth Century France – or from royal to ancient republicanism and back. In: Quentin Skinner & Martin van Gelderen (ed.). *Republicanism: a shared European heritage. Volume I: Republicanism and constitutionalism in early modern Europe.* Cambridge University Press, 2002.

SPECTOR, Cèline. *Montesquieu: liberté, droit et histoire.* Paris: Michalon Éditions, 2010.

STAROBINSKI, Jean. *Montesquieu.* Tradução de Tomás Rosa Bueno. São Paulo: Companhia das Letras, 1990.

THUAU, Étienne. *Raison d'État et pensée politique à l'époque de Richelieu.* Paris, Alban Michel, 2000 [1966].

TOMASELLI, Sylvana. The spirit of nations. In: Mark Goldie & Robert Wokler (editores). *The Cambridge History of Eighteenth-Century Political Thought.* Cambridge University Press, 2008.

VERDIER, Nicolas. "Les relations entre histoire et géographie en France : tensions, controverses et accalmies". Storica, 2009, 40, pp.65-114.

WARESQUIEL, Emmanuel de & YVERT, Benoît. *Histoire de la Restauration, 1814-1830: naissance de la France moderne.* Paris: Editions Perrin, 2002.

WILLIAMS, David. Introduction. In: Voltaire. *Political writings.* Cambridge University Press, 1994.

WRIGHT, Johnson Kent. The idea of a republican Constitution in Old Régime France. In: Martin van Gelderen & Quentin Skinner (ed.). *Republicanism: a shared European heritage.* New York: Cambridge Univ. Press, 2002.

4. Obras sobre a história e o pensamento político do mundo hispânico

4.1. Fontes primárias

BOLÍVAR, Simon. *Los projectos constitucionales del Libertador.* Caracas: Congresso da República, 1983.

MARIANA, Juan de. *La dignidad real y la educación del rey.* Madrid: Centro de Estudios Constitucionales, 1981.

SUÁREZ, Francisco. *Defesa da fé católica.* São Paulo: Editora Concreta, 2015.

SUÁREZ, Francisco. *Tratado de las leyes y de Dios legislador.* Madrid: Instituto de Estudios Políticos, 1968.

4.2. Fontes secundárias

AGRA, Juan Olabarría. Moderado. In: Javier Fernández Sebastián e Juan Francisco Fuentes (dir.). *Diccionario político e social del siglo XIX español.* Madrid: Alianza Editorial, 2003.

ANNA, Timothy. A independência do México e da América central. In: Leslie Bethell (org.). *História da América latina. Da independência a 1870.* Volume III. Tradução de Maria Clara Cescato. São Paulo: EDUSP, 2001.

BARROS ARAÑA, Diego. *Historia general de Chile.* 2ª ed. Santiago: Editorial Universitaria, 2000.

BOTANA, Natalio R. *El orden conservador: la política argentina entre 1880-1916.* 5ª Edição. Buenos Aires, Editorial Sudamericana, 1998.

BOTANA, Natalio R. *Repúblicas y Monarquías.* Buenos Aires, Edhasa, 2016.

BRAHM GARCÍA, Enrique. *Mariano Egaña: derecho y política en la fundación de la república conservadora.* Santiago: Centro de Estudios Bicentenario, 2007.

BUSHNELL, David. *Colombia: una nación a pesar de si misma.* 21ª edição. Bogotá: Editorial Planeta, 2007.

CAMPOS HERRIET, Fernando. *Historia constitucional de Chile.* 3ª ed. Santiago: Editorial Jurídica de Chile, 1963.

CARMAGNANI, Marcello (2011). *El otro Occidente: América Latina desde la invasión europea hasta la globalización.* Trad. De Jaime Riewra Rehren, 2ª edição. México: FCE, Colmex, 2011

CIERVA, Ricardo de la. *Historia total de España: del hombre de Altamira al Rey Juan Carlos.* Madrid : Editorial Fenix, 2001.

DUBOIS, Laurent. *Avengers of the New World : the story of the Haitian Revolution.* Harvard University Press, 2009.

EDWARD VIVES, Alberto. *La fronda aristocrática: história política de Chile.* Santiago: Editorial Del Pacífico, 1945.

EYZAGUIRE, Jaime. *Historia de las instituciones políticas y sociales de Chile.* 17ª edição. Santiago: Editorial Universitária, 2007.

FERNÁNDEZ SEBASTIÁN, Javier (dir.). *Diccionario político y social del mundo ibero-americano la era de las revoluciones, 1750-1850.* Tomo I. Madrid, Centro de Estudios Políticos y Constitucionales, 2009.

FERNANDEZ SEBASTIÁN, Javier. Liberalismo em Espãna (1810-1850). La construcción de un concepto y la forja de una identidad política. In: Javier Fernández Sebástian (coord.). *La aurora de la liberdad: los primeros liberalismos en el mundo iberoamericano.* Madrid: Marcial Pons, 2012.

FERNÁNDEZ SEBASTIÁN, Javier (dir.). *Diccionario político y social del mundo ibero-americano: la era de las revoluciones, 1770-1870.* Tomo II. Madrid: Fundación Carolina Sociedad Estatal de Conmemoraciones Culturales Centro de Estudios Políticos y Constitucionales 2014.

GARGARELLA, Roberto. *Los fundamentos legales de la oordenadore: el constitucionalismo en América (1776-1860).* Buenos Aires: Siglo XXI Editora Iberoamericana, 2008.

GUERRA, François-Xavier. *Le Mexique : de l'Ancien Régime à la Révolution.* Paris: L'Harmattan, 1985.

GUERRA, François-Xavier. *Modernidad y independências.* Madrid, Ediciones Encuentro, 2009.

LEAL CURIEL, Carole. De los muchos, uno: el federalismo en el espacio iberoamericano. In: Javier Fernandez Sebástian (dir.). *Diccionario político y social del mundo iberoamericano.* Tomo I. Madrid: Centro de Estudios Políticos y Constitucionales, 2009.

LIRA, Bernardino Bravo. *El absolutismo ilustrado em Hispanoamérica: Chile (1760-1860) de Carlos III a Portales y Montt.* Santiago: Universitária, 1992.

LOVEMAN, Brian. *The constitution of tyranny: regimes of exception in Spanish America.* Pittsburgh: Pittsburgh University Press, 1993.

LYNCH, Christian Edward Cyril. "O Sattelzeit diferido da América Ibérica". História do Direito: RHD, Curitiba, v. 1, nº 1, p. 387-402, jul-dez de 2020.

LYNCH, John. As origens da independência da América espanhola. In: Leslie Bethell (org.). *História da América latina. Da independência a 1870.* Volume III. Tradução de Maria Clara Cescato. São Paulo: EDUSP, 2001.

NEGRETTO, Gabriel L. Repensando el republicanismo liberal en América Latina: Alberdi y la Constitución Argentina de 1853. In: José Antonio Aguilar y Rafael Rojas (coordenadores), *El republicanismo en Hispanoamérica: ensayos de historia intelectual y política.* México DF, Fondo de Cultura Económica, 2002.

PAQUETTE, Gabriel (ed.). *Enlightened reform in southern Europe and its Atlantic colonies c. 1750-1830.* London and New York, Routledge, 2016.

PORTILLO VALDÉS, José Maria. Constitución – introducción. In: José Fernandez Sebástian (dir.). *Diccionario político y social del mundo iberoamericano.* Tomo I. Madrid: Centro de Estudios Políticos y Constitucionales, 2009.

PORTILLO VALDÈS, José Maria. *Historia mínima del constitucionalismo en América Latina*. México: DF, El Colegio de México, 2016.

ROMERO, José Luis (org.). *Pensamiento conservador*. Caracas: Biblioteca Ayacucho, 1978.

ROUQUIÉ, Alain. *O extremo Ocidente: introdução à América Latina*. Tradução de Mary Amazonas de Barros. São Paulo: Editora da USP, 1991.

SAFFORD, Frank. Política, ideologia e sociedade na América Espanhola do pós-independência. In: Leslie Bethell (org.). *História da América Latina, Volume III: Da independência a 1870*. Tradução de Maria Clara Cescato. São Paulo: EDUSP, 2001

SAN FRANCISCO, Alejandro. *La guerra civil de 1891: la irrupción política de los militares en Chile*. Santiago: Centro de Estudios Bicentenário, 2007.

SAN FRANCISCO, Alejandro; MOYANO, Cristina. El liberalismo en Chile em el siglo XIX: la formación del concepto, su trayectoria y sus dimensiones. In: FERNANDEZ SEBASTIAN, Javier. *La aurora de la libertad: los primeros liberalismos em el mundo iberoamericano*. Madrid: Marcial Pons Historia, 2012

SIMON, Joshua. *The ideology of creole revolution : imperialism and independence in American and Latin American Political Thought*. New York, Cambridge University Press, 2017.

SUANZES CARPEGNA, Joaquín Varela. *Política y Constitución en España*. Madrid: Centro de Estudios Políticos y Constitucionales, 2007.

VILLALOBOS, Sérgio; SILVA G., Osvaldo; SILVA, Fernando. *História do Chile*. 24ª ed. Santiago: Editorial Universitária, 2004

5. Obras sobre a história de Portugal e do pensamento político luso-brasileiro

5.1. Fontes primárias:

ALVERNE, Frei Francisco do Monte. *Obras oratórias*. Nova edição. Tomo segundo. Rio de Janeiro: Garnier, 1908.

ANÔNIMO. *Exame analítico-crítico da solução da questão: o Rei e a Família Real de Bragança devem, nas circunstâncias presentes, voltar a Portugal ou ficar no Brasil?* Rio de Janeiro: 1821.

ANÔNIMO. Reflexões sobre a necessidade de promover a união dos Estados de que consta o Reino Unido de Portugal, Brasil e Algarves nas quatro partes do mundo. Lisboa: Tipografia de Antônio Rodrigues Galhardo, 1822, p. 4. In: Raymundo Faoro (int.). *O debate político no processo da Independência*. Rio de Janeiro, Conselho Federal de Cultura, 1974.

ANTONIL, André João. *Cultura e opulência do Brasil.* 3ª edição. Belo Horizonte: Itatiaia,1982.

ASSUMAR; dom Pedro Miguel de Almeida Portugal e Vasconcelos, conde de. *Discurso histórico e político sobre a sublevação que nas Minas houve no ano de 1720.* Estabelecimento do texto e notas por Laura de Mello e Souza. Belo Horizonte: Fundação João Pinheiro, 1994.

BLUTEAU, Rafael. *Vocabulário português e latino, áulico... autorizado com exemplos dos melhores escritores portugueses e latinos, e oferecido a El-Rei de Portugal, D. João V.* Coimbra: Colégio das Artes da Companhia de Jesus; Lisboa: José Antônio da Silva, 1713.

BLUTEAU, Rafael. *Vocabulário português e latino, áulico, anatômico, arquitetônico etc.* Coimbra: Colégio das Artes da Companhia de Jesus, 1728.

BLUTEAU, Rafael. *Dicionário da língua portuguesa composto pelo Padre D. Rafael Bluteau, reformado e acrescentado por Antonio de Moraes Silva, natural do Rio de Janeiro.* Tomo segundo. Lisboa: Simão Tadeu Ferreira, 1789.

BRANDÃO, Ambrósio Fernandes. *Diálogo das grandezas do Brasil.* São Paulo: Editora Melhoramentos, 1977.

CAIRU; José da Silva Lisboa, visconde de. *Visconde de Cairu.* Introdução de Antônio Penalves Rocha. São Paulo: Editora 34, 2001.

COSTA, Hipólito José. *Antologia do Correio Brasiliense.* Organização e seleção de Barbosa Lima Sobrinho. Rio de Janeiro: Editora Cátedra, 1977.

COSTA, João Severiano Maciel da. *Memória sobre a necessidade de abolir a introdução dos escravos africanos no Brasil; sobre o modo e condições com que esta abolição se deve fazer; e sobre os meios de remediar a falta de braços que ela pode ocasionar.* Coimbra: Imprensa da Universidade, 1821.

COUTINHO, José Joaquim da Cunha de Azeredo. *Obras econômicas de Azeredo Coutinho (1794-1804).* São Paulo: Companhia Editora Nacional, 1966.

CUNHA, Luís da. *Testamento político ou Carta escrita pelo grande D. Luís da Cunha ao Senhor Rei D. José I antes de seu governo, o qual foi do Conselho dos Senhores D. Pedro II e D. João V, e seu Embaixador às cortes de Viena, Haia e de Paris, onde morreu em 1749.* Introdução de Nanci Leonzo. São Paulo: Alfa Ômega, 1976.

GÂNDAVO, Pero de Magalhães. *Tratado da terra do Brasil.* Brasília: Senado Federal, 2008.

GONZAGA, Tomás Antônio. *Tratado de direito natural.* São Paulo: Martins Fontes, 2010.

GONZAGA, Tomás Antônio. *Cartas chilenas.* Universidade da Amazônia, Núcleo de Educação à Distância, 2017.

GOUVEIA, Francisco Velasco. *Justa aclamação do sereníssimo rei de Portugal dom João IV.* Lisboa: Lourenço de Anveres, 1644.

HOMEM, Pedro Barbosa. *Discursos de la jurídica y verdadera razón de Estado.* Coimbra, Nicolao Carvalho, 1626.

LAVRADIO, Dom Luís de Almeida Portugal, Marquês do. *Cartas do Rio de Janeiro.* Rio de Janeiro: Instituto Estadual do Livro, 1978.

LISBOA, José da Silva. *Espírito de Vieira ou Seleta de pensamentos econômicos, políticos, morais e literários, com a biografia deste celebrado escritor.* Rio de Janeiro: Imprensa Régia, 1821.

LISBOA, José da Silva. *Estudos do bem comum e economia política ou Ciências das leis naturais e civis de animar e dirigir a geral indústria e promover a riqueza nacional.* Parte I. Rio de Janeiro: Tipografia Régia, 1819.

LISBOA, José da Silva. *Memória dos benefícios políticos do governo de El-Rei Nosso Senhor D. João VI.* Rio de Janeiro: Impressão Régia, 1818.

LISBOA, José da Silva. *Extratos das obras políticas e econômicas do grande Edmund Burke.* 2ª ed. mais correta. Lisboa: A Nova Impressão da Viúva Neves e Filho, 1822.

LISBOA, José da Silva. *Princípios de economia política.* Introdução histórica de Alceu Amoroso Lima. São Paulo: Pongetti, 1956.

MELO FRANCO, Francisco. *Reino da estupidez.* Belém do Pará: Núcleo de educação à distância, 2010.

MELO FREIRE, Pascoal José de. *Instituições de direito civil lusitano.* Tradução do latim de Miguel Pinto de Menezes, revista por Antônio Manuel Hespanha. Lisboa, Ministério da Justiça, 1966.

MENESES, Sebastião César de. Suma política oferecida ao príncipe Dom Teodósio de Portugal. In: Isócrates et al. *Conselhos aos governantes.* Brasília: Senado Federal, 1998.

PALMELA, Duque de. *Memórias do duque de Palmela.* Transcrição, prefácio e edição de Maria de Fátima Bonifácio. Lisboa: Dom Quixote, 2000.

PEREIRA, Nuno Marques. *Compêndio narrativo do peregrino da América, em que se tratam vários discursos espirituais e morais, com muitas advertências e documentos contra os abusos que se acham introduzidos pela malícia diabólica no Estado do Brasil.* Lisboa: Tipografia de Manuel Fernandes da Costa, 1728.

POMBAL, Sebastião de Carvalho e Melo, marquês de. *Memórias secretíssimas do marquês de Pombal e outros escritos.* Lisboa: Publicações Europa-América, 1984.

POMBAL, Marquês de. *Compêndio histórico da Universidade de Coimbra.* Apresentação de Manuel Ferreira Patrício. Prefácio de José Esteves Pereira. Introdução e coordenação de José Eduardo Franco e Sara Marques Pereira. Porto: Tipografia do Carvalho, 2008.

ROCHA PITA. *História da América portuguesa.* Bahia: Imprensa Econômica, 1878.

ROCHA PITA. *Tratado político.* Rio de Janeiro, Instituto Nacional do Livro, 1972.

SALVADOR, Frei Vicente do. *História do Brasil (1500-1627).* 4ª edição. São Paulo: Editora Melhoramentos, 1954.

SAMPAIO, Frei Antônio de. *Oração fúnebre que nas exéquias do muito alto, muito poderoso e fidelíssimo senhor D. José I, Rei de Portugal e dos Algarves, celebradas no convento de São Francisco da cidade da Bahia, recitou o padre Frei Antônio de Sampaio, natural da mesma cidade.* Lisboa: Régia Oficina Tipográfica, 1781.

SANCHES, António Nunes Ribeiro. *Dificuldades que tem um reino velho para emendar-se e outros textos. Seleção, apresentação e notas de Victor de Sá.* Lisboa: Livros Horizonte, 1980.

SANTOS, Luís Gonçalves dos. *Memórias para servir à história do reino do Brasil.* Rio de Janeiro: Livraria Editora Zélio Valverde, 1943.

SERRA, José Correia da. Discurso preliminar (1790). In: Flávia Varella; Maria da Glória de Oliveira; Rebeca Gontijo. *História e historiadores no Brasil: da América portuguesa ao Império do Brasil, c. 1730-1860.* Porto Alegre: EDIPUCRS, 2015.

SILVA, José de Seabra da. *Dedução cronológica e analítica. Parte primeira, na qual se manifestam pela sucessiva série de cada um dos reinados da monarquia portuguesa, que decorreram desde o governo do Senhor Rei D. João III até o presente, os horrorosos estragos, que a Companhia denominada de Jesus fez em Portugal, e todos seus domínios, por um plano e sistema por ela inalteravelmente seguido desde que entrou neste reino, até que foi dele proscrita, e expulsa pela justa, sábia e previdente lei de 3 de setembro de 1759.* Lisboa: Oficina de Miguel Manescal da Costa, 1767.

SILVA, Antonio de Moraes e. *Dicionário da língua portuguesa, recompilado dos vocabulários impressos até agora, e nesta segunda edição novamente emendado e muito acrescentado.* Lisboa: Tipografia Lacerdina, 1789.

SOUSA, Gabriel Soares de. *Tratado descritivo do Brasil em 1587.* São Paulo: Companhia Editora Nacional, 1938.

VASCONCELOS, Simão de. *Crônica da Companhia de Jesus do Estado do Brasil e dos que obraram seus filhos nesta parte do Novo Mundo, em que se trata da entrada da Companhia de Jesus nas partes do Brasil, dos fundamentos que nela lançaram e continuaram seus religiosos, e algumas notícias antecedentes, curiosas e necessárias das cousas naquele Estado.* Tomo primeiro (e único). Segunda edição, correta e aumentada. Volume I. Lisboa: Editor A. J. Fernandes Lopes, 1865.

VERNEY, Luís Antônio. *O verdadeiro método de estudar.* Volume III: estudos filosóficos. Organização de Antônio Salgado Jr. Lisboa: Livraria Sá da Costa, 1949.

VIEIRA, Antônio. *História do futuro.* São Paulo: Editora Formar, 1970.

VIEIRA, Antônio. *Escritos históricos e políticos.* 2ª edição. São Paulo: Martins Fontes, 2002.

VILHENA, Luís dos Santos. *Recopilação de notícias soteropolitanas e brasílicas.* Salvador: Imprensa Oficial, 1921.

VILHENA, Luís dos Santos. *Pensamentos políticos sobre a colônia.* Rio de Janeiro: Arquivo Nacional, 1987.

5.2. Fontes secundárias

ALMEIDA, Gustavo Kelly de. Um príncipe cristão e dissimulado: D. Duarte e o negócio do Brasil. In: Rodrigo Bentes Monteiro e Sandra Bagno (org.). *Maquiavel no Brasil: dos descobrimentos ao século XXI.* Rio de Janeiro: FGV Editora, 2015.

ALVIM, Gilmar Araújo. *Linguagens do poder no Portugal setecentista: um estudo a partir da Dedução cronológica e analítica (1767).* Dissertação de mestrado defendida no Programa de Pós-graduação em História da Universidade Federal Fluminense. Niterói: UFF, 2010.

BALHANA, Altiva Pilatti. A População. In: Maria Beatriz Nizza da Silva (org). *O Império Luso-Brasileiro.* Lisboa: Editorial Estampa, 1986.

BARBOZA FILHO, Rubem. *Tradição e artifício: iberismo e barroco na formação americana.* Belo Horizonte: Editora da UFMG, 2000.

BARBOZA FILHO, Rubem. *Barroco: nossa origem e singularidade.* Acervo, Rio de Janeiro: v. 19, nº 1-22, jan./dez. 2006.

BARRETO, José. "O discurso político falsamente atribuído ao marquês de Pombal". Revista História das Ideias, tomo 1. Coimbra, 1982, pp. 385-422.

BELCHIOR, Elysio de Oliveira. *As bases econômicas do Reino instalado na América.* Revista do Instituto Histórico e Geográfico Brasileiro, 168 (436), jul./set. 2007, p. 143.

BICALHO, Maria Fernanda Baptista. As câmaras ultramarinas e o governo do Império. In: João Fragoso; Maria Fernanda Bicalho e Maria de Fátima Gouvêa (org.). *O Antigo Regime nos trópicos: a dinâmica imperial portuguesa.* Rio de Janeiro: Civilização Brasileira, 2001.

BICALHO, Maria Fernanda. *Conquista, mercês e poder local: a nobreza da terra na América portuguesa e a cultura política do Antigo Regime.* Almanack Braziliense, nº 2, nov. 2005.

BONIFÁCIO, Maria de Fátima. *O século XIX português.* 2ª edição. Lisboa, ICS/Imprensa de Ciências Sociais, 2005.

BURBANK, Jane & COOPER, Frederick. Império, direitos e cidadania de 212 a 1946. In: Ângela Barreto Xavier & Cristina Nogueira da Silva (organizadoras).

O governo dos outros: poder e diferença no Império português. Lisboa: Imprensa de Ciências Sociais, 2016.

BUVALOVAS, Thaís. *Hipólito da Costa na Filadélfia (1798-1800)*. São Paulo: Hucitec, 2011.

CANNABARRO, Alice. A grande propriedade rural. In: Sérgio Buarque de Holanda (org.). *História geral da civilização brasileira*. Tomo I: A época colonial. Volume II: Administração, economia, sociedade. 6ª edição. São Paulo: Editora Difel, 1985.

CARDIM, Pedro. O processo político (1621-1807). In: José Mattoso (org.). *História de Portugal*. Quarto volume: O Antigo Regime. Lisboa: Editorial Estampa, 1998.

CARDOSO, Ciro Flamarion Santana. O trabalho na colônia. In: Maria Yedda Linhares (org.). *História geral do Brasil*. 9ª edição. Rio de Janeiro: Elsevier, 1990.

CARDOSO, Ciro Flamarion Santana. A crise do colonialismo luso na América portuguesa (1750-1822). In: Maria Yedda Linhares (org.). *História geral do Brasil*. 9ª edição. Rio de Janeiro, Elsevier, 1990.

CARDOSO, José Luís; MONTEIRO, Nuno Gonçalo; SERRÃO, José Vicente (org.). *Portugal, Brasil e a Europa napoleônica*. Lisboa: Editora de Ciências Sociais, 2010.

CARDOSO, José Luís & CUNHA, Alexandre Mendes. *Discurso econômico e política colonial no Império luso-brasileiro (1750-1808)*. Revista Tempo (UFF), volume 17, nº 31.

CASTELLO, José Aderaldo. *O movimento academicista no Brasil (1641-1820/22)*. Volume I, Tomo I. São Paulo: Companhia Estadual de Cultura, 1969.

CONTINENTINO, Marcelo Casseb. *Tempos de constituição: perspectivas e paradoxos da lei orgânica da revolução republicana de 1817*. Revista do Instituto Histórico e Geográfico Brasileiro, ano 178 (475): 15-42, set./dez. 2017.

DANTAS, Vinicius Orlando de Carvalho. *O conde de Castelo Melhor: valimento e razões de Estado no Portugal seiscentista (1640-1667)*. Dissertação de mestrado em História. Niterói: Universidade Federal Fluminense, 2009.

DANTAS, Vinícius. Um vice-rei que lia Maquiavel? Uma aproximação ao governo do conde de Óbidos no Brasil. In: Rodrigo Bentes Monteiro e Sandra Bagno (org.). *Maquiavel no Brasil: dos descobrimentos ao século XXI*. Rio de Janeiro: FGV Editora, 2015.

EISENBERG, José. *As missões jesuíticas e o pensamento político moderno: encontros culturais, aberturas teóricas*. Belo Horizonte: Editora UFMG, 2000.

FALCON, Francisco José Calazans. *A época pombalina (política econômica e monarquia ilustrada)*. São Paulo: Ática, 1982.

FARIA, Ana Leal & MONTEIRO, Nuno Gonçalo. *Castelo Melhor e seus tempos (1635-1720)*. Lisboa, Universidade de Lisboa, 2021.

FIGUEIREDO, Luciano Raposo de Almeida. O império em apuros: notas para o estudo das alterações ultramarinas e das práticas políticas no império colonial português séculos XVII e XVIII. In: Junia Furtado (org.) *Diálogos oceânicos*. Belo Horizonte: Editora UFMG, 2001.

FIGUEIREDO, Luciano Raposo de Almeida. *Maquiavelianas brasileiras: dissimulação, ideias políticas e revoltas coloniais (Portugal, séculos XVII e XVIII)*. Niterói: Revista Tempo, v. 20, 2014.

FLECK, Eliane Cristina Deckmann. Os inconfidentes: intérpretes do Brasil do século XVIII. In: Günter Axt e Fernando Schüler. *Intérpretes do Brasil: cultura e identidade*. Porto Alegre, Artes e Ofícios, 2004.

FRAGOSO, João; GOUVÊA, Maria de Fátima Silva; & BICALHO, Maria Fernanda Baptista. Introdução. In: João Fragoso; Maria Fernanda Bicalho e Maria de Fátima Gouvêa (org.). *O Antigo Regime nos trópicos: a dinâmica imperial portuguesa*. Rio de Janeiro: Civilização Brasileira, 2001

FRAGOSO, João. Fidalgos e parentes de pretos: notas sobre a nobreza principal da terra no Rio de Janeiro. In: João Luís Ribeiro Fragoso; Carla Maria Carvalho de Almeida e Antônio Carlos Jucá Sampaio. *Conquistadores e negociantes: história de elites no Antigo Regime nos trópicos. América lusa, séculos XVI a XVIII*. Rio de Janeiro: Civilização Brasileira, 2007.

FUNCHAL, Marquês de. *O conde de Linhares: Dom Rodrigo Domingos Antônio de Sousa Coutinho*. Lisboa: Tipografia Bayard, 1908.

GOUVÊA, Maria de Fátima Silva. Poder político e administração na formação do complexo atlântico português. In: João Fragoso; Maria Fernanda Bicalho e Maria de Fátima Gouvêa (org.). *O Antigo Regime nos trópicos: a dinâmica imperial portuguesa*. Rio de Janeiro: Civilização Brasileira, 2001.

GUIMARÃES, Manoel Luiz Salgado. As luzes para o Império: história e progresso nas páginas de *O Patriota*. In: Lorelai Kury (org.). *Iluminismo e império no Brasil: O Patriota (1813-1814)*. Rio de Janeiro: FIOCRUZ, 2007.

HANSEN, João Adolfo. Esquema para Vieira. In: João Cezar de Castro Rocha (org.). *Nenhum Brasil existe: pequena enciclopédia*. Rio de Janeiro: Topbooks, 2003.

HESPANHA, Antônio Manuel. *Às vésperas do Leviathan: instituições e poder político em Portugal no século XVII*. Coimbra: Almedina, 1994.

HESPANHA, Antônio Manuel. A constituição do império português. Revisão de alguns enviesamentos correntes. In: João Fragoso; Maria Fernanda Bicalho e Maria de Fátima Gouvêa (org.). *O Antigo Regime nos trópicos: a dinâmica imperial portuguesa*. Rio de Janeiro: Civilização Brasileira, 2001.

HESPANHA, Antônio Manuel. *O direito administrativo como emergência de um governo ativo (c. 1800-c.1910)*. Revista de História das Ideias, volume 26, Lisboa, 2005.

HESPANHA, Antônio Manuel. *Hércules confundido: sentidos improváveis e incertos do constitucionalismo oitocentista: o caso português.* Curitiba: Juruá Editora, 2009.

HESPANHA, Antônio Manuel. Fazer um império com palavras. In: Ângela Barreto Xavier & Cristina Nogueira da Silva (organizadoras). *O governo dos outros: poder e diferença no Império português.* Lisboa: Imprensa de Ciências Sociais, 2016.

IPANEMA, Cybelle de. *A comunicação e a imprensa sob o regente D. João VI.* Revista do Instituto Histórico e Geográfico Brasileiro, 168 (436), jul./set. 2007, p. 201-215.

JANCSO, István. *Na Bahia contra o Império: história do ensaio de sedição de 1798.* São Paulo: HUCITEC, 1995.

KANTOR, Iris. Impasses e repercussões do reformismo ilustrado na segunda metade do século XVIII. In: Cecília Helena de Salles Oliveira; Vera Lúcia Nagib Bittencourt e Wilma Peres Costa (org.). *Soberania e conflito: configurações do Estado nacional no Brasil do século XIX.* São Paulo: Hucitec, 2010.

KIRSCHNER, Tereza Cristina. *Visconde de Cairu: itinerários de um ilustrado luso-brasileiro.* São Paulo: Alameda, 2007.

KURY, Lorelai. Descrever a pátria, difundir o saber. In: Lorelai Kury (org.). *Iluminismo e império no Brasil: O Patriota (1813-1814).* Rio de Janeiro: FIOCRUZ, 2007.

LIMA, Oliveira. *Dom João VI no Brasil.* 3ª edição. Rio de Janeiro: Topbooks, 1996.

LUSTOSA, Isabel. *O jornalista que imaginou o Brasil: tempo, vida e pensamento de Hipólito da Costa* (1774-1823). Campinas, UNICAMP, 2019.

LYNCH, Christian Edward Cyril. "Absolutismo político e liberalismo econômico: o reformismo ilustrado de José da Silva Lisboa". Revista do IHGB, Rio de Janeiro, a. 181 (483), 47-74, maio-agosto de 2020.

LYNCH, Christian Edward Cyril. "Absolutismo ilustrado e formação do imaginário imperial brasileiro no Antigo Regime". Cadernos de Estudos Estratégicos, nº1, abril de 2021.

LYRA, Maria de Lourdes Viana. *A utopia do poderoso Império: Portugal e Brasil, bastidores da política: 1798-1822.* Rio de Janeiro: Sette Letras, 1994.

LYRA, Maria de Lourdes Viana. *A transferência da Corte, o Reino Unido luso-brasileiro e a ruptura de 1822.* Revista do Instituto Histórico e Geográfico Brasileiro, 168 (436), jul./set. 2007.

LYRA. Maria de Lourdes Viana. *A Revolução pernambucana de 1817 no contexto do Reino Unido luso-brasileiro.* Revista do Instituto Histórico e Geográfico Brasileiro, ano 178 (475): 15-42, set./dez. 2017, p. 72.

MARCOCCI, Giuseppe. Construindo um império à sombra de Maquiavel. In: Rodrigo Bentes Monteiro e Sandra Bagno (org.). *Maquiavel no Brasil: dos descobrimentos ao século XXI.* Rio de Janeiro: FGV Editora, 2015.

MARCOCCI, Giuseppe. Império e escravidão: nexos, tensões, controvérsias (ca. 1450-1600). In: Ângela Barreo Xavier & Cristina Nogueira da Silva (organizadoras). *O governo dos outros: poder e diferença no Império português.* Lisboa: Imprensa de Ciências Sociais, 2016.

MARTINS, William de Souza. *O púlpito em defesa do Antigo Regime: a oratória franciscana na Corte joanina.* Tempo, vol. 17 nº 31. Niterói, 2011.

MAXWELL, Kenneth. *Marquês do Pombal: paradoxo do Iluminismo.* Tradução de Antônio de Pádua Danesi. 2ª edição. Rio de Janeiro: Paz e Terra, 1997.

MAXWELL, Kenneth. *Chocolate, piratas e outros malandros: ensaios tropicais.* São Paulo: Paz e Terra, 1999.

MAXWELL, Kenneth. *A devassa da devassa: a inconfidência mineira. Brasil-Portugal – 1750-1808.* 5ª edição. Tradução de João Maia. São Paulo: Paz e Terra, 2001.

MAXWELL, Kenneth (org.). *O livro de Tiradentes.* São Paulo: Penguin/Companhia das Letras, 2013.

MÉCHOULAN, Henry. République et monarchie chez Mariana. In: Yves Charles Zarka. *Monarchie et république au XVIIe siècle.* Paris: PUF, 2007, p. 261-276.

MELLO, Evaldo Cabral de. Uma Nova Lusitânia. In: Carlos Guilherme Mota (org.). *Viagem incompleta: a experiência brasileira.* Volume I – Formação: Histórias. 2ª edição. São Paulo: Editora SENAC, 2000.

MELLO, Evaldo Cabral. *Um imenso Portugal: história e historiografia.* São Paulo, Editora 34, 2002.

MELLO, Evaldo Cabral de. *A fronda dos mazombos: nobres contra mascates. Pernambuco, 1666-1715.* 2ª edição revista. São Paulo: Editora 34, 2003.

MENEZES, Lená Medeiros de. *Relações internacionais: mudanças nos dois lados do Atlântico (1801-1821).* Revista do Instituto Histórico e Geográfico Brasileiro, 168 (436), jul./set. 2007.

MIRANDA, José Antônio de. *Memória constitucional e política sobre o estado presente de Portugal e do Brasil.* 1821, In: Raymundo Faoro (int.). *O debate político no processo da independência.* Rio de Janeiro, Conselho Federal de Cultura, 1974.

MONTEIRO, Nuno Gonçalo. Poder senhorial, estatuto nobiliárquico e aristocracia. In: MATTOSO, José (org.). *História de Portugal.* Quarto volume: O Antigo Regime. Lisboa: Editorial Estampa, 1998.

MONTEIRO, Nuno Gonçalo. Nobreza titulada e elites na monarquia portuguesa, antes e depois de 1808. In: José Luís Cardoso; Nuno Gonçalo Monteiro e José Vicente Serrão (org.). *Portugal, Brasil e a Europa napoleônica.* Lisboa: Editora de Ciências Sociais, 2010.

MONTEIRO, Nuno Gonçalo. *Elites e poder: entre o Antigo Regime e o liberalismo.* 3ª edição. Lisboa, Imprensa de Ciências Sociais, 2012.

MOREL, Marco. Pátrias polissêmicas: república das letras e imprensa na crise do império português na América. In: Lorelai Kury (org.). *Iluminismo e império no Brasil: O Patriota (1813-1814)*. Rio de Janeiro: FIOCRUZ, 2007.

NEVES, Guilherme Pereira das. *Para fazer de 1817 uma revolução: o papel da historiografia*. Revista do Instituto Histórico e Geográfico Brasileiro, ano 178 (475): 15-42, set./dez. 2017.

NEVES, Lúcia Maria Bastos Pereira das. O governo de Dom João: tensões entre ideais liberais e as práticas do Antigo Regime. In: José Murilo de Carvalho e Adriana Pereira Campos (orgs.), *Perspectivas da cidadania no Brasil Império*. Rio de Janeiro: Civilização Brasileira, 2011.

ORTEGA, Manuel Segura. Pensamiento político em el Renacimiento español. Saavedra Fajardo. In: Fernando Vallespín (ed.). *Historia de la Teoría Política, volumen 2: Estado y teoría política moderna*. Madrid, Alianza Editorial, 2002.

PAIM, Antonio. *Cairu e o liberalismo econômico*. Rio de Janeiro: Tempo Brasileiro, 1968.

PÉCORA, Alcir. *Política do céu, política de obras*. Estudos Portugueses e Africanos (Campinas), nº 27, p. 14, 1996.

PÉCORA, Alcir. Assuntos políticos dos escritos do Padre Vieira. In: VIEIRA. *Escritos históricos e políticos*. 2ª. Edição. São Paulo, Martins Fontes, 2002.

PEREIRA, José Esteves. *O pensamento político em Portugal no século XVIII: António Ribeiro dos Santos*. Lisboa: Imprensa Nacional-Casa da Moeda, 2005.

POMBO, Nívea. *Dom Rodrigo de Sousa Coutinho: pensamento e ação político-administrativa no Império português (1778-1812)*. São Paulo: Hucitec, 2015.

RAMINELLI, Ronald & BICALHO, Maria Fernanda. 'Nobreza' e 'cidadania' dos Brasis. Hierarquias, impedimentos e privilégios na América portuguesa. In: Ângela Barreto Xavier & Cristina Nogueira da Silva (organizadoras). *O governo dos outros: poder e diferença no Império português*. Lisboa: Imprensa de Ciências Sociais, 2016.

RAMOS, Rui; SOUSA, Bernardo Vasconcelos; & MONTEIRO, Nuno Gonçalo. *História de Portugal*. Lisboa: A esfera dos livros, 2009

RICUPERO, Rodrigo. *A formação da elite colonial: Brasil, c. 1530-1630*. São Paulo: Alameda, 2009.

RIO DE JANEIRO, Compadre do. *Justa retribuição dada ao compadre de Lisboa em desagravo dos brasileiros defendidos por várias asserções, que escreveu na sua carta em resposta ao compadre de Belém*. Segunda edição correta e aumentada. Rio de Janeiro: Tipografia Nacional, 1822.

ROCHA, Antonio Penalves. Economia política e política no período joanino. In: Tamás Szmrecsányi e José Roberto do Amaral Lapa (org.). *História econômica da independência e do Império*. São Paulo: EDUSP/HUCITEC, 2002.

SAMPAIO, Antônio Carlos Jucá de. Os homens de negócio do Rio de Janeiro e sua atuação nos quadros do Império português (1701-1750). In: João Fragoso; Maria Fernanda Bicalho e Maria de Fátima Gouvêa (org.). *O Antigo Regime nos trópicos: a dinâmica imperial portuguesa.* Rio de Janeiro: Civilização Brasileira, 2001.

SAMPAIO, Antônio Carlos Jucá de. Famílias e negócios: a formação da comunidade mercantil carioca na primeira metade dos setecentos. In: João Luís Ribeiro Fragoso; Carla Maria Carvalho de Almeida; e Antônio Carlos Jucá Sampaio. *Conquistadores e negociantes: história de elites no Antigo Regime nos trópicos. América lusa, séculos XVI a XVIII.* Rio de Janeiro: Civilização Brasileira, 2007.

SANTOS, Antonio Cesar de Almeida. *Luzes em Portugal: do terremoto à inauguração da estátua equestre do reformador.* Topoi, v. 12., nº 22, jan-jun. 2011, p. 75-95.

SANTOS, J. J. Carvalhão. *Literatura e política: pombalismo e antipombalismo.* Coimbra, Livraria Minerva, 1991.

SANTOS, Nívea Pombo Cirne dos. *Um turista na Corte do Piemonte: dom Rodrigo de Souza Coutinho e o iluminismo italiano e francês (1778-1790).* Vária História, Belo Horizonte, vol. 25, nº 41, janeiro/junho de 2009.

SCHULTZ, Kirsten. *Versalhes tropical: império, monarquia e a corte real portuguesa no Rio de Janeiro, 1808-1821.* Tradução de Renato Aguiar. Rio de Janeiro: Civilização Brasileira, 2008.

SCHWARTZ, Stuart B. *Segredos internos: engenhos e escravos na sociedade colonial – 1550-1835.* Tradução de Laura Teixeira Motta. São Paulo: Companhia das Letras, 1988.

SERRÃO, Joaquim Veríssimo. *História de Portugal. Volume V: A Restauração e a monarquia absoluta (1640-1750).* 2ª edição, revista. Lisboa: Editorial Verbo, 1982.

SERRÃO, Joel; e MARQUES, A. H. de Oliveira. *Nova história da expansão portuguesa. Volume VI: o Império luso-brasileiro, 1500-1620.* Coordenação de Harold Johnson e Maria Beatriz Nizza da Silva. Lisboa: Editorial Estampa, 1992.

SERRÃO, Joel; & MARQUES, A. H. de Oliveira. *Nova história da expansão portuguesa. Volume VII: o Império luso-brasileiro, 1620-1750.* Coordenação de Fréderic Mauro. Lisboa: Editorial Estampa, 1991.

SILVA, António Martins da. A vitória definitiva do liberalismo e a instabilidade constitucional: cartismo, setembrismo e cabralismo. In: José Mattoso (dir.). *História de Portugal. Volume 5: O liberalismo.* Lisboa: Editorial Estampa, 1998.

SILVA, Ana Cristina Nogueira & HESPANHA, Antônio Manuel. A identidade portuguesa. In: José Mattoso (dir.). *História de Portugal. Quarto Volume: o Antigo Regime (1620-1807).* Coordenador: Antônio Manuel Hespanha. Lisboa: Estampa, 1998.

SILVA, Francisco Carlos Teixeira da. Conquista e colonização da América portuguesa: o Brasil colônia – 1500/1750. In: Maria Yedda Linhares (org.). *História geral do Brasil.* 9ª edição. Rio de Janeiro: Elsevier, 1990

SILVA, Maria Beatriz Nizza da. *A cultura luso-brasileira: da reforma da Universidade à independência do Brasil.* Lisboa: Editorial Estampa, 1999.

SILVA, Maria Beatriz Nizza da. *A primeira gazeta da Bahia: Idade d'Ouro do Brazil.* 2ª edição. Salvador da Bahia: UFBA, 2005.

SILVA, Maria Beatriz Nizza da. *Ser nobre na colônia.* São Paulo: UNESP, 2005.

SILVA, Maria Beatriz Nizza da. *Cultura letrada e cultura oral no Rio de Janeiro dos vice-reis.* São Paulo: UNESP, 2013.

SINKEVISQUE, Eduardo. Sebastião da Rocha Pita: introdução. In: Flávia Varella; Maria da Glória de Oliveira; Rebeca Gontijo. *História e historiadores no Brasil: da América portuguesa ao Império do Brasil, c. 1730-1860.* Porto Alegre: EDIPUCRS, 2015.

SOUSA, Laura Mello e. *O sol e a sombra: política e administração na América portuguesa do século XVIII.* São Paulo: Companhia das Letras, 2006.

SOUSA, Laura Mello e. *Norma e conflito: aspectos da história de Minas no século XVIII.* Belo Horizonte: Editora da UFMG, 2006.

STARLING, Heloisa. *Ser republicano na colônia: a história de uma tradição esquecida.* São Paulo: Companhia das Letras, 2018.

TORGAL, Luís Reis. Introdução. In: João Botero. *Da razão de Estado.* Tradução de Raffaela Longobardi Ralha. Coordenação e introdução de Luís Reis Torgal. Lisboa: Instituto Nacional de Investigação Científica, 1992.

VALIM, Patrícia. "Da contestação à conversão: a punição exemplar dos réus da Conjuração Baiana de 1798". Topoi, v. 10, nº 18, janeiro-junho de 2009, pp. 14-23.

VARGUES, Isabel Nobre. O processo de formação do primeiro movimento liberal: a Revolução de 1820. In: José Mattoso (org.). *História de Portugal. Quinto volume: o liberalismo (1807-1890).* Coordenadores: Luís Reis Torgal e João Lourenço Rique. Lisboa: Editorial Estampa, 1998.

XAVIER, Ângela Barreto & HESPANHA, Antônio Manuel. A representação da sociedade e do poder. In: José Mattoso (dir.). *História de Portugal. Quarto Volume: o Antigo Regime (1620-1807).* Coordenador: Antônio Manuel Hespanha. Lisboa: Estampa, 1998.

VERDELHO, Telmo dos Santos. *As palavras e as ideias na Revolução Liberal de 1820.* Coimbra: Instituto Nacional de Investigação Científica, 1981.

WEHLING, Arno. *Estado, governo e administração no Brasil joanino.* Revista do Instituto Histórico e Geográfico Brasileiro, 168 (436), jul./set. 2007.

WEHLING, Arno. *Tradição e inovação no discurso político-jurídico da Revolução de 1817*. Revista do Instituto Histórico e Geográfico Brasileiro, ano 178 (475): 15-42, set./dez. 2017.

WEHLING, Arno. *Cairu e o "comércio franco e legítimo"*. Carta mensal. Rio de Janeiro: c. 64, n. 761, agosto de 2018.

WEHLING, Arno; WEHLING, Maria José C. de. *Formação do Brasil colonial.* Rio de Janeiro: Nova Fronteira, 1994.

WEHLING, Arno & WEHLING, Maria José. *Direito e justiça no Brasil colonial: o Tribunal da Relação do Rio de Janeiro (1751-1808).* Rio de Janeiro: Renovar, 2004.

6. Obras sobre a história do Brasil e do pensamento político brasileiro

6.1. *Fontes primárias*

ABREU E LIMA, José Inácio de. *Bosquejo histórico, político e literário do Brasil; ou Análise crítica do projeto do Dr. A. F. França oferecido na sessão de 16 de maio último à Câmara dos Deputados, reduzindo o sistema monárquico constitucional, que felizmente nos rege, a uma república democrática, seguida de outra análise do projeto do deputado Rafael de Carvalho, sobre a separação da Igreja brasileira da Santa Sede Apostólica.* Niterói: Tipografia Niterói, 1835.

ABREU E LIMA, José Inácio de. *O socialismo.* Rio de Janeiro: FAPERJ, 2001.

AMARAL, Azevedo. *Getúlio Vargas estadista.* Rio de Janeiro: Irmãos Pongetti, 1941.

ANAIS da Assembleia Constituinte Brasileira.

ANAIS da Câmara dos Deputados do Império.

ANAIS do Senado do Império.

ALBUQUERQUE, Francisco de Paula de Almeida e. *Breves reflexões retrospectivas, políticas, morais e sociais sobre o Império do Brasil e suas relações com outras Nações.* Paris: Tipografia de W. Remquet & Cia, 1854.

ALENCAR, José de. *O marquês do Paraná: traços biográficos.* Rio de Janeiro: Imprensa Nacional, 1956.

ANDRADA E SILVA, José Bonifácio de. *Obras políticas.* Brasília: Senado Federal, 1973.

ANDRADA E SILVA, José Bonifácio de. *José Bonifácio de Andrada e Silva.* Organização de textos e introdução de Jorge Caldeira. São Paulo: Editora 34, 2002.

ARMITAGE, John. *História do Brasil: desde o período da chegada da família de Bragança, em 1808, até a abdicação de D. Pedro I, em 1831.* Belo Horizonte: Itatiaia, 1981.

ATAS do Conselho de Estado do Império.

BARATA, Cipriano. *Sentinela da Liberdade e outros escritos.* Organização e edição de Marco Morel. São Paulo: Edusp, 2008.

BARBOSA, Januário da Cunha. "Relatório do secretário geral". Revista do Instituto Histórico e Geográfico Brasileiro, Tomo II (1840). Terceira Edição. Rio de Janeiro, Imprensa Nacional, 1916.

BARBOSA, Januário da Cunha; LEDO, Gonçalves. *Revérbero constitucional fluminense. Escrito por dois brasileiros amigos da Nação e da Pátria.* Volume II. Rio de Janeiro: Tipografia Nacional, 1822.

BARBOSA, Rui. *Embaixada a Buenos Aires.* Rio de Janeiro: Fundação Casa de Rui Barbosa, 1984.

BERLINCK, E.L. *Fatores adversos na formação brasileira: explicação dos males atuais.* São Paulo: Oficina Gráfica, 1948.

BRASIL. *Documentos para a história da independência.* Volume I. Lisboa – Rio de Janeiro. Rio de Janeiro, Oficinas gráficas da Biblioteca Nacional, 1923.

BRASIL, *A abolição no Parlamento: 65 anos de luta.* Volume I. 3ª. Edição. Brasília, Senado Federal, 2020.

BRASILIENSE, Américo. *Partidos e programas políticos do Império.* Brasília: Senado Federal, 1979.

BROTERO, José Maria de Avelar. *A filosofia do direito constitucional.* Introdução de José Afonso da Silva. São Paulo: Malheiros Editores, 2007.

CAIRU; José da Silva Lisboa, Visconde de. *Constituição moral e deveres do cidadão, com exposição da moral púbica conforme o espírito da Constituição do Império.* Rio de Janeiro: Tipografia Nacional, 1824.

CAIRU, José da Silva Lisboa, visconde de. *História dos principais sucessos políticos do Império do Brasil.* Parte I. Rio de Janeiro, Tipografia Imperial e Nacional, 1826.

CAIRU; José da Silva Lisboa, visconde de. *Leituras de economia política e direito econômico.* Rio de Janeiro: 1827.

CAIRU, José da Silva Lisboa, visconde de. *História dos principais sucessos políticos do Império do Brasil.* Parte X, seção III. Rio de Janeiro, Tipografia Imperial e Nacional, 1830.

CÂMARA, Eusébio de Queirós Matoso. *Relatório da repartição dos negócios da Justiça apresentado à Assembleia Geral Legislativa na 1ª sessão da 8ª legislatura em 1850.* Rio de Janeiro: Tipografia do Diário, 1850.

CANECA, Joaquim do Amor Divino Rabelo, Frei. *Ensaios Políticos: crítica da Constituição outorgada; Bases para a formação do pacto social e outros.* Rio de Janeiro: PUC/Rio, 1976.

CANECA, Frei Joaquim do Amor Divino. *Frei Joaquim do Amor Divino Caneca.* Organização e introdução de Evaldo Cabral de Mello. São Paulo, Editora 34, 2001.

COSTA, Hipólito José da. *Hipólito José da Costa.* Organização e introdução de Sergio Goes de Paula. São Paulo: Editora 34, 2001.

CUNHA, Euclides da. *À Margem da História.* São Paulo: Martins Fontes, 1999.

FEIJÓ, Diogo Antônio. *Relatório do Exmo. Senhor Ministro da Justiça do ano de 1831 apresentado à Assembleia Geral Legislativa na sessão ordinária de 1832.* Rio de Janeiro: Plancher, 1832.

FEIJÓ, Diogo Antônio. *Cadernos de filosofia.* Introdução e notas de Miguel Reale. São Paulo: Editorial Grijalbo, 1967.

FEIJÓ, Diogo Antônio. *Diogo Antônio Feijó.* Organização, introdução e notas de Jorge Caldeira. São Paulo: Editora 34, 1999.

FREITAS, Augusto Teixeira. *Introdução.* In: Legislação do Brasil. Consolidação das leis civis. Publicação autorizada pelo governo. 3ª edição mais aumentada. Rio de Janeiro: B. L. Garnier, Livreiro-editor do Instituto Histórico, 1876.

HOMEM DE MELO, Francisco Inácio Marcondes Homem de Melo, Barão de. A impostura do senhor Bernardo Pereira de Vasconcelos desmascarada. In: Bernardo Pereira de Vasconcelos. *Manifesto político e exposição de princípios.* Brasília: Senado Federal, 1978.

JAVARI; Jorge João Dodsworth, Barão de (org.). *Império brasileiro: falas do trono, desde o ano de 1823 até o ano de 1889.* Prefácio de Pedro Calmon. Rio de Janeiro: Editora Itatiaia, 1993.

LISBOA, João Francisco. *Obras de João Francisco Lisboa.* Volume III. São Luis do Maranhão, 1865.

LISBOA, João Francisco. *Jornal de Timon: partidos e eleições no Maranhão.* Introdução e notas de José Murilo de Carvalho. São Paulo: Companhia das Letras, 1995.

LISBOA, José da Silva. *Roteiro brasílico ou Coleção de princípios e documentos de direito político.* Rio de Janeiro: Tipografia Nacional, 1822.

MACEDO, Joaquim Manuel de. *Discurso do orador.* Revista do Instituto Histórico e Geográfico Brasileiro. Tomo XXII. Rio de Janeiro, 1859.

MAGALHÃES, Domingos José Gonçalves de. *Ensaio sobre a história da literatura do Brasil: estudo preliminar.* Nitheroy - Revista Brasiliense. Tomo primeiro. Nº 1. Paris, Dauvin et Fontaine Libraires, 1836.

MAGALHÃES, Domingos José Gonçalves de. *Da religião.* Niterói – Revista Brasiliense. Volume 1. Tomo 2. Paris: Dauvin et Fontaine, Libraires, 1836.

MAGALHÃES, Domingos José Gonçalves de. *Opúsculos históricos e literários.* Rio de Janeiro, Garnier, 1865.

MAGALHÃES, Domingos José Gonçalves de. *Factos do espírito humano.* Prefácio de

L. A. Cerqueira. 3ª. Edição. Lisboa, Imprensa Nacional – Casa da Moeda, 2001.

MAGALHÃES, Domingos José Gonçalves de. *Memória histórica e documentada da Revolução da Província do Maranhão.* São Paulo: Siciliano, 2001

MARICÁ; Mariano José Pereira da Fonseca, Marquês de. *Coleção completa das máximas do Marquês de Maricá, natural do Rio de Janeiro, Grã-Cruz da Ordem Imperial do Cruzeiro, Cavaleiro da de Cristo, Conselheiro d'Estado e Senador do Império do Brasil.* Edição revista e aumentada pelo autor com as máximas, pensamentos e reflexões publicadas em 1844, 1846 e as últimas máximas, pensamentos e reflexões do autor. Rio de Janeiro: Tipografia dos Irmãos Laemmert, 1850.

MARICÁ, Mariano José Pereira da Fonseca, Marquês de. *Máximas, pensamentos e reflexões do Marquês de Maricá.* Edição dirigida e anotada por Sousa da Silveira. Rio de Janeiro: Edições de Ouro/Casa de Rui Barbosa, 1967.

MARICÁ, Mariano José Pereira da Fonseca, Marquês de. *Máximas, pensamentos e reflexões.* Rio de Janeiro: Ediouro, 1977.

MARINHO, José Antônio. *História da Revolução de 1842.* Brasília: Senado Federal, 1978.

MAUÁ, Irineu Evangelista de Sousa, Visconde de. *Autobiografia.* Prefácio e anotações de Cláudio Ganns. Brasília: Senado Federal, 2011.

MELO MATOS, Luiz José de Carvalho e. *Páginas de história constitucional do Brasil (1840-1848).* Rio de Janeiro: Garnier, 1870.

MONTE ALEGRE, José da Costa Carvalho, visconde de. *Relatório da repartição dos negócios do Império apresentado à Assembleia Geral Legislativa na 1ª Sessão da 8ª Legislatura em 1850.* Rio de Janeiro: Tipografia do Diário, 1851.

NABUCO DE ARAÚJO, José Tomás. *Relatório da Repartição dos Negócios da Justiça apresentado à Assembleia Geral Legislativa na 2ª Sessão da 9ª Legislatura.* Rio de Janeiro: Tipografia Paula Brito, 1854.

OTONI, Teófilo. Circular aos eleitores de Minas. In: Basílio de Magalhães, *A "Circular" de Teófilo Otoni.* Rio de Janeiro: Imprensa Nacional, 1916.

OTONI, Teófilo Benedito. *Discursos parlamentares.* Seleção e introdução de Paulo Pinheiro Chagas. Brasília: Câmara dos Deputados, 1979.

PARANHOS, José Maria da Silva. *Cartas ao amigo ausente.* Rio de Janeiro: Ministério das Relações Exteriores/Instituto Rio Branco, 1953.

PEDRO II, Dom. *Diário de 1862.* In: Anuário do Museu Imperial, volume XVII. Petrópolis, Ministério da Educação e Cultura, 1956.

PEREIRA DA SILVA, João. *Estudos sobre a literatura.* Niterói, Revista Brasiliense: ciência, letras e artes; Tomo I, nº 2ª Paris: Dauvin et Fontaine, Libraires, 1836.

PEREIRA DA SILVA, J. M. *Segundo período do reinado de Dom Pedro I no Brasil.* Rio de Janeiro: Livraria Garnier, 1871

PEREIRA DA SILVA, João Manuel. *Memórias do meu tempo.* Introdução de Célio Ricardo Tasinafo. Brasília: Senado, 2003.

PINTO, Antônio Pereira (org.). *Reforma Eleitoral: Projetos oferecidos à consideração do corpo legislativo desde o ano de 1826 até o ano de 1874.* Brasília: Editora Universidade de Brasília, 1983.

PINTO, David de Fonseca. *O Caramuru: o imperador e a Constituição jurada*, nº 1, edição de 2 de março de 1832.

PORTO ALEGRE, Araújo. *Correspondência com Paulo Barbosa da Silva.* Introdução e notas de Américo Jacobina Lacombe. Rio de Janeiro: Livraria Francisco Alves, 1995.

RESENDE, Marquês de. *Memória histórica de D. Fr. Francisco* de S. *Luís Saraiva.* Lisboa: Academia Real de Ciências, 1864.

RIBEYROLLES, *O Brasil pitoresco.* Volume II. Tradução e notas de Gastão Penalva. Belo Horizonte: Itatiaia, 1980.

ROCHA, José Justiniano da. *O Brasil*, edição de 19 de setembro de 1843.

ROCHA, José Justiniano da. Ação, reação e transação: duas palavras acerca da atualidade. In: Raimundo Magalhães Júnior. *Três Panfletários do Segundo Reinado: Francisco Sales Torres Homem e o "Libelo do Povo"; Justiniano José da Rocha e "Ação, Reação e Transação"; Antônio Ferreira Viana e a "Conferência dos Divinos".* Edição ilustrada. São Paulo: Companhia Editora Nacional, 1956.

ROCHA, Justiniano José. *Marquês de Baependi.* In: Sébastian Auguste Sisson. *Galeria dos Brasileiros Ilustres.* Brasília, Senado Federal, 1999.

SAINT-HILAIRE, Auguste de. *Viagem pelas províncias do Rio de Janeiro e Minas Gerais.* Belo Horizonte: Itatiaia, 1975.

SÃO LEOPOLDO, José Feliciano Fernandes Pinheiro, Visconde de. *Memórias do Visconde de São Leopoldo.* Revista trimestral do Instituto Histórico, Geográfico e Etnográfico do Brasil, tomo XXXVIII, parte segunda. Rio de Janeiro: Garnier, 1875.

SÃO VICENTE, José Antônio Pimenta Bueno, Marquês de. *Direito público brasileiro e análise da Constituição do Império.* Rio de Janeiro: Ministério da Justiça, 1958.

SÃO VICENTE, José Antônio Pimenta Bueno, Marquês de. *José Antônio Pimenta Bueno, Marquês de São Vicente.* Organização e introdução de Eduardo Kugelmas. São Paulo: Editora 34, 2002.

SILVA. Firmino Rodrigues da. *A dissolução do gabinete de 5 de maio ou A facção áulica.* Rio de Janeiro: Tipografia de Francisco de Paula Brito, 1847.

SISSON, S. A. *Galeria dos brasileiros ilustres.* Volume I. Brasília: Senado Federal, 1999.

SOUSA, Joaquim Rodrigues de. *Análise e comentário da Constituição política do Império do Brasil, ou Teoria e prática do governo constitucional brasileiro.* Volume I. São Luís do Maranhão: 1867.

SOUSA, Paulino José Soares de. *Relatório da repartição dos negócios da Justiça apresentado à Assembleia Geral Legislativa na sessão ordinária de 1841.* Rio de Janeiro: Tipografia Nacional, 1842.

SOUSA, Paulino José Soares de. *Relatório da repartição dos negócios da Justiça apresentado à Assembleia Geral Legislativa na 1ª sessão da 5ª legislatura.* Rio de Janeiro: Tipografia Nacional, 1843.

SOUSA, Paulino José Soares de. *Relatório do presidente da província do Rio de Janeiro na abertura da 2ª sessão da 2ª legislatura da Assembleia Provincial, acompanhado do orçamento da receita e da despesa para o ano de 1839 a 1840.* 2ª edição. Niterói: Tipografia de Amaral e irmão, 1851.

TORRES, José Joaquim Rodrigues. *Proposta e relatório da repartição dos negócios da Fazenda apresentado à Assembleia Geral Legislativa na 1ª sessão da 8ª legislatura em 1849.* Rio de Janeiro: Tipografia do Diário, 1850.

TORRES HOMEM, Francisco Sales. O Libelo do Povo. In: Raimundo Magalhães Júnior. *Três panfletários do Segundo Reinado: Francisco Sales Torres Homem e o "Libelo do Povo"; Justiniano José da Rocha e "Ação, Reação e Transação"; Antônio Ferreira Viana e a "Conferência dos Divinos".* Edição ilustrada. São Paulo: Companhia Editora Nacional, 1956.

TORRES HOMEM, Francisco Sales. *Pensamentos acerca da conciliação dos partidos.* Rio de Janeiro: Correio Mercantil, 1853.

URUGUAI; Paulino José Soares de Sousa, visconde do. Bases para melhor organização das administrações provinciais. In: Marquês de Olinda. *Relatório apresentado à Assembleia Geral Legislativa da 2ª sessão da 10ª legislatura pelo ministro e secretário d'Estado dos negócios do Império.* Rio de Janeiro: Tipografia Universal de Laemmert, 1858.

URUGUAI, Paulino José Soares de Sousa, visconde de. *Estudos práticos sobre a administração das províncias do Brasil.* Primeira parte: Ato Adicional. Tomo I. Rio de Janeiro: B. L. Garnier, Livreiro Editor, 1865.

URUGUAI, Paulino José Soares de; visconde de. *Ensaio sobre o direito administrativo.* 2ª edição. Rio de Janeiro: Ministério da Justiça, 1960.

VARNHAGEN, Francisco Adolfo de. *História geral do Brasil.* Tomo I. Rio de Janeiro, Irmãos Laemmert, 1854.

VARNHAGEN, Francisco Adolfo de. *História geral do Brasil.* Tomo II. Rio de Janeiro, Irmãos Laemmert, 1857.

VARNHAGEN, Francisco Adolfo de. Memorial Orgânico. In: Lúcia Maria Paschoal Guimarães e Raquel Glazer (org). *Varnhagen no caleidoscópio*. Rio de Janeiro: Fundação Miguel de Cervantes, 2013.

VASCONCELOS, Bernardo Pereira. *Manifesto político e exposição de princípios*. Introdução do Senador Petrônio Portella. Brasília: Senado Federal, 1978.

VASCONCELOS, Bernardo Pereira de. *Bernardo Pereira de Vasconcelos*. Organização e introdução de José Murilo de Carvalho. São Paulo: Editora 34, 1999.

VEIGA, Evaristo Ferreira da. *A Aurora Fluminense*. Numerosas edições. 1827-1835.

VIANNA, Antônio Ferreira. *A reforma judiciária*. Rio de Janeiro: Imprensa Nacional, 1888.

VIANNA, Cândido de Araújo. "Discurso do presidente". Revista do Instituto Histórico e Geográfico Brasileiro, Tomo II (1840). Terceira Edição. Rio de Janeiro, Imprensa Nacional, 1916.

6.2. Fontes secundárias:

ANDRADE, Marcos Ferreira & SILVA, Janaína de Carvalho. *Moderados, exaltados e caramurus no prelo carioca: os embates e as representações de Evaristo Ferreira da Veiga (1831-1835)*. Almanack. Guarulhos, nª 4, 2012.

ARAUJO, Valdei Lopes de. *A experiência do tempo: conceitos e narrativas na formação nacional brasileira*. São Paulo, Aderaldo & Rothschild, 2008.

ARAUJO, Valdei Lopes de. "Historiografia, nação e os regimes de autonomia da vida letrada no Império do Brasil". Varia História, Belo Horizonte, vol. 31, nº 56, 2015.

BARATA, Alexandre Mansur. Constitucionalismo e sociabilidade na cidade do Rio de Janeiro (1822-1823): a Nobre Ordem dos Cavaleiros da Santa Cruz e o projeto de constituição para o Império do Brasil. In: José Murilo de Carvalho (org.) *Nação e cidadania no Império: novos horizontes*. Rio de Janeiro: Civilização Brasileira, 2007.

BARMAN, Roderick J. *A formação dos grupos dirigentes políticos do Segundo Reinado: a aplicação da prosopografia e dos métodos quantitativos à História do Brasil Império*. Anais do Congresso de História do Segundo Reinado – Comissão de História Política e Administrativa. 2ª volume. Rio de Janeiro: Instituto Histórico e Geográfico Brasileiro, 1984.

BARMAN, Roderick J. *Brazil: the forging of a Nation*. Stanford, Stanford University Press. 1994.

BARRETO, Vicente & PAIM, Antônio. *Evolução do pensamento político brasileiro*. Belo Horizonte: Itatiaia, 1989.

BARROS, Roque Spencer Maciel de. *A Ilustração brasileira e a ideia de Universidade.* São Paulo: FFLCH/USP, 1959.

BARROS, Roque Spencer Maciel de. O nacional e o universal na cultura brasileira: o projeto brasileiro de Gonçalves de Magalhães e suas bases filosóficas. In: Instituto de Filosofia Luso-Brasileira. *O pensamento de Domingos Gonçalves de Magalhães.* Actas do II Colóquio Tobias Barreto. Lisboa, Fundação Lusíada, 1994.

BASILE, Marcello Otávio. *Os reacionários do Império: a imprensa caramuru no Rio de Janeiro.* Dimensões – revista de história da UFES. Volume 10 – janeiro/julho de 2000, p. 167-189.

BASILE, Marcello Otávio. *Ezequiel Corrêa dos Santos: um jacobino na Corte Imperial.* Rio de Janeiro: Editora da FGV, 2001.

BASILE, Marcello Otávio. *O Império em construção: projetos de Brasil e ação política na Corte regencial.* Tese de doutorado do PPGHS/UFRJ. Rio de Janeiro: UFRJ/IFCS, 2004.

BASILE, Marcello. Deputados da Regência: perfil socioprofissional, trajetórias e tendências políticas. In: José Murilo de Carvalho e Adriana Pereira Campos. *Perspectivas da cidadania no Brasil Império.* Rio de Janeiro: Civilização Brasileira, 2011.

BENTIVOGLIO, Júlio. *Palacianos e aulicismo no Segundo Reinado – a facção áulica de Aureliano Coutinho e os bastidores da corte de D. Pedro II.* Revista Esboços, UFSC, volume 17, nº 23, 2010, p. 187-221.

BENTIVOGLIO, Júlio. *Os negócios do Império: a política econômica no início do Segundo Reinado – 1840-1860.* Catalão: São João/UFG, 2007.

BETHELL, Leslie. *The abolition of the Brazilian slave trade: Britain, Brazil and the slave trade question (1807-1869).* Cambridge University Press, 1970.

BETHELL, Leslie. A independência do Brasil. In: Leslie Bethell (org.). *História da América latina. Da independência a 1870.* Volume III. Tradução de Maria Clara Cescato. São Paulo: EDUSP, 2001.

BONAVIDES, Paulo e ANDRADE, Paes. *História constitucional do Brasil.* 3ª edição. Rio de Janeiro, Paz e Terra, 1991.

BRANDÃO, Gildo Marçal. *Gildo Marçal Brandão: itinerários intelectuais.* Organização de Simone de Castro Tavares Coelho. São Paulo: HUCITEC/FAPESP, 2011.

BRASIL. *Boletim da Biblioteca da Câmara dos Deputados*, volume 19, nº 2. Brasília: Câmara dos Deputados, 1970.

CALMON, Pedro. *História social do Brasil. Tomo II: espírito da sociedade imperial.* São Paulo: Companhia Editora Nacional, 1937.

CALMON, Pedro. *Nogueira da Gama. Sua origem, sua vida, suas memórias.* In: Anais do Congresso de História do Segundo Reinado – Comissão de História Política e Administrativa. II volume. Rio de Janeiro: Instituto Histórico e Geográfico Brasileiro, 1984.

CARDIM, Elmano. *Justiniano José da Rocha.* Edição ilustrada. São Paulo: Companhia Editora Nacional, 1962.

CARVALHO, José Murilo de. *A monarquia brasileira.* Rio de Janeiro: Ao Livro Técnico, 1993.

CARVALHO, José Murilo de. Lisboa e Timon: o drama dos liberais do Império. In: João Francisco Lisboa. *Jornal de Timon: partidos e eleições no Maranhão.* Introdução e notas de José Murilo de Carvalho. São Paulo: Companhia das Letras, 1995.

CARVALHO, José Murilo. *A construção da ordem: a elite política imperial.* 2ª edição, revista. Rio de Janeiro: UFRJ/Relume Dumará, 1996.

CARVALHO, José Murilo. *Teatro de sombras: a política imperial,* 2ª edição, revista. Rio de Janeiro: UFRJ/Relume Dumará, 1996.

CARVALHO, José Murilo de. *O motivo edênico no imaginário social brasileiro.* Revista Brasileira de Ciências Sociais, volume 13, nº 38, São Paulo, outubro de 1998.

CARVALHO, José Murilo de. *História intelectual no Brasil: a retórica como chave de leitura.* Revista Topoi, nº 1, Rio de janeiro, 2000, p. 123-152.

CARVALHO, José Murilo de. O Brasil da independência a meados do século XIX. In: Leslie Bethell (org.). *História da América latina. Da independência a 1870.* Volume III. Tradução de Maria Clara Cescato. São Paulo: EDUSP, 2001.

CARVALHO, José Murilo de. *D. Pedro II: ser ou não ser.* São Paulo: Companhia das Letras, 2007

CARVALHO, Marcus J. M. de. Um exército de índios, quilombolas e senhores de engenho contra os "jacobinos": a Cabanada, 1832-1835. In: Mônica Duarte Dantas, *Revoltas, motins, revoluções: homens livres, pobres e libertos no Brasil do século XIX.* 2ª edição. São Paulo: Alameda, 2018.

CARVALHO, Marieta Pinheiro. *Os sentidos da administração: oficiais e ação política no Rio de Janeiro (1808-1821).* Jundiaí: Paco Editorial, 2018.

CASSIMIRO, Paulo Henrique Paschoeto. "Nova edição ilumina lacunas históricas de clássico de Faoro". Folha de São Paulo, edição de 23 de janeiro de 2022.

CASSIMIRO, Paulo Henrique Paschoeto & VIEIRA, Lidiane Rezende. *As linguagens do liberalismo político e o problema da opinião pública no pensamento de Evaristo da Veiga.* Trabalho apresentado na Área de Trabalho de Pensamento Político Brasileiro, reunido no 10º Encontro da Associação Brasileira de Ciência Política. Belo Horizonte: 2016.

CASTRO, Paulo Pereira de. Política e administração de 1840 a 1848. In: Sérgio Buarque de Holanda. *História geral da civilização brasileira.* Tomo II: o Brasil monárquico. 2º volume: dispersão e unidade. 5ª edição. São Paulo: DIFEL, 1985.

CHACON, Vamireh. *Abreu e Lima: general de Bolívar.* Rio de Janeiro: Paz e Terra, 1983.

CONTIER, Arnaldo Daraya. *Imprensa e ideologia em São Paulo (1822-1842): matizes do vocabulário político e social.* Petrópolis: Editora Vozes, 1979.

CONTINENTINO, Marcelo Casseb. *História do controle de constitucionalidade das leis no Brasil: percursos do pensamento constitucional no século XIX (1824-1891).* São Paulo: Almedina, 2015.

COSER, Ivo. *Visconde do Uruguai: centralização e federalismo no Brasil* (1823-1866). Belo Horizonte: Editora da UFMG, 2008.

COSTA, Vivian Chieregati. *Codificação e formação do Estado nacional brasileiro: o Código Criminal de 1830 e a positivação das leis no pós-independência.* Dissertação de mestrado defendida no programa de pós-graduação em História. São Paulo: Universidade de São Paulo, 2013.

COSTA, Vivian Chieregati. *O recurso à suspensão das garantias constitucionais dos cidadãos no Império do Brasil (Primeiro Reinado e Regência).* Trabalho apresentado no Segundo Encontro da Rede de História do Direito: culturas e práticas constitucionais (1820-1830). São Paulo: Instituto de Estudos Brasileiros, 2018.

COSTA, Wilma Peres. Enlaces entre a Europa e a América na crise do Antigo Regime. In: Cecília Helena de Salles Oliveira; Vera Lúcia Nagib Bittencourt e Wilma Peres Costa (org.). *Soberania e conflito: configurações do Estado nacional no Brasil do século XIX.* São Paulo: Hucitec, 2010.

CUNHA, Pedro Octavio Carneiro da. A fundação de um Império liberal. In: Sérgio Buarque de Holanda (org.). *História geral da civilização brasileira.* Tomo II, 1º vol., 6ª edição. São Paulo: Difel, 1985.

DANTAS, Mônica Duarte. *Uma Nação verdadeiramente livre: a organização judiciária e a ordem do processo criminal no Império do Brasil (1826-1832).* Tese apresentada ao Instituto de Estudos Brasileiros da Universidade de São Paulo para a obtenção do título de livre-docente. São Paulo, UUSP, 2017.

DANTAS, Mônica Duarte (org.). (2008). *Revoltas, motins, revoluções: homens livres, pobres e libertos no Brasil do século XIX.* 2ª edição. São Paulo: Alameda, 2018.

DIAS, Maria Odila Leite da Silva. *A interiorização da metrópole e outros estudos.* São Paulo: Alameda, 2005.

DIEHL, Astor Antônio. *A cultura historiográfica brasileira: do IHGB aos anos 1930.* Universidade de Paso Fundo, 1998.

DINIZ, Hindemburgo Pereira. *A monarquia presidencial.* Rio de Janeiro: Nova Fronteira, 1984.

DOHLNIKOFF, Miriam. *O pacto imperial: origens do federalismo no Brasil.* São Paulo, Editora Globo, 2005.

DOHLNIKOFF, Miriam. *Governo representativo e eleições no século XIX.* Revista do Instituto Histórico e Geográfico Brasileiro, ano 174, número 474, maio/agosto de 2017.

ENDERS, Armelle. *Os vultos da nação: fábrica de heróis e formação dos brasileiros.* Rio de Janeiro, Editora FGV, 2014.

FAORO, Raymundo. *Os donos do poder: formação do patronato político brasileiro.* Porto Alegre: Editora Globo, 1958.

FAORO, Raymundo. *Os donos do poder: formação do patronato político brasileiro.* 2ª edição. São Paulo: Editora Globo, 1974.

FAORO, Raymundo. *Existe um pensamento político brasileiro?* São Paulo: Ática, 1996.

FAORO, Raymundo. *Os donos do poder: formação do patronato político brasileiro.* 11ª edição. Rio de Janeiro: Editora Globo, 1997.

FAUSTO, Boris. *História do Brasil.* 7ª edição. São Paulo: Editora da USP, 1999.

FERES JR., João; Mader, Maria Luísa. América – Brasil. In: Javier Fernandez Sebástian (dir). *Diccionario político y social del mundo iberoamericano.* Tomo I. Madrid: Centro de Estudios Políticos y Constitucionales, 2009.

FERES Jr., João. O conceito de civilização: uma análise transversal. In: João Feres Jr (org). *Léxico da história dos conceitos políticos no Brasil.* Belo Horizonte, Editora da UFMG, 2014.

FERNANDES, Florestan. *A revolução burguesa no Brasil.* In: Silviano Santiago (org.). Intérpretes do Brasil. Volume III. Rio de Janeiro: Nova Aguilar, 2002.

FERREIRA, Gabriela Nunes. *Centralização e descentralização no Império: o debate entre Tavares Bastos e o Visconde de Uruguai.* São Paulo: Editora 34, 1999.

FLORY, Thomas. *Judge and jury in Imperial Brazil: social control and political stability in the new State, 1808-1871.* Austin: University of Texas Press: 1981.

FRAGOSO, João & FLORENTINO, Manolo. *O Arcaísmo como Projeto: mercado atlântico, sociedade agrária e elite mercantil em uma sociedade colonial tardia: Rio de Janeiro, c. 1790 – c. 1840.* Rio de Janeiro: Civilização Brasileira, 2001.

FRANCO, Maria Sylvia de Carvalho. *Homens livres na ordem escravocrata.* 4ª edição. São Paulo: UNESP, 1997.

FRAGOSO, João. O Império escravista e a República dos plantadores: economia brasileira no século XIX – mais do que uma *plantation* escravista-exportadora. In: Maria Yeda Linhares (org.). *História Geral do Brasil.* 9ª edição. 14ª reimpressão. Rio de Janeiro: Elsevier, 2000.

FREITAS, Décio. *Cabanos: os guerrilheiros do Imperador.* 2ª edição. Rio de Janeiro: Edições Graal, 1982.

FREYRE, Gilberto. *Sobrados e Mucambos: decadência do patriarcado rural e desenvolvimento urbano.* In: Silviano Santiago (org.). Intérpretes do Brasil. Vol. I. Rio de Janeiro, Nova Aguilar, 2003.

GAMBI, Thiago Fontellas Rosado. *O banco da Ordem: política e finanças no Império brasileiro (1853-1866).* São Paulo: Alameda, 2015.

GRIMBERG, Keila. *O fiador dos brasileiros: cidadania, escravidão e direito civil no tempo de Antônio Pereira Rebouças*. Rio de Janeiro: Civilização Brasileira, 2002.

GUIMARÃES, Carlos Gabriel. O Código Comercial, o Tribunal do Comércio e a atividade bancária no Império brasileiro na segunda metade do século XIX. In: Gladys Sabina Ribeiro; Edson Alvisi Neves e Maria de Fátima Cunha Moura Ferreira (organizadores). *Diálogos entre Direito e História: cidadania e justiça*. Niterói: EDUFF, 2009.

GUIMARÃES, Lucia Maria Paschoal. *Debaixo da imediata proteção imperial: Instituto Histórico e Geográfico Brasileiro (1838-1889)*. São Paulo, Annablume, 2011.

GUIMARÃES, Manoel Luiz Salgado. *Historiografia e nação no Brasil (1838-1857)*. Tradução de Paulo Knauss e Ina de Mendonça. Rio de Janeiro, EDUERJ, 2011.

HARING, C. H. *Empire in Brazil: a New World experiment with monarchy.* New York: W.W. Norton and Company Incorporation, 1958.

HÖRNER, Erik. *Até os limites da política: a Revolução Liberal de 1842 em São Paulo e Minas Gerais*. São Paulo: Alameda, 2015.

JANCSO, István. A construção dos Estados nacionais na América Latina: apontamentos para o estudo do Império como projeto. In: Tamás Szmerecsányi e José Roberto do Amaral Lapa (org.). *História econômica da independência e do Império.* São Paulo: EDUSP/HUCITEC, 2002.

JANOTTI, Aldo. *O marquês de Paraná: inícios de uma carreira política num momento crítico da história da nacionalidade*. Belo Horizonte: Itatiaia, 1990.

LACOMBE, Américo Jacobina. *O mordomo do imperador*. Rio de Janeiro: Biblioteca do Exército, 1994.

LEAL, Hamilton. *História das instituições políticas brasileiras*. Rio de Janeiro: Estado da Guanabara, 1962.

LENHARO, Alcir. *As tropas da moderação*. São Paulo: Editora Símbolo, 1979.

LEVASSEUR, E.; RIO BRANCO, José Maria Paranhos, Barão do. A instrução. In: Émile Levasseur (org.) *O Brasil.* 1ª edição brasileira. Rio de Janeiro: Bom Texto/ Letras e Expressão, 2000.

LIMA, Manuel de Oliveira. *O Império brasileiro (1821-1889)*. Itatiaia, São Paulo e Belo Horizonte: 1989.

LIMA, Valéria. *J.-B. Debret, historiador e pintor*. Campinas: UNICAMP, 2007.

LIMA SOBRINHO, Alexandre José Barbosa. A ação da imprensa em torno da Constituinte. In: Octaciano Nogueira (org.). *A Constituinte de 1823: obra comemorativa do sesquicentenário da instituição parlamentar.* Brasília: Senado Federal, 1973.

LISBOA, Karen Macknow. Olhares estrangeiros sobre o Brasil no século XIX. In: MOTA, Carlos Guilherme (org.). *Viagem incompleta: a experiência brasileira.* Volume I – Formação: Histórias. 2ª edição. São Paulo: Editora SENAC, 2000.

LOPES, José Reinaldo de Lima. Governo misto e abolição dos privilégios: criando o Judiciário imperial. In: Cecília Helena de Salles Oliveira, Vera Lúcia Nagib Bittencourt e Wilma Peres Costa (org.). *Soberania e conflito: configurações do Estado nacional no Brasil do século XIX.* São Paulo: Editora Hucitec, 2010.

LUSTOSA, Isabel. *Insultos impressos: a guerra dos jornalistas na independência – 1821-1823.* São Paulo: Companhia das Letras, 2000.

LYNCH, Christian Edward Cyril. *O discurso político monarquiano e a recepção do conceito de poder moderador no Brasil (1822-1823).* Dados 48 (3), Setembro de 2005.

LYNCH, Christian Edward Cyril. *O conceito de liberalismo no Brasil (1750-1850).* Araucária.. Revista Iberoamericana de Filosofia, Política y Humanidades. Vol.. 9, edução 17, 2007.

LYNCH, Christian Edward Cyril. *O pensamento conservador ibero-americano na era das independências (1898-1850).* Lua Nova, vol.. 74, 2008.

LYNCH, Christian Edward Cyril. "*Por que pensamento e não teoria?: a imaginação político-social brasileira e o fantasma da condição periférica (1880-1970)*". Dados, v. 56, n. 4, 2013, pp. 727-767.

LYNCH, Christian Edward Cyril. *Cartografia do pensamento político brasileiro: conceito, história e abordagens. Revista brasileira de ciência política,* v 19, 2016, pp. 75-119.

LYNCH, Christian Edward Cyril. *As máximas, pensamentos e reflexões do marquês de Maricá.* Insight Inteligência nº 93, abril/maio/junho de 2021.

LYNCH, Christian Edward Cyril. "*Entre o judiciarismo e o autoritarismo: o espectro do 'poder moderador' no debate político republicano (1890-1945)*". História do Direito: RHD. Curitiba, v. 2, nº3, pp. 1-35, Jul-dez. de 2021.

LYNCH, Christian Edward Cyril. *Monarquia sem despotismo e liberdade sem anarquia: o pensamento político do marquês de Caravelas.* Belo Horizonte, UFMG, 2014.

LYRA, Augusto Tavares de. *Instituições políticas do Império.* Brasília: Senado Federal, 1979.

MACAULEY, Neill. *Dom Pedro I: a luta pela liberdade no Brasil e em Portugal, 1798-1834.* Tradução de André Villalobos. Rio de Janeiro: Record, 1993.

MAGNOLI, Demétrio. *O Corpo da Pátria: imaginação geográfica e política externa no Brasil (1808-1912).* São Paulo, UNESP, 1997.

MARTINS, Roberto Borges. Minas e o tráfico de escravos no século XIX, outra vez. In: Tamás Szmrecsányi e José Roberto do Amaral Lapa (orgs.). *História econômica da independência e do Império.* 2ª edição revista. São Paulo: Hucitec/EDUSP, 2002.

MARTINS, Wilson. *História da inteligência brasileira.* Volume I (1550-1794). São Paulo: Cultrix, 1974.

MARTINS, Wilson. *História da Inteligência Brasileira.* Volume II. São Paulo: Cultrix, 1974.

MASCARENHAS, Nélson Lage. *Um jornalista do Império: Firmino Rodrigues Silva.* São Paulo: Companhia Editora Nacional, 1961.

MATTOS, Ilmar Rohloff de. *O tempo saquarema: a formação do Estado imperial.* Rio de Janeiro: Access, 1994.

MELLO, Evaldo Cabral de. *A outra independência: o federalismo pernambucano de 1817 a 1824.* São Paulo, Editora 34, 2004.

MELO FRANCO, Afonso Arinos de. *O constitucionalismo de dom Pedro I no Brasil e em Portugal.* Rio de Janeiro: Arquivo Nacional, 1972.

MONTEIRO, Tobias. *História do Primeiro Reinado.* Volume I. Belo Horizonte: Itatiaia, 1982.

MORAES, Alexandre José de Mello. *História do Brasil-Reino e Brasil Império.* Tomo I. Belo Horizonte, Itatiaia, 1982.

MOSSÉ, Benjamin. *Vida de dom Pedro II.* São Paulo: Edições Cultura Brasileira S/A, s/d

NABUCO, Joaquim. *Um estadista do Império.* 5ª edição. Prefácio de Raymundo Faoro. Posfácio de Evaldo Cabral de Mello. Rio de Janeiro: Topbooks, 1997.

NARITA, Felipe Ziotti. *A educação na sociedade imperial: moral, religião e forma oitocentista.* Curitiba: Prismas, 2018.

NEEDEL, Jeffrey. *The Party of Order: The Conservatives, the State, and Slavery in the Brazilian Monarchy, 1831-1871.* Stanford University Press, 2006

NEVES, Edson Alvisi. *Magistrados e negociantes na Corte do Império do Brasil: o Tribunal do Comércio.* Rio de Janeiro: Jurídica do Rio de Janeiro/FAPERJ, 2008.

NEVES, Guilherme Pereira das. *História, teoria e variações.* Rio de Janeiro: Contracapa, 2011.

NEVES, Lúcia Maria Bastos Pereira das. *Corcundas e constitucionais: a cultura política da independência (1820-1822).* Rio de Janeiro: Revan, 2003.

ODALIA, Nilo. *As formas do mesmo: ensaios sobre o pensamento historiográfico de Varnhagen e Oliveira Vianna.* São Paulo, UNESP, 1997

OLIVEIRA, Cecília Helena de Salles. *A astúcia liberal: relações de mercado e projetos políticos no Rio de Janeiro (1820-1824).* Bragança Paulista: EDUSF e Ícone, 1999.

PARRON, Tâmis. *A política da escravidão do Império do Brasil, 1826-1865.* Rio de Janeiro: Civilização Brasileira, 2011.

PEIXOTO, Rafael Cupello. *O marquês de Barbacena: política e sociedade no Brasil imperial (1796-1841).* Tese de doutorado defendida no Programa de Pós-Graduação em História da Universidade do Estado do Rio de Janeiro. Rio de Janeiro: UERJ, 2018.

PEREIRA, Luísa Rauter. *O povo na história do Brasil: linguagem e historicidade no debate político (1750-1870)*. São Paulo: Paco Editorial, 2016

PEREIRA, Vantuil. *Ao Soberano Congresso: direitos dos cidadãos na formação do Estado Imperial brasileiro (1822-1831)*. São Paulo: Alameda, 2010.

PESSOA, Reynaldo Carneiro (org.). A ideia republicana no Brasil através dos documentos. São Paulo: Alfa-Ômega, 1973.

PIMENTA, João Paulo Garrido & ARAÚJO, Valdei Lopes de. História. In: Joao Feres Jr. (org.). *Léxico da história dos conceitos políticos no Brasil*. 2ª. edição. Belo Horizonte, Editora UFMG, 2014.

PINHO, Wanderley. *Cotegipe e seu tempo. Primeira fase, 1815-1867*. Edição ilustrada. Rio de Janeiro: José Olímpio, 1936.

PINHO, Wanderley. *O marquês do Paraná e a Conciliação*. Revista trimestral do Instituto Histórico e Geográfico Brasileiro, vol. 236. Rio de Janeiro: Imprensa Nacional, 1956.

PORTO, Walter Costa. *O voto no Brasil: da Colônia à República*. 2ª ed. rev. Rio de Janeiro: Topbooks, 2002.

PRADO JÚNIOR, Caio. *Evolução política do Brasil: colônia e império*. São Paulo: Editora Brasiliense, 1980.

PRADO JÚNIOR, Caio. *Formação do Brasil contemporâneo*. In: Silviano Santiago (org.). Intérpretes do Brasil, volume III. Rio de Janeiro: Editora Nova Aguilar, 2002.

RANGEL, Inácio. *A dualidade básica da economia brasileira*. Rio de Janeiro: ISEB, 1953.

REIS, Artur César Ferreira dos. A província do Rio de Janeiro e o município neutro. In: HOLANDA, Sérgio Buarque (org.). *História geral da civilização brasileira*. Tomo II. 1ª Vol. 6ª edição. São Paulo: Difel, 1985

RIBEIRO, Gladys Sabina. *A liberdade em construção: identidade nacional e conflitos antilusitanos no Primeiro Reinado*. Rio de Janeiro: Relume Dumará, 2002.

RICUPERO, Bernardo. *O romantismo e a ideia de nação no Brasil (1830-1870)*. São Paulo, Martins Fontes, 2004.

RODRIGUES, José Honório. *Conciliação e reforma no Brasil: um desafio histórico-cultural*. 2ª edição. Rio de Janeiro: Nova Fronteira, 1982.

RODRIGUES, José Honório (org.). *Atas do Conselho de Estado*. Volume II. Segundo Conselho de Estado, 1823-1834. Brasília: Senado Federal, 1973.

RODRIGUES, José Honório. *A assembleia constituinte de 1823*. Petrópolis: Vozes, 1974.

SALDANHA, Nélson Nogueira. *História das ideias políticas no Brasil*. Brasília: Senado Federal, 2001.

SALLES, Ricardo. *Nostalgia imperial a formação da identidade nacional no Brasil do Segundo Reinado.* Rio de Janeiro: Topbooks, 1996.

SLEMIAN, Andréia. *Sob o império das leis: Constituição e unidade nacional na formação do Brasil (1822-1834).* São Paulo: Aderaldo & Rothschild, 2009.

SANTOS, Estilaque Ferreira dos Santos. *A monarquia no Brasil: o pensamento político da independência.* Vitória: EDUFES, 1999.

SANTOS, Wanderley Guilherme dos. *Ordem burguesa e liberalismo político.* São Paulo: Duas Cidades, 1978

SCHWARCZ, Lilia Moritz. *As barbas do Imperador.* São Paulo: Companhia das Letras, 1998.

SILVA, Ana Rosa Cloclet da. *Inventando a nação: intelectuais ilustrados e estadistas luso-brasileiros na crise do Antigo Regime português.* São Paulo: Hucitec, 2006·

SILVA, Wlamir. *Liberais e povo: a construção da hegemonia liberal-moderada na província de Minas Gerais (1830-1834).* Belo Horizonte: Fapemig, 2009.

SOARES, Luiz Carlos. A indústria na sociedade escravista: as origens do crescimento manufatureiro na região fluminense em meados do século XIX (1840-1860). In: SZMRECSÁNYI, Tamás e LAPA, José Roberto do Amaral (org.). *História econômica da independência e do Império.* 2ª edição revista. São Paulo: Hucitec/EDUSP, 2002

SOUSA, José Antônio Soares de. *A vida do visconde de Uruguai.* Rio de Janeiro: Companhia Editora Nacional, 1944.

SOUSA, José Antônio Soares de. *Honório Hermeto no Rio da Prata.* São Paulo: Companhia Editora Nacional, c. 1955.

SOUSA, José Antônio Soares de. A *Missão Bellegarde ao Paraguai (1849-1852).* Volume II. Ministério das Relações Exteriores, Seção de Publicações, 1968.

SOUSA, Otávio Tarquínio de. *Vida de dom Pedro I.* Volume II. São Paulo: Melhoramentos, 1972.

SOUSA, Otávio Tarquínio. *Bernardo Pereira de Vasconcelos.* Belo Horizonte: Itatiaia: 1988

SOUSA, Otávio Tarquínio de. *Evaristo da Veiga.* Belo Horizonte: Itatiaia, 1988.

SOUSA, Otávio Tarquínio de. *José Bonifácio.* Brasília, Senado Federal, 2015.

SOUZA, Miguel Augusto Gonçalves de. *O marquês de Queluz e sua época.* Belo Horizonte: Itatiaia, 1988.

SOUZA, Paulo César de. *A Sabinada: a revolta separatista da Bahia – 1837.* São Paulo: Companhia das Letras, 2009.

TORRES, Miguel Gustavo de Paiva. *O visconde do Uruguai e a sua atuação diplomática para a consolidação da política externa do Império.* Brasília: FUNDAG, 2011.

VERÍSSIMO, José. *História da literatura brasileira.* 4a edição. Brasília: UnB, 1963.

VIANNA, Francisco José de Oliveira. *Evolução do povo brasileiro.* 4ª edição. Rio de Janeiro: José Olímpio, 1956.

VIANNA, Francisco José de Oliveira. *Introdução à história da economia pré-capitalista do Brasil.* Rio de Janeiro: José Olímpio Editora, 1958.

VIANNA, Francisco José de Oliveira. *Instituições políticas brasileiras.* Volume I. Rio de Janeiro, Editora Record, 1974.

VIANNA, Hélio. *D. Pedro I e D. Pedro II: acréscimos às suas biografias.* São Paulo: Companhia Editora Nacional, 1966.

VIANNA, Hélio. *Vultos do Império.* São Paulo: Editora Nacional, 1968.

WEFFORT, Francisco C. *Formação do pensamento político brasileiro: ideias e personagens.* São Paulo: Ática, 2006.

WEHLING, Arno. *Estado, História e Memória: Varnhagen e a construção da identidade nacional.* Rio de Janeiro: Nova Fronteira, 1999.

WEHLING, Arno. *De formigas, aranhas e abelhas: reflexões sobre o IHGB.* Rio de Janeiro, IHGB, 2010.

WEHLING, Arno. O conservadorismo reformador de um liberal: Varnhagen, publicista e pensador político. In: Lúcia Maria Paschoal Guimarães e Raquel Glazer (org.). *Varnhagen no caleidoscópio.* Rio de Janeiro: Fundação Miguel de Cervantes, 2013.

ÍNDICE ONOMÁSTICO

A

G

H

I

J

K

L

M

N

Q

T

U